中 国
财政金融政策研究中心
系列研究报告

新中国财政金融制度变迁事件解读

主　编　陈雨露　郭庆旺
副主编　张　杰　汪昌云　瞿　强

中国人民大学出版社
· 北京 ·

图书在版编目(CIP)数据

新中国财政金融制度变迁事件解读/陈雨露，郭庆旺主编．—北京：中国人民大学出版社，2013.1

（中国财政金融政策研究中心系列研究报告）

ISBN 978-7-300-17028-2

Ⅰ.①新… Ⅱ.①陈…②郭… Ⅲ.①财政金融-经济体制改革-经济史-研究-中国 Ⅳ.①F812.9

中国版本图书馆 CIP 数据核字（2013）第 015807 号

中国财政金融政策研究中心系列研究报告

新中国财政金融制度变迁事件解读

主　编　陈雨露　郭庆旺

副主编　张　杰　汪昌云　瞿　强

Xinzhongguo Caizheng Jinrong Zhidu Bianqian Shijian Jiedu

出版发行	中国人民大学出版社		
社　　址	北京中关村大街 31 号	**邮政编码**	100080
电　　话	010－62511242（总编室）		010－62511770（质管部）
	010－82501766（邮购部）		010－62514148（门市部）
	010－62511173（发行公司）		010－62515275（盗版举报）
网　　址	http://www.crup.com.cn		
经　　销	新华书店		
印　　刷	北京宏伟双华印刷有限公司		
开　　本	720 mm×1000 mm　1/16	**版　　次**	2013 年 1 月第 1 版
印　　张	32 插页 1	**印　　次**	2025 年 6 月第 7 次印刷
字　　数	653 000	**定　　价**	138.00 元

总　序

中国人民大学中国财政金融政策研究中心成立于1999年，并于2000年经过评审成为教育部人文社会科学重点研究基地之一，也是全国高校中第一个财政金融领域的重点研究基地。四年来，在黄达、陈共、王传纶等老一辈财政金融学家的带领下，中心以其创新的科研体制，良好的研究环境吸引了一批优秀的中青年学者，他们以开阔的视野和前瞻性的眼光，紧抓时间脉搏，创造出一个又一个深具理论价值和实践意义的研究成果。

理论总是应时代发展的要求而产生，进而指导和推动实践的发展。在世界各国经济高度发展、科学技术飞速创新的时代里，财政金融理论的研究也出现了一些新的特点。

首先，全球化成为财政金融理论研究的基本视角。20世纪的后20年中，经济全球化成为不可逆转的趋势。世界各国的经济高度融合，你中有我，我中有你。全球化的环境中，经济运行出现了一些新的特征和新的问题，单纯的国内视角已经无法解释，更不用说为实践活动提供有效、科学的指导。因此，对任何问题的研究都要放在全球化的框架中进行。例如，过去学者们在探讨金融危机爆发的根源时，多是从脆弱的国内经济基本面和政府不负责任的政策着眼。但对于90年代以来频频爆发的金融危机，这些传统的理论显然已经无法得出令人信服的结论。甚至连财政政策这个一向被认为是“纯国内范畴”的问题，也面临着挑战。就税收工具而言，传统上，一国宏观税负的确定，主要依据是本国经济增长的现状和目标，在全球化的宏观背景下，决策过程就没有这么简单了，既要遵守国际市场的“游戏规则”，还要考虑其他国家经济形势的变化。随着我国加入WTO，财政理论的更新和政策机制的改进迫在眉睫。于是，以全球化为背景，解释和指导中国经济发展，就成为新世纪对理论工作者们的必然要求。

其次，改进研究方法和注重学术规范成为理论研究的重要倾向。20世纪五六十年代，西方发达国家进入直接融资高速发展的时期，金融市场的空前繁荣和金融创新的层出不穷推动了微观金融理论的蓬勃发展。与传统的宏观金融理论相比，微观金融研究更加侧重于定量分析，现代信息技术和数学、物理学模型成为理论研究的重要工具。与此同时，财政理论领域也突破了原有研究方法的欠缺，政治经济学、信息经济学和制度经济学等相关学科的思想以及计量经济学的分析模型越来越多地融入到研究工作中。相比之下，我国经济学的研究方法还十分单调，基本上还停留在逻辑分析的阶段，数理统计等国际流行的分析工具在我国的经济学研究中还运用不多。"工欲善其事，必先利其器"，我国的理论工作者已经认识到这一问题，正在努力实现方法论的国际对接，以推动国内财政金融理论研究的突破。

第三，在实践的推动下，财政金融理论研究的对象迅速拓展。过去，囿于传统观念和我国经济发展程度所限，金融研究局限在货币政策等宏观层面，微观仅限于商业银行。财政研究也只集中在财政税收政策和国债等宏观领域，研究对象十分单一。改革开放20多年来，我国的市场规模从小到大，宏观管理水平由低到高，财政与金融学科也不断完善。在金融领域，资本市场、衍生金融产品、金融风险管理、风险投资等领域引起了越来越多的学者的兴趣，理论体系已经涵盖了从宏观金融运行到微观金融实践的各个方面。财政研究也更加务实，范畴扩展到社会保障、公共服务设施的管理和税收筹划等崭新的领域。财政和金融的交叉研究也日益兴起。例如货币同盟中的财政政策以及通货膨胀和税收的关系。学科体系的日臻完整和成熟，极大地促进了宏观管理层和微观主体决策水平的提高和经济的发展。

为了推动我国财政金融理论研究的长足发展，中国人民大学中国财政金融政策研究中心自成立以来，积极为国内学者开创国际学术交流的空间，从每年一度的"中国金融国际论坛"到现代经济学前沿专题研讨班，从罗伯特·蒙代尔、罗伯特·巴罗、本杰明·弗里德曼、让·雅克·拉丰、哈维·罗森、罗伯特·希勒等国际顶级经济学家的讲座到与芝加哥商品交易所主席列昂·梅拉梅德先生、德国财政部常务副部长考克·维瑟博士等业界和政界领导人的面对面，在中西方文化的一次次交汇中，中心专家敏锐地把握了理论发展的国际动态和最新趋向，结合全球化条件下我国经济发展的现状，取得了理论研究的硕果。

我们现在看到的研究报告系列正是集合了中心专家研究成果的精粹，内容涵盖了财政货币政策、农村金融改革、风险投资、财政管理与经济发展、公共财政框架的设计、商业银行治理结构、资本市场开放等诸多重大现实问题，相信可以推动契合我国特点的现代财政金融理论发展，并促进国内学科体系的进一步完善。

在中心2003年度研究报告系列问世之际，我们要感谢教育部和学校领导的关心，感谢各位专家的辛勤耕耘，他们的努力赋予中心以勃勃的生机。展望未来，我们坚信，处于新世纪全面经济复兴进程中的中国，财政金融理论研究必将随之而腾飞于世界。

中国人民大学中国财政金融政策研究中心

2003年6月

前　言

若以 20 世纪 70 年代末期经济体制转型为标志，新中国成立 60 余年大致可以划分为“上下 30 年”。回顾和分析这两个 30 年中国财政金融制度的变迁及其绩效，其理论意义和现实意义自不待言。可以说，新中国成立以来的经济发展与体制转型过程给我们留下了极其丰富的财政金融体制变革“故事”和大量经典“事件”，亟须进行系统梳理和解读。这不仅是推动中国财政金融制度进一步改革的现实需要，也是中国财政金融理论创新的迫切要求。

本书的任务显然不在系统梳理新中国财政金融变迁的历史，而是尝试性地选取 60 余年来中国财政金融制度变迁过程具有重要影响的 28 个标志性事件（当然不只这些）进行刻画与解读。列入本书选择范围的“事件”必须体现为曾经在政策层和学术界广为流传、人们耳熟能详的“行话”，诸如“笼中虎”、“连裆裤”、“债转股”、“利改税”、“拨改贷”、“信贷包干”等。围绕上述“行话”的故事刻画和理论提炼皆可单独成文，拥有相对独立的故事逻辑和理论内涵，但“事件”之间则保持整体结构上的逻辑呼应，若将它们按照一定的历史逻辑串联起来，则俨然是一部生动的新中国财政金融制度变迁史。

本书对每一个财政金融制度变迁“事件”的解读力求追求理论逻辑与历史逻辑的统一，同时强调宏大背景与故事细节的结合。每个事件解读大致包括事件背景描述、事件故事原形刻画、事件制度含义以及理论发现等部分，力争得出具有中国本土特色的财政金融新观点和新假说，进而推动中国财政金融理论新框架的构建。需要指出的是，对新中国财政金融制度变迁过程进行系统细致的考察与研究，是摆在中国财政金融理论界面前的一项长期而艰巨的任务，本书只是一次初步的理论尝试，粗浅错漏之处一定难免，敬请各位专家和读者不吝赐教。

本书是中国人民大学“985 工程”和“211 工程”学科发展与学术提升项目的一项阶段性成果。在项目研究与本书成稿过程中，自始至终得到黄达教授、陈共教授、王传纶教授、周升业教授、安体富教授、袁振宇教授等学术前辈的教诲、指点与鼓励。特别值得一提的是，他们均年事已高仍不辞辛劳，几乎参加了项目研究与本书撰写过程的每一次研讨，他们的悉心指导与耳提面命以及求真务实的学术精神让参与本书撰写的全体中青年学者受益匪浅。此外，在 2010 年 11 月下旬专为本书定稿召开的研讨会上，中国社会科学院副院长李扬教授、中国社会科学院财政与贸易研究所所长高培勇教授、财政部财政科学研究所所长贾康教授以及国家税务总局税收科学研究所所长刘佐教授等都提出了高屋建瓴、极富建设性的意见，在此一并表示衷心感谢。当然，本书可能存在的任何错漏理应由作者负责。

目　录

第 1 章　“连档裤” …… 1
1.1　“连档裤”释义 …… 2
1.2　计划经济时期财政与银行关系的沿革 …… 4
1.3　有计划商品经济时期财政银行“连档裤”关系的沿革 …… 13
1.4　市场经济条件下财政银行关系的沿革 …… 19
1.5　处理好财政银行关系的理论探讨 …… 26
第 2 章　税收专管 …… 33
2.1　名词释义 …… 34
2.2　历史背景 …… 34
2.3　体制变迁 …… 36
2.4　理论解释 …… 40
2.5　经济影响 …… 44
第 3 章　预算外资金 …… 47
3.1　引 言 …… 48
3.2　预算外资金的历史变迁 …… 50
3.3　预算外资金的历史评价 …… 61
3.4　预算外资金的理论发现 …… 64
3.5　总结 …… 67
第 4 章　“一女二嫁” …… 69
4.1　“一女二嫁”释义 …… 70
4.2　“一女二嫁”产生的背景 …… 70
4.3　“一女二嫁”问题的影响及其理论总结 …… 73
4.4　综合平衡理论的现实意义 …… 77

第 5 章 综合平衡 …… 82
5.1 综合平衡范畴的提出 …… 83
5.2 综合平衡提出的经济背景 …… 84
5.3 综合平衡的基本内容 …… 86
5.4 计划经济时期综合平衡实现的制度基础 …… 89
5.5 综合平衡思想的理论意义 …… 91
第 6 章 信贷指标 …… 96
6.1 信贷指标是什么? …… 97
6.2 信贷指标在中国:历史视角 …… 99
6.3 信贷指标可能产生的问题 …… 105
6.4 信贷指标在我国为什么如此重要? …… 107
6.5 结论和展望 …… 109
第 7 章 "八字方针" …… 111
7.1 引言 …… 112
7.2 事件描述 …… 112
7.3 两次"八字方针"的制度内涵 …… 124
7.4 理论发现与深远影响 …… 130
7.5 结语 …… 135
第 8 章 "大财政、小银行" …… 138
8.1 "大财政、小银行"形成的历史背景 …… 140
8.2 制度演变 …… 141
8.3 总结 …… 150
第 9 章 "拨改贷" …… 152
9.1 释义 …… 153
9.2 "拨改贷"产生的背景 …… 153
9.3 "拨改贷"的实施 …… 156
9.4 "拨改贷"的意义 …… 158
9.5 "拨改贷"的评价 …… 161
第 10 章 信贷差额包干 …… 164
10.1 何谓信贷差额包干 …… 165
10.2 我国信贷资金管理体制演变的历史脉络 …… 167
10.3 信贷差额包干产生的背景 …… 172
10.4 有关信贷差额包干的讨论 …… 174
10.5 结论 …… 177
专题 基层行信贷差额包干典型经验介绍 …… 177

第 11 章 全额信贷 …… 179
11.1 全额信贷的历史背景 …… 181
11.2 全额信贷的实施过程 …… 183
11.3 实施全额信贷利弊的争议 …… 186
11.4 实施全额信贷的历史含义与启示 …… 188
11.5 总结 …… 191
第 12 章 分灶吃饭 …… 193
12.1 释义 …… 194
12.2 事件描述 …… 194
12.3 理论解释 …… 199
12.4 经济影响 …… 205
第 13 章 “一要吃饭，二要建设” …… 209
13.1 分析工具 …… 211
13.2 制度演变 …… 215
13.3 总结 …… 229
第 14 章 “利改税” …… 232
14.1 释义 …… 233
14.2 事件描述 …… 234
14.3 事件解读 …… 244
第 15 章 倒逼机制 …… 247
15.1 倒逼机制发挥作用的历史背景 …… 248
15.2 倒逼机制的作用机理 …… 251
15.3 倒逼机制所体现的制度含义 …… 253
15.4 倒逼机制与我国货币供给的内生性 …… 257
第 16 章 三角债：1989—1993 …… 261
16.1 “三角债”概述 …… 262
16.2 “三角债”的成因 …… 263
16.3 “三角债”的治理 …… 268
16.4 “三角债”的理论分析：信贷扩展与结构性经济周期；
内生信用机制利弊 …… 275
第 17 章 “笼中虎” …… 277
17.1 引 言 …… 278
17.2 “笼中虎”的形成与出笼 …… 280
17.3 “笼中虎”的蜕变 …… 291
17.4 “笼中虎”的制度困局 …… 296
17.5 总结 …… 299

第 18 章　点贷 …… 303
18.1　“点贷”释义 …… 304
18.2　点贷的出台及其变体 …… 305
18.3　点贷的真相 …… 311
18.4　“点贷”的功效及命运 …… 315
18.5　总结 …… 317
第 19 章　税费改革 …… 321
19.1　内涵释义 …… 322
19.2　改革背景 …… 323
19.3　改革进程 …… 325
19.4　总体评价 …… 332
第 20 章　“软着陆” …… 336
20.1　释义 …… 337
20.2　事件描述 …… 338
20.3　事件解读 …… 344
20.4　“软着陆”的理论含义 …… 348
20.5　“软着陆”对当前经济发展的启示 …… 351
20.6　总结 …… 353
第 21 章　汇率并轨 …… 355
21.1　引言 …… 356
21.2　背景和影响分析 …… 359
21.3　相关理论与政策探讨 …… 367
21.4　对人民币汇率制度后续改革的简要评析 …… 371
21.5　总结 …… 373
第 22 章　分税制改革 …… 376
22.1　内涵释义 …… 377
22.2　改革背景 …… 378
22.3　利益博弈中的体制创新 …… 382
22.4　总体评价 …… 390
第 23 章　“两个确保” …… 395
23.1　引言 …… 396
23.2　“两个确保”提出的历史背景 …… 396
23.3　确保国有企业下岗职工的基本生活 …… 398
23.4　确保企业离退休人员的基本养老金按时足额发放 …… 402
23.5　“两个确保”的历史意义和深远影响 …… 405

第24章　积极财政政策 …… 408
24.1　积极财政政策的内涵 …… 409
24.2　积极财政政策的实施背景 …… 413
24.3　积极财政政策的主要措施 …… 419
24.4　积极财政政策的评价 …… 422
第25章　三项制度改革 …… 437
25.1　释义 …… 438
25.2　事件描述 …… 439
25.3　事件解读 …… 452
第26章　“债转股” …… 457
26.1　债转股的历史背景 …… 458
26.2　债转股的具体实施与国际比较 …… 465
26.3　债转股政策实施后的讨论与评价 …… 467
第27章　股权分置改革 …… 473
27.1　释义 …… 474
27.2　中国上市公司股权分置的成因与危害 …… 474
27.3　股权分置改革过程 …… 482
27.4　股权分置改革的理论内涵和启示 …… 487
第28章　“两法合并” …… 489
28.1　引言 …… 490
28.2　我国企业所得税制度发展的简要回顾 …… 491
28.3　内、外资企业所得税法的主要差异 …… 492
28.4　“两法合并”的社会经济背景及其深远意义 …… 495

第 1 章

“连裆裤”[①]

Pants with Close Crotch

【摘要】“连裆裤”，是我国在计划经济时期对财政和银行关系的一种形象说法。财政与银行（信贷）的紧密联系是现代经济中的必然现象，“连裆裤”关系是客观存在的，只不过在不同历史时期体现不同的“接合”方式，体现不同的特点。理论和实践都表明，财政银行关系或财政与信贷的关系是政府运用经济手段进行宏观经济调控中必须处理好的一个问题，需要根据不同时期财政银行关系的特殊性及其连接点来使二者之间的相互支持、相互配合更加规范、协调。

【关键词】连裆裤　财政信贷综合平衡　财政政策与货币政策

Abstract: “pants with close crotch” is a figurative way to describe the relationship between public finance and banking system during the period of plan economy. The close tie between public finance and bank (credit) is pervasive in modern economy. “Pants with close crotch” is an objective existence, but it shows different joint methods and traits according to different historical periods. Both theory and practice show us that, while the government use economic instruments to regulate macro-economy, the relationship between public finance and bank or between public finance and credit they must see to it that must be handled properly. The government should make the mutual support and the interactions between the above mentioned elements standardized and coordinate according to their uniqueness and respective joints.

Key words: pants with close crotch, the overall balance of finance and credit, fiscal and monetary policies

① 本章撰稿人：岳树民、王怡璞。

1.1 “连裆裤”释义

1.1.1 “连裆裤”的含义

“连裆裤”是我国在计划经济时期对财政和银行关系的一种形象说法，认为财政和银行是国家集中性资金分配的两条渠道，是国家对国民经济进行宏观控制的两大工具，两者休戚与共，不可分割，是一条裤子两条腿的关系，即“连裆裤”关系（范文波，1994）。因此，人们在分析财政与银行、财政收支与信贷收支关系时，通常形象地称为“连裆裤”关系，甚至将这种财政银行关系密切的财政银行体制称之为“连裆裤”体制。

对于财政与银行的这种紧密关系，人们也形容“财政和银行为国家的两个底下通着气的钱口袋”（黄达，2008，p. 525）。

1.1.2 我国财政与银行的密切关系

在我国长期的计划经济时期，“财政和银行是国家的两个钱口袋”，而且“这两个钱口袋是相通的”（黄达，2005，p. Ⅰ-166）。“财政收支与银行信贷收支之间有个犬牙交错的接合部，它标志着两者之间存在着紧密联系”（黄达，2009，p. 207）。财政与银行通过种种通道形成了犬牙交错的接合部，人们很难将这个接合部的边界划分清楚。在理论文献中，有对财政与银行的这种密切关系的全面而深入的阐述（黄达，2009，pp. 200-230；邓子基，1990）。

（1）银行代理财政金库。代理财政金库是世界各国发行银行普遍的职能。所谓代理财政金库是指保存财政等收入的款项并按财政的支付命令向有关单位付出款项；办理全国各级财政金库款项的上解和下拨；办理财政委托的各种事项等。在代理财政金库中，不仅银行能从占用财政款项中得到好处，而且银行对款项的存取、调拨和其他服务也使财政得到了好处。

（2）银行结益上缴。商业银行作为企业要按照法律规定向国家纳税，而作为国有企业又有义务将一定比例的利润上缴给国家。

以上两项，一是通过代理金库银行支配了一部分财政款项，二是通过课税或上缴利润把一部分银行的资金交由财政支配。这是任何情况下都必然存在的财政和银行相互之间资金转化的途径。

（3）财政增拨信贷资金。信贷资金供不应求的矛盾必须由财政来解决，并不等于说财政方面总会准备有充裕的资金来弥补信贷差额，很难说财政有宽裕的时候。但是国家只有两个钱口袋，如一个钱口袋不足，那自然要求助于另一个钱口袋。如果另一个钱口袋不予支持，则必然造成追加货币投入流通的局面。所以，不管财政收支是否宽裕，都必须对弥补信贷差额作出安排，除非容忍过多的货币充斥流通和市场供求平衡遭到破坏（黄达，2009，pp. 207－210）。

（4）财政向银行借款和透支。虽然各国一般规定财政不得向中央银行借款或透支，但在国家财政发生困难出现财政赤字时，借款和透支也是时常发生的。财政向银行推销公债，或由银行向公众代销、包销公债券，在不能全部向公众推销公债时，银行也承购一部分，这在世界大部分国家是经常发生的（邓子基，1990）。

财政增拨信贷资金与财政向银行透支与借款，在一个国家的一定期间内，往往有此无彼。

（5）财政结余存入中央银行。财政结余存入中央银行构成了中央银行信贷资金的来源。如果长期不动用，银行是可以适当使用的，只要能够保证财政在动用时中央银行能够找到替换资金，保证财政能够使用这部分资金就行（邓子基，1990）。

（6）国营企业亏损的弥补。对于国营企业来说，由于种种原因，纵然亏损，也在一定程度上能够持续经营。从原则上说，国营企业的亏损是要由财政来弥补的，如果财政不能全部或不能及时弥补，势必要由银行的信贷资金来弥补。与亏损问题相类似的还有库存商品报损、变价处理的问题，在调整过程企业关停并转所引起的问题，等等（黄达，2009，p. 211）。

（7）中央银行发行货币。货币包括硬币和纸币，发行权集中于国家。国家授权中央银行发行货币，财政要向中央银行征收货币发行税，财政征多征少影响着银行信贷资金量。

（8）国家的外汇收支通常是由银行来直接管理经营的。一国外汇储备的多少影响银行的对外业务，也反映一国财政对外的支付能力。同时汇率的升值与贬值，通常影响国家外汇以本国货币计算的价值量。如果国家本币贬值，用本币表示的外汇汇率的升值，必然要影响一国的外汇储备价值量。外汇储备价值量的变动必然影响财政收支（邓子基，1990）。

因此，在日常的经济生活中我们会发现财政与银行的这种经常性的“平凡”的联系。各级财政均在银行开户，银行代收税、费和罚款，代为划拨各种上解下拨款项；财政碰到先支后收的矛盾，银行则为其垫款，等等。这是现代经济生活中避免不了的联系。除去这种日常联系，财政收支差额的解决，在现代经济生活中不能不借助于信贷的货币形成机制，同时，金融体系事实上也在不断得到国家财政的强大财力支持。如国家委托适当的金融机构办理信贷来干预经济，国家支持创办政策性银行，财政拨出巨额资金对金融系统进行救助，等等（黄达，2008，p. 25）。

“必然存在的接合部是实现财政信贷相互支持的必要通道”，“或是财政从银行取得一部分资金的通道，或是银行从财政取得一部分资金的通道”。“也正是这个复杂接合部的多条渠道使得我们有广泛的可能，或实现用信贷资金支持财政，或实现用财政资金支持信贷，以保证为经济发展所必要的财政支出和信贷支出得到必要的满足”（黄达，2009，p. 221－222）。财政与银行割不断的关系是经济发展的必然需要，这也要求在政府调控经济的过程中处理好二者的关系。我国在过去经济调控中经常强调的财政收支平衡、信贷收支平衡以及财政信贷综合平衡问题也是基于财政与银行之间这种密切的联系，而强调在宏观调控中处理好二者之间的关系。

“实际上，财政与银行（信贷）的紧密联系是现代经济中的必然现象。过去我们往往把这种紧密联系归之于计划经济体制，但改革开放以来的经验体会及对西方市场经济的了解，它的存在有一个极其重要的基础，那就是无论从哪种类型的经济体制来看，当代货币供给形成机制及货币运动规律都有着超越体制区别的共同的特点”（黄达，2008，pp. 536－538）。

财政与银行的“连裆裤”关系，是客观存在的，只不过随着经济的发展，在不同历史时期，这种关系体现不同的“接合”方式，人们对这种关系的处理与运用也不同，体现不同的历史特点，具有特定的时代烙印。

1.2 计划经济时期财政与银行关系的沿革

1.2.1 计划经济时期的财政与银行关系

（1）新中国成立前的财政与银行关系。

1932 年，中华苏维埃共和国临时中央政府开始建立金库，责成国家银行代理总金库，分支银行代理分支金库。“国库及分库直接受中央财政部之指挥与监督，各地税收均按期解缴国库或分库收存，国库及分库对中央财政部负责，所付款项必须每 7 天向中央财政部列表报告”（湖南财政局，1986，pp. 434－435）。为了切实做好国库的管理工作，1932 年中华苏维埃共和国临时中央政府人民委员会颁布了《国库暂行条例》。《国库暂行条例》规定了国库的业务由国家银行代理，并规定了国家之一切收入，均由人民委员部国库管理局管理。总金库、支金库、分金库的主任，由国家银行的总行、分行、支行的行长兼任。这样，国家银行执行中央临时政府的规定，设定相应的组织机构，承担代理国库的任务，行使一部分财政职能（赵梦涵，2002，pp. 19－20）。由此看来，在新中国成立之前，银行与财政部门便开始了紧密联系。

（2）社会主义改造时期的财政与银行关系。

社会主义改造时期，我国总体的经济任务是促进国民经济的恢复和对生产资料的社会主义改造。1949 年 9 月，《中华人民共和国中央人民政府组织法》明确将中国人民银行纳入政务院的直属单位，确立了其作为国家银行的法定地位。1952 年国民经济恢复时期终结时，人民银行建立了全国垂直领导的组织机构体系，对各类金融机构也实行了统一管理（刘明康，2009）。一直到改革开放前，我国银行体制实行的都是“大一统”模式。这个时期的银行与国家财政有着不可分割的联系，许多财政职能要通过银行的操作来实现。财政与银行是领导与被领导、决定与被决定的关系。

在预算方面，国家财政收入由代理国库的银行负责保管和存储。财政支出的重点是保证军队战争的供应、人民政府巩固政权的经费开支与恢复国家经济的必要投资。中国人民银行为国家现金管理的总机构，也经常配合国家的预算业务，不仅统一划拨国库军政机关及公营企业的资金（赵梦涵，2002，pp.64－68），而且对需要加强的经济部门发放贷款，以促进国家预算的实现。由此可见，中国人民银行不仅有自己的政策业务，而且也代表国家财政行使各种职能，在国家财政管理体制中起着极为重要的作用（赵梦涵，2002，pp.201－202）。

在综合信贷方面，计划经济条件下的财政结余是银行信贷资金的重要来源。为与高度集中的银行体制相适应，从1953年起我国便建立了集中统一的综合信贷计划管理体制，即全国信贷资金不论是资金来源还是资金运用，都由中国人民银行总行统一掌握，实行“统存统贷”的管理办法，银行信贷计划纳入国家经济计划。中国人民银行担负着组织和调节货币流通的职能，统一经营各项信贷业务。

在基本建设拨款方面，我国在1954年成立了隶属财政部，专门办理基本建设拨款的中国人民建设银行。随着基建规模的扩大和管理体制的变化，财政开始委托建设银行直接参与基本建设拨款的分配，也把建设单位的财务决算审批权交由建设银行负责办理，从而使建设银行身兼二任，不仅负责办理国家整个基本建设投资的拨款业务，并有权检查基建投资的使用情况，如经济核算、财务管理，并负责办理基建投资的计算业务，具有财政和银行的双重职能（赵梦涵，2002，pp.203－204）。

（3）“大跃进”时期的财政与银行关系。

1956年我国开始转入全面社会主义建设阶段。在这一时期，由于鼓吹取消商品和货币，银行的业务制度和原则均遭到了严重的破坏。

1958年12月，国务院决定国营企业的流动资金由财政与银行“双口供应”改为由中国人民银行统一管理，企业所需流动资金全部转为银行信贷，这不仅增加了银行的业务负担，而且把企业在流动资金供应和使用上的矛盾全部转移到了银行部门，对银行来说也是不堪重负的。同时信贷制度实行“存贷下放，计划包干，差额管理，统一调度”，给银行对流动资金的供应和管理造成很大混乱，使财政和银行在资金安排上产生了新的矛盾（赵梦涵，2002，pp.291－292）。“大跃进”使银行盲目放权，导致信贷投放失控，现金发行过多。这一时期，国家银行各项存款年均增长25%，各项贷款年均增长20%。此外，在体制下放的高潮中，多数银行机构被精简、合并和撤销，如在1958年撤销了建设银行。

（4）“文化大革命”时期的财政与银行关系。

在这段时期，国家与社会高度统一，所有资金运行都控制在国家手中，财政与金融在机构、职能上混在一起，无法正常开展业务活动，不能实现专业化分工。银行的制度被废除，作用被削弱，机构大批撤并，人员大量精简。财政和银行于

1969年秋被合并成一个部门，1970年4月建设银行并入中国人民银行。财政金融部门管理业务一度只有一个“财政业务组”和一个“银行业务组”，工作处于半停顿状态。从事金融业务的人员最少时不足百人，行长也只是由财政部副部长兼任，银行处于财政的直接监督之下，各级分支机构的设置也由各地自行决定，从上到下没有统一集中的工作系统。银行作为财政的二级单位存在，财政部决定给哪个企业拨款，银行就给钱，相当于一个小出纳，银行职能大为削弱，对财政具有明显的依赖性。1972年后才逐步恢复一些司、局，但财政、银行两大部门仍合在一起。

1.2.2 计划经济时期财政银行关系的特点

（1）“大财政、小银行”。

自新中国成立初期直至改革开放之前，国家财政在社会资源配置中扮演了主角，社会再生产过程的各个环节都由财政统一计划并加以控制。财政是社会投资主体，包揽各项社会事业，职能延伸到社会各类财务职能之中。财政支出机制大而宽：不仅巨额的经济建设投资由财政直接拨款，国有企业的定额流动资金也由财政无偿拨付，此外财政还要承担国防、外交、行政、科技、教育、文化、卫生等各项支出。与此同时，人民银行作为财政的附属部门，“是国民经济各部门资金活动的中心和枢纽，是国家的总会计，总出纳”（杂志社论，1965）。由此可见，银行只是被定位于会计和出纳，而非营利性的经济组织或是实施国家金融宏观调控措施的机构。①

（2）“财政挤银行，银行发票子”。

按照当时财政与银行的关系以及综合平衡的要求，财政收支平衡，可以增加财政性存款，以增加信贷收入；国家有能力增拨信贷基金，以利于平衡信贷收支。但是，从新中国成立到改革开放前的计划经济时期，财政不仅承担行政管理、社会管理、社会事业发展方面的支出，还承担着重要的经济建设支出，而我国在这一时期财政能力较弱，财政收入常常难以满足各项支出的需要，财政出现困难，特别是在几次基建规模、投资规模较大的情况下，通常会采取财政动用历年结余、向银行透支等方法解决，从而产生“财政挤银行、银行发票子”的情况。

（3）财政银行分工多次变动。

由于缺乏基本的经济建设经验，我国对财政银行体制进行了多次尝试，主要集中于基本建设财务管理体制与国有企业流动资金供应体制两个方面。

基本建设财务管理方面，我国在1954年成立了隶属财政部的中国人民建设银行，专门办理基本建设拨款；1958年试行财政包干制，同年建设银行撤销；1962年恢复建设银行；1970年4月建设银行并入中国人民银行；1972年4月，恢复建

① 关于“大财政、小银行”问题，参见第8章“大财政、小银行”。

设银行建制。

国有企业流动资金供应方面，国有企业定额流动资金主要由财政无偿拨付，但资金供应方式几经调整。1951—1954年，定额流动资金由财政和银行分别供应；1955—1957年，流动资金计划数额全部由财政供应；1958年，恢复定额流动资金由财政、银行分别供应的方法；1959—1961年下半年，全部流动资金都由银行供应，即“全额信贷”；1962—1965年，定额流动资金全部由财政供应；1966—1971年，在核定的流动资金占用额内，由财政、银行分别供应；1972—1978年，恢复由财政供应的办法。

(4) 财政信贷综合平衡理论形成并在实践中逐步重视。

国民经济恢复时期和第一个五年计划时期的实践中，逐步认识到需要正确处理财政与银行的关系，认识到财政信贷综合平衡的重要性。

在新中国成立初期统一财经、稳定物价、稳定经济的实践中，已经使人们深刻地认识到财政收支平衡对稳定经济的重要作用。在经历了1953年的“小冒进”和1956年的“大冒进”后①，人们逐渐认识到财政信贷综合平衡对稳定经济的重要意义。在处理财政银行关系上，针对当时银行靠自身吸收存款难以满足贷款需要的现实，国家财政开始自觉和有计划地对银行信贷进行支持。从1954年起，国家预算开始实行每年编列一笔“增拨银行信贷资金”。正是基于这一时期的实践，陈云在1957年《建设规模要和国力相适应》的报告中，正式将“三大平衡”，即财政收支平衡、信贷平衡、物资供需平衡，作为指导经济建设的理论，力保它们之间统一、协调的综合平衡。陈云主张，用于经济建设的资金不能超过国家掌握的财力，财力还要与物力相适应，因为光有钱没有东西也是枉然，也会引起通货膨胀。陈云说：“财政收支和银行信贷都必须平衡，而且应该略有结余。只要财政收支和信贷是平衡的，社会购买力和物资供应之间，就全部来说也会是平衡的”（陈云，2005）。财政、信贷、物资综合平衡的理论，在“大跃进”和随后的经济调整时期，在“文化大革命”和之后的经济调整时期，对促进当时国家经济的稳定和发展，发挥了有力的指导作用（李成瑞，1991，pp. 387-388）。

(5) 财政资金与信贷资金实行分口管理。

财政资金与信贷资金的分口管理和综合平衡，是银行工作中必须遵循的客观规律（严林、金任，1965）。国家财政和银行信贷都是动员和分配资金的工具，都是保证国民经济正常发展必不可少的部分，但是由于它们取得资金和分配资金的形式作用不同，因此必须实行分口管理，并在分口管理的基础上实行综合平衡（王兰，1965）。财政资金与信贷资金分口管理、分别使用的原则是无偿的归财政管理，有偿的归银行管理，长期占用的归财政管理，短期周转的归银行管理，不准用信贷资

① 1953年“小冒进”和1956年“大冒进”，参见第4章“一女二嫁”。

金搞财政性的开支，不准用流动资金搞基本建设。这种原则是根据各种资金不同的来源和周转、回收的特点决定的（宁学平，1982）。

1.2.3 计划经济时期“连裆裤”关系形成的原因

财政与银行本身就存在着密切的联系，新中国成立初期的政治、经济环境更是强化了以财政为主导的财政银行一体化。

（1）苏联经济模式的影响。

我国在新民主主义向社会主义过渡的过程中，受苏联模式的影响很大。在理论上，认为仿效苏联废除市场制度，建立以高度集中的行政协调为特征的计划经济是社会主义天经地义的事情。一直到20世纪80年代，苏联实行的都是与计划经济体制相适应的高度集中的单一银行体制，即主体是以国家银行为中心，包括建设银行、外贸银行、劳动储金局，体系庞大，结构单一，且囊括了全国的金融信贷业务。国家银行的职能范围很广，既包括类似西方国家中央银行的职能，又包括类似西方国家商业银行的职能；既负责货币政策、货币发行，又负责银行存贷业务，致使中央银行的职能一直不明确。建设银行主要管工业基本建设的投资贷款；外贸银行承办外贸结算和非贸易汇兑业务；储金局下面的储蓄所主要是吸收居民现金用于国家经济建设。这些专业银行只是在银行业务的某些方面对国家银行起一定的辅助作用，不能进行独立核算。因此，整个银行体系不健全，主要附属于财政，承担着结算中心的职能，银行对资金分配的作用很小。在当时的计划经济体制下，苏联的金融机构是代表国家管理金融业务的，是一个行政单位，财政要拨多少款给企业，银行就得拨，没有盈利的目标和任务，利率常年不变，银行的自主性和自我约束力都不够，没有良好的信用基础（陈柳钦，2007）。苏联的财政银行关系对我国起到了示范作用。

（2）计划经济体制是当时“连裆裤”关系形成的根本原因。

20世纪50年代初，我国社会主义的经济基础逐渐确立，将社会主义经济的性质确定为公有制基础上的计划经济。1949—1952年，国家首先对金融业和对外贸易实行了计划管理，并对棉纱、棉布等少数重要产品实行了统购统销。1953—1956年，计划管理基本涵盖了产品市场。1958年，政府直接控制了农村经济运行，至此计划经济完全形成（项怀诚，2006，p.89）。社会主义计划经济时期，国家经济生活的一个重要特征就是计划。计划支配一切，从生产、分配、流通到消费，无处不是计划在起作用。

财政作为国家筹集运用资金，实现国民经济和社会发展计划、配置资源的主要工具，自然要打上计划经济体制的烙印。财政是对生产成果在全社会范围内分配的职能部门。自新中国成立以来，财政一直被界定为社会分配的主体。相应的，财政所负担的职能也囊括社会生产的各个方面：生产建设、社会公共消费、人民生活，其中生产建设又占据主导地位，形成了社会主义财政的生产建设特色（范林录，

1992)。另一方面，传统财政理论认为，社会主义财政是生产建设性财政，是社会再生产的主要构成要素。企业没有投资权，没有能力扩大再生产，国家财政代替企业，成为社会投资主体。

计划经济要求在国民经济一切部门消灭资本主义成分，因此为市场经济服务的私人银行、股份制银行、其他金融机构和金融市场也就没有存在的必要。同时，以商品流通为基础的货币价值关系的发展，必然会受到很大的限制。而银行正是经营货币、授受信用的机构，自然只能处于我国国家财力运用的次要地位。并且由于财政采取了统收统支的做法，企业的活动均纳入国家预算进行管理，所需资金由财政无偿拨付，银行只能作为财政的附属物存在，在较小的范围内从事业务活动，对企业的财务进行监督和控制，实际上只属于国家的“出纳”机构。

(3) 国家实施强有力宏观调控的要求。

新中国成立初期到改革开放前，建立富强国家的强烈愿望促使我国在经济发展中通过计划手段集中国家的各种力量进行各项事业建设，为此也就相应地建立起物资统调统配、财政统收统支、银行统存统贷，力求财政信贷综合平衡的高度集中统一的宏观调控体系。

第一，国家从使用价值和价值两条线对国民经济进行计划调控。国家首先控制了物资的产、供、销。国有商业和物资系统控制了工业产品的生产、供应与销售，农村供销社系统掌握着农产品的购销粮食与工业品的返销，粮食部门则控制了粮食的收购、加工和销售。另一方面，“物随钱走”，国家利用价值手段进行分配，实现流通和消费。这种宏观调控方式是建立在当时生产力不很发达、物资相对匮乏、供不应求、整个社会处于卖方市场的经济基础之上的。新中国成立后很长一段时期，由于国民经济发展中经历很多波折，在这种情况下，国家对物资供求实行计划调节，社会资金的筹集分配主要是由财政实行统收统支，既是必要的，也是可行的(郑炎潮，1986)。

第二，财政是国家计划得以实现的一个手段。国家计划制订好以后，具体的实施工作则主要靠财政来执行。财政通过执行国家预算，参与国民收入的价值分配，逐步形成各种基金，如折旧基金用于完成简单再生产，消费基金维持劳动力再生产，积累基金用于追加投资，进而形成单位和个人的货币购买力，在流通领域实现使用价值与价值的统一。这个统一过程也是国家计划得以实现的过程（牛泽厚，1995)。

第三，全面统筹安排资金，促进经济健康发展，协调好财政与银行关系是关键。“计划经济时期没有‘宏观调控’这个词，但宏观调控的事是有的，当时称为‘综合平衡’”。“财政和银行的关系也是在综合平衡的指导下，协调彼此之间的关系”(王丙乾，2009，pp. 737－738)。财政和银行是国家集中性资金分配的两条渠道，由财政、信贷形成的购买力是社会总需求的重要组成部分，财政收支平衡、信贷收支平衡是实现物资供求平衡的重要条件。在高度集中的财政经济体制下，银行的信贷资金仅仅依靠各种存款和正常的货币发行是不够供应企业流动资金贷款需要的，因此，强调财政要支持信贷平衡，从而实现综合平衡。李先念担任财政部长时，在强调财政信贷搞好各自平衡的同时，强调财政、银行两家要“穿一条裤子”，共同把好口子，实现综合平衡。如 1962 年国家进行经济调整，加强了集中统一，银行能够吸收的存款相对减少。为了使银行能合理满足流动资金贷款的需要，支持生产的发展，李先念提出扩大银行利润的留成比例，以充实信贷资金。这些措施对国民经济由困难转向顺利发展，实现财政经济状况的根本好转，起到了重要的作用（王丙乾，2009，pp. 188 - 189）。“总体看来，在计划经济时期，没有财政—货币政策协调配合的体制基础，也没有财政—货币政策协调配合的说法，我国财政是在综合平衡的理论和经济管理框架下，主要通过财政、信贷、物资、出口等几个方面做到综合平衡的。这种宏观调控的办法在计划经济时期发挥了重要的作用”（王丙乾，2009，p. 738）。

（4）高度集权的行政体制是政治基础。

中国长时期是一个小农充斥的国家，“行政权力支配社会”形成了牢固的历史传统。中国共产党在长期革命中形成的崇高威望的基础上，建立了在自己领导下的全能主义政府（项怀诚，2006，p. 87）。在“全国一盘棋”的思路下，我国几度对财政、信贷、企业管辖权进行统一，加强了集中制。银行业实行严格的垂直领导，各级银行服从上级银行的领导，银行职能和服务对象也实行集中管理。这种情况下的银行实际上是作为政府管理部门进行运作，是部门管理体系的一个环节。

（5）财政银行几度合并是促进因素。

20 世纪 50 年代、60 年代、70 年代三次机构调整，都将财政部和中国人民银行合二为一，随处可见“财政金融局”的牌子，中国人民银行几乎没有立足之地，一直处于可有可无、可归可并的地位。三度合并，实际上是将财政和银行视为一体。正因为历史上的三度合并，使人们逐渐形成了这样的观念，财政和银行既然可以归并，说明两者性质、职能是共同的（周建松，1989）。

1.2.4 “连裆裤”关系在特定历史时期的评价

（1）“连裆裤”关系的积极作用。

新中国成立后，在三大改造完成后，中国走上社会主义道路，实行计划经济，建立高度集中的财政管理体制，这是历史与现实的选择。从 1949 年到 1978 年，尽管经历了 1958—1960 年“大跃进”、十年“文化大革命”等重大挫折，社会主义经济建设和社会发展还是取得了相当大的成就，与计划经济体制相适应的财政银行体制发挥了重要作用。

①对于特定时期稳定金融物价起到重要作用。新中国成立初期，国民党政府留下了长达 12 年的恶性通货膨胀，物价飞涨，民族工业奄奄一息，工人大量失业，部队仍在前线扫清残敌，开支浩大，而各地财税政策尚不统一，收入组织缓慢，新

生的国家政权还不巩固。当时财政银行体制的运行，使得中央能够果断采取统一的财政经济方针，在很短的时间内迅速稳定金融物价，使国家财政经济形势得到好转。到1951年，国家财政收支实现了平衡，并略有结余。财政银行“连裆裤”关系为恢复国民经济、改善人民生活、打击投机资本、支援抗美援朝、巩固新生的国家政权建立了历史功绩（项怀诚，2006，p. 98）。

②推动建立了比较完整的国民经济体系。特殊的财政收入机制，大而宽的财政支出机制，高度集中的管理机制，财政银行“连裆裤”体制的这些特点，使得国家能够避免资金的分散和消费性使用，最大限度集中国家的财力与物力，筹集巨额建设资金，进行大规模经济建设，建立比较完整的国民经济体系，特别是优先发展了重工业，大大改变了中国社会历史的发展进程，把中国由一个贫穷落后的农业国，变成了初具规模，走上工业化道路的新兴的社会主义国家（项怀诚，2006，p. 99)。

③发展了各项社会事业。国家通过高度集中的财政运行机制，举办科技、教育、文化、卫生等各项社会事业，建立了比较完善的国有事业单位体系，几乎覆盖所有的社会事业领域，为新中国的经济发展和社会全面进步提供了条件，发挥了相当积极的作用。

(2)“连裆裤”关系存在的弊端。

随着社会主义经济不断迅速发展，经济关系日趋复杂，人民物质文化生活需求不断提高，财政银行的“连裆裤”关系也暴露了越来越多的弊端。

①银行功能异化。一方面，此期间的人民银行兼有中央银行和商业银行的双重职能，承担多种不同的金融功能，从而不能集中精力致力于制定与执行有效的货币政策。中央银行功能异化，不再起“银行的银行”的作用。另一方面，银行存在效率低下的情况。银行表面实行经济核算，但只限于成本核算和收支平衡，不自负盈亏，没有盈利的任务和目标，金融业务单一，自主性和自我约束力都不足。同时，银行运行采用国家机关的管理模式，利率不是主要的考核指标，因此银行对所贷资金的盈利性并不关心，信贷资金投资效率逐年下降。银行业越来越失去自身应有的特性，还失去了发展的活力和内在的推动力（陈柳钦，2007）。

②缺乏激励机制。“连裆裤”体制的特点是权力过分集中，政府职能过度膨胀。财政取代企业微观决策职能，人们处于自上而下的金字塔形的权力等级中，不仅自主的权利很小，企业和个人能力很难充分发挥，而且其工作绩效也很难与其收益挂钩，压抑了各地区、各部门、各单位的积极性、创造性，不利于社会生产力的长期持续发展（武力，2003）。

③基本建设财务管理体制存在缺陷。在传统体制下，基本建设支出居财政支出的首位，占国家财政支出的30%～40%。财政成为最重要的社会投资主体，基本建设财务管理体制对国民经济运行及国民经济发展计划具有举足轻重的作用。但是这一时期的基本建设财务管理体制，没有突破财政按国民经济计划无偿拨付基建投资的模式，建设银行几经沉浮，也只是专门办理财政基建拨款的部门，虽有一定监

督功能，但与真正意义上的银行相去甚远。这就导致了基本建设投资权责利脱节，缺乏内在的投资约束机制。基本投资项目由计划部门审批、立项，列入国民经济计划；财政部门按国民经济计划编制国家预算，安排基本建设支出，将资金拨付给建设银行；建设银行根据审批的基建计划，为建设单位提供资金，并监督资金的使用。建设项目成功，皆大欢喜，一旦失败，计划、财政、建设银行很难单独承担责任。统收统支下的建设部门、单位，更没有基本建设投资风险之虑。因而争项目、争投资、基本建设规模失控，成为“连裆裤”体制下的顽症（项怀诚，2006，p.93）。

④流动资金挤占过多。在统收统支体制下，企业没有留归自己支配的可用于生产方面的资金，扩建和更新改造要靠财政拨款，流动资金则是由财政和银行“双口”供应。但流动资金的需求一直不怎么受到人们的重视，似乎它具有可以极大地加以压缩的可能性。但是一定期间的流动资金需求是一个不能不予以满足的确定的量，不论是不是实行“双口”供应，也无论“双口”供应中按什么原则划分各自供应的比例，最终都要供应到这个确定的量为止。在编制计划时，当发现财政可能增拨的流动资金数量和银行可能提供的短期贷款数量不足以满足这个确定的量时，就应当相应压缩其他支出，以保证实际上不能不予以保证的流动资金的供应。然而，过去的实践往往是在这方面留下缺口。流动资金的供应安排往往不够充足，原因是多方面的，最直接的原因是，固定资金方面的需求，部分是靠压缩流动资金的供给来满足的；流动资金还存在着企业直接被挤占的现象。由于财政往往是在各项支出安排后剩多少钱就拨给流动资金多少钱，所以缺口事实上不能不由银行补足，而不论由此是否会引起银行信贷的过度投放。如果引起了过度投放，那自然就意味着财政信贷的综合平衡遭到破坏。或许可以说，在统收统支体制下，综合平衡主要就是从这点被突破的（黄达，2009，pp.236－237）。

⑤缺乏规范化、法制化。财政银行“连裆裤”体制在规范化和法制化方面有明显欠缺。近30年间的财政运行体制变动频繁，截止到1978年，财政分配领域还没有一项国家的正式法律，银行的职能一直缺乏法律依据，业务均根据经济发展的阶段性需要，依靠行政法规来调节，有较大的随意性，这些都不利于形成清晰、稳定的制度体系和提高经济效益。

⑥结合过紧。旧的“连裆裤”体制按照集权原则，强调了计划、财政、银行的三位一体，把财政、信贷和货币发行强行捆在一起，互吃“大锅饭”，忽视了两种手段各自的独立性和资金运动的特殊规律性（周建松，1989），在许多方面背离了发挥其自身经济杠杆作用的渠道和范围。一方面，许多该由银行信贷和利息起调节作用的资金划分给了财政，结果削弱了经济杠杆作用的发挥；另一方面，由于财政拨款的无偿性，企业普遍患了没有偿还观念、周转观念、利息观念和时间观念的“投资饥饿症”，从而大大降低了资金运用的经济效益，给国家建设事业带来了不利的影响（卓然，1986）。

⑦缺乏制约。国家宏观调控机制的生命力在于既能相互作用，又能相互制约。

但是，旧体制在耦合过紧的同时，缺乏必要的制约力。一方面，财政和银行缺乏明确的资金上限，无论是财政拨款于银行，还是银行上缴财政，都没有明确的数量界限，时多时少。从银行上缴利润来说，1958—1971年上交50%，1972—1974年上交20%。另一方面，无论是财政使用银行资金，还是银行使用财政资金都没有资金使用上的责权利。财政增拨信贷基金，弥补信贷收支差额；银行占用财政性存款，财政挤占银行资金，都不付费付息。这种无偿使用，即吃“大锅饭”的资金体制，严重地违背了商品经济的运行规律和要求，导致国民经济陷入如下循环：财政赤字—银行借款—财政挤银行，信贷不平—财政追加—银行挤财政。两种形式运行的结果，都会导致银行增发票子。因此，在国民经济中，无论哪一环节失控，都会以增发货币、牺牲市场为代价来“解围”（周建松，1989）。

1.3 有计划商品经济时期财政银行“连裆裤”关系的沿革

1.3.1 有计划商品经济时期财政与银行关系

（1）财政与银行各自的发展。

从银行方面看，日益发展的经济和金融机构的增加，迫切需要加强金融业的统一管理和综合协调。1977年12月，国务院召开了全国银行工作会议，决定恢复银行独立的组织系统，强调要发挥银行的作用。1978年1月正式恢复了财政部和人民银行总行两个部门。1979年1月，为加强对农村经济的扶持，恢复了中国农业银行。1983年9月17日，国务院决定中国人民银行专门行使中央银行职能，存贷款业务由专业银行（对内为工商银行，对外为中央银行）进行。从1984年1月1日起，中国人民银行开始专门行使中央银行的职能，集中力量研究和实施全国金融的宏观决策，加强信贷总量的控制和金融机构的资金调节，以保持货币稳定。同年1月，中国工商银行正式成立，承担原中国人民银行的工商信贷和储蓄业务。至此，中国人民银行的商业性业务基本剥离，正式成为我国的中央银行；中国工商银行则成为规模最大的专业银行，负责工商企业贷款；作为配套措施，中国建设银行从财政部分离，负责基本建设贷款；中国农业银行则负责农村服务贷款（刘明康，2009）。1985年，国务院明确规定，财政部和人民银行同属国务院系列，行政同级，均由国务院统一领导。人民银行与财政部初步实现平等。我国金融体制开始向现代化市场金融体制转变。

从财政方面看，改革开放后，国家采取多项措施促进国民经济的发展：推行放权让利政策，国民收入分配格局发生了巨大的变化，收入开始向居民、地方、企业倾斜；采取减税让利措施，给予企业一定的利益；通过“利改税”，扩大了企业的财权；对城乡居民给予财政补贴。在经济好转的同时，中央财政做出了较大牺牲，财政收入与财政支配能力逐年下降。但财政支出却减少有限，以致中央财政陷入困境。

(2)“拨改贷”的推行。

在1984年以前，国家基本建设投资均以国家财政无偿拨款方式办理。由于财政管理体制的改革，仅仅打破了“统收”，并没有打破“统支”，因此，中央财政背的包袱过重，不可避免地形成了财政收支的巨大亏空。而与此同时，随着居民储蓄的增加，银行资金逐渐充实，有着充裕资金的国有银行正好可以填补中央财政在投融资和宏观调控方面留下的真空。逐渐壮大的国有银行取代财政成为固定资产投资的依赖主体。1978年，城乡居民储蓄存款余额仅有210.6亿元；到了1985年，这一数字增至1 622.6亿元，增长了6.7倍。随着居民储蓄的增加，银行资金逐渐充实，贷款范围也突破了流动资金的界限，开始发放技术改造贷款和固定资产投资贷款（当时叫做中短期设备贷款），银行在企业生产建设资金的筹集过程中扮演了主角，“拨改贷”政策正是在这样的背景下出台的。1984年12月，国家计委、财政部、中国人民建设银行联合决定，从1985年起，凡是由国家预算安排的基本建设投资全部由财政拨款改为银行贷款，“拨改贷”在全国推行（申学锋，2006）。

(3) 企业成为财政信贷平衡中新的环节。

随着统收统支体制的突破，企业的收支开始成为财政信贷综合平衡中具有独立意义的环节。在具体的资金管理权限中，企业具备独立自主地支配一部分利润以形成各种生产基金的权限；财政在更新改造和流动资金方面的供应任务极大地减小；银行与企业不只在流动资金周转方面，而且也在固定资金周转方面发生联系。企业在财政信贷综合平衡中的意义加大，具体体现在三个方面：在固定资产投资方面，新出现了一个集中性的信贷资金与千千万万笔分散的企业生产基金之间相互配合的领域，从财政信贷综合平衡的角度来看，要实现对固定资产投资的计划管理，新的情况较财政大一统的情况无疑要困难很多；在更新改造方面，当企业支配有可以主要用于更新改造方面的基金时，很容易出现把应该用于更新改造方面的资金用于扩建方面的情况，然而更新改造又势在必行，这就必然增大对银行信贷的压力；在企业留利方面，企业留利中尚未有用于增补流动资金这一条规定，流动资金依然是大家都想挤而实际上谁也挤不了的硬需求，只要被挤占，则终归要迫使银行扩大信贷投放，使得财政平衡的风险进一步加大。因此，此期间财政信贷的平衡除了将重点放在财政与银行这两个环节上，还必须同时把握住企业这个环节。假如资金的运用在企业这个环节失去控制，也就难以实现对资金供求的全面控制，从而也就达不到综合平衡的目标（黄达，2009，pp. 237－239)。

1.3.2 财政银行关系出现的问题

(1) 国有企业形成“赖账机制”。

在此期间，国有企业的大部分固定资产投资和90%以上的流动资金，都是来自银行贷款。生产靠贷款，还贷靠举债，在国有企业形成了“赖账机制”。一些企业吃“大锅饭”的观念还没有转变，为了保持经济增长，银行必须不断地为企业输血，企业缺资金则理直气壮地向银行要，把对资金的需求建立在对银行的依赖上。但是巨额的银行资金支持并没有买回现代企业制度和高效的企业盈利能力，大量的贷款形成了不良资产。很多企业有意识地赖账、欠账，即使能够归还贷款也一拖再拖。在个别地方，地方政府对银行的行政性指令使银行不得不违背市场经济规律对“困难企业”发放贷款（姚云琦，2007）。

（2）流动资金管理存在漏洞。

国务院决定流动资金由银行管理，并规定地方、部门和企业用自筹资金新建、扩建固定资产投资，必须具备 30%的自有流动资金，银行方给予贷款。但是，在国家预算内，安排固定资产投资如何受流动资金的供应能力的制约，尚无明确的规定，这是在宏观资金分配上妥善处理财政银行关系的一个重要问题。由于在流动资金上留有这个漏洞，使财政、地方、企业依旧过多考虑固定资产投资，而忽视流动资金的配套，甚至有的单位把流动资金也用于基建，这使得基建规模难以控制，以致成为形成经济“顽症”的重要原因之一（任峻垠，1983）。

（3）财政银行资金相互挤占严重。

①财政挤占银行资金。第一，财政透支、借款呈长期扩大化的趋势。财政赤字与周转性资金差额的弥补，以向银行透支的方式解决，给信贷平衡增加了压力。财政透支相当于长期无偿占用银行信贷资金，将财政收支差额转由银行负担。在财政存款无息存入银行并保持一定数量的稳定余额的情况下，银行有限度地向财政提供一部分透支和借款，可以帮助财政克服暂时的资金困难。但是，不加以控制或不附加任何条件的透支和借款，必然严重影响银行信贷资金的调度和使用。根据统计数据，当时财政向银行借款的年末余额逐年上升，1988 年为 576 亿元，1989 年为 684 亿元，1990 年为 80 亿元，1991 年为 1 067 亿元。① 国家银行是抑制社会总需求的最后一道防线。财政透支以后，为防止社会总需求的扩大，银行必须相应压缩贷款总额。否则，势必增加货币发行，导致通货膨胀。1989 年底，财政透支和借款余额达 790 亿元，而财政存款只有 460 亿元。这对银行的信贷平衡构成了一定压力，也加重了银行控制社会总需求的难度（柴金，1990）。第二，一部分信贷资金被用来直接购买财政债券，而且债券到期采用转换债务即新债换旧债的方式偿还，这部分信贷资金实际上已被财政长期占用。第三，银行贷款垫补了因财政欠补欠拨所形成的挂账。

②银行挤占财政资金。第一，银行利率多次提高，加重了企业还本付息的负担。按当时财政管理制度规定，工商企业贷款的一切利息，包括罚息在内都在生产

① 《中国统计年鉴》，656 页，北京，中国统计出版社，1992。

经营的成本中列支，银行利率的调高只会增加企业的成本，冲减财政收入，本来应属于财政的收入被银行通过利率形式转移掉。第二，银行的宏观紧缩政策在一定程度上会影响经济和生产。经济过热出现通货膨胀后，银行实施紧缩是很必要的，但当时我国的通货膨胀除需求拉动型通货膨胀外，也有结构失调型通货膨胀，银行在实施紧缩时往往是采取“一刀切”的总量压缩办法，而不是区分不同情况采取结构型的压缩，对社会生产经济产生一定的副作用。反映到财政上，就表现为增支减收（范文波，1994）。第三，银行借代办金库业务之机，常年无偿支配财政金库资金，使财政资金无偿化、银行信贷化。财政资金由此成为银行信贷资金的重要稳固来源。甚至银行在地方的分支机构还利用财政库款炒房地产、炒股票、炒期货、创办各产业，搞所谓的多种经营、银企集团。同时，也存在着不少财税收入不能及时收纳入库、非法占用占压税款、银行利润不及时按规定上缴财政、预算资金不能按经济发展需要和事业进度拨付等问题。1993 年上半年，全国各地银行占压税款问题非常严重，累计达数百亿元（梁宝柱，1994）。

（4）财政银行分工调控重点界定不清。

①银行向财政异化，承担财政职能。以银行的有偿性、盈利性为特征的信贷资金通常会被各种行政手段以无偿性、非盈利性来运用。固定资产贷款方面，从贷款总规模到贷款项目，从当年新增贷款到贷款回收，都由指令性计划管理，不论项目效益和偿还能力如何，必须按计划贷款。实际上是将这部分信贷资金视同财政资金来安排的。政策性贷款方面，政策性贷款种类较多，很多都带有财政资金性质。这些贷款对维护政治稳定和社会安定有一定的作用，但其中有相当一部分是与国家产业政策、经济效益原则和信贷原则相违背的；从长远看，也是不利于经济发展和货币稳定的。农副产品收购贷款方面，这一直是贷款扶植倾斜的重点，但由于财政等其他渠道安排的收购资金不到位和有关方面的挪用挤占，事实上已经形成银行替代财政和其他部门统包收购资金的不正常局面（范文波，1994）。补贴方面，原本是由地方政府承担的补贴，如对粮食行业、支柱企业、教育部门等发放补贴，由于地方政府财政收入的短缺，也只能依靠以银行贷款的形式发放下去。国有企业方面，为了解决国有企业困难职工的安置问题，银行不得不发放类似“安定团结”性质的贷款，实际上这些贷款都只能成为收不回来的坏账，最终形成不良资产（姚云琦，2007）。

②财政向银行异化，行使银行职能。在建设资金的供应实行“拨改贷”后，财政又大规模地拓展了一些财政信用，从中央到地方成立了许多财政信用公司，形成了具备一定规模和实力的财政金融投资体系。财政搞信用，办金融业务，设立金融机构，财政演变成“第二银行”，这种做法表面上使财政担负起银行难以承担或不愿担当的非盈利性存贷业务，促进投资体制改革，满足基础产业、基础设施和非盈利性企业的资金需要，实现社会经济结构的调整。但在财政信用的实际运作过程中，许多仍然是以追逐资金收益回报，甚至是最大化为目的的。由于财政信用具有

权力和利益的驱动性，财政资金信贷化的趋势非常明显，它在一定程度上扰乱了正常的金融秩序，妨碍了金融的健康有序发展（范文波，1994）。

（5）“税前还贷”加剧财政银行之间的矛盾。

按照当时的“税前还贷”办法，企业的固定资产投资贷款到期的还本付息款，由企业在缴纳所得税前的利润中归还，实际上是按所得税税率由国家财政和企业共同为企业归还贷款。从本质上讲，这只不过是财政无偿拨款的变形，是以银行贷款为中介的事后无偿拨款。这种办法使企业的借款风险和资金使用的责任在相当程度上转由财政负担，一方面削弱了利率的杠杆作用，特别是“税前还贷”又允许提取职工福利基金和奖励基金，更加刺激了企业的投资欲望。另一方面银行收回的贷款和利息收入有很大一部分由财政收入转化而来，妨碍了财政收入的增长。1979—1988年，企业税前还贷共1 084.7亿元，如果按“五五开”计算，挤占财政收入542亿元，与1979年相比，1988年税前还贷由15.42亿元增加到293.24亿元，占当年国民收入的比重由0.46%上升到2.54%（柴金，1990）。

（6）机构建制不合理。

机构建制问题主要体现在建设银行上。在计划经济体制下，建设银行是搞基建拨款和资金管理的，承担的是财政职能，完全是财政部所属机构。国务院决定把建行纳入银行体系，由人民银行领导，应当说建设银行的性质、职能和隶属关系是很明确了。实际上关系还没有真正理顺，建设银行仍然是双重领导、两栖性质。在信贷业务上接受人民银行的领导，在资金来源和行政管理方面受财政部领导，既有财政职能又有银行职能，这种“二位一体”的运作方式是财政银行关系扭曲的明显表现（范文波，1994）。

1.3.3 当时财政银行“连裆裤”关系问题的根源

（1）经济体制不完善。

总的说来，经济转轨时期各项经济体制的不完善是此阶段财政银行关系产生问题的最主要原因。我国的经济体制改革是由传统的计划经济体制向市场经济体制的渐进式的改革。因此，在相当长的一段时期内，新旧两种体制并存。同时，改革是一个利益的重新调整与分配的过程，在我国的渐进式改革过程中，为了使改革在最大程度和范围内得到支持以减少阻力，必须要在很大程度上尊重和维持既得利益，这在西方经济学中称为帕累托效率改进的过程，因而必须在改革的过程中给予补偿。在这样的情况下，旧体制根深蒂固，不可能在短期内完全废除，它仍然要坚持其自身的内在逻辑和规则，成为新体制建立的阻力；同时，新的经济体制尚未建立，各项制度和规则都不完善、不成熟，因此，整个社会经济呈现出转轨经济的特征。在这样的经济形式中，产权制度没有完全建立，各项制度改革也正在深化，同时又要照顾既得利益而保留旧体制的部分规则，这反过来又进一步增加了既得利益的刚性和改革取得突破性进展的难度，使我国的经济体制改革处于更为复杂和困难的境地（姚云琦，2007）。

（2）国有企业经营困难。

一直以来，在计划经济体制的影响下，财政、银行、国有企业一直是国家经济运行中的三个环节，一个环节出了问题，中央政府不会坐视不理，会采取行政指令的方式，要求另两个环节提供帮助。在由计划经济向市场经济转轨的过程中，这三者的关系虽然从名义上得到了明确的划分，但是从实际资金的往来上并没有真正断绝计划经济时就一直存在的联系。

从1979年开始，财政就不再向国有企业注资，国有企业成为独立的社会经济单位。但是由于众多的原因，国有企业效率低下和大多数国有企业长期亏损已是不争的事实。国有企业大面积亏损，一方面使财源日益萎缩，削弱了国家财政收入增长后劲；另一方面使国家财政承受的亏损补贴进一步扩大，并且由于各种政策性贷款，企业的亏损进一步转化给银行。这些补贴名为“贷款”，实际上就是行使国家财政的职能。以1994年为例，当年4万亿元的银行贷款，70%贷给了国有企业，即国有企业占有银行贷款28 000亿元，以当年的官方利率12%和市场利率25%～30%进行比较，利差13%～18%。也就是说，如果按照公平的市场经济规则来配置经济资源，国有企业将减少获利3 640亿～5 040亿元，而当年全国国有企业盈利只有2 600亿元。此外，国有企业利用兼并、分立、收购优良资产、假破产和其他重组方式，以达到逃、废或悬空债务的目的，给银行造成了大量的不良资产（姚云琦，2007）。

（3）国有企业产权不明确。

国有企业因产权不明确而出现的非市场化行为，也对财政银行体制的运行产生了重要影响。首先，国家是国有企业的所有者，对企业承担最后的风险，但国家缺乏具体的人格代表，国家的所有权职能被各级政府和主管部门分割，它们都可以干预国有企业的经营，但又都不对资产的保值、增值负责，企业借贷资金的经营者对亏损不负责。由于产权行使主体的缺位，没有一套健全合理的制衡机制和有效的激励约束机制，使得企业的管理混乱，经营效率低下。其次，由于企业产权界限不清楚，权责不明晰，助长了企业资金需求的盲目膨胀。在各级政府和主管部门不断直接或间接干预下，企业没有为投资、融资承担风险的责任意识，没有还本付息的内在压力和约束力，仅靠外在的对管理者的无关痛痒的奖惩，根本无法改变原有的经营意识和道德缺位。最后，由于国有企业是国家的，基于对财政收入的考虑以及已投入资金的回收问题，国家对那些落后的企业和根本已无法起死回生的企业，往往通过各种形式给予优惠和扶持。企业产权无法流动，也就谈不上兼并、拍卖和破产，即使有也大多流于形式，不是市场的自主行为，只是政府部门一厢情愿的资产调整，这样就不可避免地造成社会资源的低效配置，导致银行不良资产的大量积累，危及银行的生存与发展（姚云琦，2007）。

（4）宏观调控机制尚不健全。

我国从单一的计划经济向计划经济和市场调节相互转化的过程中，传统的计划调控机制大大削弱。在微观上搞活的同时，宏观上以财政和银行为主的新调控机制没有及时建立和完善。改革打破了财政统收的局面，形成多元的经济主体，各主体都掌握着部分财力，国家财政集中的财力相对减少，调控能力降低。同时，银行调控手段单一，利率杠杆由于巨大的资金需求而处于无足轻重的地位，作为间接调控中介的债券市场基本未形成。信贷规模成为中央银行进行调控的唯一办法，货币政策的灵活性特征不能体现，时常处于“一松就乱，一紧就死”的状态。由于控制机制的不健全，财政和信贷平衡的目标无法实现（柴金，1990）。

（5）财政资金和银行资金长期严重紧缺，二者缺乏有效配合机制。

改革开放后，对财政和银行各自的职能进行了相应的划分，但是由于财政与银行之间存在着难以割断的密切联系，对于如何处理好财政与银行之间的关系以及在资金运用和宏观调控中二者如何协调配合缺乏有效的机制。因此，财政与银行均以各自的平衡作为政策目标，很少考虑相互之间的协调与配合和全社会资金的综合平衡。在具体政策和计划的制订与实施过程中，面对资金紧张的情况，总是倾向于相互转嫁困难以求出路。由于资金需求远远大于供给，财政、银行连年入不敷出，各自的平衡难以维持。二者关系上的调节，必然引起资金的再分配，影响双方的经济利益。如果要求资金进行单向流动，肯定要受到流出方向的抵制。这种情况使问题越积累越多，资金回旋余地小，可用于调节的资金少，财政银行关系不协调的状况越来越严重（柴金，1990）。

1.4 市场经济条件下财政银行关系的沿革

1.4.1 市场经济条件下的财政与银行关系

（1）财政与银行各自的发展。

20 世纪 90 年代，我国的资金运行状况已经发生了深刻变化。90 年代初，在企业投资的资金来源中，70%来源于财政之外。即使是在国家投资的“盘子”里，银行贷款和企业“自筹”也是主要的资金来源。这与改革之初资金由财政统收统支完全不同，这一变化使得金融政策在宏观经济调控中占据了主导地位。从 1993 年开始，按照《国务院关于金融体制改革的决定》，中国人民银行进一步强化金融调控、金融监管和金融服务职责，划转政策性业务和商业银行业务。1995 年 3 月 18 日，《中华人民共和国中国人民银行法》颁布，首次以国家立法形式确立了中国人民银行作为中央银行的地位，标志着中央银行体制走向了法制化、规范化的轨道。5 月 10 日，第八届全国人民代表大会常务委员会第十三次会议又通过了《中华人民共和国商业银行法》，开创了商业银行新时代。1997 年 11 月，我国召开第一次全国金融工作会议，确定了一系列金融改革的方针、政策和措施，明确指出国有商业银行改革的重要性，提出必须加强信贷管理，降低不良贷款比例，明确将四大专业银行改造为四大商业银行。

财政方面，1994年实施的分税制改革成效无疑是明显的。改革前的1993年，国家财政收入仅为4 348.95亿元；到了2003年，财政收入猛增至21 715.25亿元，10年间增长了4倍，财政收入占GDP的比重由1993年的12.6%提高到2003年的18.6%，中央财政收入占全国财政收入的比重由39%提高到54.6%。国家财政实力的增强和中央财政收入规模的壮大，有力地支持了财政职能的发挥，中央政府的宏观调控能力也随之加强。

（2）财政银行“连裆裤”关系的变化。

在我国相当长的一段时期内，财政出现赤字会自动向中央银行借款或透支，而财政出现结余，则自动由中央银行占用。

1993年，国务院下发通知，要求财政不得向中央银行透支。同年12月25日，《国务院关于金融体制改革的决定》正式下发，文件要求“财政部停止向中国人民银行借款，财政预算先支后收的头寸短缺靠短期国债解决，财政赤字通过发行国债弥补”。此后，《预算法》和《中国人民银行法》相继颁布实施，这两部法律正式以立法的形式切断了财政和央行的这种直接联系。其中《中国人民银行法》第29条明确规定，“中国人民银行不得对政府财政透支，不得直接认购、包销国债和其他政府债券”。从1994年起，国家财政改变了债务收入不列赤字、财政赤字通过向中央银行透支或借款弥补的传统做法，而以国际通行的口径计算赤字，以国际通行的做法弥补赤字，即债务收入不列正常财政收入。此项改革对于推动财政与银行关系的正常化起到了巨大作用。2002年12月，财政部与中国人民银行联合发布《国库存款计付利息管理暂行办法》，开始实行国库存款计息，这是新中国成立以来财政资金首次按照货币市场化计价（谢旭人，2009，p.75）。

1.4.2 “连裆裤”体制运行中的问题

（1）财政银行配合不协调。

中国人民银行自1984年从财政部脱离出来，单独履行中央银行职能以后，与财政部共同管理宏观经济。从目标特征点来看，财政政策更侧重于结构调整，货币政策更注重需求总量调整，但在实际配合中，两者之间缺乏调控机制与作用的协调，导致产业结构至今调整缓慢；从长期目标看，财政政策与货币政策都承担了促进经济增长的重要职能，使得两者的目标缺乏明确的界定；从阶段特征来看，两者的政策目标都带有浓重的相机抉择特性，财政政策正在试图降低与经济冷热的相关性，而货币政策的经济增长“发动机”功能也逐渐向“稳定器”功能转变，使得各个政策内部存在的协调问题表现到外部的政策目标上的冲突愈发明显。二者的不协调主要体现在以下几点（姚云琦，2007）：

①财政政策工具与货币政策工具之间的不协调。国债管理是财政政策和货币政

策的连接点。中央政府通过国债的发行调整政府财政支出，执行扩张或紧缩的财政政策；中央银行在公开市场通过买卖国债调整市场利率，影响公众的投资和产出。但是，由于央行在手持政府债券难以满足公开市场操作回笼基础货币需求的情况下，2002 年开始通过发行央行票据来进行公开市场操作。自此以后，央行票据的发行量逐年攀升，成为银行间债券市场的头号交易品种，这对同期限的国债品种产生了挤出效应。特别是进入 2005 年，央行票据的中期化趋势已经十分明显，进一步影响到中长期国债利率，使国债的价格随之波动。

②财政部门和银行部门配合的步调不一致。在新的宏观经济形势下，财政部与央行在政策手段上缺乏配合。如 1996 年以后一段时期，中国人民银行曾连续 8 次降低存、贷款利率。而在这期间，国家财政部发行国债与银行下调利率的步调不一致。1998 年 2 月财政部发行国债，当这笔国债还没有认购完毕时，中国人民银行于 3 月 25 日宣布下调金融机构存、贷款利率，银行存贷款利率明显低于国债发行利率，给财政部造成很大压力。财政部不得不做出临时决定，暂停这次国债的发行工作，把国债的利率降低到与银行存款利率大致相同的程度继续发行。财政与银行配合的步调不一致，使国家财政背上了沉重的包袱，国债的成本大幅度增加，国债变成了代价高昂的收入，1997 年国债发行规模为 2 500 亿元，发债成本就在 450 亿元左右。又如 1998 年，我国经济出现了严重的需求不足、通货紧缩、经济增长乏力的现象。为了刺激国内需求，拉动经济增长，实施了一系列积极的财政政策。如向国有商业银行增发 1 000 亿元国债，向国有独资银行发行 2 700 亿元特别国债等政策。但银行部门却很少有重大的政策出台，基本上实行的是紧缩政策，造成了国家财政的压力不断加重，不仅影响了扩大内需的效果和潜力，更重要的是加重了国家财政的风险。

③财政政策与货币政策的政策目标和时效不配合。货币政策和财政政策的协调配合是两种长短不同的政策时效的搭配。货币政策则以微调为主，在启动经济增长方面明显滞后，但在抑制经济过热、控制通货膨胀方面具有长期成效。财政政策以政策操作力度为特征，有迅速启动投资、拉动经济增长的作用，但容易引起过度赤字、经济过热和通货膨胀。因而，财政政策发挥的是经济增长引擎作用，只能作短期调整，不能长期大量使用。而我国目前在两种政策工具的使用上并没有具体的长、短期划分，财政政策运用较多，货币政策在遇到宏观经济的过热局面时显得手段不够，效果不佳。并且，货币政策的总量调节和财政政策的结构调整并没有完全达到预期目标。

（2）金融风险财政化。

金融风险财政化是指用财政手段解决银行等金融机构存在的问题，使金融风险通过向财政传导或转移得以释放。由于银行在现代市场经济中的核心地位，其稳定与否关系到整个经济的安全与可持续性，并会影响到社会的安定。因而，一旦金融体系出现问题，金融危机爆发的可能性便会加大，因此政府必然会介入，化解金融风险。

①财政为银行追加注资。在转型经济国家的银行业重组过程中，针对国有银行的注资行动十分普遍。经验研究结果表明，尽管快速步入市场经济轨道和实现银行的市场化转型是绝大多数发展中国家特别是转型经济国家的一种长期愿望，但剧变式的银行私有化和市场化很难行得通。于是，通过政府的注资与刻意推动来使国内银行业特别是政府银行业达到巴塞尔协议标准的要求，从而得到国际社会的普遍认可（如更高档次的评级）已经成为这些国家政府和银行业界竞相追逐的改革时尚，并在很大程度上左右着银行改革决策者的思维倾向（张杰，2004）。

东南亚金融危机以后，财政部便以出资人身份承担了处置银行业不良资产的责任，使银行的风险向财政传导。1998 年，财政部发行了 2 700 亿元特别国债专项补充四大国有银行的资本金，以提高其资本充足率。2004 年，通过国务院批准设立的中央汇金公司分别向中行和建行注资 225 亿美元，用于提高资本充足率，而汇金公司的终极所有人和出资人无疑就是财政部（申学锋，2006）。2005 年国家动用 150 亿美元外汇储备补充工商银行的资本金（谢旭人，2009，p. 130）。1994 年以来，财政部通过税收返还、财政拨付等方式，分别向国家开发银行、中国农业发展银行和中国进出口银行拨补了 500 亿元、200 亿元和 50 亿元注册资本金；2007 年末通过汇金公司向国家开发银行补充了 200 亿美元的资本金（谢旭人，2009，p. 132）。

②财政出资解决金融机构的退出问题。1995 年以来，中央财政与地方财政分别或共同出资解决了一些金融机构的重组与退出问题。如 2006 年，中央财政与广东省政府共同建立了共管基金，用于弥补广东发展银行的重组资金缺口（谢旭人，2009，p. 134）。

③消除银行等金融机构的历史包袱。1997 年财政部冲销了国有商业银行的呆账 300 亿元，1998 年又冲销了 400 亿元。2003—2005 年在工商银行、中国银行、建设银行财务重组时，财政部核销了代表国家持有的三家银行所有者权益；在工商银行改制时，财政与工商银行建立共管基金，分期购买工商银行的损失类资产。为了帮助农村信用社消除历史包袱，2003 年中央财政对亏损的农村信用社给予补贴，截至 2007 年末拨付 88.01 亿元补贴资金（谢旭人，2009，pp. 130 - 135）。

④成立资产管理公司，收购国有商业银行的不良资产。1998 年，国务院按照建行、工行、中行、农行四大国有商业银行的归口，分别成立了信达、华融、东方、长城四家资产管理公司，专门处置各银行的不良贷款，当年四家公司剥离了四大行 1.4 万亿元的政策性不良资产。

2004 年，中行和建行进入股份制改革阶段。根据改革方案，此次财务重组的基本思路是先将两家银行原有的所有者权益、准备金和 2003 年利润全部转为风险准备，专门用于核销资产损失。中、建两行的未核销部分1 498亿元和1 289亿元“可疑类贷款”按市场方式出售给资产管理公司。尽管此次剥离引进了一些市场机制，有别于上次的做法，但本质上仍是财政埋单（阎坤、陈新平，2004）。

⑤中央财政的明补和暗补。一些被关闭的金融机构对外主权债务由中央财政负责偿还，这是中央政府的明补。在处理一些被关闭的金融机构时，对接手其相关资产和债务的国有商业银行，在一定期限内，可减免上交中央银行的再贷款利息，这等于中央财政提供了暗补（阎坤、陈新平，2004）。

（3）财政风险金融化。

①中央财政风险金融化。1994年以后，我国虽然从法律上阻止了财政向中央银行透支或借款，但是，一方面1994年以前的借款未归还，依然是影响货币政策的因素之一，直到2003年，中央财政向人民银行发行1 660亿元可转换国债，才解决了1994年以前历年财政向央行借款的历史遗留问题（谢旭人，2009，p. 78）。另一方面，由于我国体制上的历史原因，导致央行缺乏独立性，在货币发行上存在财政部的"倒逼"现象，即财政部直接或间接地向央行强行借钱，央行不得不投入基础货币，加大了通货膨胀的压力。在面对更大的通货膨胀压力的年份里，这样的行为无疑加大了金融风险（姚云琦，2007）。

另外，政策性银行欠账导致基础货币的扩张呈刚性。我国在1994年成立3家政策性银行，其初衷之一就是割断政策性金融与基础货币之间的联系，从财政中分离出一部分资金对一些产业进行直接扶持。然而其结果却是，财政对政策性银行的巨额欠款，包括：财政对政策性银行所欠拨款；财政对政策性银行所欠补贴；财政所欠对农副产品采购企业的政策性亏损部分的补贴，从而导致中央银行对政策性银行发放的再贷款有增无减（姚云琦，2007）。

②地方财政风险金融化。我国地方各级政府存在不同程度的财政紧张，于是地方各级政府开始向基层银行分支机构转移财政风险，地方财政风险金融化问题比较突出。

第一，地方政府不规范的改制行为。在企业制度改革中，地方政府不规范的改制行为使金融资产蒙受了巨大的损失，实际上是银行为地方政府承担"改革"成本。在过去相当长一段时期，企业特别是国有企业承担了大量的社会责任，形成了大量的"财政隐性赤字"。在企业制度改革过程中，许多隐性赤字、历史问题逐渐显现出来，需要地方政府加以解决。地方政府在企业与银行的利益平衡上往往倾向于本地企业，甚至用牺牲银行利益的做法来保护企业利益。而且地方政府总想通过改制，帮助企业卸下包袱、轻装上阵，有的地方甚至借改制之名，行逃废债务之实。银行信贷资金被地方视为"准财政资金"加以运用，地方政府盲目兴办项目，一味追求"速度"、"政绩"而导致的低水平重复建设，并为此付出的改革费用，大部分都在银行"报销"（人民银行泰州市中心支行课题组，2004）。

第二，地方政府长期热衷于自办金融。地方政府自办金融在全国范围内普遍存在，如各种形式的社会集资、股金会、基金会等，由此产生的地方财政风险绝大部分已经或正在以各种名义"合法"地转嫁给基层银行分支机构。地方政府还存在以各种名目向人民银行融资的情况。如1997年在清理整顿信托投资公司、城市信用社、农村基金会、城市“三乱”（即乱批设金融机构、乱开展金融业务、乱集资）过程中，为解决被撤销金融机构支付个人合法债务和外债的资金缺口，26 个省、市、自治区以地方财政作担保，总计向中国人民银行总行申请了 1 411 亿元的再贷款，而地方财政的还款能力明显不足。这样以央行的再贷款来解决此问题，无疑是将不良贷款“货币化”（人民银行泰州市中心支行课题组，2004）。

第三，地方财政供给范围内的公共部门负债日趋加重。随着地方财政供给范围内的公共部门负债日趋加重，受地方政府利益诱导的基层银行分支机构自觉不自觉地充当了“第二财政”的角色。长期以来，由于地方财力不足，各级政府对文教科卫、社会保障等社会性支出严重欠账，于是各级政府纷纷把目光转向了当地银行部门，希望通过当地银行部门调剂资金解决社会支出不足的难题。当地政府往往采取“银行贷款，财政贴息”的办法，来解决燃眉之急。一些财政拨款的事业单位，如各类各级学校也通过向银行贷款的办法来发展教育事业，形成巨大的债务包袱。地方政府采用银行贷款填补缺口的做法，无疑是“拆东补西”的权宜之计，其最终受害者都将是银行机构（人民银行泰州市中心支行课题组，2004）。

第四，地方政府投资欲望与日俱增。1998 年我国实施了积极的财政政策，在政策的推动下，一度沉寂和压抑已久的地方政府投资热情被激发，各地掀起了一股以地方政府直接投资为主的投资热潮。但由于受地方财力严重匮乏的限制，地方政府维系高投入主要靠举债。在政府举债投资方式上，由于国家对地方政府直接举债行为进行了严格限制，越来越多的地方政府采用变通方式来举债，如通过成立类似“窗口公司”的负债载体来筹集资金。为了达到借贷主体合法化和筹资方便，地方各级政府部门尤其是地市级政府部门近年来纷纷设立各类公司，如城建部门成立城市基础设施建设公司，财政部门成立国资经营公司，交通部门根据道路名称成立建设公司，等等。这些企业又通过出资、参股裂变为多家独立法人企业，分别进行筹资，从事政府投资活动。在当前政府举债投资的资金中，银行信贷资金逐年增加。地方政府运用“变通”方式推动基层银行过多介入政府投资领域，形成了大量信贷资金长期化、财政化趋势，发展到一定阶段，必将形成信贷资金“空壳化”，为此银行业要为地方政府或财政承担巨额的资产损失，银行业的风险状况有可能进一步加剧。

此外，地方财政风险金融化还可以通过很多间接途径实现。如地方政府向企业征收过头税或增加税外负担将导致银行信贷资金间接财政化，地方政府违背企业意愿或超出企业承受能力要求企业进行项目投资，在地方企业大部分的营运资金依赖银行贷款的现实情况下，将投资风险间接转嫁给金融机构等（人民银行泰州市中心支行课题组，2004）。

1.4.3 新时期财政银行关系问题的成因

（1）财政金融风险相互转化的客观性。

社会主义市场经济发展过程中，政府需要纠正市场失灵，维护社会经济的稳定。特别是在我国市场体系还不十分成熟的情况下，经济运行中出现金融问题、金融风险或危机时，我国财政不仅有道义上的责任而且更有义务去承担一部分解决问题、危机的成本（肖俊涛，2009）。

改革开放以来，随着经济的发展以及企业、居民收入水平的提高，银行各项储蓄存款不断增加，提供资金的能力不断增强。在我国金融体系很大程度上受政府控制的情况下，当财政承担的职能与财政能力形成矛盾时，政府便会不可避免地直接或间接干预金融机构的行为，金融功能的“准财政化”就会部分替代财政功能，从而支持了我国的宏观经济不至于失控。因此，在转轨过程中，金融风险财政化与财政风险金融化有其一定的必然性。

（2）财政政策和货币政策相互配合欠协调。

一方面，货币政策不能有效地向财政政策传导。在我国目前的情况下，货币政策在相当程度上服从于财政政策，具体表现为：一是货币政策的制定被动地服从于中央和地方的经济发展目标和财政收支目标。我国目前的经济增长方式正在从粗放型向集约型方式转变，宏观调控仍然带有浓厚的行政色彩，因此货币政策不能有效地逆经济风向行事，只能被动地适应经济增长和财政政策，甚至对经济的周期性波动起推波助澜的作用。二是中央银行缺乏相对于财政部门的独立性。财政部门常常通过间接方式迫使金融部门增加货币供应量，直接或间接地增加了中央银行的货币投放量。同时，财政信用的发展分散了国家财力，削弱了中央银行的资金实力，直接导致中央银行宏观调控能力的下降。如在治理2004年经济过热的过程中，央行虽然采取了公开市场业务、调整准备金率等一系列收缩银根的做法，但真正起到作用的还是2004年3—5月国务院和发改委联合其他部委发布的一系列文件，才把局部行业和地区的经济过热局面控制下来。这说明了在我国目前的情况下，货币政策和中央银行缺乏自主性和独立性，必然导致金融体系被动地受到财政政策的影响。三是政府运用经济手段干预市场经济，在很多情况下的具体运用还停留在行政命令的层次，如何科学地运用财政货币政策还缺乏经验和科学论证，在市场经济发展过程中既存在金融机构行为不规范造成的金融风险，也存在由于政府不当干预金融行为造成的风险，当风险出现时，不得不动用财政力量加以解决。

另一方面，财政政策和货币政策相互传导途径不当，抵消政策效应。当前财政货币政策的传导是，财政发行国债，一方面扩大了财政支出，另一方面国家又强调财政收入的上升而加大税收力度。财政支出向财政收入的转移，抵消了积极财政政策的扩张效应，一些单位收到了财政拨款后又以交税或补税的方式上缴，对财政的欠款就是这种效应的反映。

同时，财政政策与货币政策在技术操作层面上界限模糊，财政政策以货币政策手段去操作，货币政策以财政政策手段去操作，没有起到二者分别应该起到的作用。而且，财政政策与货币政策之间缺乏默契配合，也造成财政金融风险相互转化

（姚云琦，2007）。

（3）地方政府行为缺乏规范。

长期以来，地方财政困难的问题并没有从根本上解决，地方财政可用于发展各项事业以及经济建设的财力严重不足。而且地方政府职能并没有从根本上转变，地方政府过多干预经济、干预企业行为以及政府不恰当的直接投资依然存在，再加上地方政府大力发展地方社会事业、发展地方经济的“政绩”思想，在财政资金不足时，通过行政手段和其掌握的经济与社会管理职能迫使银行资金进入地方的基础设施建设、市政建设、市场开发、招商引资以及社会事业领域，使银行代替财政承担资金提供的“任务”（人民银行泰州市中心支行课题组，2004）。

1.5 处理好财政银行关系的理论探讨

1.5.1 财政银行关系是政府宏观调控中必须处理好的一个问题

财政与银行或财政与信贷之间有着密切的联系，在任何时期都不可能将其完全割断。1998 年东南亚金融危机和 2008 年的全球金融危机及其应对，再一次说明财政与银行之间的“连裆裤”关系将是长期存在的，只不过是如何处理好这种“连裆裤”关系，如何协调二者的连接点，如何运用这种关系服务于政府宏观经济调控。因此，财政银行关系或财政与信贷的关系是政府运用经济手段进行宏观经济调控中必须处理好的一个问题，需要根据不同时期财政银行关系的特殊性及其连接点来使二者之间的相互支持、相互配合更加规范、协调。

在改革开放以后，针对我国财政与银行的“连裆裤”关系，人们就曾进行过广泛讨论。沈水根（1982）在 1981 年最早提出应由银行来统一管理全国的建设资金，财政可以退出国民收入初次分配，退出生产建设领域。宁学平（1982）对此提出反对意见，他认为财政在分配剩余产品价值中的作用是无法替代的。财政作为国家总账房的地位不能动摇。任峻艮（1985）认为，财政和银行作为国家的两个“钱袋”，应在必要的时候统一调度资金，相互支持，试图在二者之间划出一条清楚的界限是不现实的；针对当时“财政挤银行”的情况，认为应采取措施综合平衡财政信贷。郑炎潮（1986）主张创建一个使资金的宏观管理与微观管理协调一致的财政银行资金管理机制，强调财政与银行应是分离且协调统一的，财政与银行应当并重并且实现一体化。邓子基（2007，p. 108）在对财政与银行的联系、区别与分工协作的理论基础和历史进行分析的基础上，提出财政与银行两家理应在密切协作的前提下合理分工，各据其位，各司其职，各尽其责。应当自觉地运用财政与信贷这两个工具及其运用规律，充分发挥它们各自的职能作用。周建松（1986）曾彻底否定了财政银行的“连裆裤”体制，提出建立财政银行关系的新模式，认为财政银行资金应以借贷关系为主；货币发行权属于银行，超额发行要缴纳税金；财政银行一体化进行企业投资；银行收益分配应制度化，实行税收缴纳等四个方面。俞天一（1992）则赞成“连裆裤”理论，强调不能忽视否定财政与银行之间的客观内在联系与相互影响，并从财政与信贷在资金投向、投量，收入（或资金回收），企业经济效益和分配，企业资金使用四个方面分析了其内在联系。王传纶（1992）认为财政银行关系包含三个层次：财政部门与银行机制的关系；政府财政政策与货币金融政策的关系；包含在财政政策和货币金融政策后面起着重要作用的诸种因素的关系。否定了中央银行独立于政府的观点，不赞成中央银行的独立。中央银行和财政部门的政策目标从根本上是共同的，从基本内容上是重合的。范林录（1992）认为财政掣肘银行源于新经济体制下的旧财政职能，明确银行是国家分配生产建设资金的主渠道，变对财政“暗补”为银行自主性投资，下放财政事权。张恩华（1985）则力主中央银行应保持相对独立的地位，发挥制约政府信用过度膨胀的作用。朱明熙（1987）认为，造成国民收入超分配的原因并非财政向银行透支或借款，财政与银行的协同配合、同舟共济是国家运用财政金融杠杆调节经济的内在要求。俞天一（1992）认为，财政和银行应该按照各自特有的功能对国民经济发挥其应有的职能作用，努力保持各自的平衡，互相尊重对方的平衡要求和经营管理方面的自主权，这是天经地义、无可厚非的事情。但是，不能由此而忽视或否定两者之间的客观内在联系，以及在一定条件下不可避免的相互影响。只有正视这种客观的内在联系和无法摆脱的互相影响，才能在进行改革和计划财政、信贷收支时，做到未雨绸缪，互相协调配合，实现真正的平衡，从而对国民经济发挥最大限度的杠杆作用以及进行有效的调节。相反，如果有意无意地忽视两者之间的客观内在联系，不顾在一定条件下不可避免的相互影响，那么必将事与愿违，使主观上希望保持的各自内部平衡最终遭到破坏，预期的各自最大功效必将难以发挥。这正如“连裆裤”，尽管可以按照人们的某种意愿把它剪开，并分开缝制成两条裤腿，但是它们（两条裤腿）所服务的人的身体，仍是两腿相连不可分割的。没有一条腿平稳地站住并使出一定的力量，另一条腿就不可能朝前迈进，一条腿被滑倒在地，另一条腿如果不是被同时滑倒的话，其最好的结果也只能是吃力地、甚至是在被扭伤的情况下独自支撑整个身躯，以免整体跌倒。“裤子”虽然在表面上变成了各自独立的两条“裤腿”，但实际上仍然互相联系着。它们必须互相支持，互相配合才能发挥作用，这是不以人们的意志为转移的。

财政与银行之间存在着密切的不可分割的内在联系，这是不争的事实。问题的关键是如何着眼于经济运行的现实以及特定时期财政与银行内在联系的不同机制，从实际出发，研究怎样才能使财政政策与货币政策顺应市场要求，更好地发挥其间接调控作用；怎样才能使财政部门与银行分工协作，紧密配合，更好地实现政府宏观经济调控目标，促进经济协调发展。

1.5.2 协调财政银行关系的理论总结

（1）加强财政政策与货币政策有效配合。

协调好财政和银行两大部门的关系体现在经济政策上便表现为财政政策和货币政策的有效配合。财政政策与货币政策是国家宏观调控的两个重要手段。财政政策主要以公债、公共支出、税收、政府投资、财政补贴等手段为主刺激总需求；货币政策更多地运用利率、公开市场操作、再贴现率、存款准备金率等间接手段调节总需求。财政与银行信贷是国家从宏观上集中分配资金的两条不同的渠道，都对社会总供求进行调节，共同作用于经济运行。但财政政策与货币政策在作用机制、作用方向以及在扩张和紧缩需求方面的作用不同，在宏观经济调控中需要在二者之间灵活调度，协同贯彻政策的调控意图，保证经济的稳定较快增长（陈共，2007a，pp. 420－439）。

除此之外，还要通过国民经济和社会发展中长期规划对财政政策和货币政策进行统筹安排和政策协调，包括两大政策目标的协调、财政赤字和金融不良资产的定期跟踪测算、财政金融稳定性的预安排、财政金融政策和操作工具进行互动效率评估和化解金融不良债务安排等。财政政策要在促进经济增长、优化经济结构和调节收入分配方面发挥重要功能。货币政策要在保持币值稳定和经济总量平衡方面发挥作用，健全货币政策传导机制。要完善统计体制，健全经济运行监测体系，加强各宏观经济调控部门的功能互补和信息共享，提高宏观调控水平（姚云琦，2007）。

（2）继续保持财政与信贷的综合平衡。

财政和银行是国民经济中的两个重要的综合部门，财政和信贷是调控宏观经济的两个重要杠杆。在实行计划经济时期，经济建设投资规模的大小主要取决于国家财政投资的多少，而国家财政投资能力的大小则由生产决定。改革开放后，我国经济体制发生了巨大变化，实现了投资主体的多元化，但是，在国民经济总投资中，国家财政投资依然占很高比重，且财政政策的作用始终制约着各种投资的数量和结构。在这种情况下，陈云同志关于财政信贷综合平衡理论的精髓仍然是适用的（俞天一，1992）。财政收支和信贷收支是反映和控制货币流通的关键环节（黄达，2009，p. 59）。信贷收支平衡从根本上说是货币流通问题，财政收支平衡其目标也是稳定货币流通与协调市场供求。因而财政信贷综合平衡问题归根到底是为了保证货币流通的稳定及市场供给和需求的基本协调，这是再生产过程得以顺畅进行和国民经济基本比例关系得以顺畅实现的关键性条件（黄达，2009，p. 192）。从实践中看，财政信贷的综合平衡应做到：a. 国家根据当前的经济发展情况，对未来经济走势进行科学预测，制定财政收支和信贷收支计划，对这两种收支进行统筹安排；b. 国家明确财政收支与信贷收支的法律规范，使这两种资金的运行有法可依；c. 国家成立专门的监督机构，对财政资金与信贷资金的运行情况加以审查。

(3) 进一步提高中央银行的独立性。

20世纪90年代以来，我国中央银行的独立性得到提高，为了使央行分行摆脱地方政府的控制，增强独立性，改变了人民银行按行政区划设置分支机构的状况，在全国成立了九个跨省（自治区、直辖市）分行，虽然中间显出了一些弊端，但这对加强金融企业自身建设无疑有积极作用。但是从总体来看，货币政策的制定权在很大程度上还没有完全落实到中央银行，更不用说当央行和政府对重大经济决策发生严重分歧时，央行可以拒绝听从政府的指令，按照自己的方案行动。我国的中央银行缺乏独立性，这是导致银行承担财政支出、财政风险向金融体系转嫁的重要原因（姚云琦，2007）。

加强中央银行的独立性，一方面要在法律上进一步确定中央银行对货币政策的制定权，提高央行的法律地位；另一方面要彻底阻断财政向央行的变相透支，切断财政和央行的融资关系。具体来说，政府应加强中央银行的金融宏观调控，改进和完善调控手段，完善以间接调控为主的宏观调控体系，减少乃至完全杜绝政府对国内金融机构的干预，以法律、税收、产业政策等财政政策手段实现对国内金融机构的管理，使商业银行能按现代企业制度运营。

(4) 处理好财政、银行与国有企业的关系非常重要。

长期以来，国有企业长期大量亏损是影响我国财政银行关系的重要因素之一，所以要规范财政银行关系，完善财政银行体制，深化国有企业改革，规范国有企业与财政、银行的关系至关重要。一方面，通过理顺企业、银行、政府三者的关系，真正建立起企业借款必须还款的约束机制。这个问题的关键就是要突出产权改革这个核心。在原来的产权制度之下，国家是全社会经济资源的产权所有者，也是国有企业和国有银行的唯一所有者。这就意味着国有企业和国有银行都不是独立的产权主体，它们实际上是同属于国家这一产权主体。因此，国有银行和国有企业之间的借贷并不是不同的所有者之间为了各自的利益而进行的借贷，而是从所有者的一个口袋放进了另一个口袋，这种债务是不存在真正的所有权约束的。企业对银行债务约束缺乏的问题，就是通过股份制改造等形式缩小国有企业规模，从所有制上割断企业对银行的依赖关系。同时，打破政府与企业之间的依附与被依附关系，实现政企之间、出资者所有权与法人财产权之间的分离，使产权主体明晰化、具体化，减少行政干预所产生的信用无序状态，使国有银行成为真正意义上的商业银行，使国有企业成为真正意义上的为盈利而生存的企业，使它们都成为自主经营、自负盈亏、自我发展、自我约束的法人实体，提高资源配置效率，避免行政权力对资源的无效配置。另一方面，进一步建立和完善现代企业制度，建立起使国有企业具有活力和竞争力的企业运行机制和体制（姚云琦，2007）。

(5) 推进财政投融资体制的改革和国债运作管理。

在投融资体制改革中，要明确财政投融资与商业银行投融资的界限，既提高财政投融资的投资效益，又保障货币政策免受政策性金融业务的冲击。要规范、强化、整合债券市场，切断隐性的地方财政赤字融资渠道，切断企业和银行用信贷资金盲目投资的渠道，把有效的投资纳入到“开前门、堵后门”的正常轨道上来。完善国债余额管理制度，财政部视市场情况灵活掌握国债发行规模和期限品种。同时，协调和完善央行公开市场业务，协调好财政政策与货币政策之间的配合（姚云琦，2007）。

（6）完善金融市场的规范建设。

完善金融市场是财政与银行进行制度协调的另一重点。包括货币市场、债券市场等在内的整体金融市场的完善，可以为财政和货币政策的配合提供一个更加有利的外部环境。为此，除了市场的统一和完善、有效机制的建设等问题，需要注意的还有两点：一是金融市场的主体建设，即通过促进金融主体内部治理结构的优化，使得财政和金融政策能够在现实经济和货币经济两个层面进行协调，因为财政政策与货币政策的配合效果，往往就是从这些金融主体的行为所体现出来的。二是对金融创新的财政支持。在一国的金融深化过程中，财政与银行政策的配合是全方位的。就金融创新来看，无论是金融产品的开发还是交易过程的创新，通常都需要有相应的财政支持才能实现。

（7）加强银行部门的财政监管。

现代市场经济条件下，银行部分权利的实现是以财政为后盾的，是财政权利的一种间接表达，但随着自身实力的扩张，银行有时在权利上排斥财政。财政部门是银行业国有资产权益的总代表和管理者，财政部门对银行业实施的财务监管是金融监管体系的重要一环。因此，在运用国家外汇储备注资国有商业银行时，财政部门必须作为出资人和最终责任人对国有商业银行进行财务监管。

①加强对中国人民银行的财政监管。主要包括：深化体制改革，进一步理顺中国人民银行职能体制；研究制定部门预算编制操作规程，建立基本支出定员定额标准体系，制定适应人民银行特点的经费定额标准；改进财务预算管理制度，适应部门预算管理要求；加强对央行的财政监管，确保预算资金的安全性、规范性和有效性（郭慧芳，2009）。

②加强对商业银行的财政监督。监督内容主要包括：健全商业银行财务事项登记备案制度和检查制度；做好商业银行有关财务事项审核监管工作；建立健全财政监管的组织机构，发挥财政监察专员办的作用；建立商业银行风险状况与信用等级的公告制度，对商业银行开展绩效评价，防范金融风险；建立对商业银行违规经营的处罚制度；各金融监管部门之间应建立起协调机制，做好分工协作工作（何志浩，2009）。

③加强对政策性银行的财政监督。对政策性银行的财政监督主要包括：清理历史包袱；明确业务领域；科学设定政策性银行融资方式（周鹏，2008）。

参考文献

柴金．关于从根本上理顺财政和银行关系的初步探讨．计划经济研究，1990（7）

陈共．财政学．北京：中国人民大学出版社，2007
陈共．陈共文集．北京：中国人民大学出版社，2007
陈柳钦．俄罗斯银行制度变迁研究．中国证券期货，2007（1）
陈云．《建设规模要和国力相适应》报告，载《陈云文选》第3卷，北京：人民出版社，2005
邓子基．财政、银行与综合财政．厦门大学学报（哲学社会科学版），1990（4）
邓子基．邓子基财经文选（2）．北京：中国财政经济出版社，2007
范林录．重新规范企业、财政、银行关系的原因与设想．当代经济科学，1992（2）
范文波．论社会主义市场经济条件下的财政银行关系．内蒙古财经学院学报，1994（3）
郭慧芳．加强财务预算管理，完善对人民银行的财政监管．经济研究导刊，2009（3）
韩英杰．宏观调控体系中计划、财政、银行相互关系的探讨．宏观经济管理，1997（2）
何志浩．加强商业银行财政监管的思考．财会月刊，2009（2）
湖南财政局．湘赣革命根据地财政经济史料摘编．长沙，湖南人民出版社，1986
黄达．黄达书集．4卷．北京：中国金融出版社、中国人民大学出版社，2005
黄达．金融学．北京：中国人民大学出版社，2008
黄达．财政信贷综合平衡导论．北京：中国人民大学出版社，2009
贾康．赤字、透支与财政银行的配合．金融研究，1987（10）
景学成．关于理顺银行与财政关系的若干看法．财贸经济，1988（1）
李成瑞．持续稳定协调发展经济的锐利思想武器．转引自：陈云与新中国经济建设．北京：中央文献出版社，1991
梁宝柱．国库制度改革与财政、银行关系重塑．财经科学，1994（1）
刘明康．新中国银行业发展历史回顾与未来展望．中国金融，2009（19）
宁学平．关于财政银行关系的几个问题．财政研究，1982（1）
牛泽厚．论社会主义市场经济下财政与银行的关系．财经问题研究，1995（5）
人民银行泰州市中心支行课题组．地方财政风险金融化——地方政府行为分析．金融纵横，2002（4）
任峻垠．当前财政银行关系中的几个问题．经济理论与经济管理，1983（6）
任峻垠．关于协调财政银行关系的几个问题．经济科学，1985（2）
申学锋．关于财政与银行关系的历史回顾及反思．中国财经信息资料，2006（7）
沈水根．沈水根同志谈〈财政与银行怎样分工的问题〉．财政研究，1982（1）
王丙乾．中国财政60年回顾与思考．北京：中国财政经济出版社，2009
王传纶．关于宏观经济管理中财政——银行关系的几点考虑．财贸经济，1992（11）
王兰．坚持财政资金和信贷资金分口管理．中国金融，1965（19）
武力．中国计划经济的重新审视与评价．当代中国史研究，2003（4）
项怀诚．中国财政通史．当代卷．北京：中国财政经济出版社，2006
肖俊涛．关于我国财政风险的金融化与金融风险的财政化．经济研究参考，2009（13）
谢旭人．中国财政与改革开放三十年．上册．北京：经济科学出版社，2009
严林，金任．系统总结银行工作经验更好地为三大革命运动服务．中国金融，1965（8）

阎坤，陈新平．我国当前金融风险财政化问题及对策．管理世界，2004（10）
姚云琦．当前我国财政风险金融化问题研究．西南财经大学学位论文，2007
俞天一．重论财政、金融必须协调配合．金融科学，1992（1）
杂志社论．发扬革命精神　支持生产建设高潮．中国金融，1965（1）
张恩华．我国中央银行信贷控制对策初探．金融研究，1985（4）
张杰．注资与国有银行改革：一个金融政治经济学的视角．经济研究，2004（6）
赵梦涵．新中国财政税收史论纲．北京：经济科学出版社，2002
郑炎潮．我国财政—银行体制改革初探．学术研究，1986（1）
周建松．财政、银行关系新探．上海金融，1986（7）
周建松．“连裆裤”剖析——完善财政——银行体制的再思考．金融经济，1989（1）
周鹏．论我国政策性银行的财政监管．经济探索，2008（3）
朱明熙．对财政向银行透支或借款问题的思考．财贸经济，1987（5）
卓然．简论财政银行的相互关系．上海金融，1986（4）

第 2 章

税收专管[1]

Tax Administration Power Concentration System

【摘要】税收专管制度是我国从新中国成立到 20 世纪 90 年代初采取的一种税收管理制度，其特点是税收征收、管理和稽查权力高度集中。税收专管制度与我国长期处于计划经济时代的生产力水平低下、经济成分单一、经济和税收总量小、税制简单、征管手段落后等状况相适应，是一种传统的、全职能的、粗放式的管理制度。在当时经济背景下，实施税收专管制度有利于政府集中权力迅速开展工作，但是随着市场经济的发展，税收专管制度越来越不适应工作需要，税收专管制度逐渐向税收管理员制度转变。从制度经济学角度看，税收管理模式由税收专管制度向税收管理员制度的转变，实质上是在税收管理中无法消除的私人所有权前提下，对税收管理权的细化和分割，以便最大限度地消除税收管理中产生的税收"剩余索取权"，提高税收征管质量。

【关键词】税收专管　税收权力　剩余索取权

Abstract：Tax administration power concentration system is one of China's tax administration systems from the foundation of new China to the beginning of 1990s, and this system is characterized as the high concentration of tax levy、manage and audit power. This system is one of traditional, almighty and simple administration system, suit to the economic conditions at that time which included the low level economic productivity, economic structure not abundance, tax structure simple and tax administration technology low. At that time, tax administration power concentration system could allow government quickly levy tax revenue, but it could not adapt to market economy development. With the development of market economy, China's tax administration system transferred from tax administration power concentration

① 本章撰稿人：吕冰洋。

system to tax manager system. From the view of institutional economy, the goal of system change is the tax administration power's subdivision and distribution, so it can erase the tax residual claimant property and enhance tax administration quality in the course of tax administration.

Key words: tax administration power concentration system, tax administration; residual claimant

税收专管制度是我国从新中国成立到20世纪90年代初采取的一种税收管理制度，其特点是税收征收、管理和稽查权力高度集中。

2.1 名词释义

从新中国成立到20世纪90年代初，我国税收管理制度的特点实行税收专管，税收管理工作人员称为税收专管员。

税务专管分为“分税专管”和“各税统管”两种。分税专管的特点是以税种作为管理分工对象，税务专管员对所分管的税种实行专职管理，同一纳税人与多名税务专管员发生业务联系。这种分工方式的优点是分工专业性强，专管员管理内容单一。缺点是每一位专管员对纳税人的纳税义务情况缺乏全面、完整的了解，容易各行其是、各自为政，不利于统一协调管理。各税统管特点是以纳税人作为管理分工对象，税务专管员对所分管的纳税人应纳的各种税收实行统一管理，纳税人与税务专管员的联系单一、固定。这种分工方式的优点是，税务专管员可以全面了解、掌握纳税人的纳税义务情况。缺点是专管员管理内容繁杂，精力分散，不利于提高管理质量。

2.2 历史背景

税收专管制度始于20世纪50年代初期，当时经济建设刚开始，百废待兴，中央政府急需筹集资金用于经济改造和恢复。1949年11月，首届全国税务会议根据《中国人民政治协商会议共同纲领》第40条“国家税收政策，应以保障革命战争的供给，照顾生产的恢复和发展及国家的建设需要为原则，简化税制，实行合理负担”的政策精神拟制了《全国税政实施要则》，1950年1月由政务院颁布。《全国税政实施要则》（以下简称《要则》）是一部综合性的税收法规，不仅对货物税、工商业税等14种税的实体问题进行了规定，而且还规定了高度统一的税收管理体制。

围绕《要则》精神，全国许多地方开展了税收专管工作，采取了以“各税分管、固定管户（片、区）”为主的征管模式。各税分管体现在，按生产环节的货物税、工商业户的工商税和地方税这三条线，分别设置三个科（股）来管理。固定管户体现在，在大中城镇基本按行业，小城镇按区域或按行业和区域相结合，进行专责管理。这可被称为我国的税务专管制度的雏形。

完整的税务专管制度诞生于20世纪50年代。1956年全国生产资料所有制的社会主义改造任务基本完成后，我国全面进入计划经济建设的时代。为适应社会主义计划经济建设需要，税收体制也发生了重大变革。在当时“左”的思想影响下，税制改革越来越简单，甚至发展到国营企业只纳一种税，集体企业只纳两种税。因此，在征管上已经没有必要继续实行“分税管理”的形式，而被“一员到户，各税统管”集征管查于一人的模式所取代。改革开放后，我国在20世纪80年代分别实施两步“利改税”改革，税制结构渐趋复杂，但是税收专管制度仍旧延续下来，历史上的税务专管制度的最大特点是集税收征管查职能于一人。

税收专管制度能够长时期实行，有其特殊的历史背景，不能按今天的标准来否认过去的模式，按钱穆（2005）的话说，“不能以时代意见替代历史意见”①。税收专管制度的实行，最关键的两个历史背景是技术背景和经济背景。就技术背景而言，当时税制简单，计算机联网技术尚未普及应用，因此税收管理工作主要靠税收专管员手工完成，比较适合当时纳税户数少、税制简单、税收目标单一的情况。就经济背景而言，当时经济成分单一，改革开放以前，我国的经济成分基本上是单一的公有制经济，1978年国内生产总值中由公有制经济创造的占99%。税制比较单一，税收在纳税人之间不会引起较大的利益分歧。相应地，专管员的税收工作以实现“照章纳税”为目标，能够做到“一人进厂，各税统管”，集“征、管、查”于一身，既裁判又执行，有利于税收决策的集中执行。

因此，在特定的历史背景下，税收专管制度行政动员能力强，税收征管效率高，便于税务部门快捷高效地完成税收计划任务，因而适应了计划经济体制的要求。

实际上，不但是在税收领域存在税收专管员制度，在银行领域由信贷专管员负责信贷管理，在财政领域存在财政驻厂员对国有企业进行管理和监督，信贷专管员和财政驻厂员均拥有很大权力。②

---

① 按钱穆的观点，历史意见指的是在那项制度实施时代的人们所切身感受而发出的意见。这些意见比较真实而客观。待时代隔得久了，该项制度早已消失不存在，而后代人单凭后代人自己所处的环境和需要来批评历史上已往的各项制度，那只能说是一种时代意见。

② 1982年4月，国务院批转财政部《关于在国营企业恢复财政驻厂员制度的报告》，规定财政驻厂员的任务是：（1）按照党的方针政策和国家财政法规，帮助企业全面整顿和加强财务会计工作，健全财会制度，加强经济核算，加强成本、资金和财产的管理；（2）通过财务分析，揭露企业经营管理中的问题，促进企业增产节约，改善经营管理，克服损失浪费，提高经济效益；（3）督促企业按时上缴利润，监督企业遵守国家财经纪律。从中看出，财政驻厂员的权力集监督、管理和执行于一身。

2.3 体制变迁

2.3.1 税收管理制度的变迁

从中华人民共和国成立到现在，随着国家政治经济形势的发展，我国税收制度也在不断进行完善，税收制度共经历三个发展阶段：第一个阶段是从新中国成立到1978年，此时的税收制度为适应传统的计划经济体制而进行修正、改革、简并；第二个阶段是1979—1993年，此时税收制度是为适应有计划的商品经济体制进行的“两步利改税”及对原有税制不断调整的阶段；第三个阶段是1994年后，此时税收制度是为适应建立社会主义市场经济体制的要求而进行的全面改革税制阶段。与税收制度变革相对应，税收管理模式经历了五个阶段，前两个阶段管理者即称作“税收专管员”，后三个阶段管理者称作“税收管理员”，见表2—1。

表2—1　我国税收管理制度的变迁

管理者称谓	职责	管理模式	时间
税收专管员	管户	专责管理模式	20世纪50年代到80年代中期
		征管查三分离模式	20世纪80年代中期到90年代初期
税收管理员	管事	申报、代理、稽查模式	20世纪90年代初期到90年代中期
		以申报纳税和优化服务为基础，以计算机网络为依托，集中征收，重点稽查	1997—2004年
	管事与管户相结合	以申报纳税和优化服务为基础，以计算机网络为依托，集中征收，重点稽查，强化管理	2004年以后

第一阶段，从20世纪50年代至80年代中期，采取“专责管理模式”。所谓专责管理，是指固定干部按照区域、行业或性质管理固定工商户的制度，其特征是“一员到户，各税统管”。

第二阶段，从20世纪80年代中期至90年代初，采取“征、管、查分离”模式。在原有专责管理基础上，为强化内部监督和约束，增加税务稽查，从省到市县各级税务机关都成立了税务稽查队，实行“多员进厂，征、管、查分离”的征管模式。

第三阶段，从20世纪90年代初至90年代中期，采取“申报、代理、稽查”模式。1993年1月1日起实施的《税收征管法》，以及为了适应市场经济的要求，1994年我国对税制进行了重大改革，使税收征管又面临了新的挑战。1995年国家税务总局在北戴河工作会议的基础上，制定了深化征管改革的方案和具体规定，确立了“申报、代理、稽查”的征管模式。

第四阶段，1997—2004 年，采取“以申报纳税和优化服务为基础，以计算机网络为依托，集中征收，重点稽查”模式。1997 年国务院办公厅以国办发 1 号文件转发了国家税务总局《关于深化税收征管改革方案》，要求建立“一个制度，四个体系”。一个制度，即建立纳税人自行申报纳税制度；四个体系，即建立以税务机关和社会中介组织相结合的服务体系、以计算机网络为依托的管理监控体系、人工与计算机结合的稽查体系和以征管功能为主的机构设置体系（管理服务、征收监控、税务稽查、政策法规四个系列划分）。

第五阶段，2004 年以后，采取“以申报纳税和优化服务为基础，以计算机网络为依托，集中征收，重点稽查，强化管理”模式。目标是实现税收征管工作的科学化、精细化管理的总体要求。其中增加的“强化管理”既是对税收征管的总要求，也是对应于征、管、查分工，强调加强税源管理。

从税收专管制度到税收管理员制度，其主要变化在于：一是税收管理员制度按照征管业务流程进行分工，征、管、查各司其职，相互制约；二是征收形式由分散型向集中型转变，在城镇建立办税服务厅实行一条龙服务，在农村以经济区划为界建立中心税务所（征收分局），提高了征税人的服务意识，降低了纳税人的纳税成本；三是管理方式由上门办税向自行申报转变，明确了征纳双方的权利和义务，征纳双方的法律意识和责任不断增强；四是建立专业稽查队伍，由“拉网式”一般稽查向目标明确的重点稽查转变；五是集中征收便利了信息技术在征管中的运用，征管手段由手工操作向计算机操作转变，建立网络并对纳税人进行全程监控，提高了征管效率和质量。

2.3.2 税收专管制度的特点

采用税收专管制度是与我国当时历史条件分不开的。新中国成立伊始，我国开始了国民经济改造和重建，公有制经济逐渐占有绝对统治地位，计划经济体制使得国家在各个领域的动员能力都很强，再加上税制简单，社会道德风尚比较纯朴，纳税人税收遵从程度高。在这样的历史背景下，采用税收专管制度便于统一、集中和高效地征收税款。

税收专管制度的最大特点是税收专管员集征管查于一身，对税源的管控直接有效。税收专管员把辖区内纳税户的开业、歇业、迁移等情况和工商户的纳税情况记入稽征手册；对纳税户内部组织、经营方式和护税人员名单等资料，均分门别类登入稽征手册。除此之外，税务专管员还要传达税政法令，组织工商业者学习税法，教育财会人员忠实记账与申报纳税，联系职工协助税收，帮助业户建账、建票；组织领导纳税小组长审查申报表，督促工商业者按期缴税；搜集资料，掌握情况，检查业户，堵塞偷漏。对专管行业的人员还要求了解行业经营情况，掌握行业发展规律、营业利润情况、季节性变化等。

几十年来，国家税收管理思路的变革始终以基层税收专管制度为依托。每一次税制改革，无论是强调税收征管权的集中还是重视税收征管权的分散，最终都通过税收专管制度得到落实。税收专管制度能够长盛不衰固然与客观的历史条件有关，但也与它本身的运转高效的特点和优点分不开。

但是税收专管制度的缺点也很明显：一是税收专管员上门办理涉税事宜，实行“保姆”式管理，不利于培养征税人依法征税的意识和纳税人依法纳税的意识；二是税收专管员集征、管、查于一身，自由裁量权过大，缺乏监督制约机制，容易产生腐败；三是由于管理手段落后，税收专管员全靠手工操作，需要大量人力，导致征管效率、质量低下和征税成本偏高；四是税收专管员各自为战、互不沟通、信息分散，税务机关难以形成合力，不利于宏观管理（张国生，2006）。

1978 年（特别是 1987 年）以后，对外开放和经济改革给税收专管制度带来了巨大的冲击。税收专管员的权力制约问题日益成为人们关注的焦点。权力滥用的现象越来越多地受到批评，取而代之的是以职能划分为基础的，保证征、管、查相分离的集中征管模式。

2.3.3 以“管事”为主的集中征收制度的特点

与 1994 年分税制改革相配套，1997—2004 年我国税务征管模式为“以申报纳税和优化服务为基础，以计算机网络为依托，集中征收，重点稽查”。这是以集中征收为特色的征管模式，简单地说，就是以市县为单位建立办税服务厅，实行税收宣传与咨询、税务登记、票证发票、纳税申报、税款入库、资料存储等一条龙作业与服务，实现集中征收，在此基础上调整基层税务机构，设立专门的税务稽查机构，规范税收征管业务流程。

应该说，以“管事”为主的集中征收制度较好地防止了专管员管户时的执法不严、为税不廉、责任不清等可能出现的问题。集中管理也便利了信息化技术在税收征管工作中的运用，大大提高了管理的效率，在一定程度上降低了税收的成本，改善了税收服务。但是，随着实践的发展，它固有的一些弱点也逐渐暴露出来。

第一，“重管事，轻管户”导致税源不清。“以纳税申报为基础”要求所有纳税人有很高的税收遵从度和较精通的税收业务水平，否则纳税人交纳的纳税申报表就可能出现申报不实情况。但是不少税务机关在管理中，又将纳税人自行申报理解为纳税人主动上门缴税，于是出现了征税人坐家等税现象，纳税人申报什么是什么、申报多少是多少，征收人就表审表、就单审单，不过问纳税人申报的准确率和生产经营、财务资金等情况，对税源监控鞭长莫及。集中征收应是“以计算机网络为依托”的信息流的集中，有人却理解为人员、场所的集中，于是出现各地纷纷建立办税服务厅和征收分局（中心税务所）的现象。虽然降低了征税成本，但是离税源远了，失去了对纳税人的监控，特别是对未申报、非正常户、停歇业户、零散流动税源的管理更是鞭长莫及。税源管理也由过去的专管员下厂了解企业生产经营情况变成了远离企业、坐看报表的静态管理方式，大户管不细、小户漏管多，对税源控管力度明显减弱。

第二，征管查分离导致责任淡化。按照征管查三分离原则，多数税务机关分设征收分局、管理分局、稽查分局三个部门管理税源。征管查分离导致各部门责任轻重不一，例如，征收部门主要依赖纳税申报大厅完成征缴工作，业务技能和考核标准比较简单；稽查部门对税务业务技能标准要求较高，但是难以落实税收任务；管理部门负责日常管理，也是税收计划的主要承担者，工作压力大于征收和稽查部门。由此，征管查三部门在工作中有争执和扯皮的现象，加之缺乏统一的考核制度，出现问题难以划分和追究责任，进而形成疏于管理、淡化责任的局面，导致税务机关对管区内纳税人的户数以及纳税人的从业内容、申报的真实性、生产经营、财务资金等情况缺乏了解，出现了大量漏征漏管户、零申报户、负申报户和失踪户，进而导致税务机关对税源监控乏力。

第三，以税收计划为导向的管理鼓励税源管理上“抓大放小”。在许多地方，税收计划的完成情况是考核基层税务机关的主要指标。少数纳税大户对基层税务机关能否完成任务起决定性作用，因而吸引了税务机关主要的注意力。在许多情况下，基层税务组织并不需要清楚了解辖区的全部税源情况，就能够完成上级制定的计划收入任务，这势必导致对纳税小户管理不到位。

随着经济全球化和我国市场经济地位的进一步确立，税收在国民经济中的地位和作用日益重要。征管查三权分离的机构设置模式和近似足不出户的管理办法，既增加了纳税人的负担（不同的税种要重复申报），也使税务机关远离了税源。而税源的管理状况，决定税收管理职能的发挥程度。为此，2004 年税务部门对税制管理制度作进一步改革，实行一种既不同于税务专管制度和“重管事、轻管户”的模式，又要吸收两者优势的新的税收管理制度，这就是税收管理员制度。

2.3.4　管事与管户相结合的税收管理员制度的特点

税收管理员是基层税务机关分片（行业）管理税源的工作人员，税收管理员制度是保证税收管理员实现有效的分片管理，使税收管理达到“管理到户、责任到人、人户对应”目标的相关规章和管理体系。税收管理员制度的主要特点有两点：

第一，借鉴税收专管制度，落实个人责任。税务专管制度的长处在于责任明确，能够调动税务管理人员的工作能动性和责任感。以“管事”为主的集中征收制度的多年实践表明，完备的法律体系和先进的技术手段有时不但不能自发调动人的积极性，相反会使人产生盲目的依赖。我国的许多偷漏税现象，既不是因为法律的缺陷，也不是由于技术落后，而是税务人员的积极性不够，对计算机和报表信息过于依赖致使工作出现了漏洞造成的。借助专管的办法，税收管理员制度能使税收管理人员的责任与纳税人一一对应，推动税收管理员对税源的积极管理，采集全面的、动态的一手税源资料，减少税源漏管的可能性。

第二，利用信息化网络实现“管事”与“管户”相结合，提高工作效率。集中征收的办法在理论上是要调动纳税人的自觉纳税意识，减轻税务机关“管户”的压力，使之集中精力“管事”，提高征管工作效率。税收管理员制度借助于现代化手段，建立起了涵盖广泛、反应灵敏的动态的税源管理体系。它是与市场经济发展相适应的税源管理制度，把管户与管事有效结合起来，实现管理的效率和有效性并重。

2.3.5 税收专管制度向税收管理员制度变动的时代原因

从税收管理人称谓由税收专管员到税收管理员的变化，从管理对象由管户到管事，再到管事与管户相结合，体现了税收管理制度的逐步完善。不同时期采用税收专管制度或税收管理员制度，主要是由当时历史背景决定的，两种制度的历史背景差异主要有三点：

一是技术背景差异。20世纪90年代中期以前，计算机网络技术尚未普及，税收管理工作只能主要依赖手工完成。而当今经济中信息化技术得以广泛应用，信息化建设强化了税收信息采集、处理、存储和应用，使税收管理员从大量重复性的人工操作中解脱出来，税源管理科学化和精细化成为可能。

二是经济市场化背景差异。改革开放以来，我国经济所有制成分日趋多样化，税收政策也日渐复杂，税源的急剧扩大和税源状况的复杂性，是税收专管制度下“单兵作战”无法胜任的。税收管理员的管理建立在专业分工、集中管理、信息化和法制化的基础上，它能有效发挥税务机关的整体优势，更好地应对税源复杂性。

三是税收职能定位差异。税收的最主要职能当然是组织税收收入，但是就如何组织税收收入问题上，却有以管理促收入和以服务促收入两种思路。税收专管制度时期的税款征收在很大程度上是一种强制执行的行政行为，这也是被当时纳税人所普遍接受的。而当今社会，纳税人的法制观念和依法纳税观念增强了，重视保护自身的合法权益，较好地排除了税务人员个人意志的干扰。在税收管理员制度下，纳税服务是税收管理员的重要职责。税务机关的服务观念增强了，形成了服务与管理并重的局面。

2.4 理论解释

从制度经济学角度看，税收管理模式由税收专管制度向税收管理员制度的转变，实质上是在税收管理中无法消除的私人所有权前提下，对税收管理权的细化和分割，以便最大限度地消除税收管理中产生的税收“剩余索取权”，提高税收征管质量。

2.4.1　税收管理中无法消除的私人所有权

税收管理的目标是尽最大可能消除纳税人偷逃税款行为，以及最大可能消除征税人的寻租行为，保证税款的应收尽收。但是在税收征管实践中，无论是中国还是外国，现实经济中都存在大量偷逃税款行为。税款实际征收程度距离应收尽收的目标取决于两个条件：一是税务部门征税能力高低，征税能力主要取决于税务人员的人数、业务水平以及信息化水平等客观变量；二是征税人员的税收努力，税收努力（tax effort）是指税务当局征收全部法定应纳税额的程度，它主要取决于征税人员的敬业精神这样的主观变量。① 就征税能力而言，再完善的税收征管制度、再优良的税务干部素质、再先进的税收信息化管理水平，都不可能彻底保证没有偷逃税款行为发生；就税收努力而言，不可能保证每个人都百分之百地付出税收努力，懈怠和寻租企图都会使得税务干部工作努力程度降低，因此影响税收收入的增长。

从法理上讲，所有已征收和未征收的税款都属于政府所有。但是这里我们关心的是税收所有权的实际归属，而不是法律归属。巴泽尔（1989）特别强调，从法律上界定一项资产的所有权比在事实上界定它花费的资源通常要小。事实上，税款的所有权中属于政府所有的只是实征税款部分，实征税款和应征税款之间的“税收缺口”不属于政府。那么，税收缺口的所有权归谁所有呢?

周其仁（2000）举了一个通俗易懂的例子来说明事实上的所有权分割。以公寓的公共过道为例，为了保障所有住户进出和通行的便利，公寓公共过道的所有权是公有的，但是我们可以观察到不少公共过道上堆放了住户的私人杂物。也就是说，公共过道的占有权名义上属于公有，但是在事实上却是为各个私人住户所有。之所以产生这种现象，是因为从法律上界定公共过道占有权非常容易，但是从事实上界定公共过道占有权却不那么简单，它需要花费一些资源，如有效地监督、对违规者能够实施处罚、对违规占有实施清理等。由于界定权利的成本较高，实施较为困难，私人住户就事实上拥有使用公共过道的权利。巴泽尔（1989）把私人在实际上拥有对“公共领域”资源的权利，称为“福利攫取”（welfare capture）。

在税收征管中，由于税务机关税收能力不足和税收专管员税收努力不足的原因，导致私人对税收所有权的两种“福利攫取”：一是纳税人的“福利攫取”，纳税人通过偷逃税款占有部分国家税款；二是税收专管员的“福利攫取”，税收专管员与纳税人勾结，从纳税人偷逃税款中得到寻租的好处。

我们以图 2—1 的形式来说明税收的法律归属与实际归属。图 2—1 中，横轴表示应征税款，纵轴表示实征税款，在应征税款为 OD 时，实征税款只有达到 AD 才会使得税收缺口（tax gap）消失。现实中，由于税务部门征税能力的不足，譬如说

① 税收努力概念是国外学术界特别是国际货币基金组织的经济学家在 20 世纪 60 年代末提出的，之后学术界进行了大量的分析，旨在比较各国间税收努力指数的高低。

税收征管的信息化建设程度不够，在税务部门付出100%的税收努力情况下，预期应征的税收只为CD。如果税务征收人员没有付出全部的税收努力，那么实征的税款会落在CD之间的某一点上，比如B点。于是，税务部门的征税能力为CD/AD，征税人员的税收努力为BD/CD。毫无疑问，AD部分代表了税收的法律归属，BD部分代表税收的实际归属。税务部门征税能力和税收努力不足部分，将使得税款留在公共领域，成为私人部门“福利攫取”的对象。

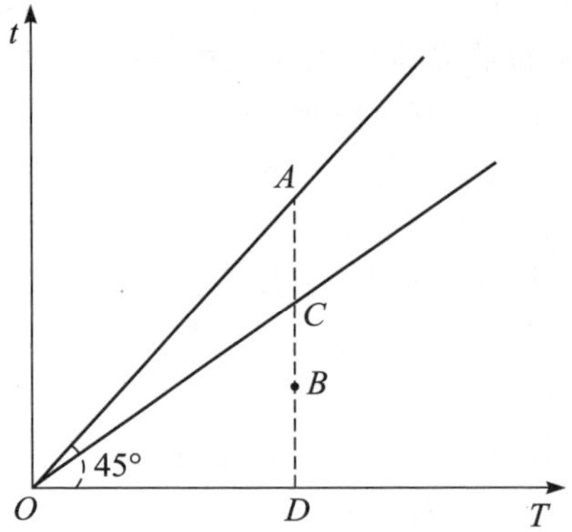

图2—1 税收的法律归属与实际归属

为防止税收专管员税收努力下降，税务机关可以采取一些措施来对税收专管员加强管理和监督。如规定每个税务专管员行为准则和要求，制定税务专管员“十不准”准则，如：(1)不准接受管户的吃请送礼；(2)不准在管户内，以低价购买商品；(3)不准向管户赊欠、借钱借物；(4)不准利用职权索贿受贿；(5)不准收人情税；(6)不准包庇纵容纳税户偷税、漏税和欠税；(7)不准越权擅自减免税款和滞纳金；(8)不准收税不开票，以白条收税，在税票上弄虚作假；(9)不准贪、占、挪用税款；(10)不准随意扣压、没收商贩的现金、商品、工具或乱征乱罚。[①]但是，由于税务专管员具有征管查合一的较大权力，在税收信息化建设程度不足的历史背景下，想要对税务专管员的征管行为进行监督是很困难的事，“十不准”准则本身就说明了在税收征管实践中，存在税务专管员吃请、收人情税、索贿受贿等寻租行为。即使在税收部门通过强化监督和处罚，能够部分地使得税务专管员不违反“十不准”准则，但是在无法监督税收专管员的工作努力情况下，税务专管员可以凭借其事实上对自己人力资源的控制权“关闭”有效利用其人力资源的通道，即降低税收努力。

因此，只要税收能力和税收努力不足，就一定会存在税收缺口，就一定会有部分税收所有权留在私人领域。税收管理改革的目标，就是最大限度使得留在私人领

① 何盛明主编：《财经大辞典·上卷》，第383页，北京，中国财政经济出版社，1990。

域的税收所有权减少，办法之一就是对税收管理权进行分割。

2.4.2 分割税收管理权可避免侵权行为

政府是由个人来管理的，政府的行为最终也只能是追求最大个人利益的人们相互作用的结果。作为个体，税收专管员的追求利益目标与税务部门应收尽收的目标未必一致，当税收专管员目标是为追求个体利益最大化时，他就可能利用手中征管查合一的巨大权力去寻租或消极工作。周其仁（2000）认为，私人可以攫取公共资源的机会，一方面刺激攫取行为从而引起攫取损失，另一方面，攫取损失的现实又刺激租金既得利益者采用某种制度安排来“保卫”租金不被耗散。保卫税收这一公共资源不被耗散的措施之一，就是要对税收专管员的权力施加约束或细分。

我们先观察税收管理权这一总体属性。下放税收管理权的目标是保证税收应收尽收，但是税务工作人员在征收税款时，并不知道纳税人申报的虚实与否，也无法得知纳税人平时涉税财务管理状况如何，于是需要加强对纳税人的日常税收管理。但是纳税人为追求自身利益，可能产生偷逃税款行为，于是在征收和管理之外，尚需要加强税收稽查。这样，税收管理权这一总体属性可以分为征收权、管理权和稽查权三个属性。制度经济学家认为，“各种属性统统归同一人所有并不一定最有效率，因此，有时人们会把某一商品的各种发生的所有权分配给不同的个人。当各种属性的所有权这样分割以后，就需要专门做出排他性规定，避免这些所有者相互之间发生侵权行为”（巴泽尔，1989）。这样，对税收管理权进行分割就是顺理成章的事了。

从20世纪80年代中期到90年代初，为强化内部约束监督机制，税务部门开始增加税务稽查，从省到市县各级税务机关都成立了税务稽查队，实行“多员进厂，征、管、查分离”的征管模式。国家税务局于1989年12月下发了《关于全国税收征管改革的意见》，进一步明确了征管改革的指导思想、主要内容及方法、步骤等，税收“征、管、查”三分离、两分离的模式在全国全面推广。

但是，不管是税收三分离或两分离，税收管理的对象均是管户而不是管事，税收专管员与纳税人直接打交道，难以有效避免征纳双方的合谋行为。手工式管理更使得税收管理质量难以提高。随着1994年新的税制运行，税收政策日趋复杂和规范，税收信息化建设已是税务部门必须面对的事情。在此背景下，1997年国家税务总局提出了“以申报纳税和优化服务为基础，以计算机网络为依托，集中征收，重点稽查”的征管模式。简单地说，就是以市县为单位建立办税服务厅，实行税收宣传与咨询、税务登记、票证发票、纳税申报、税款入库、资料存储等一条龙作业与服务，实现集中征收，在此基础上调整基层税务机构，转变职能，规范税收征管业务流程。集中管理也便利了信息化技术在税收征管工作中的运用，在大大提高了管理效率的同时，也试图通过管事隔断税收管理员与纳税人的合谋行为，或是最大限度降低税收管理员的消极工作行为。也就是说，最大限度压缩税收管理员的“剩余索取权”。

但是，随着实践的发展，“重管事，轻管户”的一些弱点也逐渐暴露出来。集中管理将重点放在集中征收和重点稽查上。税源管理的职能虽然落实在管理部门，各地也相应成立了各类管理机构，但由于始终处于变动磨合的状态，未达到统一和规范，税源管理的职能严重“缺位”，管户与管事相脱节。征收人员在办税服务厅只是“就表审表、就票审票”，不能自动收集纳税人的生产经营和税源变动情况，对未申报、非正常户、停歇业户、零散流动税源的管理更是鞭长莫及。税源管理也由过去的专管员下户了解企业生产经营情况，变成了远离企业、坐看报表的静态管理方式，大户管不细、小户漏管多，对税源控管力度明显减弱，“疏于管理、责任淡化”的问题凸现。

为此，2004 年 7 月，国家税务总局对征管模式进行了重新界定，提出了建立“以申报纳税和优化服务为基础，以计算机网络为依托，集中征收，重点稽查，强化管理”的三十四字新的征管模式。同时，对征管工作提出了大力实施科学化、精细化管理的总体要求。其中增加的“强化管理”既是对税收征管的总要求，也是对应于征、管、查分工，强调加强税源管理。税收管理员的管理建立在专业分工、集中管理、信息化和法制化的基础上，它能有效发挥税务机关的整体优势，更好地应对税源复杂性。

2.5 经济影响

税收专管制度是一种粗放式管理的税收管理制度，其优点为：一是税收专管员按区域、片段或按行业对纳税人进行全方位管理，工作范围和职责明确；二是税收专管员上门为纳税人办理涉税事宜，既能把税收政策及时告知纳税人，又能方便纳税人、降低纳税成本；三是税收专管员直接接触纳税人，能够较为准确地掌握纳税人的生产经营、财务资金、申报纳税等情况，及时监控税源。

税务专管制度的突出弱点为缺乏有效自我约束机制。虽然随着税收专管制度的推行，不少地方都颁布了税务专管员纪律、工作条例和守则，但是这些条例和守则强制力不够，而且缺乏有效的贯彻落实机制，因而不能有效杜绝滥用权力的现象。随着经济形势的发展，税收专管员的自由裁量权过大的问题引起了争议。为此，税务部门经常需要加强对税收专管员的管理，如专管员互查，即税务机关在实行征管查合一的分工方式下，税务专管员相互交叉进行的纳税检查。采用这种检查形式，专管员同行对口检查，容易发现问题。但是这种检查形式检查力量单薄，检查深度、广度有限，并且专管员相互之间如要求不严，则检查可能不够彻底。正是由于无法从制度上彻底消除税收专管员的“剩余索取权”，在当时才会出现不少税收专管员的违规行为，如随意减免税、对纳税人的“吃拿卡要报”等。

税收管理员制度把管户与管事有效结合起来。一方面，税收管理员按照规定与纳税人保持制度化的联系，提供专业的纳税服务和指导，帮助纳税人及时准确申报纳税，保证税务管理工作的高效率。另一方面，通过税收管理员的实地调查报告，税务机关能够掌握税源户籍、财务核算、资金周转和流转额等关键的涉税信息，从而提供针对性的、有效的税收管理。通过逐户管理实现加强税源管理的目的。

与税收专管制度向税收管理员制度转变的进程相符合，1994 年中国分税制改革后，税收能够多年保持超 GDP 增长，如图 2—2 所示：第一，税收增长与 GDP 增长比较，税收弹性高。1986—1992 年税收弹性（税收增长率/GDP 增长率）仅为 0.43①，而 1995—2009 年达到 1.39；第二，税收增长自身比较，分税制改革后税收增长率远高于分税制改革前。1986—1992 年税收收入年均增长率仅为 7.2%，而 1995—2009 年达到 17.8%。许多研究者指出（安体富，2002；高培勇，2006；王剑锋，2008），这是与税务部门加强税务管理有关的。税务部门加强税务管理的机制有多种，如税收信息化技术的应用、税收从业者的规模扩大、国地税机构的分设等。其中不能否认的是，税收专管制度向税收管理员制度的转变，无疑使得税源管理的精细化和科学化程度提高，由此促使了税收高速增长。

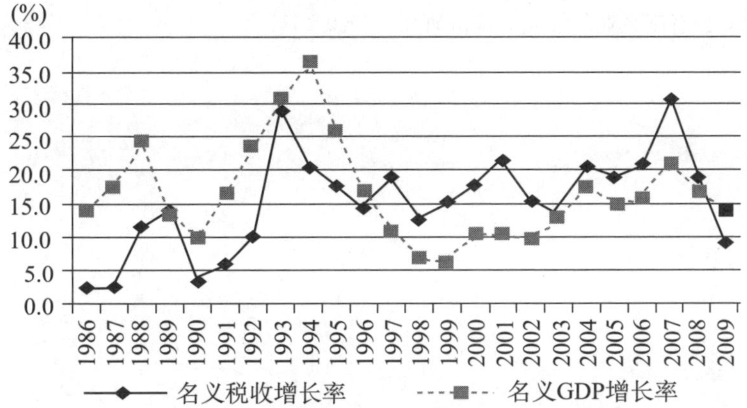

图 2—2　名义 GDP 和税收收入增长率比较（1986—2009 年）

因此，税收专管制度与我国长期处于计划经济时代的生产力水平低下、经济成分单一、经济和税收总量小、税制简单、征管手段落后等状况相适应，是一种传统的、全职能的、粗放式的管理制度。尽管税收专管制度存在不少先天性缺陷，但是在税收征管中仍得到广泛采用，这是与当时经济成分单一、经济发展水平不高、税

① 这里我们不考虑 1993 年和 1994 年税收增长异常因素的影响。1993 年，地方政府得知实行分税制后，原来属于地方财政收入的一部分将上缴中央，并且增值税返还基数是 1993 年税收收入，于是地方政府采取各种措施促使税款入库，包括清缴欠税甚至寅吃卯粮等，这导致 1993 年税收高速增长后，1994 年增幅又迅速回落。

制简单、税收征管信息化程度不足密切相关的。实践证明，在当时经济背景下，实施各种专管员、驻厂员制度有利于政府集中权力迅速开展工作。但是随着市场经济的发展、市场秩序的逐渐完善，税收专管员制度越来越不适应工作的需要，对其进行改革也提到了议事日程。

参考文献

安体富．如何看待近几年我国税收的超常增长和减税的问题．税务研究，2002（8）

巴泽尔．产权的经济分析．上海：上海三联书店，2003

高培勇．中国税收持续高速增长之谜．经济研究，2006（12）

何盛明主编．财经大辞典·上卷．北京：中国财政经济出版社，1990

黄运武主编．新编财政大辞典．沈阳：辽宁人民出版社，1992

巨宏．税收专管员制度的历史变迁与创新．山西财政税务专科学校学报，2006（6）

米建国．税收仍会持续高增长．中国税务，2005（2）

钱穆．中国历代政治得失．上海：上海三联书店，2005

王剑锋．中央集权型税收高增长路径：理论与实证分析．管理世界，2008（7）

张国生．我国税收管理员制度的历史沿革及评价．税务研究，2006（8）

周其仁．公有制企业的性质．经济研究，2000（11）

第 3 章

预算外资金[①]

Off-budget Funds

【摘要】预算外资金是政府财政资金的重要组成部分。在我国，预算外资金作为不纳入预算管理，却用于满足政府履行其职能需要的财政性资金，形成于新中国成立初期，至今它已经历了 60 年的发展和变化。纵观预算外资金产生和发展的历史，我们不得不承认预算外资金在我国的经济发展中曾经起到了十分积极的作用，功不可没。但是随着国家与国有企业分配关系的调整，政府职能的不断扩大，财政收支矛盾的突出以及税权集中与事权分散矛盾的日益加剧，导致了预算外资金的快速增长，由此也暴露了越来越多的问题。因此随着国家对预算外资金的严格控制管理以及我国社会主义市场经济的进一步完善，政府与企业职能的分离，政府规范的收入机制的建立，政府分配格局的形成，预算外资金必将完成它的历史使命，经过一个漫长的发展过程而退出历史舞台。

【关键词】预算外资金　预算制度　财政体制　经济体制改革

Abstract: As an important part of the government funds, off-budget funds are not included in the government's budget, but it was managed by the government to perform its functions to meet the needs of the financial capital, it has gone through 60 years of development and changes since formed in early stage when the state was established. Take a wide view of the existence and development of off-budget funds; we have to acknowledge that it has made very positive and indispensable influence to the economic development of our country. However, adjustment in the distribution of responsibility between country and state-owned enterprise, increasing expansion of the government function, and the imbalance of financial statements and conflicts

① 本章撰稿人：张鹤。

between centralized tax jurisdiction and dispersed routine power, lead to the increase in off-budget funds, which reveals mounting problems. Therefore, following the strict national management control on off-budget funds and the further advancement of socialism in China, as well as a division of responsibilities between government and corporates, and the establishment of a standard government income mechanism which forms a government allocation system, we foresee an end to the off-budgetary funds after its long history of development.

Key words: off-budgetary funds, budget system, fiscal system, reform of the economic system

预算外资金是政府财政资金的重要组成部分，主要是指国家机关、事业单位、社会团体、具有行政管理职能的企业主管部门和政府委托的其他机构，为履行或代行政府职能，依据国家法律、法规和具有法律效力的规章而收取、提取、募集和安排使用，未纳入财政预算管理的各种财政性资金（谢旭人，2009）。

3.1 引言

预算外资金的存在可以说是我国经济的一大特征，具有鲜明的中国特色。在财政民主发达的西方国家里，是不存在“预算外”资金这个概念的。因为政府的所有收入和支出都是被完全纳入规范的政府预算的，在国家的财政预算之外，是不可能存在其他收支计划的。在我国，预算外资金作为不纳入预算管理，却用于满足政府履行其职能需要的财政性资金，形成于新中国成立初期，至今它已经历了60年的发展和变化。因此，在我国经济发展的不同历史阶段，预算外资金的内涵也是在不断变化的（见表3—1）。

表3—1　我国预算外资金内涵的变化

时间	预算外资金
1950年	乡镇自筹：公粮附加收入 机关生产收入：行政事业单位的生产收入、屯垦部队农场机关与部队的菜园收入、民政部门所属的生产单位和劳改企业收入
1953—1957年	企业管理的专项基金：企业奖励基金、福利基金、大修理基金 事业收入：地方开征的工商税附加、公路养路费、养河费、育林费、中小学校的杂费等 行政事业单位的零星杂项收入

续前表

时间	预算外资金
1958—1960 年	工商税附加、农业税附加、城市公用事业附加、养路费、育林基金、勤工俭学收入、企业利润留成、企业的大修理基金、县（市）以自筹资金举办的企业收入、劳改企业收入、社会集资收入等
1961—1965 年	全民所有制企业全部纳入国家预算，停止实行企业利润留成制度
1966—1977 年	企业折旧基金 新建的县办“五小”企业在两三年内将实现利润的 40%留作预算外资金管理
1979—1985 年	企业基金、企业利润留成、企业折旧基金、一部分税后利润、行政事业性收费（教育费附加、车辆购置费附加）、学校基金（中小学在教育改革中开办的工厂、农场经营所得收入）
1986—1992 年	地方财政部门按国家规定管理的各项附加收入；事业、行政单位自收自支的不纳入国家预算的资金；国营企业用其主管部门管理的各种专项资金；地方和中央主管部门所属的预算外企业收入；其他按照国家规定不纳入预算的各种收入
1993—2001 年	法律法规规定的、国务院或省级人民政府及其财政、计划（物价）部门审批的、国务院以及财政部审批建立的行政事业性收费、基金和附加收入；主管部门从所属单位集中的上缴资金；用于乡镇政府开支的乡自筹和乡统筹资金；建立社会保障预算制度前的社会保障基金
2002 年至今	“收支两条线”管理，逐步被“非税收入”所取代，预计到 2011 年全部取消预算外资金

预算外资金作为不纳入预算管理、却用于满足政府履行其职能需要的财政性资金，形成于新中国成立初期，但在改革开放后，特别是市场经济体制建立以后，随着政府职能和社会分配格局的巨大变化，预算外资金迅速膨胀增长。

1978 年，全国预算外资金为 347 亿元，相当于预算内收入的 30.7%；此后，在体制转轨和财政分权改革的过程中，我国预算外资金迅速膨胀，1992 年，全国预算外资金为 3 855 亿元，相当于当年国家财政决算收入的 97.7%，到了 2007 年全国预算外收入总量已达到 6 820 亿元。而期间预算外资金的收入占国家财政决算收入的比例更是从最低的 1953 年的 4.18%，增长到 1992 年的 110.7%，此后又下降到 2007 年的 13.3%（见图 3—1 和图 3—2）。

我国预算外资金规模不断的发展变化，其占财政收入比例的不断消长的过程，实际上也是我国财政预算制度、公共财政体系不断改革完善的过程。

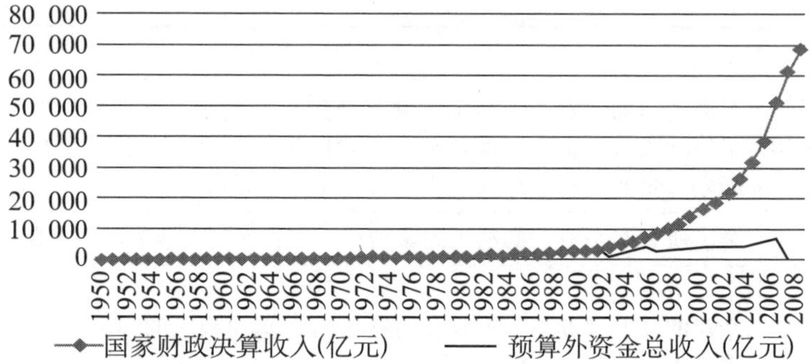

图 3—1 国家财政决算收入与预算外资金总收入（1952—2007 年）

资料来源：各年《中国统计年鉴》。

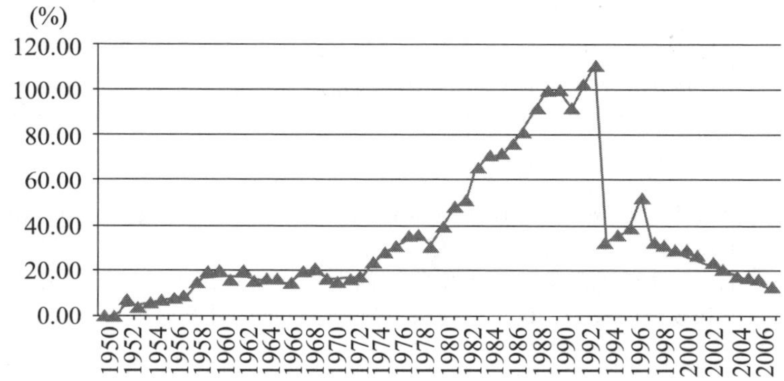

图 3—2 预算外资金收入占财政决算收入的比例（1952—2007 年）

资料来源：各年《中国统计年鉴》。

3.2 预算外资金的历史变迁

新中国成立前，革命根据地处于分割状态，财政是半供给制，即一部分财力由政府提供，一部分财力靠生产自救解决。为了保证战争的胜利和减轻人民负担，各个机关、部队、学校、企事业单位都纷纷开展生产活动，建立起了“小公家务”。为及时有效解决财政困难，1949 年 12 月，中央人民政府通过了年度财政收支概算和发行人民胜利折实公债的决定。这是新中国的第一个国家财政预算。从收入来看，公粮收入仍占第一位，占全部收入的 44.4%，企业收入所占的比重不大，只有 17.1%。支出主要是军费和行政费，分别占 38.8%和 21.4%。由于这份预算执行起来相当困难，支出突破预算，收入无法完成，为此，1950 年政务院召开全国财政会议，提出节约支出、整顿收入、统一全国财政的工作方针（文炳勋，2009）。

3.2.1　1950—1957年：预算外资金的初步形成

1. 国民经济恢复时期（1950—1952年）

新中国成立初期，受苏联高度集中的预算管理体制的影响，国家为了解决农村文教、行政等经费开支和机关一些零星需要，在1950年3月国家政务院第二十五次政务会议上通过并公布了《关于统一管理一九五〇年度财政收支的决定》，决定把几项零星收入，主要是乡镇自筹、机关生产收入（也称为“小公家务”）等划给地方和单位自收自支，自行管理，这便是预算外资金的最初形成。其中乡镇自筹主要是指公粮附加收入，用于农村文教卫生、行政经费和农村公益事业等开支；机关生产收入主要包括行政事业单位的生产收入、屯垦部队农场机关与部队的菜园收入，民政部门所属的生产单位和劳改企业收入等，主要用于机关的零星开支。这是新中国财政经济工作的历史性会议，从此，财政经济工作进入了由分散经营到基本上集中统一的时期。

1951年3月政务院颁布了《关于进一步整顿城市地方财政的规定》，对预算外资金进行了进一步的规范，其中统一了各种附加的项目和比例：如工商业税附加，附加比率只能在10%～15%之内；房地产附加，附加比率最高不得超过20%；公用事业附加，因地制宜，不作统一规定；农业税附加，定为20%。对于各种规费收入则因地制宜，不作统一规定。

经过了3年的经济恢复，国家的财政状况出现了根本好转，因此在1952年3月政务院公布了《关于统一处理机关生产的决定》。这一文件的颁布，在肯定了机关生产在革命年代所发挥的作用同时，也指出其分散性和盲目性给国家经济发展带来的严重不良后果，因此政务院决定结束机关生产，并要求各级各系统、各单位的机关生产在1952年4月30日前交归国家管理。根据这个决定的精神，财政部颁发了《关于接收各级机关“小公家务”的规定》，要求各机关单位取消“小公家务”，即除民政生产事业单位和劳改企业等以外的一切生产单位，一律作为国营企业管理，其收入一律纳入预算；而对农村的乡镇自筹资金实行“包、准、禁”。所谓“包”就是把原来乡镇自筹解决的开支改为国家供给，由预算承担；“准”就是继续允许地方征收7%以下的农业税附加，以解决农村公益事业的开支；“禁”就是除上述“包”和“准”外，禁止任何摊派。这次整顿对于稳定经济和减轻农民负担起到了重要作用。但同时几乎所有的收支都纳入国家预算，预算外资金相对呈现萎缩状态。1952年全国只有预算外资金13.62亿元，相当于当年国家财政预算收入的7.8%。①

2. 第一个五年计划时期（1953—1957年）

为了保证国民经济恢复的资金需要，国家实行了高度集中的财政管理体制，并

① 资料来源：《中国统计年鉴》。

且对管理比较混乱的预算外资金进行了整顿。但是这种高度集中的管理办法很快就暴露出管理过死，在解决地方、部门、单位的特殊需要时缺乏灵活性和及时性。1953年，我国进入大规模经济建设时期，财政体制进行了改革，实行划分收支、分级管理的体制，许多企业实行经济核算制。鉴于之前高度集中体制的弊病，同时也为了解决某些特殊需要和调动部门单位的积极性，预算外项目逐渐增多，主要有：企业管理的专项基金（企业奖励基金、福利基金、大修理基金）、事业收入（工商税附加、公路养路费、养河费、育林费、中小学校的杂费等）、行政事业单位的零星杂项收入。1953年，我国的预算外资金仅为8.91亿元，相当于预算内收入的4.2%。但随着预算外资金的项目和范围的不断扩大，资金规模也有所增长。至1957年，全国预算外收入为26.33亿元，占当年全国财政收入的8.68%。① 这一阶段，是我国预算外资金概念、范围、效应和管理模式的形成时期，成为我国财政管理体系和体制改革中的一个极其重要的阶段。

3.2.2 1958—1977年：预算外资金“U”形发展

1. 第二个五年计划前期：“大跃进”时期（1958—1960年）

1957年是全党全国人民把增产节约运动推向高潮的一年，这对缓和物资供应紧张和解决财政困难起了积极的作用。经过“一五”时期的快速发展，在“二五”时期的前三年国家对工业、商业和财政管理体制作了重大改革：下放了财权和管理权；大批国营企业下划地方，并实行利润留成制度，分成的利润放在预算外管理；各地区、各部门以自筹资金兴建企业的利润在一定时期可以不纳入国家预算管理。因此，预算外资金有了较大的发展。当时的预算外项目主要有：工商税附加、农业税附加、城市公用事业附加、养路费、育林基金、勤工俭学收入、企业利润留成、企业的大修理基金、县（市）以自筹资金举办的企业收入、劳改企业收入、社会集资收入等。在权力下放的气氛下，经过这些重大改革，预算外资金在“大跃进”期间第一次迅速膨胀起来。和1957年相比，1958年预算外资金翻了一番，增至55.99亿元，1959年再增至96.55亿元，到了1960年底，预算外资金已经达到117.78亿元，相当于国家预算收入的20.6%，为1957年的4.47倍。②

2. 第二个五年计划后期（1961—1965年）

“大跃进”时期经济工作指导上的失误以及自然灾害的影响，使我国国民经济出现了暂时的严重困难。而在财政体制方面，在扩大企业自主权的同时，一些必要的规章制度也被破坏，呈现了财政分散、制度不严、管理松弛的现象。因此，从1961年开始，国家对财政体制进行了调整，恢复了对国民经济的集中统一管理，将前几年下放的生产、基建、劳动、收购、财务等管理权限统统又收回到中央手中。

① 资料来源：《中国统计年鉴》。

② 资料来源：《中国统计年鉴》。

1962年2月，财政部、中国人民银行联合发出《关于统一地方财政预算内、外存款账户的联合通知》（以下简称《通知》），《通知》提出了国民经济“调整、巩固、充实、提高”的调整方针，重新实行集中统一的经济体制，对预算外资金进行“纳、减、管”，以克服“大跃进”给国民经济带来的严重比例失调和混乱局面。《通知》要求：将全民所有制企业全部纳入国家预算，实行统一管理，并停止实行企业利润留成制度；地方管理的预算外收支作为整个国家预算的附属部分逐级上报至财政部。经过整顿，预算外资金从1960年的117.78亿元减少到1961年的57.4亿元，预算外收入占预算内收入的比重由20.58%下降到16.12%。到1965年，全国的预算外资金减少到75.56亿元，相当于当年预算收入的16%。[①] 这是我国预算外资金范围缩小、规模缩小、管理加强的时期。

3.“文化大革命”时期（1966—1977年）

“文化大革命”期间，中央和省大批下放企业、事业单位，财权、人事权也随之下放，对预算外资金主要有两项新规定：一是从1967年开始，企业折旧基金留给企业用作企业固定资金和设备更新改造；二是从1970年开始，新建的县办“五小”企业（小钢铁、小机械、小化肥、小煤窑、小水泥）在两三年内将利润的40%留作预算外资金管理，对于已有“五小”企业，国家在随后的五年内安排了80亿元专项资金，由省、市、自治区掌握使用，以扶持其发展。

“文化大革命”期间由于各项规章制度和财经纪律受到严重破坏，各地、各部门擅自设立预算外项目，乱收费、乱摊派，划预算内收入为预算外收入的现象相当普遍，预算外资金迅速膨胀。另外，1970年当“文化大革命”早期的动荡告一段落后，国家又开始大规模地分权，要求所有“适合”地方管理的企业统统将管理权下放到地方，于是铁路、民航被下放到了地方，很多大煤矿、油田、汽车制造厂等被下放到各省。这次分权，导致预算外资金数目越来越大。从1970年至1976年，预算收入只增加了17.1%，但预算外资金却增加了172.8%。1975年，预算外收入251.48亿元，占预算收入的比重为30.83%，到1976年全国预算外资金达到了275.32亿元，相当于国家预算收入的35.5%。[②]

3.2.3 1978—1993年：预算外资金迅速膨胀

1.1978—1979年

经历了十年浩劫，国民经济积累了很多问题。在粉碎“四人帮”之后，国家在经济体制上做了系列调整，其中对预算外资金的调整主要有：（1）1978年1月，经国务院批准，将企业基本折旧基金由100%改为50%留归企业和主管部门，50%上交国家财政；1979年1月，又将上交国家财政的50%中的20%列为预算外资金，

① 资料来源：《中国统计年鉴》。

② 资料来源：《中国统计年鉴》。

由地方财政进行管理。(2) 恢复了企业基金制度。全面完成国家八项指标的企业，可以按全年职工工资总额的一定比例提取企业基金，主要用于举办职工集体福利设施以及发给职工劳动竞赛奖金。(3) 实行盐税提成。从1978年起有关地方从盐税收入中提取1%，作为地方财政预算外收入。

经过调整，1978年我国预算外资金收入达到347.11亿元，占当年预算收入的30.69%，预算外资金有较快发展。①

2.1979—1985年

由于逐步认识到传统计划经济的缺陷，1978年12月，我党召开了著名的十一届三中全会。全会决定把党和国家的工作重点转移到社会主义现代化建设上来。这意味着我们进入了改革开放的时代，我国经济建设即将掀开新一页。为了适应形势的需要，我们对经济管理体制进行全面的改革，并以财政体制改革为突破口。此时扩权让利、增强企业活力、提高经济效益、培植财源成为改革的主要任务。

1980年2月国务院颁发了《关于实行"划分收支、分级包干"财政管理体制的暂行规定》，这标志着我国的财政体制从过去的全国"一灶吃饭"改为"分灶吃饭"，财力分配由过去的"条条"为主改为以"块块"为主，其基本精神是按照行政隶属关系明确划分中央和地方财政收支范围，地方以收定支，自求平衡，包干使用。这种"分灶吃饭"的财政体制的内容主要包括：(1) 将财政收入划分为固定收入、固定比例分成收入和调剂收入三类；(2) 支出按隶属关系加以划分，中央负担中央投资、地质勘探、援外支出、国家物资储备等，地方支出包括地方投资、事业费、城市维护费、行政管理费等；(3) 在中央与地方预算结算关系上，地方财政支出先与固定收入和固定比例分成收入相抵，结余上解中央，不足由调剂收入分成解决，还不足的由中央给予定额补助；(4) 地方上解收入比例、调剂收入分成比例、定额补助比例基数确定后原则上五年不变（文炳勋，2009）。

同年，《中共中央、国务院关于节约非生产性开支、反对浪费的通知》规定："一切有条件组织收入的事业单位，都要积极挖掘潜力，从扩大服务项目中合理地组织收入，以解决经费不足的问题。"这一规定打破了事业单位开支由财政承包的传统模式，为减轻财政负担、开辟新的融资渠道起到了一定的作用，但同时也直接导致预算外资金迅速膨胀，特别是行政事业单位的收费急速增长。

1983年2月财政部颁发了《预算外资金管理试行办法》，《办法》规定了预算外资金是政府部门、单位和社会团体为履行政府职能和社会管理职能依据国家法律、法规和具有法律效力的规章制度而收取和提存的财政性资金。这是我国首次明确预算外资金是一种财政性资金，虽然它不纳入预算管理，但其取得是凭借政府的规定，是用于满足政府履行其职能需要的，所有权属于政府，而非部门或单位。

① 资料来源：《中国统计年鉴》

随着经济体制改革的全面展开，这一时期的预算外资金也发生了一些变动：

（1）恢复企业基金制度。

从 1978 年起，凡是全面完成国家下达的产量、品种、数量、原材料和动力消耗、劳动生产率、成本、利润、流动资金占用等八项指标及供销合同的企业，可以按照职工全年工资总额的 5%提取企业基金，完成产量、品种、数量、利润等四项指标及供销合同的企业，可以按照职工全年工资总额的 3%提取企业基金。

（2）企业利润留成制度。

1979 年 7 月，我国开始对企业进行扩权试点；1980 年 1 月，推行利润留成制度，建立企业生产发展基金、职工福利基金和职工奖励基金；1981 年，对国营工交企业和主管部门，根据不同情况实行多种形式的利润留成和盈亏包干办法。

（3）调整企业折旧管理办法。

从 1983 年起，财政不再集中于折旧基金，而是由国家对部分重点企业开始逐渐提高折旧率。从 1985 年 2 月起，原由国家按 30%集中的折旧基金，不再上缴中央财政，由主管部门、地区集中调剂使用，并改综合折旧为分类折旧。

（4）利改税。

1983 年和 1984 年国家两次对国营企业进行“利改税”。第一次“利改税”规定凡有盈利的国营大中型企业，均按照实现利润和 55%的税率缴纳所得税。税后利润一部分以递增包干上缴、固定比例上缴、缴纳调节税、定额包干上缴等办法上缴国家；一部分按照国家核定的留利水平留给企业，用于生产发展基金、职工集体福利基金和奖金。第二次“利改税”将国营企业原来上缴国家的财政收入改为分别按 11 个税种向国家交税，也就是由税利并存逐步过渡到完全的以税代利。

（5）改革行政事业性收费。

国家首先改革了行政事业单位的财务管理制度，从 1980 年起，开始实行“经费包干、结余留用”的办法；另外陆续开征教育费附加、车辆购置费附加等行政事业性收费项目；同时允许事业单位开展多种经营、有偿服务增加收入，鼓励事业单位由全额向差额、差额向自收自支过渡，对一些收入比较固定的自收自支单位实行企业化管理制度。

（6）建立学校基金。

1980 年 6 月教育部、国家劳动总局、财政部联合颁布了《高等学校建立学校基金和奖励制度试行办法》，规定学校校办工厂、农场、招待所等收入留归学校自收自支。另外，中小学在教育改革中开办的工厂、农场经营所得收入，规定不纳入预算，作为预算外资金管理，留作改善校办工厂、农场的生产条件和办学条件，购置图书、仪器、电化教育和卫生问题等设施，以及改善师生员工集体生活福利和奖励之用。

这一时期，由于采取以上措施使部分预算内资金转移到预算外，预算外资金的数量迅速扩大。1981 年，预算外收入占到预算收入的 51.12%，1985 年，这一比重上升到 83.3%，预算外收入达到了 1 530.03 亿元。①

3.1986—1992 年

为了加强预算外资金管理，进一步健全预算外资金的管理制度，1986 年 4 月国务院发布了《关于加强预算外资金管理的通知》（以下简称《通知》）。《通知》一是规定了预算外资金的概念、范围和管理形式；并对预算外资金项目由财政部规定、行政事业单位预算外资金实行财政专户储存管理以及实行计划管理等作了规定。《通知》中指出，预算外资金是由各地区、各部门、各单位根据国家有关规定，自行提取、自行使用的不纳入国家预算的资金。其主要包括：地方财政部门按国家规定管理的各项附加收入；事业、行政单位自收自支的不纳入国家预算的资金；国营企业用其主管部门管理的各种专项资金；地方和中央主管部门所属的预算外企业收入；其他按照国家规定不纳入预算的各种收入。预算外资金具有自主性、专用性、分散性、法定性。二是确定预算外资金管理模式。各地区、各部门对预算外资金的管理，可以在资金所有权不变的前提下，采取不同的方式。各地区、各部门、各单位应编制年度预算外资金收支计划和决算，并按季报送收支执行情况，逐级上报财政部。三是明确预算外资金的使用原则。预算外资金使用要体现专款专用的原则，基本折旧基金应用于企业固定资产更新改造，不得挪用于基本建设；职工福利基金、奖励基金和工资增长基金，必须先提后用，不得用发展生产和发展事业的预算外资金发放奖金、实物和补贴。

此后，1988 年国家物价局、财政部又发布了《关于加强行政事业性收费管理的通知》，规定了行政事业性收费的概念、原则、审批程序、审批权限的划分和管理监督等；1989 年国家计划委员会、人民银行、财政部、国家审计署联合发布《关于进一步加强自筹基建资金管理的补充通知》，规定了自筹基建的审批程序、资金来源、资金管理和各有关部门的分工等。此外，各省、直辖市、自治区根据国务院、财政部及有关部门的上述规定，还规定了一系列的具体办法。

1991 年 10 月国务院发布了《国家预算管理条例》，将现行的国家复式预算分为经常性预算和建设性预算两部分，并对预算的基本原则、预算管理职权、预算收支范围、预算编制、预算执行和监督、预算调整、决算以及法律责任作了明确规定。这标志着我国政府预算工作又前进了一步。但是由于《国家预算管理条例》属于国务院行政法规，在权责问题上只能规定各级人民政府、各主管部门以及各单位的预算管理职权，不便于对全国人大及其常委会的预算审查监督职责进行规定，从而在一定程度上弱化了预算审查约束力，没有从根本上解决预算管理软化问题。另外，该条例是在党的十四大确立建立社会主义市场经济体制之前制定的，大部分条款还受到计划经济体制的影响。

---

① 资料来源：《中国统计年鉴》。

这一时期，随着开放搞活和经济体制的改革，我国在一定程度上改进了预算管理体制，在调整了中央与地方财力和财权的划分基础上，推行承包经营责任制，初步确立了国家与企业的分配关系，并改革了行政事业单位的财务管理制度。然而从预算外资金上看，这一阶段数量迅速增加，规模迅速扩大。1986 年我国预算外收入是 1 737.31 亿元，到 1992 年就高达 3 854.92 亿元，相当于当年预算内收入的 110.67%，其增长速度均超过同年 GDP 和预算内收入的增长速度。① 换言之，每年新增的国内生产总值的相当一部分，通过预算外资金留归地方、企业、主管部门和行政事业单位支配，造成资金严重分散。而在大量的预算外资金中，又以行政事业单位管理的预算外资金增长最快。与此同时，很多单位化预算内为预算外、化生产资金为消费基金、化公为私等现象有所滋长，特别是“小金库”大量存在。

所谓“小金库”是指凡违反国家财经法规及其他有关规定，侵占、截留单位收入和应上缴收入，且未列入本单位财务部门账内或未纳入预算管理、私存私放的各项资金（财监字［1995］29 号）。其主要来源包括：以各种名义挪用、转移国家预算内、预算外收入；截留销售收入、营业收入、营业外收入和其他收入；高价倒卖、非法牟取价差收入；一些经济主管部门和监督部门侵占、截留罚没收入。“小金库”应该属于制度外收入，它是指既不纳入预算内又不纳入预算外管理的非税收入，也被称为“非秩序财政资金”，是由征收主体自由支配、自行管理，几乎没有任何法律约束，其主要来源于“三乱”收入（乱收费、乱罚款、乱摊派），通常名目繁多，秩序混乱。虽然制度外收入不同于预算外收入，但是它和预算外资金在财政监督管理上缺位相类似，这部分资金游离于国家财政体制之外，破坏了财政收支的平衡，扰乱了正常的市场经济秩序，加剧了社会矛盾和国家财政资金的流失，削弱了国家财力，弱化了宏观调控作用。因此，要彻底清查“小金库”、取缔制度外收入，必须从改革财政制度入手。

1988 年以后，预算外资金收入的规模已几乎与预算内资金的规模并驾齐驱。在相当一部分省市，预算外收入（或支出）已超过了预算内收入（或支出）。因此很多人把预算外资金称作中国的“第二预算”。

3.2.4　1993 年至今：预算外资金管理逐步规范

1. 1993—1995 年

1993 年中共中央办公厅、国务院办公厅转发了财政部《关于对行政性收费、罚没收入实行预算管理的规定》，将 83 项行政收费项目纳入财政预算。同时，1993 年实行企业财务与会计制度改革，国有企业折旧基金和税后留用资金不再作为预算外资金管理。预算外资金的范围有所缩小，主要包括：法律、法规规定的行政事业

① 资料来源：《中国统计年鉴》。

性收费、基金和附加收入等；国务院或省级人民政府及其财政、计划（物价）部门审批的行政事业性收费；国务院以及财政部审批建立的基金、附加收入等；主管部门从所属单位集中的上缴资金；用于乡镇政府开支的乡自筹和乡统筹资金；其他未纳入预算管理的财政性资金。社会保障基金在国家财政建立社会保障预算制度以前，先按预算外资金管理制度进行管理。

1994 年 3 月第八届全国人民代表大会第二次会议通过《中华人民共和国预算法》，决定从 1995 年 1 月 1 日起施行。这是新中国成立以来颁布的第一部预算单行法，标志着我国预算制度进入了一个全新的法治阶段。第二年，即 1995 年 11 月，李鹏总理又签署了中华人民共和国国务院令第 186 号，发布《中华人民共和国预算法实施条例》，自发布之日起实施。这些都是我国预算管理在法治进程中的重大进步。

随着预算外资金口径的调整和预算法的出台，其规模有所下降。1993 年的预算外资金为 1 432.54 亿元，比上年减少 2 422 亿元，占预算内收入的比重也从 110.67％直线下降到 32.94％。但是此后，预算外资金又呈刚性增长，1996 年达 3 893.34亿元，超过了调整口径前预算外资金的最高额。①

2. 1996—2001 年

为进一步加强预算外资金管理，1996 年 7 月国务院发布了《关于加强预算外资金管理的决定》（以下简称《决定》），《决定》将预算外资金范围重新界定；同时将 13 项凭借政府权力取得的、在一定程度上具有“准”税收性质的政府基金或收费（养路费、车辆购置附加费、铁路建设基金、电力建设基金、三峡工程建设基金、新菜地开发基金、公路建设基金、民航基础设施建设基金、农村教育事业附加费、邮电附加、港口建设费、市话初装基金、民航机场管理建设费）纳入财政预算管理，按规定作为地方财政的固定收入、专款专用；要求严格控制行政事业性收费和政府性基金规模，不得越权收费和建立基金，否则，按乱收费行为处理。

另外，《决定》指出：“预算外资金是国家财政性资金，实行收支两条线管理。”自此，国家逐步明确了对预算外资金要实行“收支两条线”管理。“收支两条线”是指政府对行政事业性收费、罚没收入等政府非税收入的管理方式，即有关部门取得的非税收入与发生的支出脱钩，收入上缴国库或财政专户，部门不得截留、坐支，财政部门安排给部门的支出不能和收入挂钩，而是根据各单位履行职能的需要按标准核定并拨付的资金管理模式。深化“收支两条线”管理改革的核心是按照公共管理的要求，将全部财政性收支逐步纳入政府预算管理，不能有游离于政府预算之外、不受社会公众监督的财政性收支。它要解决的主要是公共财政收支的管理范围问题，其本质也是规范政府的活动范围。这项改革从收的角度讲，主要是收缴分

① 资料来源：《中国统计年鉴》。

离，规范政府预算外收入收缴并减少部门、单位占压政府资金。对那些合法合规的收费收入，不再由部门、单位自收自缴，实行收缴分离，纳入政府预算或实行专户管理；从支的方面讲，主要是收支脱钩，执收单位上缴的收费和罚没收入不再与其支出安排挂钩。改革的最终目标是编制综合政府预算，逐步淡化和取消预算外收支。1996年《决定》的颁布是继1993年后再一次大范围调整预算外资金口径。

1998年，朱镕基总理宣布对预算外收入项目进行清理和整顿，清理和整顿的方案包括对明显不合理的项目加以取缔、对必须保留的收费项目进行“费改税”、把公益性收费和政府行政事业费区别开来、严格规范中介机构收费、保留少量收费项目，对既不能取消又难以改造的收费项目，以政府规费形式予以保留（吴敬琏，2010）。

经过几次调整，1997年全国预算外收入2 826亿元，比上年下降1 067亿元。但是与前次调整一样，至2000年，预算外资金再次反弹到约3 826亿元。[1]

针对此种状况，2001年3月，财政部、中国人民银行发出《关于财政国库管理制度改革试点方案的通知》。9月，财政部部长项怀诚主持召开部长办公会议，研究进一步深化“收支两条线”，以期加强财政管理工作。

3.2002年以来

2001年年底，国务院办公厅转发了财政部《关于深化收支两条线改革，进一步加强财政管理意见的通知》，从2002年起选择部分单位进行深化“收支两条线”改革试点。改革总体要求是，对各种行政事业性收费、政府性基金区分不同情况，通过一定的改革措施和办法，采取“一清、二转、三改、四留”的改革措施，以达到规范预算外资金管理的目的。

“一清”是根据社会主义市场经济转变政府职能和建立公共财政的要求，在对现有的行政事业性收费和基金进行全面清理整顿的基础上，取消不合法、不合理的基金和收费项目。

“二转”是按照政企分开的要求，将一些现有收费中不能体现政府职能并可以通过市场竞争形成的收费，如经营性管理的道路收费、桥梁的车辆通行费、新技术推广费、新技术转让费等，按市场经济的要求，转为经营性收费，依法纳税。

“三改”是按照优化税制结构的要求，将一部分能体现政府职能且具有税收性质的收费收入，改为相应的税收，纳入政府税收体系，实行“费改税”。

“四留”是保留少量的符合国际惯例的收费、政府性基金。对社会实施特定管理或提供特殊服务收取的规费以及合理的不能改税的收费，按照财政预算的统一性、完整性原则，遵循国际惯例，作为经常性收入中的“非税收入”项目纳入预算管理，核定的收费要进一步明确标准和收费项目，并实行规范化的财政管理。由税

① 资料来源：《中国统计年鉴》

务部门或各单位来组织征收，收入直接进入金库或财政专户，支出则由部门预算统一安排，从而形成统一完整的政府财政收支体系。严格执行中央及省两级管理收费项目和标准，国家将向社会每年公布收费目录，防范出现乱收费现象，加强财政、物价、审计和社会监督，对违法违纪行为坚决依法查处。

在不断深化预算改革的过程中，2002 年 1 月，财政部、中国人民银行又联合发出通知，将公安等部门的各项收费（不含所属高校、中专的院校收费）收入全部纳入预算管理，上缴国库。同年 4 月，财政部副部长肖捷在全国财政国库工作会议上表示，2002 年财政部将进一步深化和完善财政国库管理制度改革，增加新的国库支付管理制度改革试点部门，并结合“收支两条线”管理改革，选择部分中央单位进行预算外资金收入收缴管理改革试点。2002 年 5 月 20 日，财政部发出通知，公布了 31 项保留的政府性基金项目，其中，26 项基金属法律、国家行政法规、党中央和国务院文件以及财政部会同有关部门批准设立，且明确规定征收对象、征收范围和征收标准的政府性基金；5 项基金计划用燃油税或农业税取代。其目的就是构建适应社会主义市场经济发展要求的以税收为主，少量规范化收费为辅的公共财政收入体系。

2004 年 7 月，财政部下发《关于加强政府非税收入管理的通知》，这标志着预算外资金管理进入非税收入管理时代，并将被逐步纳入预算内。从 2004 年至今，政府收入被分为税收收入、非税收入和债务收入三个部分。此前，非税收入包括财政预算内的非税收入、财政预算外的非税收入，以及游离于财政之外的政府各部门的收费和集资、摊派，非税收入管理混乱。《关于加强政府非税收入管理的通知》中明确政府非税收入管理范围包括行政事业性收费、政府性基金、国有资源有偿使用收入、国有资产有偿使用收入、国有资本经营收益、彩票公益金、罚没收入、以政府名义接受的捐赠收入、主管部门集中收入以及政府财政资金产生的利息收入等。社会保障基金、住房公积金不纳入政府非税收入管理范围。

2008 年 2 月，财政部发出《关于进一步加强预算执行管理的通知》，对各级财政部门和预算单位的预算管理工作做出严格要求，全面提升预算编制管理、预算执行管理及预算执行分析等一系列预算管理工作水平，要求增强预算编制的真实性、准确性，深化国库集中支付改革，健全预算执行管理运行机制，严格政府采购预算执行管理，加强预算执行分析，加强财政信息化建设。同年 11 月，财政部和发改委联合下发通知，决定自 2009 年 1 月 1 日起，在全国统一取消和停止征收 100 项行政事业性收费。

在经过一系列的预算改革之后，2010 年 3 月，全国人大常委会预工委、财政部会同有关部门，提出了一个预算法修改的征求意见稿，其修改的核心是解决三大问题——增强预算编制的完整性、规范预算的执行、增强预算监督的严肃性。在增强预算编制的完整性方面，将明确提出“所有的政府收入和支出都应当纳入预算”。如果新的预算法能够正式实施，将意味着在我国存在多年的政府预算外收支成为历史。

3.3 预算外资金的历史评价

在2008年“两会”后的记者招待会上，温总理曾经语重心长地指出：“一个国家的财政史是惊心动魄的。如果你读它，会从中看到不仅是经济的发展，而且是社会的结构和公平正义。”从这个意义上说，取消长达60年的预算外资金制度，的确是中国公共财政预算史上革命性的事件。

纵观预算外资金产生和发展的历史，我们不得不承认预算外资金在我国的经济发展中曾经起到了十分积极的作用，功不可没。但是随着国家与国有企业分配关系的调整，政府职能的不断扩大，财政收支矛盾的突出以及税权集中与事权分散矛盾的日益加剧，导致了预算外资金的快速增长，由此也暴露了越来越多的问题。

3.3.1 预算外资金的历史性功绩

从我国经济发展的进程来看，预算外资金是对高度集中的计划经济体制进行行政性分权改革的必然结果，有一定的积极作用。

（1）在一定程度和范围内解决了中央和地方的财政困难。例如，在新中国成立之初，为了保证战争的胜利和减轻人民负担，各个机关、部队、学校、企事业单位都纷纷开展生产活动，建立起了“小公家务”，它作为预算外资金的雏形，在一定程度上缓解了新中国成立初期我国地方和企事业单位的财政困难；另外在分税制改革前，20世纪80年代中期中央政府开始征收“能源交通基金”，1989年征收“预算调节基金”，虽然这些都是为了维持中央财政正常运转而采取的非常措施，反映出当时我国中央和地方财政关系上存在着很大的问题，但不可否认的是预算外资金确实起到了为中央政府融资的作用。

（2）调动了地方、部门和企事业单位的积极性。预算外资金的增长大大快于预算内，是重要的活力源泉，在改革前期表现得尤为突出，它相当于在传统体制上打开渐进改革的突破口，为后续许多方面改革提供操作空间，同时扩大了地方政府财权，调动了地方政府理财和发展地区经济的积极性。在“多劳多得”的刺激下，广东、浙江等沿海地区经济迅速崛起。

（3）给了地方、部门、企事业单位一个相对平和、心理冲击较小的市场理财环境，有利于地方、部门和各单位因地制宜灵活机动地进行生产建设和发展事业。例如，从1954年起，国家允许地方开征工商税附加作为地方自筹资金，以用于城市公用事业的维护；并允许一部分零散收入划到预算外由各单位自收自支、单独管理；企业开始设置奖励基金、福利基金、大修理基金，作为企业专项基金放在预算外管理。另外，1979年7月，我国开始对企业进行扩权试点；1980年1月，推行利润留成制度，建立企业生产发展基金、职工福利基金和职工奖励基金；1981 年，对国营工交企业和主管部门，根据不同情况实行多种形式的利润留成和盈亏包干办法。1983 年和 1984 年国家两次对国营企业进行“利改税”。第一次“利改税”规定凡有盈利的国营大中型企业，均按照实现利润和 55%的税率缴纳所得税。税后利润一部分上缴国家，一部分按照国家核定的留利水平留给企业，用于生产发展基金、职工集体福利基金和奖金。这些无疑都为地方、部门和各单位预留了一定的发展空间。

(4) 分担了财政的负担，解决了财政包揽过多的问题，有利于促进有条件的事业单位逐步走上企业化管理的道路。例如，从 1980 年起，开始实行“经费包干、结余留用”的办法；另外陆续开征教育费附加、车辆购置费附加等行政事业性收费项目；同时允许事业单位开展多种经营、有偿服务增加收入，鼓励事业单位由全额向差额、差额向自收自支过渡，对一些收入比较固定的自收自支单位实行企业化管理制度。

(5) 基本上保证了国家重点支出，保证了政权机关和各项事业的正常运转。预算外资金专款专用，专设账户，为重点支出开了小灶。例如，为了保证森林采伐迹地的更新，有计划地发展国营和集体营造林事业，不断扩大森林资源，根据以林养林的原则建立了育林基金制度。第一个五年计划时期（1953—1957 年）对育林基金做过一些规定。1972 年 5 月，由农林部、财政部正式发布了《育林基金管理暂行办法》，明确规定了征收范围、征收标准和使用方向。1980 年 6 月颁布的《高等学校建立学校基金和奖励制度试行办法》，规定学校校办工厂、农场、招待所等收入留归学校自收自支；中小学在教育改革中开办的工厂、农场经营所得收入，规定不纳入预算，作为预算外资金管理，留作改善校办工厂、农场的生产条件和办学条件，购置图书、仪器、电化教育和卫生问题等设施，以及改善师生员工集体生活福利和奖励之用。这一规定对于弥补教育资金的不足起到了重要的作用。

3.3.2 预算外资金存在的弊端

然而预算外资金的大量存在，客观上阻碍了财政体制改革从建设性财政转向公共财政。另外大规模的资金游离于财政管理之外，对国民经济的健康发展产生了巨大的冲击作用，导致国民收入分配格局的失调和分配秩序的混乱，增加了改革的难度，其弊端日益凸显。

(1) 预算外收入进一步加剧了“建设财政”、“养人财政”的特征。从预算外资金的结构来看，它已经成为地方基础设施建设和其他发展支出投资融资中的一个重要的资金来源。由于缺乏一般科学管理原则和政绩显示的需要，一些预算外资金被地方政府投入到具有短期效益、快捷的工程上，重复建设和盲目建设现象非常普遍，成为诱发固定资产投资膨胀的主要原因，扰乱了国民经济的正常秩序。1998 年中央政府提出要从建设性财政转向公共财政，但多年来公共支出的比例不升反降。以2005年为例，国家财政总收入为3.16万亿元，经济建设费用支出9 317亿元，占财政收入的29.4%；行政管理费用支出6 512.3亿元，占20.58%。超过一半的财政收入用于投资建设和行政运营，社会公共事业和教育支出只占财政收入的28.3%（平新乔、刘黄，2005）。另外很多政府部门为了自身利益，将许多收费和罚款进行了所谓的“收支两条线”改革，并且还实行超收奖励的体制，形成“冗员—收费供养”之间的恶性循环。这无疑是对建设社会主义政治文明的挑战（周天勇，2007）。

（2）预算外资金滋生政府浪费和财政腐败。由于预算外资金不受人大监督，地方政府可以方便地把预算内资源转移到预算外，甚至都没有进行预算外资金管理，而直接分散在各级政府职能部门。1985年我国开始全国性的“财政物价大检查”行动，清理各级行政机关、企事业单位侵占、截留的预算外资金状况，到1997年共查出违纪资金2 044亿元，上缴1 331亿元（财政部“财政监督”课题组，2003）。可见因为缺乏有效的制约和管理机制，预算外资金在运用过程中，造成我国近几年投资、消费的双重膨胀，导致地方政府违规行为的产生，变成一些腐败现象的重要经济根源，破坏了国家预算的统一与完整，侵蚀了税基，使许多应纳入预算内的各级政府的财力游离于财政预算之外，动摇了政府内生财力的稳定增长。因此，也有人戏称：“预算外”是个筐，计划亏空、违章开销、三公消费、职工福利、年终红包……一切见不得阳光的“开支”都能往里装。

（3）预算外资金导致地区差异增大，扩大了收入差距。财政本来应该是通过再分配的功能缩小各类差别，但预算外财力对经济、社会的平等问题、收入差别问题均有负面影响，扰乱了中央与地方、政府与企业、国家与个人的分配关系。我们以2004年我国地方政府的财政收入为例：当年地方预算内收入为11 893.37亿元，中央转移给地方的收入8 000亿元（估算），地方预算外收入为4 323.25亿元，土地财政收入6 150.55亿元（估算），共30 367.17亿元，是当年中央政府财政支出的3.85倍，是GDP的22.19%。在地方政府可支配的财力中，预算外收入与土地财政收入之和占到34.5%，且未纳入预算管理。并且，政府级别越往下，对预算外收入与土地财政收入的依赖也更为严重。由此我们可以看到，当土地收入成为地方谋取预算外资金最主要的来源时，由于地租与地区的经济发展水平成正相关关系，预算外财政更加拉大地区间不平衡的鸿沟（平新乔，2007）。另外，从分配关系上看，预算外资金的膨胀破坏了国家预算的完整性，在地方收入增长的情况下，削弱了中央固定收入；名目繁多的罚款、收费、摊派等加重了企业负担，破坏了社会经济秩序，不利于形成公平竞争；预算外资金的收支挂钩，挤占了预算内收入，由于各单位的创收能力不同，导致各行业各单位的收入分配失衡局面不断加剧（谢旭人，2009）。

（4）预算外资金分散了政府财力，造成政府内生财力隐性化，加剧了财政困难，削弱了政府协调和控制宏观经济和社会发展的能力。预算外资金的迅速增长，其直接后果是政府内生财力隐性化，减少了预算内收入，侵蚀了税基，加速了正规财政体制地位的下降，为地方政府的税收努力提供了一种可替代的出路，使得完善的地方税收收入体系的建立愈加困难，同时分散了财力。财力分散，使国家财政难以筹集足够的资金支持基础产业和科教文卫事业的发展，影响预算内财政收入的稳定增长和财力规模的不断壮大，使经济结构的调节能力弱化，影响国家产业政策的贯彻，不利于整个国民经济的协调发展。另外，规模庞大的预算外资金主要分散在各级政府和行政事业单位手中，支出具有很大的随意性，由局部利益决定，在一定程度上是无效率的。同时，财力分散，加剧了财政预算平衡工作难度，预算内收支连年出现赤字，而预算外收支却连年结余，从而在一定程度上制约了整个国民经济的发展和经济体制改革的进程。

（5）预算外资金膨胀导致社会集团消费失控。因为预算外资金的分散管理和追求短期利益的特性，大部分预算外资金被转移到消费领域。预算外资金的使用使社会集团和个人非理性消费扩大。社会集团购买力是消费基金的一个重要组成部分，这部分购买力的过度膨胀，一方面会造成消费基金的过快增长，加重财政负担；同时在物资紧缺的年代，还会增加群众购买紧俏商品的困难，影响政府与群众的关系，影响社会风气和精神文明建设。据国家统计局统计，1984 年下半年由于预算外资金的快速膨胀，使得 1984 年和 1985 年的集团购买力分别比上年增长了 26.5％和 26.3％，大大超过了同期工业总产值 14％和 18％的增长率。这对于后来严重的通货膨胀和市场无法发挥调控能力都带来了一定的影响（谢旭人，2009）。

3.4 预算外资金的理论发现

从历史上看，公共财政的产生与预算制度的产生是同一个历史过程，预算制度造就了公共财政。纳税人通过代议机构对政府的制衡机制进行监督，政府必须编制预算并经代议机构批准付诸实施。代议机构对预算的议决、监督执行是从纳税人的利益出发的，赋予政府预算应体现纳税人意志的政治意义。预算制度不但对财政具有严密的控制，且形成为指导、监督及批评一切行政活动的最有效工具，以法律程序保证政府收支不偏离纳税人利益，并用法律保障私人财产权不受政府权力扩张的侵害。

应该说预算制度的发展与改革是与财政体制的变革相辅相成的，更是与一国的经济发展历程密不可分的。对我国而言，在政企合一、统收统支的体制下，财政在处理与企业、事业单位的关系的过程中不可能做到绝对的统收统支，一方面要给企事业单位一定的正常周转资金，另一方面给企事业单位一定的资金使用权，以调动其积极性。而从国际上看，苏联和东欧高度计划经济的社会主义国家，都存在预算外资金，而西方市场经济国家则不存在，可见，预算外资金是高度计划经济的产物，与计划经济相伴而生。计划经济是预算外资金产生的根源。

预算外收支的消长，在一定程度上反映了我国经济体制改革的进程。因此，不能孤立地就预算外资金来分析其增长变化，应根据其赖以生存的经济环境及相关因素来剖析，才能从根本上得出符合实际的结论。

3.4.1 "奥尔森困境"与公共选择理论

从预算外资金产生和发展的历史来看，虽然预算外资金曾经发挥过很重要的作用，但是随着经济的不断进步，市场的逐步完善，我国一直以来分散的财政预算体系已经与社会主义市场经济体制要求的预算的完整性格格不入，因此统一预算成为必然。

预算可以视为一种私人无法提供的公共产品，而导致预算提供不到位的原因，就是由于缺乏"选择性激励"：即使每个人意识到需要公共产品，但是由于缺乏对提供者的额外收益而导致这种公共产品的提供仍然不到位。奥尔森（Olson，1965）把这种状况作了阐述，即个人从自己的私利出发，常常不是致力于集体的公共利益，个人的理性不会促进集体的公共利益。奥尔森所揭示的"集体行动的逻辑"，实际上是在说明"集体行动的困境"，我们也将其称为"奥尔森困境"（Olson's dilemma）。"选择性激励"这种制度供给的差异说明，即使有着相同公共产品需求的各国家，公共产品的提供也可能不同。

公共选择理论认为，政治市场中的政治家往往从个人利益最大化出发，从而导致政府失灵。虽然我国早已经认识到预算外资金存在的不合理性，但其改革进程却很缓慢，原因之一就在于缺乏地方政府的配合。地方政府出于经济人理性的考虑，担心矫正预算外资金后利益受损，同时预算外资金也可以为地方官僚带来寻租的机会。这是由于缺乏宪法和法律的约束，中央政府可以根据自身的利益进行政策调整、制定财政政策和制度，中央政府的利己倾向使地方政府难以相信中央政府的承诺，导致地方政府的机会主义倾向，刺激地方政府将预算内收入转化为预算外收入，而财权的下放又使地方获得具有取得预算外收入的权力。为促使地方经济增长和地方政府提供更多的服务筹措资金，地方官员不得不致力于寻求预算外收入（欧阳日辉，2008）。因此，地方官僚和政治家会抵制对预算外资金外部性的矫正。而要想改变这一状况，其根本在于对地方政府进行"选择性激励"，满足地方政府经济人地位的假定，在地方分权合理的条件下完善统一预算的集权。

在中央与地方的分权与集权问题上，从理论上讲，两者之间应该能够实现某种均衡，而这种均衡分别由中央集权和地方分权的边际成本和边际收益比得出。当且仅当中央集权或地方分权的边际收益等于边际成本时，才能实现经济上的局部均衡；而只有当两者都达到局部均衡，且两者的边际成本和边际收益都相等时，才能够实现中央集权与地方分权的公共均衡。

在集权与分权问题上，集权处于主动地位，因此，在集权与分权之间需要有

“分权主权”原则。即应该优先考虑分权的需要、分权的选择和分权的价值，由分权的需要确定集权的需要，集权应该为分权服务。在分权主权的原则条件下，划分中央与地方的事权和财权。因此，从分权与集权的关系上看，对地方政府分权性的“选择性激励”是市场经济内生的要求（周少君，2008）。

从我国的集权式的财政体制看，地方政府具有双重“人格”。一方面，它是“收税人”，在自己的辖区内向纳税者（主要是国营企业或集体企业）征税；另一方面，它是“纳税人”，要将本地征得的税款按一定比例交给中央政府。作为“收税人”，地方政府像中央政府一样希望汲取尽可能多的税收；但是作为“纳税人”，它会想方设法扩大留在自己口袋里的那一份。中央想尽量集中财源办它认为对国计民生至关重要的事情，地方则希望尽量缩小对中央财政的贡献以发展地方本地利益，这就是中央—地方围绕权力分配展开斗争的根本原因（王绍光，2004）。

因此只有给地方政府最有效的激励，才能消除规范预算外资金可能给地方政府带来的担忧。只有在引进地方财政的公共选择机制的同时，对地方实行有效的监督，将地方政府的预算收支公开化、透明化，才能走出“奥尔森”困境，真正实现我国预算外资金的规范化管理。

3.4.2 经济体制改革与预算外资金的增长

1978年开始的经济体制改革，为解放生产力提供了可能，带来了经济的初步繁荣。城乡经济的发展，使我国的经济实力逐步增强，同时为预算外资金的增加提供了经济条件。

（1）简政放权、减税让利的财政体制改革。20世纪70年代，我国以“减税让利”的税制改革为先导拉开了改革开放的序幕，自此，企业单位拥有的自有资金也开始迅速增加。在传统的经济体制中，国有企业是政府的附属物，没有生产经营自主权，一切听从政府计划的安排。但随着放权让利改革的不断推进，企业在作为独立的商品生产者的前提下，其简单再生产的折旧基金从全部集中变为了部分集中，直到全部归企业支配；税后留利从企业基金到利润留成、所得税后留利、承包利润，使国有企业不仅具有职工奖励、福利的财力，而且初步具备了自我发展能力。国有企业的改革是导致预算资金快速增长的重要原因，预算外资金的增长又是改革开放、经济发展的结果，它在一定程度上反映了各个时期的经济体制变化轨迹，体现了社会主义初级阶段各种经济成分并存、经济主体利益差别并存的特点。

但是不可否认的是，国家对国有企业的“放权让利”，致使预算内收入占国民收入比重不断下降，预算内收入不能满足政府职能扩张的需要，收支矛盾突出。另外，随着经济的发展，政府职能也在不断扩展，但是一些该淘汰的职能却未甩掉，诸如大量亏损企业的补贴、企业主管部门对企业的直接干预等。分配关系的不理顺、政府职能的扩张，一方面给预算内支出造成过多需求，在预算内收入增长缓慢、难以满足需要的条件下，客观上形成了大量预算外资金出现的外在压力；另一方面也为收取劳务性和非劳务性费用、建立专用基金提供了可能。

（2）财政分权改革。1994 年我国建立了分税制的财政分权体制，2003 年《中央关于完善社会主义市场经济体制若干问题的决定》中又进一步指出要在“统一税政前提下，赋予地方适当的税政管理权”。中国同世界许多国家一样经历了财政逐步分权的过程，但我们的财政分权改革在转型过程中却体现出了很强的特殊性，即经济体制改革与政府运作机制改革的不协调性：我国当前的财政体系中实行了很大程度的分权，而政府结构却是很强的自上而下垂直管理的集权制，每一级政府具有同质性的政府结构。经济改革是在财政分权与政府权力仍过于集中的背景下进行的，因而形成了财权纵向过于集中和横向过于分散之间的矛盾（刘涵、毕美家，2008）。中国高度的行政垂直集权使得地方主要领导由上级政府任命，下级政府只重视上级政府的行政命令而忽视本地民众的要求。由于预算内称为收入上解或支出补助的转移支付存在较严重的非客观性苦乐不均、“鞭打快牛”，地方政府就不再把更多的希望寄托在预算内资金的转移支付上，而是走“自力更生”的道路，扩张预算外资金和非预算外资金，走非规范之路来落实资金以履行职能（欧阳日辉，2008）。

Bird、Ebel 和 Wallich（1995）指出在一些转型国家中地方政府的权力和责任十分不对等，中央政府一味将财政责任摊给地方，同时却没有给地方政府相应的财政收入作保证。而中国财政体制就是如此，其财政收入的划分相对清晰，而支出责任的划分却相对模糊。与政府集中权力和财权层层上移相对应的是事权的层层下放。20 世纪 80 年代以来，以“分灶吃饭”为基本特征的财政体制安排割裂了财权和事权的联系，第一次把地方政府放到了自主财政的基础上，在硬化财政约束的同时，在事实上也造成了政府责任的地方化。在计划经济下，地方政府作为中央政府的代理人提供公共服务，并通过收入分享体制间接地从中央获得资金。但是，自 20 世纪 80 年代以后，支出任务已经同收入分享体制相脱节，地方政府独自负责为提供公共服务筹集资金。1994 年的分税制改革，虽然改革了收入，但没有相应调整支出任务，地方政府的预算压力由此日渐沉重。支出责任划分的不明确导致了支出责任事实上的地方化，其后果直接导致了基层政府的财政困难（傅勇，2007）。进入 20 世纪 90 年代以后，地方政府更是负担了大部分财政支出，占全国预算内支出的 70%左右。

3.5 总结

预算外资金是适应高度集中的计划经济而产生的，计划经济的土壤培育了预算外资金，并且随着经济改革的进一步深入，越来越膨胀。预算外资金在发挥其历史作用的同时，暴露出了许多尖锐的问题。虽然国家曾多次进行各种改革，然而却无法规避“精简—膨胀—再精简—再膨胀”这一怪圈，很多时候更有越减越多的趋势。不可否认，在预算外资金的改革上，我国也存在着“黄宗羲定律”①，存在着“积累莫返之害”。

预算前进一小步，政治文明一大步。一个真正有能力的政府在财政上肯定是一个预算统一公开的政府。随着国家对预算外资金的严格控制管理以及我国社会主义市场经济的进一步完善，政府与企业职能的分离，政府规范的收入机制的建立，政府分配格局的形成，预算外资金必将完成它的历史使命，经过一个漫长的发展过程而退出历史舞台。不过，在建立预算统一公开的道路上，中国仍然面临很多挑战，不仅预算监督亟待加强，集中统一也需要继续完善。

参考文献

财政部“财政监督”课题组．财政监督．北京：中国财政经济出版社，2003

傅勇．预算外资金：地方政府运行不可或缺．第一财经日报，2007－03－30

刘涵，毕美家．制度外收入的理论诠释与测算方法改革．现代财经，2008（9）

欧阳日辉．政府预算外收入膨胀及其对财政政策的影响．经济研究参考，2008（30）

平新乔，刘黄．10万亿元左右GDP在手——中国各级地方政府成地主．中华工商时报，2005－11－1

平新乔．中国地方政府支出规模的膨胀趋势．社会经济体制比较．2007（1）

文炳勋．新中国成立以来财政预算体制的历史演进．中共党史研究，2009（12）

吴敬琏．当代中国经济改革教程．上海：上海远东出版社，2010

谢旭人主编．中国财政60年（上下卷）．北京：经济科学出版社，2009

徐寿松．预算外资金泛滥四大危害．经济参考报，2007－04－16

周少君．制度外财政比较视角分析．合作经济与科技，2008（15）

周天勇．几乎没有一个政府部门不收费．南风窗，2007－06－12

Bird R. Ebel R. Wallich C. 1995. Decentralization of the Socialist State，World Bank Institute Course on Intergovernmental Relations，Chapter 1，39.

Olson M. 1965. *The Logic of Collective Action*：*Public Goods and the Theory of Group* [M]. Cambridge：Harvard University Press.

① 现代学者秦晖在《并税式改革与“黄宗羲定律”》中，依据黄宗羲的观点而总结出来某种历史规律：历史上的税费改革不止一次，但每次税费改革后，由于当时社会政治环境的局限性，农民负担在下降一段时间后又涨到一个比改革前更高的水平。明清思想家黄宗羲称之为“积累莫返之害”。

第 4 章

“一女二嫁”[①]

Polyandry

【摘要】“一女二嫁”，是我国在 20 世纪 50 年代对财政在预算安排时动用上年结余，从而形成财政支出和银行信贷对财政结余一钱两用的一种形象说法。“一女”不能“二嫁”，财政工作中“一女二嫁”问题的出现及其解决，深化了人们在理论和实践中处理好财政与其他经济工作的关系，也推动了综合平衡理论的产生发展。计划经济时期，我国财政是在综合平衡的理论和经济管理框架下，主要通过财政、信贷、物资、出口等方面做到综合平衡的。这种宏观调控的办法在计划经济时期发挥了重要作用。在我国当前的宏观经济调控中综合平衡理论仍然具有很好的指导意义。

【关键词】“一女二嫁”　综合平衡理论　宏观经济调控

Abstract: “Polyandry” is a figurative way to describe the phenomenon that in 1950s the central government in China use the fiscal surplus from the previous years to make the budget and the surplus was simultaneously being used by both the public finance expenditure and the bank credit. However, “One woman” cannot “marry twice”. This problem in fiscal work and the solution of it not only help people properly handle the relationship between financial work and the work in other economic fields, but also promote the development of overall balance theory. During the period of planned economy, our public finance achieved overall balance mainly through finance, credit, goods and materials, exportation, etc. under the overall balance theory and the framework of economic and management. This regulation of macro-economic played an important role in the period of planned economy, and it

① 本章撰稿人：张鹤。

continues to serve as a useful guideline under the theory of regulation of macro-economy.

Key words: "polyandry", the theory of overall balance, regulation of macro-economy

4.1 "一女二嫁"释义

"一女二嫁"，是我国在20世纪50年代对财政在预算安排时动用上年结余，从而形成财政支出和银行信贷对财政结余一钱两用的一种形象说法。这一问题的提出，关键在于强调"一女"不能"二嫁"，其内在含义是"财政上年结余"在一般情况下是不可以动用的，动用财政上年节余如同一个"女儿"嫁给了两个"婆家"，是不可以的。后来对于银行一笔存款两次贷放或者银行虚存实贷，发放没有物资保证的贷款，也称为"一女二嫁"。

4.2 "一女二嫁"产生的背景

新中国成立初期，由于缺乏经验，财政经济工作是在实践中摸索的。在国民经济恢复时期，都习惯地把上年的财政结余列入当年的预算，并安排支出。开始，由于编制计划的水平不高，对经济发展情况的估计不够准确，收入计划打得不足，支出计划也打得不紧，执行的结果尚有结余，因此没有出现问题。经过3年的努力，到1952年底，财政经济状况出现了根本的好转，国民经济得到了全面恢复。特别是1952年，农业获得了大丰收，粮食产量创历史最高水平，当年财政收大于支，结余了7.73亿元，累计财政结余30亿元。从1953年起，国家进入了"一五"计划建设时期。由于财经状况的根本好转，一方面头脑有些发热，预算的盘子开始打大了；另一方面也由于缺乏经验，在编制1953年国家预算时，将已作为银行信贷资金使用的上年度财政结余全部打入了预算收入，并抵作当年支出，从而扩大了支出，预算的底子铺大了。当时只有苏联专家库图佐夫（后来任苏联财政部副部长）劝告过我们不能动用上年结余。由于没有弄懂不能动用结余的道理，以前动用结余也没有出现问题，结果没有采纳苏联专家的意见（戎子和，1991）。这一年，工农业总产值增长21.3%，而预算内基本建设拨款比上年增长50%，使生产与需要之间失去了平衡，导致了生产资料和生活资料供应一度发生紧张状态。"在当年的预算执行中，1月份就出现了赤字，到1953年7月份，财政赤字累积已达10.74亿元。当执行中出现财政赤字后，一方面动用上年结余，向银行提取存款；另一方面造成银行信贷资金紧张，从而不得不控制商业部门的贷款，迫使商业部门压缩库存物资，造成商品流转的困难”（宋新中，1997，p.136）。“各地商业部门纷纷压缩库存，减少收购，把挤出来的钱归还银行，这就是所谓商业的‘泻肚子’，一度使市场造成人为的紧张”（宋新中，1997，pp.137－138）。财政出现了赤字，银行信贷发生了差额，商业部门又减少了库存，影响了国民经济的正常运转。这是1953年“一五”计划伊始的一次“小冒进”（宋新中，1997，p.136；戎子和，1991）。针对出现的问题，1953年8月，中共中央发出了《关于增加生产、增加收入、厉行节约、紧缩开支、平衡国家预算的紧急通知》，及时采取了有利的调整措施，才解决了问题。经过努力，到1953年年底，不仅没有动用过去结余的30亿元资金，而且本年财政收入略大于支出，这就给国家银行充实信贷资金、巩固货币信用，从而对稳定市场物价起到了积极的作用。从1954年起，开始实行国家预算每年编列一笔“增拨银行信贷资金”的办法。这说明，在当时国家银行靠本身吸收的存款不足以满足贷款的需要的条件下，国家财政对银行信贷的支持已由不自觉、无计划转向自觉和有计划了（李成瑞，1991）。

国家财政的结余能不能利用？这在当时是一个新问题。经过分析，很快就了解到：财政结余作为财政金库存款，存放在国家银行中，而当时国家银行的信贷业务已从支持财政转向支持国营经济，主要是国营商业。财政结余存款已被国家银行作为信贷资金的来源，借给商业部门作为流动资金占用了。打个比喻说，这个“女儿”已经嫁出去了。现在，国家财政又把它用于基本建设投资，就好比把这个“女儿”又嫁给了另一个“婆家”。这就是人们常说的1953年“一女二嫁”的“小失误”。当然，在物资库存确实过多的特定条件下，财政结余也可以适当动用一部分，但当时并不存在这样的条件（李成瑞，1991）。“当时银行信贷资金严重不足，自有资金又很少，信贷资金的扩大，除了依靠吸收存款和城乡储蓄以及必要的货币发行外，很大程度上依靠财政存款的增加，其中包括财政结余。财政动用上年结余，必然会影响银行信贷收支的平衡，使银行收回已经发放的工商业贷款或者发行货币。30亿元上年结余是当时银行储蓄存款总额的3.5倍，相当于1953年财政收入的七分之一，一旦动用，会对银行信贷收支的平衡产生严重影响，也会影响物资供应的平衡，从而影响整个国民经济的正常运行。另外，上年财政结余中还包括应完未完工程投资和经国家批准的各种跨年度的经费，如自然灾害救济款、水库移民经费、防汛和小型农田水利补助费等。这些钱已经安排了用途，也是不能动用的”（王丙乾，2009，p.64）。

《李先念初理新中国财政》（高敬增、蒋冠庄，2009）一文介绍了当时的情况。1953年动用财政节余以及由此带来的问题引起了中央的注意。1953年9月8日，陈云指出，当年财政预算把上一年结余列到收入中，是虚假的数字，要列入，支出也应该列上。陈云认为这是当年财政预算的错误（陈云，2005，pp.445－446）。虽然陈云讲了话，但问题并未彻底解决，对能否动用上年财政结余的意见分歧和争论仍然存在。当时有两种不同的意见。一种意见，特别是地方财政工作人员认为，既然是财政的钱，为什么财政不能动用；另一种意见认为，财政结余是存在银行里的，银行已经把这部分钱贷出去了，财政动用这些钱，银行没有充裕的资金，就会出现问题。当时任财政部长的李先念，专门组织国务院第五办公室和财政部、人民银行对能否动用上年财政结余进行了研究。他还请苏联专家给财贸有关部门负责人介绍了苏联不允许动用财政结余的经验。李先念仔细听取两种意见，深思熟虑后认为后一种意见是有道理的。他认为，这是在实施财政预算和信贷计划时，财政和银行两家都使用了同一笔钱（后来形象地说这是“一女二嫁”）。当时，财政结余作为银行的存款，已经由银行以信贷资金的形式贷给商业、外贸、工业等部门，充实它们的流动资金，大部分已变成了库存的商品、粮食和物资。如果财政又用这笔钱，就要抽回这一批贷款，这已不可能。否则就要同时设法增加这些部门的流动资金，不然就无法掌握货源，无法保证物资商品的正常供应。如要增加流动资金，或者是增加财政支出，出现赤字；或者是增发货币，弥补信贷资金，这两种情况都会影响市场物价。因此，后来李先念曾反复强调说：“信贷计划和财政预算是国家分配资金的两个不同形式，考虑财政平衡时，同时也要考虑信贷和现金的平衡，两者必须互相衔接，密切结合。因此，使用上年结余，就需要有数目相等的信贷资金或流动资金来弥补，所以实际上还等于增加本年的开支。这是没有实际意义的。也就是说，想拿上年结余解决本年的开支是不可能的”（李先念，1992，p. 67）。

李先念在 1954 年 8 月主持召开的中国人民银行全国分行行长会议和 10 月主持召开的全国财政厅局长会议上的讲话中再次强调，上年财政结余不能列入当年财政收入。地方必须把财政结余留作财政后备，地方可以动用一部分，但必须严加控制，次年 7 月以前不能动用上年结余，地方动用结余须报送国家计委及财政部审查批准。他指出：“在 1953 年全国财经会议中学到的一条经验是：财政预算、信贷计划与现金计划都要平衡。今年财政收支是平衡的，打得比较稳。下半年的信贷计划也是平衡的”（李先念，1992，pp. 37－38）。“必须考虑现金平衡问题，如果现金不平衡，就会反转来影响到财政预算不能平衡，影响到物价的稳定”（李先念，1992，p. 57）。他提出，对于历年财政结余，应一部分增拨为工商企业流动资金，一部分增拨为银行信贷资金。后来，在李先念主持下，建立了由国家预算增拨信贷资金平衡信贷收支差额的制度，并且提出由国家财政拨给国营企业流动资金 30%为自有资金的意见，经报请周恩来同意实施。这对企业资金的正常周转，起到了十分重要的作用（高敬增、蒋冠庄，2009）。

对能否动用上年财政结余的意见分歧和争论一直存在，终于导致了 1956 年经济发展上的又一次冒进。在第一个五年计划前 3 年财政经济形势大好的条件下，当时的经济建设中出现了急于求成的冒进思想，进而出现了基本建设规模、职工工资总额和农业贷款三个方面增长过快的现象，当时称为“三管齐下”。

一是基本建设规模过大。基本建设投资逐步加码，投资总额比上年增长57.7%，多用了15亿元以上，占当年预算支出的45.7%。由于基建规模的扩张速度超过了财政收入的增长速度，造成财政支出供应紧张。同时由于基建投资的增长超过了生产资料生产的增长速度，引起了生产资料特别是建筑材料和机械设备供应紧张，不少工程出现窝工，效益降低；由于钢材紧张，挤占了轻工业部门生产用的钢材，影响了市场消费资料的供应。二是职工工资增加过多。这一年原计划增加职工84万人，实际增加了515万人，加上升级调资，使工资总额比上年增长37%，而同年消费资料增长20%，幅度虽然也相当大，但仍然供不应求。三是农业贷款增加过快。当年计划农业贷款增加11.2亿元，实际贷出额为20.3亿元，比原定计划超过1倍。手工业贷款和公私合营企业贷款也大大超过了计划。银行信贷收支出现缺口，只能依靠增发钞票来解决。1956年年底，市场货币流通量比1955年年底增加了16.9亿元。由于以上情况，1956年出现新中国成立以来第一次较大规模的财政赤字，赤字数额达到18.31亿元。这个差额除了动用历年财政结余10.11亿元外，还采取了向银行透支和动用地方预算周转金的办法。挤银行发票子，引起市场物价波动。这些情况引起了周恩来、陈云等中央领导同志的注意，李先念同志总结经验教训，指出要消除赤字，必须千方百计压缩财政支出（王丙乾，2009，p.86；李成瑞，1991）。1956年6月5日的国务会议上，提出了反对急躁冒进、修改1956年国民经济计划、减少基本建设投资的建议。

4.3 “一女二嫁”问题的影响及其理论总结

戎子和（1991）在《陈云领导财经工作回忆》一文中回忆，1956年在安排预算收入时，将上年财政结余列入，到了第二季度，问题开始显露出来，戎子和向陈云作了汇报。陈云听后生气地批评戎子和：“你为什么没有认真听取和仔细研究苏联专家的意见?”夏季财经会议以后，中共中央发出《关于增加生产、增加收入、厉行节约、紧缩开支、平衡国家预算的紧急通知》，及时采取了有利的调整措施，才解决了问题。戎子和（1991）写道：“通过这件事，我不仅记住了陈云同志的教诲，更重要的是使我在弄懂这个问题的同时，对财政工作的认识更进了一步，深化了我对财政工作与其他经济工作的关系的认识，初步懂得了‘综合平衡’的道理。可惜，这个问题在当时并不是所有的人都弄懂了。那个时候，多数同志对根据地的那一套做法比较习惯，思想局限性很大，往往是财政讲财政、银行讲银行，缺少‘综合平衡’的观点。直到1956年再次出现冒进，陈云同志提出‘三大平衡’的观点后，大家才真正弄懂了这个问题。”

李海（1991）在《“三大平衡”思想的历史发展》一文中对“三大平衡”理论

的产生及形成进行了概括：根据 1956 年的冒进和反冒进的实践经验，陈云同志于 1957 年 1 月 18 日在省、市、自治区党委书记会议上作了《关于财政经济工作问题》的报告，提出了建设规模的大小必须和国家的财力物力相适应的原则。指出建设规模超过国力就是“冒”了，两者合适，经济就稳定。就在这次讲话里，陈云同志提出了财政、信贷、物资的“三大平衡”思想，并且强调，应当用“三大平衡”的方法，防止经济建设规模超过国力的危险。

李海（1991）认为，经过这一阶段冒进、反冒进的实践，以及陈云同志的总结和提倡，“三大平衡”思想开始被人们接受，并为专家学者所重视和研究。当时主管全国财贸工作的副总理李先念同志对“三大平衡”就有一个很好的阐明。他说：“1956 年财政金融工作当中的主要经验是什么呢？根据我们的体会，就是财政、信贷和物资必须统一平衡。在这里物资平衡是统一平衡的基础，财政平衡则是统一平衡的关键。因为财政和信贷最后都要归结到有没有物资，矛盾最后都集中到物资是否能够平衡。在我们国家，财政收入不论税收和利润，都是以物资的生产和流通作基础的，财政收入中的每一文钱都代表着一定的物资。社会生产主要是由国家计划规定的，社会总产品的大部分又都经过财政和信贷的形式进行分配。因此，只要在正常收入的范围以内安排支出，不要有赤字，不要向银行透支，保证这个限度，大体上就可以做到信贷的平衡。财政和信贷平衡了，大体上整个物资也就是平衡的。1955 年以前，在财政收多于支的情况下，我们并没有感到整个物资的紧张。1956 年财政有赤字，货币发行增加较多，就出现了物资普遍紧张的现象。财政不平衡必然引起市场紧张，这个道理我们过去说了很多，只有经过 1956 年这一年，才体会得比较深刻。财政、信贷和物资三者必须统一平衡，是社会主义经济建设中必须遵循的一条客观规律。我们在工作中有多少收入，做哪些开支，办哪些事情，只能在客观允许的限度内安排，不能只根据主观愿望办事。我们也不能允许在供求法则的支配下，自发地变动价格，调节生产，自求平衡。因此，国家计划和国家预算的安排，必须主动地照顾三者（财政信贷物资）的平衡，使之符合客观的规律”（李先念，1989，p. 223）。显然，先念同志完全接受了陈云同志的“三大平衡”思想，并按照这个正确的思想指导全国的财贸工作（李海，1991）。

刘凤歧（1993，pp. 220－221）总结了综合平衡理论的实质：国民经济综合平衡以国民经济中的货币收支整体为对象，讲综合平衡也就是讲货币流通的平衡。在现实经济生活中，货币收支同时也就是货币流通，国民经济中货币收支的整体也就是货币流通的整体，综合平衡的任务就是为保证货币的正常流通。马克思的商品流通理论告诉人们，货币流通是商品流通的，是由商品流通决定并为商品流通服务的。钱随物走。国民经济中对货币的需要量，是由商品流通的需要所决定的。货币流通是否正常，首先是以投放的货币量是否符合商品物资流通的需要为转移。投放量大于需要量，就会引起供不应求，少了又会造成供过于求。这就说明检验货币流通是否正常的不是货币本身，而是商品物资。就财政信贷收支而言，财政信贷的货币收入代表着一定量的物资，其支出又最终会形成社会购买力。因此，综合平衡最终会归结为商品物资的供求平衡关系，物资供求平衡是综合平衡的根本标志。可见，综合平衡的实质或核心是商品物资供求的平衡。

李成瑞（1991）在《持续稳定协调发展经济的锐利思想武器》一文中认为，新中国成立 40 年来的实践，从正面和反面一再证明了陈云同志关于财政、信贷、外汇、物资平衡的理论是正确的理论，是保证国民经济持续、稳定、协调发展的锐利思想武器之一，在社会主义建设的几个关键时期发挥了重要的指导作用。回顾历史，可以看到，“三大平衡”理论，对于纠正 1956 年经济建设的冒进起了直接的指导作用。当时采取了开展增产节约运动、压缩基建投资、控制社会购买力增长速度 3 项办法，对国民经济进行了一次小调整。1957 年调整的结果，使预算收支做到了当年收支平衡，并有少量结余；银行信贷计划完成得很好，货币有所回笼。由于财政、信贷、物资都分配得符合实际，实现了“三大平衡”，迅速消除了一度出现的供求紧张、物价不稳的现象。生产效益和经济效益明显提高。1957 年各项经济效益指标成为新中国成立以来最好的年份之一。我国第一个五年计划于 1957 年胜利完成。

李成瑞（1991）认为，综合平衡理论在我国过去的经济建设中经历了三大考验：财政、信贷、物资综合平衡的理论，在“大跃进”和随后的经济调整时期，经受住了第一次严峻的考验，并有力地推动了 20 世纪 60 年代前半期国民经济的调整和全面好转。1961 年 1 月，中央正式决定采取“调整、巩固、充实、提高”的方针，标志着由“大跃进”转向经济调整。在调整时期重新采取了陈云同志的包括建设要与国力相适应和坚持“三大平衡”等一系列论点。

“文化大革命”和随后的经济调整时期，财政、信贷、物资综合平衡的理论，经受住了第二次严峻的考验，并在新的历史时期国民经济调整、发展的过程中，发挥了有力的指导作用。党的十一届三中全会以后的 1979 年我国提出了“调整、改革、整顿、提高”的方针，对国民经济按照“两平一稳”[①] 进行调整。1982 年党的十二大文件中，提出了五年内争取实现财政经济状况根本好转的任务，就是显著提高经济效益，“巩固地保持财政基本平衡、信贷基本平衡和物价的基本稳定”。“两平一稳”是财政、信贷、物资综合平衡理论在当时条件下的具体化。

在全面改革和对外开放的新形势下，从 1984 年下半年至 1988 年的经济过热到随后的“治理整顿，深化改革”中，陈云同志的财政、信贷、外汇、物资综合平衡理论，经受住了第三次严峻的考验，再一次得到党中央的肯定，把国民经济重新

① 1980 年 12 月中央工作会议上，提出经济调整三条总的要求：（1）基本做到财政收支平衡，不出赤字；（2）基本实现信贷收支平衡，不再搞财政性的货币发行；（3）把物价基本稳定下来，特别是把占居民消费总支出 70%左右的基本生活必需品的销售价格稳住。这就是人们常说的“两平一稳”的方针。

引向持续稳定协调发展的道路。1991 年 3 月 25 日，李鹏代表国务院在第七届全国人民代表大会第四次会议上的报告中指出："今后十年，要保持国民经济的持续、稳定、协调发展，避免出现大的波折，最重要的仍然是保持经济总量的平衡，特别是保持财政、信贷、外汇收支和物资的各自平衡以及它们之间的综合平衡。"从党的十三届三中全会及五中全会的决定、七届全国人大四次会议通过的十年规划和"八五"计划纲要中可以看出，陈云同志关于从国情国力出发，坚持财政、信贷、外汇、物资综合平衡的理论和方法继续被作为指导方针。这一事实证明，它不仅适用于过去高度集中的计划体制下的情况，而且适用于改革开放的新情况。尽管在新情况下财政资金、信贷资金、外汇资金的分配比重有了变化，预算内资金与预算外资金的比重有了变化，计划方法和经济运行机制也有了变化，从而使"四大平衡"理论运用的具体方法有了变化，但这一理论的基本原则仍在有力地指导着当前和今后国民经济的发展。党的十三大文件指出："为了实现国民经济在提高效益的基础上稳定发展，必须努力保持社会总需求与总供给的大体平衡。做到这一点的关键，是适当控制全社会固定资产投资总规模，使之与国力相适应；合理掌握生活消费增长幅度，使之与生产的发展相适应。要切实加强和改进国民经济的综合平衡，做到财政、信贷、外汇和物资的各自平衡和相互之间的基本平衡"。

李成瑞（1991）认为，综合平衡理论具有以下几个方面的重大意义：

（1）综合平衡理论抓住了国民经济比例关系中的主要矛盾——总供给与总需求的矛盾，从根本上说，也就是社会生产与社会需求的矛盾。国民经济持续、稳定、协调地发展，协调是核心。需求与供给在总量与构成上平衡了、协调了，经济才能稳定，才能长期持续地发展。经济体制改革也要以总需求与总供给的大体平衡为前提。陈云同志反复强调"按比例发展是最快的速度"，实乃至理名言。

（2）综合平衡理论抓住了矛盾的主要方面。从人类发展的历史长河看，生产的增长是无限的，但在一定的历史阶段，生产的发展和生产所能提供的物资供给总是有限度的。在我国社会主义建设中，人们总想早日改变落后的经济面貌，而在经济机制上又缺乏对需求膨胀的约束力，因此，急于求成、建设规模过大的倾向是主要的，是矛盾的主要方面；至于思想保守，建设规模过小，则是次要的，即使发生了也容易纠正，纠正起来损失也不大，所以主要问题在于寻求有效的制约方法，防止投资和消费需求超过国力，即超过我国生产和供给的可能。"四大平衡"正是这样一种以平衡制约速度、制约急于求成的方法。

（3）综合平衡理论抓住了防止需求膨胀中有决定意义的部分。我们所说的需求，是指以货币形态表现出来的有支付能力的需求。国家财政和银行所集中起来的资金，在社会总供给即社会最终产品（c+v+m）中并不占大部分，但在全社会所创造的纯收入（m）中却占大部分，这就使它具有左右全局的作用。更重要的是，只有财政和银行这两种机构能创造出大于物资供应水平的有支付能力需求（表现为财政赤字和信用膨胀），而任何企业事业单位和个人都不具有这种功能。只要做到了财政信贷平衡，坚决不搞超经济发行，全社会有支付能力的需求在总量上与物资就可以大体平衡。从这个意义上说，财政、银行两个总闸门对供求总量的平衡是具有决定意义的。

（4）综合平衡理论是同其他一系列经济理论密切配合、互为条件的。财政、信贷、外汇、物资综合平衡，主要是在分配领域中起作用，尽管它在平衡供需关系中处于首要的、决定性地位，但它毕竟是整个国民经济运行中的一个方面，如果把整个经济视为两个侧面，物资的（实物的、实体的）和货币的，那么“四大平衡”是货币侧面的全局性问题。财政、信贷、外汇、物资综合平衡的实现，需要有其他分配手段如价格政策、工资政策、企业财务分配政策等与之相配合；需要有包括综合财政计划在内的国民经济计划的全面安排；需要有恰当的产业政策和资源的优化配置；更要有一系列改革和完整的经济管理体制，使之与生产力发展相适应的方针政策为基础。任何一种武器，不论多么锐利，必须与“十八般兵器”并用，才能取得胜利。

（5）综合平衡理论要随着实践的发展而发展。与某些人所说的这一理论是“产品经济”的产物相反，这一理论的产生，是以货币运动与物资运动既相互联系又各自独立，即商品经济的存在为前提的，它萌发、形成于20世纪50年代五种经济成分并存的时期。以后我国实行了高度集中的计划体制，但商品经济还是存在的（尽管它的范围受到较大限制）。正因为如此，这一理论在这一时期的实践中（例如，60年代初的经济调整）仍然显示出强大的威力，我认为它在有计划商品经济形成过程中和形成以后，应当而且能够发挥更大的作用。当然，由于情况的变化，具体运用方式要有所变化，当前已提出了许多新的实际问题，例如，如何适当提高财政收入在国民收入中的比重，增强宏观调控能力；如何在新的情况下搞好综合财政计划，使财政、银行更好地相互配合，在加强预算内资金管理的同时切实加强预算外资金的管理；如何使企业既具有活力又具有约束机制，防止企业拖欠贷款而迫使银行增发货币，以保持银行货币发行的主动权；在对外开放、外贸体制发生变化的情况下如何进一步做好外汇的收支平衡，适当增加外汇储备；等等。

王丙乾（2009，p.738）认为，“总体看来，在计划经济时期，没有财政—货币政策协调配合的体制基础，也没有财政—货币政策协调配合的说法，我国财政是在综合平衡的理论和经济管理框架下，主要通过财政、信贷、物资、出口等几个方面做到综合平衡的。这种宏观调控的办法在计划经济时期发挥了重要的作用。”

4.4 综合平衡理论的现实意义

王丙乾（2009，p.133）在《中国财政60年回顾与思考》一书中强调：“坚持综合平衡是基本的理财思想。”他认为，坚持财政、信贷、物资的综合平衡，是社会主义经济发展的客观规律。特别是“大跃进”时期和经济调整时期的事实更加证明了综合平衡的重要性。“大跃进”时期背离了综合平衡，经济发展就失败了，经济调整时期执行了综合平衡，经济就开始好转。过去出现的多次失误和比例关系的失调，就在于违背了综合平衡的原则。综合平衡理论来自于实践，也服务于实践。综合平衡理论是实践经验的总结，所以具有科学性，是客观规律，是不能违背的。

“三大平衡”中的财政收支平衡，是国家财政所集中的那一部分国民收入同分配使用的部分国民收入之间的平衡；信贷平衡，则是银行动员资金和分配使用资金的平衡。财政、信贷的平衡反映的是财力的平衡关系，它既要求在总量上平衡，又要求在结构上保持平衡。财政、信贷之间存在着相互依存、相互制约的关系，财政收支平衡是信贷平衡的前提，信贷平衡是财政收支平衡的反映。而实现财政、信贷综合平衡是物资供需平衡的重要条件。因为由财政、信贷形成的购买力是社会总需求的重要组成部分，在一定时期内，物资供应量是一个常数或变动不大，因此财政支出量和信贷投放量是综合平衡的关键。如果支出和投放量过小，就会降低生产速度，如果支出和投放量过大，又会造成物资供应紧张，引起价格的上涨和社会购买力的下降。由此可见，做好财政、信贷、物资的综合平衡，对国民经济协调发展具有极其重要的意义（王丙乾，2009，pp.133－134）。

财政和银行是国民经济中的两个重要的综合部门，财政和信贷是调控宏观经济的两个重要杠杆。在实行计划经济时期，经济建设投资规模的大小主要取决于国家财政投资的多少，而国家财政投资能力的大小则由生产决定。改革开放后，我国经济体制发生了巨大变化，实现了投资主体的多元化，但是，在国民经济总投资中，国家财政投资依然占很高比重，且财政政策的作用始终制约着各种投资的数量和结构。在这种情况下，陈云同志关于财政信贷综合平衡理论的精髓仍然是适用的（俞天一，1992）。财政收支和信贷收支是反映和控制货币流通的关键环节（黄达，2009，p.59）。信贷收支平衡从根本上说是个货币流通问题，财政收支平衡其目标也是稳定货币流通与协调市场供求。因而财政信贷综合平衡问题归根到底是为了保证货币流通的稳定以及市场供给和需求的基本协调，这是再生产过程得以顺畅进行和国民经济基本比例关系得以顺畅实现的关键性条件（黄达，2009，p.192）。

在我国当前的宏观经济调控中，综合平衡理论仍然具有很好的指导意义。重温1957年1月陈云在全国省市自治区党委书记会议上讲话中的重要论点，对我们现今的政策和措施选择依然有所启发。当时陈云提出了以下重要论点（李成瑞，1991）：(1) 财政收支和银行信贷都必须平衡，而且应该略有结余。只要财政收支和信贷是平衡的，社会购买力和物资供应之间，就全部来说，也会是平衡的。(2) 物资要合理分配，排队使用。原材料的供应，必须有分配的顺序。在原材料供应紧张的时候，首先保证生活必需品生产的需要，其次保证必需的生产资料生产的需要，剩余的部分用于基本建设。要先生产，后基建，要避免盲目扩大基本建设规模挤掉生活必需品的生产。应该看到基本建设搞多少，不决定于钞票有多少，而决定于原材料有多少。(3) 人民的购买力要有所提高，但提高的程度，必须同能够供应的消费物资相适应。(4) 基本建设规模和财力物力之间的平衡，不但要看当年，而且必须瞻前顾后，避免陡升陡降，造成损失。(5) 要注意农业对经济建设规模有很大的约束力。我国农业经济比重大，农业生产与财政收入有很大关系。农业歉收，会影响第二年的财政收入、基本建设和工业生产。陈云还指出，要从我国的经济现状和过去的经验出发，认真研究国民经济的各种比例关系，否则，必然会造成不平衡的混乱状态。他强调要处理好重工业、轻工业、农业的投资比例，煤、电、运输等工业和一般工业的投资比例，钢铁工业和机械工业的投资比例，军用工业和民用工业的比例，大厂和小厂、先进技术和落后技术的比例关系，建设中的“骨头”(生产性建设) 和“肉”(与之配套的生活设施) 的比例关系，等等。陈云同志强调，在我们这样一个大国进行经济建设，工作一定要稳当。他说：“毛毛草草而发生错误和稳稳当当而慢一点相比较，我们宁可采取后者，尤其是处理全国经济问题，更需注意这点”(陈云，2005)。

我国现阶段的经济形势和社会发展与过去相比已经发生了巨大的变化，经济社会发展中所要解决的具体问题也有很大不同，经济运行中的宏观调控重点、宏观调控方式、方法以及相应的政策手段也发生了变化，但是综合平衡理论依然有很好的现实意义，我们仍然可以从中有所启发。

(1) 在宏观经济运行中科学把握财政支出规模和信贷规模，以及协调好财政政策与货币政策的关系，科学有效地控制资金总量，科学调控社会总供给与社会总需求的关系，促进经济的持续稳定运行。在各项投资增加、信贷投放增加的情况下，如何把握力度和节奏，防止“通胀”应当是政策组合中充分考虑的问题。

(2) 财政政策和货币政策的运用，既要考虑当前又要考虑未来，远近结合，应当保持经济健康发展的可持续性。尤其是在我国为了摆脱金融危机的冲击，采取了扩大投资、扩大信贷规模的情况下，需要考虑政策的负面影响，能够从经济持续发展的角度适当调整政策的力度和节奏。在财政赤字增加、债务规模扩大的情况下，需要科学考虑国力的承受能力，考虑到是否存在潜在的财政风险，以及如何化解可能产生的财政风险。

(3) 经济增长中注重经济结构的合理化，结构优化的增长才是持续稳定的增长，统筹协调发展才是科学发展。经济结构合理化、科学化是我国在经济发展中一直追求的理想状态，但是，长期以来我国一直没有很好解决经济发展中的结构失衡问题，经济结构失衡也是制约我国经济社会健康发展的一个重要因素。因此，对投资结构、产业结构、产品结构的调整以及需求结构的调整与引导应当成为政府政策的长期关注点。

(4) 增加居民收入，提高居民生活水平。增加居民收入，提高社会购买力任何时候都是必要的，只不过现在的矛盾与当时的矛盾不同，当前如何增加居民收入是一个重要课题。近年来，我国国民收入分配结构发生了较大变化，在经济快速增长的过程中居民收入水平也随之提高，但居民可支配收入在整个国民收入分配中所占份额没有明显提高，甚至有所下降。因此，调整国民收入分配格局，适当增加居民收入，对于促进我国经济持续增长，让全体人民共享改革成果，促进经济社会稳定健康发展是非常重要的。提高居民收入水平，可以促进居民消费，从而提高居民消费对经济增长的贡献率。在当前促进居民消费的过程中也要防止现行政策的“挤出效应”，防止一些不当的投资影响消费。过去的矛盾是消费品供应不足，需求过旺，而现在的矛盾是存在着一定程度的居民收入不足，而导致消费不足；也由于消费品结构不合理，消费需求难以有效形成；也由于某些方面的不合理，如住房问题等抑制了正常的消费需求。因此，需要根据现实情况通过宏观经济政策的调整，增加居民可支配收入，提高居民的消费能力，同时合理引导和调节居民消费规模与消费结构，引导消费市场的形成，形成居民消费对经济增长持续有效的拉动力。

（5）发展农业是非常重要的。同样，在我国目前的经济格局和经济形势下，农业对整个国民经济的影响也与过去有了很大不同，但农业是国民经济的基础，这一重要地位是任何时候都没有变化的，发展农业对经济社会的发展至关重要。“三农”问题是我国近些年一直十分重视的问题，也采取了一系列的政策措施促进“三农”事业的发展。从我国的现实情况看，在相当长一段时期内需要将“三农”问题放在经济社会发展中的一个重要位置来抓，需要持续加大财政对“三农”投入的力度，使“三农”事业有一个大发展。

参考文献

常青．试论陈云的经济平衡思想．西北民族学院学报，1998（1）

陈云．陈云文集．2卷．北京：人民出版社，2005

黄达．黄达文集．北京：中国人民大学出版社，2005

黄达．财政信贷综合平衡导论．北京：中国人民大学出版社，2009

李成瑞．持续稳定协调发展经济的锐利思想武器．陈云与新中国经济建设．北京：中央文献出版社，1991

李成瑞．陈云经济思想发展史．北京：当代中国出版社，2005

李海．“三大平衡”思想的历史发展．财政研究，1991（8）

李先念．李先念论财政金融贸易．北京：中国财政经济出版社，1992

刘凤歧．陈云经济思想研究．西宁：青海人民出版社，1993

彭学涛．李先念财政思想简论．社会科学动态，1999（7）

戎子和．陈云领导财经工作回忆．陈云与新中国经济建设．北京：中央文献出版社，1991

宋新中．当代中国财政史．北京：中国财政经济出版社，1997

王丙乾．中国财政60年回顾与思考．北京：中国财政经济出版社，2009

王杰．陈云的综合平衡探讨．兰州大学学报，1999（3）

项怀诚．中国财政五十年．北京：中国财政经济出版社，1999
项怀诚．中国财政通史．当代卷．北京：中国财政经济出版社，2006
俞天一．重论财政、金融必须协调配合．金融科学，1992（1）
张建，王建．陈云经济发展观初探．合肥工业大学学报，2001（2）
中共中央文献编辑委员会．李先念文选．北京：人民出版社，1989

第 5 章

综合平衡①

Overall Balance

【摘要】 综合平衡是我国学者关于宏观经济发展目标的一种提法，最早代表综合平衡思想的"三平"理论是 20 世纪 50 年代中期开始提出的，是指在计划经济条件下，政府在安排经济发展计划时，必须保证财政收支平衡、信贷收支平衡和物资供求平衡。1985 年，随着对外开放政策的推行，内外平衡问题被关注，对外收支平衡作为必要的补充也被纳入到宏观平衡分析之中，外汇收支平衡被认为是综合平衡的补充，"三平理论"由此更进一步发展成为"四平理论"。计划经济体制下，综合平衡既是保持国民经济正常运转的理论指导，也是制定实施各种计划的重要方针，在宏观决策中起到积极作用，也反映了经济活动的客观必然性。综合平衡思想的产生虽然根植于计划经济时代，但是其理论实质——追求宏观经济平衡发展却适用于任何类型的经济制度。

【关键词】 综合平衡　财政收支平衡　信贷收支平衡　物资供求平衡　外汇收支平衡

Abstract: The "overall balance" is what Chinese scholars have proposed for achieving the goal of macroeconomic development. The "three-balance theory", which is the first representative of the concept of "overall balance", was developed in the mid-1950s. The theory refers to the fact that fiscal balance, credit balance and materials balance between supply and demand must be assured under the planned economy. With the implementation of China's open-door policy to the outside world, the domestic and foreign balance was caused the attention and integrated into macro-balance as a necessary complement in 1985. The "three-balance theory"

① 本章撰稿人：宋玮。

was therefore developed into the "four-balance theory". Under the overall planned economy, the overall balance has not only provided theoretical guidance for the regular operations of the national economy but also become the important principle for implementing various plans. It has played an active role in macro decision making and reflected an objective necessity of economic activities. Although the birth of the overall balance is rooted in the planned economy, its theoretical nature, which aims at achieving balanced macroeconomic development, is suitable for any economic systems.

Key words: overall balance, fiscal balance, credit balance, balance of materials supply and demand, foreign exchange balance

综合平衡思想是指在计划经济条件下，政府在安排经济发展计划时，必须保证财政收支平衡、信贷收支平衡、物资供求平衡和对外收支平衡。

5.1 综合平衡范畴的提出

新中国成立之初，中央政府面临着经济重建的挑战。十四年抗战和三年内战导致了物资短缺、市场萧条、财政赤字以及严重的通货膨胀。政府在 1950 年配合当时的社会主义改造过程，采取了各种措施来应对当时严重的经济困难，以期达到迅速恢复生产、治理通货膨胀的目的。具体措施包括：提倡节约和发展生产并重，发行人民胜利折实公债，统一财经工作，实现全国统一财政收支、统一调度物资、统一现金管理。这些措施的实施为迅速抑制通货膨胀、恢复和发展国民经济创造了条件。1950 年统一财经工作的实践，使新中国的建设者们认识到财政收支平衡在国民经济中的重要性，并已开始把财政、信贷、物资作为一个相互联系的整体来加以安排，已初步体现了财政信贷综合平衡的思想。

伴随着新中国经济运行实践的深入，我国理论界也逐步提出了国民经济平衡发展的思想。罗仲言①是这一领域的先驱者，1951 年他就提出要在工业与农业之间、生产资料的生产与消费资料的生产、物质生产和交通之间，以及积累与消费之间，自觉地确立一定的均衡关系。马寅初则是第一位明确提出“综合平衡”概念及“综合平衡”理论的学者，1956 年他提出“团团转”的综合平衡理论（马寅初，1981，p. 120），认为国民经济的各个方面是一个有机结合的整体，其中按比例发展规律起

① 《经济研究》编辑部：《建国以来社会主义经济理论问题争鸣（上）》，623 页，北京，中国财政经济出版社，1985。

到重要作用。陈云 1957 年总结了 1953 年和 1956 年两次财经工作中的经验教训，提出了“建设规模要与国力相适应”的观点（陈云，1986，p.623），并提出了经济稳定的若干界限。这些界限是财政收支和银行信贷都必须平衡的，而且应该略有结余；物资要按顺序合理分配，原材料的分配首先要保证生活必需品的生产部门最低限度的需要，其次保证必要的生产资料生产的需要，剩余的部分用于基本建设；人民购买力提高的程度必须同能够供应的消费物资相适应；基本建设与财力之间的平衡，不仅要看当年，而且要“瞻前顾后”。同时陈云还指出，我国农业经济比重很大，农业对经济建设的规模有很大的约束力（陈云，1986，p.47）。此后，理论界对财政、信贷、物资的综合平衡问题普遍展开了研究，这标志着已明确把财政的综合平衡问题作为一个既有重大实践意义又有重大理论意义的课题，提上了经济理论研究的日程。

梁文森（1961）提出了实现三个平衡的基本原则：第一，要使财政支出、信贷投放所形成的货币购买力需要同物资供应之间在总量上相互平衡；第二，在财政支出和信贷投放形成的货币购买力同物资供应在总量相互平衡的前提下，使它们在构成上也相互平衡；第三，使财政信贷收支同物资供应在地区之间相互平衡。葛致达（1963）提出财政平衡是物资、信贷平衡的前提；信贷平衡是财政、物资平衡的综合反映；而物资平衡是财政、信贷平衡的基础，较早地阐释了三类平衡之间的内在关系。

1978 年十一届三中全会召开之后，我国经济工作得到了全面的恢复和发展。理论界对财政信贷综合平衡的研究得到不断地完善和发展。1984 年黄达出版《财政信贷综合平衡导论》，全面、系统地搭建了“三平”的理论分析框架，将“三平理论”的研究推到了一个崭新的高度，成为该领域的经典之作。随着对外经济交往的不断扩大，国际收支平衡已成为经济稳定的重要因素，在综合平衡中发挥重要作用。1985 年陈云在“三平”理论的基础上引入了外汇收支平衡，形成了“四平理论”，对“三平理论”进行了提升。随后理论界也展开了关于外汇收支平衡的探讨，1994 年周升业的《对外开放下的金融运行》一书深入分析了外汇收支对于物资供求和货币供给的影响，在理论发展方面做出了突出的贡献。

5.2 综合平衡提出的经济背景

1953 年，我国开始实行第一个五年计划，由此，进入了大规模的经济恢复建设时期。由于缺乏经济建设的经验，当年的基本建设规模安排过大，在财政收入只比上年增长 21.3%的情况下，预算内基本建设支出却增长了 50.7%，当年新增财政收入的 60%用于扩大基本建设规模。为了平衡财政收支，不得不将以往的财政结余抵作财政支出。由于财政结余存在银行，已构成银行的一项资金来源，而国家预算动用财政结余时没有结合信贷计划统一平衡，因而导致了银行贷款紧缩，商业库存下降，削弱了国营商业对市场的控制力量，给国民经济计划的执行带来了困难。针对这种情况，中央政府及时发出了“增加生产、增加收入、厉行节约、紧缩支出、平衡国家预算”的紧急指示。经过全国人民的共同努力，年度计划执行的结果，不仅没有动用财政结余，而且做到了当年收支平衡，略有结余 2.74 亿元（参见表 5—1），银行的财政性存款和商业库存也都有所增加。在这次波动之后，人们进一步认识到了财政存款、银行信贷与商业库存之间的关系，使得对财政信贷综合平衡的认识又前进了一步。

表 5—1　　1953—1963 年的财政收支情况　　单位：亿元

年份	财政收入	财政支出	收支差额
1953	222.86	220.12	2.74
1954	262.37	246.32	16.05
1955	272.03	269.29	2.74
1956	287.43	305.74	−18.31
1957	310.19	304.21	5.98
1958	387.60	409.40	−21.80
1959	487.12	552.86	−65.74
1960	572.29	654.14	−81.85
1961	356.06	367.02	−10.96
1962	313.55	305.25	8.3
1963	342.25	339.63	2.62

资料来源：《中国财政统计》（1950—1991），北京，科学出版社，1990。

1956 年的基本建设规模过大，工资增长过快，农业贷款增长过多。由于基本建设安排过大，同时又没有相应压缩贷款规模，结果使得财政支出远远大于财政收入，当年财政出现 18.31 亿元的赤字（参见表 5—1），除使用上年结余 10.11 亿元弥补赤字外，中央动用决算时在银行存储备用的结余存款 5.04 亿元，地方财政动用了以前年度中央拨给地方作为周转之用的结余款项 1.35 亿元，其余 1.8 亿元通过银行透支解决。动用了历年的财政结余使得信贷收支也出现差额，生产资料和生活资料的供应都比较紧张，商业库存下降，市场货币流通量超过正常需要，物价面临上涨压力。这次教训使当时的决策者深刻地认识到了财政与信贷的内在联系。

从 1958 年开始，我国进入了急于求成的“大跃进”时期。在这一时期中，经济建设忽视了经济规模和综合平衡，盲目追求高速度和高指标，大上基本建设项目，脱离了国家财力、物力的可能性。计划上的高指标使得财政出现“大收大支”，银行出现“大存大贷”：最终结果使得国民经济的正常比例关系遭到严重破坏，经济效益大大下降，财政表现为大量赤字出现，1958 年为 21.8 亿元，1959 年激增到 65.74 亿元（参见表 5—1）。银行则表现为信用膨胀，货币供应量大幅增加，1961

年末的货币流通量比1957年末增加了1.4倍，价格上涨、物资供应紧张，出现了新中国成立以来持续时间最长的严重通货膨胀。这次经济挫折从反面说明财政、信贷综合平衡对国民经济的持续稳定增长具有十分重要的意义。经过1960年和1961年的经济调整，宏观经济曾一度有所好转。

1966年“文化大革命”的发动又一次打断了经济发展的历程，十年“文化大革命”期间国民经济遭到严重的破坏。在极左思想的指导下，财政综合平衡的理论被作为错误的东西加以批判，认为追求平衡就是右倾保守。这一时期由于生产停滞不前，在1966—1976年间，财政收入总计7 225.27亿元，财政支出为7 244.16亿元，收支相抵后有赤字18.89亿元。财政从账面上表现为虚假平衡，但是事实上国家财政极其困难，也同时出现了信用膨胀和物资匮乏，表现为长期的抑制性通货膨胀。

新中国成立以来，经济建设决策方面的失误数度出现导致物资匮乏、信用膨胀、物价上涨，经济发展受阻的情况出现，综合平衡思想就是在这样的经济背景下提出并逐步发展完善起来。

5.3 综合平衡的基本内容

计划经济体制下，综合平衡思想是保持国民经济正常运转的理论指导，也是制定实施各种计划的重要方针，在宏观决策中起过积极作用，也反映了经济活动的客观必然性，是我国学者对金融理论的一种贡献。综合平衡思想从“三平理论”发展到“四平理论”说明人们开始将国际经济因素对国内经济平衡发展的影响纳入到宏观经济平衡的分析视野之中，但是理论界普遍认为“三平”仍然是“四平”中的关键与核心。

5.3.1 财政收支平衡是关键

财政收支平衡的含义是国家财政当年的收入与支出之间，应实现收略大于支的状态，即实现财政收支的年度平衡。在“三平”之中，财政收支平衡被认为是“关键”。在计划经济时代，我国长期执行高度集中的资金管理体制，财政收入占国民收入的绝大比重，因此，财政收支情况对于全社会的资金流通与货币供给而言都是非常重要的。财政收支平衡了，就不会因为财政赤字而引出过多的货币供给，为信贷收支平衡提供前提；同时财政的结余作为信贷资金来源有利于减轻扩大信贷进而导致扩大货币供给的压力。在当时统收统支的银行资金管理体制之下，银行资金来源狭窄，存款规模小，一般如果贷款需要大于信贷资金来源，要靠财政给予支持，或者动用财政结余，或者专拨信贷基金。从这个意义上说，财政收支平衡要求财政部门不仅从财政自身的角度去考虑，还必须要考虑信贷收支平衡状态，即在信贷无法依靠自身力量去实现平衡时，以财政增拨信贷资金去支持信贷平衡之后，仍然维持和实现财政平衡。否则尽管财政收支本身平衡了，信贷收支不平衡，从总体上看仍是不平衡的。因此，财政收支平衡是“三平”的主导因素，它通过制约三大平衡而制约国民经济全局，成为“三平”之中的关键。

5.3.2　信贷收支平衡是综合反映

周升业，侯梦蟾（1963）指出所谓信贷收支不平衡并不是直接表现在信贷资金来源和放款之间在账面上的差额，是放款和正常的信用性资金来源之间的差额。信贷收支不平衡的实质归根到底是物资供求不平衡。信贷收支平衡在“三平”之中被认为是“综合反映”。依当时情况来看，银行只不过是财政的一个出纳部门，活动范围较小，仅对国营企业所需要的临时性、季节性的超定额流动资金发放贷款。同时由于统收统支，银行的存款主要来自于财政性存款，可供银行吸收的社会闲散货币资金很少，这样银行信贷收支出现差额，如果财政资金拮据不能及时拨足或财政出现赤字，只有向流通中投放没有物资保证的货币来解决，这就会引起物资供需的不平衡，因此，信贷收支平衡是财政收支、物资供应平衡的“综合反映”。由于信贷差额的实质是流通中的货币过多，从而解决的途径就是使过多的货币不要支出。由于个人和企业手中的货币是满足个人消费与正常生产过程之所需，不能强制不支出，过多的货币最终只能通过控制国家财政收支来解决。因此，就有了“信贷有差额，财政来平衡”的说法。因为银行资金来源和资金运用之间永远是相等的，信贷收支不像财政收支那样通过差额即可看出平衡与否，在特定历史时期，人们对于信贷收支乃至货币供求平衡缺乏全面的认识，而近似地将现金发行增加量作为度量信贷收支平衡与否的关键指标，即信贷差额＝贷款－存款＝现金发行。现在看来，这种观点存在着认识上的偏差，原因在于首先现金增发不能全面反映信贷收支不平衡而导致的货币供给过多或者过少的问题，因为现金只是货币供给的一部分，大量的存款货币增加不能通过现金增发体现出来；其次，现金增发不都是货币量过多的表现，因为经济增长本身客观上也需要现金增发予以满足。信贷收支平衡的实质其实是追求理论意义上的货币供求平衡。计划经济时期，货币供给的调节主要是依靠综合信贷计划的直接调整，当时还没有货币供给层次划分①的概念。因此，才将货币供求平衡以信贷收支平衡加以替代，这样观察更直接、更具有可操作性。

5.3.3　物资供求平衡是基础

物资供求平衡是指商品供求平衡，在“三平”之中被认为是基础。计划经济时期，对物资供求的分配主要采取实物分配的方式，其供需都严格按照计划执行。在

① 货币层次的划分不是从来都有的，部分发达国家从 20 世纪 60 年代开始才划分货币层次。中国人民银行于 1994 年第三季度开始，正式确定并按季公布货币供应量指标。

这种情况下，只要取得了物资分配指标，就不难获得相应的货币资金，不论是来自财政的拨款，还是来自银行的贷款。而我们的财政预算和信贷计划也是大体根据这种物资分配计划来安排的，只要物资供需平衡了，那么财政、信贷的平衡也就有基础了。黄达（1999）认为在当时的情况下，国营商业保持必要的库存是市场均衡的条件，而货币供给的一部分以财政结余的形式变成暂不流通的货币又是保持商业库存的条件。广义的物资供求应该包括消费资料和生产资料两方面的物资供求，但是当时生产资料不被看做是商品，因此，物资供求平衡的着眼点在于消费品和部分农业生产资料的平衡。物资的供应主要由农业、轻工业和重工业等部门的生产状况决定，物资的需求则是由财政、银行部门的资金供应所形成的一定时期的现实购买力所体现。所以，物资供求平衡也就是我们现在所说的社会总供给与总需求的平衡。这种平衡既包括总量平衡，也包括结构和地区的平衡，其中，总量平衡占首要地位。

5.3.4 外汇收支平衡是补充

改革开放大大促进了对外经济的发展，外汇收支大幅度增长，外汇收支活动及其平衡状况直接影响着财政和信贷各自的平衡状态，直接影响着整个国民经济的运行。因此，财政信贷必须考虑到外汇收支对它们的影响，并对外汇收支加以财力支持之后，实现自身的统一平衡，1985 年外汇收支平衡概念被引入宏观平衡分析之中。由于外汇收支对于国内市场供求关系的特殊影响，外汇可以成为调节国内宏观经济的强有力的经济杠杆，在保持社会总供给与总需求平衡中起着财政、信贷所无法代替的作用。因此，应统筹安排外汇收支和进出口贸易，防止过多的国际收支顺差和过大的外汇储备出现，避免不顾国内市场的供应能力过度出口商品的现象出现，以免造成国内严重的钱多物少的后果。另一方面，也可以在国内市场过分紧张时，或经济体制、价格体系等改革需要一个较宽松的环境时，动用部分外汇储备进口部分物资以缓和国内市场的压力。由于财政、信贷和外汇的收支活动以货币形式进行，在商品货币关系存在的背景下，它的收入与支出都反映并引起生产资料和生活资料的供给与需求的变化，因此还必须使财政、信贷、外汇活动所引起的货币收支与物资供求平衡。既要防止有钱无物的货币过多现象，也要防止有物无钱的物资积压现象的出现。

从总体上看，“四平”包含着两个方面的平衡：一是财政、信贷、外汇与物资在总量上的综合平衡，这就是财政、信贷、外汇活动所形成的货币购买力总额，应与物资供应总量达到平衡；二是财政、信贷、外汇与物资在构成上的综合平衡，这就是财政、信贷、外汇活动对生产资料和生活资料各自的货币需求，必须与它们的实物供应量相一致。

5.4 计划经济时期综合平衡实现的制度基础

计划经济体制是“三平理论”提出的大制度背景，计划经济本身就存在着集中的内在要求，即在全国实行统一的计划，主要的财力物力主要由中央统一调度：财政统收统支、银行统存统贷、物资统购包销。在这种高度集中的经济管理体制下，政府对于经济运行采取直接的数量与价格管理的方式，而不是依靠市场机制的运行间接调控。具体来看，要理解当年综合平衡的实现过程就必须了解计划体制下一些特定的制度安排及其经济意义。

5.4.1 财政收支平衡在“三平”中的关键地位源于“大财政小银行”制度安排

“财政和金融是社会主义国家的两个钱口袋”，在统收统支的计划管理体制下，财政为主，金融为辅。国民收入中的主要部分是经过财政预算进行分配的，所以要实现物资的平衡，就要先有货币收支的平衡，而财政是分配货币资金的主要渠道，同时信贷收支平衡又有赖于财政收支平衡。这样在“三个平衡”中财政收支平衡就处于关键地位，欲实现财政、信贷、物资的综合平衡就必须先做到财政收支平衡。因此，国家便把宏观控制的目标首先放在财政收支平衡上。只要管住财政收支，实现了财政收支平衡，那么，信贷、物资就基本上可以取得平衡，从而国民经济的总体也就平衡了，货币流通也就稳定了。

通过表5—2，我们对我国财政收入占国民收入的比重进行历史性考察，可以发现1953—1978年间财政收入的平均占比为34.3%，财政收入对国民收入的弹性值为1.111，这说明财政收入在国民收入中占比非常高，而且其增长速度高于国民收入的增长速度。从1979年开始，随着经济体制改革的逐步推进，财政收入占国民收入的比重逐年下降，到1982年下降为25.4%，财政收入对国民收入的弹性值也逐年下降，由大于1变成小于1，即财政收入增长速度低于国民收入增长速度，与此相对比的是银行各项存款占国民收入的比重从1978年的2.3%上升到1984年的12%。曾康霖（1986）提出，银行信贷差额是否最终靠财政来弥补？这几年财政收支出现赤字，财政没有钱弥补信贷差额，财政收支的差额反而要通过银行信贷来弥补。经济体制改革塑造了多元化的市场经济主体，国民收入分配格局向居民个人部门倾斜，使银行信贷在国民经济中的地位和作用大大加强了，信贷成为筹集和分配货币资金的主渠道，“大财政小银行”的体制逐步演变为“小财政大银行”，从而使信贷平衡在宏观经济平衡中的地位和作用也发生了很大变化。宏观经济平衡的实现方式逐步由财政收支平衡作为关键点发生了变化。

表 5—2　　财政收入占国民收入的比重和二者的增长弹性值

年份	比重（%）		弹性值*	
	平均值	值差	平均值	值差
1953—1978	34.3		1.111	
1979—1982	27.3	−7.0	0.067	−1.044
1983—1988	25.1	−2.2	0.606	0.539

说明：* 弹性值为财政收入与国民收入增长之比。

资料来源：陈共：《财政学》，194 页，成都，四川人民出版社，1994。

5.4.2 “大一统”的银行体系和“单一”的间接融资模式决定了信贷收支平衡而不是货币供求平衡成为综合反映

信贷收支平衡的实质是要追求货币供求平衡。在现代市场经济条件下，货币供求均衡的影响因素很多，其实现可以从供给与需求两个方面入手，既有赖于中央银行，又受制于商业银行、企业和个人等市场主体的行为方式。而在传统计划经济体制下，多层次的金融市场没有建立起来，市场上缺乏多元化的融资渠道与投融资主体。同时，银行体系是“大一统”模式，全国上下只有一家银行——中国人民银行，资金管理采取统存统贷的管理方式，银行信贷是除财政拨款之外企业唯一的资金来源，因此，货币供求变化就单一地表现为信贷收支的变化。市场经济机制下，复杂的货币供求均衡问题就简化为信贷收支平衡问题，信贷收支受到综合信贷计划的控制，同时信贷资金的收与支也极大地受到财政部门行为的影响。以上几个因素就决定了信贷收支平衡而不是货币供求均衡成为“三平”之中的综合反映。随着经济体制改革的不断深化，筹资主体和资金筹集方式的多元化，银行体系市场化取向的改革，中央银行间接调控机制的确立，人们对信贷收支平衡的关注逐渐转变为对货币供求均衡的关注。

5.4.3 数量管理与计划价格是当时决策部门实现物资供应平衡的前提条件

通过以上分析，我们知道政府部门对于资金运动的管理主要依靠财政收支平衡，辅之以信贷收支平衡来实现，而其对物资供应的管理则是通过数量管理与计划价格手段实现的。从 1953 年起，国家实行计划经济，企业以产定销，生产计划由国家下达，产品价格由国家核定。当时商业部门采取的主要措施是，对多数工业品实行“加工订货、统购包销”；对主要农产品实行“统购统销”。从工业部门来看，“统购包销”就是生产者生产的商品必须由专门的机构进行收购，生产者不得私自将商品卖给其他商人，然后，由这个专门的机构再将收来的商品统一进行销售，不得转销。从农业部门来看，国家于 1953 年 10 月对粮食等主要农产品采取了计划收购和计划供应，所谓“计划收购”被简称为“统购”；“计划供应”被简称为“统销”。后来，“统购统销”的范围又继续扩大到棉花、纱布和食油。当时，政府部门除了对工农业物资采取直接数量管理之外，还根据需要通过价格手段来实现物资供应的调度与平衡。改革开放以来，随着对工业品的“统购包销”与农产品的“统购统销”管理方式的转变，物资供应体制逐步转换为市场流通体制，计划价格转换为市场价格，政府已不再直接协调物资供求的关系，而是通过对市场的间接调控来影响物资供求的平衡关系。

5.5　综合平衡思想的理论意义

“三平理论”反映了我国理论界对宏观均衡境界的探索，适用于计划经济时代的宏观调控，具有一定的历史局限性，但是它所体现出来的宏观平衡思想直到今天仍然对经济运行实践和理论研究具有重要的启发意义。“三平理论”以及其后发展而来的“四平理论”所揭示的财政与银行、货币供求与社会总供求、外汇收支与货币供给等宏观经济变量之间的关系都具有深刻的理论含义。对此，黄达（1999）极其深刻地指出，对于“平衡”要理解为运动中的协调、均衡，对“综合平衡”的理解要着眼于各个范畴与其周围环境的相互作用以及各个范畴相互之间的紧密联系，不仅把“平衡”和“综合平衡”理解为人们对客观进程的观察方法，而且要理解为客观进程本身的内在规律性，“综合平衡”在市场经济条件下，也同样应该是对客观经济过程的理论概括。

5.5.1　财政收支是影响货币供给的重要因素

“三平”中的关键被认为是财政收支平衡，这其中虽说有着特定历史时期国家基于计划的需要重视财政部门的原因，但是就客观而言，在市场经济条件下，在资金运行领域，财政收支依然起到举足轻重的作用。研究货币供给机制必然要联系财政收支，财政收支平衡与失衡会对货币供给产生深刻的影响，财政平衡的理念对于货币供求均衡的实现具有重要的意义。

在马国川（2009）《共和国部长访谈录》中项怀诚曾就其财政平衡思想做过这样的阐述：

> 马国川：您做了近五十年的财政工作，能否总结一下你的理财思想？
>
> ……
>
> 项怀诚：财政平衡好，还是不平衡好？现在虽然还没有人说不平衡好，但是有连续几十年的赤字，而且还有理论根据，说西方国家就是这么搞的呀，美国不是一直在搞赤字财政吗？我觉得财政还是坚持平衡思想，所谓坚持平衡，并不是说每年一定要追求平衡。发展的过程中允许不平衡，这个是正常的，但

是如果我们财政的思想上就是不平衡，财政预算不必平衡，就危险了。奥巴马虽然提出了18 000亿美元的赤字，但是他已经制定了几年之内减少赤字的措施。所以财政的理财思想还是要坚持平衡的观念，并不是说绝对的平衡，但是思想应该是平衡的观念，是财政信贷综合平衡的发展观念。只有平衡的发展理念才是持续的发展理念。

财政收支平衡是达成货币供求均衡的理想条件，当然，财政收支不能为自身平衡而平衡，财政收支要服务于市场均衡与货币均衡最终目标的实现，在动态中寻求平衡和可持续发展。在世界经济运行的实践中，财政收支出现差额、赤字是非常普遍的现象，对于财政赤字的不同弥补方式就决定了其对货币供给的影响程度。Sargent and Wallace（1981）指出，若赤字是持续性的，政府最终将不得不增加基础货币并引发通货膨胀。Haan and Zelhorst（1990）认为，在财政占优的体制中，货币当局迫于政府压力为赤字融资，央行的货币供给是财政政策的函数，在发展中国家和转型国家，由于金融市场的不发达、央行的非独立性和征税机制的不完善，政府更倾向于用货币创造来为其赤字融资。Thoma（1994）的研究表明，即使央行足够独立，赤字支出也可通过影响经济增长和利率、物价等而对货币供给产生影响。Turnovsky（1995）则指出当宏观经济政策存在时间非一致问题时，由于非预期通货膨胀的存在，债务利息的实际价值减少，意味着政府的收入增加，政府有利用铸币税为其赤字融资的激励。因此，财政政策与货币政策的协调配合是实现货币供求均衡的一个重要侧面，为宏观决策部门所高度关注。

5.5.2 货币供求均衡与社会总供求均衡之间有着内在的联系

“三平”的核心是要通过财政收支与信贷收支平衡实现资金运动与物资供应的相互协调、适应。从理论意义上看，其实质是在宏观经济层面追求货币供求与社会总供求的平衡问题。希克斯（1937）利用IS-LM模型搭建了产品市场和货币市场之间相互作用、共同决定国民收入与利率的理论框架，其实质也是将货币经济和实物经济联系起来，从而打破了新古典学派把实物经济和货币经济分开的两分法，给现代宏观经济分析提供了一个重要的分析工具。

黄达（2003）创造性地提出市场供求与货币供求之间关系的简图（参见图5—1），并总结得出总供给决定货币需求，但同等的总供给可有偏大或者偏小的货币需求；货币需求引出货币供给，但也绝非是等量的；货币供给成为总需求的载体，同等的货币供给可有偏大或者偏小的总需求；总需求偏大在一定条件下有可能推动总供给增加，但是不可能由此消除差额，总需求偏小则总供给不能充分实现；总需求的偏大或者偏小也可以通过紧缩或者扩张的政策予以调节，但单纯控制需求也难以保证实现均衡的目标。市场总供需的均衡关系是与处于现实流通状态的货币的供需关系一一对应的，现实流通的货币与现实不流通的货币是可以而且事实上也是在不断转化的，这就意味着，现实不流通的货币量对市场均衡也有作用。

在计划经济体制下，我国学者以“三平理论”揭示了宏观经济运行中资金运动与物资运动之间的平衡关系，尽管在不同的经济体制下，实现宏观经济平衡的方式与方法有所不同，但是其思想实质是相通的。

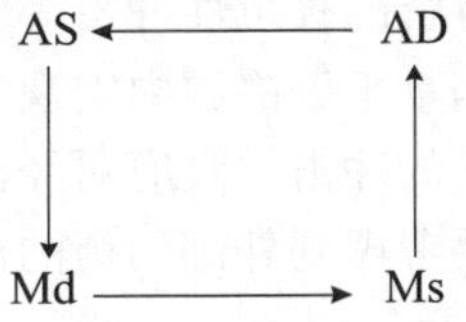

图 5—1　市场供求与货币供求的关系

其中：Ms、Md、AS、AD 分别代表货币的供与求、市场的供与求。

资料来源：黄达：《货币银行学》，316 页，北京，中国人民大学出版社，1999。

5.5.3　外汇收支对内部均衡实现具有重要的影响

“四平理论”强调了外汇收支平衡的重要性，这一点对于不断融入世界经济发展的我国经济平衡发展而言无疑具有更大的借鉴意义。对于参与经济全球化的国家来说，与外部经济的联系对该国经济的运行有着重大影响，这些影响表现为在经济全球化为该国经济提供了许多封闭条件下不具备的有利条件的同时，也对经济的稳定与发展带来了冲击。

传统的 IS-LM 模型从封闭经济转向开放经济，要增加进出口贸易和国际资本流动两个基本的开放性因素，因此，将把国际收支平衡线 BP 加到封闭经济的 IS-LM 模型中，由此得到开放经济条件下 IS-LM-BP 模型。利用该模型结合不同的汇率制度、利率制度以及资本开放程度，可以得出相应国家的宏观经济政策选择。国际收支调节货币理论则强调了国际收支盈余与赤字将会诱导货币存量的变化，这些变化至少在短期内将影响经济行为（陈岱孙、厉以宁，1991，p. 402）。米德突破了前人研究国际收支只局限于贸易项目或者经常项目的不足，把国际收支平衡理论扩展到包括国际资本运动的总平衡（戴金平，2000，p. 44）；并且综合了凯恩斯主义理论与新古典理论，建立了经济政策手段和政策目标之间的模型，分析了一国要同时实现内部和外部均衡的政策组合和国际经济合作问题。

在运用政策搭配以实现内外均衡的方案中，蒙代尔提出的财政政策与货币政策的搭配和斯旺提出的支出政策与汇率政策的配合最有影响。蒙代尔（1963）认为，由于财政政策、货币政策在协调国内均衡、国外均衡方面具有比较优势，因此政府应当以财政政策调节内部均衡问题，以货币政策来调控外部均衡问题。斯旺以支出转换型政策与支出增减型政策搭配来讨论政府对内外均衡的政策协调（王广谦，2003，p. 306）。斯旺认为，政府支出的增减政策可以明显影响国内支出水平，本国货币实际汇率的升贬值可以明显地影响国际收支状况。斯旺主张采用支出增减型政策对付国内均衡问题，而外部均衡的任务则应交给支出转换型的汇率政策。蒙代尔和斯旺的理论分析和政策主张对于开放经济条件下政府宏观调控模式的选择具有重要借鉴意义。

随着经济全球化的发展和中国经济开放程度的进一步提高，经济条件的变化、国际间经济波动的传递、国际游资的投机性冲击等因素都可能产生内部均衡与外部均衡目标实现之间的矛盾。只侧重于解决国内宏观经济均衡问题的宏观调控模式必然受到开放经济下经济运行方式的冲击，政府对经济进行宏观调控不但要致力于实现国内经济的平衡与稳定，还要考虑到外部均衡的需要，这也是综合平衡思想带给我们的重要启示。

参考文献

陈岱孙，厉以宁．国际金融学说史．北京：中国金融出版社，1991

陈共．财政学．成都：四川人民出版社，1994

陈云．陈云文选 1956—1985．北京：人民出版社，1986

戴金平．国际金融前沿发展：理论与方法．天津：天津人民出版社，2000

高鸿业．西方经济学（宏观部分）．北京：中国人民大学出版社，1996

黄达．财政信贷综合平衡导论．北京：中国金融出版社，1984

黄达．货币银行学．北京：中国人民大学出版社，1999

黄达．宏观调控与货币供给．北京：中国人民大学出版社，1999

黄挹卿，王传纶．中国国库业务全书．北京：中国财政经济出版社，1994

葛致达．财政、信贷与物资的综合平衡问题．经济研究，1963（10）

梁文森．关于财政、信贷、物资平衡的若干问题．《经济研究》，1961（10）

《建国以来社会主义经济理论问题争鸣（上）》，北京：中国财政经济出版社，1985

马国川．《共和国部长访谈录》．北京：三联书店，2009

马寅初．联系中国实际来谈谈综合平衡理论和按比例发展规律．马寅初经济论文选集．下册．北京：北京大学出版社，1981

许毅．从百年屈辱到民族复兴——新中国外债与中国特色的社会主义．北京：经济科学出版社，2006

王广谦．20 世纪西方货币金融理论评论：进展与述评．北京：经济科学出版社，2003

王珏．中国社会主义政治经济学四十年．1 卷．北京：中国经济出版社．1991

魏国雄．对“三平”理论的一点新认识．财贸经济，1986（1）

周升业，侯梦蟾．信贷收支差额问题．光明日报，1963－08－26

周升业．对外开放下的金融运行．北京：中国金融出版社，1994

曾康霖．三平理论需要丰富与发展．重庆金融研究，1986（1）

Haan，J. de and D. Zelhorst（1990），“The Impact of Government Deficits on Money Growth in Developing Countries”，*Journal of International Money and Finance*，9，pp. 455－469.

R. Mundell, "Capital Mobility and Stabilization Policy under Fixed and Flexible Exchange Rates", *Canadian Journal of Economics and Political Science*, Vol. 29, 1963, pp. 475 - 485

Sargent, T. J. and N. Wallace (1981). "Some Unpleasant Monetarist Arithmetic" . *Federal Reserve Bank of Minneapolis Quarterly Review* 5 (3), pp. 1 - 17.

Thoma, M. A. (1994), "Sub Sample Instability and Asymmetries in Money-income Causality", *Journal of Econometrics*, 64, pp. 279 - 306.

Turnovsky, S., 1995. *Methods of Macroeconomic Dynamics*. Cambridge, MA: MIT Press.

第 6 章

信贷指标[①]

Credit Indicators

【摘要】信贷指标是指信贷规模指标，也称作贷款限额控制或信贷规模控制。其本质上就是指中央银行运用行政权力严格控制商业银行资产负债表的资产方，达到宏观上控制货币总量、微观上调整和优化信贷结构的目的，是中央银行控制信贷总量，进而控制货币供应量、管理总需求的一种数量化的货币政策工具，其具有一定的行政化控制色彩。信贷指标在中国经历了如下几个发展阶段。（1）计划经济时期：完全的信贷指标管理。（2）1979—1984 年："信贷差额包干"下的变相信贷指标。（3）1984—1989 年：信贷指标正式成为货币政策的中介目标。（4）1994—1997 年：信贷指标的逐步淡化。（5）1998 年以后：信贷指标的取消和"复出"。信贷指标可能造成效率损失和无法真正做到硬约束的问题，但由于我国现阶段经济体制和金融体系的一些特殊性：如银行体系内流动性过剩、国有企业和国有控股银行的预算软约束特征、国有银行公司治理不完善以及货币政策传导机制不健全等特征，所以，信贷指标在我国仍然具有不可替代的重要作用。另外，政府通过信贷指标比较容易实现自己调控经济的意图，所以政府仍然倾向于使用信贷指标作为货币政策工具。但是，信贷指标的控制本质上是一种数量化、行政干预色彩浓厚的货币政策工具，会造成资源配置效率的损失，而且与价格型工具相比，数量型工具不够灵活。所以，从长期来看应该逐步创造有利于市场化的货币政策工具，逐步放弃信贷指标的使用，代之以利率、公开市场操作、存款准备金、再贷款、再贴现和"窗口指导"等多种市场化货币政策工具，将中央银行的货币政策从直接调控转向间接调控。

【关键词】信贷指标　银行体系　货币政策

① 本章撰稿人：类承曜。

Abstract：Credit indicators is the size of credit，also known as a loan limit or credit scale control. It is essentially that the central bank strictly uses the executive power to control the balance sheets of commercial banks in the asset side，to control the money supply and micro credit structure adjustment. It is a quantitative monetary policy instrument of the central bank to control money supply and demand management，with a tint of administrative order. Credit indicators in China has undergone several stages of development. (1) planned economy period. (2) 1979—1984，the responsibility of credit fund balance. (3) 1984—1989，credit indicators become intermediary target of monetary policy. (4) 1994—1997，credit indicators gradually weaken. (5) After 1998，cancellation and the "comeback" of credit indicators. Credit indicators may result in efficiency losses and strong constraints failure. On the other hand，because China's current special economic system and financial system，such as excess liquidity in the banking system，soft budget constraint in state-owned enterprises and state-owned banks and imperfect corporate governance of state-owned banks and monetary policy transmission mechanism，credit indicators in China still play an irreplaceable role. The government using the credit indicators are relatively easy to realize their intention to regulate the economy. Therefore，the Government still tend to use credit indicator as the monetary policy. However，credit indicator is a quantitative monetary policy tools with a tint of administrative order，which will result in loss of efficiency in resource allocation. Moreover，compared with the price instruments，quantitative tools are not flexible enough. Therefore in the long run we should gradually create a market-based monetary policy instruments and give up the credit indicators，which should be replaced by interest rates，open market operations，reserve，re-lending，rediscount，"window guidance" and other market-oriented monetary policy instruments. The central bank's monetary policy should be changed from direct regulation to indirect control.

Key words：credit indicators，banking systems，monetary policy

6.1 信贷指标是什么?

信贷指标实质上是指信贷规模指标，也称作是贷款限额控制或信贷规模控制。具体而言，是指中央银行在年初确定的允许商业银行当年可发放的信贷新增规模的上限，然后将这个上限所确定的信贷规模以信贷指标形式分解到各个商业银行，商业银行当年发放的信贷总量不能超过分配到的信贷指标。信贷指标是一种指令性计划，各银行和金融机构不得突破。但是，由于信贷指标是年初由计划确定，经济形势的变化令当初确定的信贷指标不合时宜，所以，中央银行事后也经常调整信贷指标，或者在倒逼机制作用下中央银行不得不追加信贷指标。

信贷指标本质上看就是指中央银行运用行政权力严格控制商业银行资产负债表的资产方，达到宏观上控制货币总量（社会总需求）、微观上调整和优化信贷结构的目的。政府通过下达信贷指标，不仅能控制信贷总量和货币供应总量，而且能具体规定分行业、分地区的信贷指标，并通过信贷指标管理能实现调整经济结构的目的。信贷指标常常伴随着利率管制，在信贷指标管理体制下获得贷款的企业实际上获得了低成本的资金，体现了政府对行业和地区的信贷支持。所以，信贷指标不仅仅是一个总量控制指标，更是一个结构控制指标。

信贷指标是中央银行控制信贷总量，进而控制货币供应量、管理总需求的货币政策工具。信贷指标有两层含义：一是指在某一个时点上（如年末）信贷总量，也就是信贷总规模的存量指标；信贷指标的另外一层含义是指某个时期内新增信贷量，即某个时期的流量指标。通常所指的信贷指标都是后一种含义。

信贷指标是一种数量化的货币政策工具，而且具有一定的行政化控制色彩。在社会主义国家或一些发展中国家，银行和企业是国有的或由政府控制，市场机制和金融体系不是很完善，政府在资源配置中发挥着重要作用。因此，货币政策发挥作用的微观基础并不存在，政府通过数量化、行政性的信贷指标能够较好地实现管理总需求、控制总信贷量的目的。在历史上相当长时期内，许多国家的中央银行都把信贷指标作为货币政策的工具，为了抑制经济过热，中央银行对商业银行信贷规模的上限进行规定。

欧洲一些国家也曾普遍把控制贷款规模作为货币政策工具，许多发展中国家更是如此。即使一些发达国家历史上也长期实行信贷指标管理。法国直到 1981 年、英国和韩国直到 1982 年、日本直到 20 世纪 80 年代中期，印度尼西亚直到 1983 年，都在实行贷款限额控制（周正庆，1994）。近年来，随着各国经济发展和金融体系的完善，信贷指标的种种弊端日益突出，许多国家逐步放弃了信贷指标这种信贷资金管理方式，转而采用了市场化的、传统的货币政策工具，如公开市场业务、调节基准利率、再贷款以及调整存款准备金率等。

我国计划经济时期货币政策是以直接和行政信贷指标管理为典型特征。改革开放后，信贷指标曾经既是中国的货币政策中介目标，又是一种重要的货币政策工具。从 1984 年开始，中国人民银行明确将信贷指标作为货币政策的中介目标。从 1998 年 1 月 1 日起，中国人民银行决定取消对国有商业银行贷款规模的限额控制，即正式宣布取消信贷指标，逐步推行资产负债比例管理和风险管理。

但是，为了抑制 2007 年出现的宏观经济过热苗头以及资产价格泡沫，2007 年下半年开始重新动用“信贷指标”这种信贷规模控制手段。2007年以后的宏观调控中，最有效、最直接的货币政策调控手段仍然是信贷指标，即对金融体系的年度新增贷款总量实行控制。所以，信贷指标在很长时期内仍然在我国宏观调控中发挥不可替代的重要作用。

6.2 信贷指标在中国：历史视角

6.2.1 计划经济时期：完全的信贷指标管理

从新中国成立初期到1978年，我国实行的是高度集中的计划经济体制，政府通过经济计划决定生产和分配。与计划经济体制相适应，我国建立了“大一统”的银行体制，中国人民银行是当时唯一的一家银行。中国人民银行按照行政区划逐级设分支机构，各级分支机构严格执行总行的指令和计划；人民银行既是金融行政管理机关，又是经营存贷款银行业务的经济实体，集中央银行与商业银行职能于一身；它的信贷、结算和出纳制度，其设计的初衷都是为了严格监督和保证中央高度集中的计划任务的执行和实现。银行体制长期依附于财政体制，按财政的需要和经济计划办理信贷、结算和储蓄。

在资金管理方面，消费领域实行严格的现金计划；生产领域则实行自上而下的严格的信贷资金计划管理。银行内部实行统收统支、统存统贷的资金管理制度，即由中国人民银行总行对下属各级银行层层下达年度各项存款、贷款和现金投放、回笼的额度指标，各级银行必须保证计划的实现。全国各地银行的存款全部上交总行，由人民银行总行安排使用；贷款由人民银行总行分项目层层下达指标，并全部由总行核批指标。各地银行只能在总行批准的指标内发放贷款，各项贷款指标之间必须专款专用，不能相互调剂。存款、贷款两条线，互不联系，分别掌握。

人民银行总行于1950年试编业务收支计划，标志着信贷资金开始进入计划管理阶段。1952年，对信贷计划的编审、指标管理、执行检查做了具体规定，初步建立了新中国的信贷管理体制。从1953年起，为了适应第一个五年计划的要求，银行信贷计划加强了计划管理和集中统一领导，实行“统存统贷”的管理办法。

1953年，我国银行体系建立起“统存统贷”的信贷计划管理体制，从组织结构看，整个银行机构的结构特征表现为“三级管理、一级经营”。信用货币的供给总是通过贷款的发放这个渠道进入流通领域，具体表现为“贷款—现金与存款—贷款—现金与存款”的一个循环。从货币控制上讲，由于大一统的国家银行体制，银行存款和现金几乎是仅有的金融资产，货币供给的扩张和收缩基本上由银行贷款规模的扩张和收缩来决定，并且由于各级地方银行机构没有派生存款的能力，而只是在上级银行下达的指标范围内发放贷款，所以，总行层层分解下达的信贷指标实际上决定了货币供给的贷款扩张和收缩。人民银行只要控制了信贷规模，也就控制了货币供应总量。

在计划经济时期，我国货币供给机制的典型特点是以年度综合信贷计划决定信贷规模和货币供给总量。信贷资金管理体制是统存统贷，主要控制方式是进行信贷指标的分配。人民银行作为隶属于计划和财政的"出纳"，其资金来源主要靠计划分配，资金运用主要是向企业发放短期贷款。因此，中央银行对货币供应量的控制和国有银行对信贷指标的计划和分配，本质上是一个同一体。

在计划经济体制下，中央银行的货币政策本质上是完全的信贷指标管理。信贷指标不仅是总量控制指标，而且各个企业和各个项目的贷款都是通过信贷指标决定的，银行没有任何贷款决策的自主权，贷款对象、贷款数量都是由信贷指标决定的。所以，信贷指标是与计划经济体制完全适应的一种"货币政策工具"。

6.2.2 1979—1984 年："信贷差额包干"下的变相信贷指标

1978 年我国开始经济体制改革，我国的计划经济体制逐步向市场经济体制转变。1979 年，我国着手改革僵化的"统存统贷"的信贷资金计划管理体制，逐步采用了"统一计划，分级管理，存贷挂钩，差额包干"的信贷资金管理办法。① "统一计划"就是根据国家批准的综合信贷计划，各级银行自下而上按照中国人民银行总行统一的规定编制信贷差额计划，中国人民银行总行核定各省分行每年的信贷收支计划差额，包干的差额由总行统一核定，然后逐级分配下达执行，分行按照计划核定的"存贷差"对当地专业银行进行信贷控制。人民银行对基础货币的调控主要通过人民银行总行核定专业银行和人民银行分行的"借差计划"和"存差计划"来实现。② 对核定的信贷差额实行包干使用，"存差"必须完成，"借差"不得突破。在"信贷差额包干"体制下，尽管没有明确的信贷指标，但是信贷差额计划就是一种变相的信贷指标，银行吸收的存款量决定了其信贷规模，而且中国人民银行也能通过信贷收支差额计划控制信贷总量和结构。

6.2.3 1984—1989 年：信贷指标正式成为货币政策的中介目标

1984 年开始，银行信贷规模的扩大或收缩，已经成为影响社会总需求规模大小、银根松紧的重要因素。针对 1984 年出现的投资、消费失控，贷款规模失控和货币发行过多的问题，1985 年国务院采取的一个最重要手段就是严格控制当年的贷款总规模。这是多年来第一次把贷款总规模作为宏观调控的重要手段，由过去的

---

① 详见本书"信贷差额包干"。

② 分行管理的各项存款年末总额加上总行拨给的信贷资金，如果大于各项贷款年末总额，其差额为年末"存差"控制计划；如果小于各项贷款年末总额，其差额为年末"借差"控制计划。其中，信贷资金来源大于运用的"存差"，实际上等于增加的基础货币。

单一控制现金发行发展为同时控制贷款总规模。1985 年中国人民银行明确将信贷指标作为货币政策的中介目标。

1985 年，在信贷差额包干的基础上实行实贷实存的资金管理办法，人民银行发布了《信贷资金管理试行办法》，基本内容是“统一计划、划分资金、实贷实存、相互融通”。“统一计划”指专业银行的信贷资金全部纳入国家综合信贷计划，由人民银行总行综合平衡，核定各专业银行信贷资金计划和向人民银行的借款计划。在一般情况下，中央银行对专业银行下达各项信贷指标大体上划分为两类：一类为指令性指标，包括存、贷款差额计划；固定资产投资贷款年末计划和年内发放计划；农业贷款年末计划和年内最高额计划。这类指标控制严格，未经批准，不得突破。另一类为指导性计划，包括各项工商流动资金贷款计划、各项存款计划。这类指标可以在存、贷差额计划内，实行多存多贷。各项贷款指标可以互相调剂。但是，1985 年、1988—1991 年由于通货膨胀和经济过热，中央银行对信贷总规模重新恢复指令性计划。

1985 年以后，对于年度贷款限额管理，主要由中国人民银行根据国民经济增长对信贷资金的需求状况，统一编制综合信贷计划。中国人民银行根据国家批准的综合信贷计划，每年核批给各专业银行贷款额度，由各专业银行总行在核批的借款计划额度内，提出对所属分行分配借款的计划，报送中国人民银行总行。人民银行总行据此下达贷款通知书，各地人民银行分行依总行贷款通知书确定的额度，按资金需要和用款进度贷给各专业银行分行。各专业银行分行必须在上级行批准的贷款额度内发放信贷资金，不得突破。如果专业银行分行短期资金出现短缺，可先向其他银行融通资金，调剂余缺。如仍有资金缺口，可向当地人民银行分行申请临时借款。但如果年末突破信贷指标时，必须事先向中国人民银行总行提出申请，经批准后，可追加贷款额度。对于政府认为需要支持的部门、产业和地区，在编制信贷计划时，实行信贷倾斜政策，有计划地增加对这些部门、地区的信贷指标，并且给予优惠贷款利率。

1989 年 5 月，在当时治理整顿、紧缩银根的宏观经济环境下，中国人民银行把信贷规模指标改称为贷款最高控制限额，实行了“限额管理、以存定贷”的办法，继续对信贷资金实行总量控制，按季调节，并落实到各地区、各银行、城乡信用社和金融信托投资公司。对贷款限额的分配采取“条块结合”的双线控制办法，各专业银行以条为主，贷款限额由其上级行分配下达，人民银行按季汇总下达各地（市）、县（市）的贷款限额；省、市信托投资机构和城市信用社（简称城信社）以块为主，由人民银行统一分配下达；对各家银行和非银行金融机构的年度贷款最高限额均为指令性计划，未经批准，任何金融机构和任何地（市）均不得突破，限额管理实行行长（经理、主任）负责制，由人行省分行对其全年实施情况进行考核；对贷款最高限额实行“全年亮底、按季监控、按月考核、适时调节”。以中国人民银行总行核批的季度贷款最高限额为监控指标，分别由各专业银行总行和中国人民银行各省、自治区、直辖市、计划单列城市分行按系统和地区监控。各专业银行总、分行在执行过程中可根据情况变化调整季度贷款最高限额。专业银行分行如有超过核批的季度贷款最高限额，报专业银行总行批准；专业银行总行如要超过季度贷款最高限额，则报中国人民银行总行批准。

实践证明，在当时的经济体制和金融体制下，信贷规模控制是一个比较有效的抑制经济过热的手段。这是因为，经国务院批准的贷款总规模，可以逐级分解到各专业银行等金融机构，便于检查落实，便于中央银行进行基础货币调控。这基本上仍然是行政手段，它的主要缺陷是“多存不能多贷”，限制了各专业银行利用信用派生机制扩张贷款的能力；容易产生“一刀切”和“一空就死”的弊病（周升业，1993）。

6.2.4 1994—1997 年：信贷指标的逐步淡化

1993 年 12 月，国务院下发了《关于经济体制改革的决定》，提出把中国人民银行办成真正的中央银行，专业银行要真正办成商业银行。与此相适应，人民银行对信贷总量的宏观调控，由以规模限额管理直接控制为主逐步转变为运用资产负债比例管理间接控制为主；对信贷资金的调节配置，由以计划手段为主逐步过渡到以市场手段为主。中国人民银行单独行使中央银行职能在我国金融体制改革的历史上具有划时代的意义，它标志着我国的金融体制向市场化方向的根本转变。

1993 年，党的十四届三中全会通过的《关于建立社会主义市场经济体制若干问题的决定》和同年由国务院发布的《关于金融体制改革的决定》指出：中国人民银行要从主要依靠信贷规模管理，转变为运用存款准备金比率、中国人民银行再贷款利率和公开市场业务等工具来调节货币供应量。第一次把货币供应量和社会信用总量一起确定为货币政策中介目标。为了独立执行货币政策，不受地方政府和政府部门的干扰，1993 年 7 月，中国人民银行收回了各省、自治区、直辖市分行的贷款规模调剂权。1994 年，中国人民银行停止办理对非金融机构的专项贷款，取消所有戴帽下达的贷款规模和信贷资金。

1994 年政策性银行成立以后，专业银行开始实施商业化改革，国家不再对具体的信贷项目进行指令分配。但是，国家对银行的总信贷规模仍实行严格的指令性计划控制。按照金融体制改革的要求，人民银行对货币信贷总量的控制由主要依靠信贷规模管理逐步转向运用社会信用规划、再贷款、再贴现、公开市场操作、准备金率、基准利率、比例管理、贷款限额等手段的管理。

1994 年 9 月，中国人民银行宣布我国货币供应量的划分标准，并将其作为监测指标，按季向社会公布不同层次货币供应量的情况，以此来分析金融货币形势。1996 年正式明确地将货币供应量 M1 和 M2 作为中介目标。1994 年以后，实行了多年的信贷指标控制机制逐渐淡化，多层次货币供应量的控制开始走向货币政策舞台的中心。

同时，建立了全国统一的同业拆借市场、银行间外汇市场，比较多地运用了利率手段，相继启动了公开市场业务和再贴现业务。从 1994 年第四季度开始，中国人民银行在全国所有商业银行、城市行用社和金融信托公司中推行资产负债比例管理和风险管理制度。期间，先后取消了对合作金融机构、股份制商业银行和其他商业银行的贷款限额控制。至 1997 年只对四家国有独资商业银行和三家政策性银行实行贷款限额管理。

6.2.5 1998 年以后：信贷指标的取消和“复出”

1998 年，国家取消了对国有商业银行的信贷指标计划控制模式，对国有商业银行贷款增加量的管理，取消指令性计划，改为指导性计划，在逐步推行资产负债比例管理和风险管理的基础上，实行“计划指导，自求平衡，比例管理，间接调控”的新的管理体制。其中的“计划指导”就是人民银行对商业银行贷款增加量，不再下达指令性计划，改为按年（季）下达指导性计划。人民银行根据国家确定的经济发展、物价控制目标和综合考虑影响货币流通速度的各种因素，确定全年各层次货币供应量的目标，编制基础货币规划和社会信用规划，在此基础上确定商业银行的年度贷款增加量指导性计划，作为中央银行宏观调控的监测目标，供各家商业银行执行自编资金计划时参考。

商业银行以法人为单位进行资产负债比例管理，对资金来源和运用自求平衡，在缴存准备金、留足备付金、按计划进度归还中国人民银行再贷款和购买政策性金融债后，自主使用，按信贷的安全性、风险性和收益性原则和国家有关信贷政策发放贷款。

中国人民银行宏观金融调控，不再以信贷规模为中介目标和操作目标，改为调控货币供应量和商业银行的资金头寸；不再依靠信贷指标这种行政手段，改为综合运用存款准备金、再贷款、再贴现、公开市场业务和利率等货币政策工具，及时调控基础货币，保持贷款适度增长。

1998 年，随着人民银行正式放弃信贷指标，货币供应量在纸面上成为货币政策的中介目标，中央银行实施货币政策时，开始尝试运用多种市场化的操作工具：如公开市场操作、央行开始直接发行专门设计的央行票据、运用货币信贷政策或“窗口指导”工具、调整法定存款准备金率和存贷款基准利率。

1998 年之所以取消信贷指标，一个重要因素就是当时的宏观经济出现了通货紧缩的迹象，商业银行体系出现了“惜贷”的现象，信贷指标形同虚设。1998—2005 年，信贷指标成了“摆设”而无用武之地。事实上，2004 年和 2005 年商业银行实际新增贷款量低于央行指导性参考量。但是 2006 年以后宏观经济开始扩张甚至出现过热的苗头，2006 年商业银行实际新增贷款量超过央行指导性参考量 27%，2007 年超 20%，当年第四季度中国人民银行已开始通过“窗口指导”约束大型商业银行贷款。2002—2009 年新增贷款指导性参考量与实际贷款量的比较见表 6—1。

表 6—1　　历年新增贷款指导性参考量与实际量　　单位：万亿元

年份	2002	2003	2004	2005	2006	2007	2008	2009
新增贷款指导性参考量	1.30	1.80	2.60	2.50	2.50	3.00	3.87	5.00
新增贷款实际发放量	1.90	2.80	2.20	2.40	3.18	3.60	4.91	9.59
其中：1季度	0.44	0.82	0.81	0.75	1.26	1.40	1.33	4.58
2季度	0.51	0.98	0.58	0.73	0.92	1.11	1.12	2.79
3季度	0.54	0.70	0.35	0.51	0.58	0.82	1.03	1.33
4季度	0.40	0.30	0.46	0.41	0.42	0.27	1.43	0.89

资料来源：中国人民银行：《货币政策执行报告》各期。

随着宏观经济过热以及资产领域出现了泡沫，2008 年央行公开恢复了信贷指标控制，从 1 月份到 10 月份一直严格执行信贷指标。由于全球金融危机的爆发，2008 年 11 月，中国人民银行为了克服金融危机的影响，取消贷款限额控制，实行了 4 万亿信贷刺激计划，鼓励商业银行发放信贷。但取消信贷指标也只维持了八个月，到 2009 年 7 月信贷指标事实上再次恢复。在 2009 年新增 9.59 万亿“天量”信贷后，2010 年全年信贷额度被控制在 7.5 万亿以内，且要按照“3∶3∶2∶2”的季度投放比例。从 2008 年以后的货币政策事件来看，对于抑制总需求而言，信贷指标的作用突出，超过了提高存款准备金率、加息和公开市场操作等货币政策的传统工具。

2008 年信贷指标卷土重来后，在国务院的领导下，年初由中央银行确定当年的新增信贷规模指标，然后分解到各银行。各银行严格执行信贷规模不能突破。对于超放的商业银行，央行将会定向发放央票，惩罚性定向提高存款准备金率。如果上述手段失灵，管理层或许会对相关责任人进行行政处罚。而且，中央银行和银监会还会对商业银行信贷投入的项目进行具体要求。① 除了通过市场化工具调控信贷总量阀门外，监管层还可能会对针对信贷流速、投向、贷后资金使用状况等全流程进行严密监控，从而影响商业银行的信贷速度、规模和信贷投向。例如，2008 年 8 月 4 日，央行调增商业银行信贷规模以支持小企业信贷，这次调增采用“区别对待”的方式，对全国性商业银行在原有信贷规模基础上调增 5%，对地方性商业银行调增 10%。该政策反映了央行缓解小企业融资难的政策意图。除了传统的信贷指标外，监管机构和中央银行甚至运用包括资本充足率、“三个办法一个指引”等微观监管规则和指标来控制商业银行的放贷。

必须强调的是，我国市场经济体制下的信贷指标管理与计划经济时期的信贷指标已经有了很大的不同。在计划经济时期，信贷指标完全是一种指令性计划，贷款的数量、对象都是由政府决定的，银行只是执行指令性信贷指标；而当前的信贷指

① 例如，2009 年银监会规定，严格控制新上项目信贷投入，继续支持国家 4 万亿经济刺激计划确定的中央投资项目，其余国家级项目除国务院或发改委批准的以外，银行一律不再投放信贷。

标更多的是一种经济手段，是一种指导性计划，它只管总量不管资金具体使用，而且资金具体分配不是由行政机构，而是由商业银行决定。

6.3 信贷指标可能产生的问题

6.3.1 信贷指标造成的效率损失

虽然信贷指标在中国货币政策实施中发挥着不可替代的作用，但其造成的效率损失也值得关注。在完善的市场机制下，利率是不受管制的，金融市场会形成均衡利率，利率反映了资金供求状况和借款人的风险状况。而信贷指标则在控制信贷总量的同时，设定了低于均衡水平的利率。这造成了效率损失，它可以由图6—1来说明。均衡的利率为 i^*，均衡信贷量为 Q^*，由于中央银行确定了新增信贷规模为 Q'，管制利率水平为 i'，所以借款人和贷款人作为一个整体福利损失为三角形 ABO 的面积。① 不止于此，由于信贷指标分配过程的行政化以及借款人的预算软约束，结果许多按照商业化贷款原则无法得到贷款的企业和项目也能获得贷款，这造成了更大的经济效率（资源配置）损失。

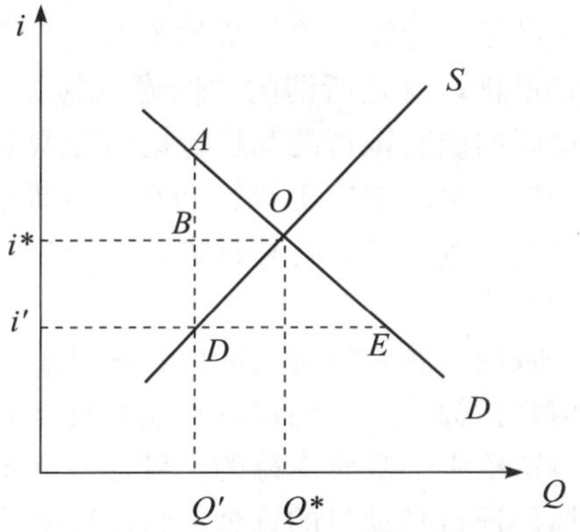

图6—1　信贷指标的效率损失

信贷指标的一个严重缺陷就是损害了银行贷款决策的效率。中央银行的本质功能是宏观层面上保持宏观经济的健康和稳定：保证货币供应量的适度供应以满足经济增长对货币的需求、保持物价稳定以及防止金融危机；商业银行的本质功能则是微观层面上优化资源配置，就是将盈余部门的资金转移到赤字部门，即将储蓄转化为投资，具体体现在三方面：解决信息不对称（资源配置）、风险管理和提供流动

① $i^* i'DB$ 代表的面积虽然是借款人的福利增加，却是贷款人的福利损失，所以从社会整体而言互相抵消了。

性。信贷指标作为一种行政化的控制方式，由政府决定了贷款的对象和数量，妨碍了商业银行本质功能的发挥，损害了资源配置的效率。

除了效率损失外，信贷指标作为一种数量化的控制工具，可操作性和效果也越来越差。从世界各国的货币政策实践来看，20 世纪七八十年代，西方国家货币政策的操作工具和中介目标都是数量型指标：货币供应量或信贷量。但随着金融创新的不断深入，各层次货币供应量的界限越来越模糊，与货币政策最终目标之间的关系也日渐松散，可控性也越来越差。因此，20 世纪八九十年代以后，大多数国家放弃了货币供应量和信贷量这些数量型指标，转而采用利率等价格型指标作为货币政策工具和中间指标。

6.3.2 信贷指标无法真正做到硬约束

信贷指标的另一个非常重要的缺陷在于，信贷指标很容易被突破，无法做到真正的硬性约束。由于信贷指标是由政府决定的，很难保证信贷指标正好符合经济发展的需要，要么不足，要么过量，在执行过程中信贷指标总是不断地被调整。而且，国有企业和国有控股银行本质上都是由政府控制，政府经常为国有企业申请贷款而向银行施加压力，因此，国有控股银行无须为不良贷款和经营的低效率负责，资金短缺时可向中央银行融资。中央银行由于隶属于政府而独立性不足，很难抵制政府的压力，只能不断地满足专业银行追加贷款的需求，货币发行不断增加，这种自下而上的货币供给扩张过程，就是所谓的“倒逼机制”。典型的情形是：在政府支持下，国有企业向本地区的国有银行的基层行提出贷款需要，基层银行经常突破信贷指标，国有银行的基层行又层层向上级行乃至总行提出增加信贷指标的要求，迫使总行增加额度甚至资金，各国有银行总行最后又向中央银行申请再贷款，迫使中央银行不得不扩张信贷规模。

另外，由于时间不一致的问题，信贷指标很容易引发银行和地方政府的道德风险行为。政府年初下发信贷指标后，受到银行和地方政府支持的部门和项目会优先得到贷款，而将资金缺口留给中央政府支持的项目。在贷款指标用完的情况下，中央政府只能追加信贷指标保证自身项目的资金供给。这也是“倒逼机制”的另一种形式。信贷指标往往造成银行为了抢占指标，会倾向于尽快、尽早放出贷款；而到了年末，信贷额度往往已被用完。这就造成了两种可能：年初一些还贷能力不强的企业由于银行急于发放贷款而从中受益得到贷款，这增加了银行业整体出现不良贷款的风险；年末一些有实力的或急需贷款的企业在向银行融资时银行却已没有额度，贷不到钱会对企业发展造成很大的不良影响，要么银行被企业公关“倒逼”，要么企业就会面临严重的资金短缺问题。

最后，在实践中，商业银行可以通过种种方式突破信贷指标。例如，商业银行可以和信托公司开展银信合作，银行采用银信合作理财产品的模式，将信贷变成信托贷款发放给客户，将信贷资产转到表外，这类贷款不受信贷指标的控制。如果将来有信贷指标，便立即终止理财计划，重新由银行来向客户放贷，如果产品到期时还是没有信贷额度，就再发一个理财产品去替代前一个理财产品。①

6.4 信贷指标在我国为什么如此重要?

1998 年中国人民银行正式宣布放弃信贷指标。而且，1995 年颁布的《中国人民银行法》所列的五大货币政策工具中也不包括“信贷指标”。对于我国放弃信贷指标的原因，除了上述信贷指标造成的效率损失外，另一个比较有代表性的观点认为信贷指标这种调控机制的可操作性越来越差：由于金融机构的多元化和金融产品的日益丰富，银行体系的信贷量在社会总的融资中所占比重越来越小，仅仅限制国有银行的信贷量已经无法控制全社会总的信贷量。但是如何解释 2009 年以后信贷指标重新启用？在我国，信贷指标作为行政化、数量化的控制工具，比调整利率、货币供应量等市场化调控方式更为有效。实际上，在我国当前的金融体制背景下，信贷指标仍然具有不可替代的作用，特别是对于抑制经济过热的作用更是非常显著。主要原因有以下几方面。

6.4.1 国有银行体系的超额信贷扩张机制

从信贷供给的角度看，在我国银行体系中，大部分商业银行的控股股东仍然是国有股，国有控股银行必然产生预算软约束。② 政府过度地干预银行贷款决策，很多低质量的政策性贷款就是政府一手主导的，银行管理层很容易将贷款损失的责任推卸给政府而不用自己承担，由政府成立专门的资产管理公司承担商业银行的历史坏账就是最集中的体现。这极大地助长了银行管理层的道德风险行为，银行体系风险意识薄弱，愿意过多地发放高风险贷款。

另一方面，我国通过管制利率为商业银行设定了相对固定的存贷利差，银行的利润与银行贷款规模呈正相关关系。所以，银行体系倾向于过多地发放信贷就是合理的选择。

从信贷资金的需求来看，国有企业和各级政府主导的项目是我国最主要的信贷资金需求者，而国有企业和政府项目也具有预算软约束的特征。我国政府的金融战略就是通过人为地设定低（存贷款）利率为国有企业提供低成本资金，低于均衡水

① 北京银行 2010 年 5 月 31 日至 6 月 2 日与北京信托签订资金信托协议，发行银信合作理财产品，期限在 1 年以内，而且银行有提前终止权。资金用于向金融街控股股份有限公司发放信托贷款，用于住宅项目开发。

② 预算软约束是 Kornai（1979）用来描述计划经济时期国有企业的一种状况：国有企业预期在陷入财务危机时政府会进行救助，所以其预算没有刚性约束。

平的利率导致对信贷的过度需求。政府本身对银行也具有很大的影响力，各级地方政府出于发展地方经济的考虑，通过各种方式向本地区银行施压，要求银行提供贷款，银行很难抵制这种压力。对于政府主导项目和国有企业的贷款即使发生违约，银行也无须承担责任，在政治上风险也不大，银行“愿意”向政府主导的项目和国有企业发放贷款。①

由于银行过度信贷供给和过度信贷需求的同时存在，中央银行只能通过信贷指标来控制信贷总量。否则，信贷资金必然超额发放。

6.4.2 传统的货币政策工具效果不理想

中央银行实施货币政策时，主要通过调整存款准备金率、公开市场业务和再贷款来调节利率和货币供应量。不论是调控货币量还是利率，都是一种市场化手段，通过货币政策传导机制影响金融机构、厂商和消费者的行为，而不是一种行政化的手段。中央银行根据市场化指标，如通货膨胀率和失业率等，调控货币供应量或利率。金融机构则根据商业化原则决策，中央银行不会干预金融机构的决策。中央银行尽管能控制货币供应总量和影响利率这些宏观经济指标，但是不能干预银行和企业的微观主体决策行为。

我国的利率市场化改革刚刚起步，由于利率体系仍然受到政府的管制，所以利率无法准确反映资金供求状况，利率体系也无法准确反映期限结构和风险结构。银行由于风险管理能力水平不高、公司治理不完善，提高利率有可能导致逆选择的问题更加严重，增加整个银行体系贷款的风险。预算软约束的存在，使得国有企业和政府主导项目对利率不敏感，所以央行调节利率的效果大打折扣。抑制经济过热而调高利率会增加国有企业的资金成本，或者使得政府扶持的企业和项目得不到所需的信贷资金，这与政府通过低利率信贷支持国有企业或优化经济结构的初衷相违背。

我国银行体系的一个显著特征就是流动性过剩。由于长期以来外汇管理体制实行强制性结售汇制以及“双顺差”② 的存在，导致我国银行体系资金来源充足，流动性过剩。国内银行体系的存差（存款余额一贷款余额）多年处于高位，银行体系存差占存款比例1995年为6.17%，2001年上升到21.80%，2008年达到33.13%；存差占GDP比例也由1995年的5.47%上升至2008年的59.06%。1997年之前，我国商业银行体系一直是贷差，要多放贷款就要向中央银行借款，央行对商业银行

① 例如，很多银行向地方政府投融资公司贷款时要求地方财政或地方人民代表大会出具担保协议书。《担保法》规定，除国家规定的需要地方政府担保的国际贷款外，地方政府不能为企业和个人提供担保。银行对不受法律保护的政府担保如此热衷的根本原因就是这种担保进一步降低了贷款违约的“政治”风险。只要政府做出了还款承诺，不管项目风险如何，银行都敢于发放贷款。

② 即资本项目和经常项目的双顺差。

贷款往往是商业银行在央行存款的2～3倍以上。1997年以后，我国商业银行体系变成存差，商业银行在央行存款是央行对商业银行贷款的1.10倍，2003年上升为2.12倍，2006年上升为7.43倍，2008年达到10.90倍，2009年尽管商业银行敞开放款仍达11.55倍（黄金老，2010）。广义货币（M2）与国内生产总值（GDP）的比值不断高攀，M2/GDP比率一直呈现上升趋势，从1978年的0.32增长到2009年的1.81，是美国该比率的2倍。因此，中央银行很难将货币供应量降下来，靠控制货币供应量来抑制总需求几乎是不可能的。

而中央银行即使能控制货币供应量也不能有效地控制总需求。根据费雪交易方程式，总需求是货币供应量与货币乘数的乘积。经济主体的行为决定了货币乘数，中央银行无法控制货币乘数。因此，即使中央银行控制了货币供应量也无法控制总需求。信贷指标则对货币乘数起到了有效的限制作用，当货币供应量较多时，由于各商业银行受到信贷指标限制，无法贷出的部分资金就成为超额存款准备金而回流到中央银行。信贷指标限额有效地控制了这部分货币的派生机制，实际上起到了调控货币乘数进而降低总需求的作用。国务院发展中心金融研究所（2003）的实证研究表明：货币政策最终目标与信贷总量的相关性更为密切。

另外，如果央行只是对货币供应总量进行调控，在利率价格信号失真的金融体系里，贷款无法按商业效率原则决定，不同的银行可能由于竞争能力的差异产生经营业绩上较大的差距，这很不利于银行体系的“稳定”。这也决定了货币供应量作为货币政策中介目标的不可操作性。所以，唯一合理的选择就是由政府确定每年的新增贷款规模，分解到各银行，既能保证总量上不至于过多而造成经济过热的局面，也能维持既有的银行、产业格局的稳定性。更重要的是，通过具体行业信贷规模的分配，能够保证政府对于经济结构的影响和控制。例如，我国近年来信贷控制的重点就是加强信贷政策对经济社会薄弱环节、就业、战略性新兴产业、产业转移等方面的支持，有效缓解农业和小企业融资难问题，保证重点建设项目贷款需求，严格控制对高能耗、高排放行业和产能过剩行业的贷款。

而公开市场业务的局限性也很明显，由于货币市场的深度和广度都不够，利率市场化程度也不高，中央银行拥有的可交易债券数量也不多。在经济过热时期，中央银行很难通过销售债券大规模地回笼货币。

在我国当前的经济背景下，信贷指标对于抑制总需求过热具有不可替代的作用。

6.5 结论和展望

由于我国现阶段经济体制和金融体系的一些特殊性：银行体系内流动性过剩、国有企业和国有控股银行的预算软约束特征、国有银行公司治理不完善以及货币政策传导机制不健全，信贷指标作为控制总需求的货币政策工具，效果仍然非常显著和直接，在我国仍然具有不可替代的重要作用。另外，政府通过信贷指标的规模控制和结构分配，比较容易实现自己调控经济的意图，所以政府仍然倾向于使用信贷指标作为货币政策工具。

但是，信贷指标的控制本质上是一种数量化、行政干预色彩浓厚的货币政策工具，会造成资源配置效率的损失，而且与价格型工具相比，数量型工具不够灵活，因此，发达国家纷纷放弃数量型货币政策工具。

所以从长期来看，随着我国经济体制改革的深入，应该逐步创造有利于市场化货币政策工具发挥作用的外部环境，逐步放弃信贷指标的使用，真正取消对国有商业银行的信贷指标控制，代之以利率、公开市场操作、存款准备金、再贷款、再贴现和“窗口指导”等多种市场化货币政策工具，将中央银行的货币政策从直接调控转向间接调控。

参考文献

国务院发展研究中心金融研究所．中国银行体系贷款供给的决定及其对经济波动的影响．金融研究，2003（8）

黄金老．离不开的贷款限额控制．中国金融，2003

李扬等．中国金融改革开放 30 年研究．北京：经济管理出版社，2008

吴晓灵主编．中国金融体制改革 30 年回顾与展望．北京：人民出版社，2008

周升业．中国货币流通的回顾与展望．北京：中国人民大学出版社，1993

周正庆．中国货币政策研究．北京：中国金融出版社，1994

Kornai，Janos，1979：“Ource-constrained versus Demand-constrained Systems”，*Econometrica*，1979，47，pp. 801－919.

第 7 章

“八字方针”[①]

“Eight Words Policy”

【摘要】新中国成立以来，我国经济建设过程中曾经提出过两次针对国民经济恢复和发展的“八字方针”。本文回顾了两次“八字方针”经济调整政策产生的背景、采取的措施和成效，分析了两次经济调整背景和措施的异同，阐述了两次经济调整的制度含义，并着重分析和探讨了两次经济调整“八字方针”的历史意义和理论内涵。我们发现，两次“八字方针”都是针对国民经济发展困境的应急经济调整政策，记录了我国经济建设坎坷的探索历程，是我国在探索国民经济建设挫折中成长和完善的经验和理论总结。对比新中国前三十年与后三十年的发展模式与历程，我们不难发现，两次“八字方针”的调整、整顿、改革指导思想与改革开放的经济建设思想紧密相连，并推动了改革开放的深入和全面进行。在全球化经济发展的今天，两次“八字方针”对于我们保持清醒的头脑，把握经济发展的脉络，促进经济发展的稳定和增长，应对各种经济和金融危机，以及对于做好当前经济工作仍然具有深刻的指导和借鉴意义。

【关键词】“八字方针”　经济调整　体制改革

Abstract: The People's Republic of China has experienced impressive economic development since its establishment in 1949. Over the past six decades (1949—2009), the central government had implemented two “Eight Words Policy” to promote the recovery of economic development. In this paper, we briefly review the backgrounds, strategies and influences of the two “Eight Words Policy”, and compare their economic adjustment policies. Particularly, we investigate the historical significance and theoretical implications of the two polices. We find that the two

① 本章撰稿人：何青。

"Eight Words Policy" have recorded the lessons and experiences of Chinese economic development, and are emergent adjustment policies for economic troubles. Comparing the economic development of the first 30 years with the latter 30 years, the principles of "adjustment, rectification and reform" stressed by the two "Eight Words Policy" are closely correlated with the reform and opening-up policy, and promoted the implementation of the following reform policies. They provide valuable suggestions on current Chinese economic development policies.

Key words: "eight words policy", economic adjustment, institutional reform

"八字方针"是国家针对经济发展困境提出的调整政策。中国政府曾经提出过两次重要的经济调整"八字方针",即在"大跃进"之后困难时期提出的"调整、巩固、充实、提高"的经济调整方针,以及"文化大革命"结束以后全面恢复和调整时期提出的"调整、改革、整顿、提高"的发展方针。

7.1 引言

新中国成立至2009年,走过了风风雨雨的六十年,虽然国民经济保持了快速的发展,但整个发展过程并非一帆风顺,在经济建设的初期经历了艰辛的探索,也经历了经济增长过程中的大起大落。在这六十年中,党和国家政府曾经提出过两次重要的经济调整"八字方针",即在"大跃进"之后的困难时期提出的"调整、巩固、充实、提高"的经济调整方针,以及"文化大革命"结束以后全面恢复和调整时期提出的"调整、改革、整顿、提高"发展方针。两次"八字方针"记录了我国经济建设坎坷的探索历程,体现了我们党的经济建设思想在挫折中成长和完善的过程。对比新中国前三十年与后三十年的发展模式,我们不难发现,两次"八字方针"是党和政府应对经济危机和国民经济不利局面的经验和理论总结,其调整、整顿、改革的思想与我国改革开放以来的经济建设思想紧密相连。在国内外经济形势发生重大变革的今天,两次经济调整的"八字方针"对于我们保持清醒的头脑,把握经济发展的脉络,保持经济发展的稳定,与时俱进地处理好现实问题仍然具有深刻的指导和借鉴意义。

7.2 事件描述

7.2.1 第一次"八字方针":调整、巩固、充实、提高

7.2.1.1 背景介绍

新中国成立以后,经过三年国民经济恢复,我国从1953年起开始了大规模的工业

化建设和对农业、手工业、资本主义工商业的社会主义改造。至1957年，我国超额完成了第一个五年计划的任务，初步建立起了现代化的工业体系，工农业产值大幅度提高，国民经济和人民生活发生了重大的变化。1956年4月，中共八大通过了由周恩来亲自主持编制的《第二个五年计划的建议》，但是这个积极稳妥的计划最终未能实行，而与此同时一股脱离客观实际、急躁冒进的经济建设风潮逐渐占据了主导地位。

1958年5月，中共八大二次会议通过了由毛泽东同志提出的“鼓足干劲、力争上游、多快好省地建设社会主义”的社会主义建设总路线，同时还提出了7年赶上英国，再加8年或者10年赶上美国的宏伟目标。至此党内工作中形成了一股急躁冒进的风气，在这种思想的指引下，以高指标、瞎指挥、浮夸风为特征的“大跃进”运动，以及在农村大刮“共产风”的人民公社化运动开始了。

“大跃进”运动中，党中央制定了远超出实际的工农业生产指标，尤其是钢铁生产指标。为了达成这一目标，各行各业为保证钢铁生产任务的完成而让路，并且开展了轰轰烈烈的土法炼铁炼钢运动，结果使整个国民经济趋于混乱。同时，为了实现“大跃进”的目标，中央和地方政府还盲目地追加基本建设投资，进而造成物资供应不足，项目建成投产率大幅度降低。为了配合“大跃进”运动，商业部门开展大购大销运动，造成商品的大量积压和浪费。而银行贷款无限制地支持商业和工业，也造成企业投资过多和库存积压，最终造成了生产的无效和资金短缺。

在“大跃进”运动开展的同时，农村也轰轰烈烈地展开了人民公社化运动。人民公社的主要特点是所谓的“一大二公”，在经济上搞“一平二调”，大搞平均主义。公社基层单位和社员没有独立自主的经营权和个人责任制，大家干好干坏一个样，因而造成劳动纪律松弛。而公社内大刮“共产风”，搞平均主义吃大锅饭，严重地挫伤了社员的生产积极性，因而经济效益极差，最终带来了人力物力的损失和浪费，人民生活水平大幅度降低。

“大跃进”运动导致了国民经济中一系列深层次的矛盾，造成了严重的经济困难：

1. 工农业比例关系失调

“大跃进”和人民公社化运动最明显的后果之一是农业生产大幅度下降。由于大炼钢铁和其他基础建设项目抽调了大量的农业劳动力，农业生产受到严重的影响。从1957年到1960年，粮食减产了26.4%，农业总产值下降22.7%①，而与此同时工业总产值增长1.3倍，工业与农业产值的比例由5.7∶4.3变为8∶2。② 农业的急剧下降表明工业和基本建设大大超过了农业的负担，而这种经济结构的失衡进一步加剧了国民经济建设的困难。

2. 各工业部门之间比例失调

“大跃进”过程中，为了实现“以钢为纲”，煤、矿石等采掘业部门也被迫大干

① 《中国统计年鉴（1983）》，第214页。

② 同上，第149页。

快上，但还是跟不上钢铁生产的需要；交通运输的增长又远远落后于煤、铁的增长需求，铁路、公路等投资兴建了一些，但与工业发展需要相比还是不能适应，全国货运量的增长远远落后于煤、铁增长的需要。在“大跃进”过程中整个工业以生产资料生产为中心，使得部分轻工业生产大幅度下降。轻重工业之间的比例关系从1957年的55∶45，变为1958年的46.5∶53.5。① 一些以工业品为原料的日常用品供应受到严重影响，造成了市场上商品供应的紧张状况。

3. 基建规模过大，积累与消费比例失调

“大跃进”运动以来，我国经济建设规模不断扩大，造成积累率过高，消费率偏低。“一五”期间国民收入使用额中积累率只占24.2%，而1958—1960年平均达到39.1%。② 其中1959年的积累率达到43%的新中国成立以来最高水平（如图7—1)。而基建投资又多集中于生产性建设上，忽视了非生产性建设，1957—1960年的人均消费量，粮食猪肉棉布等持续走低，人民甚至连吃饭穿衣都成了大问题。

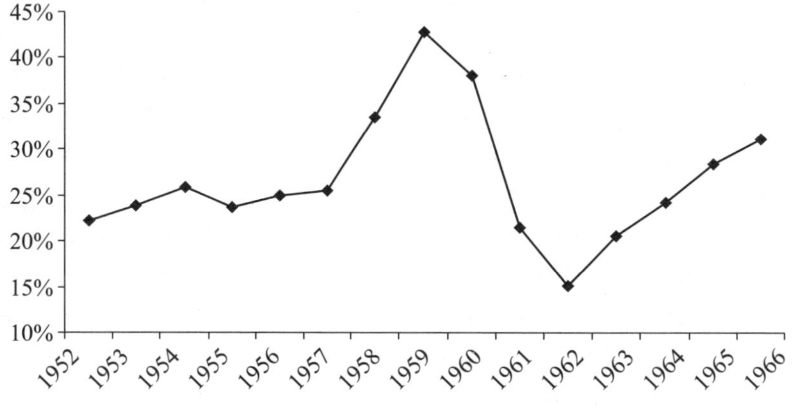

图7—1 投资占国民生产总值的比率（1952—1966年）

资料来源：《中国统计年鉴》。

4. 财政赤字和通货膨胀严重，社会供需比例失调

为了满足基础建设扩张的要求，财政支出超额增长，导致1958—1960年连续3年出现赤字。1960年的最高峰时财政收入为643亿元，但到1961年锐减为356亿元，比1960年大幅下降37%，1962年更下降到294亿元（见图7—2)。财政赤字和银行贷款过多，使得银行不得不大量增加货币供给，同时农业、轻工业的减产造成市场上商品出现严重短缺，物价大幅度上涨。

5. 城乡居民生活水平下降

“大跃进”中由于计件工资和奖金被取消，城市居民的收入减少，同时轻工业

① 《中国统计年鉴》，第244页，北京，中国统计出版社，1983。

② 《中国统计年鉴》，第18页，北京，中国统计出版社，1985。

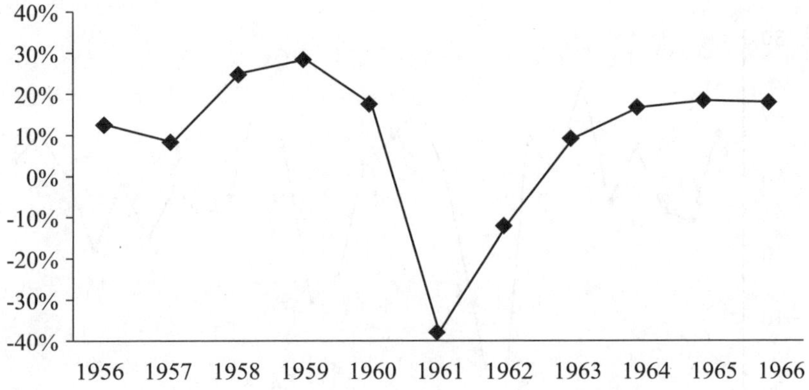

图7—2 我国财政收入增长率(1956—1966年)

资料来源:《中国统计年鉴》。

品和农副产品的短缺又造成市场上的供应紧张,而"大跃进"以来城市职工人数大量增加,使粮食产量跟不上需求。与此同时,农村居民的自留地、家庭副业被取消,农民家庭产出大大减少,而大办公共食堂造成了粮食的巨大浪费,虚报产量和高征购又使农村粮食极其紧张,因此城市和农村居民的生活都十分困难。

综上所述,1959—1962年这段时期是新中国历史上国民经济最为困难的时期。如图7—3所示,经济的年平均增长率从"一五"期间的11%,下降到-15%。而1960—1962年,我国国民生产总值大幅度减少近30%,从1960年的1 457亿元下降到1962年的1 149亿元。国民经济跌入了最低谷,居民的生活水平也难以保证。经济的低迷和退步,使得党和政府深刻反省了"大跃进"和盲目经济建设带来的一系列问题,及时制定了"调整、巩固、充实、提高"的八字方针,调整国民经济结构和经济建设。

7.2.1.2 政策措施和成果

"大跃进"和人民公社化运动造成国民经济比例关系的严重失调,党中央和毛泽东开始逐渐有所认识,并决定对国民经济进行整顿和调整。1960年秋,李富春同志主持国民经济发展计划,提出了"调整、巩固、提高"六个字的指导精神,再经周恩来同志加以修改和补充。1960年9月,中央批转了经周恩来审定的国家计委党组《关于一九六一年国民经济计划控制数字的报告》,报告中第一次完整提出了"调整、巩固、充实、提高"的八字方针。八字方针的基本内容是:调整国民经济各方面的比例关系;巩固已经取得的经济建设成果;充实一些部门的生产能力,以便收到更大的经济效果;提高产品质量和管理水平,提高劳动生产率。

1961年1月,中共中央召开八届九中全会,全会讨论了1961年的国民经济计划,并决定从1961年起对整个国民经济实行"调整、巩固、充实、提高"的方针。这样,我国国民经济工作的指导方针就由"以钢为纲"、全面"大跃进",转向了全

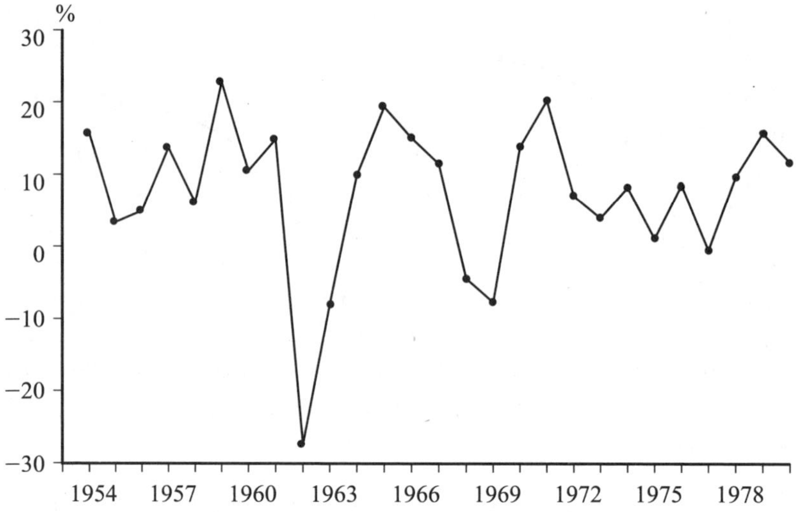

图 7—3　我国经济增长波动曲线（1954—1980 年）

资料来源：《中国统计年鉴》。

面调整，从而使失调的国民经济得以走上正常的发展轨道。

八届九中全会以后，特别是 1962 年的七千人大会以后，国家采取了一系列措施对国民经济进行大规模的调整，主要体现在：

（1）恢复农业。1961 年 11 月中央制定了《关于农村人民公社当前问题的紧急指示》，接着又发布了《农村人民公社工作条例（修正草案）》（简称“农业六十条”），决定停办公共食堂，取消过去实行部分供给制的规定，强调按劳分配的原则。1960 年 8 月和 11 月中央又分别发出《关于全党大办农业大办粮食的指示》和《关于农村人民公社当前问题的紧急指示》，采取了一系列恢复农业的政策和措施。

（2）大力压缩基本建设投资。1962 年基本建设总额由 1961 年的 123.3 亿元压缩为 67.6 亿元；国家投资由 1961 年的 89.8 亿元减为 56.6 亿元。预算外投资压缩到 11 亿元，是 1953 年以来的最低水平。

（3）调整城乡关系，减少职工和城镇人口，减轻农村供应压力。从 1961 年 1 月开始，在两年半时间内共减少职工 1 940 万人，城镇人口总共减少 2 600 万人左右。这项措施大大减少了城镇物资供应和国家工资开支的压力。①

（4）大幅度降低工业发展速度，改善工业生产内部结构。大刀阔斧地对工业企业进行关、停、并、转。同时还切实整顿了保留的工业企业的管理，使企业的经济效益明显改善。

（5）调整经济管理体制，加强国民经济的集中统一管理。1960 年 9 月，中共

① 《中国统计年鉴（1983）》，第 323 页。

中央政治局为加强中央的有效领导，决定成立六个中央局，集中经济管理权，并采取措施大力加强计划工作，加强财政税收管理。

(6) 压缩货币流通量，稳定和调剂市场。大力压缩集团购买力，减轻市场商品供应的压力，对部分消费品实行高价政策，对粮食、棉布等类基本生活必需品，实行平价定量供应，这样既保证了职工基本生活必需品的供应，又调剂了人民生活的需要，回笼了货币，缓解了市场的紧张状况。

(7) 积极恢复和发展日用工业品和手工业品的生产。国家保证燃料、原材料和设备的供应，又组织力量努力生产一批新型工业原料，以补充农业原料的不足，同时还增加了新品种的生产，从而使市场供应紧缺局面得到缓解。

(8) 增加流通渠道，改进商业工作。恢复“大跃进”以来被撤销或合并的供销合作社、合作商店和合作小组，改善国有商业的经营管理，有领导地开放农村集市贸易，加强对农副产品收购。

通过上述一系列调整措施，从 1961 年开始国民经济状况得到明显的恢复和改善，具体体现在：

(1) 农村生产关系得到调整，农业生产力开始恢复。农村共产风基本上被刹住，农民生产积极性得到恢复。1962 年农业劳动力比 1961 年增加了 1 500 多万人，总数已超过 1957 年的水平；农业总产值达到 430 亿元，比 1961 年增长 5.8%，改变了前 3 年连续下降的局面。① 如图 7—4 所示，新中国成立以后我国农业生产经历了一个辉煌的增长时期，粮食生产从 1950 年的 1.1 亿吨上升到 1959 年的 2 亿

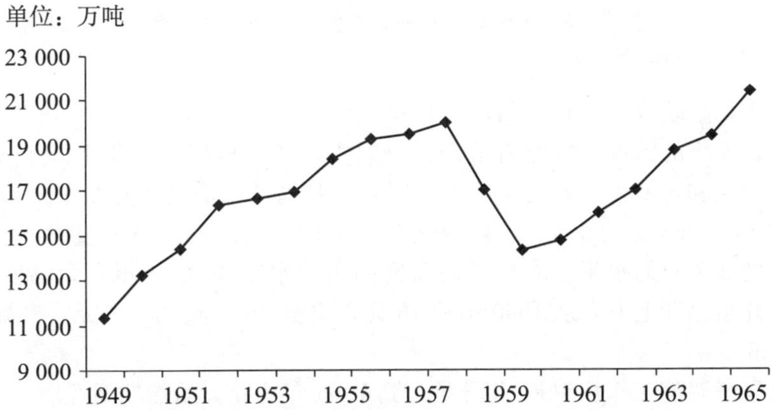

图 7—4　我国的粮食产量（1949—1965 年）

资料来源：《中国统计年鉴》。

① 孙健：《中华人民共和国经济史（1949—90 年代初）》，第 178 页，北京，中国人民大学出版社，1992。

吨，增长将近100%，而1958—1960年我国粮食作物产量急剧下降6 000万吨，1960年比1958年大幅度下降了62%。经过一系列调整措施，粮食从1961年开始有所回升，经过五年的增长最终在1965年恢复到1958年的水平。

（2）工业生产得到恢复，农、轻、重比例关系改善。1962年我国工业和农业的产值比例由1960年的4∶1改变为2∶1。在工业生产中，轻、重工业的产值比例，由上年的42.5∶57.5，改变为47.2∶52.8。在工业生产总量方面，工业生产总值从1960年的1 637亿元大幅度下降到1962年的920亿元，下降幅度为43.7%，而经过“八字方针”的贯彻和实施，到1966年我国工业生产总值最终恢复到1 624亿元，达到1960年的水平（如图7—5）。

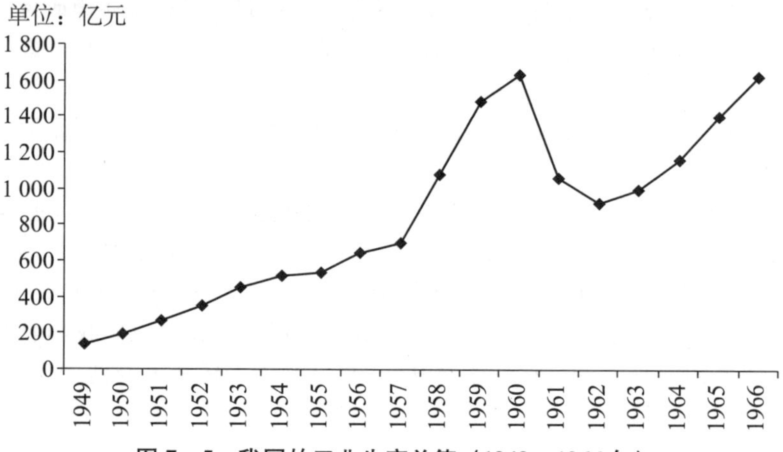

图7—5 我国的工业生产总值（1949—1966年）

资料来源：《中国统计年鉴》。

（3）实现财政收支平衡，市场供应得到缓和。1962年财政收入扭转了连续4年出现大量赤字的状况，并略有节余。全国集市贸易价格比上年下降了35%，市场供应开始缓和，城乡人民的生活水平回升。我国城市消费家庭水平从1960年的284元下降到1962年的206元，降幅达27%，但经过国民经济调整时期，在1966年又上升到257元的水平。农村居民家庭的消费水平在1960年有大幅度的下降，但此后又开始逐渐上升，从1960年的76元上升到1966年的106元，升幅达39%（如图7—6）。

国民经济调整工作从1961年开始，到1965年为止，虽然期间经历了一系列对国民经济调整工作产生不利影响的事件，但是从总体上看还是取得了显著的效果。国家渡过了最困难的时期，人民群众生活水平得到了明显的改善。在1964年12月召开的三届全国人大一次会议上，周恩来在《政府工作报告》中指出：“经过调整，工业和农业的关系比较协调了，工业内部的关系也比较协调了，工业支援农业的能力进一步加强了，企业内部的生产能力绝大部分已经填平补齐、成龙配套，设备损

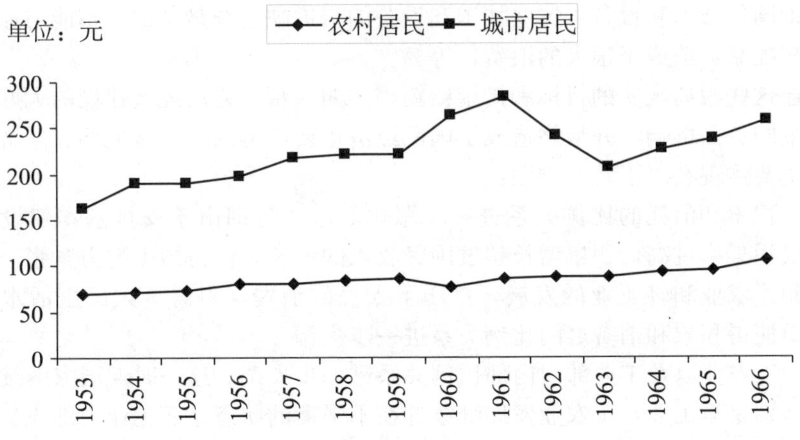

图 7—6 我国城乡居民年消费水平（1953—1966 年）

资料来源：《中国统计年鉴》。

坏和失修的情况已经改善。”他在报告中宣布：现在，“调整国民经济的任务已经基本完成，工农业生产已经全面高涨，整个国民经济已经全面好转，并且将要进入新的发展时期。”经过 1961—1965 年五年时间的努力，国民经济的调整、巩固、充实、提高工作取得了巨大的成就。由此可见，八字方针的提出和实施是完全正确和及时的，它是我们党和国家在国民经济建设进程中的经验教训的总结，是适时调整国民经济发展战略的尝试，也为今后经济建设的顺利进行提供了宝贵的精神财富。

7.2.2 第二次“八字方针”：调整、改革、整顿、提高

7.2.2.1 背景分析

1976 年 10 月“文化大革命”结束，我国进入了社会主义现代化建设的新时期，党和国家为了迅速恢复和发展生产采取了一系列措施，1977 年和 1978 年两年，我国的国民经济得到了恢复和发展。工农业生产开始上升，粮食产量超过了历史上最高年产量，居民的生活水平也得到了恢复和提高。

“四人帮”被粉碎后，广大群众长期被压抑的生产积极性开始发挥出来，进一步推动了国民经济的迅速恢复和发展。但是由于没有对“左”的错误思想进行及时的纠正，在经济建设指导思想上又出现了急躁冒进的错误。这些错误主要体现在：忽视各地的客观条件，在全国范围内继续推行“农业学大寨”运动，农民的生产积极性受到严重影响，而短时间内在全国实现农业机械化的目标也脱离现实，农业机械和化肥等物资的生产都远远落后于当时制定的农业生产目标；又提出了一些不切实际的工业建设目标，“赶英超美”式的口号被重新提出来，制定了一批超高指标的钢铁、能源、交通领域的项目计划，这些目标大大超过了当时的财力物力和科技水平；同时，为了在短时间内实现赶超目标，又开始盲目扩大基础建设，同时引进

了一大批国外技术和设备，这些技术和设备的引进缺乏全盘考虑，不能与原有的工业基础相配套，造成了很大的浪费，等等。

上述这些脱离现实的目标和措施给粉碎“四人帮”之后经济建设的大好形势带来了严重的负面影响，并最终造成了国民经济重要比例的进一步失调和经济效益的低下，主要体现在以下几个方面：

(1) 积累和消耗的比例关系进一步恶化。这一时期由于安排基本建设投资过多，造成积累率过高，积累增长超过国民收入的增长，使得国家财力紧张。高的积累率抑制了农业和轻工业的发展，挤压了人民的消费，阻碍了人民生活水平的提高，从而使得积累和消费之间比例关系进一步失调。

(2) 工农业以及工业部门内部比例关系进一步失调。这一时期国家继续大力发展工业特别是重工业，工农业发展继续处在不平衡的状态，而工业内部原材料工业和加工工业、能源工业等工业部门的发展也不平衡。轻工业发展缓慢，产品的数量和质量都远远不能适应人民生活的需要。如图 7—7 所示，1978 年我国三大产业的产值比为 28∶48∶24，工业产值占国民生产总值的比重达到历史最高水平，而之前最高水平是 1960 年的“大跃进”时期，三大产业的产值比为 24∶44∶32。

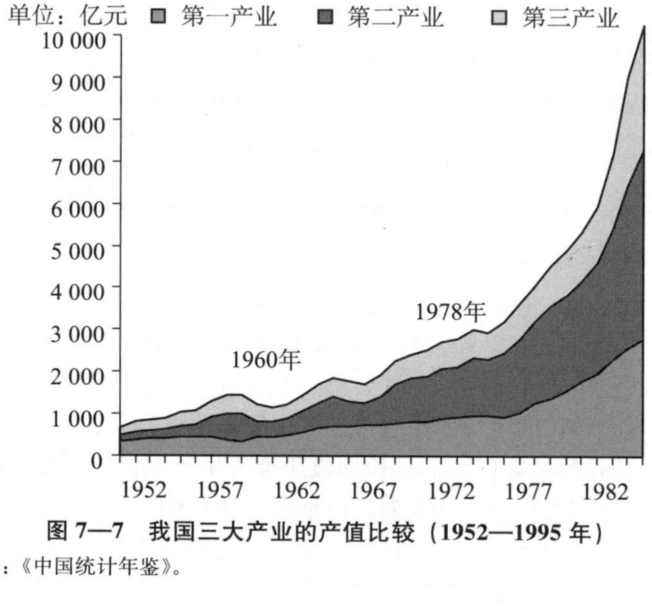

图 7—7 我国三大产业的产值比较（1952—1995 年）

资料来源：《中国统计年鉴》。

(3) 经济管理体制问题严重，经济效益低下。在经济管理体制上，“统收统支”、“统购统销”、“大锅饭”等局面没有改变，企业管理混乱，在建设、生产、流通各个领域的经济效益都比较低。“文化大革命”结束时全国相当一部分企业管理混乱，生产秩序没有恢复正常。工业产品的质量指标很多低于历史最好水平，而国营企业资金利润率等经营指标都大大低于“文化大革命”前的水平。此外，流通领域中环节多、周转慢，造成许多物资严重积压。基本建设的战线过长，投产慢，浪费大。所有这些都造成了企业经济效益低下的状况。

1978年12月，中共中央召开了具有伟大历史意义的十一届三中全会，全面地纠正了“文化大革命”中及之前的“左”的错误，做出了从1979年把全党工作重点转移到社会主义现代化建设上来的战略决策。1979年4月的中央工作会议讨论了当时的经济形势和对策，会议决定用3～5年时间把国民经济中严重失调的比例关系调整过来，同时着手对经济体制进行改革。经过这次会议，党中央确定了对国民经济实行“调整、改革、整顿、提高”的新“八字方针”。新的“八字方针”中，调整是中心，主要是指调整国民经济的比例关系；改革，是指改革不合理的经济管理体制；整顿，是指整顿现有企业；提高，是指提高企业的管理水平和科学技术水平。会议要求边调整边前进，在调整中改革，在调整中整顿，在调整中提高。

7.2.2.2 措施和成果

第二次经济调整“八字方针”所采取的主要措施是：

(1) 调整农村政策，大力促进农业生产。1979年4月，十一届四中全会通过了《中共中央关于加快农业发展若干问题的决定》，提出了发展农村经济的25项政策和措施，包括：维护基层集体经济的所有权和自主权，反对“一平二调”，坚持贯彻按劳分配原则；保障农民的自留地，支持家庭副业生产，鼓励发展农村集市贸易；改革农业计划制度，使生产队有较大的自主权与灵活性；改善农业结构，按照因地制宜，发挥优势的原则指导农业生产，在保证粮食生产稳定增长的基础上，适当调整农作物内部的比例关系，贯彻执行“以粮为纲，全面发展，因地制宜，适当集中”和“农林牧副渔同时并举”的方针；加强国家对农业的支援，增加国家财政和银行信贷支援农业的资金，降低农业机械、化肥、农药等农用工业品的价格，缩小工农业产品的剪刀差；在粮食负担较重和困难的地区减少粮食的征购任务。从1980年起，农村出现了包产到户、包干到户等形式的责任制，新的生产形式的出现有力地提高了农业的劳动生产率。

(2) 压缩基建规模，调整国民经济各部门投资比例。减小基建规模，使之与原材料、设备、资金供应相适应，与能源、交通能力相适应，对在建项目进行清理，停建、缓建了一部分大中型基建项目；有计划地放慢重工业的发展速度，调整工业产品和产品结构，关停并转一批消耗高、质量差、长期亏损的企业；加强煤、电、油、运和建筑材料的生产建设，努力改变能源、交通落后状况，改善电力和煤炭企业的技术和设备，大力提升煤电产量，增强交通运输的基础建设投资，加快对薄弱铁路区段的技术改造，提高运输能力。

(3) 加快轻工业的发展，扩大产品生产。改善轻工业的生产和流通条件，对轻工业实行六个优先原则；要求工业生产注重市场，提高产品质量，增加品种，增强为消费者服务的观点；保护集体所有制企业，支持集体企业和小商品生产的发展；调整重工业以满足轻工业和市场的需要，重工业中的军事工业一部分被利用来生产日用工业品，为满足市场需要服务；加强国家计划指导下的市场调节，一部分产品实行自产自销，同时鼓励扩大销售畅销产品，增加高档、名牌产品等。

（4）提高国民收入中消费的比重，改善人民生活水平。在农村大幅度提高农副产品的收购价格，减免部分地区农业税收和统购派购任务，在城市增加职工工资，增加就业，调整部分地区工资和补贴。增加科学、教育、文化、卫生及城市建设等非生产性投资的比重。1979 年开始在农村大幅度提高农副产品的收购价格，减免部分地区和社队的农业税收和统购派购任务，使农民得到好处，生活得到改善。在城市增加职工工资，增加就业，调整部分地区工资类别，发放职工副食补贴。企业中还实行奖金制度，扩大职工住宅建设，增加科学、教育、文化、卫生及城市建设等非生产性投资的比重。

自十一届三中全会决定对国民经济进行调整以来，随着上述一系列措施的实施，我国国民经济的面貌有了明显的改善。1981 年 12 月的中央工作会议又进一步总结了过去经济建设工作的经验和教训，反思了过去工作中“左”的错误，并且决定从 1981 年起对国民经济进行进一步调整。经济上进一步调整的总要求和主要任务是：稳定经济，调整结构，挖掘潜力，提高效益。会议还提出要实现两个平衡一个稳定，即财政平衡，信贷平衡，物价稳定；经济调整工作的长期目标是克服国民经济的比例失调，建立起比较合理的经济结构，走出一条符合中国国情的经济建设新道路。1981 年开始的国民经济进一步调整与第二次“八字方针”的思想和措施是一脉相承的，是第二次“八字方针”经济调整工作的深化和提高。

通过第二次“八字方针”的实施和随后进一步调整工作的开展，到 1985 年为止，我国国民经济的面貌发生了根本性的变化：

（1）国民经济得到了均衡、稳定、协调的发展。“六五”期间，社会总产值、工农业总产值和国民收入每年平均增长速度都在 10%左右，这是“一五”时期以后从来没有过的。长期以来国民经济比例严重失调的状况也得到改变。

（2）工业产值、国民收入、财政收入同步增长。“六五”期间，工业产值年平均增长率为 10.8%，国民收入增长率为 9.7%，财政收入增长率为 11.5%①，三者大体同步增长，经济效益比较明显。在 1985 年消除了财政赤字。

（3）全民、集体、个体经济共同发展。十一届三中全会后广大城乡出现了多种经济全面增长的形势。在工业总产值中，全民所有制工业所占比重从 1980 年的 78.7%下降到 1985 年的 70.4%（如图 7—8）；集体所有制工业的比重，从 1980 年的 20.7%上升到 1985 年的 27.7%；个体工业在 1985 年上升到 0.4%。

（4）农业生产和乡镇企业的发展。“六五”期间联产承包责任制已经普遍实行，农产品产量稳步增长。种植业产值所占比重下降，林、牧、副、渔产值比重提高。

① 《中国统计年鉴》，第 38 页，北京，中国统计出版社，1986。

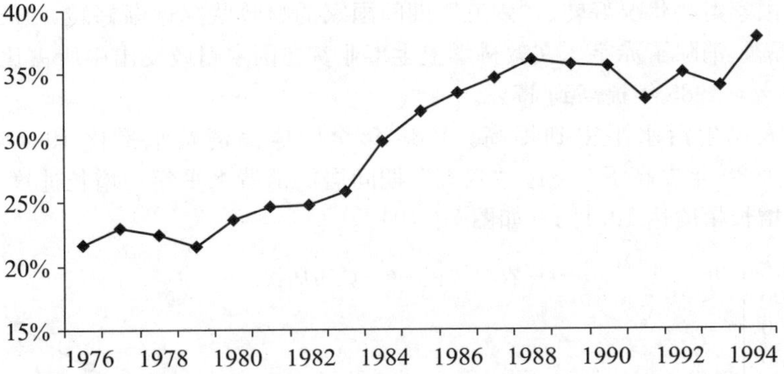

图 7—8 工业生产总值中非全民所有制的比重（1976—1995 年）

资料来源：《中国统计年鉴》。

农村乡镇企业有很大发展，乡镇企业的从业人员大幅度增加。

（5）基本建设方面。“六五”期间，基本建设投资总额 1985 年比上年增长 44.6%，比 1980 年增长 92%①，基本建设投资中用于非生产性建设投资比例增大。

（6）城乡市场和商品贸易方面。由于实行对内搞活经济的政策，改革流通体制，国内市场空前繁荣，商品质量提高，种类越来越多。在商品流通中多种经济形式和经营方式并存，个体商业增长很快。

（7）对外贸易和经济技术交流方面。1985 年进出口贸易总额达 696.1 亿美元，比上年增长 30%，比 1980 年增长 84%（如图 7—10）。我国出口贸易额由 1980 年的第 28 位上升到第 16 位。同时在吸收外资方面也取得了很大的成绩。

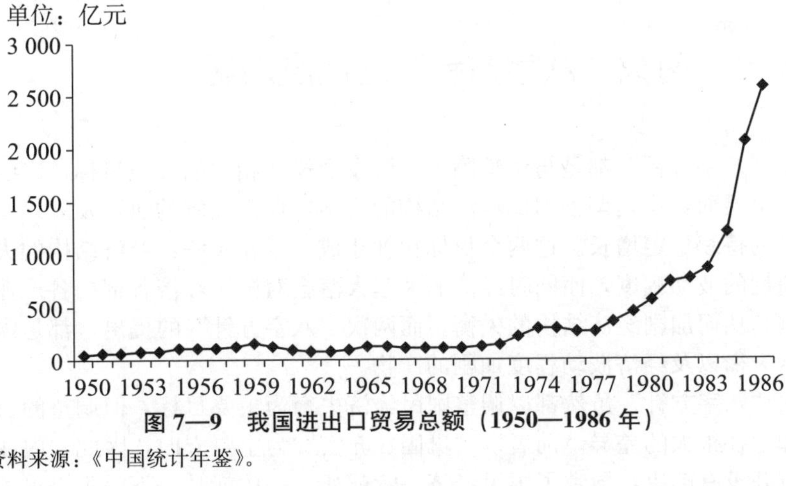

图 7—9 我国进出口贸易总额（1950—1986 年）

资料来源：《中国统计年鉴》。

① 孙健：《中华人民共和国经济史（1949—90 年代初）》，第 253 页，北京，中国人民大学出版社，1992。

（8）国家财政状况好转。“六五”期间国家的财政状况逐渐好转，1985 年实现了收支平衡，消除了赤字。文教科学卫生事业费在国家财政支出中所占比重，1980 年为 12.9%，1985 年提高到 17%。

（9）人民生活水平得到提高。1985 年全国居民消费水平比 1984 年提高了 23%，比 1980 年提高了 79%。“六五”期间居民消费水平年均增长速度是 8.8%，农民收入增长幅度达 10.1%（如图 7—10）。①

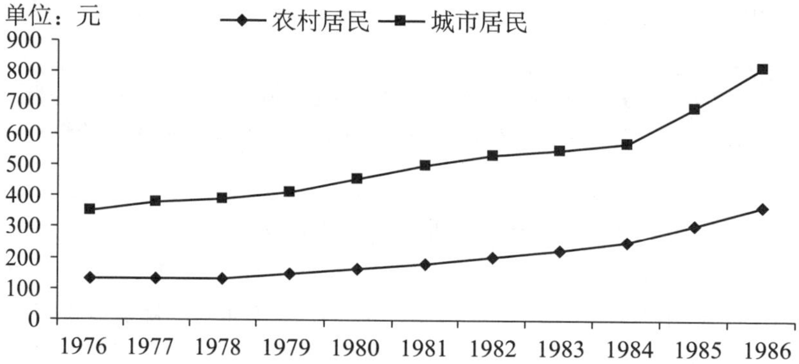

图 7—10　我国城乡居民年消费水平（1976—1986 年）

资料来源：《中国统计年鉴》。

以上成果表明，新时期的经济调整工作取得了显著的成就，扭转了重大比例关系严重失调的情况，使得国民经济能够协调地、健康地向前发展，人民生活也得到相应的改善，因而证明经济调整的新“八字方针”是完全正确的。

7.3　两次“八字方针”的制度内涵

两次“八字方针”都是与调整国民经济发展模式相关的政策目标，它的具体含义包含两个层面：一是调整国民经济结构的失衡，促进经济的协调发展；二是保证国民经济的持续稳定增长。这两个目标相辅相成，相互关联：经济结构的失衡会加大经济周期的波动幅度，而同时经济的大起大落会对国民经济各部门各产业产生不同的影响，从而加剧经济结构的失衡。而两次“八字方针”的提出，都是国民经济发展极度失衡以及经济波动程度加剧的产物。

两次“八字方针”虽然都以调整国民经济失衡为主要目标，但调整的目标和方向之间却存在很大的差异。前者以“巩固、充实”为主要方向，因此，内在的经济发展矛盾并没有解决，导致了国民经济一管就死，一放就乱，不得不提出了第二次

① 《中华人民共和国经济史（1949—90 年代初）》，第 253 页。

“八字方针”。而后者以“改革、整顿”为主要手段，试图从根本上找到解决国民经济失衡以及保证经济平稳增长的方法，从而开启了中国经济建设的新局面。分析两次“八字方针”的政治制度背景，以及当时经济形势和具体实施措施的相似和差异，不仅有利于我们总结之前国民经济调整的经验和教训，也会对今后经济工作起到很好的借鉴作用。

7.3.1 社会政治、制度背景分析

两次经济调整“八字方针”虽然发生在不同时期，但是当时的思想政治背景却有其相似之处，归根到底都是由于“左”的冒进思想占据了上风。在后一时期中，之前的政治作风和经济建设思想仍然被遗留下来，因而导致了相似的经济现实问题，针对这些问题产生的两次“八字方针”也就有其相通之处了。

首先，在政治方面，“大跃进”时期党内指导思想被极左思潮所占据，党和国家领导人提出了一系列不符合现实的口号和目标，我们党一贯以来实事求是的作风被抛弃。1955 年，毛泽东提出了中国工业化的规模和速度问题，并将其概括为“多快好省”的社会主义建设方针，从而掀起了社会主义建设的新高潮。在这个过程中，针对在经济建设中出现的要求过急、步子过快、片面追求“多”“快”而忽视“好”“省”的急躁冒进倾向，一些领导同志及时发现并进行了批评，这就是后来所谓的反冒进。但 1958 年 1 月以后，中共中央对反冒进进行了批评，认为反冒进打击了全国人民经济建设的积极性，是一个政治问题。这样，党内“左”倾思想和情绪迅速扩展起来。之后对反冒进的批评不断升级，把反冒进说成是“非马克思主义的”，而把冒进却说成是“马克思主义的”，针对经济建设的实际问题最终被上升为政治问题。

而后，自 1958 年 11 月的郑州会议以来，中共中央采取一系列措施，纠正和解决“大跃进”和人民公社化运动中“左”的错误和问题，但是到了 1958 年 7 月召开的庐山会议以后，纠“左”工作却最终转向了反右，使“左”倾错误又继续发展起来。会议中提出的总结经验、纠正错误的正确意见被视为“表现了资产阶级的动摇性”，党内正常的不同意见的争论被看做是“社会主义革命过程中资产阶级与无产阶级两大对抗阶级生死斗争”。毛泽东提出群众运动不能泼冷水，气可鼓不可泄；现在党内党外右倾情绪、右倾思想、右倾活动已经增长，大有猖狂进攻之势，并提出反右倾鼓干劲是时候了。

这样一来，民主生活的丧失使得党内不敢讲真话，个人专断、个人迷信的错误风气蔓延开来，为“左”的错误进一步发展创造了条件。在理论上形成了“左”比右好，“左”是方法问题，右是立场问题和路线问题的认识，把对经济指标、速度高低的探讨和争论提高到两个阶级的阶级斗争的高度。在纠正人民公社化运动错误时提出的“包产到户”、取消生活供给制、停办公共食堂等调整措施被说成是“右倾的歪风邪气”。

正是在这种政治氛围下，党内正常的民主生活受到了损害，不同意见不能够被反馈，而经济问题被上升到阶级斗争问题的情况下，经济建设的指导思想被违反科学的唯意志论的观点所占据，从上到下沉迷于不切实际的宏伟目标中，而实践方面又形成了弄虚作假的浮夸风。在错误的指导思想和错误的工作作风指引下，我国经济建设的步伐一错再错，使国民经济陷入严重的困难之中。

而与“大跃进”时期的政治形势相比，“文化大革命”结束后的调整时期仍然有类似之处。在粉碎“四人帮”后虽然做了一些拨乱反正的工作，但是在党的指导思想方面“左”的指导思想并没有被彻底清理，“文化大革命”中“左”的错误没有被及时纠正，一些拨乱反正的工作还停留在表面。而当时的领导人坚持“两个凡是”的方针，妨碍了对实际经济情况的研究和在指导思想上进行拨乱反正工作，这样在实际工作中仍然产生“左”的失误是必然的。在这种思想的指导下，“文化大革命”前的经济问题不可能得到根本性的解决，在某些方面甚至还有扩大的趋势。

“文化大革命”后的调整时期还存在当时的领导人对经济发展的困难估计不足、重视不够、在指导思想上急于求成的情况。粉碎“四人帮”后，国民经济现代化建设的障碍被除掉了，广大人民群众转向经济建设的积极性很高。但当时在经济恢复和发展方面也还存在着不少问题，而这些困难和存在的问题没有引起足够的认识和重视，只看到顺利发展一面，忽视了不利的一面，因而产生了急于求成的急躁情绪。一大批脱离实际的经济发展规律，只凭主观愿望，以“大干快上”为宗旨的高目标又被提了出来。人民公社的公有化水平又被强调，“农业学大寨”运动继续开展。

这一时期的“左”的失误，与“大跃进”时期“左”的错误相比，在目标和方法上也有某些类似之处。如果说1958年的“大跃进”是为了迅速改变我国“一穷二白”面貌，1977—1978年的“跃进”，则是为了夺回被“四人帮”造成的损失，尽快实现现代化目标。这两次“跃进”都是利用制定高指标来进行的，采取的都是“大干快上”的方法，结果都造成国民经济比例关系的失调、经济效益下降、人民消费比例被压缩的结果。这使我们看到，在经济建设过程中不论主观意愿有多好，如果没有正确的思想作指导，在实际工作中违反客观规律，就一定会付出沉重的代价。

总之，对“大跃进”时期来说，党内的急躁冒进风潮是社会主义经济建设出现重大问题的直接原因，而缺乏民主的政治氛围和实事求是的思想作风所造成的“左”的指导思想是其根本原因。“文化大革命”之后的“新跃进”并没有对“左”的指导思想进行根本的反思和改变，因而必然不能够改变国民经济建设中的根本性问题。为了解决在这种情况下积累起来的问题，解决国民经济的危机，一场大的调整是不可避免的。

7.3.2 两次经济调整时期经济形势的相似性

“大跃进”时期在“左”的指导思想指导下产生了急躁冒进的建设风潮，以及以高指标、瞎指挥、浮夸风为特征的混乱经济状况，打乱了经济正常运行的秩序，造成了国民经济重大比例的严重失调，人民群众生活受损。而“文化大革命”结束初期“左”的指导思想得以延续，经济方面只进行了局部的调整和修补，因而前后两次“八字方针”调整时期的经济状况是有明显的继承性和历史因果关系的。

“大跃进”运动造成了国民经济各方面重要比例的严重失调。“大跃进”中农业的基础地位被严重削弱，农业生产大幅度下降，工业和基本建设的负担大大超过农业负担的承受能力；采掘业与加工业之间、工业与交通运输业之间的失调造成了工业内部各部门不能平衡发展，形成互相制约的局面；而轻重工业之间的不平衡严重影响了生活资料的生产，造成了市场上商品供应的紧张状况。经济中积累和消费的畸形比例使得国民收入中用于消费的比例过低，而巨大的基础建设需求造成了财政赤字和物价上涨，最终导致居民消费水平大幅度下降，人民生活非常困难。

而“文化大革命”之后，虽然采取了一系列的调整措施和局部整改，“大跃进”时出现的类似问题依然存在。基建投资过多造成积累率过高，积累与消耗比例关系失调；积累增长超过国民收入的增长，使得国家财力紧张，基本建设规模过大也带来了物力的紧张。而此时人民的生活长期没有得到改善，积压的许多问题没有得到解决，在这种情况下这样高的积累率势必要影响人民生活水平的提高。另一方面，工农业、农轻重之间比例失调的问题仍然存在。当时国民经济仍然是大力发展重工业，而没有重视基础性地位的农业和关系到人民生活水平的轻工业，造成工农业之间以及农轻重三者之间的比例关系进一步失调。同时，当时的经济管理体制也存在许多问题，“文化大革命”十年动乱造成的经济体制上的许多弊端还没有被清除，平均主义“大锅饭”的局面没有改变，企业管理混乱，在建设、生产、流通各个领域的经济效益都比较低。

上述针对两个历史时期的经济状况的分析表明，前后两次“八字方针”在采取的措施方面必然具有某些相似性，其目的都是为了调整国民经济的重大比例失调问题，纠正不符合现状的经济建设策略，使国民经济发展回复到健康的轨道上来，最终实现提高经济效益、提高人民群众的生活水平的目标。

7.3.3 两次“八字方针”实施过程中具体措施的异同

因为前后两次“八字方针”调整时期国民经济具有相似的状况，同样面对国民经济比例严重失调、经济效益和人民生活水平亟须提高的问题，因此前后两个历史时期采取的措施也有相似之处。

调整国民经济的重点在于恢复农业。在农业方面，前一次调整时期制定了“农业六十条”等规章制度，决定停办公共食堂，取消过去实行部分供给制的规定，并采取了一系列恢复农业的政策和措施，这对缓解农村经济困难状况起到了决定性的作用。而1979年以后，中共十一届四中全会上提出了发展农村经济的25项政策和措施，决定维护集体经济的所有权和自主权，贯彻按劳分配原则，赋予农村基层单位更大的自主权与灵活性，并决定改善农业结构，发展多种经济。1979 年以后的农村整改措施起到了一个承上启下的作用，为以后家庭联产承包责任制的推广和农业生产大幅度的增长奠定了坚实的基础。

在“大跃进”之后的调整时期，国家采取了大力压缩基本建设战线的措施，并决定降低工业生产发展速度，改善工业生产内部结构。同时还采取措施调整经济管理体制，加强国民经济的集中统一管理，大力加强计划工作，加强财政税收管理，降低企业利润收入比例。而十一届三中全会决定调整工业内部的比例关系，加快轻工业的发展，大刀阔斧地对工业企业进行关、停、并、转。同时，还切实整顿了保留的工业企业的管理，使企业的经济效益明显改善。

为缓解当时国民经济的严峻状况，“大跃进”之后着重调整了城乡关系，减少职工和城镇人口，减轻农村供应压力。另外还采取措施改善财政状况，压缩货币流通量，稳定和调剂市场。十一届三中全会以后则着重改善企业的生产和流通条件，积极恢复和发展日用工业品和手工业品的生产。在农村大幅度提高农副产品的收购价格，减免部分地区农业税收和统购派购任务，在城市增加职工工资，增加就业，发放各种补贴等。同时还注意扩大科学、教育、文化、卫生及城市建设等非生产性投资的比重。这些措施对改善人民生活水平起到了重要的作用。

除了在调整国民经济重大比例、恢复和发展工农业生产、改善人民生活水平等方面的相似性之外，前后两次调整的指导思想和具体措施还有其不同点，前者注重“巩固、充实”，而后者强调改革。在农业方面，前一次调整主要是恢复农业的生产力，纠正“共产风”，明确按劳分配的原则，扭转农村的困难状况；而后一次调整，主要是制度方面的调整，注重调动农民的积极性，鼓励改善农业机构和多种经营，并最终明确了家庭联产承包责任制的方针，大大促进了农业生产，一举扭转了农村工作的局面。在经济体制方面，“大跃进”之后的调整在经济管理体制方面注重加强国民经济的集中统一管理，中央集中经济管理权，并采取措施大力加强计划工作；而十一届三中全会之后的调整，改变了过去中央统一管理的计划经济模式，开始注重市场的重要作用，决定大力支持集体企业和小商品生产的发展。注重提高产品质量，增加产品品种，同时也增强了为消费者服务的观点，鼓励企业采取措施了解市场需求，改进生产。这为我国社会主义市场经济的发展奠定了良好的开端。

另外，后一次经济调整时期另外一个显著的不同点是，改变了过去单一的发展模式，促进全民、集体、个体经济的共同发展。十一届三中全会后，在坚持全民所有制经济占主导地位的前提下，采取一系列政策和措施，鼓励和扶持集体经济，适当发展个体经济，广大城乡出现了多种经济形式全面增长的形势。多种经济形式的共同发展，不仅促进了城乡经济的发展，而且开拓了就业门路，也促进了社会的安定。这一时期农村乡镇企业得到了很大的发展，乡镇企业的从业人员大幅度增加。由于实行对内搞活经济、改革流通体制的政策，国内市场空前繁荣，在对外贸易和经济技术交流方面也取得了长足的进展。由此可见，第二次经济调整及其后续的进一步调整工作中，我们并没有满足局部范围的修补，而是在调整的基础上逐渐开始采取一系列的改革措施，从而开启了全面建设市场经济和对外开放的新局面。

7.3.4 两次“八字方针”的调整效果

两次经济调整都针对当时的经济形势采取了有效的措施，基本实现了预期的目标，调整了国民经济的比例，扭转了经济发展中的不利趋势，提高了经济效益和人民生活水平，但是由于当时历史大环境和调整着眼点的不同，两次经济调整出现了迥然不同的结局。

从 1961 年开始，随着第一次经济调整工作的深入进行，我国的经济困难局面开始好转，到 1962 年末，农业、工业已分别开始复苏，1963 年我国经济重新出现好转景象，到 1964 年时情况更为改观。在 1964 年 12 月至 1965 年 1 月召开的三届全国人大一次会议上，周恩来在其所作的《政府工作报告》中指出：“调整国民经济的任务已经基本完成，工农业生产已经全面高涨，整个国民经济已经全面好转，并且将要进入新的发展时期。”

但是与此同时，在 1962 年国民经济大调整过程中，指导思想上又重新出现了“左”的因素，主要表现在重提阶级斗争，并将其扩大化、绝对化，批判“单干风”等方面。1962 年 9 月中共中央召开的党的八届十中全会一方面指出全国人民当前迫切的任务是继续对国民经济进行调整，贯彻执行以农业为基础、工业为主导的发展国民经济的总方针；但同时又重提阶级斗争，并把它扩大化和绝对化。毛泽东告诫说，千万不要忘记阶级斗争，阶级斗争要年年讲、月月讲、天天讲。同时对当时提出的建立严格的生产责任制，实行包工到组、到人和包产到户等正确意见，也进行了批判，说是“刮单干风”、“走资本主义道路”。

八届十中全会以后，农村的“四清”和城市的“五反”运动也开始在全国范围内开展，把本来基本上属于人民内部矛盾的问题，可以根据不同的情况用适当方式加以清理整顿的问题扩大提高到阶级斗争高度，采取阶级斗争夺权的方式来解决，这就把问题严重化、扩大化了。而这种“左”倾思想进一步理论化、系统化，也就为后来的“文化大革命”打下了基础。而另一方面，60 年代初期世界经济形势面临恶化，中共中央对当时的国际形势估计过于严重，决定加强备战，于是从 1965 年开始，经济工作实际上全面转向备战的轨道，大搞三线建设。在这种形势下，本来有利于继续深入调整经济局面的工作停滞不前，并且最终为阶级斗争所取代。直到 13 年后的十一届三中全会以后，一个继承和发扬了之前正确的思想方针和经济路线的新局面才被重新打开了。

“文化大革命”结束以后，党和国家的工作重心开始全面回到社会主义现代化建设的正确轨道上来。1977 年 3 月中央召开的计划会议提出了经济工作“十个要不要”的全国性大讨论，对澄清被“四人帮”搞乱了的思想起了积极作用。1978 年开展了关于实践是检验真理的唯一标准的讨论，重新肯定了按劳分配的作用，肯定了生产力在经济发展中的决定性作用，明确了商品生产和商品交换的重要性，并且对一系列经济体制问题进行了讨论，明确要给企业和农村基层单位必要的自主权，要运用经济杠杆、经济手段来管理经济等。此后，经济体制改革的新篇章被陆续打开，在农村明确了以家庭联产承包为主的责任制和统分结合的双层经营体制，这一体制体现了我国农业的特点，适应当前农村生产力发展水平，极大地提高了农民的积极性。随着经济体制改革和对外开放的逐步展开，我国逐渐形成了以公有制为主体多种经济成分并存的局面，确立了有中国特色的社会主义市场经济体制原则。

因此，“文化大革命”之后调整时期实施的新“八字方针”之所以能取得成功，经济调整的果实之所以能够巩固和进一步扩大，根本上是因为我们党和国家坚持进行改革，指导思想回到了正确的轨道上来，阻挡经济建设和经济体制变革的障碍已经被扫除。新的经济调整“八字方针”以及其后采取的一系列调整措施打开了进一步改革的序幕，在我国社会主义经济建设史上具有重要的意义。

7.4 理论发现与深远影响

两次“八字方针”的实施均发生在我国的计划经济时代，而它们所需要调整的经济失衡都是计划经济情况下决策层错误判断的产物。前一次“八字方针”主要还是在计划经济模式下进行的经济调整，而后一次则在调整中强调和加入了市场调节的因素，从而为之后的改革开放创造了有利条件。至此，我国经济再也没有出现过大起大落，维持了稳定的高速增长。按照常理而言，计划经济下，国家控制了生产的每个环节，人们按部就班地劳动和生产，定量生产定量消费，而市场经济下经常会出现过度供给和过度消费的现象，因而市场经济的波动性和失调性要高于计划经济。然而，新中国六十年的发展历程证实，计划经济模式下的经济波动远远高于改革开放以后的经济波动。同时，包含市场经济调整的“八字方针”调整效果也远远好于计划经济下的调整方针。通过仔细分析两次经济调整“八字方针”，我们能对以上这些理论问题有更多的认识。

7.4.1 计划经济不能抑制经济波动和经济失衡

计划经济发展模式下，整个国家经济的运转依赖于政策制定者的事先安排和决策。如果政策制定者的计划和配置安排合理，控制得当，整个国民经济应该是在平衡稳定的模式下运行。然而，由于宏观经济的复杂性，以及个人知识的局限性，政策制定者并不能有效地预测和计划整个国民经济发展，使得错误的政策制定和错误的政策执行成为计划经济下的一种常态。而更为重要的是，由于经济管理的权力长期集中在少数几个决策者手中，决策者很可能会坚持并继续推行现有的错误政策，直到发展成为全面的经济失衡，酿成严重的经济后果。在融入市场经济体制之后，虽然过度供给和过度需求的现象时有发生，但市场自己会通过价格机制迅速地进行调整和调节，从而能避免更大程度错误的发生。

1953—1957年的第一个五年计划是我国高度集中的计划经济的开端，通过五年计划的实施，我国完成了对农业、手工业和资本主义工商业的社会主义改造，初步建立起了独立的比较完整的工业体系，摆脱了历史上落后的农业国的面貌。因此，高度集中的计划体制对于落后国家迅速走上工业化和现代化的发展道路是卓有成效的，但与此同时也为国民经济中的不协调因素埋下了伏笔。我国从社会主义建设时期以来就是以工业为重点，而尤其以重工业的发展为核心，这种发展思路必然导致工农业发展不平衡，以及工业内部各部门发展不平衡。我们知道，国民经济的各部门是一个统一有机体，农业是国民经济的基础，同时又为工业提供原材料和劳动力；工业是现代发达经济体的基石，是国家实力的体现；而服务业占国民经济较大比重是现代化的重要标志，大力发展服务业也是解决就业的最重要途径，因而国民经济各部门的不协调必然会导致经济的不平稳。而另一方面，不管是市场经济还是计划经济中，经济增长都是资金、劳动力和技术的有机结合，是生产、消费和分配的协调和统一。我国历史上两次“八字方针”调整时期都面临着国民经济各部门的不协调，同时也是生产、消费和分配的不协调：轻重工业的发展不协调导致轻工业不能为重工业提供必要的产品支持，也使得人民群众缺乏必要的生活消费品；“大干快上”的发展模式也导致投资率过高，消费和分配跟不上投资的发展，人民群众生活水平的提高受到极大的抑制。因此，这种高度集中和偏倚的经济发展模式虽然在一定时期内能够大幅度改变经济的面貌，但在长期是难以为继的，如果不适时加以调整，必然会导致国民经济滑向停滞和衰退的低谷。

事实证明，我国两次“八字方针”调整时期面临的经济问题就是高度集中的计划经济体制下，错误的政策方针导致国民经济走向困境的结果。在这种情况下，党和政府认识到了问题的严重性，并且适时加以调整，在危急边缘把国民经济挽救了过来。但我们要认识到的是，这些措施毕竟是在计划经济内部的自我调整，这一切都仰仗于经济政策部门和决策者对于经济形势的认识水平和决策能力。因为宏观经济决策极大程度地依赖于对经济体中信息的收集，而经济中生产、交换和分配的信息无比庞大和纷繁复杂，这些信息不可能被系统而及时地反馈到经济决策者手中，因此其所做出的经济调整政策具有很大的时滞性，如两次“八字方针”的调整决策都是在国民经济中的失衡问题已经非常尖锐的时候才做出来的。而另一方面，如前面所论述的，在高度集中的计划经济体制下，某些经济计划往往是为顺应政治需要而提出来的，并不是建立在系统严密的调查研究基础之上的科学决策，因而难免会走入死胡同。由此可见，在高度集中的计划经济体制下，经济政策并不可能及时有效地反映和解决经济体的实际情况，经济体也缺乏自我检查和修复的功能，因而会导致问题越积越多，情况越来越严重，从而使得最后大幅度的调整措施不可避免。

而因为其自身的机制缺陷，往往一次调整之后只能经历一个时期的协调发展，当新的问题产生出来并且越来越严重时，又一次大幅度的调整不可避免。因此，我国经济史上跨度 30 年的这两次“八字方针”调整正是高度集中的计划经济体制不能有效地抑制大幅经济波动的明证。

正因为如此，第二次“八字方针”在继承和发扬第一次“八字方针”的经济调整思想的同时还提出了“改革、整顿”的方针。改革是对原有体制的革新，而不仅仅是第一次“八字方针”所提出来的巩固和充实。改革既是对国民经济中具体问题的改革，也是对整个经济体制的改革。在与其他经济改革开放措施相互配合的情况下，我国经济开始从高度集中的计划经济体制逐步转向市场经济体制，市场开始发挥资源配置的基础性作用，这使得资金和劳动力能够在国民经济各部门中合理地流通，国民经济各部门的发展比例逐渐趋于协调，并能够面对国内外经济形势的波动进行自我修复和调整，因而市场经济体制避免了国民经济中各种失衡的深化，也有效解决了国民经济大幅度波动的问题。从人为地以计划的方式挽救经济困境，到以市场为基础及时修复和调整经济，这是我国经济建设历程中的一个巨大进步。

7.4.2 实事求是是经济建设的根本指导思想

历史上的两次经济调整“八字方针”诞生的背景相似，采取的措施类似，而且也都很快取得了成效，但最终结果却迥异，本质上是因为两个不同历史时期党的指导思想和工作作风的不同。经济建设离不开思想的指导，社会经济大环境也跟政治思想和作风相关。两次大调整取得的成效归根到底就是因为真正实事求是地研究了当时的经济环境，贯彻了经济发展的客观规律。而第一次大调整最终付诸东流又恰恰是因为“左”的指导思想卷土重来，实事求是的作风再一次被抛弃。在改革开放和真理标准问题大讨论三十年后的今天，虽然国内外经济形势发生了根本性的变化，但是实事求是的指导思想仍然是经济建设和改革的最根本的指导思想，历史上两次经济调整工作给我们的教训和启迪仍然深刻。

1958 年开始的“大跃进”的错误，主要是由“左”的指导思想引起的，主观认识脱离客观实际对国民经济和社会发展造成了严重的破坏。而 1960 年“八字方针”的提出正是当时党中央和毛泽东端正思想路线、重新倡导实事求是的结果。在 1961 年 1 月党的八届九中全会上，毛泽东多次讲话，要求全党恢复实事求是的作风，恢复调查研究的作风，提出“1961 年要成为调查研究年，搞一个实事求是年”。1962 年的七千人大会充分发扬民主，本着实事求是的态度研究问题，对“大跃进”以来的错误有了根本的认识。应该说没有实事求是的精神，就没有第一次“八字方针”的提出、贯彻和执行。

同样，第二次“八字方针”的提出也是重新落实实事求是精神的结果。“文化大革命”结束后提出的“两个凡是”的错误方针再次背离了实事求是的传统，在经济上并没有对长期以来的问题进行调整，国民经济的根本矛盾仍然严重。在这种情况下，党的十一届三中全会重新确立了实事求是的思想路线，在进行拨乱反正的同时在经济上提出了“调整、改革、整顿、提高”的八字方针。因此，实事求是思想路线的确立是“文化大革命”后经济调整时期第二次“八字方针”提出的思想基础和贯彻落实的根本保证。

只有始终坚持实事求是的思想路线，经济建设才能不走弯路，并在不同的情况下能适时做出调整，以适应错综复杂的经济形势。早在 1956 年，党的八大对我国经济形势和社会主要矛盾做出过正确判断，并确定了在今后一段时间内集中力量发展生产力的目标，还通过了符合实际情况的循序渐进的第二个五年计划。但在之后的“大跃进”运动中，“快”和“赶超”被放到首要地位，这就违背了客观经济规律，引发了国民经济中一系列的矛盾和困难，在这种情况下第一个“八字方针”的调整计划被迫进行。而在“文化大革命”结束后的两年中，盲目乐观和冒进的思想并未被彻底抛弃，当时提出的一系列目标和措施脱离我国当时的经济环境，不适应当时较为落后的生产力的需要，因而必然会导致一系列的问题，这些问题通过第二次“八字方针”一系列的调整和改革工作才得以改观。在十一届三中全会以后三十多年的改革开放进程中，我们党和国家多次面临严峻的经济形势挑战，成功深入推进了经济体制改革，实现了国民经济的“软着陆”，果断应对了东南亚经济危机和国际金融危机等一系列外界环境的挑战，再也没有犯过类似的错误，这不能不说是党和国家领导人汲取前三十年经济建设的经验教训，本着实事求是、与时俱进的精神开展经济改革和经济调控工作的结果。

7.4.3　改革是历史发展的必由之路

两次“八字方针”的经济调整，本质上都是调整当时存在的国民经济重大比例关系失调的问题。这种国民经济的比例失调，除指导思想上的“左”倾错误外，高度集中的计划管理体制也是重要原因。在计划体制下，资源配置完全按照计划的需要。由于权力高度集中，计划的制订和实施往往带有主观随意性，脱离市场需要和客观规律，结果必然导致国民经济各部门发展的比例失调。

“一五”时期形成的经济体制是一种中央集权型的经济体制，这种经济体制曾对当时国民经济的发展起了重要作用，但是这种经济体制的弊端是中央集权过多、统得过死。中央对此曾有所察觉，并拟定了经济体制的初步改革方案。1957 年中共八届三中全会通过了关于改进工业管理体制、财政管理体制、商业管理体制的三个规定，总的精神是调整中央和地方、国家和企业的关系，把工业、财政、商业管理的一部分权力下放给地方和企业，以便进一步发挥它们的主动性和积极性。60 年代围绕着纠正“大跃进”错误，调整国民经济，国家对经济体制改革又进行了一次探索。这种改革在前期主要是纠偏，缩短基建线，实行精简，加强计划和集中统一管理。在后期，随着国民经济形势的好转，除了继续贯彻调整国民经济“八字方针”外，还对经济体制方面进行了一些探索性的改革，主要是：试办托拉斯，用经济组织管理经济；改革企业管理体制，适当扩大企业经营的自主权，改变平均主义等现象，调动企业的积极性；适当扩大地方权限，进一步探索中央、地方分级管理，发挥中央和地方两个积极性等。

但是由于“左”的指导思想没有改变，以及此后“文化大革命”的发动，这些初步的改革尝试刚刚开始就被打断，直到党的十一届三中全会之前，这种体制实际上并未改变，稍有的改变也只是在原有体制内的变化。正如李先念谈到的“过去二十多年中，我们已经不止一次改革经济体制，并取得了许多成效。但是在企业管理体制方面，往往从行政权力的转移着眼多，往往在放了收、收了放的老套中循环，因而难以符合经济发展的要求。”

党的十一届三中全会开始对经济体制进行反思，并开始提出一系列调整和改革方针。十一届三中全会公报指出，当时我国经济管理体制的一个严重缺点是权力过于集中，应该有领导地大胆下放，着手大力精简，各级经济行政机构应该坚决实行按经济规律办事，认真解决党政不分、以党代政、以政代企的问题。1979 年 3 月，陈云从体制角度首先对比例失调问题进行了思考，认为整个社会主义时期经济必须有计划和市场两个部分。过去由于只有计划这一条，而且又计划得太死，包括的东西太多，时常与实际脱节，限制了市场调节，没有意识到计划与市场两部分经济同时并存的必然性和必要性，结果造成了比例失调现象。所以，在今后经济的调整和体制的改革中，计划经济和市场调节这两个部分的比例需要调整，市场调节将占很大的比重。其后不久，邓小平在谈到调整问题时也指出为了有效地实现四个现代化，必须认真解决各种经济体制问题，这也是一种很大规模的很复杂的调整。因此，在十一届三中全会贯彻经济调整的“八字方针”的同时，经济体制改革也逐步展开了。

1979 年邓小平首先提出社会主义也可以搞市场经济，市场经济不能说是资本主义的观点。此后中央在保持国有企业和计划经济占主体地位的条件下做出了一些变通性的制度安排，家庭联产承包责任制得以确立，中央和地方、政府和企业关系的体制改革逐步开始，经济特区逐步建立起来，对外开放的幅度加快，随后改革的重点由农村转向城市，改革的范围也由经济领域扩展到政治、科技、教育以及社会生活领域。1992 年春，邓小平指出：“计划多一点还是市场多一点，不是社会主义与资本主义的本质区别。计划经济不等于社会主义，资本主义也有计划；市场经济不等于资本主义，社会主义也有市场。计划和市场都是手段。”邓小平的南方谈话在中国产生了巨大的影响。1992 年 10 月，党的十四大正式宣布我国经济体制改革的目标是建立社会主义市场经济体制，并且指出社会主义市场经济体制是同社会主义基本制度结合在一起的。在明确宣布市场经济的改革目标后，到 2002 年 11 月，党的十六大宣布我国社会主义市场经济体制已经初步建立。至此，经过了十多年的风风雨雨，我国走完了市场经济体制改革的历程。

回顾历史，“文化大革命”后的经济调整尽管没有在根本上改变计划经济的状况，却极大地缓和了经济中的深层次矛盾，削弱了体制弊端对于国民经济的损害。调整为改革创造了条件，并且引发了关于改革的进一步思考；而随后改革政策的确立和逐步深入又巩固了这次调整的成果。调整与改革相互促进，是“文化大革命”后的经济调整新时期不同于“大跃进”后的经济调整时期的重要原因。从此以后，经济体制改革被逐渐提上日程，并且被一步步推进和深化下去。因此，自第二次“八字方针”实施以来的一系列经济调整工作为以后的局面打下了基础，引出了一个新的历史时期，因而在我国经济建设史上具有重要意义。

7.5 结语

第一次经济调整的“八字方针”发生在半个世纪以前，而第二次经济调整的“八字方针”离现在也已经有三十年的时间了。在社会主义市场经济已经全面建立和深入发展的今天，“大跃进”式的“左”倾经济建设思想已经得到全面纠正，而严重脱离客观实际的经济建设错误也不大可能再犯，但是两次经济调整的“八字方针”对于在经济全球化的今天如何提高警惕，少走弯路，实现国民经济的全面协调可持续发展仍然具有重大的指导意义。具体体现在：

（1）注重国民经济的平衡协调发展。前后两次调整时期面对的经济问题的本质都是国民经济发展比例不平衡。两个“八字方针”的中心都是调整，通过调整使工农业之间、轻重工业之间、积累与消费之间的比例趋于协调，使国家建设和人民生活得到统筹兼顾，全面安排。针对当时情况的综合平衡观点，强调要贯彻执行“全国一盘棋”的方针，必须全面安排，综合平衡，使计划指标符合实际需要的比例关系，符合国民经济各部门必然的内在联系。虽然现在我国社会主义市场经济体制已经基本建立起来，但国民经济发展不平衡的可能性仍然存在。在市场经济的环境下，投资和建设仍然需要国家加以引导，以引导资金和人才向最需要的、最有效率的产业和行业流动，而盲目的资本投资和人才流动会引发国民经济畸形发展的危险，即使通过市场机制自发调节过来，仍然会付出沉重的代价。在全球经济一体化的今天，国内外经济形势瞬息万变，紧密监控国内外经济运行的各项指标，注重宏观调控也是应有之义。

（2）重视农业和农村问题。两次“八字方针”大调整时期所面对的经济问题中，农业问题都是首当其冲的，解决好农业问题成为处理经济矛盾的基础。时至今日，农业在我国国民经济中的基础地位仍然不容动摇。农业不仅要为我国13亿人口提供粮食和其他农产品，而且要为第二、三产业提供原材料、市场和丰富的劳动力。农业的基础地位是否稳固，农村经济是否繁荣，具有极其重要的政治和社会意义，它始终是关系我国经济社会建设全局的根本性问题。而相对发达国家，我国农业基础仍然薄弱，农村生活水平低，农民收入增加过慢。农民不能有效地分享到经济发展和社会进步的成果，不符合我国经济建设的目标，而且当矛盾激化到一定程度，必然会导致一系列深层次的问题。因此，在当前保障农业生产，提高农产品的附加值和竞争力，大力搞活农村经济，增加农民收入，努力开展社会主义新农村建设是当务之急。

(3) 调整产业结构，转变经济增长的原动力。“八字方针”的核心是调整，而调整不仅仅涉及国民经济各部门之间的比例问题，更需要重视各行各业的整体布局，根据国内外经济形势的发展随时引导和调整国内产业布局。国家在基础建设投资等财政政策方面的引导和倾斜可以导致产业的发展变化，而好的产业政策可以有前瞻性地引导国民经济健康发展。在综合国力大幅度上升的今天，如何优化产业结构，给经济增长以源源不断的动力就成为重要议题。这就需要关停一大批产能落后的传统企业，努力提高传统产业的技术含量，同时在资金和政策上大力支持高技术含量、高附加值、有国际竞争力的科技企业。服务业是最能有效容纳就业的行业，发展服务业也与丰富人民生活、提高生活水平的目标相一致，而与传统工业以及发达国家相比，我国服务业占国民生产总值的比例还很低，因此在很长一段时间内大力发展服务业必然成为我国国民经济政策的基本目标。

(4) 注重资源节约和可持续发展。在“大跃进”过程中和之后很长一段时间内，盲目投资建设，涸泽而渔，对资源和人力物力各方面造成了巨大的浪费，而又没能起到预期的效果。改革开放以来很长时期内，我国经济发展一直处于高增长、高能耗的轨道之中。因此，在国家综合实力取得长足发展的情况下，资源节约和环境保护问题应该提高到前所未有的高度上来。大力推行节能减排政策是建设资源节约型、环境友好型社会的必然要求。在节能减排的过程中关停一部分低效率、高能耗的企业，扶持一批科技含量高、能源消耗少的企业，大力发展文化产业和旅游业，都有利于国民经济向更资源节约型、环境友好型发展，增加 GDP 的绿色含量。同时在思想上，需要将可持续发展和环境保护的理念深入到我国经济建设的方方面面，将其作为一项基本国策永远地执行下去。

参考文献

邓小平．邓小平文选．3卷．北京：人民出版社，1993

国家统计局．中国统计年鉴（1983）．北京：中国统计出版社，1983

国家统计局．中国统计年鉴（1985）．北京：中国统计出版社，1985

国家统计局．中国统计年鉴（1986）．北京：中国统计出版社，1986

刘树成．论又好又快发展．经济研究，2007（6）

毛泽东．毛泽东选集．5卷．北京：人民出版社，1977

毛泽东．毛泽东文集．7卷．北京：人民出版社，1999

裴元秀，李秉忠．认真总结历史经验搞好国民经济调整——“调整、巩固、充实、提高”方针的初步研究．社会科学研究，1981（2）

孙大力．两次实施经济调整八字方针的比较．中共党史研究，2000（3）

孙健．中华人民共和国经济史（1949—90年代初）．北京：中国人民大学出版社，1992

孙学文．国民经济在宏观调控中改革前进——“调整、改革、整顿、提高”新八字方针的实行．党史文汇，1999（9）

武力．中华人民共和国经济史（上、下）．北京：中国经济出版社，1999

武力，徐棣华，陈东林．新八字方针的提出和实施．党史天地，1998（12）

谢渡扬．近四年的路子是怎么走过来的——对“调整、改革、整顿、提高”方针的提出和贯彻情况的简要回顾．宏观经济研究，1983（33）

张肇俊，汤堃．共同提出“调整、改革、整顿、提高”八字方针．党史天地，2009（6）

中共中央文献研究室．三中全会以来重要文献选编（上）．北京：人民出版社，1982a

中共中央文献研究室．三中全会以来重要文献选编（下）．北京：人民出版社，1982b

中央文献研究室．建国以来重要文献选编．13册．北京：中央文献出版社，1996

中央文献研究室．建国以来重要文献选编．14册．北京：中央文献出版社，1996

Lin，Justin Yifu，1990，“Collectivization and China's Agricultural Crisis in 1959—1961，” *Journal of Political Economy*.

第8章

“大财政、小银行”①

“Big Treasury，Small Bank”

【摘要】 计划经济体制否定商品货币的作用，强调计划经济、产品经济。因此经济管理中，重行政手段、轻经济手段；资金分配上，重财政、轻银行。所谓“大财政、小银行”，指的就是改革开放前，计划经济的上述特征在财政部与中国人民银行的关系模式中的反映。它尽管是计划经济时代出现的经济现象，但至今仍未失去其意义，只不过“大中央财政，小中央银行”的格局，已经转变为“大地方财政，小商业银行”的模式。正是因为改革开放三十多年后仍旧存在的“大财政、小银行”格局，让我们认识到，其产生的根源并不单纯在于计划经济，而在于“政府驱动型”的经济发展模式。因此，在政府融资格局中，无论财政与银行孰强孰弱，财政的主导性始终不改。新中国成立六十多年来，中央政府主导经济发展的前三十年，和地方政府主导经济发展的后三十年，在重视积累、轻视民生的倾向性方面是一脉相承的。只要政府以投资推动经济增长的模式不改变，政府就永远不会放弃对国有银行所拥有的金融资源的控制。因此，“大财政、小银行”要成为真正的过去，前提在于政府职能彻底地由促增长转变为保民生，将经济中投资、消费、储蓄等影响供求的决策真正交给市场来完成。

【关键词】 财政制度　银行制度　制度变迁　经济增长模式

Abstract: Planned economy regime denies the usefulness of commodity and money, and pays more attention to central plan and product economy. So the government shall rely on administrative measures and ignore economic tools in economic management; attach importance to the treasury and neglect bank in fund allocation. The so called “Big Treasury, Small Bank” is the reflection of these ideas on

① 本章撰稿人：刘晓路。

the relationship between the treasury and the central bank before the “reform and open door” policy. Though it was originated from the planned economy era, it plays a significant role in recent years as well. But the “big central treasury, small central bank” model has been changed into a “big local government treasuries, small commercial banks” model. The persistence of this phenomenon gives us a clue that it may not only be the legacy of planned economy era, but also the result of government-driven growth pattern. Whatever role the banking system played in the government extractive capacity, the fiscal department is always the dominant one. The sixty years' economic development of China, either in the first thirty years of central government in charge or the second thirty years of local government in charge, witnesses the same tendency that gives priority to accumulation other than welfare. If only the government keeps unchanged using investment to promote economic growth, its desire to control banking system will not disappear. To leave the term “Big Treasury, Small Bank” into history textbook, government function must be dramatically changed from growth promotion to welfare improvement, and allow market make decisions on economic variables like investment, consumption and saving.

Key words: fiscal system, banking system, institutional evolution, economic growth pattern

计划经济体制否定商品货币的作用，强调计划经济、产品经济。因此经济管理中，重行政手段、轻经济手段；资金分配上，重财政、轻银行。所谓“大财政、小银行”，指的就是改革开放前，计划经济的上述特征在财政部与中国人民银行的关系模式中的反映。在资金关系上，国民经济中的资金活动，基本上都由财政包下来，统收统支的固定资产投资和企业的定额流动资金都由财政提供，银行只负责企业超定额部分的流动资金的临时需要。也就是采用“长期资金归财政、短期资金归银行，无偿资金归财政、有偿资金归银行”的原则，从而把中国人民银行的作用限制在非常狭窄的范围内。在政策上，以财政政策为主，财政资金的分配是调节国民经济资金需要的唯一手段，而银行的作用仅在于财政出现入不敷出的情况时，通过发行货币来维持财政支出。在行政上，由于财政部在资金、政策上都处于主要地位，中国人民银行实际上有职无权，处于从属于财政部的地位。从 1969 年起，中国人民银行被并入财政部，成为财政部所属的二级机构，基本上沦为财政的“大钱库”和“出纳员”。直到 1978 年，中国人民银行总行才恢复了与财政部平级的独立部级单位的地位。

8.1 “大财政、小银行”形成的历史背景

在计划经济时代“统收统支”的财政体制下，各级政府的财政收支活动都需得到中央财政部门的批准，自主性很小，因此财政部实际上代表了整个国家的财政收支管理活动。而计划经济时代的中国人民银行则是一个“大一统”的银行体系，即银行不划分专业系统，各个银行都作为中国人民银行内部的一个组成部分，从而使中国人民银行既是办理存款、贷款和汇兑业务的商业银行，又是担负着国家宏观调控职能的中央银行。

在这一背景下，大财政、小银行这一简单概括的背后，包含着非常复杂的内容。首先，它指的是在资金配置方面，财政体系的重要性大于银行体系的重要性。其次，它指的是在宏观政策方面，财政政策的重要性大于货币政策的重要性。最后，它指的是在政府职能上，货币政策当局服从于财政政策当局。

这样一种强调财政、轻视银行的制度，在计划经济条件下具有一定的合理性。首先，国民经济以公共部门为主导。无论是工业部门的国有企业还是农业部门的生产大队，最基础的生产单位都具有公有性质，从中央延伸到田间地头的行政指令确保它们受到国家意志的直接支配，其具体表现就是计划。因此，资金配置问题具有明显的“从左手倒到右手”的性质。当计划要求某家企业进行扩大再生产时，既可以通过中央银行就向这家企业发放长期贷款，供其购置新设备，也可以通过财政部门直接向其拨款。在财政与银行都是政府的一分子的情况下，直接的财政拨款和间接的银行信贷相比，当然是更方便的“倒手”工具。

其次，银行经营以政策性功能为主。市场经济中执行政策功能的中央银行和执行经济功能的商业银行是分离的。私有的商业银行为了实现利润最大化，必须优化资产负债结构，并将这种意图体现在利率与信贷规模上。但在计划经济条件下，中央银行是唯一的一家银行，其下属的分支机构没有追求自身利益的动机，因而银行的利率与信贷规模也无法反映国民经济的运行情况。相比之下，由于来自企业的利润与对企业的拨款构成了财政收支的大部分内容，财政收支的平衡反倒更能显示国民经济资金配置的合理与否。

最后，中央银行在政策制定方面不具有独立性。从中央银行的起源看，中央银行政策职能的发挥是建立在市场经济条件下的，无论是维护币值稳定还是充当商业银行的“最终贷款人”，其前提条件都是市场决策在经济中发挥主导作用。而在计划经济条件中，影响币值的主要变量，如家庭的工资收入、企业的投资规模、汇率的高低都不是市场决策的结果，而商业银行则根本不存在。因此，中央银行的政策职能就成了一句空话，只能被动地充当财政部门收支失衡时的“提款机”和记录企业交易往来的“簿记机关”。

8.2 制度演变

随着中国改革开放的进行，计划经济逐渐让位于市场经济，财政与银行两个体系也发生了巨大的变化。就财政来说，1978年之后的“分灶吃饭”改革和1994年的“分税制”改革，将中央政府与地方政府的财政关系向着财政分权的方向进行了重大调整，中央财政已不再可以代表全部政府财政。从银行体系来说，1979年后成立工、农、中、建四家国有专业银行，1995年转化成国有独资商业银行，2005年后又纷纷进行股份制改造，说明“大一统”的银行体系也已不复存在。那么，是否“大财政、小银行”的表述就随着计划经济的消失而丧失了意义呢？我们可以借助政府融资渠道这一视角来对这一问题进行考察，这个视角能够帮助我们把改革开放前后的财政与银行体系纳入到同一个分析框架中。

政府需要从经济系统中获得可供其使用的一定数量的资金，以便动员和支配社会经济资源来实现自己的各项职能目标，这就是政府的融资活动。在计划经济时期，几乎全部的社会经济资源都在政府的统一调度安排之下，政府的计划与国民经济的运行合而为一，因而诞生了“统收统支”的“大财政”与“大一统”的“小银行”。但随着改革进程的发展，经济活动的重心逐渐由公共部门向私人部门转移，收入分配的格局逐渐由政府向企业和居民倾斜，这减少了财政可获得资金的规模，却为银行提供了日益增多的资金来源，在这种情况下，政府就必须重新安排自己的融资渠道。一般来说，我们可以将政府汲取社会资源的能力分解为财政与金融两个渠道。财政融资可以采取税收、国有企业利润、政府债务等手段，金融融资则包括货币发行收入、对金融剩余①的控制等内容，它们分别对应着通过财政配置的资金和通过银行配置的资金。自1978年以来，政府的融资格局经历过两个不同的阶段：第一阶段大致为1978—1994年，其结果是形成了“弱财政、强银行”的格局；第二阶段从1994年开始，至今仍在进行中，这一时期财政融资能力与金融融资能力变化的方向与第一阶段恰恰相反。

8.2.1 第一阶段（1978—1994年）：弱财政、强银行

1978—1994年间，我国的经济体制改革是在“放权让利”的原则下展开的。高度集中的“统收统支”财政管理体制被地方财政包干体制所代替，通过扩大地方政府的财权和财力，调动了各地当家理财的积极性；在国有企业中实行的“利改税”、“两权分离”等改革措施，有力地促进了企业的生产经营积极性，为市场

① 金融剩余=（金融体系中）私人部门存款—私人部门得到的贷款。

的繁荣创造了条件；提高农副产品收购价格、提高城市职工工资水平等措施，使得收入分配格局逐渐向居民倾斜。从总体上看，“放权让利”的效果是显著的，经济获得了前所未有的持续高速发展。而作为“放权让利”题中应有之义，财政汲取能力的降低是不可避免的。图 8—1 显示了在这一时期财政汲取能力的变化。

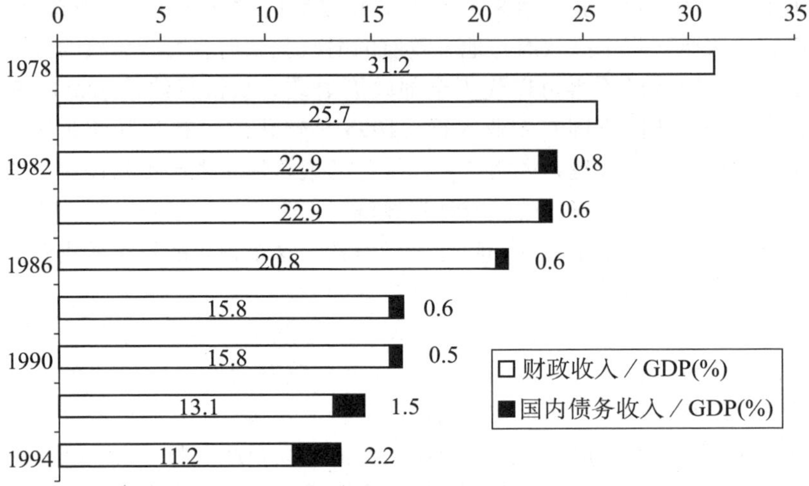

图 8—1　财政汲取能力的降低：1978—1994 年

财政汲取能力在此期间如此剧烈地降低，意味着政府利用财政手段调控管理经济的能力也在相应下滑。但与此同时，各级政府促进经济发展、维护社会稳定、提供基本公共物品与服务这些基本职能绝不能因此而不予履行。于是非常自然的，金融汲取能力受到了重视。在这种情况下，我们发现政府融资格局出现了以下变化：

(1) 财政收入的分配中，中央财政所占的比例在不断缩小。1978 年以后，我国政府对财政体制进行了多次改革，最后在绝大多数地区实行了不同形式的地方财政包干体制，由中央和地方（省、自治区或直辖市）政府通过谈判来确定一个上解或补助数额，并在一定时期内保持不变。这种方法突破了传统的以“条条”为主的财政体制模式，真正走上了以“块块”为主的分级财政道路，有利于调动地方政府发展本地区经济的积极性。但由于定死了地方对中央的上解基数，因而在包干期内，严重制约了中央财政收入随着经济的发展而相应增长。1984—1993 年，中央财政收入占财政总收入的比重由 40.5%下降到 22%，而世界上大多数国家，不论实行什么样的财政体制，这一比重大多维持在 60%左右。这样低的中央财政汲取能力，不仅抑制了中央提供全国性公共物品与服务的能力，而且诱发了地方政府对地区性财政利益的片面追求，从而助长了地区经济封锁和重复盲目建设现象的产生与蔓延，影响全国统一市场的形成和产业结构的优化。

(2) 和预算内收入相比，政府收入体系中预算外、制度外收入所占的比例在不断上升。与中央政府向地方政府放权的逻辑一致，对各经济主管部门也实行了财务大包干、基金制等改革，把本应纳入国家预算内管理的一部分财政收入和支出交给有关部门，放在国家预算外，由各有关部门自收自支，自行管理。图 8—2 显示了预算内收入与预算外收入变化的趋势比较。迅速膨胀的预算外收入，在调动了有关经济部门单位发展经济、增加收入的积极性的同时，也造就了政府分配活动执行主体的二元化，即财政部门和非财政部门都在运用公共权力行使分配职能，从而为经济管理混乱、腐败孳生埋下了隐患。此外，除了预算外收入，还有所谓的“制度外收入”，它们不纳入预算内、外资金管理体系，由政府部门、事业单位及社会团体直接支配。一般来说，制度外收入都出自地方政府和部门的权宜性和应急性安排，筹措机制没有明确的制度依据和法规范围，其规模自然也无法精确地加以统计。在 1993 年对预算内、外收入的划分进行调整后，预算外收入规模减小，而制度外收入的增加则弥补了以上机构因此而损失的融资能力。据专家估计，预算外与制度外收入之和与预算内收入的规模几乎是同等大小的（贾康、白景明，2000）。

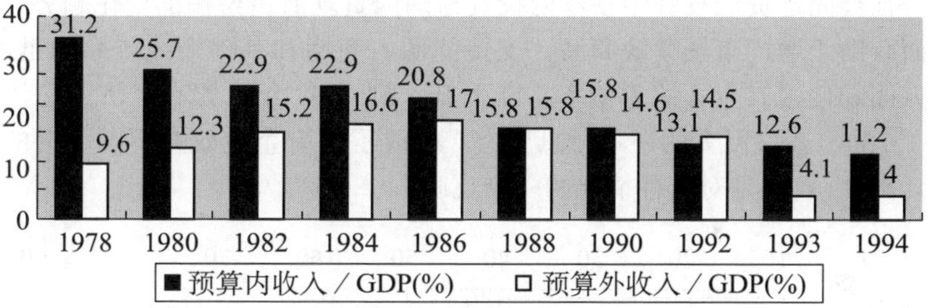

图 8—2 预算内收入与预算外收入的变化趋势

(3) “减税让利”措施使政府从企业中获得收入的能力下降。计划经济时代，国有经济是企业的主要组成部分，由于利润要全部上缴，若将其视作是所得税，则税率为 100%。改革开放后，经过几次变革，政府来自国有企业的利润收入消失了，转化为所得税收入，几经变革后，税率最终降到了 33%。同时，对这一期间明显壮大的其他所有制企业也实行了减税，如对经济特区、经济技术开发区等特定区域的税赋优惠，对“三资”企业和乡镇企业的减免税待遇，等等。在减税的同时，由于尚未形成有效的企业财务审计和监管制度，导致税收征收效率低下，在现实中表现为实际税率低于名义税率，这就在客观上起到了另一种减税的作用。据测算，1994 年增值税、营业税、关税的实际税率仅为 12%、3.79%、2.74%，与其名义税率相去甚远（胡鞍钢、张尧庭，1999）。

(4) 国债融资从无到有，逐渐获得了发展。1978 年后我国财政的收支失衡压力随着各项“放权让利”改革的开展而不断上升，为了应对这种压力，财政部门最初采用的方法是直接向中央银行透支。但随着物价水平的上涨，货币发行收入增加过快可能引发通货膨胀的危险也愈发明显。1985年通货膨胀率一下子跃升到9%以上，迫使政府必须考虑其他可行的财政融资途径，而居民收入在国民收入分配中所占比例增大这一情况也为发行国债创造了条件。因此，尽管1981年的国债是面向单位发行的，但到了1983年时居民与单位的认购额即已平分秋色，而1985年后居民就成了主要的认购者。到1994年中央银行开展公开市场业务之前，这一情况始终未变。在这一时期，尽管国债绝对规模增长的速度很快，但其占GDP的比例和其他融资方式相比还是比较小的。

（5）政府控制的金融剩余的规模在不断增加。"放权让利"的改革主张在推动经济增长的同时，也使收入分配格局向企业和居民倾斜，从而推动了银行存贷款规模的增长。图8—3显示了这一情况。在国有银行一统天下的情况下，政府自然会通过种种方式来诱使或强制其为国有企业和公共项目提供贷款，以金融汲取能力的强化来弥补弱化了的财政汲取能力。在计划经济时代，银行只对企业生产和流通中的临时流动资金不足发放贷款。但由于财政资金的不足，20世纪80年代以后国有企业的自有流动资金和固定资产投资都逐渐要依靠银行贷款来提供。图8—4表现的是在全社会固定资产投资中预算内投资与国内贷款所占份额的变化趋势。这种变化一方面有助于增产市场紧缺商品，支持能源、交通和其他短线产品的迅速发展；但另一方面却使国有企业的负债率不断上升，到1994年，国有经济的总体负债率已达到了73.61%。巨大的还本付息压力，构成了国有企业效益不断下滑的一个重要因素，图8—5就是对这种情况的一个反映。

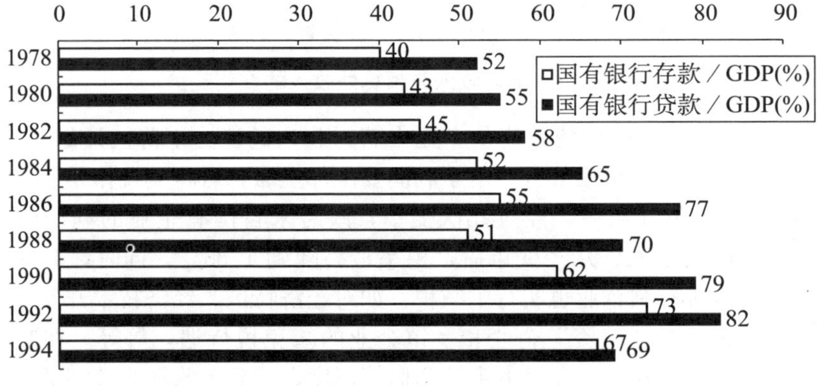

图8—3 银行存贷款规模的增长

资料来源：周立（2003）。

（6）货币发行收入规模庞大。这种收入又称"铸币税"，原指在商品货币制度下，政府利用强制力垄断货币铸造权而获得的利润。它包括货币铸造者付给铸造货币者的铸造费用和铸造货币者对所铸造的货币进行掺假而得到的收益两个部分。由

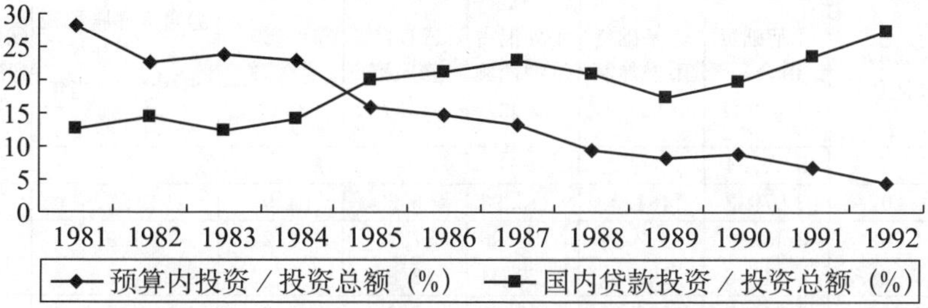

图 8—4　全社会固定资产投资的资金来源变化情况

资料来源：王国刚（2000），124 页。

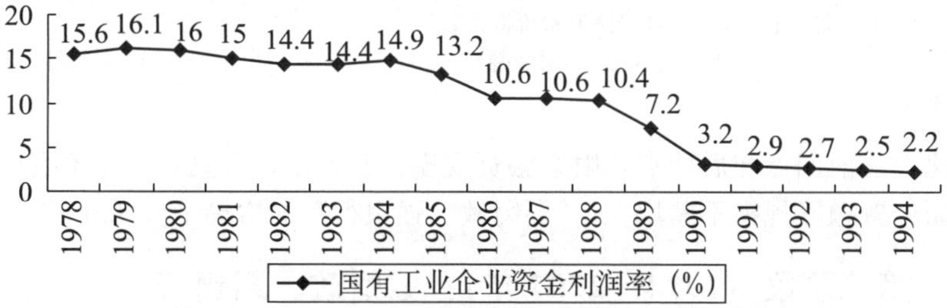

图 8—5　国有企业效益的下滑

资料来源：王国刚（2000），131 页。

于它是以政府强制力为基础的，因而具有税的性质。在信用货币制度下，公众不再支付"铸造费用"，但中央银行垄断了货币发行权，因而每次它供给货币时都能获得与新发行货币数量相当的购买力；同时，尽管信用货币不能掺假，但却可能因货币过度投放而贬值，使政府债务（基础货币是中央银行对社会的负债，也是政府债务的一部分）的实际价值降低，从中获利。以上这两种收入就是"铸币税"在现代经济中的主要形式。改革开放后经济的繁荣和市场成分的成长，大大增加了对货币的需求，这就为政府从货币供给中获得收入创造了客观条件。当时我国基础货币的形成渠道主要有三个，即中央银行再贷款、财政透支与借款和外汇占款。前两者都为政府所支配，用于政府规定的重要领域和弥补财政赤字，因此可以被看做是政府融资的一种直接手段。另外，由于种种原因，我国经济中还有若干年份出现了较高水平的通货膨胀现象，这虽然不是政府有意追求的结果，但在实际上为政府增加了一笔可观的"通货膨胀税"收入。表 8—1 粗略地估算了 1985—1993 年的"铸币税"税率。

表 8—1　　对 1985—1993 年货币发行收入的估算

年度	①GDP（亿元）	②基础货币余额（亿元）	③基础货币增加额（亿元）	④外汇占款增加额（亿元）	⑤通货膨胀率（%）	⑥=（③-④）/①（%）	⑦通货膨胀税税率=（上年②×当年⑤）/当年①（%）	⑧铸币税税率=⑥+⑦（%）
1985	—	2 597.4	—	—	—	—		
1986	10 202.2	3 079.3	481.9	-15.98	6.5	4.9	1.7	6.6
1987	11 962.5	3 452.0	372.7	104.96	7.3	2.2	1.9	4.1
1988	14 928.3	4 143.6	691.6	-23.64	18.8	4.8	4.3	9.1
1989	16 909.2	5 241.8	1 098.2	106.10	18.0	5.9	4.4	10.3
1990	18 547.9	6 640.6	1 398.8	334.92	3.1	5.7	0.9	6.6
1991	21 617.8	8 563.6	1923.0	628.65	3.4	6.0	1.0	7.0
1992	26 638.1	9 645.2	1 081.6	-126.13	6.4	4.5	2.1	6.6
1993	34 634.4	13 190.1	3 544.9	275.13	14.7	9.4	4.1	13.5

说明：其中度量通货膨胀率的是居民消费价格指数。

资料来源：王国刚：《进入 21 世纪的中国金融》，109 页，北京，社会科学文献出版社，2000；《中国统计年鉴（2002）》。

对比上述前四点与后两点，财政融资规模日益缩小，并且越来越不受中央政府控制，而金融融资规模不断增大，“弱财政、强银行”的格局十分明显。

8.2.2　第二阶段（1994—2007 年）：强财政、弱银行

第一阶段中六个方面的变化，造就了我国政府融资中“弱财政、强银行”的格局。从某种意义上讲，这一格局为我国国民经济的持续发展做出了积极的贡献。有的学者将财政收入的减少看做是我国政府寻求最佳税率努力的反映，并认为这种努力有效促进了经济的增长与发展（盛洪，1997）。但我们在上文中也看到，这一格局中存在种种问题，可以说是利弊参半。概括说来，“放权让利”仅仅是完成了市场化改革的第一步，通过物价和商品市场的自由化取得了令人瞩目的效益增长，但同时由于政府仍然对经济运行负有重大责任（不仅在宏观方面，同时也在微观方面），这就迫使政府不得不牢牢抓住对金融部门的控制权，通过增强金融汲取能力来为许多政府行为融资，从而使得金融市场化的改革举步维艰，其结果就是金融部门无法有效发挥合理配置经济资源的作用，这从长期看必定会影响我国经济发展的后劲。换言之，“弱财政、强银行”并非意味着“大财政、小银行”局面的彻底改变，财政只是适应时局的变化，将原本应该由财政完成的工作，转交给银行完成，这虽然在相当程度上提升了银行的地位，但银行跟着财政走的政策模式依旧未改。

经济的发展要求市场化改革迈出它的第二步，对“弱财政、强银行”的格局做出反方向的调整。到 1994 年前后，当“放权让利”利尽弊生的状况已是非常明显时，新一轮的政府改革措施纷纷出台，尽管目标各异，但从性质上看，它们都具有促使财政职能与金融职能各归其位的作用。我们来看一下其中一些重要的改革举措

及其影响。

(1) 1994 年的“分税制”改革。这一改革致力于破除地方财政包干体制的种种弊端，根据事权界定各级财政的支出范围，按照税种划分中央与地方的收入范围，有利于规范各级政府的财政收支活动，并通过提高中央在财政收入增量中的集中比例，扭转中央财政在财政收入分配中的不利地位。1994 年中央收入占财政总收入的比例一下子从 1993 年的 22%提高到了 55.7%，此后也一直保持在 50%左右。

(2) 1994 年的税制调整和征管体系改革。主要内容包括：①以公平、中性、透明、效率优先为原则，调整了流转税制，建立了以增值税为主体的流转税制体系。②归并和统一了所得税，力图消除企业所得税和个人所得税上的种种差异。③配合“分税制”，改革了税收征管体制，明确划分了中央与地方的税种及征收管理权限，实行中央税与地方税分开征收，两条线垂直管理的体制。这一改革在名义税率没有明显改变的情况下，大大促进了税收征管能力的提高，缩短了名义税率与实际税率间的差距。税收占 GDP 的比例有了大幅度的提高，如图 8—6 所示。自 1997 年以来，税收增长率远远超过 GDP 增长率，引发了对税收在积极财政政策实施期间“超常增长”的质疑。如果将我国 1998 年实施的“积极财政政策”理解为扩张性财政政策，那么税收增长的结果确实有抵消扩张效力的作用。但如果放宽视野，与 1978—1994 年间税收“超常减少”相对比，前者似乎应被理解为是对后者所造成的不良格局的自然纠正。

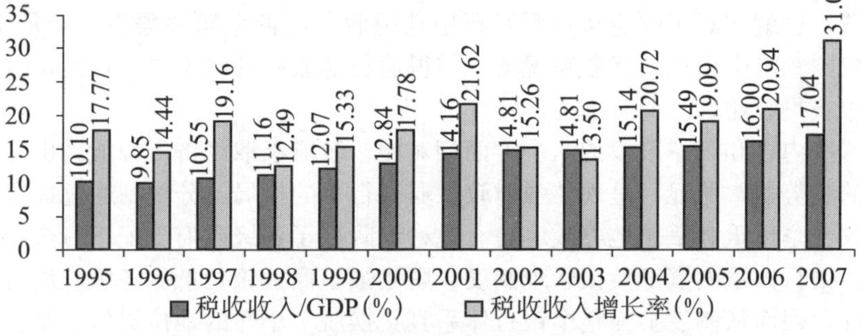

图 8—6　税收收入的高速增长：1995—2007 年

(3) 1994 年后日渐明确的转换财政职能范围、优化支出结构的改革思路。政府预算外、制度外收入的膨胀，归结起来是由两大原因造成的：一是政府职能中保留有太多计划经济时代的痕迹，政府行为与市场行为间的分野没有得到明确界定，导致政府一方面管了许多不该管的事，另一方面许多该管的事，无法从正常渠道得到足够的收入来管，只能从预算外和制度外想办法；二是中央政府和地方政府间没有明确彼此的收支范围，使得地方政府对中央会如何干预自己的收入存有疑虑，因此总是希望在预算内收入之外保有一些自己可灵活支配的收入，致使预算外和制度外收入泛滥。“公共财政”与“分税制”这两套改革思路，分别为以上这两大问题提供了解决的途径。近年来对税费体制改革已经有了较为充分的讨论，并已在一些领域试点，一旦全面铺开，预算外、制度外收入的规模必定会大大减小，其中属于合理政府收入的项目将会转入预算内管理，从而提高政府预算内收入占GDP的比例。

(4) 国债发行规模不断扩大。国债余额占GDP的比重由1994年的7.43%升至2007年的22%。其中以1998年后为扩大内需所发行的8 000亿元长期建设国债最为引人注目。

(5) 通过对银行体系的一系列改革，抑制政府支配金融剩余的能力。1994年对银行的商业性业务和政策性业务进行了分离，为专业银行向商业银行的转变创造了条件，原有的政策性业务转由三家政策性银行处理。此后又通过《商业银行法》对商业银行的资产负债比例作了进一步规定，将它们的经营重心转向保证资金的安全性、流动性和盈利性方面。1998年，中央银行取消了对国有商业银行的贷款限制，推行资产负债管理与风险管理，弱化了对其业务的控制。另外还要求商业银行不要按照行政区划设立分支机构，以避免地方政府对其经营活动的干预。在政府放松对国有商业银行控制的同时，积极推动金融机构多元化的发展，使得国有商业银行贷款增加额在全部金融机构贷款增加额中的比重不断下降。1997年这一比例超过70%，1998—2000年降到60%左右，2007年为37.49%。这也反映了政府金融汲取能力的弱化趋势。

(6) 货币发行收入减少。从1994年开始，中国人民银行不再直接对工商企业发放政策性贷款，1995年通过的《中央银行法》，明文禁止财政直接向中央银行透支和发债，这就切断了政府从货币发行中获得收入的两条重要渠道。而从1997年开始，我国经济中出现通货紧缩现象，使得通货膨胀税的税率成了负值，政府不但不能从中获得收益，反而有损失。

将这些内容和第一阶段的六个方面相对照，政府汲取经济资源能力由金融向财政转移的趋势非常明显，呈现“强财政、弱银行”的格局。分税制通过提高中央政府的税收分享比重和赋予地方政府自有税种，降低了各级政府支配银行金融剩余的必要性。银行体系的资产负债管理制度，则增强了商业银行抵制各级政府贷款要求的可能性，因而从制度上为整个银行体系真正摆脱“小”的地位提供了基础。

8.2.3 依旧存在的问题

然而，到目前为止，“大财政、小银行”的关系模式并未得到根本的扭转。尽管经历了政府融资格局中财政与银行“强弱”互换的两个阶段，银行体系在资金配置中的作用大大增强，但银行业（特别是国有商业银行）经营的政策性因素仍然很强，远未成为独立的市场经济主体，其根源仍在财政对金融资源的控制上。

“分灶吃饭”与“分税制”的财政分权改革，一方面使得中央财政作为“大财政”的能力降低，另一方面也使得地方财政支配银行金融剩余的意愿和能力增强。

在财政分权的格局下，地方政府对本地的经济增长负责，官员晋升的考核机制更是强化了地方政府追求经济增长的动机，为此必须尽可能多地获取发展本地经济所需的资金。1994 年之前，地方政府可以直接以行政手段干预国有银行的经营。国有银行的商业化改革后，地方政府则转而发展地方性银行机构，然后利用自己的大股东身份，将地方性银行变成自己的“提款机”，包括为地方政府选定的项目和企业提供贷款支持，兼并其他陷入困境的城市信用社，向处于困境中的企业提供贷款，垫付政府债务（杨充，2006）。地方化政府对控股或全资的地方银行机构的行政干预行为，恶化了地方银行机构的财务状况，埋下了巨大的风险隐患。据人民银行的资料显示，截至 2003 年 6 月末，全国 112 家城市商业银行贷款余额为 6 523.91 亿元，其中不良贷款余额为 1 078.11 亿元，占比达 16.53%，一些银行机构的不良贷款率甚至高达 50%以上。全行业 73%以上的银行利润为零，累计亏损的有 50 多家，占全部城市商业银行的 45%，处于高风险状态的 22 家，其中 13 家已经资不抵债，处于技术性破产状态（李扬、王国刚、刘熠辉，2007）。

即使是在国有商业银行加强了效益约束之后，地方政府仍然有获取金融资源的充足能力。因为地方政府手中控制着土地、矿产等要素，而这些正是银行眼中最值得信赖的抵押物，由此导致了银行对浪费资源、破坏环境的基础设施建设和大规模、低水平重复建设的金融支持。在中国金融运行的背后，我们可以看到这样一条清晰的轨迹：控制土地→吸引金融资源→资金投向资本密集型产业→区域重复建设、产业同构、投资过热→宏观调控→产能过剩→银行坏账→金融风险累积。

近些年来，这方面最突出的例子便是地方政府所热衷的“经营城市”。利用土地抵押获得的贷款，既可以缓解财政压力，又能够刺激经济增长和扶持企业发展。除了吸引外来投资之外，由城市扩张和土地占用所带来的税收，主要是建筑业和房地产业的营业税、所得税及耕地占用税等项目，几乎全部由地方享有。经营城市带来的地价提升，更是为地方政府带来巨大的土地出让金收入。在这种堪称完美的发展模式诱导下，地方政府纷纷搭建“地方融资平台”，吸收巨额资金。中国银监会主席刘明康，在银监会召开的 2010 年第二次经济金融形势分析通报会议上介绍说，至 2009 年末，地方政府融资平台贷款余额为 7.38 万亿元，同比增长 70.4%，占一般贷款余额的 20.4%；全年新增贷款 3.05 万亿元，占全部新增一般贷款的 34.5%。来自银监会的统计数据显示：到 2009 年 5 月末，全国各省、区、直辖市合计设立 8 221 家投融资平台公司，其中县级平台高达 4 907 家。而从地方平台公司贷款债务与地方政府财力对比看，债务率为 97.8%，部分城市平台公司贷款债务率超过 200%。

在这些现象的背后，我们不难看出，地方政府的财政行为对银行体系的信贷活动具有主导作用。而地方政府行为导致的金融风险的累积，最终还是要依靠中央财政来化解。1998 年为了增强四大国有商业银行抵御风险的能力，中央财政对其发行了 2 700 亿元特别国债，并将国债所得用于补充它们的资本金，就是一个例子。

另一方面，地方政府热衷于投资的行为不仅仅对金融层面的虚拟经济有影响，对实体经济一样有巨大的危害。产能过剩导致的内需不足，一旦遭遇到1998年和2008年的国际金融危机，就会对经济增长造成巨大的威胁。此时，中央政府为扩大内需，不得不放松对银行体系的效益约束。1998—2003年积极财政政策实施期间，财政发行8 000亿元长期国债用于基础设施建设和重点行业技术改造，与此同时，商业银行还应政府要求提供了22 000亿元的国债项目配套贷款，其规模是国债资金的两倍多。2008年提出的4万亿元经济刺激计划，中央的投资安排为11 800亿元，剩余的大部分恐怕都要依靠银行贷款实现。2009年计划投放5万亿元信贷，最终信贷规模却达到了惊人的9.6万亿元，中央政府的约束一旦放松的后果可见一斑。由此产生一个恶性循环，地方政府扩张投资→实体经济需求不足→中央政府扩大内需→银行提供配套贷款→地方政府进一步扩张投资。其结果就是中国经济在低效率的高增长的轨道上骑虎难下，如果高增长可以维持，银行业的不良资产率会因总资产的增加而显得较小，然而一旦高增长由于某种原因无法实现（如国际金融危机、人民币升值、战争、动乱等），整个实体经济和虚拟经济都面临崩溃的危险。

8.3 总结

综上所述，“大财政、小银行”尽管是计划经济时代出现的经济现象，但至今仍未失去其意义。不过“大中央财政，小中央银行”的格局，已经转变为“大地方财政，小商业银行”的模式。或者应当说，正是因为改革开放三十年后依旧存在的“大财政、小银行”格局，让我们认识到，其根源并不单纯在于计划经济，而在于“政府驱动型”的经济发展模式。因此，在政府融资格局中，无论财政与银行孰强孰弱，财政的主导性始终不改。新中国成立60多年来，中央政府主导经济发展的前三十年，和地方政府主导经济发展的后三十年，在重视积累、轻视民生的倾向性方面是一脉相承的。只要政府以投资推动经济增长的模式不改变，政府就永远不会放弃对国有银行所拥有的金融资源的控制。因此，“大财政、小银行”要成为真正的过去，前提在于政府职能彻底地由促增长转变为保民生，将经济中投资、消费、储蓄等影响供求的决策真正交给市场来完成。

参考文献

胡鞍钢，张尧庭．提高税收占GDP比重大有潜力．财政研究，1999（5）

贾康，白景明．中国政府收入来源及其完善对策研究．贾康主编．税费改革研究文集．北京：经济科学出版社，2000

李扬，王国刚，刘熠辉．中国地区金融生态环境评价（2006—2007）．北京：中国金融出版社，2007

盛洪．有关中国减税的三个理论问题．徐滇庆，李金艳主编．中国税制改革．北京：中国经济出版社，1997

王国刚．进入21世纪的中国金融．北京：社会科学文献出版社，2000

杨充．非理性政府行为与银行业风险研究．西南财经大学博士论文，2006

周立．改革期间中国国家财政能力和金融能力的变化．财贸经济，2003（4）

第 9 章

"拨改贷"[1]

Replacing Fiscal Appropriation of Investment Funds by Bank Loans

【摘要】为了改变各部门和企业盲目争项目、争投资的状况，遏制过度投资需求，国家计委、财政部和中国人民建设银行于1979年开始国家预算内基本建设投资由无偿拨款改为中国人民建设银行贷款的试点。1985年2月拨款改贷款在全国正式推广。"拨改贷"是在我国总体经济体制改革要求下进行的财政预算投资体制改革的一项主要内容，对抑制过度投资需求、提高投资效益效果显著。但鉴于"拨改贷"缺失现代金融理论的支持以及体制设计上的局限性，1988年"拨改贷"停止实施。

【关键词】财政拨款　贷款　基本建设投资

Abstract: To alter the situation where every sector and enterprise fight for investment projects, and to depress the excessive demands for investment funds in China, the former National Planning Committee, Ministry of Finance, and China People's Construction Bank jointly commenced a pilot programme replacing the fiscal appropriation for investment funds by the bank loans from the People's Construction Bank. This reform measure was implemented in all investment projects funded by national budgets starting from February 1985. The reform was an important part of overall economic reform in China and played an important role in depressing excessive investment demands and enhancing investment returns. However, due to lacking the support from financial theories and flawed in its own design, the reform ceased in 1988.

Key words: appropriation of funds, bank loan, capital investment

① 本章撰稿人：汪昌云。

“拨改贷”是对国家预算内基本建设投资由财政拨款改为银行贷款的简称，是我国投资体制以及财政预算投资体制的一项重要改革。该项改革于1979年开始试点，1988年终止。

9.1 释义

1979年8月，国务院批转国家有关部委《关于基本建设投资试行贷款办法的报告》。该报告的基本内容是：凡实行独立核算、有还款能力的企业，其进行基本建设的资金，一律由中国人民建设银行根据国家基本建设计划，以贷款方式提供。行政和无营利的事业单位以及国家计划指定的项目，仍由财政拨款。同年，“拨改贷”首先在北京、上海、广东三个省市及纺织、轻工、旅游等行业试点。这是我国投资体制改革迈出的第一步。1984年12月，国家计委、财政部、中国人民建设银行联合下达了《关于国家预算内基本建设投资全部由拨款改为贷款的暂行规定》，决定从1985年2月1日起，凡是有国家预算安排的基本建设投资，全部由财政拨款改为银行贷款。鉴于没有还款能力的建设项目在“拨改贷”实施过程的诸多问题，1985年12月国务院批准颁布《关于调整国家预算内基本建设投资拨款改贷款范围等问题的若干规定》。该文件指出，从1986年起，国家预算直接安排的基本建设投资，分为国家预算内拨款投资和国家预算内“拨改贷”投资。这两部分投资的规模，根据国家计划投资结构和投资方向的要求，均在国家计划中确定。到1988年，“拨改贷”停止实行。随着经济体制和投资体制改革的不断深入，我国的基本建设投资已采用投资单位自筹资金、银行贷款、财政拨款、利用外资等多种形式。

9.2 “拨改贷”产生的背景

“拨改贷”是特定历史条件下出现的政策产物，是我国在投融资体制改革过程中形成的。自新中国成立至1978年，我国实行的是严格计划经济，财政一直扮演着大管家的角色，为企业统筹统配资金，基本建设投资资金一直实行预算拨款办法，由建设单位无偿使用，而银行只承担企业的资金结算任务，充当政府和企业的出纳角色。在这种计划经济体制下的投资管理体制表现为，投资决策、项目审批、资金筹措和使用等各环节，都是由政府来决定，企事业单位定位为按计划行事的主体。这种由中央财政包揽基本建设投资的做法在当时提高了国民储蓄率，对集中资金保证重点建设起到了十分积极的作用。

1978年召开的中国共产党十一届三中全会奠定了我国实施改革开放的大政方针，决定自1979年开始用3年时间实施中共中央关于国民经济实行“调整、改革、整顿、提高”的“八字方针”。通过一系列调整、整顿措施的实施，国民经济效益有所改善。但由于长期以来积累下来的国民经济结构严重失调的状况难以在短期全面扭转，因此在经济生活中表现出诸多的问题和困难。这些困难主要表现在企事业单位的“投资饥渴症”引致的基本建设规模过大，基本建设战线过长；工业生产战线过长，工业改组和整顿进展不快。由于基本建设规模居高不下，行政管理等费用的增加又超过了财政的负担能力，造成国家财政当年出现赤字 135 亿元，占当年中央财政收入 1 150 亿元的 12%。这对于在传统体制下长期坚持的量入为出、略有结余的财政收支政策，无疑是一个较大的冲击。

在 1978 年以前近 30 年的传统经济体制下，国有企业实行统收统支的财务管理制度、盈利上缴、亏损补贴，企业资金筹措与使用主要通过财政统收统支的单一渠道实现。企业的固定资产投资全部由财政拨款，除一小部分季节性、临时性的补充流动资金由银行贷款来解决，国家对企业核定经常性的流动资金定额，定额内的流动资金也由财政拨付。也就是说，在传统体制下，国家财政既要为国有企业拨付固定资金和定额流动资金，又要从事审批企业决算报表、固定资产报废核销、收取利润等经营性活动。国家对国有企业这种统收统支、统负盈亏的做法，实质上是对国有企业的经营承担无限责任。

这种基本建设投资全部依靠国家财政拨款并且无偿使用的后果使得各地区、各部门和企业对建设资金的管理和使用都缺乏投入产出观念。为了扩大再生产，往往是盲目争项目、争投资，吃“大锅饭”、“供给制”的现象极为普遍。这是造成基本建设战线过长、浪费严重的重要原因之一。有些建设项目的投资长期未能形成生产能力或发挥效果，如何把国家财政资金更好地用在基本建设上，提高投资效益，成为令人关注的问题。1979 年中期，国务院批准了国家计委、建委、财政部提出的关于实行基本建设投资逐步由财政拨款改为贷款的报告，国务院于 1979 年 8 月 28 日转发国家计委、原国家建委、财政部《关于基本建设投资试行贷款办法的报告》及《基本建设贷款试行条例》，明确指出基本建设投资要试行“拨改贷”制度，变无偿使用为有偿使用，贷款业务由中国人民建设银行（现在的中国建设银行）办理。这就是我国财政金融史上著名的“拨改贷”的开始。

1980 年 11 月 12 日，国家经委、财政部、中国人民建设银行联合发出通知，决定从 1981 年起，将国家经委、财政部安排的部分挖潜、革新、改造资金由国家拨款改为试行银行贷款。同年 11 月 18 日，国务院又批转国家计委等单位《关于实行基本建设拨款改贷款的报告》，决定从 1981 年起，凡是实行独立核算、有还款能力的企业，进行基本建设所需的投资，除尽量利用自有资金外，一律改为银行贷款。也就是说，今后国家建设的项目，国家不再出资，由建设者即以后的经营者自己向银行贷款，贷款的本金和利息都由经营者自己归还。

自 1980 年开始，“拨改贷”由试点逐步推广到自负盈亏的国有企业。实施“拨改贷”建设项目较以前采用的无偿拨款方式相比取得明显效果，主要表现在：

(1) 建设单位从自身的经济利益出发，对建设项目做可行性研究，认真考虑项目的经济效益；(2) 促使建设单位严格按基本建设程序办事，更好地实行投资包干经济责任制；(3) 实行“拨改贷”，使借款、用款、还款三者统一起来，就能促使建设单位精打细算，节约使用资金，能少借的资金就不多借，能早还的资金就不晚还，从而改变了建设过程中敞口花钱、吃“大锅饭”的现象，提高了资金使用效益；(4) 实行“拨改贷”，扩大了企业的自主权，使建设单位有权提出改进设计，有权择优选择设计单位和施工单位，并通过招标、投标，促使设计单位与施工企业采用先进技术，实行科学管理，以缩短工期、降低造价；(5) 促使建设单位自始至终地抓建设、抓投产、抓达产、抓投资回收，很大程度上改变了过去工期马拉松、投产难达产、在建工程越滚越大的被动局面；(6) 促使建设单位与建设银行共同关心项目的建成，增强共同用好管好建设资金的责任。

在试行基本建设投资“拨改贷”的同时，对企业流动资金的筹集方式也进行了改革。1983 年，国务院发布《国务院批转中国人民银行关于国营企业流动资金改由人民银行统一管理的报告的通知》，决定从当年 7 月 1 日起，企业流动资金由银行统一供应、统一管理，财政不再拨付流动资金。鉴于“拨改贷”试点工作取得的显著效果，1984 年 10 月，国务院在批转国家计委《关于改进计划体制的若干暂行规定》中明确规定：从 1985 年起，凡是由国家投资的建设项目都要按照资金有偿使用的原则由财政拨款改为银行贷款；根据建设项目的实施情况，对不同建设项目实现差别利率和浮动利率等办法；根据不同情况，规定不同还款期限，少数建设项目如果确无偿还能力的，经国家批准可以豁免。图 9—1 显示“拨改贷”实施的时点。

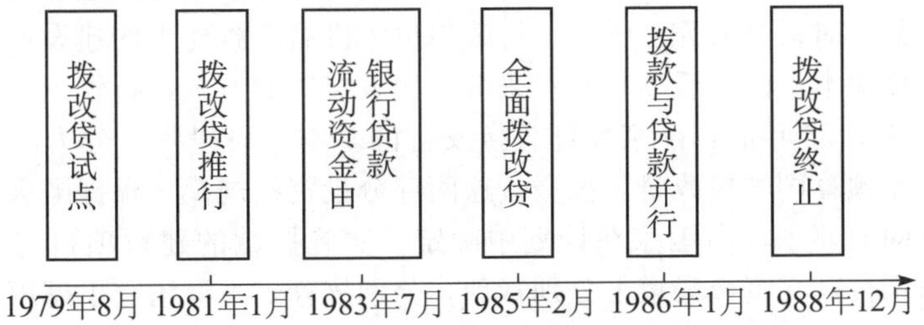

图 9—1 “拨改贷”实施时点图

按照上述规定，1984 年 12 月 14 日，国家计委、财政部、中国人民建设银行联合颁发《关于国家预算内基本建设投资全部由拨款改为贷款的暂行规定》，决定自 1985 年 2 月 1 日起，凡是由国家预算安排的基本建设投资，无论企业还是事业单位，全部由基本建设拨款改为银行贷款。至此，所有国有单位的基本建设和更新改造投资全部改为银行贷款。该文件除决定从 1985 年起国家预算安排的基本建设投资全部由财政拨款改为银行贷款外，其他的主要内容还包括：

(1) 基本建设部门和建设单位要执行基本建设程序，实行投资包干责任制，缩短工程周期，降低工程造价，提高工作质量，节约建设资金，提高投资效益，按期归还贷款。

(2)“拨改贷”基本建设投资由建设银行依据国家基本建设计划办理。各级建行要认真执行国家投资政策和信贷政策，合理调剂资金，保证资金及时供应，监督资金使用。

(3)“拨改贷”基本建设投资计划实行分级管理。“拨改贷”投资总额和分部门分地区投资额由国家确定。“拨改贷”投资安排的大中型基本建设项目按隶属关系，分别由国务院各部门和各地区提出安排意见，由国家计委综合平衡后确定；小型项目按隶属关系，分别由国务院各部门和各地区确定。

(4)实行“拨改贷”后，原来“国家预算直接安排的投资”渠道相应取消；“拨改贷”投资安排的基本建设项目，必须纳入国家五年和年度基建计划。

(5)“拨改贷”实行差别利率。具体是：电子，纺织，轻工，石油化工，原油加工项目年利率4.2%；钢铁，有色，机械，汽车，化工，森工，电力，石油开发，铁道，交通，民航项目年利率3.6%；农业，水利，畜牧，水产，气象，国防工业，煤炭，建材，邮电和节能措施项目年利率2.4%；长线产品的投资项目和在能源紧张地区耗能高的产品的建设项目，年利率12%。

上述暂行规定经过一段时间试行，对“拨改贷”过程中没有还款能力项目的基本建设投资管理进行了修订，以上的《暂行办法》修改为《关于调整国家预算内基本建设投资拨款改贷款范围等问题的若干规定》，经国务院批准，于1985年12月颁布。该规定指出，凡列入国家计划，由国家财政拨款（用省财政预算内资金、省财政自筹资金和用省财政其他资金安排投资）的，有还款能力的建设项目，基本上实行银行贷款；对科学研究、学校、行政单位等没有还款能力的建设项目可以豁免本息。上述豁免本息的建设项目不再采取“拨改贷”的方式进行管理。上述文件同时还规定：从1986年起，国家预算直接安排的基本建设投资，分为国家预算内拨款投资和国家预算内“拨改贷”投资。这两部分投资的规模，根据国家计划投资结构和投资方向的要求，由国家在计划中确定。实施拨款的建设项目与实行“拨改贷”的建设项目，在资金渠道上分别管理，分别核算，不混淆，不挪用。

9.3 “拨改贷”的实施

煤炭工业由于煤炭产品价格偏低，很多煤矿企业亏损，无偿还能力，以及在体制上投资根据1984年12月国家计委、财政部、中国人民建设银行联合颁发《关于国家预算内基本建设投资全部由拨款改为贷款的暂行规定》，1985年“拨改贷”制度在全国企业和事业单位推行。当时的做法一般是各主管部门与建设银行总行共同制定该行业国家预算内基本建设投资全部由拨款改为贷款的实施办法，其主要内容包括：

(1) 贷款范围与对象。凡是基本建设中原列为国家预算拨款的建设项目和技术改造项目，都实行“拨改贷”。贷款的对象或借款单位主要是建设单位。按建设项目的性质，属于大中型的项目包括引进设备由建设单位的上级主管单位贷款；属于其他生产性项目或非生产性项目如附属医院、小学等，由建设单位直接贷款。

(2) 贷款的依据和额度。建设项目经过可行性研究，具备批准的设计任务书和初步设计及概算，并纳入国家五年和年度计划后，建设银行即根据国家计委下达的大中型项目计划对各省分行和经办行下达年度贷款指标。建设单位可按照下达的年度计划与经办行签订贷款合同。多数情况下都强调了建设银行必须对贷款项目进行可行性论证。

(3) 项目贷款利息。按照建设银行规定的不同行业的差别利率计算。利息的计算由建设银行按照建设单位实际支用数计算复利。在计划规定建设期限内的，在项目建成后连同本金逐年偿还，超过计划规定建设期的，用借款单位或上级主管部门的自有资金支付。项目建成后，建设单位应将建设期间的贷款利息一次计入固定资产价值，在交付使用时按工程价值加上利息部分移交给生产单位。为了不调整概算，在建设期间占用贷款应计的利息不列入建设项目概算，也不计入投资规模，在考核基本建设项目的投资效益时，仅以建设项目建设期的总费用为依据。

(4) 本息的偿还与豁免。不少项目属于在计划阶段就可以认定为亏损的项目，这些项目无偿还能力。对这些项目例如医院、科研单位但不包括企业办的学校、医院、科研所、设计院等、行政机关、培训中心、煤矿工人疗养院、救灾、恢复、地质勘探项目等，实行“拨改贷”管理，贷款不计利息，建设单位也免还全部本金。建设单位偿还本息的主要资金来源是企业交纳所得税前的利润和按国家规定投资包干的结余。

自1979年8月国务院批准基建投资由财政拨款改为建行贷款试点以来，收到了一定的效果，但在实施过程中也暴露出不少问题。这主要表现在：

(1) 基本建设管理体制的改革不配套。当时的基本建设计划管理和物资管理办法阻碍“拨改贷”取得预期效果。当时实施的基本建设计划是以年度为主，今年列入计划的项目，明年又可能没被列入计划。根据1986年建设银行组织的一项调查，各级计划部门把贷款项目甩在计划之外的情况不断发生，有的对预算拨款改贷款项目不予安排，并强行将此项改为由银行利用存款发放贷款，造成贷款中断，贷款合同无法履行，工程不能按期完工，贷款不能如期收回。另外，贷款项目年度计划投资安排不足，与签订的总合同中分年贷款计划不一致，而贷款资金又只能按计划供应，贷款单位想加快进度也无能为力，造成拖延工期现象普遍，影响贷款效果的发挥。多年来基建物资供应都是严格遵循计划，切块供应。推行贷款后，物资供应还是老办法。据调查，贷款项目的“三材”（钢材、木材、建材和建筑机械的简称）供应有缺口。供应不及时，货不对路，给推行贷款带来阻力。贷款单位无权择优选用设计和承包单位。实行“拨改贷”的项目，在设计、施工管理等方面，依然如故，一切由上级主管部门安排指定。由于设计、施工管理薄弱，设计质量和施工工效都不高，贷款单位既无权择优选择，也没有相应的措施保障。因此，贷款单位顾虑重重，既担心设计单位迟迟不交设计，影响开工；也怕施工单位干干停停，拖欠工期不能按时投产使用，无法归还贷款；同时还担心建设银行还款期卡死，逾期罚款增息，等等。因此，“拨改贷”是将拨款限额改为贷款指标，是拨款的变种。在企业归还本息问题上，与财政也有不少矛盾。例如一家上海无线电厂，贷款新建一条彩电印刷线路板生产线，产品供不应求。该厂原有生产线生产的产品，质量差，销售不出去，财政部门认为，新线夺去了老线的利润，应当由新线负责上缴利润，这样就势必影响新建线贷款的偿还。

（2）经济责任不明，经济利益无法兑现。在推行“拨改贷”过程中，很多经办银行发现它们是“一无钱”：基本建设“拨改贷”的资金是财政根据计委安排的贷款项目陆续拨给建行的，然后再按贷款项目的实际情况拨付给贷款单位。投产后，贷款单位归还的贷款又上交给财政。建行不像真正的银行，在贷款工作中依然是出纳的地位。“二无权”：对基本建设项目贷与不贷，基层行只有调查的义务和反映的责任，而无决定权，不能择优发放贷款，还是行政手段决定一切。“三无责”：一个项目的贷款决策，按照国家计划，由政府确定，经办银行无法承担责任。

9.4 “拨改贷”的意义

国家预算内基本建设投资由以前的拨款方式改为建设银行贷款是适应当时我国经济体制改革的要求的，是对我国基本建设投资体制的一项重要改革。它总体上符合我国经济体制改革的方向，同原来的拨款相比，具有重要的意义。其主要表现在：

9.4.1 加强了对财政预算投资资金的管理

在实行财政拨款时，财政资金投入到基本建设领域，项目建成投产，移交企业使用后，投资的管理工作即告结束。建设单位具体负责国有资产的使用，通过企业生产经营活动的利税上缴来回收投资，建设单位上缴国家利税的多少取决于企业自身收益，多了多缴，少了少缴，没有也可以不缴，没有形成预算“硬约束”。企业上缴国家利税的多少与国家对企业的投入也没有必然联系。国家通过向企业下达指令性计划的方式推动企业生产经营的运行，企业自身并没有提高效益的动力和积极性。在财政投资由预算无偿拨款改为银行贷款后，企业使用国家投资要考虑还本付息，要考虑项目投产后的经济效益。国家对投资资金的管理不再限于项目建成投产以前的各个阶段，而是要等到全部投资资金的回收，然后用回收的资金再投入生产过程，从而形成了一个投资—产出—回收的资金全过程管理。对企业来说，使用国家投资要还本付息，企业上缴国家收益的多少直接同国家对企业的投入挂钩，这样就可以加重企业使用国家财政资金的责任，有利于促使企业加强管理，提高效益。同时，对于财政投资的管理者来说，由于资金以贷款的方式投入，要求资金的保值与增值，因此，在决策时，也相应地要求决策者有一定的责任感，以此提高他们的决策水平，进而加强对财政投资的宏观管理。

9.4.2 重新定位了国家和企业之间的关系，推进经济体制改革深化

确定国家和企业的关系，增强企业的活力，是当时以城市为重点的整个经济体制改革的实质内容和基本要求之一。新中国成立至20世纪70年代末期，我国实行的是高度集中的计划经济体制，即所谓“计划大包揽，财政大包干，物资大统配，劳资大统一”的办法，由国家直接经营和管理企业。在这种体制下，财政统收统支，企业的利润、基本折旧基金上缴财政，基本建设投资则由国家从财政预算中直接安排。由于国家大包大揽，企业在很大程度上失去了活力，丧失了主动性。反映在基本建设方面，就是向国家争项目，争投资，表现为强烈的“投资饥渴”。一些部门、企业为了达到目的，甚至弄虚作假，故意抬高或压低概算造价，形成大批所谓的“钓鱼项目”、“钓鱼工程”。有的项目甚至在建设条件不具备的情况下，实行边勘测，边设计，边施工（即所谓的“三边”工程），造成巨大的浪费。重复建设、盲目建设的现象屡见不鲜。不少项目工期一拖再拖，概算一超再超，造价上升的速度超过了投资增长的速度。十一届三中全会以来，随着经济体制改革一系列方针政策的实施，实行政企职责分开，简政放权，国家将更多地通过指导性计划和经济杠杆的调节来管理企业和组织整个社会经济生活的运行，这一切已使企业的自主性大大加强，它所具备的自我改造和自我发展的能力也必然随之提高。

在基本建设投资上所体现的国家与企业之间的经济关系也随着国家经济体制改革的推进而进行了相应调整。经过一系列改革之后，各级政府原则上不再直接经营和管理企业，国有企业已成为具有一定权利和义务的法人，在建设资金的供应上也就不再沿袭过去的那种“无偿”、“拨付”的关系了。从现实情况来看，我国的投资供应方式的改变已经具备了一定的条件。一方面是税制改革后，企业有了税后留利，基本折旧基金的大部分也留归企业，这样，自我改造和自我发展有了一定的资金来源。当资金不足，需要银行进行贷款时，也有可靠的还款资金来源作保证，企业将全面承担经济合同中所规定的权益、责任和风险。另一方面，基本建设管理体制其他方面的一些改革已经先后起步，如设计单位企业化，施工企业实行百元产值工资含量包干，流动资金有偿占用，建设项目实行投资包干、招标承包制，工程竣工后一次结算，材料供应方式扩大了市场调节范围，等等。这些改革的实施，既进一步调整了基本建设领域中国家与企业的关系，又为投资体制改革创造了良好的环境。

正是由于正确处理两者关系的需要，在“拨改贷”的办法中对建设银行与企业双方的权益和责任规定得十分明确。为了鼓励建设单位节约投资，提高效益，规定了奖优罚劣的具体政策。在归还贷款方面，规定实行投资包干的“拨改贷”项目，包干结余全部留给建设单位，一半用于偿还贷款，其余一半可按照“六・二・二”的比例分别作为生产发展基金、集体福利基金和职工分成收入。在付息上，规定计划建设期内的利息，项目投产后连同本金逐年偿还超过了计划规定的建设期，用借款单位或上级主管部门的自有资金支付。建成投产后的利息，在规定还款期内支付的，由贷款项目增加的利润支付，超过期限的，由企业用自有资金支付。建设单位在合同规定期内提前建成投产，或投产后因提高经济效益及用自有资金提前还清本息的，利息节余全部留给借款单位，并可从还款资金中提出，用于发展生产和职工奖励。同时又规定，贷款银行如因自身责任未按期提供贷款使建设受到影响的，则要承担由此造成的经济损失。这种赔偿性开支不能列入经营成本，只能用银行的利润留成基金来支付。

国家、企业之间经济关系的确立，以及它们经济利益的紧密结合，调动了计划部门、财政部门、建设银行和建设单位的积极性，使各方都注重建设项目的总投入，围绕着提高投资效益这个中心，负起各自的工作责任和经济责任，并在投资的安排、经营、使用上树立资金周转观念、利息观念和投入产出观念。从国家来讲，由于打破了投资上的“大锅饭”，原有基本建设管理体制的一些弊端以及由此带来的浪费在一定程度上得到了抑制，财政资金的使用效果将会提高。

9.4.3 “拨改贷”是投资资金管理体制改革的重要内容，为建设银行向商业银行转型奠定了基础

投资资金主要包括固定资产投资和流动资金两个部分。作为投资资金管理体制的改革来说，改革开放以来每年都有小的变革。例如，国家要求建设银行逐年增加利用存款发放基本建设贷款和更改措施贷款的数额，各级政府要求建设银行为地方经济建设筹措更多的资金，为引进技术作出更大贡献，这就迫使建设银行认真改进建设资金的管理工作，努力发展信贷、信托、委托以及引进外资业务改革备料资金管理办法和工程价款结算制度，扩大流动资金贷款供应渠道，等等。上述改革无一不对建设银行的职能作用产生深远影响，使其商业银行职能得到加强。但是，只要投资资金管理体制没有做到多方面同步改革，建设银行的商业化经营就只能停止在一厢情愿的空想阶段，建设银行的业务主体仍然是充当财政的“出纳”。在基本建设领域中发挥杠杆作用的只有当国家预算内投资全部由财政拨款改为贷款之后，整个建设资金管理体制的改革才能迈出大步，建设银行的各项业务工作才能发生根本性的变化。正是因为“拨改贷”的试点，1979 年中国人民建设银行正式成为一家国务院直属的金融机构，并逐渐承担起商业银行的职能。从此，企业的建设资金转交建设银行经营，使其将经营成果与自身的经济效益结合在一起，加速其内部机构

改革和财务管理体制改革的进程，努力提高投资的经营管理水平，为建设银行朝着真正的商业银行转型奠定了基础。所以，从建设银行发展史来说，“拨改贷”给予建设银行演变成商业银行的一个契机。为了推进“拨改贷”，1979 年建设银行升格为国务院直属部门。1983 年 5 月，中央批准中国人民建设银行改为独立经营、独立核算，管理基本建设投资的国家专业银行。更为重要的是，“拨改贷”使建设银行除继续履行“财政出纳”职能外，也初步开始利用自有资金发放基本建设贷款和流动资金贷款。至 1993 年年末，建设银行利用存款发放的各类贷款余额达 4 300 亿元，比“拨改贷”期初增长 33 倍。

9.5 “拨改贷”的评价

20 世纪 80 年代实行的“拨改贷”为提高建设单位、建设银行的投资决策水平，提高建设资金的使用效果，提高财政资金的使用效率等，与无偿财政拨款的方式相比有很大的改善。但“拨改贷”并没有从根本上解决投资决策和资金体制的主要问题，例如，企业的投资冲动问题。企业总是希望财政和银行能多给一些钱，不管是财政的拨款，还是银行的“拨改贷”，只要给钱，多多益善，不在乎利息甚至还本付息问题。当时的制度规定，“拨改贷”的项目都是国家基建计划中确定了的。建设银行发放贷款首先考虑的应该是计划，而不是居于次要地位的还本付息问题。因此，“拨改贷”也非真正的银行贷款。

“拨改贷”实施的效果，与初期设想的基本建设投资体制有很大差距。“拨改贷”并没有真正使投资由无偿使用变为有偿使用，解决预期中的基本建设投资责权利问题。其主要表现在：(1)“拨改贷”后，建设项目的贷款总额按照国家基本建设计划切块分配给中央各主管部门，再由主管部门确定下达给其下属的建设单位。但主管部门并不直接负担还贷责任，其安排计划也很少考虑还款问题，造成很多项目几乎没有还款能力但是分配了贷款；(2) 先定计划后做可行性研究，使项目可行性研究成了可批性研究。鉴于当时的计划体制，建设单位申请基本建设投资贷款直接找上级主管部门，而与银行没有太大关系。主管部门与建设单位在安排项目计划时往往置建设银行于不顾，在确定了基本建设投资计划后才让银行调查，银行对贷款回收也承担不了真正的责任。因此，“拨改贷”并没有收到期望的经济效果，反而带来了新的问题。例如，“拨改贷”由于利息支出加大了建设成本，加大了预算支出规模和投资规模。

鉴于“拨改贷”存在的问题，为了使国家重点建设有稳定的资金来源，1988 年起，国务院决定设立中央基本建设基金，从此，从试点到全面铺开历时 10 年的“拨改贷”告别舞台。中央基本建设基金主要包括：已开征的能源、交通和重点建设基金中中央使用部分；建筑税中中央使用部分；铁道部包干收入中用于预算内基本建设部分；国家预算内“拨改贷”投资收回的本息；财政定额拨款。基本建设基金由国家开发银行按计划管理，实行专款专用，年终结转，周转使用，在财政预算中列收列支。基本建设基金由财政部拨给开发银行。

基本建设基金分为经营性和非经营性两类。经营性基金由国家计委切块给各个国家专业公司，主要用于基础设施和基础工业的重点项目。非经营性项目，主要用于中央各部门直接举办的文教卫生科研等建设项目和大江大河的治理。经营性项目又分为软贷款和硬贷款两种：软贷款可用于国家政策性投资；硬贷款用于还款能力较好的项目。同时规定各省市和副省市根据财政情况，可相应建立各自的基本建设基金，由同级计委统筹安排。

国务院还批准设立了国家能源、交通、原材料、机电轻纺、农业、林业等 6 个投资公司，负责经营本行业中央投资的经营性项目的固定资产投资。国家投资公司是投资经营企业，实行独立核算，具有控股公司的职能，既要保证投资的回收期和增值，又要承担国家政策性投资的职能。

事后看来，“拨改贷”不能够成为一个具有持续性的固定资产投资模式，除了经济社会格局随着经济体制改革发生巨变以外，“拨改贷”本身在制度设计上有很大的局限性，在某些方面甚至与现代经济金融理论相矛盾。这主要表现在：

（1）“拨改贷”制度混淆了投资与借贷以及出资人与债权人的区别。现代企业的资产往往通过两种融资方式获取：股本投资和负债。股本投资是股东投入的资金，是企业得以生存发展、承受债务和取得负债资金的基本保障，也是出资人获取企业产权的依据，是对企业负债承担有限责任的基本条件。国有独资企业的基本建设项目建成后形成固定资产，构成国有企业资产的一部分，国有企业基本建设投资由国家出资理所当然。要办企业不出本钱，让经营者自己向银行借贷。企业建成以后则要归股东所有，而且企业亏损了股东想推脱责任，有了利润又要上缴财政。企业既要向出资人缴纳利润，又要自己归还银行贷款的本金和利息。这显然不符合现代公司治理理论及其相关经济学原理。

（2）只考虑企业有偿使用资金，却没有考虑企业偿还贷款的资金来源。国有企业的基本建设投资项目都是按计划由中央或地方政府确定的，有一部分项目不能盈利；即便是投资效益好的企业，企业缴纳 55%的所得税和一定比例的调节税之后，利润也所剩无几。过重的税收和上缴，使企业根本无法进行积累，无法归还银行本金和利息。事实上，大部分企业连利息也难以承担，只能靠再贷款来支付利息。实行“拨改贷”以后，造就了一大批没有资本金的“国有企业”，国有企业变得负债累累。据统计，1997 年国有独立核算的工业企业负债总额是 38 315 亿元，按当年一年期的贷款利率 8.64%计算，国有企业一年需要向银行支付利息 3 310 亿元，相当于同期企业利润总额的 7.7 倍，利税总额的 1.14 倍。亚洲金融危机的爆发给中国敲响了警钟。从 1997 年开始，国有银行采取一系列重大改革措施，加快了向商业银行转变的步伐。当国有商业银行信贷责任制约束硬化，财政不给国有企业注入资金，国有企业又没有新的融资手段补充资金时，过去企业被掩盖的各种矛盾开始显现。众多国有企业由于资信欠佳，普遍缺乏新的融资渠道，潜亏变为明亏，亏损额骤增。20世纪90年代我国实施的“债转股”，在相当程度上是对“拨改贷”政策造成的后遗症的补救。

参考文献

曾国坚．基本建设投资拨款改贷款与财政分配．中南财经政法大学学报，1985

国家计委，财政部，中国人民建设银行．关于国家预算内基本建设投资全部由拨款改为贷款暂行规定．1984

汪同三主编．中国投资体制改革30年研究．北京：经济管理出版社，2008

中国人民建设银行拨改贷调查小组．基建投资拨改贷推行情况调查．宏观经济研究．1984（30）

第 10 章

信贷差额包干①

the Responsibility of Credit Fund Balance

【摘要】信贷差额包干是我国一种信贷资金管理体制，始于 1979 年，止于 1984 年。信贷差额包干是金融体制改革中过渡性的重要一环，其核心原则为“统一计划、分级管理、存贷挂钩、差额包干”。新中国成立以来，中国信贷资金管理体制经历了从计划经济时期的“资金供给制”向市场经济的“资金交易制”的转变。1978 年以前，我国信贷资金管理体制是“统存统贷”；1978 年以后，我国信贷资金管理体制也改革为“信贷差额包干”和后来的“实贷实存”；1998 年，中国人民银行正式宣布放弃对商业银行的贷款规模控制，实行“计划指导，自求平衡，比例管理，间接调控”的新的信贷资金管理体制。信贷差额包干的产生主要是经济和金融体制的客观要求。从 1979 年经济体制改革以来，一方面，计划经济体制开始向有计划的商品经济体制转轨，体制变迁要求建立新的信贷资金管理体制；另一方面，在金融领域，中国人民银行“大一统”的体系逐步被打破，为“信贷差额包干”这种“分权式”信贷资金管理体制创造了可行性。信贷差额包干打破了计划经济体制下的“统存统贷”的坚冰，标志着我国建立适应市场经济体制信贷资金管理体制的开始。所以，信贷差额控制在我国信贷资金管理体制的演变中具有承上启下的作用，在我国的金融体制改革中发挥了积极的作用。但是，由于信贷差额包干是特定历史时期的产物，具有很大局限性，因此随着金融体制的改革不断深入，信贷差额包干最终退出了历史舞台。

【关键词】信贷管理体制　信贷总额包干　贷款规模

Abstract: Loans' difference gap management is a credit management system in China, which started in 1979 and ended in 1984. It is an transitional part in financial

① 本章撰稿人：类承曜。

system development. The core principles is "unified planning, hierarchical management, deposits-loans links and Loans' difference gap management".

Credit management system in China experiences changes from the planned economy period's "capital supply system" to the market economy's "financial transactions" system. Before 1978, China's credit management system is the "integration deposit system". After 1978, China reformed the credit management system as "Loans' difference gap management" and "actual loans and deposits". In 1998, the People's Bank of China announced to give up the size of loans' control to commercial banks and implement new credit management system, which principles is "planning guide, self-seeking balance, the proportion of management and indirect control".

The generation of the loans' difference gap management is the objective requirements of economic and financial system. Since economic reform in 1979, the planned economy was gradually reformed to a planned commodity economy, which required to create a new credit management system. On the other hand, in the financial sector, the People's Bank of China's unified system has gradually been broken, which create a feasibility to the Loans' difference gap management.

Loans' difference gap management broke the ice of planned economic system's "integration deposit system", it marked the establishment of market economic structure's credit management system. Loans' difference gap management is a transitional link in the evolution of credit management system, It also play an important role in the reform of China's financial system. However, loans' difference gap management is the product of a particular historical period. It has lots of limitations. Therefore, with the deepening financial reform, loans' difference gap management eventually with was abandoned.

Key word: credit management system, the responsibility of credit fund balance, loan scale

10.1 何谓信贷差额包干

作为一种信贷资金管理体制，信贷差额包干是我国在改革开放的背景下，为了适应经济体制、金融体制的需要而对银行信贷工作进行的一次初步改革。信贷差额包干始于 1979 年，止于 1984 年。在短短六年的试行时间内，承前启后，是金融体制改革中过渡性的一环。它改变了计划经济条件下对银行信贷指标按计划管理的状况，给予分支行一定的自主权的做法，既是改革的尝试又是改革的铺垫，同时满足了当时经济发展的需要。由于信贷差额包干终究是一个在计划经济体制下的产物，客观上无法适应市场经济的要求，因此信贷差额包干在1985年完成了其历史使命，让位于更先进的信贷管理体制。

1979年2月，中国人民银行全国分行长会议决定银行工作中着重点要迅速转移到社会主义现代化建设上来，并提出实现转移的十条意见和措施，其中包括改革信贷计划管理体制。这次行长会议的纪要中指出："现在各级银行吸收的存款同归总行，需要贷款向总行要，这种办法不利于调动各级银行的积极性，不利于加速信贷资金周转，合理地、节约地使用信贷资金。今后信贷计划管理体制，拟改为在坚持银行业务集中统一的前提下，实行'统一计划，分级管理，存贷挂钩，差额控制'的办法。"随后在西安召开信贷资金体制改革座谈会，会上提出了"差额包干"的管理办法，并决定先在上海、江苏、陕西等六省市试点。经过扩大试点，1981年在全国范围内推行"统一计划、分级管理、存贷挂钩、差额包干"的信贷计划管理体制，其具体含义是：

（1）"统一计划"。各级银行自下而上按照中国人民银行总行统一的规定编制信贷差额计划，由总行统一平衡，包干的差额由总行统一核定，然后逐级分配下达执行。

（2）"分级管理"。在国家统一计划下，明确各家银行分支机构在信贷差额包干范围内管理信贷资金的责任和权限。第一级是中国人民银行总行直接管理的信贷资金来源和信贷资金运用；第二级是由中国人民银行总行分配给各专业银行分行和中国人民银行分行管理的信贷资金来源和信贷资金运用；第三级是由专业银行总行及其分行分配给所辖机构管理的信贷资金来源和信贷资金运用。

（3）"存贷挂钩"。实行信贷"差额包干"的各级银行，吸收存款与发放贷款挂钩。在包干项目范围内，当地的信贷资金来源大于信贷资金运用的差额称为"存差"，这部分存差上交其总行；信贷资金运用大于信贷资金来源的差额称为"借差"，由其总行弥补。

（4）"差额包干"。对核定的信贷差额实行包干使用，存差必须完成，借差不得突破。在差额包干计划内，多吸收的存款和多收回的贷款，可以按照规定和信贷原则多发放贷款；存款计划不能完成，贷款不能按期收回，则少发放贷款。

"差额包干"是这种信贷资金管理体制的核心。一个地区的信贷差额，是指这个地区存款与贷款之差，存款大于贷款为"存差"，即当地银行上缴上级行的资金数额；贷款大于存款为"借差"，即当地银行占用上级行的资金数额。在全国范围内信贷收支平衡，出现的信贷差额就是货币净投放或净回笼。但对一个省而言，由于地方与中央、地方与地方之间存在着复杂的经济关系，一个省的国民收入的生产额与使用额往往不一致。对中央财政净上缴额或对省外物资净调出额、中央财政对省净下拨或省外物资净调入额，是国民收入生产额与使用额之间不一致的具体表现，而信贷差额是这种不平衡的综合反映。它们之间的关系可用如下公式表示（蔡多妮，1983）：

$$地区信贷\frac{(+)}{(-)}=地区货币流通量(+)、减(-)额+地区物资\frac{流出(+)}{流入(-)}额+财政净\frac{下拨(+)}{上缴(-)}额$$

在这种口径下，总行对分行信贷资金来源与运用的差额进行包干，分行对中心支行和县（市）支行如何实行信贷计划管理由分行自行确定，但不能突破总行下达的信贷差额包干计划和中短期设备贷款指标。差额包干按其包干范围有两种形式：一种是广东、福建两省实行的全部存、贷款包干（简称大包干）；另一种是其他省、市、自治区实行的部分存、贷款包干（简称小包干）。

大包干办法是根据中央有关规定，对广东、福建银行工作实行特殊政策，以适应两省经济体制改革，促进经济发展。大包干的具体做法是：分行在保证存款提取、保证工商流动资金的合理需要、保证农副产品收购的资金需要的前提下，多吸收的存款和多收回的贷款，可以多发放贷款。在差额包干计划范围内，用于中短期设备贷款部分由分行统筹安排。包干差额一定三年不变。而小包干的具体做法是：收支差额一年一定，多吸收的存款和多收回的贷款只能按政策用于发放流动资金贷款，不得用于中短期设备贷款。

由于差额包干将存款贷款相联系，因此在基层都成立了相关的领导小组，统筹安排，加强银行内部各个职能部门的协作。银行的计划部门虽然负责全行资金计划和调度，但信贷部门最了解贷款的需求情况，储蓄部门的工作为发放贷款提供支持。相比于贷款计划，存款计划更难以掌握，基层行建立了综合分析制度以便掌握资金来源和运用情况，每旬、每月、每季、每年都有总结和检查，从而找出其中规律。为了保证差额的完成，基层银行开始积极地吸收存款，提高工作效率。差额包干允许资金在贷款项目之间、基层行之间相互调剂，资金短缺的地区能够及时弥补，资金富裕的地区可以在统筹安排的原则下主动发放贷款。

10.2　我国信贷资金管理体制演变的历史脉络

信贷差额包干是信贷资金管理体制的一种形式。我国的信贷资金管理体制从新中国成立后一直在不断演变，信贷差额包干仅是这种演变过程中的一个过渡阶段，在整个信贷资金管理体制的演变过程中发挥承前启后的作用。回顾我国信贷资金管理体制的历史演变，有助于对信贷差额包干有更准确的理解和认识。

概括而言，新中国成立以来，中国信贷资金管理体制经历了从计划经济时期的“资金供给制”向市场经济的“资金交易制”的转变（江其务，2003）。具体而言，

1978年以前的计划经济时期，我国信贷资金管理体制是“统存统贷”；1978年改革开放以后，计划经济体制逐渐向社会主义市场经济体制过渡。为了适应经济体制改革的需要，我国信贷资金管理体制也改革为“信贷差额包干”和后来的“实贷实存”；随着我国金融体制改革不断深入，1998年，中国人民银行正式宣布放弃对商业银行的贷款规模控制，在推行资产负债比例管理和风险管理的基础上，实行“计划指导，自求平衡，比例管理，间接调控”的新的信贷资金管理体制，标志着中央银行调控手段由直接控制改为间接调控。

10.2.1 计划经济体制：统存统贷

1978年以前，中国人民银行既是国家金融管理机关，又是办理金融业务的国家银行。中国人民银行实际上承担了中央银行和商业银行的全部职能。对银行的资产负债管理实行了集中统一的综合信贷计划管理体制，实行“存贷分离、统存统贷”的管理办法，形成了中国人民银行统揽一切金融业务的“大一统”格局。

在新中国成立后至改革开放之前，我国经济一直采用高度集中的计划经济体制，而信贷资金管理作为重要的经济问题，也必然带有与之相适应的计划性。我国的信贷资金管理体制自建立之初就是计划的组成部分，信贷资金为计划服务并被动调整。当计划经济体制自身转型时，信贷资金管理体制才能相应地改变。

在实行信贷差额包干之前，信贷资金管理体制虽发生过几次变动，但始终没有脱离计划经济的框架。这个过程大致可分为三个阶段：

（1）建立阶段。新中国成立初期，此时国民经济百废待兴。为了实现国家财政经济工作的统一，1950年初政务院发布了《关于实行国家机关现金管理的决定》，规定人民银行为国家的现金调度机构，并编制综合现金计划。中国人民银行集中地建金库、收存款、灵活调度资金，初步统一了国家的现金收支业务。同年10月，中国人民银行总行开始根据政务院发布的《货币收支计划编制办法》编制业务收支计划，我国信贷资金终于有了计划管理。1952年9月，各大区行行长会议通过了《中国人民银行综合信贷计划编制办法》，对信贷计划的编制审批程序、指标管理、计划检查等制度进行了具体的规定，成为我国第一个信贷资金管理办法，我国的信贷资金管理体制就此逐步建立起来。

（2）加强阶段。1953年，我国开始了第一个五年计划。为了配合经济建设，信贷资金管理工作更多地强调计划管理和统一集中领导。这一时期实行过财务收支轧差信贷计划管理办法，也实行过中央工业和中央商业由主管部门和银行分口、分级负责的信贷计划管理办法。人民银行分行吸收的存款全部归总行使用，贷款由总行按计划指标向下分配，贷款指标的用途与金额有严格的规定，实行的是统存统贷体制。统存统贷成为计划经济条件下信贷资金管理体制的基础。

（3）反复阶段。在第二个五年计划时期，由于经济建设的要求，出现了浮夸风、高指标的“左”的倾向，信贷资金管理下放了过多的权限。除中央财政存款和中央企业贷款仍由总行管理以外，其余的存贷款全部下放给地方管理，对农业只控制信贷差额。银行提出了“什么时候需要，什么时候供应；哪里要，哪里给；要多少，给多少”等违反经济规律的口号。为了纠正这种做法造成的不良后果，1962 年 3 月中央和国务院发布了《关于切实加强银行工作的集中统一，严格控制货币发行的决定》，1963 年 2 月中国人民银行颁发了《关于信贷计划管理若干问题的规定》，货币发行权集中于中央，实行了高度集中统一和分口分级负责相结合的原则，对信贷计划的编制与审批实行主管部门和银行的“双线”管理。这些做法都重新强调信贷管理的计划性和严肃性。1965 年 4 月，人民银行总行针对“双线”管理太过死板的缺陷，适当扩大地方各级银行在信贷计划管理方面的权限。“文化大革命”开始后，信贷计划管理受到冲击，管理逐渐松散。1972 年重新制定了《信贷、现金计划管理办法》，目的在于扭转信贷计划管理大撒手的局面。

总的来说，实行统存统贷的信贷资金管理体制建立在高度集中统一的计划管理体制之上，是与人民银行“大一统”机构管理体制和统收统支的财务管理体制相配套的。其特点有：(1) 人民银行分支机构吸收的存款逐级上缴，统一归总行运用；(2) 贷款由总行统一制定，计划指标逐级审批下达；(3) 存款计划指标要努力完成，贷款计划指标未经批准不得突破；(4) 贷款运用分类严格，不同种类的贷款指标之间不能调剂使用；(4) 以指令性计划为主，主要依靠行政办法直接进行控制和调节；(5) 只有人民银行能够创造信用，其他信用形式几乎不存在。

在这样的信贷资金管理体制下，各企业按照各自的计划获得贷款，基层银行没有自主权，不存在信贷市场，利率作为资金价格也不具有指导意义。但是，存在了近 30 年的统存统贷体制，积累了信贷资金管理的经验，其缺陷成为了改革的动力。

10.2.2 社会主义市场经济体制：从信贷差额包干到资产负债比例管理

1979—1983 年。党的十一届三中全会以后，1980 年改统存统贷为信贷差额包干制度。1979 年 2 月，中国人民银行全国分行行长会议提出，要对综合信贷计划管理体制进行改革：改变资金供给制；改变单纯依靠行政管理；改变全国银行吃“大锅饭”的状况。经过 1979 年试点和 1980 年扩大试点，1981 年在全国范围内试行“统一计划、分级管理、存贷挂钩、差额包干”的信贷资金管理体制，这就是信贷差额包干。

1984—1993 年。中国农业银行等专业银行从中央银行分设出来，开始实行各自的职能，中国人民银行专门行使中央银行职能。1985 年，在信贷差额包干的基础上实行实贷实存的资金管理办法，基本内容是“统一计划、划分资金、实贷实存、相互融通”。1989 年在“实存实贷”的基础上进行了补充和完善，实行的是贷款增量的规模控制。实贷实存的管理体制的实施，加强了人民银行的宏观调控，同时也推动了专业银行的改革进程。

1994—1997 年。1994 年建立了以中央银行为核心、商业性金融与政策性金融相分离、国有商业银行为主体、其他商业银行和政策性银行并存的银行体制。与此相适应，实行了“总量控制、比例管理、分类指导、市场融通”的银行信贷资金管理方法。中国人民银行制定了新的资金管理办法，即商业银行资产负债比例管理办法，初步形成了关于资产负债管理的框架文件，各大商业银行都初步尝试实行。中国人民银行肩负中央银行和商业银行的双重职能势必产生利益冲突，两种职能都会受到影响。随着金融体制改革的深入，1983 年 9 月国务院作出《关于中国人民银行专门行使中央银行职能的决定》。中国人民银行专门执行中央银行的职能，将吸收存款和发放贷款的商业银行职能分离出去，按产业分工设置专业银行。1984 年，四大国有银行已经完成从中国人民银行的分离，人民银行专职行使中央银行的职能。

1984 年，根据各专业银行工作的实际情况，信贷差额包干制度有所调整，信贷资金管理采取了一些过渡性措施。1984 年 10 月，中国人民银行颁布《信贷资金管理试行办法》，从 1985 年 1 月 1 日起，全面实行“统一计划，划分资金，实贷实存，相互融通”的信贷资金管理体制。统一计划，就是各专业银行的人民币信贷资金必须全部纳入国家综合信贷计划，由人民银行总行综合平衡，并核定各专业银行信贷资金计划和向人民银行的借款计划。划分资金，就是各专业银行的自有资金和其他各种信贷资金，经人民银行总行核定给专业银行总行后，作为各行的营运资金，自主经营，独立核算。实贷实存，就是人民银行对专业银行的资金往来，改变计划指标层层下批的管理办法，实行上贷下存的实贷实存办法。相互融通，就是允许资金的横向调剂，地区内各银行之间可以相互拆借。这种“实贷实存”是信贷资金管理体制的一次重大变革，它使各专业银行成为自主经营、独立核算的金融机构，与中央银行间形成了借贷关系，初步建立了存款准备金制度，向市场化改革更近了一步。

实行“实贷实存”办法是信贷资金管理体制的一项重大改革。一是把信贷计划和信贷资金分开管理，改变了过去有计划就有资金的做法，各家银行必须通过组织资金来实行计划。二是贯彻了先存后贷、以存定贷的原则，改变各家银行以往在信贷资金使用上完全吃中央银行“大锅饭”的状况。而且，促使各级专业银行注重信贷资金的使用效益和经营成果，初步解决了信贷资金“供给制”和“大锅饭”的问题。在此之前贷款资金效益不佳也是完成计划造成的，造成了商业银行道德风险行为。因此，“实存实贷”很大程度上去除了货币调控体系中的行政化管理色彩，注入了市场化的因素。三是人民银行开始通过管理基础货币来控制信用和货币发行，有利于中央银行加强金融宏观调控。四是这个办法允许银行间的相互拆借，鼓励各家银行从市场上筹集资金，这在体制上保证了人民银行控制货币总量，商业银行通过拆借调整贷款结构。① 这与现代的货币政策是一致的。

① 以往资金短缺银行都求助于人民银行再贷款，资金盈余银行多余的资金也无处释放，势必造成资金总量过度投放。

“实贷实存”是对“信贷差额包干”的一种完善，但仍然存在缺陷。例如，资金管理过于集中，结果形成了中央银行对专业银行的资金供给制，各银行仍受信贷规模控制。“实贷实存”最主要的缺陷就是，中央银行事实上无法真正控制货币供应量。由于我国企业和银行都面临着预算软约束问题，很多地方和企业片面追求投资规模和经济发展速度，一些地方政府甚至能干预本地银行的贷款决策。专业银行向人民银行，人行分行向人民银行总行争取更大的贷款规模成为常态，这造成了我国信贷资金发放中的“倒逼机制”。“倒逼机制”经常导致货币过度发行。

因此，从 1989 年开始，中国人民银行在“实存实贷”基础上又进行了补充和完善，逐步实行了信贷资金和贷款规模“双向控制”的管理体制，要求专业银行的贷款增长必须严格控制在新增规模范围内，实际上是实行贷款增量的规模控制。可见，“实存实贷”管理办法的核心仍然是通过中国人民银行运用贷款限额的手段限制基础货币的乘数效应和进行资金的流向调整。

1991 年以后，我国非银行金融机构发展迅速，大量资金脱离银行进行“体外循环”。在这种情况下，仅仅把控制信贷规模和现金投放作为中国人民银行的主要操作目标显然无法满足宏观调控的需要。中国人民银行逐步建立以基础货币为操作目标，以货币供应量、信贷规模和现金投放量为监测目标的管理体系。

1994 年，中国人民银行根据《中共中央关于建立社会主义市场经济体制若干问题的决定》和国务院《关于金融体制改革的决定》，要求建立在国务院领导下独立执行货币政策的中央银行宏观调控体系。从 1994 年开始逐步实行“总量控制，比例管理，分类指导，市场融通”的新的信贷资金管理办法：一是人民银行对货币信贷总量的控制由主要依靠信贷规模管理逐步转向运用社会信用规划、再贷款、再贴现、公开市场操作、准备金率、基准利率、比例管理、贷款限额等手段的管理；二是对金融机构的信贷资金实施安全性、流动性管理。指标体系主要包括：资本充足率、存贷款比例、中长期贷款比例、资产流动性比例、备付金比例等。

1994 年以后，中央银行逐步从主要依靠信贷规模管理，转变为运用存款准备金率、中央银行再贷款和公开市场业务等货币政策工具来控制货币供应量。1996 年正式把货币供应量纳入货币政策的调控目标。

1997 年 12 月，中国人民银行颁发了《关于改进国有商业银行贷款规模管理的通知》，规定从 1998 年 1 月 1 日起，取消对国有商业银行贷款限额的控制，在推行资产负债比例管理和风险管理的基础上，实行“计划指导，自求平衡，比例管理，间接控制”的信贷资金管理体制。除了三家政策性银行外，其他银行的贷款不再受限额管理，人民银行提供指导性计划和其他政策间接引导信贷资金的投放。自此，我国商业银行开始迈入了没有限额控制的严格意义上的资产负债比例管理的新时期。

中国人民银行实行宏观金融调控不再以信贷规模为中介目标和操作目标，而改为调控货币供应量和商业银行的资金头寸。中国人民银行综合运用存款准备金、再贷款、再贴现、公开市场业务和利率等货币政策工具，及时调控基础货币，保持贷款适度增长，保持物价稳定并以此促进经济增长，维护币值稳定。

1997年年底，中国人民银行颁布了《关于改进国有商业银行贷款规模管理的通知》，决定从1998年1月1日起，取消对国有商业银行贷款限额的控制，在推行资产负债比例管理和风险管理的基础上，对国有商业银行贷款增加量的管理方面，取消指令性计划，改为指导性计划，实行“计划指导，自求平衡，比例管理，间接调控”的新的管理体制。各商业银行对资金来源与资金运用实行自求平衡，其商业化和独立性大大增加，也标志着中央银行调控手段由直接控制改为间接调控。货币政策的实施逐步由过去的以贷款规模直接控制为主转变为运用多种货币政策工具调控基础货币为主。中央银行主要通过公开市场业务、调整存款准备金率和存贷款利率等货币政策工具来调节货币供应量和利率水平，进而调控宏观经济运行。

10.3 信贷差额包干产生的背景

从1979年经济体制改革以来，一方面，计划经济体制开始向有计划的商品经济体制转轨，从属于计划经济体制的“统存统贷”信贷资金管理体制已经无法适应新的经济体制，体制变迁要求建立新的信贷资金管理体制，这是信贷差额产生的必要性；另一方面，在金融领域，中国人民银行“大一统”的体系逐步被打破，为“信贷差额包干”这种“分权式”信贷资金管理体制创造了可行性。

10.3.1 信贷差额包干产生的经济背景

在计划经济体制下，生产什么、怎样生产和为谁生产都是由中央政府决定的，经济活动通过单一的行政指令进行，产品供求双方不通过市场相联系，资源配置完全由人为规定。我国的计划经济体制是在新中国成立至1957年，在学习和借鉴苏联经验的基础上，通过社会主义改造和第一个五年计划逐步建立起来的。它由一系列互为条件、相互适应的制度安排构成，主要包括：公有制占绝对主导地位的产权制度；“政社合一”的人民公社制度；计划生产的企业制度；计划配置的就业制度；农产品的统购统销制度；集中统一的金融制度和统存统贷的信贷资金管理制度；统收统支的财政制度；国家统制型的对外贸易制度。在计划经济中，计划规定了经济运行中的各个方面，其中的金融制度只是计划的附属和执行者。

由于计划经济体制很难解决信息问题和激励约束问题，不可避免地造成经济低效率以及产品短缺，1978年我国开始对经济体制进行改革。改革的主线是“放权让利”。在农村，实行了家庭联产承包责任制；在城市，推行了国有企业改革，实行简政放权和利润留成，赋予企业对新增收益的部分所有权等；同时，扩大国有企业的经营自主权，国家逐步减少国有企业经营中指令性计划的相对份额，并扩大企业的产品定价权、工资奖金分配权、资金权等经营权利。改革赋予了微观主体一定程度的自主权。经济管理权限的下放要求给予商业银行一定的信贷决定自主权，商业银行更了解借款人的信息。如果由中央银行决定信贷的数量和结构，势必导致效率的极大损失。

随着计划经济向商品经济的转轨，经济货币化程度随之提高，信用关系也将发生新的变化。在计划经济中，资金供给与需求双方都是国家，所有的银行信用都是国家信用，而商品经济将发展出除国家信用、银行信用之外的其他信用形式，如商业信用、私人信用等，这些资金供求需要得到市场机制的调节。在计划经济转向商品经济的过程中，必然包含了经济的货币化与金融化的过程，货币信用关系不断扩展其活动领域，需要放开资金和信贷供给。银行信贷资金的主体发生分离，银行代表国家提供信贷，而各种类型、独立经营的微观主体作为需求方，无法通过计划的方法进行信贷管理。信贷投放不再被动地跟随生产计划制定，而视存款规模而定，信贷的物资保证性原则由资金保障性原则所取代。农村经济打破了自然经济状态，同样要经历商品化、货币化的过程，农村信贷资金的来源和运用都将持续扩大。① 商品经济需要更宽松、更自主的信贷资金管理体制，信贷差额包干在一定程度上满足了当时经济发展的需要。

另一方面，放权让利的直接结果是国民收入分配格局的变化，政府财政收入的下降和财政支出大幅度增加导致财政赤字的出现，政府收入持续快速下降的同时，企业和个人收入份额大幅上升，社会资金通过信用渠道进入银行的比例快速上升，通过国有银行集中企业和个人的储蓄以支持国有企业成为必然选择。国有银行开始替代财政按照国家意愿为国有企业提供资金支持，国有金融制度替代了财政制度的功能（张杰，1998）。“统存统贷”的资金管理体制无法适应经济主体多元化、经济管理权限下放以及横向经济联系迅速增长的客观需要。

正是基于上述两个因素的考虑，1979 年开始，中国的信贷资金管理体制主要围绕增强动员储蓄的激励和适当增加国有银行的信贷自主权展开。“信贷差额包干”则是这种努力的第一步。

10.3.2 信贷差额包干的金融体制背景

金融体制不仅源于实体经济过程，而且实体经济也决定了金融体制的性质特征、结构安排和运行效率。从新中国成立初期到 1978 年，我国的金融体制在本质上表现为“大一统”的银行体制。在这一时期，中国人民银行作为唯一的银行既承担了中央银行的管理职能，集中管理和分配资金，又从事商业银行活动，办理吸收存款和发放贷款的业务，集现金中心、结算中心和信贷中心于一体。在计划经济下

① 农业银行最早从人民银行中分离出来，就是一个佐证。

实行的是以社会簿记功能为特征的、集货币发行和信贷发放为一体的“大一统”的银行体制。

计划经济中金融体制的主要特征有：金融体制不具备自主性，信贷等基本的金融活动被动跟随生产计划；实行统存统贷的信贷资金管理体制，吸收存款逐级上缴，发放贷款逐级下达，信贷投放的规模和方向由计划决定；没有形成金融市场，资金供求双方都是唯一的政府，所有的信用活动集中于中国人民银行，利率、汇率等价格不具有调节作用；货币没有充分执行全面的货币职能，而是国家利用计划配置资源的工具。这种金融体制并不是真正意义上的金融制度，资金通过信贷配置仅仅是一系列计划与指令中的一种。

随着计划经济体制向有计划的商品经济体制过渡，随着“放权让利”改革的不断深化，企业和个人根据最优的原则进行生产和消费决策。由于信息传导机制障碍，统存统贷的信贷资金管理体制无法满足微观主体的多元化需求。因此，中国人民银行总行向地方分支机构下放一部分贷款权利。同时，为了保证信贷总量受到控制，由人民银行总行统一编制信贷计划，在人民银行总行统一管理信贷资金的前提下，多吸收存款和多收回贷款的，可以按照规定和信贷原则多发放贷款，使各地能够较为灵活地运用资金，调动各级银行重视存款的积极性。这正是“信贷差额包干”的本质所在。

信贷差额包干的目的是在人民银行总行统一管理信贷资金的前提下，使各地能够较为灵活地运用资金，调动各级银行重视存款的积极性。信贷差额包干是我国金融体制方面试图冲破传统的集中分配资金体制的尝试，其核心是存贷挂钩、差额包干。实践证明，“差额包干”虽然比过去的管理办法有了很大的进步，但是，由于这一管理体制会形成存款派生机制，而当时中国人民银行对信贷资金管理的手段还很不充分，仅仅依靠存贷差额这一手段，并不具有足够的宏观调控能力。另一方面，虽然专业银行开始设立，但由于和中国人民银行的联行资金清算没有分开，仍然吃中国人民银行资金“大锅饭”，使得中国人民银行无法有效地控制货币信贷总量，容易通过倒逼机制引发信用膨胀。因此，这种体制在本质上还是没有突破以指令性计划指标管理为主的框框，仍没有摆脱资金供给制的基本模式。

10.4 有关信贷差额包干的讨论

信贷差额包干施行以后，业内对其作用看法不一，主要有三种意见：一是认为这个办法能够解决信贷计划管理中的问题；二是认为信贷差额包干会使人民银行失去对贷款的指导和控制作用；三是认为这个办法比统存统贷的指标管理更进一步，但仍存在一些需要解决的问题。这三种看法是在当时的背景下，由于思想没有完全解放，改革正在“摸着石头过河”而必然产生的争论。回顾历史，第三种辩证的观点是正确的。

信贷差额包干的优越性在于它给予了基层银行一定程度上的独立经营和自主权，主要体现为三个方面：

(1) 改变了在统存统贷时重贷轻存的倾向，调动了各级银行吸收存款的积极性。统存统贷体制割裂了存款与贷款之间的联系，基层银行没有资金支配权，存款统一上缴，贷款不够向上申请，存款工作被忽视。而差额包干将存贷挂钩，存款的多少对贷款规模起重要的制约作用，这就将吸收资金的义务与运用资金的权力结合起来，因此基层行开始重视吸收存款的工作。

(2) 扩大各级行独立运用资金的权限，使信贷资金能够灵活调剂运用。统存统贷体制对各项贷款实行指标管理，工业贷款、商业贷款等不同项目的指标之间不能调剂使用，不利于满足实际生产需要，也造成可用资金的呆滞和浪费。差额包干允许基层银行在不突破差额的情况下，各种贷款间可以调剂使用，自求平衡。这样就使得信贷资金投放从实际出发，能够及时地调度支持生产和商品流通。除了保证工商业贷款需要外，银行还能够对个体工商户、旅游业、文化教育卫生事业发放贷款，支持这些行业部门的发展。信贷资金能够灵活调剂，也是银行重视吸收存款的动力之一。

(3) 加强了银行内部工作，提高了银行工作水平。统存统贷体制下的银行只是执行计划的“出纳”，并不是真正的银行。对符合信贷政策的资金需要就可以发放贷款，指标不够又可以申请追加，全国银行在吃“大锅饭”。而信贷差额包干中的信贷比简单地看指标发放贷款要复杂得多，迫使各级银行不得不经常计算资金来源和资金运用，普遍建立了通报头寸、资料积累、存款大户登记等管理制度，掌握了资金来源与运用的变化规律。除此之外，信贷差额包干将银行各业务部门联系到一起，银行内部开始协作。

而对信贷差额包干的反对意见，主要集中在是否会造成货币与信贷投放失控的问题上。信贷差额包干使货币与信贷失控的理由如下：货币流通总量由流通现金、各项存款总额、“存贷合一”账户中的剩余贷款指标三部分构成。而信贷通过货币发行，总要即刻或逐渐转化为现金与存款，因此贷款决定了货币流通量。差额包干虽然可以将贷款控制在存款增长的基础上，但有四种存款增长不能作为合理发放贷款的依据。一是存在着国民收入超额分配的现象，收入中有一部分没有物资作保证，这部分未实现的购买力形成的储蓄存款，不适宜再通过贷款进入流通。二是有相当数量的存款是人民银行总行向财政透支形成的，是一种被动的信贷增加，不能作为扩大贷款的根据。在发生财政透支时，各省市的存款激增，出现了一种不正常的现象：总行资金严重紧张，全国货币发行量大大超过计划，而各地的资金普遍宽松，存差大大超过计划，借差用不完，正是差额包干造成了货币发行量扩大的迹象。三是有的存款增加是由贷款增加直接引起的，即由于中国人民银行既是发行银行又是贷款银行，在全国整体上不一定“多存多贷”，而是为“多贷多存”创造了条件。四是差额包干并不涵盖全部存贷项目，不包干的项目资金可能向包干项目转移成为存款，扩大贷款有了新的依据。与之类似的还有派生存款问题，即借款者取得贷款后存入银行，造成银行又能依此发放更多的贷款。除了这些和信贷本身有关的问题，反对者还认为实行计划经济是社会主义的特征之一，放弃专业信贷计划是值得质疑的。这是一种思想认识的问题。

也有人认为信贷差额包干不会无节制地扩大贷款规模。虽然下级行拥有了发放贷款的自主性，但只要中央银行不增发货币或贷款，已流通的货币量就不会自行增加。而且在实际工作中，银行要遵守一系列的信贷政策和原则，强调与物资相结合，也会对发放贷款形成预约束。至于派生存款，首先这是与银行业务伴生的现象。但我国目前大部分账户是“存贷合一”，从而不会产生派生存款，另外，信贷要与物资结合，不会出现重复放贷的情形。

尽管差额包干突破了统存统贷这种计划性很强的信贷资金管理体制，但它终究是一种不成熟的体制，有其不足和缺陷，典型的表现有如下几种：

(1) 差额包干在层层下包时，逐渐丧失灵活性。由于各级银行自主经营，发放信贷以吸收贷款为准，于是资金就在专业系统之间和地区之间割裂成小块，越包到基层，分割的越小，影响信贷资金的灵活调度。而且越接近基层，差额越不易控制，也会使得基层行有资金而不敢放。

(2) 包干差额不连续，不利于发挥“存贷挂钩，多贷多存”的积极作用。在全国范围内推行的小包干，规定收支差额一年一定，执行起来时基层行顾虑重重，缺乏长远打算。

(3) 造成了消极平衡和“鞭打快牛”的现象。消极平衡就是由于差额包干，通过少存少收少放，也可以保持差额不变，这与差额包干的目的背道而驰。“鞭打快牛”是指银行每年的存贷款计划是按照上年末存贷款实际余额占全地区比重来分配的，上年存款越多，比重越大，次年存款计划就要增多，提高了工作难度。两者都挫伤了组织存款的积极性。

(4) 通过年末差和年中差确定和控制差额的办法缺乏科学性。年中差比年末差大，反映了资金的运用率。较高的年中差到了年末往往难以压回，使得银行很难在年中之后发放中短期贷款。而对年末差执行的考核，仅以年终最后一天为依据，迫使部分银行在最后一天余额上做文章，差额包干就会形同虚设。

(5) 差额管理与经济考核口径不一样，差额大小与利润多少之间联系不紧密。银行的五项经济指标考核中，没有与差额包干相关的内容。银行职工的经济利益与差额之间也没有挂钩。

(6) 在当时的银行体系中，专业银行与人民银行共用一个联行，各银行机构利用这种联行制度互相占用资金。各银行的差额超出计划的部分可以要求追加，资金不足可由上级行弥补，专业银行总行资金不足可向人民银行贷款弥补，仍然没有摆脱资金供给制。

信贷差额包干在实施之后引起的讨论，带有明显的改革开放初期的特点。计划经济正在试探性地向商品经济转轨，没有一种好的模式供参考，所有的改革都是渐进的、试探地进行。信贷差额包干就是对统存统贷的一次突破。而信贷差额包干的实施过程与相关的讨论，无疑也是当时改革开放的一个缩影。试点先行，曲折前进，在摸索中找到了适合中国国情的道路。

10.5 结论

信贷差额包干打破了计划经济体制下的“统存统贷”的坚冰，标志着我国建立适应市场经济体制的信贷资金管理体制的开始。所以，信贷差额控制在我国信贷资金管理体制的演变中具有承上启下的作用，在我国的金融体制改革中发挥了积极的作用。但是，由于信贷差额包干是特定历史时期的产物，具有很大局限性，特别是随着金融体制的改革不断深入，信贷差额包干已经无法适应新的金融体制的需要。1984 年 10 月，中国人民银行颁布《信贷资金管理试行办法》，从 1985 年 1 月 1 日起，全面实行“统一计划，划分资金，实贷实存，相互融通”的信贷资金管理体制，信贷差额包干从此退出了历史舞台。

参考文献

蔡多妮．浅谈信贷差额包干计划在执行中出现的新问题．南方金融，1983（2）

江其务．制度变迁与金融发展．杭州：浙江大学出版社，2003

张杰．中国金融制度的结构与变迁．太原．山西经济出版社，1998

道格拉斯·C·诺思．经济史上的结构和变革．北京：商务印书馆，1981

专题 基层行信贷差额包干典型经验介绍

浙江省平阳县支行成立了一个由五人组成的经营管理小组，领导差额包干①：“1980 年 4 月，在开始实施这一办法时，我行成立了由行长和计划、信贷、会计、储蓄等专业股参加的五人经营管理小组。管理小组的主要任务是：审定上报的年、季度信贷计划；根据上级行平衡的信贷计划，分月核定各专业股有关信贷计划指标，根据计划执行情况进行资金调度；检查分析计划执行情况，针对出现的问题，提出改进措施。在经营管理小组领导下，根据差额包干试行办法的要求，各个专业股明确分工，各负其责：会计股负责财政性存款、

① 平阳县支行经营管理小组：《我们是怎样试行信贷差额包干办法的》，载《浙江金融》，1982（3）。

其他存款，储蓄股负责城镇储蓄存款，计划股负责机关团体、部队存款，工商信贷股负责工商企业贷款计划的编制执行和检查分析；并由计划股负责信贷差额包干计划的上报下达，分析检查汇总工作和经营管理小组的日常工作。各专业股对经营管理小组负责，经营管理小组对商机和定计划负责。这样，使信贷差额包干办法的实行有了可靠的组织保证。”

中国人民银行绍兴县支行通过做好调查研究工作，掌握了存款的变动情况①：“一年多来的实践告诉我们，存款的变动情况较难把握，其计划准确性比贷款计划要差些。但是，只要加强调查研究，经常分析变化情况，还是可以编制好计划的。我们对影响存款总额较大的项目与单位，建立了大户存款登记簿，每五天分析一次。其中：工业有 90 户，商业 282 户，机关团体 83 户，这些户数虽然只占到存款总户数的 25%左右，而它们的存款额一般要占到全部存款总额的 70%～80%。了解这些户的存款额增减原因及其发展趋势，也就基本上掌握了全部存款的动向，为编制计划提供了依据。贷款计划根据企业编制的季度贷款计划，经过银行审核，具体安排用款时间和贷款期限。由于贷款是银行的一项主动业务，因此，一般来说，贷款计划的执行结果较为准确，去年全年月平均存款计划准确率为 88%，贷款为 96%。”

杭州市支行计划科积极吸收存款，取得了明显的效果②：“为了更多地筹集资金，扩大资金来源，我们针对近几年来城镇集体经济发展较快以及工会、党团组织预算外资金增加的特点，扩大开户，1980 年、1981 年两年统计，全市新开户1 935户，其中集体工商企业 545 户，工会、党团组织、居民区等机关团体单位 898 户，新开户的在增加，也是存款增加的一个重要原因。”“由于生产的发展，流转的扩大，经济管理体制的改革，以及加强了对存款的组织工作，这两年存款的增加也就比较多，1980 年存款增加 41 700 万元，增长 51.7%，1981 年存款增加 34 300 万元，有比上年增加 28%。”

上海市黄浦区办事处在工作中碰到了无法预计的存款波动，面临着差额被突破的情况③：“往往有这样的情况发生，由于存款起落无常，轧差指标忽紧忽松，信贷部门被搞得手足无措。例如今年二月份有一天，我们黄浦区办的存款突然下降了，上存资金下降到离指标只差 80 万元，在商业贷款采取‘存贷合一’办法的现状下，这一数字随时有被突破的可能，因此，一面控制工业贷款和商业临时贷款，一面向分行申请追加指标，一时间，整个信贷部门处于紧张的气氛之中。岂知第二天存款又突然回升了，大家才算松了一口气。经过这一番周折，大家心有余悸，谁还敢‘多存多贷’呢？”

---

① 中国人民银行浙江省绍兴县支行：《实行信贷差额包干的几点做法》，载《中国金融》，1981 (8)。

② 杭州市支行计划科：《关于实行信贷差额包干办法的几点体会与建议》，载《浙江金融》，1982 (2)。

③ 周静栋：《信贷差额包干办法有研究改进的必要》，载《上海金融》，1981 (6)。

第 11 章

全额信贷[①]

Full Credit Supply

【摘要】全额信贷一般用来指 20 世纪 80 年代，中国国有企业的流动资金由国家拨付，通过银行进行全额贷款来提供的。全额信贷是指国营企业的全部流动资金经有松部门核定后，由人民银行用信贷方式统一提供的办法。这是我国在改革开放初期，探索经济管理体制改革过程中施行的流动资金管理办法，也是用来取代国营企业的流动资金由财政部和银行“分别供应、分口管理”的办法。在当时高度集中的计划经济体制下，国有企业的资金由国家供给，产生的效益也期望能够上缴国家。不过，虽然国家出资并通过银行提供全额信贷，但是由于国企在当时经营效益羸弱，所以国家不仅没有获得收益，反而需要弥补国企的亏损。这实质上反映了当时计划经济体制的弊端：企业缺乏激励机制，员工无心研发新产品，劳动积极性普遍不高，从而造成产品质量低、销售差以及存货大量积压的局面。在这样的历史背景下，由于国家财政资金短缺，无法承担大规模投资和执行宏观经济调控的主要任务，不得不在大量赤字的压力下实行企业流动资金全额信贷。全额信贷的推行以及随之出现的一系列问题，对新形势下宏观经济管理和决策都具有重要启示。

【关键词】全额信贷　国有企业　银行　宏观经济

Abstract: Full credit supply is used to refer to the credit supply mechanism of stated-owned enterprises (SOEs) of China in the 1980s. The credit (or cash flow) that SOEs needed was fully supplied by government via banks. In particular, the cash flow needed by SOEs were supplied by banks under the unified management of People's Bank of China. This was a new approach at that time for China to manage

① 本章撰稿人：张成思。

cash flow of SOEs in its economic reform. The full credit supply system was also used to replace the old system of cash flow supply to SOEs. In the old system, the cash flow of SOEs was supplied separately by Ministry of Finance of China and commercial banks through different channels. In the central planned economy, government expected to receive returns by the full credit supply mechanism. However, due to the poor business performance of SOEs at the time, the government of China did not get any profit from SOEs but had to compensate the loss of SOEs. This consequence reflects drawbacks of the central-planning economy, in which employees had no incentive to develop new product. Consequently, the quality of products was low, sale records were poor, and a large amount of inventory was maintained. As such, China had to implement the full credit supply policy, which also caused further problems. The full credit supply system and its associated problems, nonetheless, provide important implications for macroeconomic management and policy decision for China in the new era.

Key words: full credit supply, state-owned eterprises, banks, macroeconomy

回首改革开放30多年，在我国经济体制改革中最困难、也最跌宕起伏的应该算国营企业的改革。从30多年前国营企业的衰败到今天快速发展的巨型企业，如中石油、中国移动等，我们看到的是市场经济逐步深化、充满活力的国营企业发展格局。如果不从完整的发展历史来看，今天我们可能很难看到大量的国营企业在这一过程中经历了怎样的困难和考验。如今的国营企业盈利能力强、资金充裕，是现代中国市场上举足轻重的参与者。

但是在30多年前，国企的流动资金都是由国家拨付，通过银行进行贷款来提供的。这听起来似乎有些不可思议，一个企业连自己日常生产和流通的资金都无法供给，又怎样在市场立足和发展呢？但是在当时高度集中的计划经济体制下，企业就处于这样一种生存和发展状态，它们的资金由国家供给，产生的效益上缴国家。这种模式听起来似乎很合理：既然国家出资，那么自然是国家享有资本增值的利润。但实际上，国家得不到企业上缴的利润，因为大量的国企在当时都是亏损的，所以国家反过来还需要弥补国企的亏损。当时，由于财政收入少，国家也无法完全满足企业的流动资金需求。这实质上反映了当时计划经济体制的弊端：企业缺乏激励机制，员工无心研发新产品，劳动积极性普遍不高，从而造成产品质量低、销售差以及存货大量积压的局面。

在这样的历史背景下，由于国家财政资金短缺，无法承担大规模投资和执行宏观经济调控的主要任务，不得不在大量赤字的压力下实行企业流动资金全额信贷。全额信贷是指国营企业的全部流动资金经有关部门核定后，由人民银行用信贷方式统一提供的办法。这是我国在改革开放初期，探索经济管理体制改革过程中施行的流动资金管理办法，也是用来取代国营企业的流动资金由财政部和银行“分别供应、分口管理”的办法。

11.1　全额信贷的历史背景

11.1.1　国营企业流动资金供应方式的制度变迁

我国国营企业流动资金的供应方式从新中国成立初期以来，经历了几个阶段。国营企业流动资金分别供应、分口管理的方法滥觞于我国“一五”初期。最初，国营企业的流动资金定额按其生产销售过程中所需全部资金核定。定额的 85%由财政部门拨款，其余 15%由银行发放定额贷款；企业超定额的资金需求，由银行贷款解决。由于对企业的流动资金定额是按企业生产、销售的最高需求核定的，而在计划年度的不同时期，企业对流动资金的需求量是不一样的，除了资金需求的高峰时期外，企业有相当一部分资金经常处于闲置状态，这与加速资金周转、加强经济核算的要求是违背的。

1954 年 2 月，苏联专家向时任国务院副总理的邓小平提出建议，除结算资金外，企业经常需要的流动资金全部由财政拨足，称之为定额资金。定额资金按企业生产流转的最低资金需要量确定；结算资金和季节性、超定额资金等属于暂时使用性质的资金，由银行信贷解决。同年年底，国务院批准报告“取消银行对国营企业流动资金的定额贷款，实行银行对企业季节性资金、超定额资金和结算资金进行贷款”，并指出报告中提出的办法“对合理地使用国家建设资金，促进企业的经济核算，均有一定好处”。中国人民银行最后确定了国营工业企业的定额资金、国营商业企业的非商品资金和一部分商品资金，由财政拨款解决。银行贷款只解决工业季节性的、在途的、临时的资金需要，即超定额贷款。

“大跃进”时期，为了进一步扩大生产、满足生产所需的流动资金，1958 年 12 月国务院决定，国营企业的流动资金改由中国人民银行统一管理。这次流动资金的供应形式变化是当时“体制下放”改革的一部分。这次改革把相当大一部分对工业企业的管理以及商业管理、财务管理的权力下放给地方行政机关，也适当扩大了企业的权利。1959 年财政部和中国人民银行对国营企业的流动资金的管理做出具体规定，规定国营企业所需的流动资金，不分定额和超定额，一律由中国人民银行按信贷方式统一供应、统一管理；原来由财政拨给企业的自有流动资金，全部转作中国人民银行的贷款，统一计算利息；企业向银行借的流动资金贷款，只能用于生产周转和商品流转的需要，不得用于基本建设和其他用途。

然而，此次改革最终造成了严重的经济混乱和经济困难，改革也以权力的上收而结束。就银行方面来看，银行大撒手供应的流动资金被挪用于计划外基础建设，导致国民经济比例严重失调，市场物资缺乏，生活资料供应紧张，给经济建设和社会生活带来了很大的困难。从货币发行来看，在1958年至1960年3年期间，国内共增发货币43亿元，比“一五”计划时期五年间发行的还多18亿元。1960年年末，市场货币流通量为95.9亿元，比1957年年末增长81.6%。银行多发的货币，并不是经济上的发行，而主要是填补财政开支的窟窿，掩盖了财政“假结余，真赤字”的虚假现象。

随后的1961年，中国人民银行报批国务院，企业的流动资金由银行一家供应，又改为除了超定额流动资金仍由银行发放超定额贷款以外，工业、交通运输部门所需的定额流动资金经过核定以后，总额的80%由财政部门通过企业主管部门拨给企业，作为企业的自有流动资金，其余20%由财政部门统一拨给银行，由银行向企业发放定额流动资金贷款（尚明，1989）。在改革开放初期的全额信贷改革就是在这一基础上展开的。

11.1.2 全额信贷的改革背景

在国务院1979年下达《关于国营工业企业实行流动资金全额信贷的暂行规定》之前的十几年中，国家实行国营企业的流动资金由财政部和银行分别供应、分口管理的办法。企业流动资金的管理沉疴已深。从财政拨款的情况来看，主要存在四个方面的问题。

第一，分口管理流于形式，实际执行时却困难重重。以定额流动资金的核定来说，它需要各个部门、各个方面的有机配合。从企业本身来说，当各项管理制度都具备了一定的条件时，才有可能按“定额”来控制流动资金。三十多年以来，我国搞过多次“核资”，也就是对企业流动资金需要按定额管理办法核定一个最低需要量。亲身经历过这项工作的人体验到，所谓“核资”与“资金定额管理”，实际上流于形式。对很大一部分企业来说，这种形式不过是“热闹一阵”、“走走过场”，却并未发挥预期的经济效果。

实质上，核资的一整套方法搞的是烦琐哲学。企业面临的生产、购销条件等并不是主观愿望所能左右的，因此，仅凭“测算”或是“推理”等办法搞出来的所谓最低需要的流动资金定额，往往不切实际，相差甚远，从根本上失去了按定额控制资金的意义。即使核定了流动资金定额，各级财政部门也不能如数拨付，所以常常是辛辛苦苦地核好了资，但在实际拨款时，却因财政拨款不足，只能“看菜吃饭”，“核资”变成了“分资”，分完了事。这样，所谓“核资”和“定额管理”等于脱离实际的空谈。

第二，财政增拨给企业的定额流动资金与企业生产需要不相适应。在时间上一般是生产先行，而拨款不及时，在数量上是多年才增拨一点点，增拨的数额与生产的发展不一致。在当时，有的工厂生产已经翻了几番，但定额流动资金却还保持在20世纪60年代的水平。另外，企业的生产购销情况变动频繁，即使能够做到每年核定一次定额（实际上做不到），也难以适应客观条件的迅速改变。从当时的发展情况看，随着四个现代化的逐步向前推进，中国经济发展变化之快，绝非按年预测所能准确判断的。这样，核资所核定的额度很快就变成了“历史资料”。更有甚者，由于当时人力、时间和技术等条件所限，经常是间隔五、六年才能正式核定一次，这就更失去了它应有的经济约束作用。在这种情况下，企业的定额流动资金出现缺口，矛盾也就自然转移到银行贷款上来。当时之所以银行贷款连年大量增加，而有些贷款长期无法收回，原因是这些贷款被垫付在企业的定额资金上面去了。

第三，多头管理，扯皮事多，企业被动。由于财政、银行两家管理，企业在需要流动资金时，银行强调因定额没有拨足，应向财政要，把需要流动资金这个“球”，踢到财政部门去。而财政又反过来说，定额流动资金就是这么多，又把“球”踢回到银行这边来。这样，财政、银行相互推诿，受害的是企业，企业每次核资时都要和财政、银行开展“大论战”。对怎样计算所谓“最低需要量”，三方经常是各执一词、争吵不休。但是到最后，由于资金是由财政和银行管控的，因此财政与银行的“意见”会强加在企业头上。

第四，企业使用定额流动资金不承担任何经济责任，企业占用流动资金的多少和使用效果的好坏与企业和职工的经济利益没有直接的联系，这些都不利于调动企业管好用好资金的积极性。因此，尽管当时部分学者对执行全额信贷持反对意见（如夫中，1979；李万成，1979；赵定方，1980），但全劲兴（1979）、汤庆洪（1979）以及李嘉尤和张轩（1980）都认为，在当时的总体经济发展背景下，需要执行全额信贷。

总之，尽管当时有人担心全额信贷是大包干，弄得不好，银行会被迫“打开金库发票子”，但实行全额信贷仍然是为了运用经济办法管理经济（汤庆洪，1979）。而且，当时企业应由财政拨款的定额流动资金占所需全部流动资金比例逐渐减少，甚至80%、90%都由银行贷款供应，这是“死定额”，也是实际上的全额贷款。正是在这样的经济发展背景下，自20世纪80年代初开始，全额信贷在中国如火如荼地展开了。

11.2 全额信贷的实施过程

对全额信贷实施过程的了解，要追溯到1979年和1983年国家颁布的两个非常重要的文献。1979年7月13日，国务院下达了改革国营工业企业体制的五个试点文件，其中一个是《关于国营工业企业实行流动资金全额信贷的暂行规定》。这一规定指出，现行国营工业交通企业的流动资金的管理办法，是由财政和银行分别供应，分口管理。定额流动资金由财政部门核拨，作为企业的自有资金，无偿占用；超定额流动资金由银行信贷供应。这种办法管理多头，调剂困难，而且占用资金多少与企业和职工的经济利益没有关系，不利于调动企业和职工管好流动资金的积极性。为了充分发挥银行信贷这个经济杠杆的积极作用，促进企业改善经营管理，减少物资积压，加速资金周转，国营工业交通企业（包括物资部门所属企业）的全部流动资金，逐步改由人民银行以贷款方式提供。该法令还具体规定工业交通企业的流动资金贷款按不同种类划分利息，以及对流动资金贷款的使用方法。此暂行规定在扩大国营工业企业经营管理自主权的试点企业中试行，以取得经验。

1983 年 6 月 25 日，国务院转发关于同意中国人民银行《关于国营企业流动资金改由人民银行统一管理的报告》的文件，决定：国营企业的流动资金，改由中国人民银行统一管理。人民银行有权制定流动资金管理制度，管理企业的国拨流动资金，核定企业的流动资金定额和计划，考核企业使用流动资金的效益。人民银行在《关于国营企业流动资金改由人民银行统一管理的报告》中提出银行统一管理流动资金很有必要，一是适应财政、信贷资金渠道变化的新情况，有利于加强资金管理；二是加重银行责任，有利于挖掘资金潜力；三是符合经济改革的要求，有利于促进企业节约使用资金。该报告一并提出了银行统一管理流动资金的办法。

这两个文件所提出的关于国营企业流动资金供应的改革，实质上就是通常所说的“全额信贷”。简单地讲，全额信贷是指国营企业的全部流动资金经有关部门核定后，由人民银行用信贷方式统一提供的办法。这是我国在改革开放初期，探索经济管理体制改革过程中施行的颇具特色的流动资金管理办法。

从具体内容上看，1979 年颁布的《关于国营工业企业实行流动资金全额信贷的暂行规定》，将流动资金“分口管理”的办法改为“全额信贷”的办法，是为了适应当时的经济发展状况及财政收支状况，为了促进企业发展，提高企业的效益。它是国家对国营工业企业的一揽子试点改革中的一个组成部分，这一揽子改革措施中还包括《关于扩大国营工业企业经营管理自主权的若干规定》及《关于国营企业实行利润留成的规定》等。这些规定指出，在国营工业企业试点后，将逐步向全部企业普遍推广。这是改革开放之初，国家探索提高国营企业的收益率，提高国营企业效率的一系列尝试。

1983 年 6 月，第六届全国人民代表大会召开。会上对党的十一届三中全会以来的各项举措及遇到的实际情况做出了总结。政府工作报告中提出了为实现“三步走”的战略，在 80 年代必须完成的任务。其中提高财政收入、改革经济体制以提高经济效益是经济工作中的重中之重。国家在计划、调控经济时，要按照经济规律办事，发挥价格、税收、信贷的经济杠杆作用。

国务院于同年 6 月 25 日转发关于同意中国人民银行《关于国营企业流动资金

改由人民银行统一管理的报告》。这一报告在几个方面都体现了会议的精神。中央财政在国家预算中不再安排增拨流动资金的支出，原来财政拨给企业的国拨流动资金仍然留给企业作为自有资金，但由银行统一管理。同时，取消按储备、生产、成品三个阶段核定定额流动资金的老办法，改为按平均先进的销售收入资金率（或销售成本资金率）来核定流动资金的占用额，要建立健全企业流动资金占用水平的考核制度，实行差别利率和浮动利率，还要建立企业补充自有流动资金的新制度。

实际上，20 世纪 70 年代末至 80 年代初期，国家财政收入逐年下降。1978 年财政收入的真实增长率为负。财政收入逐年下降的一个重要原因是经济效益不好，工业生产、交通运输的成本和商业流通费用降不下来。1978 年以后，我国政府首先对财政体制进行了多次改革，最后在全国大多数地区实行了不同形式的地方财政包干体制。财政收入的增长幅度小于经济增长的幅度，国家难以负担国营企业增加的流动资金需求。因此，为了提高国营企业的经济效益，改变国营企业长期吃大锅饭、不论效益的局面，国营企业改革刻不容缓，经济体制改革的步伐必须加快。

在这样的背景下，1979 年国务院同时发出《关于扩大国营工业企业经营管理自主权的若干规定》、《关于国营企业实行利润留成的规定》及《关于国营工业企业实行流动资金全额信贷的暂行规定》等五项文件，逐步放宽了企业的自主经营权，促进了企业提高效益的积极性，建立起以责、权、利三者结合为特征的多种经营责任制。

《关于国营工业企业实行流动资金全额信贷的暂行规定》中具体规定了各种信贷的不同利息。国营工业企业的定额贷款由财政将应拨定额资金拨到人民银行，由人民银行以贷款方式供应，月息 0.21%；超定额贷款则为月息 0.42%；超储积压贷款，也即企业由于生产经营管理不善造成的超储积压物资所占用的资金，银行按超定额贷款利率加倍计收利息，月息 0.84%。这一方法落实了国家在正确运用行政、立法等手段的同时，运用利率这一经济杠杆，以期按经济规律办事的改革方向。

1983 年，国务院转发中央银行《关于国营企业流动资金改由人民银行统一管理的报告》，将全额信贷在工业企业的试点推广至所有国营企业。其中，企业流动资金定额或计划的核定办法改用平均先进的销售收入资金率核定工业企业的流动资金定额；商业一、二级批发企业根据购销计划核定周转库存额，银行实行“存贷分户”管理，并考核企业的流动资金使用情况，对超定额（或超计划）贷款实行加息或“浮动利率”。以国家下达的加速流动资金周转指标作为指令性指标进行考核：企业的流动资金占用额，在资金定额（或计划）以内的贷款，实行统一利率，取消定额内低息贷款；超过定额（或计划）的贷款，要加收利息。另外，还要根据国家的经济政策，对不同行业、企业以及产品实行差别利率，实现国家对不同产业的扶持。

11.3 实施全额信贷利弊的争议

1979年《关于国营工业企业实行流动资金全额信贷的暂行规定》一经提出，就引起了学者和银行业工作者的广泛讨论。早期的讨论主要围绕着是否应进行全额信贷的改革，以及全额信贷利大于弊还是弊大于利的问题。尽管反对全额信贷措施的一方担心全额信贷可能会搞乱国家对企业“钱、权、责”的承担，可能会扰乱企业自主经营的原则，还可能会造成“靠发票子满足财政收支”等问题，但我们现在重新审视当时的制度背景则不难理解，全额信贷措施是当时国家深化国有企业改革的重要环节。

我们知道，在20世纪70年代末之前，我国经历了十几年的动荡时期，国内经济曾一度处于崩溃的边缘。国营企业大量亏损，产品积压。由于企业长年吃“大锅饭”，生产积极性极低。而中央的财政收入减少，无力负担企业的流动资金供应。当时的经济建设还提出要集中资金，重点建设一些企业来提高经济产值。为了实现这一目标，提高国营企业的活力，国家进行了一系列改革。但当时人们的思想还比较保守，加之1959年实行的全额信贷最终造成了严重的通货膨胀，人们对这次的重提有所顾虑。争论主要集中在全额信贷会不会造成又一次的通货膨胀，全额信贷能否通过利率杠杆降低企业的流动资金占用量，是否否定了企业的自主经营权及实行全额信贷是否破坏了财政的职能发挥。

全劲兴（1979）曾指出，许多人害怕全额信贷会变成“大包干”，弄得不好，银行就会被迫“打开金库发票子”。但事实是“包下来”的问题，已属既成事实。搞“核定额”那套办法，被人们叫做“死定额，活拨款”，定额资金拨不足已属司空见惯。企业资金有缺口，势必挤银行。银行和企业天天打交道，不能撒手不管。银行增发，就势必引发通货膨胀。

1983年的流动资金管理体制改革考虑到了这一点，实行企业补充一部分自有流动资金的管理制度。改革明确规定了对不同类型的企业，采取不同的补充自有流动资金的具体办法，这是保证信贷收支平衡、固定资产投资与流动资金比例平衡的重要条件，也是区别流动资金由银行统一管理和全额信贷之间界限的根本标志。做出这种规定的依据在于，企业作为独立经营的经济实体，总是需要有一定数量的可以自主支配的流动资金用于生产周转，而在企业再生产过程中周转的流动资金又总有一部分是没有间歇被长期占用的。随着生产的扩大，这部分被长期占用的资金也会不断增加。如果这部分资金由银行贷款来提供，则意味着银行只能收取这些资金的贷款利息，本金则永远收不回了，这就会改变信贷资金的性质，违背信贷资金有借有还的运动规律。

因此，对于企业再生产过程中长期占用的这部分流动资金，不能用银行贷款来解决。过去这是由财政供应的，今后取消了流动资金的定额、超定额界限。生产周转中长期被占用的流动资金应由企业的发展基金来补充。这是企业进行生产经营理所当然要花的本钱，企业扩大再生产不能只顾扩大固定资产投资，不管增加流动资金。但是，由于当时企业留利水平较低，在具体执行补充自有流动资金的办法时，银行可能不得不暂时垫付一部分。

从理论层面和政策层面上看，明确规定企业必须补充一部分自有流动资金，列为改革的一项重要内容，这是完全正确的。建立企业补充自有流动资金新制度的目的，不仅是为了彻底打破“大锅饭”，防止企业躺在银行身上过日子，有利于促进企业加强经济责任制，节约使用流动资金，而且为了防止出现千家万户只顾搞固定资产投资、只有银行一家供应流动资金的不正常局面，避免走到 1959 年全额信贷的老路上去。这对保证银行实现信贷收支平衡，保证固定资产投资与流动资金供应有个合理比例，具有十分重要的意义（沈水根，1983）。

我们知道，在 20 世纪 80 年代初以前，中国人民银行既是货币当局，又经营商业银行业务；既发行货币，又发放贷款。全额信贷确实是在财政对国营企业的流动资金供给无以为继的情况下提出的，存在“财政挤银行，银行发票子”的可能性。缺乏独立性的央行在很多时期被迫超量发行货币，最终造成通货膨胀。但随着中国人民银行逐步将商业银行的业务分离出去和中央银行职能的逐渐完善，这一问题也逐步得到解决。

对于实行全额信贷能否发挥利息杠杆的作用，持异议的一些银行业工作者认为，企业的定额流动资金是企业生产周转的最低需要，企业并不能因为对定额流动资金收取利息而少用或不用。利息在这种情况下根本起不到杠杆作用，也不能促进企业经济核算，而是强加于企业的不合理负担。定额流动资金是企业生产经营必需的一部分资金，本应由企业自有自筹，否则无法进行正常生产。然而当时很多企业长期亏损，这些亏损都由财政来补窟窿，更不用提自己积累流动资金。由银行提供流动资金，并进行信贷监督，有利于促进企业节约流动资金，保证流动资金的正确使用。

对于全额贷款是否否定了企业的自主经营权，我们认为算不上。在由财政供应流动资金之时，企业大搞自行其是，乱拉资金，搞少、慢、差、费的自主权，难道也应该保护吗？全额信贷不过是改变了对企业流动资金的供应渠道与方式，并非剥夺企业合理运用资金的权利。只要企业真正做到了多快好省地进行生产经营，那就会在资金使用上掌握更大的自主权。

在市场经济刚开始在我国发展之时，我国的一些经济工作者和学者对市场经济的知识比较陌生，认为全额信贷影响了毛主席曾指出的财政“发展经济，保障供给”职能。毛主席对我国的财政工作有过明确的论述：“从发展国民经济来增加我们财政的收入，是我们财政政策的基本方针……这一方针的着重执行，是我们财政机关和经济机关的责任。”事实上，决定财政的是经济，若是走入了单纯的财政收支路子，不关注企业的实际生产经营情况，不能以财生财，就不能开辟财源增加财政收入。这一点我们现在看来也是正确的。全额信贷措施实施之前，当时的计划经济体制比较僵化，国营企业盈利很少，因此也就没有办法为财政创造收入。因此，全额信贷在制度上是一次重要创新实践，是国家早期深化国营企业改革的重要举措。

11.4 实施全额信贷的历史含义与启示

11.4.1 分口供应的理论背景——马克思主义政治经济学的实践

制定分口供应、分别管理的流动资金供应方式是在计划经济体制下对马克思主义政治经济学的实践。为什么企业的流动资金要分自有资金和信贷资金或者叫定额资金和超定额贷款？这两种资金虽然都属流动资金，但其性质是有区别的。马克思指出，“投在劳动力和生产资料上的流动资本的价值，只是为制成品所需要的时间而预付的，它要和由固定资本的大小所决定的生产规模相适应”。马克思这段话可以从下面两个方面进行理解。第一，流动资金是用于生产过程的资金，是生产过程必不可少的资金组成部分，也是企业需要的最低流动资金额。对于社会主义国家来说，是应该由国家财政给企业拨足的，而不应收取利息。如果硬要收贷款利息，那只会加大企业生产成本，其结果对企业对社会消费等都没有好处。第二，流动资金数额要和企业的生产规模和固定资金规模相匹配，也就是流动资金是构成企业生产能力的必要组成部分。因此，国家的财政预算在分配积累与消费的比例中，对安排生产建设项目和扩大生产能力时，不但要包括固定资金，同时必须安排应有的流动资金。如果财政上不安排流动资金，而由信贷资金解决企业的定额流动资金，那就意味着一方面财政资金的平衡留下了缺口，而由信贷资金去弥补。另一方面又助长了财政弄虚作假多安排、形成财政赤字。财政资金与信贷资金的关系只能由财政给银行拨信贷基金或用财政节余弥补信贷资金平衡后的缺口，而决不能用信贷资金弥补财政收支的缺口。只有如此，才能保证国家稳步建设。这是关系国家经济建设不断有计划、高速度健康发展的大事，这是保证财政收支平衡、信贷现金发行平衡，保证金融物价稳定的大事。

11.4.2 全额信贷的理论背景——信贷杠杆的初步实践

分口管理的流动资金在当时难以为继，结合当时的情况我们可以看到改革的必要性。增加企业的自主权，增加企业的利润留成和流动资金的全额信贷等一系列改革都是为了增强国营企业的活力，提高国营企业的效益，引入市场调节机制。这些正在和将要进行的各项改革，目的是要克服妨碍社会生产力发展的原有体制中的弊端和缺陷，逐步形成适合我国国情的新的经济体制。之所以要实行“全额信贷”，首先就是要发挥银行信贷对国营企业提高流动资金使用效率的杠杆作用，尝试运用经济规律办事。现行制度定额流动资金由财政拨款，超定额流动资金由银行贷款，难以发挥信贷这一经济杠杆的监督作用。信贷是现代经济发展中用来调剂资金和分配资金的经济工具。

银行信贷监督的经济职能体现在两个方面。其一，在企业有资金需要时，如果银行认为它符合给予贷款的条件，那么，一定数量的贷款，在一定期限内贷给企业使用，并且收取一定的利息，就能有效地支持企业顺利地维持或扩大产、供、销，获得更多的利润。这说明，信贷在经济上有显著的促进作用。其二，与上述情况相反，当企业有资金需要时，如果银行认为它不符合给予贷款的条件，那么，银行不予贷款或贷给较少，或在贷款期限上给予约束，甚至对原有贷款提前收回。此外，还可以在贷款利率上予以提高。这样，企业就会承受资金周转困难的压力，或在费用支出上加重负担。为了摆脱困境，它势必要尽快改善生产购销，清除那些不符合信贷条件的因素，以便能够继续得到贷款支持或减轻贷款利息负担。

概括起来，信贷杠杆作用的表现形式，就在于它对企业的生产经营可以有效地进行经济上的支持与制裁。经济支持与经济制裁是促进企业改善经营管理的重要动力。为了促使国营企业取得理想的经济效益，除了采取必要的组织措施和行政措施外，还必须通过信贷杠杆这样的经济手段来对其施加影响。信贷杠杆就是一种具有灵活性，有借有还、连续性不断借还、补偿性收取利息的对企业的生产经营实行有效制约的经济手段。这种手段是其他经济形式无法代替的（汤庆洪，1985）。

11.4.3　缺乏完善金融制度的全额信贷

虽然全额信贷改革的目标是为了提高国营企业流动资金使用效率和放松财政负担，但是从实施效果来看，这一改革的成果并不完全令人满意。首先从企业的角度来说，这一决策忽视了两个问题：一是混淆了投资和借贷以及出资人与债权人的区别。资本金是企业得以生存发展、承受债务和对外借贷的基本保障，是出资人获取企业产权的依据，是对企业负债承担有限责任的基本条件。老板要办企业不出本钱，让经营者自己向银行借贷。企业建成后则要归老板所有，而且企业亏损了老板没有责任，有了利润又是老板的。企业既要向老板缴纳利润，又要自己归还银行贷款的本金和利息。这就是全额信贷造成的直观现象。

二是只考虑企业有偿使用资金，却没有考虑企业偿还贷款的资金来源。暂且不说因为存在投资风险有相当一部分企业不能盈利，就是投资效益好的企业，企业缴纳55%的所得税和一定比例的调节税后，所剩资金无几。而且连企业维持简单再生产基本条件的固定资产折旧基金，在1985年以前也还要向财政和上级主管部门上缴50%。过重的税负和上缴，使企业根本无法进行积累，无法归还银行本金。更多的企业连利息也难以承担，只有靠再贷款来支付利息。借新债填老债，结果债务越积越多，不能自拔。

更多的情况是，信贷杠杆对企业是失效的。当时我国农工商企业和金融企业的企业化程度比较低，利率发挥宏观调节作用基础薄弱，微观经济对利率的调节反应迟钝。而且我国一直采取的固定利率水平明显偏低，根本不能约束企业的借款行为。总之在企业行为目标和行为方式紊乱的20世纪80年代，企业大面积亏损导致自身无力补充流动资金，反而一再地挤银行。而利息也成为效益差的企业身上的一大负担，导致企业债务越积越多。国营企业即使亏损，也无破产之虞，导致信贷约束对企业作用不大。企业不顾及占用信贷资金所背负的利息，对资金的数量冲动也就难以抑制。总之由于信贷约束软化，企业未能在全额信贷改革之后积极提高自己的流动资金使用效率，努力实现盈利。

实际上，解决企业流动资金问题的根本途径有两条，一是疏浚流动资金来源的渠道。二是切实管好、用好银行信贷资金。来源不理顺，只强调管理，巧妇难为无米之炊，捉襟见肘；有畅通的资金来源，而不加强管理，则大量的流动资金就可能被浪费掉。我们现在来看，只有企业盈利，才能为自己扩大再生产提供必需的流动资金；国家的财政收入充裕，才能为国营企业注入资金。而只有企业管理者有激励去提高效益，企业才能用好自己的流动资金。这些条件在当时都是比较缺乏的，单纯改变流动资金的供应方式并不能保证供给、提高企业效益。这些问题都是随着改革开放、市场经济的进一步深化和体制的健全逐步解决的。直到20世纪90年代末期，大量的国营企业关停转并都是由于效益不好，可见单纯的流动资金改革实在难起沉疴（李嘉尤、张轩，1990）。

对银行来说，银行统管企业流动资金，实际上是背上了一个难以负担的沉重包袱。自1985年起，全国经济增长趋于高位运行，固定资产投资膨胀，基本建设投资经常超出国家预算，这些项目配套的流动资金绝大多数也是由银行信贷提供的。财政通过企业挤占银行资金，而银行对企业间的相互拖欠无能为力，企业因为经营亏损、往来拖欠及其他非规范行为占用的贷款不计其数（李小笔，1987）。

当然，银行统一管理流动资金作为一项重要的经济改革举措，必然会引起各方面经济利益的调整与博弈，不仅在微观经济上将使企业与财政、银行、主管部门的关系发生新的变化，更主要的是在宏观经济方面，将对信贷收支平衡、财政与信贷的综合平衡、固定资产投资和流动资金之比例的平衡等问题产生重大影响。以信贷收支平衡为例，银行的全部信贷资金中大量资金，如黄金和外汇占款、财政透支与借款、农贷呆账、工商业超储积压占款等被长期占用，不能周转使用。银行真正能用于周转使用的信贷基金并不宽裕，再加上当时财政困难也很大，如果信贷能力也出现问题，流动资金供应就会形成更大的问题。

另外，在全额贷款实行的20世纪80年代，企业补充一部分自有流动资金的愿望没有得到很好地实现。企业自身没能很好地补充自己的流动资金，以致在银行紧缩银根时无法保证自己的正常生产所需。1989年银行贯彻执行“控制总量，调整结构”的信贷方针之后，对企业的生产、流通以及整个社会的经济运转产生了巨大的影响。国家抽紧银根，使企业普遍感到流动资金短缺，生产一度出现滑坡。银行虽然竭尽全力开拓信贷资金来源，挖掘信贷资金潜力，但也只能是杯水车薪，难以满足全部企业对资金的需求。而许多国营企业流动资金仍存在占用多、效益差的问题。二者又互为因果，愈演愈烈，恶性循环。企业新增流动资金，基本上由银行实行全额信贷，企业自补流动资金的能力极其微弱。企业维持生产所需的流动资金，只靠银行在国民收入再分配中去吸收社会闲散资金来解决。由这条渠道来承担企业生产的全部流动资金来源，银行就会遇到这样的困难：当扩大贷款发行时，容易诱发很高的通货膨胀，而当紧缩银根的时候，就又会出现企业支付困难的窘境，进而诱发经济、金融秩序紊乱，造成企业流动资金问题成堆、愈演愈烈。

同时，我国各级地方政府干预银行贷款决策，大量经营不善、效率低下、资金周转不灵的国营企业依靠银行的“安定团结贷款”生存，靠借贷发工资。这些国营企业债台高筑，但绑架了国营银行。大量银行贷款有去无回，形成了大量的呆账坏账，银行的金融资产质量不断恶化。亚洲金融危机之后，国营银行的股份制改革结束了国营企业躺在国营银行身上过日子的历史。国营企业由于没有盈利能力，缺乏新的融资手段，潜亏变成明亏，企业出现停产、半停产，大量工人下岗。这些矛盾都在当时被银行的全额信贷所掩盖，银行由于全额信贷产生的大量呆坏账最终还是由国家出资剥离的。

总体来看，全额信贷的实施并没有解决国营企业的发展问题，根本原因在于当时还缺乏完善的金融制度，因此也就无法从根本上疏浚政府、企业与银行的关系。但从积极层面看，全额信贷的实施，为 20 世纪 90 年代以后的国有企业改革提供了宝贵的发展经验。

11.5 总结

全额信贷是中国财政金融体制转型过程中颇具特色的经典事件之一。从发展历程上看，我们国家在 20 世纪 50 年代末和 70 年代末分别施行了两次不同的全额信贷措施。当时，国家希望改革国营企业流动资金的供应方式，期望通过实行全额信贷来提高企业资金运用效率。虽然当时这种改革尝试最终没能完全实现预期的效果，但为后期深化国营企业改革甚至金融体制改革都提供了宝贵的经验财富。

我们现在来回顾当年的改革不难发现，当时由于我国特定的经济体制和金融体制的制约，企业的“权、责、利”不对等。企业扩大自主权后，其生产发展基金也只用于固定资产投资，不愿补充流动资金，而一亏损就是冲销国拨资金和银行贷款，不负经济责任。虽然全额信贷试图通过运用信贷杠杆工具改变国营企业的激励机制，但是现实中企业在信贷压力下并没有激励提高自己的效益。在经济转轨过程中，国家的指令性计划范围大大缩小，运用市场的间接控制方式又没有条件运转起来。这样，企业既不受制于国家的指令，也不受制于市场。企业的行为扭曲，表现在资金扩张冲动、留利分光吃尽、相互攀比、不留积累、行为超短期。因此，只有使企业不再依赖国家计划指标，而是转移到向市场寻求对策，企业才能在一致利益下节约资金、提高效率。这是银行信贷资金得以有效运用的微观基础。

在全额信贷改革过程中，我们还能看到完善金融制度安排的重要性。由于当时银行的独立主体地位并没有得到确认，因此银行贷款体现不出以提高经济效益为中心的原则。这就导致贷款效果不佳、不该贷的也贷，利率政策没有真正做到鼓励先进、限制落后。同时，中国人民银行当时还远没有独立于财政部，而央行的商业银行业务也没有剥离。银行缺乏作为独立经济主体的意识。而追求利润最大化的银行应该独立地决定信用的投放对象、方式和规模，独立地运用经济杠杆调节信用活动。国家要求银行向国营企业发放流动资金贷款本就违背了流动资金的作用。

另外，当地方企业资金不足时，政府出面干预银行的信贷计划，这就对银行的信贷独立性造成了更大的损害。银行在资金安排上并不享有真正的决策权，信贷对企业的约束力就更不重要了。最终的结果就是财政将自己的资金负担转移给了银行，银行给企业提供了大量的贷款。但企业经济效益很差，无力还款。企业效益没有提高，反而让银行承担了大量的不良贷款。

总之，全额信贷是中国财政金融体制转型过程中值得深入反思的经典事件。今天，虽然我国国有企业的竞争力大大提高，但我们仍然应该看到，这种竞争力的提高很大程度上是依赖于寡头垄断竞争模式来实现的。我们今天要思考的，更多的应该是在未来全球化日益深化的进程中，我国国有企业如何能够实现长期可发展战略。从这一角度看，完善的经济制度和金融制度安排，仍然是居于最重要地位的。

参考文献

夫中．关于全额信贷问题的讨论意见．中国金融，1979（8）

全劲兴．“全额信贷”非搞不可．金融研究动态，1979（23）

李嘉尤，张轩．改革企业流动资金体制管好银行信贷资金．中国金融，1990（5）

李小笔．论硬化银行信贷对企业的约束．农村金融研究，1987（8）

尚明．当代中国的金融事业．北京：中国社会科学出版社，1989

沈水根．关于流动资金管理体制改革的几个问题．财贸经济，1983（9）

汤庆洪．试论银行信贷监督方式的改革——关于实行全额信贷的探讨．金融研究，1979（5）

汤庆洪．再论我国信贷监督方式的改革——关于银行统一管理流动资金问题的探讨．暨南大学学报（哲学社会科学版），1985（1）

章迪诚，张星伍．中国国营企业改革的正式制度变迁．北京：经济管理出版社，2008

赵定方．实行全额信贷利弊的商榷．当代经济科学，1980（1）

第 12 章

分灶吃饭①

The System of Fiscal Expenditure and Revenue Segregation

【摘要】从 1980 年到 1993 年，我国财政预算管理实行“划分收支、分级包干”体制，简称“分灶吃饭”体制，它包含了中央和地方财政收支两方面范围的划分，以财政收入责任的划分为主。财政预算管理体制由统收统支体制向“分灶吃饭”体制转变，就其中央政府与地方政府财政收入分权契约性质而言，实际上是由代征合同为主向分成合同为主的财政收入分权契约转变。这种财政收入分权契约的确立，优点是明确了中央政府与地方政府的权力边界，短期内提高了地方政府财政增收节支积极性，也强化了地方政府经济责任，促进了改革开放后十多年的经济发展。缺点是强化了地方利益机制，降低了中央财政收入集中度，不利于经济结构优化调整和统一市场的形成。

【关键词】分灶吃饭　财政分权　分权契约

Abstract: From 1980 to 1993, China's fiscal budget administration system adopted the fiscal expenditure and revenue clear split between central government and local government, and it was one of the fiscal decentralization form included fiscal revenue and expenditure decentralization, mainly the fiscal revenue decentralization. The nature of fiscal budget administration system changing from fiscal revenue and expenditure unified by central government to the system of fiscal expenditure and revenue segregation, is from agent levying contract to tax sharing contract. Merits of this contract were that it made the central and local government tax power unambiguous, and encourage the local government's fiscal expenditure saving and

① 本章撰稿人：吕冰洋。

to increase fiscal revenue, propelled the every provinces' economic development exceed ten years after China's opening-and-reforming. Disadvantages of this contract were that it made local government interest more manifest, decreased central government fiscal revenue concentration degree, and were propitious to economic structure optimal and form uniform market.

Key words: the system of fiscal expenditure and revenue segregation, fiscal decentralization, decentralization contract

"分灶吃饭"是我国曾实行的财政预算管理体制，即各级地方财政在确保上缴中央财政收入后，多收多支，少收少支，自求平衡。

12.1 释义

"分灶吃饭"是我国在1980—1993年实行的财政预算管理体制，这期间，中央与地方的财政关系开始以地方与中央签订财政上的"承包"协议为主，形成了以划分收支为基础的分级包干和自求平衡的财政关系，这种财政体制被称为财政上的"分灶吃饭"。在"分灶吃饭"的前后，我国的财政预算管理体制分别是"统收统支"和分税制。

"分灶吃饭"分为三个阶段：1980—1984年，实行"划分收支，分级包干"体制；1985—1987年，实行"划分税种、核定收支、分级包干"体制；1987—1993年，实行"多种形式包干制"。

12.2 事件描述

12.2.1 历史背景

（一）改革开放前的财政体制

我国幅员辽阔，如何正确处理中央与地方的财政分配关系，调动地方增收节支、当家理财的积极性，始终是经济体制中的主要问题之一。自新中国成立以来，随着政治经济形式的变化，我国财政管理体制经历过多次变动，总的趋势由高度集中的管理体制逐步过渡到在中央统一领导下的分级管理体制。各个时期的财政管理体制变动情况见表12—1。

表 12—1　　　　　　财政管理体制改革年表

	实行时间	财政体制
统收统支阶段	1950	高度集中、统收统支
	1951—1957	划分收支、分级管理
	1958	以收定支、五年不变
	1959—1970	收支下放、计划包干、地区调剂、总额分成、一年一变
	1971—1973	定支定收、收支包干、保证上缴（或差额补贴）、结余留用、一年一定
	1974—1975	收入按固定比例留成，超收另定分成比例，支出按指标包干
	1976—1979	定收定支、收支挂钩、总额分成、一年一变。部分省（市）试行“收支挂钩，增收分成”
分灶吃饭阶段	1980—1985	划分收支、分级包干
	1986—1987	划分税种、核定收支、分级包干
	1988—1993	多种形式财政包干
分税制阶段	1994—	分税制（其间 2002 年实行《所得税分享方案》）

说明：1950—1979 年财政体制变动频繁，理论界对此表述不一，这里采用财政部《中国政府间财政关系图解》的说法（李萍等著：《中国政府间财政关系图解》，北京，中国财政经济出版社，2006。）

在 1950—1979 年，我国实行的是计划经济体制，实行高度集权的管理模式，反映在财政领域，就是实行以“统收统支”为特点的财政预算管理体制，在该体制下，中央与地方财政关系主要经历了如下发展阶段：

（1）1950 年。新中国成立后，面临着生产停顿、职工失业、通货膨胀等残破不堪的经济局面，只能实行高度集中的财政管理体制，在这种体制下，把国家收入和支出的支配权集中在中央，即“统收统支”制度。

（2）1951—1957 年。高度集中的财政管理体制使得地方政府的机动性太小，也使得中央政府面对的财政事务过于繁杂，为此，需要适当划分中央和地方政府财政收支范围。该时期财政管理体制具体内容在 1951 年、1953 年、1954 年都有一些变化，但总的精神是在保证国家集中主要财政收入进行重点建设的前提下，实行划分收支、分级管理的体制，使得地方有固定的收入来源和机动财力，能够较好地调动地方积极性。

（3）1958 年。在经济放权的大背景下，中央政府也向地方下放更多的财权。过去每年先由中央确定地方支出，然后根据支出数额划给地方一定的收入项目，并确定分成比例。这次改为中央把地方财政的收入项目和分成比例确定以后，5 年不变，在 5 年内，地方政府可以按照收入情况自行安排支出。但是由于当时浮夸风导致财政收入虚假，这种体制改革只执行了 1 年。

（4）1959—1970 年。针对 1958 年财政管理体制存在的问题，我国决定于 1959 年起实行“收支下放、计划包干、地区调剂、总额分成、一年一变”的财政管理体制，简称“总额分成、一年一变”。基本精神是：在继续下放收支项目的同时，适当收缩一部分地方的机动财力，通过一年一变的做法，解决财政计划同国民经济计划不相衔接的问题。其间，1959—1960 年受“大跃进”经济计划的影响，财政管理体制较多地强调扩大地方的财力和财权；1961—1964 年，与国民经济调整和恢复相对应，财政管理体制强调财政管理的集中统一。

(5) 1971—1973 年。1971 年，我国实行“定收定支、收支包干、保证上缴(或差额补贴)、结余留用、一年一定”的体制，简称财政收支包干。这次体制改革扩大了地方财政收支范围，同时按绝对数包干，超收部分全部留归地方，调动地方增收节支的积极性，地方政府的机动财力可随着超收节支而大量增加。

(6) 1974—1975 年。“文化大革命”期间，国民经济遭受较大损失，针对当时财政收入不稳定情况，财政提出了“收入按固定比例留成，超收另定分成比例，支出按指标包干”办法，以使地方财政支出得到保障，但是这种做法收支不挂钩，不利于调动地方增收节支和平衡预算的积极性。

(7) 1976—1979 年。为解决固定比例留成体制存在的问题，1976 年再次实行“定收定支、收支挂钩、总额分成、一年一变”体制，后来为解决总额分成比例一年一变，容易产生年初争指标现象，1978 年又在部分省市试行了“收支挂钩、增收分成”的办法。

（二）实施分灶吃饭前的财政压力

从 1972 年起，中国逐渐恢复了与美国、日本和欧洲的关系，为了调整当时偏重的产业结构，国家开始支持轻工业、石油化工和一些支农工业的建设，主动引进发达资本主义国家的设备，这导致 1974 年财政赤字超过 100 亿元。到了 1977 年和 1978 年，中央政府进一步扩大对外开放引进外资，如同 1952 年“一五”计划引进 154 个项目一样，提出“上他十来个大庆”，再搞 100 来个大项目，这导致 1978 年财政赤字超过 170 亿元，占财政收入的 20%。随后，随着 1979 年中越边界战争的直接开支增加，1979 年的财政赤字超过 180 亿元。两年的财政赤字扩张，导致中央政府财政压力骤然加大。

当时，在“左”的思想的影响下，财政强调的是“既无内债，又无外债”，也没有后来靠向银行透支或发行国债抵补赤字的制度，于是，两年约 400 亿元左右的财政赤字就只能增发 400 亿元货币，当时还不能说是货币贬值，只能说增发了 400 亿元的“毛票子”。面对财政危机，中央政府采取了三项重大改革，当时一些人批评这些改革是“财政甩包袱”。第一项改革是“财政与银行分家”，由银行而不是财政来承担企业的投资职能，也称为“拨改贷”改革，使得财政基本建设支出大幅度减少。第二项改革就是举世瞩目的农村家庭联产承包责任制改革，使得政府不再为高负债、低效益的人民公社背书。①

---

① 普遍认为，1980 年政府进行农村改革的目标是激发农业生产的活力，农村改革是“政府给了农民从集体经济的退出权”。实际上不仅如此，政府的另一个目标是政府卸下人民公社的包袱。追溯到 1972 年，随着国家与日欧美关系的改善，政府开始对外大规模引进设备进行支农工业品生产，再通过统购统销制度将支农工业品投入农业，使得农业生产成本大幅度增加，但同时农产品价格不变，造成人民公社的高负债和低效益，迫使政府选择退出了农业生产领域。

第三项改革即是财政“分灶吃饭”改革，当时的提法是“为了调动地方当家理财的积极性”，其实主要是因为中央财政不可能再承担地方政府的开支。于是，在财政体制改革过程中分级建立了地方财政后，地方各级政府就都有了自己的财政自主权，也就有了发展地方经济增加本级政府财政收益的动力。

12.2.2 分灶吃饭体制变迁过程

中共十一届三中全会作出了把党和国家的工作重点转移到社会主义现代化建设上来的战略决策。1979 年 4 月，中央工作会议提出了对整个国民经济实行“调整、改革、整顿、提高”的方针，明确提出对经济体制逐步进行全面改革，并以财政管理体制改革为突破口，改革先行一步。根据这个精神，1980 年财政管理体制开始实行“分灶吃饭”改革，“分灶吃饭”主要经历如下三个发展阶段。

（一）1980—1985 年的“划分收支、分级包干”体制

从 1980 年起，实行“划分收支、分级包干”（“分灶吃饭”）的财政体制。这个体制的主要内容是：按照经济管理体制规定的隶属关系，明确划分中央和地方财政的收支范围，中央所属企业的收入、关税收入和中央其他收入作为中央财政的固定收入；中央的基本建设投资、中央企业的流动资金、国防费、中央级的事业费等由中央支出；地方所属企业的收入、盐税、工商所得税和地方其他收入作为地方财政的固定收入；地方的基本建设投资、地方企业流动资金、地方各项事业费及行政费等，由地方财政支出。后来，把“划分收支、分级包干”的办法，逐步改为“总额分成、比例包干”的办法。

“划分收支、分级包干”的财政体制有以下几个特点：(1) 由过去全国“一灶吃饭”，改变为“分灶吃饭”，地方财政收支的平衡也由过去中央一家平衡，改变为各地自求平衡。(2) 各项财政支出不再由中央归口下达。(3) 包干比例和补助数额改为一定五年不变。

（二）1985—1987 年的“划分税种、核定收支、分级包干”体制

1984 年，第二步国有企业“利改税”完成，国家财政收入由利税并重转向以税为主，国家和企业、中央财政和地方财政的收入分配情况发生了很大变化，客观上要求进一步改革财政体制，以适应这种变化。中共十三届三中全会通过《中共中央关于经济体制改革的决定》，城市经济体制改革全面展开，决定从 1985 年起，各省、自治区、直辖市实行“划分税种、核定收支、分级包干”的财政管理体制，主要内容有：

(1) 基本上按照“利改税”第二步改革以后的税种设置，划分于各级财政收入。中央与地方政府税种及税收收入划分见表 12—2。

表 12—2　　1985—1987 年中央和地方财政收入划分

中央财政固定收入	产品税、增值税、营业税的 70%（石油部、电力部、石化总公司、有色金属工业总公司所属企业）；中央国营企业的所得税、调节税；海洋石油、外资、合资企业的工商税、所得税和矿区使用费；关税和海关代征工商税；铁路、民航、邮电部门和各银行总行、保险总公司的营业税；中央军工企业和包干企业收入；中央经营的外资企业亏损和粮食、棉花、油超购加价补贴；烧油特别税；国库券收入和国家能源交通重点建设基金和其他收入等。
地方财政固定收入	产品税、增值税、营业税的 30%（石油部、电力部、石化总公司、有色金属工业总公司所属企业）；地方国营企业的所得税、调节税；集体企业所得税；农（牧）业税；车船使用牌照税；城市房地产税；牲畜交易税；契税；地方企业包干收入；地方经营的粮食、供销企业亏损；税款滞纳金、补税罚款收入和其他收入等。
中央与地方共享收入	产品税、增值税、营业税（均不包括石油部、电力部、石化总公司、有色金属工业总公司所属企业以及各铁道部和各银行总行、保险总公司缴纳的部分）；外资和中外合资企业（不含海洋石油企业）缴纳的工商税、所得税；个人所得税；资源税；建筑税；盐税；国营企业奖金税等。

(2) 各省、自治区、直辖市在按照规定划分收支范围以后，凡地方固定收入大于地方支出的，定额（或按比例）上解中央；地方固定收入小于地方支出的，从中央和地方共享收入中确定一个分成比例，留给地方；地方固定收入和中央与地方共享收入全部留给地方，还不足以其支出的，由中央定额补助。收入的分成比例或上解、补助的数额确定后，一定五年不变。地方多收可以多支，少收则少支，自求平衡。

(3) 仍按隶属关系，划分各级财政支出。中央支出主要包括：中央经济建设支出、国防、外交及中央级科教文卫事业费、行政管理费支出等。地方支出主要包括地方经济建设支出，地方科教文卫事业费和行政管理费支出等。

（三）1988—1993 年的“多种形式财政包干”体制

1985 年的财政体制执行中，出现地方增收积极性下降，中央财政收入占全国财政收入比重下降，中央财政发生困难局面。针对这些问题，国务院发布了《关于地方实行财政包干办法的决定》，从 1988 年开始执行。要求全国 39 个省、自治区、直辖市和计划单列市，除广州、西安两市财政关系仍分别与广东、陕西两省联系外，对其余 37 个地方分别实行不同形式的包干办法。这主要有：

(1) “收入递增包干”办法。以 1987 年决算收入和地方应得的支出财力为基数，参照各地近几年的收入增长情况，确定地方收入递增率（环比）和留成、上解比例。在递增率以内的收入，按确定的留成、上解比例，实行中央与地方分成；超过递增率的收入，全部留给地方；收入达不到递增率，影响上解中央的部分，由地方用自有财力补足。实行这个办法的地区有10个，分别为：北京市、河北省、辽宁省（不包括沈阳市和大连市）、沈阳市、哈尔滨市、江苏省、浙江省（不包括宁波市）、宁波市、河南省、重庆市。

(2)"总额分成"办法。根据前两年的财政收支情况，核定收支基数，以地方支出占总收入的比重，确定地方的留成和上解中央比例。实行这个办法的地区有3个，分别为：天津市、山西省、安徽省。

(3)"总额分成加增长分成"办法。在上述"总额分成"办法的基础上，收入比上年增长的部分，另定分成比例，即每年以上年实际收入为基数，基数部分按总额分成比例分成，增长部分除按总额分成比例分成外，另加"增长分成"比例。实行这个办法的地区有3个，分别为：大连市、青岛市、武汉市。

(4)"上解额递增包干"办法。以1987年上解中央的收入为基数，每年按一定比例递增上缴。实行这个办法的有广东省和湖南省。

(5)"定额上解"办法。按原来核定的收支基数，收大于支的部分，确定固定的上解数额。实行这个办法的地区有3个，分别为：上海市、山东省（不包括青岛市）、黑龙江省（不包括哈尔滨市）。

(6)"定额补助"办法。按原来核定的收支基数，支大于收的部分，实行固定数额补助。实行这个办法的地区有16个，分别为：吉林省、江西省、福建省、陕西省、甘肃省、海南省、内蒙古自治区、广西壮族自治区、贵州省、云南省、西藏自治区、青海省、宁夏回族自治区、新疆维吾尔自治区；湖北省和四川省划出武汉、重庆两市后，由上解省变为补助省，其支出大于收入的差额，分别由两市从其收入中上缴省一部分，作为中央对地方的补助。

12.3 理论解释

12.3.1 财政收入分权的契约性质

"分灶吃饭"虽然包含了中央和地方财政收支两方面范围的划分，但是从内容上主要在于财政收入责任的划分，实际上主要属于财政收入分权问题。在财政收入中，主要是税收收入，因此我们以税收为例说明"分灶吃饭"体制中的契约性质。政府税权包括税收立法权、征管权、收益权三个部分。总结各国的政府间税收分权实践，一个显著特点是税收立法权集中于中央政府，中央和地方政府财政收入分权主要是关于税收征管权和收益权划分问题。根据税收征管权和收益权的划分，中央和地方政府可采取的财政收入分权的合同有四种：

(1) 定额合同（fixed rent contract）。中央政府要求地方政府每年上缴固定的税收收入，其余的全部留存地方支配使用。假定税收总收入是 T，定额是 T_0，那么中央政府和地方政府取得的税收收入分别为 T_0 和 $T-T_0$。理论上定额合同还可以采取另一种形式，就是面向地方政府的定额，即地方政府在取得固定的税收定额后，剩下的全部税收收入上缴中央。但是这种定额合同对地方政府税收积极性的激励作用非常小，现实中很少采用这种定额合同。

(2) 分成合同（share contract）。中央政府将税收收入的一定比例留给地方政府，剩下的留给中央政府。假定地方政府获得的分成比例为 α，那么中央政府和地方政府取得的税收收入分别为 $(1-\alpha)T$ 和 αT。分成合同的典型事例就是共享税，这在世界范围内比比皆是。如美国消费税是联邦和州的共享税，销售税是州和地方的共享税。德国公司所得税实行联邦政府、州政府和地方政府间三级政府共享，法人税和增值税实行联邦政府和州政府二级政府共享。

(3) 分税合同（tax sharing contract）。这是彻底的分税制形式，中央政府和地方政府各自完全拥有某些税种的征管权和收益权，中央既无须向地方返还税款，地方也无须向中央上解税款。这种税收分权形式的普遍形式是将针对房产、土地及收费项目等小税种交给地方政府征管，中央政府管理公司税、个人所得税等大税种。分税合同的一种特殊形式是中央政府和地方政府针对同一税种按税率、税基等标准划分各自的范围，分别征收。这种形式由于政府间针对该税种的征管权和收益权互不交叉，因而仍属于分税合同。

(4) 代征合同（agent levying contract）。中央政府委托地方政府征税，征管权归地方政府所有，所征税款完全上解中央财政，税收收益权完全归中央政府所有。

根据这四种合同的定义，假定税收收入、分成比例和税收定额分别为 T、α 和 T_0，那么这四种合同可以用统一的形式表示，地方政府所得为 $T^L=\alpha T-T_0$，中央政府所得为 $T^C=(1-\alpha)T+T_0$，见表 12—3。

表 12—3　　税收分权合同的四种形式比较

契约形式	分成比例和上解定额	征管权归属	收益权归属
定额合同	$\alpha=1$，$T_0>0$	地方政府	定额部分归中央，剩余归地方
分成合同	$0<\alpha<1$，$T_0=0$	地方政府或中央政府	按分成比例划归中央政府和地方政府
分税合同	$\alpha=1$，$T_0=0$	中央政府和地方政府	按税种划归中央政府和地方政府
代征合同	$\alpha=0$，$T_0=0$	地方政府	中央政府

这四种合同是基本税收分权形式，在这四种合同中，定额合同和分成合同都称为共享税，是世界范围内广泛采用的税收分权形式。

12.3.2　财政收入分权的激励

(1) 定额合同。定额合同的特点是地方政府在上缴给中央政府税收定额后，可以完全拥有税收的“剩余索取权”（residual claimant），但是地方政府需要独自承担税收风险（如经济不景气时税源不足，使得税收满足不了政府支出需要）。由于税收潜力随时间不断变化，定额合同要么使得中央政府丧失经济增长带来的税收收益，要么使得中央政府需要经常逐个与地方政府就税收定额额度进行讨价还价，这可能会使得订约成本很高。

（2）分成合同。分成合同使得地方政府拥有部分税收“剩余索取权”，也承担部分税收风险。与定额合同相比较，它可能给地方政府带来税收“偷懒”（shirking）激励。对中央政府而言，它也拥有部分税收“剩余索取权”，承担部分税收风险。同时，为防止地方政府税收努力不够，中央政府也需要付出监督税收努力的成本。

（3）代征合同。代征合同的最大不足之处在于，地方政府的税收边际收入与税收边际努力完全无关，因而税收激励程度在这四种合同形式中最低。事实上，这种代征合同现在已经很少见了，变相的形式是政府为借助税务部门强大的征收力量，让税务部门为其他部门代征部分规费，如我国地方税务局曾代征的文化事业建设费、水利基金等。

（4）分税合同。由于分税合同使得中央政府和地方政府都拥有部分税种的完全征管权和收益权，因而避免了中央政府对地方政府的税收激励和监督。这种契约形式的最大不足之处就是由于中央政府和地方政府分别需要设立税收征收机关，税收管理成本一般较高。通常可以认为，中央政府的课税代理机构是国家税务局，地方政府的课税代理机构是地方税务局。这样，一旦需要中央政府和地方政府相互配合税收管理时，信息交换和协调的效率就明显不如上面两种形式。

为便于比较，将四种契约形式的效率优劣简述如下：

对地方政府的激励：分税合同＞定额合同＞分成合同＞代征合同；

对中央政府的激励：代征合同＞分税合同＞分成合同＞定额合同；

监督地方政府税收努力成本：分成合同＞定额合同＞分税合同＞代征合同；

与地方政府讨价还价成本：定额合同需随时间调整，其他契约一旦制定，可以维持相当长的一段时间。

根据以上比较分析，我们就可以判断“分灶吃饭”体制的契约性质和效率问题了，为做比较，我们同时也分析“分灶吃饭”体制前后的财政管理体制。

12.3.3 不同时期财政体制中的契约性质

（一）“统收统支”实质是在代征合同和分成合同间变动

从新中国成立到1979年，我国中央财政和地方财政在财权划分问题上，基本在“统收统支”和“划分收支、分级管理”之间变动。其间预算体制变动频繁，统收统支与收支挂钩、总额分成的办法几经反复，1974年在全国普遍实行“收入按固定比例留成，超收另定分成比例，支出按指标包干”办法。之后到1979年为止，这种收入分成办法没有改变。剖析这些财政收入分权体制变革的契约性质，可以认为，“统收统支”制度属于代征合同，而财政收入分成办法属于分成合同。

（二）“分灶吃饭”是分成合同和定额合同的结合

在这期间，以“分灶吃饭”为特征的财政收入包干形式几经变换，其中1980—1984年实行的是“划分收支、分级包干”体制，1985—1988年实行的是“划分税种、核定收支、分级包干”体制，1988—1993年实行的是“收入递增包干”体制。虽然财政包干体制形式多样，但是总体来说，财政“分灶吃饭”型包干制是分成合同和定额合同的结合。以1988年财政包干体制的调整为例，中央政府针对各省不同情况，实行六种财政收支包干形式，分析其税收分权的契约性质，“总额分成”、“总额分成加增长分成”应属于分成合同，“定额上解”、“定额补助”、“收入定额包干”属于定额合同，“上解额递增包干”属于定额合同与分成合同的结合，其中“上解额”属于定额合同，“递增包干”属于分成合同，见表12—4。

表12—4　　“分灶吃饭”与分税制的契约性质

时间	财政体制	契约形式	契约形式	契约形式
1988—1994年	财政包干	分成合同：总额分成、总额分成加增长分成	定额合同：定额上解 收入递增包干 定额补助（负定额）	混合合同（定额合同与分成合同结合）：上解额递增包干
1994—2001年以后	分税制	分成合同：增值税（75%） 证券交易税（50%）	分税合同：除增值税和证券交易税外其他税种	
2002年以后	分税制	分成合同：增值税（(75%） 证券交易税（97%） 企业所得税（增量60%） 个人所得税（增量60%）	分税合同：除增值税、证券交易税和所得税外其他税种	

（三）1994年的分税制改革主要是向分税合同转变

1994年的分税制改革是对中央政府和地方政府财政收入分配格局的一次重大调整，根据这次改革，将易管理、实施宏观调控所必需的税种划为中央税或共享税，将适合地方征管的税种划为地方税。这次改革，按契约性质分析，应主要属于分税合同，在分占所有权中又有一小部分分成合同（共享税）。我们注意到，从征管难易角度分析，中央财政所享有的收入大都是易征税种，这样，中央政府尽力避免了与地方政府相比的信息劣势。

2002年，我国开始实行所得税分享改革，将原来属于地方财政收入的企业所得税和个人所得税实行中央和地方分享①，显然，该方案主体属于分成合同，2002

① 在这里，不考虑外资企业所得税和个人所得税，外资企业所得税和个人所得税由国家税务局征收。

年所得税分享改革实际是为了加强财政收入集中向分成合同转变。

12.3.4　分灶吃饭制的效率

（一）效率增进

在财政“统收统支”制度下，地方政府无法享有税收努力的收益，支出却存在“预算软约束”问题，于是，在这种制度下，我国财政曾经面临的典型问题是：每年要核定收支，一年一变，年初吵指标，年中吵追加，年底吵遗留问题，矛盾很多。并且，在统收统支制度下，为监督各级地方政府的税收努力，中央政府要付出很高的税收监督成本，虽然中央派驻了财政驻厂员及税务专员，但监督的效果并不明显，并不能有效改变企业投入与产出比每况愈下、效益下滑的状况。实际上中央监督企业是一项成本很高、收益很低的活动，中央作为剩余索取者很难不被企业欺骗，一则中央缺乏监督所必需的充分信息，二则由于代表中央行使监督权的人（代理人）并不是真正的剩余占有者，他们并不具有监督的积极性（张维迎，1995）。由于监督所需要的信息很大程度上是内生的，它依赖于监督者的监督积极性，当中央作为剩余索取者时，更有可能发生的情况是监督者与被监督企业合谋，一起欺骗中央，国有资产难以真正增值。

“分灶吃饭”的预算管理体制相对于原来的统收统支制度而言，是由代征合同向分成合同为主的税收分权契约转变。在“统收统支”制度下，地方政府税收边际努力得不到回报，影响了地方政府增加财政收入的积极性发挥，分成合同则能给地方政府增加财政收入带来一定的激励，因而，在这一时期，与“统收统支”制度相比，中央政府和地方政府财政收入分成合同是一个相对较优的选择。这增强了对地方政府的财政增收激励，带动国家财政收入出现迅速增长局面。

（二）效率损失

由于我国中央集权的体制特征，因而中央政府在安排中央与地方税收分权契约上具有绝对的支配地位，地方并没有多少讨价还价的余地，但并不是说这会降低订约成本，相反，正因为地方政府缺少讨价还价的能力，分权契约就有可能伤害一方的意愿，契约就有可能不按双方意愿进行帕累托效率改进。而当地方政府出于最大化地方利益的需要，各种摩擦就会产生，为维持现有契约和改变契约都有可能付出较大的成本。下面我们对此进行分析。

在财政“分灶吃饭”的制度安排下，一方面，中央既想不伤害地方增收积极性，又想占有随时间增加的部分税收收益，于是只有不断借助中央政府的权威而更改契约，甚至“爽约”，强迫地方政府与其重新谈判财政收入分享方式。例如，1980 年、1985 年和 1988 年的新体制，都是刚刚运行不久就不得不实行较大的调整。财政体制频繁地变动，一方面反映了政府在历次政治运动和经济波动中寻求对配置资源的权力本身最优配置的企图；另一方面也反映了政府未能在财政集权与分权、中央与地方、国家与企业分配关系上找到比较有效的、相对稳定的制度框架和运行模式。这种充满变数和不确定性的制度转换完全是凭借政府强制能力和拥有广泛裁量权而实现的，它带来了一系列严重后果。①

一是使地方和企业在与中央政府的博弈过程中，出现严重的机会主义行为倾向，大大增加了制度交易成本和谈判成本，降低了财政资源的配置效率和使用效率。制度的不稳定和预期的不确定，产生了行为的不规范。地方与企业有不同于中央的效用函数和选择偏好，同时，中央对地方及企业信息的了解，是依赖地方行政系统层层上报得来的，因而对其行为及动机没有真正充分地把握。特别是当中央的计划号令和政策目标与地方和企业有较大的偏离时，地方和企业贯彻中央指令计划的动力往往不足，甚至会出现蒙骗中央的行为，结果造成中央制定的计划和政策无法满足地方及企业的偏好，而地方和企业迫于中央权威和政治压力，往往以消极怠工、拖延执行、放松管理或讨价还价等方式对付上级指令，以致造成行政效率及财政资源配置效率的极大损失，使中央宏观经济目标在执行过程中大打折扣。

二是在中央变更或确定体制、基数、比例时，往往需要与地方（包括国有企业）进行一对一的谈判，讨价还价式地吵基数、争比例，使中央往往处于矛盾的焦点。地方利用信息占有的优势往往使中央处于不利的谈判地位而疲于应付。特别是由于一对一的讨价还价过程缺乏透明度，助长了地方之间强烈的不公平感。上缴率高的富裕地方会觉得吃了亏，贫困地方会感到来自中央的补助不够多，使地方产生一种对整个体制安排的不信任感，从而破坏中央与地方关系的基础。这种体制的随意性，增多了不确定的主观人为因素，使体制变动、宏观经济巨幅升跌和政治运动成为三位一体的互为因果的恶性循环，造成生产力和经济资源的巨大损失。同时在“跑部钱进”、“会哭的孩子有奶吃”的心理驱使下，很多财政性资源被投入到寻租等非生产性的灰色支出地带，不仅导致决策过程的不民主、不透明、不公正、不客观，还造成财政资源的极大浪费。

三是计划体制下的地方政府作为中央政府的政策代理人，具有双重身份和“人格”。一方面，它是征税者，在自己辖区内向纳税者（主要是国有企业和集体企业）征税，与中央形成实际上的委托—代理关系；另一方面，它是纳税人，要将本地征得的税款按一定比例上缴中央国库，与中央形成税收征管人与纳税义务人关系。因此，它一方面要尽可能多地汲取税收收入，另一方面，它会设法在与中央比例分成中，扣留尽可能多的一部分收入归自己支配和留用（王绍光，1997）。比如，地方（企业）自收自支的预算外资金在1958年中央财权、计划管理权和企业管理权下放地方后，出现第一次急骤膨胀、基建项目遍地开花，最终导致宏观经济严重失衡就是证明。权力下放激发出来的地方积极性主要集中到追逐狭隘地方利益上。在这种情况下，中央对地方的监督成本激增，显得鞭长莫及，力不从心，又不得不利用权

① 郭灿鹏：《中国财政体制（1949—1979）变迁的效率》，载《改革》，2001（2）。

力单方面改变游戏规则，制定、修改、变换、控制地方财政资源的种种方式、方法，以期实现对国计民生至关重要的经济和政治目标。比如中央与地方分成比例一年一变（或三年或五年），就使中央以非规范的方式掌握了控制资源的配置主动权。虽然这种做法能在短时间产生较好的纠偏效果，但长远看其积弊与危害则更深更大。

12.4 经济影响

12.4.1 积极影响

（一）分灶吃饭明确了中央与地方权力边界，提高了地方政府财政增收节支积极性

实行分灶吃饭的预算管理体制，是国家财政管理体制的一次重大改革，在收支结构、财权划分和财力分配等方面，都发生了很大变化。同原财政体制比较，新的财政体制有以下几个特点：（1）由“一灶吃饭”改为“分灶吃饭”。分为中央 1 个灶，地方 20 多个灶，打破了吃“大锅饭”的局面。（2）财力的分配，由“条条”为主改为“块块”为主。过去各项财政支出，原则上都由“条条”分配，地方很难统筹安排、调剂使用。分灶吃饭以后，对于应当由地方安排的支出，中央各部不再由“条条”下达指标，改由地方根据中央的方针政策、国家计划和地方的财力统筹安排。这样做大大增加了地方的财政权限，有利于因地制宜地发展地方生产建设事业。（3）分成比例和补助数额，由一年一定改为五年一定。过去每年要核定收支，一年一变，年初吵指标，年中吵追加，年底吵遗留问题，矛盾很多。分灶吃饭后，一定五年不变，使地方“五年早知道”，便于地方制定和执行长远规划，发展地方的经济和社会事业。（4）寻求事权和财权统一，权利与责任统一。这种财政体制是根据计划与财政实行两级管理的原则设计的，财政的收支范围又是根据企事业单位的隶属关系划分的。谁的企业，收入就归谁支配；谁的基建、事业，支出就由谁安排。其事权与财权比较统一，而且“分灶吃饭”自求平衡，权利与责任也挂得比较紧。由于节约归己，促使地方在狠抓增产增收的同时，十分注意节约支出，反对浪费，精打细算，严格财经纪律，这些措施大大提高了地方政府增收节支的积极性。

（二）分灶吃饭体制强化了地方政府的经济责任，促进了改革开放后十多年的经济发展

分灶吃饭的预算体制与统收统支体制相比较，不仅扩大了地方的财权，同时也加强了地方的经济责任，因而促使地方各级领导大大加强对财政工作的指导；它使地方有了发展本地区生产建设事业的内在经济动力和能力，促使它们努力挖掘本地区的生产、物资和资金的潜力，合理地、节约地、有重点地安排和使用资金，提高

资金的使用效果，不断增加财政收入；由于分灶吃饭自己过自己的日子，促使地方加快了国民经济结构调整的步伐。

12.4.2 消极影响

1988年的“财政包干体制”作为我国财政体制改革的一种过渡性办法，是为了适应当时分灶吃饭框架下的经济发展和改革需要，对解决财政工作中出现的问题、促进经济的发展具有积极作用。但是，作为一种过渡办法，这种“财政包干体制”的消极影响也随着时间的发展而日益明显。主要表现为：

（一）财政收入两个比重下滑

根据本文的理论分析，不同税收分权契约形式的税收激励程度不一样，从而影响国家财政收入规模。改革开放以后直到1994年，税收收入增长率远低于GDP增长率。从1985年国有企业“利改税”时刻开始算起，1986—1992年平均税收增长弹性（税收增长率/GDP增长率）仅为0.43，见图12—1。其中原因除了为促进经济改革，财政采取“放权让利”的办法试图搞活国有企业外，从“分灶吃饭”契约角度分析，不能不说是受分成合同为主的财政收入包干体制影响。以分成合同为主的财政收入分级包干体制，其组织收入效率毕竟低于分税合同，地方政府税收增收的动力不足。① 为促进各级政府税收努力，中央甚至直接向企业派驻财政驻厂员和税务专员，并且从1985年开始，国务院开始组织一年一度的“财税大检查”，加大税收监督和处罚，但是由于管理链条过长，税收监督的效果并不显著。

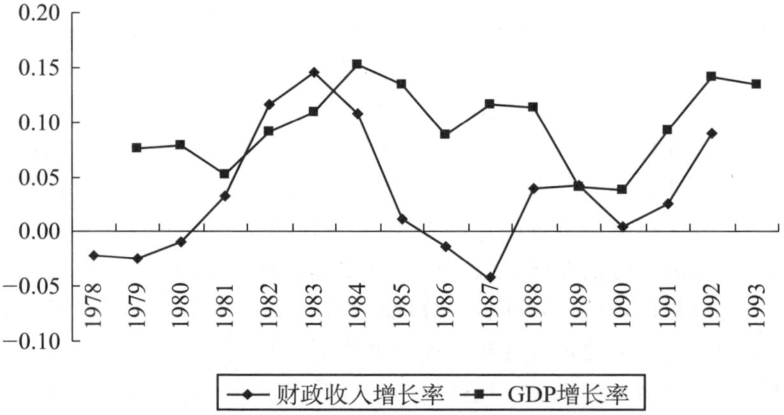

图12—1 国家财政收入增长率与GDP比较

① 以上海市为例，财政包干制下上海实行的是定额上解加递增分成的模式，结果上海实行财政包干5年间，年年财政收入为163亿～165亿元，一点没增长，即在完成中央要求的税收定额后，控制财政收入不增长，尽最大可能降低中央政府参与的税收分成部分。

1994年以后，分税制改革使得税收分权向分税合同为主契约转变，与财政包干办法相比较，这种契约形式使得税收风险和收益基本由双方自己承担，税收激励比较明显。分税制改革后税收增长率远高于分税制改革前，1986—1992年税收收入年均增长率仅为7.2%，而1995—2008年达到18.4%。

税收分权制度变革对中央财政收入集中程度也产生重要影响。1985年和1988年我国两次财权分配改革直接导致中央政府财政收入比重下滑，其重要原因还是由于财政收入包干体制的契约性质。1985年后的财政收入包干体制以定额合同为主，其所针对的地区有广东省、湖南省、北京市、上海市、山东省和黑龙江省，这些省市在当时属于经济相对发达的地区。这样，随着时间的推移，中央政府得不到税收增收的收益，所得的财政收入从定额合同中所得的份额会越来越低，再加上中央财政需要对16个地区进行补助，自然会导致中央财政收入比重不断降低。为此，中央政府的解决办法是实行"上解额递增包干"、"收入递增包干"等办法，试图通过让定额随时间增长及参与税收增长分成的方式，扩大中央财政收入，这反映了中央政府既希望最大限度调高地方政府税收增收积极性，又不想失去对随时间变化带来的税收增收收益的矛盾心理。但是由于中央财政缺乏足够的税收监督措施，这些财政包干形式在1989年、1999年两年短暂地拉升中央财政收入比重后，仍未扭转该比重的下滑趋势①，见图12—2。

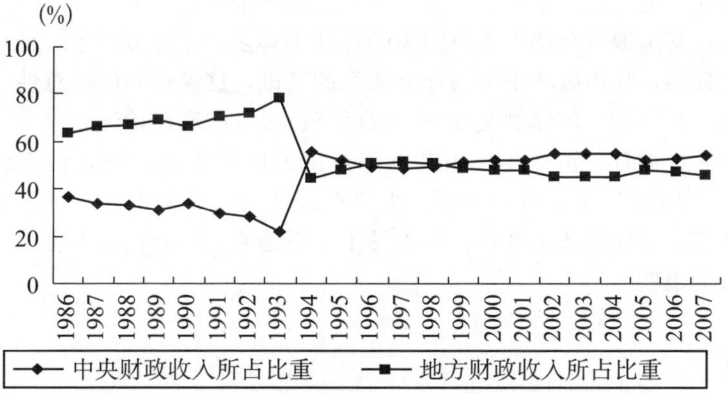

图12—2 中央和地方财政收入占国家财政收入的比重

1994年的分税制改革以分税合同为主，中央与地方税权边界比较清楚，税收激励作用比较明显，并且税收监督成本较小，在中央政府和地方政府各自拥有税种的大部分征管权和收益权情况下，1994—2001年，中央财政收入比重和地方财政

① 例如，在实行财政包干制期间，中央政府对北京市采取收入递增包干分成模式，约定的年增长率是4%。5年之中，北京每年财政增长为4%，分税制之后才发现北京隐瞒了98亿元收入（《瞭望新闻周刊》，第37期，2003年9月15日）。

收入比重基本保持稳定。2002 年后，由于《所得税分享方案》的出台，中央政府从地方政府那里取得了一部分所得税收入，这使得中央财政收入的比重又开始上升。

（二）强化地方利益机制，不利于结构优化调整和统一市场形成

财政包干体制还对产业政策产生逆向调节，地方政府受利益驱动支持高税率产业发展，导致长线更长、短线瓶颈制约更明显、地区间产业结构趋同，不利于国家产业政策的实施和产业结构的调整。其主要原因在于：财政包干体制按企业隶属关系划分企业所得税，按属地征收原则划分流转税，把工商企业税收同地方政府财政收入紧紧地联系起来，使地方政府从地方利益出发，竞相发展见效快、税高利大的项目。盲目扩大产量，保护本地产品销售，妨碍国家统一市场的形成，不利于有限资源的合理利用，也不利于政企职能分开和企业公平竞争。

（三）财政管理体制不规范，助长了地方机会主义倾向

财政包干体制多是中央政府与地方政府一对一谈判确定的，讨价还价因素很多，对各省、自治区、直辖市没有一个统一的政策，不能体现公平与效率原则。中央变更或确定体制、基数、比例时，往往需要与地方（包括国有企业）进行一对一的谈判，讨价还价式的吵基数、争比例，使中央往往处于矛盾的焦点。地方利用信息占有的优势往往使中央处于不利的谈判地位而疲于应付。特别是由于一对一的讨价还价过程缺乏透明度，助长了地方之间强烈的不公平感。上缴率高的富裕地方会觉得吃了亏，贫困地方会感到来自中央的补助不够多，使地方产生一种对整个体制安排的不信任感，从而破坏中央与地方关系的基础。这种体制的随意性，增多了不确定的主观人为因素，使体制变动、宏观经济巨幅升跌和政治运动成为三位一体的互为因果的恶性循环，造成生产力和经济资源的巨大损失。同时在“跑部钱进”、“会哭的孩子有奶吃”的心理驱使下，很多财政性资源被投入到寻租等非生产性的灰色支出地带，不仅导致决策过程的不民主、不透明、不公正、不客观，还造成财政资源的极大浪费。

参考文献

李萍．中国政府间财政关系图解．北京：中国财政经济出版社，2006

郭灿鹏．中国财政体制（1949—1979）变迁的效率．改革，2001（2）

王绍光．分权的底限．北京：中国计划出版社，1997

吕冰洋，李峰．中国税收超 GDP 增长之谜的实证解释．财贸经济，2007（3）

吕冰洋．政府间税收分权的配置选择和财政影响．经济研究，2009（6）

白彦锋．税权配置论——中国税权纵向划分问题研究．北京：中国财政经济出版社，2006

张五常．佃农理论——应用于亚洲的农业和台湾的土地改革．北京：商务印书馆，2000

Y. 巴泽尔．产权的经济分析．上海：上海人民出版社，1997

第 13 章

“一要吃饭，二要建设”①

First，Feeding the People and Second，Building the Country

【摘要】“一要吃饭，二要建设”是我国主管经济工作的老一辈国家领导人陈云同志一贯的思想。之所以对此加以强调，恰恰是因为现实中两者的顺序是相反的。改革开放之前，受赶超战略的影响，生产体制的重要性一直高于福利体制，是所谓的“勒紧裤腰带搞建设”的时期。而在改革开放后，市场化与财政分权共同作用的结果是这一倾向性更加严重了。由此导致的结果，一方面是经济的高速增长，另一方面则是收入分配的恶化，这在降低经济增长质量的同时，也使宏观经济失衡。2003 年正式提出的“科学发展观”，意味着对整个经济系统发展原则的改变，从单纯追求增长转向追求“统筹”，即寻求增长与增长所产生的负面后果之间的平衡。至此，“一要吃饭，二要建设”才真正成为一种指导国家经济工作的原则。

【关键词】生产体制　福利体制　财政体制　经济增长模式　需求不足　收入分配

Abstract：“First，feeding the people and second，Building the country” is the guidance idea of Chen Yun who was the major leader in charge of economic affairs in China's government for a long time. The reason he emphasized this priority difference is because the reality was always on the contrary. Before the reform and open door policy，due to the requirement of Forging Ahead Strategy，the government attached more importance to production regime than welfare regime. People were forced to construct with an empty stomach. After the reform and open door policy，marketization and fiscal decentralization combined together made this tendency even

① 本章撰稿人：刘晓路。

worse. It resulted in the sharp contrast between rapid economic growth and enlarged income gap, which not only decreased the quality of growth but also result in the macro-economic imbalance. The Scientific Concept of Development put forward in 2003 changed the principles on development, requiring a balance between positive and negative aspects of growth. It gives "First, feeding the people and second, Building the country" a real chance to be the guideline really works in reality.

Key words: production regime, welfare regime, fiscal regime, economic growth pattern, demand insufficiency, income distribution

"一要吃饭，二要建设"是我国主管经济工作的老一辈国家领导人陈云同志一贯的思想。1981 年，陈云在高层会议上谈到，"我们是 10 亿人口，一年一共多少钱，每年能给工人、农民多少，国家建设多少，要有一个通盘的筹划合理的分配，一要吃饭，二要建设"（中共中央文献研究室，2005）。他指出："社会主义制度建立后，我们面临着如何把革命成果巩固和发展下去的问题，关键就在于要安排好六亿多人民的生活，真正为人民谋福利。社会主义国家搞经济建设的最后目的，是为了改善人民的生活"（陈云，1995）。根据我国国情，陈云进一步分析指出，"'建设'和'民生'是一对矛盾，并且是一对长期存在的矛盾，而我们就是要在这种矛盾中搞四化。"根据上述讲话，我们可以判定，所谓"吃饭"指的是民生福利，所谓"建设"指的则是生产投资，两句话合在一起，即是说国民经济管理要把民生放在首要位置，只有真正解决了老百姓的衣食住行问题，使人民群众的生活水平、生活环境等不断得到改善，才能在此基础上去抓各种建设。

吃饭与建设孰轻孰重的问题看似简单，实际上却是国家发展观的重要体现。赵凌云和张连辉（2005）将新中国成立以来发展观的变化分为三个阶段，即 1949—1978 年的经济增长导向型发展观、1979—1994 年的经济发展导向型发展观和 1995 年后提出的经济社会进步导向型发展观，并将三代发展观的主要特征总结为表 13—1。从中我们可以看到，在 1995 年之前，中国一直致力于赶超，因此增长被视为最重要的发展途径，而为了实现增长，积累（也就是建设）无疑具有优先地位。因此陈云提出"一要吃饭，二要建设"，恰恰是因为现实中两者的顺序是相反的。

表 13—1　　新中国成立以来发展观的变化历程

	第一代发展观 经济增长导向型发展观 （1949—1978）	第二代发展观 经济发展导向型发展观 （1979—1994）	第三代发展观 经济社会进步导向型发展观 （1995—）
发展目标	工业化	四个现代化	人的全面发展
发展标准	工农业总产值	国内生产总值	绿色国内生产总值
发展途径	增长优先	增长为主，发展为辅	发展优先

续前表

	第一代发展观 经济增长导向型发展观 （1949—1978）	第二代发展观 经济发展导向型发展观 （1979—1994）	第三代发展观 经济社会进步导向型发展观 （1995—）
发展重点	重工业	工业	国民经济与社会
发展方式	外延式与粗放式	外延式与粗放式	内涵式与集约式
发展形式	积累优先	积累和消费并举	积累和消费并举
区域发展	均衡发展	非均衡发展	协调发展
发展动力	生产关系革命	体制改革与开放	社会全面进步
发展态势	赶超	赶超	和平发展
发展层面	经济	经济并兼顾社会	经济、社会、人、生态

13.1 分析工具

在一国的发展中，生产投资与民生福利哪个更重要，并不是计划经济或中国特有的问题，即使是那些发达的市场经济国家，在处理这个问题上也存在很大的差异。在制度比较研究中，探讨这一问题往往采用的是“生产体制”与“福利体制”这两个概念。

Soskice（1999）将生产体制定义为“通过市场与市场相关制度运作的生产组织”。该概念用于分析市场经济中的企业、顾客、工人与雇主之间，如何在诱导与限制的规则构架中，组织与建构彼此之间的关系。其中包括四个主要的制度结构，即金融体系、劳资关系、教育与培训体系以及企业间关系。在对西方发达市场经济的考察中，根据制度结构上的差异，Soskice 将生产体制分为两种模式，分别是协合式生产体制和自由式生产体制（Hall and Soskice，2001）。

协和式的生产体制，其特色是拥有强有力的工会组织、集中的工资协商体系、社团主义的政策协商，以及重视国家在市场中的作用（Huber and Stephens，2001）。德国与日本是这方面的代表。在协和式生产体制中，企业比较重视非市场的协商关系。因此和自由式生产体制相比，引导该生产体制的，不是市场竞争下的供求关系，而是企业和其他行动主体间协商互动的结果（Hall and Soskice，2001）。由于在协和式生产体制中，劳动力市场的规范嵌入在其他制度之中，导致雇主的竞争策略着重在高的质量和附加价值的产品上，并且必须依靠稳定性与合作度都很高的劳资关系才能生产这些产品。也就是说，该生产体制中，企业所需的是高技术工人，并形成高薪资结构与高技术劳动力的内部劳动力市场，因此，双元的职业训练体系与全方位的在职培训，对于提供高技术劳动力扮演一个很重要的角色。对于属于内部劳动力市场的核心工人，企业在遇到经济不景气时，往往以缩短工时和提早退休的方式来避免大量辞退，从而确保核心工人的就业保障（Ebbinghaus，2002）。因此，在属于协和式生产体制的国家中，建立国家层级的协商体系，依靠的不只是强大的工会组织，还包括企业中雇主与工人的集体协商关系（Thelen，2001）。此外，在金融体系方面，企业与银行间维持着长期而稳定的关系，以维系就业的稳定性和确保企业支付福利（Ebbinghaus，2002）。

自由式生产体制的特色，是工会组织不强、非集中的工资协商体系、缺乏社团主义的政策协商、高度的女性就业率，以及低度的政府干预经济市场（Huber and Stephens，2001）。英美是这方面的代表。Hall and Soskice（2001）指出，自由式生产体制，企业间协调经济行为，依靠的主要是竞争的市场配置，市场关系也以竞争和正式的合同关系作为产品或服务交换的依据，而市场价格则由供求关系决定。自由式生产体制中的雇主，在面对工会组织时，有较强的主导能力，加上雇主不提供补充性的制度，如技术培训、长期人力资本投资等，使雇主有更大的权力来决定劳动规则（Thelen，2001）。这种生产体制主要采用福特主义的大规模生产，工人的劳动技能较低，容易受市场波动影响而被解雇，雇主也不承诺就业保障。就金融体系而言，自由式生产体制依赖的是短期与非信任关系建立起来的资本市场以及企业间的竞争关系。在经济不景气时，上市公司会通过减少工作岗位、出售部分企业的办法增加利润；企业也会借助并购来创造规模经济，被接收的公司的员工则无法从原公司获得退休金（Ebbinghaus，2002）。

福利体制是与福利国家密切相关的概念。在西方国家的发展中，福利国家的出现和扩张是社会变迁的主要核心之一。福利国家都有着类似的目标，即通过国家来保障个人对抗可能的各种经济风险，包括失业、生病、老年、职业灾害等。然而，不同国家对类似的目标却有不同的制度选择。在 Esping-Andersen（1990）的创新研究中，进一步提出福利体制的概念，将福利国家制度在理论上提升为福利体制。Esping-Andersen（1999）对体制的福利阐释是，福利体制并非局限于政府的公共福利，更不仅限于特定的福利政策与方案，而是包括政府、市场与家庭在内的总体福利的生产。

福利体制被区分为三种不同类型，即表 13—2 中北欧国家的社会民主体制、英美传统的自由主义体制和欧洲大陆的保守社团主义体制。不同的福利体制有不同的社会政策策略（资产或所得调查、社会保险或是公民资格），因此会在政治、经济与社会的各个领域中造成种种差异，如劳动力市场方面（Kolberg and Esping-Andersen，1992）。Korpi（2001）和 Esping-Andersen（1990）指出，不同的福利体制所强调不同的福利策略的背后，隐含的是意识形态、价值观等的不同，这又会塑造出不同的劳动力市场、社会风险和个人生活。

表 13—2 福利体制的类型

福利体制	自由主义体制	保守社团主义体制	社会民主主义体制
价值取向	个人主义	劳资协调	普及主义
社会政策目标	济贫	安全和稳定	再分配
方式	以资产调查为基础的救助或社会保险	通过劳资双方的协商，共同出资来为劳动者提供福利	以公民福利的形式向所有人提供福利和开放社会服务
去商品化程度	低	中等	高
财政支出	福利支出水平低 转移支付水平低	福利支出水平中等 转移支付水平高	福利支出高水平 转移支付水平中等
财政收入	税负水平低	税负水平中等	税负水平高
代表国家	美国、英国、加拿大	德国、法国、意大利	瑞典、挪威、丹麦

从上述研究中可以发现，生产体制和福利体制具有相当程度的对应性，也就是说特定的生产体制需要特定的福利体制与之相配合。因为福利体制不仅仅是在消费生产体制创造出的产品与服务，它还是维护生产体制生产和再生产的重要基础。Bernard and Boucher（2007）对比了社会民主主义国家与自由主义国家中福利体制、生产体制间的关系，如图 13—1 与图 13—2 所示。从中我们可以看到以下两点含义。首先，福利体制决定着生产体制的长短期生产率。其次，不同的财政体制与福利体制的组合，需要采用不同的社会政策（财政支出与税收）与之相配合。从社会民主主义的模式中我们可以看到，高水平的社会支出一方面通过增加人力资本和减轻劳动者负担的方式提高了短期劳动生产率，另一方面通过延长劳动者能够工作的时间（妇女和父母能够把更多的时间用于工作，老人由于得到培训而能继续工作）提高了长期劳动生产率。而在自由主义的模式中，低水平的社会支出导致社会各阶层的福利水平差异较大，从而造成长短期生产率在人群中的分布不均衡，低收入者不愿意也无能力纳税，又成为限制社会支出的重要原因。

综上所述，在市场经济中，生产体制、福利体制和财政体制之间存在相互依存性，一方发生的变化势必影响其他两方，如图 13—3 所示。

第一，生产体制制约财政体制。财政活动所需的经济资源，来自于生产体制所创造出来的新增价值，不同的生产体制（政府主导的/市场主导的、内向型的/外向型的、粗放型的/集约型的）也决定了财政主要以什么方式来获得收入。

第二，生产体制制约福利体制。生产体制中金融市场的发达程度，决定了福利体制可以采用的年金制度；生产体制中技术的强调程度和对妇女的接纳程度，决定了福利体制对劳动者和家庭的扶持力度；等等。

第三，财政体制制约福利体制。财政收入的多寡，决定着能够用于民生的资金的规模。

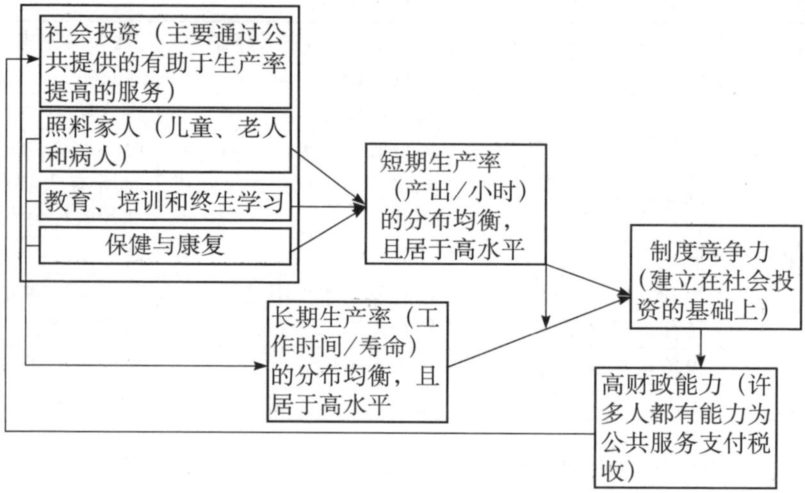

图 13—1　社会民主主义国家中福利体制、生产体制和财政的关系

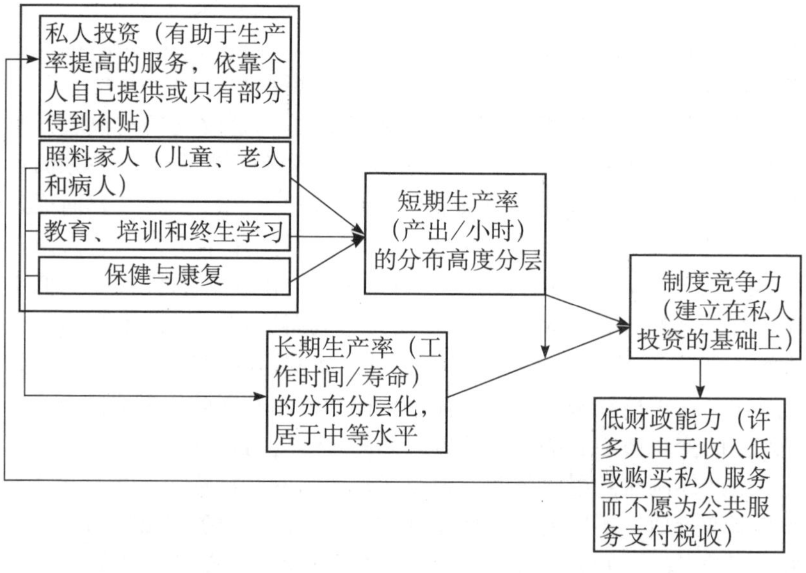

图 13—2　自由主义国家中福利体制、生产体制和财政的关系

第四，福利体制对人及自然环境的保护，是生产体制维持再生产与扩大再生产的重要基础。

第五，通过财政体制提供的公共物品，以及施加在企业身上的税负，对生产体制维持再生产与扩大再生产也具有重大的影响。

第六，福利体制对财政体制可以有所选择。不同的福利体制，为达到特定的

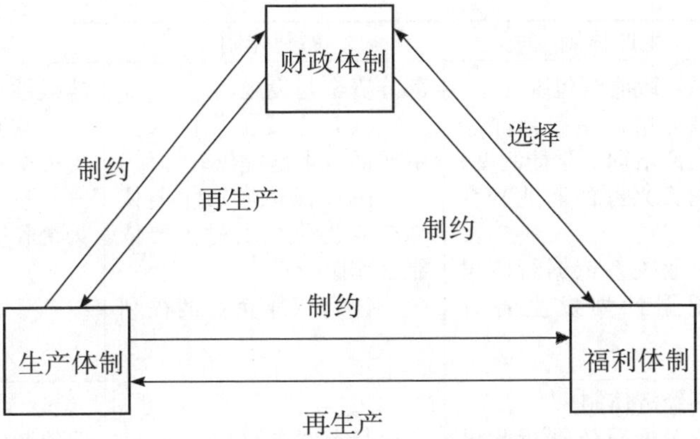

图 13—3 生产体制、福利体制和财政体制的相互作用

“社会保护”目标，会对财政收支的规模与方式提出特定的要求。

尽管生产体制与福利体制是学者考察资本主义市场经济时创造出的概念，但没有任何理由表明它不能应用于说明计划经济和转型经济的情况。毕竟生产产品与创造福利这两件事，是任何经济体都必须解决的问题。具体的制度内容当然存在差异，但这两个概念创造出来本身就是为了解释不同的制度安排的。

在中国向市场经济的转型过程中，生产体制的变化是引人注目的，因为它与高速的经济增长最直接地联系在一起，但无可否认，在生产体制变动的背后，福利体制与财政体制必须发生相应的变化。这种变化是否符合“一要吃饭，二要建设”的原则呢？

13.2 制度演变

利用上述分析框架，我们可以对新中国成立以来我国“吃饭”与“建设”的关系加以考察。生产体制主要由金融体系、劳资关系、教育与培训体系以及企业间关系四个方面构成，福利体制我们主要考察照料家人、教育、医疗和住房四个方面，财政体制主要包括财政收入、财政支出、预算和政府间财政关系四个方面。表 13—3 展示了 2002 年之前各个时期三个体制的对应变化情况。

表 13—3 生产体制、福利体制和财政体制的对应变化

时期	生产体制	福利体制	财政体制
1953—1978	计划经济体制 ——资金配置依据计划，主要由财政安排执行； ——劳动关系依据行政隶	国家、企业与家庭主导 ——照料家人主要依靠家庭的内部劳动，同时企业为员工的养老育幼提供一	计划生产型 ——财政收入以国有企业利润为主； ——财政支出以生产

续前表

时期	生产体制	福利体制	财政体制
	属关系，政府统包统配； ——技能培训主要依靠企业的内部培训（学徒制度）以及国家兴办的职业教育学校； ——企业关系依据行政隶属，根据计划发生各种联系	部分资金与设施； ——教育主要依靠国家免费或低成本地提供； ——医疗保障城市主要依靠企业提供，农村主要依靠合作医疗； ——住房依靠企业的福利分房	建设性支出为主； ——政府预算强调收支平衡； ——政府间财政关系为统收统支体制
1979—1992	双轨制经济体制 ——资金配置依据行政隶属关系，主要依靠银行执行，财政在其中发挥的作用减弱； ——劳动关系的行政性有所减弱，劳动合同制开始出现； ——技能培训以鼓励职工参加政府组织的各种职业资格考试为主； ——企业关系中存在明显的计划与市场的双轨制	企业与家庭主导 ——照料家人主要依靠家庭的内部劳动，但市场在养老育幼中的作用逐渐增强； ——教育主要依靠国家提供，但费用开始上升； ——医疗保健趋向于市场提供； ——住房的福利化程度降低，商品化趋势增强	双轨制生产型 ——财政收入以费税为主； ——财政支出中经济建设支出的比重大幅下降，文教与行政支出比重大幅上升； ——政府预算强调收支平衡； ——政府间财政关系为财政大包干体制
1993—2002	初步的市场经济体制 ——资金配置主要依靠国有商业银行，同时辅之以直接融资的发展； ——劳动关系以市场契约为主，雇主掌握了劳动关系的主导权，但对劳动者利益的保护有所欠缺； ——技能培训依靠企业自主进行	家庭主导 ——照料家人主要依靠家庭的内部劳动以及市场提供的各种服务，社会保险的作用有限； ——正规教育主要依靠国家提供，但市场化的民办教育逐渐兴起； ——医疗保障主要依靠市场； ——住房主要依靠市场	市场生产型 ——财政收入以税收为主，但预算外收入仍有较大比重； ——财政支出以购买性支出为主，转移性支出有所增长； ——政府预算强调调控经济的需要； ——政府间财政关系为分级分税制

13.2.1 时期划分

表13—3中的3个时期，主要是根据生产体制的变化来进行划分。1953—1978年间，我国逐步建立起一整套社会主义计划经济体系，虽经历了多次政治运动，但计划经济体制的特征是明确的，构成了改革开放后经济转型的起点。1979—1992

年，是市场化改革的摸索阶段。借助增量改革的方式，我国在原来的计划经济体系之外，发展了市场化的经济部门，包括农业的家庭联产承包、集体性质的乡镇企业、个体经营和外资企业等，国有经济和非国有经济两个部门在双轨制的价格体系中共同存在，构成这个时期的主要特征。1993—2002 年，是市场化改革的深入阶段。主要商品的定价和供求都实现了市场决定，包括乡镇企业在内的公有制经济部门在经济中的份额和重要性持续降低，数量不断减少。

与生产体制中市场化的进程相对应，福利体制中的市场化与财政体制中的分权化也在不断发展。

13.2.2 改革开放之前的三大体制

计划经济时代，国家控制了整个生产体制。在农村，主要的生产单位是生产大队；在城市，主要的生产单位是国有企业。这些公有制的生产单位既是生产体制的一部分，也是福利体制的一部分，它们在完成国家制定的生产计划的同时，也向本单位的成员提供收入以及各种福利，后者包括医疗、教育、养老、育幼等所需的各项设施，形成所谓的“企业办社会”。通过财政体制向这些单位所提供的资金，既被用于组织生产，也被用于创造福利。不过在重工业赶超战略下，财政的再分配职能明显具有重工业轻农业、重城市轻农村、重生产轻福利的特点。这种带有强烈差别性的财政再分配活动，势必受到资源转出一方（农业、农村和家庭）的抵制，因此这一财政体制的运行，必须依靠以高度集中的计划管理为手段的高强度微观控制与之相配套，才有可能成功。但高度集中的计划管理，也使得财政本身的职能大大削弱。

从支出方面看，一方面，生产体制生产所需的人力物力都由计划安排，财政基本上无法渗透到生产体制的内部。譬如说，财政尽管是固定资产购置与更新所需资金的主要提供者，但由于固定资产也是由其他国有企业生产出来的，若无计划，资金根本购买不到资产，因此财政资金并不是决定企业固定资产相关行为的决定性因素。另一方面，家庭与个人的福利是由分散的各个生产单位和事业单位提供的，并且在很大程度上都是以实物和服务的形式提供的，如学校、幼儿园、医院等，财政在其中发挥的作用也很有限。从收入方面看，财政收入的主体是企业的利润，而企业的利润是经过福利支出扣除的。也就是说，市场经济中需要通过财政收支在生产体制与福利体制之间进行的再分配，计划经济中在生产单位内部就已经完成了。

相应地，财政体制再分配功能的弱化也使得各级政府执行财政收支任务的能力降低。就统收统支体制这一政府间财政关系模式看，中央政府基本上是将地方各级政府看做财政收支的执行部门，而不是具有自主决策能力的机构。尽管在 1956 年《论十大关系》的报告中，毛泽东将中央与地方的关系列为最主要的五大关系中的一个（其他四个关系为工业和农业，沿海和内地，国家、集体和个人，国防建设和经济建设），但从计划经济时代的财政体制变化看，总的来说，中央政府不倾向于将财政利益作为激励地方政府完成任务的主要手段。“大跃进”与“文化大革命”时期，曾有多次利用财政包干制进行分权的尝试，但在缺乏预算硬约束的条件下，放权只会导致地方政府不考虑经济效益地争相上项目，最终迫使政府间财政关系回到集权的道路上。

中央计划直接配置经济资源的能力，也使得财政汲取能力的重要性降低。在论述国家能力的文献中（陈启清，2006），一般将财政汲取能力作为其他能力的基础，但在计划经济的格局中，最为基础的能力却是一党专政造就的政治渗透能力。借助党委在各种生产单位中的领导地位，中央政府可以依靠行政体系将意图直接下达到企业车间和田间地头，从而在生产单位内部就完成资源配置。而计划经济对政治渗透能力提出的高要求，也使得增加政府级次成为必要。

中国宋代以后的政府，基本都遵循“皇权不下县”的做法，将县级政府作为最基层的地方政府。但计划经济时代，政府不仅设到了乡（人民公社），甚至还直接管理到村（生产大队）。1958 年开始的人民公社化运动，撤乡镇并大社，人民公社行使乡镇政权职权，农业生产合作社改称为生产大队，实行政社合一的体制，即生产组织与政权组织的一体化。生产大队设有党支部，除了负责党务工作之外，还负责执行上级计划安排的各项任务。从管理的角度看，为了保证信息与政令通畅，中央政府管辖的事务越具体，政府间的级距要求就越短。这就如同多人传话的游戏一样，如果由于距离过远影响了传话的质量，那么不是需要增加一些传话的人，就是需要传话的人增强自己的音量，两者往往是并举的。表现在政府行为上，就是政府的级次增加，并且各级政府的管理职责增加。

一方面是财政再分配职能的弱化，另一方面是政府级次的增加和政府管理强度的增大，这种情况导致各级政府的财政收支与其职能不相匹配。与政府职能相匹配的收入应当被称为政府收入，即政府各个部门所获得的收入的总和，而财政收入只是其中的一个部分。事实上，由于政企不分，每一个管理部门在管理过程中，都兼具收入与支出的功能，而这些职能部门都代表着中央政府的各个部委，是执行中央计划的“条条”管理的一个组成部分。

综上所述，1953—1978 年，政府间财政关系具有以下特征：高度集中的计划经济，导致财政收支权力高度集中于中央政府，财政激励不是支配政府官员行动的重要因素；政府级次与职能增加，相应增加了财政级次，却降低了财政收支在全部政府收入中的重要性。

13.2.3 改革开放初期的三大体制

1979—1992 年之间的改革开放，在改良计划经济还是走向市场经济的问题上，有较长时期的摇摆。表现在经济体制上，就是双轨制的出现，即计划与市场共同发挥作用。从生产体制角度看，双轨制首先意味着国有企业与农村家庭生产决策自主权的加强：国有企业在完成计划任务后可以生产用于市场交换的产品，农村实行土地承包后，家庭只要完成了交纳公粮的任务，就可以不受村集体的约束自行生产农产品。生产单位为了获利而进行的生产活动，需要的资金从哪里来？银行信贷成为主要的资金来源。根据何珺（1997），1978 年、1990 年、1995 年的企业融资结构（见表 13—4），表明改革开放后，企业资金的主要来源发生了由财政拨款向银行贷款的转变。随着市场机制的出现，效益也成为企业追求的目标之一。为了提高劳动者的努力程度，就业“铁饭碗”逐渐被劳动合同制所替代。与此相一致，企业为了降低成本，开始退出与生产无直接关联的各项福利事业。

表 13—4　　改革开放后的企业融资结构变化

来源 \ 年份	1978	1990	1995
财政	70.1%	15.1%	2.5%
银行	27.7%	64.5%	71.0%
内部	0	8.6%	10.1%
市场	2.2%	11.8%	16.4%

福利体制的内部发生了此消彼长的结构变化，一方面，生产单位效益的提高带来了员工货币收入的提高；另一方面，企业提供的福利减少降低了员工的实际收入。这造成了居民未来消费预期的不确定性，因而储蓄率大大提高。Modigliani and Cao（2004）的研究表明，中国的人均收入自 1978 年后有大幅度的提升，而储蓄率上升的速度比人均收入更快，如图 13—4 所示。

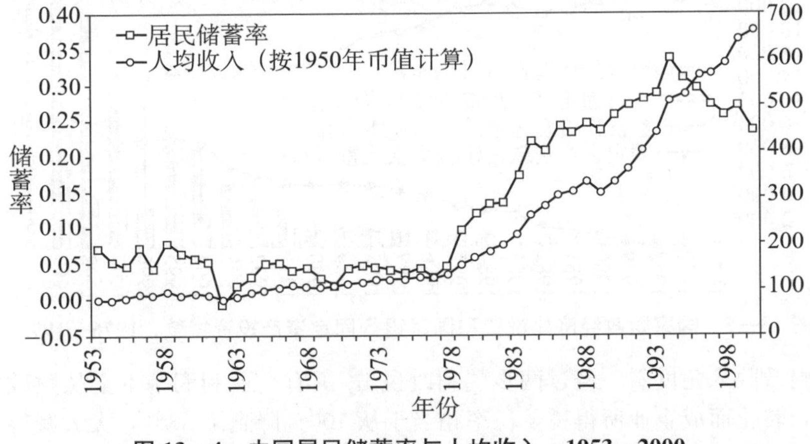

图 13—4　中国居民储蓄率与人均收入，1953—2000

居民储蓄的上升，通过银行的储蓄贷款活动为生产体制注入了所需的资金。从这一角度看，生产体制与福利体制的关系明显倾向于前者。而财政体制并未通过有效的再分配活动对这种倾向性予以平衡。

从财政支出角度看，尽管经济建设支出比重下降，而社会文教比重上升，显示出反向平衡的意图。但由于财政支出占 GDP 的比重不断下滑，社会文教支出实际上是在减少，占 GDP 的比重从 1980 年的 4.37%减少到 1990 年的 3.94%（根据表 13—5 计算得出）。

表 13—5　　财政支出结构变动：1980—1990

年份	经济建设费/财政支出	社会文教费/财政支出	行政管理费/财政支出	财政支出/GDP
1980	58.2%	16.2%	6.1%	27.0%
1985	56.3%	20.4%	8.5%	22.2%
1989	45.7%	23.7%	13.7%	16.6%
1990	44.4%	23.9%	13.4%	16.5%

资料来源：根据 2006 年《财政统计年鉴》计算得出。

而财政经济建设费的减少，完全被国有银行的贷款增长所弥补。如图 13—5 所示，在 1976—1978 年间，国家财政支出中的“经济建设费”从 466.22 亿元升至 718.98 亿元，而同期国家银行的贷款项目中还没有“固定资产投资贷款”这一项。但从 1979 年后，银行贷款中的固定资产投资贷款额逐年上升。到 1987 年，国家银行的固定资产投资贷款额（1 286.80 亿元）超过了财政的经济建设费（1 153.47亿元），银行取代财政成为社会建设资金的主要供给者。

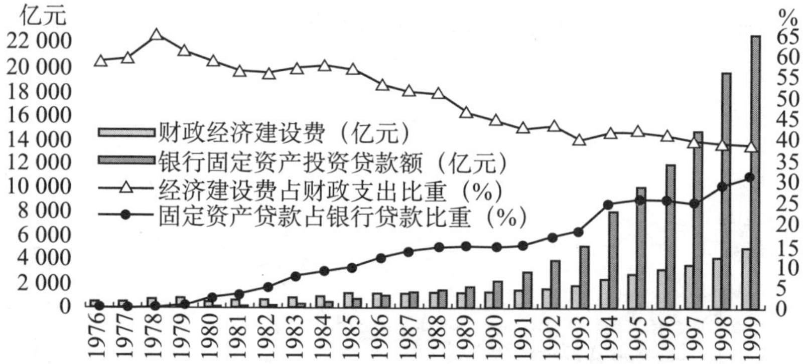

图 13—5　国家财政经济建设费和国家银行固定资产投资贷款，1976—1999①

从财政收入角度看，经过两步“利改税”，国有企业利润基本上从财政收入中消失了，转化而成企业所得税，税率相当于从 100%降到了 33%，大大减轻了企业的负担。而以间接税为主的税制结构，在改革开放初期需求旺盛的情况下，税负极易转嫁给作为最终消费者的居民。

① 转引自韩朝华（2003）。

与财政收支的变动同步，政府间财政关系也发生了对生产体制制度变迁有利的变化。在计划经济体制下，以自上而下的党组织串联起来的财政收支体系，使得政府与生产单位构成一个依照行政隶属关系结合在一起的行政共同体。但政治渗透能力的增强是以经济效率的损失为代价的，随着计划经济下社会福利水平低下局面的延长，国家迫切需要发展新的国家能力，赢得民心。在这种情况下，资源汲取能力取代政治渗透能力就成为国家必然的选择。改革开放后，一方面主张政企分开，赋予企业更多自主权，并将企业领导制度从"党委集体领导"变化为"厂长负责制"；另一方面，通过财政大包干体制，将地方政府的收入与企业的经营绩效联系起来，从而把行政共同体转化成了相互制约的利益共同体。这样的政府间财政关系把地方政府的财政行为与生产体制的改革紧紧绑在了一起。

与国有经济部门的渐进市场化改革相比，非国有经济部门，特别是乡镇企业的发展，是这个时期更加活跃的市场化推动力量。随着农村家庭联产承包责任制的推行，人民公社体制崩溃。1982 年修订的宪法将乡镇政府作为我国最基层的政府，并且乡镇政府与村民委员会之间不存在垂直领导关系。在财政大包干体制下，各级政府纷纷利用本级国有企业作为获取收入的主要来源，但与较高级次的政府不同，乡镇政府可以利用的国有经济资源极为有限，因此激发了乡镇政府发展集体性质的乡镇企业的热情。Cao，Qian and Weingast（1999）指出，乡镇政府由于原本主要负责农业与农村治理，因此既没有下属的国有企业，也没有干预地方银行贷款的影响力，在各个级次的政府中，它所面对的预算约束是最"硬"的。在各级政府普遍干预辖区企业经营管理的情况下，预算约束越硬的政府，对企业的效率要求越高，从而为乡镇企业在市场竞争中占据优势创造了条件。到 1993 年，从无到有发展起来的乡镇企业，在全国工业总产值中的份额达到了 30%，堪称这一时期推动生产体制市场化的最突出力量。表 13—6 中的左三栏，显示出了这一时期乡镇企业的快速增长。吴敬琏（2005）也指出，1978 年国有企业在工业总产值中的比重为 78%，1993 年下滑到仅有 43%，考虑到这一时期外国直接投资在全部投资中的比重不超过 5%，国内私营企业的比重同样很小，因此造成这一结果的主要原因就在于乡镇政府控制下的乡镇企业的发展。

表 13—6　　1978—2007 年乡镇企业增加值及增长率①

年份	增加值（亿元）	增长率（%）	年份	增加值（亿元）	增长率（%）
1978	209	—	1982	374	16.51
1979	228	9.09	1983	408	9.09
1980	285	25	1984	633	55.15
1981	321	12.63	1985	772	21.96

① 引自陈锡文、赵阳、陈剑波、罗丹（2009）。

续前表

年份	增加值（亿元）	增长率（%）	年份	增加值（亿元）	增长率（%）
1993	8 007	78.53	1997	18 914	7.11
1994	10 928	36.48	1998	22 186	17.3
1995	14 595	33.56	1999	24 883	12.21
1996	17 659	20.99	2000	27 156	9.13
1986	873	13.08	2001	29 356	8.1
1987	1 416	62.2	2002	32 386	10.32
1988	1 742	23.02	2003	36 686	13.28
1989	2 083	19.57	2004	41 815	13.98
1990	2 504	20.21	2005	50 534	20.85
1991	2 972	18.69	2006	57 955	13.83
1992	4 485	50.91	2007	69 620	20.13

在财政大包干体制确立了地方政府的财政利益的同时，两个“比重”（财政收入占 GDP 的比重和中央政府收入占 GDP 的比重）开始不断下降，这看起来似乎与资源汲取能力的增强相反，但实际上并非如此。在计划经济时代，地方政府的收入中就不仅包括财政收入，还包括各个职能部门在行政活动中获得的收入，它们虽然不计入财政预算，但实际上也都是用于政府职能的履行。换言之，在地方事务的管理中，既有代表中央部委对本地国有企业进行的“条条”管理，也有代表地方政府对本地事务进行综合管理的“块块”管理。在改革开放后，随着国有企业大量下放给地方政府，从“本地”国有企业转化成了“本级”国有企业，中央各部委对于地方各职能部门的控制能力也相应下降，由这些部门获得的收入，转化成了所谓的“预算外”收入或“制度外”收入。在财政大包干体系之下，中央政府可以通过调整分成比例来获得地方政府的财政收入，但却无法获得“预算外”收入和“制度外”收入，也就是说，在这两部分政府收入的地方留成比例是 100%。无怪乎地方政府创造财政收入的热情不断下降。表 13—7 反映了政府统计中预算外收入的快速增长，表 13—8 则是学者根据国民收入账户法，推算出政府实际支出的总规模，再扣减预算内和预算外收入，估算出的制度外收入规模。预算外与制度外收入相加，规模远超财政收入。而五年一定的财政大包干体制，也使得中央政府在分成比例的协商中，处于信息缺失的地位，分成比例的增长速度始终落后于经济的增长速度。由此造成的“两个比重”降低，反映的不是政府资源汲取能力的下降（综合表 13—6 与表 13—8 可以看出，1988—2002 年，（财政收入＋预算内收入＋制度外收入）占 GDP 的比重一直比较稳定地保持在 36%左右），而是政府间财政关系中存在的制度缺陷，使财政收入与政府收入间存在较大差距。

表13—7　　1978—1992年预算内外收入对比情况①　　单位：亿元，%

年份	预算内收入（财政收入）		预算外资金		预算外资金相当于预算内收入比重
	总额	占GDP比重	总额	占GDP比重	
1978	1 132.2	31.1	347.11	9.6	30.7
1979	1 146.3	28.2	452.85	11.1	39.5
1980	1 159.9	25.5	557.40	12.3	48.1
1981	1 175.7	24.0	601.07	12.3	51.1
1982	1 212.3	22.9	802.74	15.1	66.2
1983	1 366.95	22.9	967.7	16.2	70.8
1984	1 642.86	22.8	1 188.5	16.5	72.3
1985	2 004.82	22.2	1 530.0	17.0	76.3
1986	2 122.01	20.7	1 737.3	16.9	81.9
1987	2 199.35	18.2	2 028.8	16.8	92.2
1988	2 357.24	15.7	2 360.8	15.7	100.1
1989	2 664.9	15.7	2 658.8	15.6	99.8
1990	2 937.1	15.7	2 708.6	14.5	92.2
1991	3 149.48	14.5	3 243.3	14.9	102.9
1992	3 483.37	12.9	3 854.9	14.3	110.7

表13—8　　1988—1992年制度外收入规模②　　单位：亿元，%

年份	制度外收入总额	制度外收入占GDP比重
1988	831.70	5.5
1989	860.92	5.1
1990	1 051.02	5.6
1991	1 490.81	6.9
1992	2 186.87	8.1

综上所述，1978—1992年间，政府间财政关系具有以下特征：双轨制经济体制下，中央政府通过将一部分国有企业下放给地方政府管理，有意识地利用财政激励引导地方政府发展本地经济，虽然原本的目的是推进国有企业的改革，但意外地使乡镇企业发展成为国民经济的重要组成部分，相应地，对乡镇企业具有重大影响力的县与乡镇政府，也在政府间财政关系中占据了较为重要的地位；在财政大包干体制下，为了获取自身的经济利益，地方政府减少了财政收入的创造，以便将收入转向中央政府无法插手的预算外收入和制度外收入，这使得中央政府潜在可获得的收入（全部财政收入）减少的同时，实际获得的财政收入（中央财政收入）也减少了。

① 引自谢旭人（2009）。

② 根据杨斌、胡学勤（1999）提供的数据计算得出。

13.2.4 市场经济体制确立后的三大体制

1992年后，市场经济导向的改革已在全社会达成共识，生产体制中计划成分的减少和市场成分的增加成为既定趋势。计划成分减少的突出标志是大量国有企业的转制与破产，1993年十四届三中全会《关于建立社会主义市场经济体制若干问题的决定》规定，企业拥有包括国家在内的出资者投资形成的全部法人财产权，以其全部法人财产权依法自主经营，自负盈亏，1995年9月十四届五中全会进一步将“抓大放小”作为国有企业战略性改组的指导思想，在这一改革思路下，国有企业的户数大幅度减少。如图13—6所示，国有及国有控股企业的单位数从1992年的10.33万减少到2002年的4.11万。在国有企业户数减少的同时，乡镇企业一度有巨大的增长，但此类企业先天存在所有权不清、资金不足、技术落后等缺陷，特别是它们与乡镇政府关系密切，在组织管理、获取资源、占领市场等方面，都非常依赖乡镇政府的支持。随着市场的成熟与竞争的加剧，乡镇政府能够提供的资源开始减少，而对企业经营的干预却严重束缚了乡镇企业的发展，因此到1997年之后，乡镇企业纷纷改制，增长率骤然下降（见表13—5），户数大幅度减少，即图13—6中代表“集体经济”的曲线的骤然下降。市场成分的增加则突出表现在非公有制经济的迅速发展上，1993年十四届三中全会《关于建立社会主义市场经济体制若干问题的决定》指出，“国家为各种所有制平等参与市场竞争创造条件，对各类企业一视同仁”。1997年十五大报告中明确提出，“非公有制经济是社会主义市场经济的重要组成部分。对个体经济、私营经济等非公有制经济要继续鼓励、引导，使之健康发展”。1999年第九届全国人民代表大会第三次会议通过的《中华人民共和国宪法修正案》，指出“在法律范围内的个体经济、私营经济等非公有制经济，是社会主义市场经济的重要组成部分”、“国家保护个体经济、私营经济的合法权利和利益”。2002年中共十六大报告中进一步强调，“必须毫不动摇地鼓励、支持和引导非公有制经济发展”。这表现为图13—6中其他经济工业企业户数的持续增长，尽管1998年我国经济受到东南亚金融危机影响后一度下滑，但迅即恢复了增长的趋势。

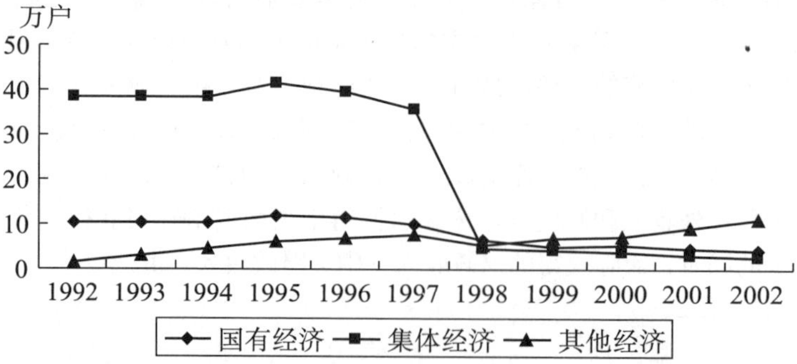

图13—6 各种经济类型工业企业户数变化，1992—2002

企业经济成分的多样化，以及非公有制经济重要性的增加，势必要求融资结构发生相应的变化。但从表 13—9 中可以看到，在企业融资结构中，银行贷款仍占据绝对主导地位，企业的直接融资方式与之相比，比重甚小。

表 13—9　　1993—2003 年银行贷款增加额、国债发行额与企业直接融资额对比

（单位：亿元）

年份	银行贷款增加额	国债发行额	境内股市筹资额（A、B股）	企业债券发行额
1993	6 335.40	381.31	314.54	235.84
1994	7 216.62	1 137.55	138.05	161.75
1995	9 339.82	1 510.86	118.86	300.80
1996	10 683.33	1 847.77	341.53	268.92
1997	10 712.47	2 411.79	933.82	255.23
1998	11 490.94	3 808.77	803.57	147.89
1999	10 846.36	4 015.00	897.39	158.20
2000	13 346.61	4 657.00	1 541.02	83.00
2001	12 439.41	4 884.00	1 182.13	147.00
2002	18 979.20	5 934.30	779.75	325.00

资料来源：转引自李淑清和龙成凤（2006）。

而在银行贷款中，非国有经济所获得的贷款比例，大约仅为 20%左右（见表 13—10），而效益低下的国有经济，却得到了绝大部分的贷款。一方面是发展迅速的非国有经济得不到融资主渠道的资金支持，另一方面是亏损严重的国有企业却得到了越来越多的贷款。就此我们可以判定，银行系统或者说整个金融体系的资金配置效率是很低的。然而，正如我们在协和式生产体制中见到的情形一样，银行并不仅仅是资金配置的枢纽，它还对福利体制具有重大影响，德日等国家正是依靠银行对企业稳定的资金供给，确保了企业员工福利的稳定。如果没有银行对国有企业的支持，低效率的国有企业很可能在很短的时间内就会被市场淘汰，而在经济规模和财政能力没有发展到一定程度之前，社会根本承受不起这样的失业冲击。从这个意义上看，金融体系在一定程度上延缓了市场化的进程，但为市场化的持续进行创造了条件。

随着生产体制中市场化进程的深入，原本生产体制所承担的福利职能越来越弱化。

表 13—10　　1990—2000 年我国金融机构对非国有经济部门的贷款份额　　（%）

年份	1990	1991	1992	1993	1994	1995	1996	1997	1998	1999	2000
非国有经济	19.16	19.18	20.17	20.19	18.18	12.16	18.16	25.13	24.18	26.12	25.19

资料来源：转引自张杰（2003）。

国有企业和集体所有制企业的大规模破产转制，使得大量国有单位或集体企业职工下岗或提前退休，从而切断了企业与职工福利之间的联系。表 13—11 显示，城镇职工人数最低的2003年比最高的1995年减少4 416万人。国有单位职工从业人员和职工数量自1995年起呈现持续下降趋势，截至2006年分别减少了4 973万人、4 723万人（其中1997—1998两年分别减少2 186万人和2 140万人）。在短短十几年的时间里，国有、集体单位从业人员共计减少7 784万人（职工减少7 534万人）。私营企业大规模地吸收农业富余劳动力，形成明显的“民工潮”，而这些进城务工的农业人口，也得不到作为城市居民享有的基本福利待遇。财政资金窘迫，在“效率”与“公平”、“经济建设”与“福利提供”、“做大蛋糕”与“切分蛋糕”之间，只能选择前者。养老育幼、教育、医疗和住房，福利体制所涉及的所有主要方面，都要靠家庭自己来解决。在高速的经济增长过程中，社会的收入分配状况极度恶化，可以说正是原有的生产体制与福利体制的关联被割断后，又没有得到新的制度安排支持的结果。

表13—11　　1992—2006年城镇职工数量变动情况　　单位：万人

年份	城镇从业人员		城镇职工人数		国有单位职工人数		国有单位从业人员		城镇集体从业人员	
	数量	比上年增减	数量	比上年增减	数量	比上年增减	数量	比上年增减	数量	比上年增减
1992	17 241	264	14 792	284	10 889	225	10 889	225	3 621	−7
1993	17 585	344	14 849	57	10 920	31	10 920	31	3 393	−228
1994	18 413	828	14 849	0	10 890	−30	11 214	294	3 285	−108
1995	19 093	680	14 908	59	10 955	65	11 261	47	3 147	−138
1996	19 815	722	14 845	−63	10 949	−6	11 244	−17	3 016	−131
1997	20 207	392	14 668	−177	10 766	−183	11 044	−200	2 883	−133
1998	20 678	471	12 377	−2 291	8809	−1957	9 058	−1986	1963	−920
1999	21 014	336	11 773	−604	8 336	27	8 572	−486	1 712	−62
2000	21 274	1 160	11 259	−514	7 878	−458	8 102	−470	1499	−213
2001	23 940	2 666	10 792	−467	7 409	−469	7 640	−462	1 291	−208
2002	24 780	840	10 558	−234	6 924	−485	7 163	−477	1 122	−169
2003	25 639	859	10 492	−66	6 621	−303	6 876	−287	1 000	−122
2004	26 476	837	10 576	84	6 438	−183	6 710	−166	897	−103
2005	27 331	855	10 850	358	6 232	−206	6 488	−222	810	−87
2006	28 310	979	11 161	311						

资料来源：王延中：《中国社会保障十年发展述评》。http：//www.sociology.cass.cn/shxw/xstl/xstl37/P020070921344096877154.pdf

如上一节的理论分析所指出的，福利体制的高度市场化，将意味着生产体制无法获得高素质的劳动力，对短期和长期生产率来说，都具有抑制作用。这使得中国经济更大程度上具有了自由主义经济系统的特征。在自由主义经济系统中，为了避免市场化对福利体制创造福利能力的妨害，大规模的财政转移性支出成为必须，而大规模的转移支付需要极高的财政能力，特别是征收所得税和发行国债的能力。福利国家建设的理论与实践起源于第二次世界大战后市场经济制度较为成熟的英美两个自由主义经济系统国家，这是其中重要的原因。然而在中国，财政汲取能力的提升需要一个过程，而财政支出结构的改变，也无法一蹴而就。

从财政收入看，税收收入占GDP的比重在上升，直接税占税收收入的比例也在上升，但仍处于较低水平上。1994年，税收收入占GDP的比重为11%，直接税占税收收入的比重为23.9%；2002年，两项比重分别上升为16.8%和33.8%。尽管有增长，但从国际比较看，税负水平明显过低，不仅低于美国（29.6%）、英国（37.4%）、日本（27.1%）、澳大利亚（31.5%）等发达国家，而且低于韩国（26.1%）、墨西哥（18.5%）、匈牙利（39.1%）等发展中和转型国家（以上各国皆为2000年数据）。而其根源就在于直接税比重太低，特别是所得税比重低，社会保障税缺失。2000年，韩国、墨西哥和匈牙利的所得税收入占全部税收的比重分别为28.8%、27.3%和24.3%，我国2002年的这一比重只有21.5%。[①] 若以此为基础来增加"民生"类支出和改善收入分配状况，实力显然不足。

从国债方面看，尽管国债融资规模不断扩大，但它始终不是筹措转移性支出的主要手段。1992—2002年间，最主要的国债发行事件，一是1998年及其后几年内为实施积极财政政策所发行的8 000亿元长期建设国债；二是1998年为补充国有商业银行资本金发行的2 700亿元特别国债。这些国债资金的用途被明确限定为投入生产体制，而不是福利体制。

从财政支出看，福利相关支出不受重视，比重较低且有下降趋势，显示出政府退出这些领域的迹象。

在社会保障方面，包括养老保险在内的社会保障基金的支出，不是财政支出的正式内容，而是属于预算外的支出项目。列入财政预算的社会福利支出，主要是社会福利救济费、优抚支出和救灾支出三部分内容，比重本身就很低。但在1994年税制改革之后，在财政收支水平呈不断上升之势的背景下，这三项支出却呈下降趋势，占财政总支出的比重，从1992年的1.3%降到了2002年的1.06%。在教育方面，1994年国务院颁布的《中国教育改革和发展纲要》中提出，在20世纪末实现财政性教育经费支出占到GDP的4%的目标，但到了2002年这一目标也未能实现，同时国家财政性教育经费占全社会教育经费的比重，从1992年的84.05%降到2002年的63.21%。在医疗方面，王绍光（2008）指出，1980年，居民卫生支出占卫生总费用的比重不过23%，2000—2002年间，这个比重已高达60%。卫生总费用中居民个人支出部分在发达国家平均是27%，在转型国家是30%，在最不发达国家是40.7%，在其余发展中国家是42.8%，中国的医疗卫生领域因而变成世界上最市场化的领域之一。在住房保障方面，1994年国

① 国家税务总局税收科学研究所课题组（2005）。

务院下发的《关于深化城镇住房制度改革的决定》，要求建立与社会主义市场经济相适应的新的城镇住房制度，实现住房商品化和社会化，宣告了住房实物分配制度的终结，也意味着住房保障的财政支出责任的终结。尽管建立了住房公积金制度作为配套措施，然而相对于不断高涨的房价，通过公积金实现的住房资金供给只是杯水车薪。

这十年中市场化在生产体制与福利体制中的高歌猛进，财政分权在其中发挥着决定性的作用。1978—1992年间的政府间财政关系，由于财政激励的存在和应用，已经成为决定地方政府行为的决定性力量。生产体制中的市场化，无论是国有企业的“抓大放小”战略，还是乡镇企业的转制，都意味着某些级次上地方政府财源的丧失，因此，若无某种制度安排，保证地方政府能从市场化中得到更多的财政利益，很难想象地方政府会对市场化如此热衷。1994年出台的分税制正是这样一种安排。从原理上来说，分税制与财政包干体制中的税收分成并无本质上的不同，特别是最大的税种增值税被设计成了共享税，更是模糊了两者间的界限。尽管分税制提高了中央政府在全部税收收入中的分配比例，但通过赋予地方税种和地方税务机构，分税制加强了地方政府从本地经济增长（而不仅仅是公有制企业）中受益的预期，使得地方政府在推动企业市场化方面不遗余力。另一方面，对经济增长的追逐，也意味着地方政府在考量支出效益时，明显偏向能在短期内对经济增长带来效果的支出科目，与福利体制相关的支出，势必因此遭到忽视。在地方政府支出占到全部政府支出的70％～80％左右的情况下，这种偏向性也就为福利体制中的市场化敞开了大门。

市场化对于不同级次的地方政府的影响是不同的。在改革开放初期，县乡级政府所支配的乡镇企业，在与省市级政府支配的国有企业的竞争中，具有优势。然后，随着市场化的进行，乡镇企业面对的对手是更加市场化的私营企业，乡镇企业的优势丧失了，也意味着县乡级政府丧失了重要的经济资源。与此同时，在舍弃效益低下的国有企业这个包袱后，借助原有的工业基础和对银行信贷的影响力，省市级政府的经济资源优势反而大大增强。再加上我国高度集中的人事、行政集权，使得处于上级的省市级政府可以通过“财权上收、事权下移”的方式增加收益和降低成本。所有这一切的结果，都使得县乡级政府陷入“吃饭财政”的窘境，无力发展本地经济，更无力提供福利。政府财政体系中的这一变化，是这一时期财政分权的主要特征之一。

1994年分税制改革，除了提高“两个比重”之外，还寄希望于通过赋予地方政府属于自己的税收收入，减少它们对预算外、制度外资金的追求，从而规范政府收入。然而，由于中央政府大大提高了自己在全部财政收入中的份额（从1993年的22％提高到1994年之后的50％左右），但却没有减少地方政府的支出责任，反而迫使地方政府要获得更多的预算外、制度外收入，其中就包括后来愈演愈烈的土地出让金收入。

综上所述，1992—2002 年的市场经济体制下的政府间财政关系有如下特征：中央政府通过分税制，纠正了此前“两个比重过低”的问题，并进一步利用财政激励来促使地方政府推动本地经济增长；不同级次的政府，由于推动经济增长的能力不同，出现了财政境况苦乐不均的现象，越是低级次的政府，财政困难的情况越严重；分税制未能有效遏制非税收入的规模，政府间的财政收支竞争，使得预算外、制度外收入仍是政府收入的重要来源。

13.3 总结

吃饭与建设谁应排在第一位，在计划经济时代政府控制着绝大多数经济资源的情况下，是个国民经济管理问题，而在市场经济改革造成市场化程度越来越高的情况下，则是个财政再分配问题。改革开放之前，受赶超战略的影响，生产体制的重要性一直高于福利体制，是所谓的“勒紧裤腰带搞建设”的时期。而在改革开放后，市场化与财政分权共同作用的结果，使这一倾向性更加严重了。计划经济时代，生产体制与福利体制结为一体，生产单位既是生产的中心，也是福利的中心。但市场化作为提高生产效率的一种手段，迫使企业成为以盈利作为自己的唯一目的，从而切断了生产单位与福利之间的联系。同时，财政分权所采用的财政激励方式，作为鼓励地方政府推动本地经济增长的一种手段，也迫使地方政府在经济建设和提供福利两者间，明显偏向前者。两者的共同作用，是社会福利恶化的重要原因。需要注意的是，这不是一个必然的结果，企业以盈利为导向是市场经济中的常态，但政府以推动经济增长为导向却不是市场经济的常态，而是计划经济中的常态。因此在福利体制的变革中，随着市场化带来的企业福利供给的减少，相应调整财政激励的方式，(例如通过加强居民对预算的审议权利，增强地方政府对下负责的意识)，提高各级政府对福利的供给，并非不可能。然而，在 2002 年之前的大部分年份，财政分权的意图与结果，都与此相反。

改革开放后财政分权和市场化的进展，造成了生产体制与福利体制之间的脱节。一方面是经济的高速增长，另一方面则是收入分配的恶化，这在降低经济增长质量的同时，也使得宏观经济失衡。1998 年的内需不足问题，以一种引人注目的方式将这一问题表现了出来。此后，中央政府出台了一系列的社会政策（见表 13—12)，试图对此加以平衡。2003 年正式提出的“科学发展观”，意味着对整个经济系统发展原则的改变，从单纯追求增长转向追求“统筹”，即寻求增长与增长所产生的负面后果之间的平衡。这意味着生产体制的重要性相对减弱，而福利体制的重要性相对增强。至此，“一要吃饭，二要建设”才真正成为一种指导国家经济工作的原则。

表 13—12　　1998 年后出台的社会保护政策

年份	政策
1999	西部大开发
2002	城市低保
2003	支持“三农”，进行农村税费改革，筹建农村新型合作医疗体系
2004	降低农业税，推出农村“三项补贴”
2005	部分取消农业税
2006	全面取消农业税，推出农村综合补贴，免除西部地区农村义务教育学杂费，试行城市廉租房
2007	全国农村义务教育免费，全面推进新型农村合作医疗，全面推进廉租房，全面推进农村医保，开始推进城市全民医保
2008	劳动合同法
2009	通过医改方案
2010	房价调控

参考文献

陈启清．从国家中心论的观点论国家能力的研究．国家与社会，2006（1）

陈锡文，赵阳，陈剑波，罗丹．中国农村制度变迁 60 年．北京：人民出版社，2009

陈云．陈云文选，1956—1985. 北京：人民出版社，1995

国家税务总局税收科学研究所课题组．我国直接税与间接税关系的发展和展望．税务研究，2005（1）

何珺．浅议我国企业融资机制．新疆金融，1997（8）

李淑清，龙成凤．关于完善我国企业融资结构的几点思考．税务与经济，2006（3）

谢旭人主编．中国财政 60 年．北京：经济科学出版社，2009

杨斌，胡学勤．政府税外收费的理论研究与实证分析．高培勇主编．费改税：经济学界如是说．北京：经济科学出版社，1999

张杰．经济变迁中的金融中介与国有银行．北京：中国人民大学出版社，2003

中共中央文献研究室．陈云传．北京：中央文献出版社，2005

赵凌云，张连辉．新中国成立以来发展观与发展模式的历史互动．当代中国史研究，2005（1）

Bernard，Paul and Boucher，Guillaume，Institutional Competitiveness，Social Investment，and Welfare Regimes. *Regulation & Governance* Sep，2007，Vol. 1 Issue 3，pp. 213 - 229.

Cao. Y，Qian. Y and Weingast. B. R，1999，From Federalism，Chinese Style to Privatization，Chinese Style，*Economics of Transition* 7（1）

Ebbinghaus，B. （2002）. *Exit from Labor：Reforming Early Retirement and Social Partnership in Europe，Japan，and the USA*. Habilitation Thesis，University of Cologne.

Esping-Anderson，G.，*The Three Worlds of Welfare Capitalism*，New Jersey：Princeton University Press，1990.

Esping-Anderson，G.，*Social Foundations of Postindustrial Economics*，New York：Oxford University Press，1999.

Hall，P. and Soskice，D.（2001）. Introduction to Varieties of Capitalism，in Hall，P. and Soskice，D.（2001）（ed.），*Varieties of Capitalism：The Institutional Foundations of Comparative Advantage*，pp. 1－68. New York/Oxford：Oxford University Press.

Huber，E. and Stephens，J. D.（2001）. *Development and Crisis of the Welfare State：Parties and Policies in Global Markets*. London：The University of Chicago Press.

Kolberg，J. E. and Esping-Andersen，G.（1992）. Welfare State and Employment Regimes，in Kolberg，J. E.（1992）（ed.），*The Study of Welfare state Regimes*，pp. 3－36. London：M. E. Sharpe.

Korpi，W.（2001）. Contentious Institutions：An Augmented Rational-Action Analysis of the Origins and Path Dependency of Welfare State Institutions in Western Countries. *Rationality and Society*，13（2）：235－283.

Modigliani，Franco and Cao，Shi Larry，The Chinese Saving Puzzle and the Life-Cycle Hypothesis，*Journal of Economic Literature*，Mar2004，Vol. 42 Issue 1，p145－170.

Soskice，D.（1999）. ‘Divergent Production Regimes：Coordinated and Uncoordinated Market Economies in the 1980s and 1990s’，in Kitschelt，H.，Marks，G. and Stephens，J. D.（1999），*Continuity and Change in Contemporary Capitalism*，pp. 101－134. New York：Cambridge University Press.

Thelen，K.（2001）. Varieties of Labor Politics in the Developed Democracies. in Hall，P. and Soskice，D.（2001）（ed.），*Varieties of Capitalism：The Institutional Foundations of Comparative Advantage*，pp. 71－103. New York/Oxford：Oxford University Press.

第 14 章

“利改税”[①]

Pay Tax Instead of Delivery of Profits

【摘要】利改税，就是把国营企业利润全部上交国家，改为国家按照规定的税率向国营企业征收所得税。改革开放初期，不少地方也曾经像农村实行联产承包责任制那样，对国营企业实行过各种形式的上缴利润承包，但是不能很好地解决国家、企业和个人三者之间的利益关系。因此，中央决定把涉及各个方面切身利益的财税改革作为城市经济体制改革的切入点。因为在当时的计划经济体制下，首当其冲的就是国营企业吃国家的大锅饭，职工吃企业大锅饭的问题，因此财税改革率先从对国营企业的利改税开始。利改税是新中国成立以来我国税制建设中的一次重大改革，也是国家与国有企业分配关系的重大变化。1983 年 1 月 1 日起，在全国范围内对国有工业、商业、交通企业实行利改税第一步改革。1983 年 6 月 1 日，国营企业普遍实施征收所得税，第一步利改税，对国营大中型企业实行“税利并存”；从 1984 年 10 月 1 日起，国营企业普遍实施了利改税第二步改革，进一步改进了国营企业所得税，由“税利并存”逐步过渡到“以税代利”。但是，因为受到当时社会经济条件的制约以及利改税制度设计的局限，利改税实施过程中产生了一些新的问题，1987 年，对于利改税中出现的问题，提出实行税利分流改革的设想。
【关键词】利改税　国营企业所得税　工商税制改革

Abstract: Pay tax instead of delivery of profits reform means that state-owned enterprises turned over all the profits to the state is changed into that the state levied income tax on the state-owned enterprises according to set tax rate. At the beginning of reform, a variety of forms of profit delivery contract had been implemented on state-owned enterprises in many places, just like the responsible contract

① 本章撰稿人：王秀芝。

system in rural areas, but cannot make a good solution to the interests among the state, enterprises and individuals. Therefore, the central government decided to make financial and tax reform involving the vital interests of all aspects as an entry point for urban economic reform. Because in the planned economy system at that time, the first problem is the state-owned enterprises eat the big pot of the country and workers eat the big pot of the enterprises, the financial and tax reform is started from substitution of tax payment for profit delivery reform to state-owned enterprises. Pay tax instead of delivery of Profits reform is a major reform in the building of China's tax system since the founding of the state, and also a major change in distribution relations between the state and state-owned enterprises. The first step of the reform has been taken on state-owned industrial, commercial, transport enterprises throughout the country since January 1, 1983. On June 1, 1983, it is universal for the government to levy income tax on the state-owned enterprises. The first step of the reform is to enforce "tax and interest co-exist" on state-owned large and medium enterprises. From October 1, 1984, the second step of the reform is implemented universally in the state-owned enterprises, which made further improvement of the state corporate income tax and gradually transform the "tax and interest co-exist" to the "substitution of tax for interest". However, because of the constraint of prevailing social and economic conditions and the limitation of profit delivery system design, some new problems emerged during the implementation process of this reform. In 1987, for the problems in the substitution of tax payment for profit delivery reform, envisage of "tax and interest separated" reform was proposed.

Key words: substitution of tax payment for profit delivery reform, state corporate income tax, industrial and commercial tax reform

利改税，就是把国营企业利润全部上缴国家，改为国家按照规定的税率向国营企业征收所得税。

14.1 释义

通过利改税，国营企业上缴所得税，把国家同企业的分配关系用法律的形式固定下来，使企业逐步做到自主经营、自负盈亏，真正成为独立的经济实体。在此基础上，把职工利益与企业的生产经营结合起来，打破平均主义，使先进的得到鼓励，落后的受到鞭策，实现多劳多得。

利改税的同时，对整个工商税制进行全面改革，使税制能够适应改革开放形势的需要。利改税是新中国成立以来我国税制建设中的一次重大改革，是改革开放以后，国家进行经济体制改革处理国家与企业分配关系的重大措施，对于推动改革开放、促进经济发展都起到重要作用。

14.2 事件描述

14.2.1 利改税的背景

（一）国家与国有企业分配关系的变化

1.1978 年改革开放前：国有企业利润几乎全部上缴财政

改革开放前，我国实行高度集中的计划经济，财政上实行统收统支体制，在这种体制下，几乎所有工商企业都为国家所有或集体所有。当时的企业成为整个国民经济中执行经济计划的生产车间，几乎没有经营自主权。国有企业实现的利润，除留很少一部分基金以外，其余全部要通过“利润上缴”形式集中到国家手中。企业所需生产经营资金，要逐级申请审批下拨，发生亏损，则由国家财政弥补。至于生产什么，生产多少，销售给谁，按什么价格销售，也全都受制于政府，由计划来安排。这种统收统支的体制，严重束缚了国有企业自主经营的积极性，产生了企业吃国家“大锅饭”、职工吃企业“大锅饭”的现象。改革开放后，要搞活经济，进行企业改革，首先要解决国家同企业的分配关系问题，打破“大锅饭”，这是整个经济体制改革首要的、核心的环节。这一改革既要保证国家财政收入的稳定增长，又要留给企业一定的自主财力，让企业发展有后劲。

2.1978—1982 年：放权让利

传统体制的典型特征是集中的计划过多，对企业生产经营统得过死。针对这些弊端，政府确定了以扩大企业自主权为突破口的方针。国务院于 1978 年制定并发布了《关于扩大国营工业企业经营管理自主权的若干规定》，就企业可拥有部分计划、销售、资金运用、职工福利基金和奖励基金使用等权利作了说明。这一政策的出台，意在改革政府和企业的各种关系，使企业从行政机构的附属物向具有一定自主权和利益的相对独立的经济实体转变。扩权试验首先从四川省的部分大企业开始。当时采用的主要步骤是，试点企业在年度结束实现增产增收的目标后，允许提留少量利润，并可以以奖金形式发给职工。到 1981 年，全国已有 50％的国营企业进行了这方面的改革，这些改革包括赋予企业部分计划、利润留成、资金运用、超计划产品自销、部分劳动人事使用等权利。与此同时，让利实验也同步展开。1980 年将企业计划内利润留成和计划利润分成改为企业利润全额分成，并规定了全额分成比例的计算方法，一般以当年企业所得为基数分别核定，以及企业用利润留成建立生产发展、集体福利和职工奖励三项基金的要求。三项基金建立后，国家不再承担与企业有关的经营性费用和成本。这样，在努力促使国家和企业利益责任规模化，明确企业在保证自身利益的同时确保其对国家的贡献方面迈出了重要一步。

放权让利的效果在于：企业在转为相对独立的商品生产者的方向上前进了一步，并且激发了企业发展生产的内在动力；企业具有了通过留成资金的运用，进行自行扩大再生产、重新投资的初步能力。由于放权让利后，政府允许企业把60％的折旧基金、大修理基金和大部分企业自有资金用于购置新的生产设备、更新技术和产品创新，使企业具备了某些进行自我发展的经济实力；为宏观经济管理体制的配套改革创造了某些微观基础。由于宏观体制的配套改革是一个相当复杂的系统工程，从微观构造的逐步合理化推进，会给这些改革提供若干有价值的经验和教训。

然而，由于“扩权让利”的做法过分简单化，使政府与企业之间的经济关系仍然缺乏某种“透明度”，国家也难以调节实际上存在着的企业之间的级差收益。而且当企业利润减少，企业所得的下降幅度大大小于国家所得的下降幅度时，人们开始意识到政府与企业间的经济关系如再沿袭行政性分权的办法，并不能解决根本问题。同时，企业在拥有权利和利益的同时也应相应承担一定的责任，否则将会给隐蔽性的旧体制复归创造条件。比如利润留成固然可以调动企业的积极性，但这种做法是以企业盈利为前提的。如果企业经营不善，出现亏损，企业无非是不留成或少留成，而不必承担任何经济责任，企业仍然躺在国家身上吃“大锅饭”。

从放权的实践看，企业仍然没有摆脱政府部门“附属物”的地位，单一的行政性“分权”和“让利”，并不能确立企业“自主经营、自负盈亏、自我约束、自我发展”的商品生产者地位。此外，由于当时的宏观改革政策未能配套进行，政府赋予企业的各种权利有的并未真正落实，有些实际上已重新被政府收回，或者被地方政府截留。这种现象使人意识到，政府与企业之间的经济关系需要运用经济杠杆实现规范化，企业在获得某种权利的同时也应承担与其权利相对应的责任。

3. 1983—1986 年：利改税

由于政府与企业的各种经济关系尚未理顺，出现了国家集中的财力过少，企业资金运用过于分散的矛盾。从 1983 年开始试行的利改税试点，形成利税并存的局面。1983 年利改税办法的正式出台对规范两者的关系迈出了重要的一步。1984 年 10 月，党的十二届三中全会确立了国有企业改革的目标，这就是：要使企业真正成为相对独立的经济实体，成为自主经营、自负盈亏的社会主义商品生产者和经营者，具有自我改造和自我发展能力，成为具有一定权利和义务的法人。1984 年又采取进一步的利改税措施。

（二）利改税之前的税收制度

从 1949 年中华人民共和国成立到 1978 年，我国税制建设的发展历程十分曲折。

1950年1月30日，中央人民政府政务院发布《全国税政实施要则》，规定全国共设14种税收，即货物税、工商业税（包括营业税和所得税两个部分）、盐税、关税、薪给报酬所得税、存款利息所得税、印花税、遗产税、交易税、屠宰税、房产税、地产税、特种消费行为税和使用牌照税。此外，还有各地自行征收的一些税种，如农业税、牧业税等。在执行中，税制做了一些调整。例如，将房产税和地产税合并为城市房地产税，将特种消费行为税并入文化娱乐税和营业税，增加契税和船舶吨税。试行商品流通税，农业税由全国人民代表大会常务委员会正式立法。薪给报酬所得税和遗产税始终未开征。1950—1958年，我国根据当时的政治、经济状况，在清理旧税制的基础上，建立了一套以多种税、多次征为特征的复合税制。由于党和国家的重视以及各方面的努力，这套新税制的建立和实施对于保证革命战争的胜利，实现国家财政经济状况的根本好转，促进国民经济的恢复和发展，以及配合国家对于农业、手工业和资本主义工商业的社会主义改造，建立社会主义经济制度，发挥了重要的作用。

1958年，我国进行了新中国成立以后第一次大规模的税制改革，其主要内容是简化工商税制，试行工商统一税，甚至一度在城市国营企业试行“税利合一”，在农村人民公社试行“财政包干”。至此，我国的工商税制共设9个税种，即工商统一税、工商所得税、盐税、屠宰税、利息所得税（1959年停征）、城市房地产税、车船使用牌照税、文化娱乐税（1966年停征）和牲畜交易税（无全国性统一法规）。1962年，开征了集市交易税，1966年以后各地基本停征。

1973年，我国进行了新中国成立以后第二次大规模的税制改革，其核心仍然是简化工商税制。至此，我国的工商税制一共设有7种税，即工商税（包括盐税）、工商所得税、城市房地产税、车船使用牌照税、屠宰税、工商统一税和集市交易税。对国营企业只征收一道工商税，对集体企业只征收工商税和工商所得税两种税，城市房地产税、车船使用牌照税、屠宰税仅对个人和极少数单位征收，工商统一税仅对外适用。

总的来看，当时由于“左”的指导思想的作用和苏联经济理论及财税制度的某些影响，片面否定了税收经济杠杆作用，我国的税制建设受到了极大的干扰。税制几经变革，走的都是一条片面简化的路子。结果是税种越来越少，税制越来越简单，从而大大地缩小了税收在经济领域中的活动范围，减小了税收在社会政治、经济生活中的影响，严重地影响了税收职能作用的发挥。

（三）利改税的酝酿

改革开放初期，不少地方也曾经像农村实行联产承包责任制那样，对国营企业实行各种形式的上缴利润承包，但是效果都不明显，特别是不能很好地解决国家、企业和个人三者之间的利益关系。因此，中央决定把涉及各个方面切身利益的财税改革作为城市经济体制改革的切入点。因为在当时的计划经济体制下，首当其冲的就是国营企业吃国家的大锅饭，职工吃企业大锅饭的问题，因此财税改革率先从对国营企业的利改税开始。

1. 第一步利改税的出台

1978年12月中国共产党第十一届中央委员会第三次全体会议召开以后，中国逐步推行经济体制改革，税制改革、特别是国营企业税制改革的问题很快引起各方面的密切关注。

根据中国经济形势发展和1979年全国税务工作会议的要求，中国的税制改革首先从建立涉外税收制度起步，包括在1980年公布了《中华人民共和国中外合资经营企业所得税法》和《中华人民共和国个人所得税法》，在1981年公布了《中华人民共和国外国企业所得税法》；明确在流转税方面暂时沿用1958年全国人民代表大会常务委员会原则通过的《中华人民共和国工商统一税条例（草案）》，在地方税方面沿用1951年政务院发布的《城市房地产税暂行条例》和《车船使用牌照税暂行条例》。

同时，国内税制改革的调查与试点工作也开始了。这次试点大体上可以分为两个阶段：第一阶段是从1979年起，在湖北省光化县、广西壮族自治区柳州市、上海市和四川省的部分国营企业中试点，主要是开展对国营企业征收所得税的试点，即“利改税”的试点。第二阶段是从1980年第四季度起扩大“利改税”的试点。

1980年7月31日，中央财经领导小组召开会议，听取了财政部部长王丙乾关于工商税制改革总体设想的汇报。会后，财政部向国务院报送了《关于改革工商税制的设想》，其中指出，现行工商税制存在的问题是：税制过于简化，对国营企业只征收一种工商税，对集体企业只征收工商税和工商所得税两种税，税收在经济领域中的活动范围大大缩小了。同时，有些产品的税率长期未作调整，同已经变化了的经济情况不相适应。这次工商税制改革的指导思想是：认真贯彻执行“调整、改革、整顿、提高”的方针，合理调节各方面的经济利益，正确处理国家、企业、个人之间的利益关系，中央与地方的关系，充分发挥税收的作用，促进国民经济的发展。

根据国务院常务会议的要求和国务院领导的重要指示精神，财政部和国家体改委于1982年12月至1983年1月派联合调查组，分赴上海、天津、济南等地，对6 691户国营工、交、商企业进行了系统的调查测算工作。财政部在总结试点经验和调查测算的基础上制定了《关于国营企业利改税试行办法（草案）》，并于1983年2月25日向国务院作了报告。同年2月28日，国务院批转了财政部《关于国营企业利改税试行办法（草案）的报告》，并责成财政部召开全国利改税工作会议，研究修改试行办法（草案），制定具体规定并部署工作。

1982年11月召开的第五届全国人民代表大会第五次会议，肯定了利改税的试点经验。会议指出：要把上缴利润改为上缴税金这个方向肯定下来。改革需要按照不同情况，有步骤地进行，对国有大中型企业，要分两步走，即：3年内，在对价格不作大的调整的情况下，要加快以税代利的步伐。1983 年 3 月 17—29 日，财政部在北京召开了全国利改税工作会议。会上传达了国务院领导对利改税的指示精神和国务院文件，讨论修改了《关于国营企业利改税办法（草案）》以及有关征收所得税和企业财务处理的几个具体规定，部署了利改税工作。会议期间，财政部副部长田一农对利改税试行办法中若干问题作了说明，并全面阐述了利改税的优越性。4 月 12 日，财政部向国务院提交了《关于全国利改税工作会议的报告》，并将修改后的《关于国营企业利改税试行办法》报国务院审查。1983 年 4 月 24 日，国务院批准了这个办法，决定从 1983 年 1 月 1 日起，在全国范围内对国有工业、商业、交通企业实行利改税第一步改革。1983 年 6 月 1 日，国营企业普遍实施征收所得税。

2. 第二步利改税的出台

1983 年 9—10 月，财政部和国家体改委组织联合调查组，分赴上海、湖北、四川、陕西等地，拟定第二步利改税方案，并作了调查研究和测算工作，初步论证了改革方案的可靠性。1984 年 6 月 22 日至 7 月 7 日在北京召开的全国利改税第二步改革工作会议，着重讨论了利改税第二步改革的重大意义，研究了第二步改革方案，修改了财政部草拟的各种税收条例草案，以及有关的财务会计处理办法草案。国务院副总理姚依林、田纪云，国务委员兼国家计委主任宋平出席会议。国务委员兼财政部部长王丙乾在开幕大会上作了报告。他指出：企业改革是城市经济改革中首要和基本的环节，为此首先要解决好国家和企业的分配关系，财税部门和各有关部门要抓好有利时机，积极推行利改税第二步改革。进行利改税第二步改革的指导思想是：要进一步处理好国家同企业的分配关系，从根本上解决企业吃国家“大锅饭”的问题，并且为解决职工吃企业“大锅饭”的问题创造条件；既要保证国家财政收入的稳定增长，又要使企业在经营管理和发展上有一定的财力保证和自主权，在政策上使企业感到有奔头，有更大的后劲；要发挥税收经济杠杆的调节作用，体现国家的奖励和限制政策，并缓解价格不合理而带来的一些矛盾，以利于国民经济的调整和改革。会议认为：利改税的路子要坚定不移，毫不动摇。

1984 年 9 月 7 日，国务院向全国人大常委会提交了《关于提请授权国务院改革工商税制和发布有关税收条例（草案）的议案》。9 月 18 日，六届全国人大常委会七次会议通过了国务院提交的议案，决定授权国务院在实施国营企业利改税和改革工商税制的过程中拟定有关税收条例，以草案形式发布试行。同日，国务院根据全国人大常委会的决定，发出《批转财政部关于在国营企业推行第二步利改税报告的通知》，并发布了《中华人民共和国国营企业所得税条例（草案）》和《国营企业调节税征收办法》，同意《国营企业第二步利改税试行办法》从 1984 年 10 月 1 日起试行，国营企业普遍实施了利改税第二步改革，进一步改进了国营企业所得税。这个税种是国家直接参与企业利润分配的税种，也是利改税的关键性税种。它在利改税第一步改革中已经建立，根据第二步利改税的要求，在内容上作了适当改进，并由原来财政部的暂行规定改为国务院的税收条例。

14.2.2 利改税的内容

（一）第一步利改税的主要内容

第一步利改税办法自 1983 年 1 月 1 日起实行，征税工作从 1983 年 6 月 1 日开始办理。

（1）凡有盈利的国营大中型企业（包括金融保险组织），均根据实现的利润，按 55%的税率缴纳所得税。企业缴纳所得税后的利润，一部分上缴国家，一部分按照国家核定的留利水平留给企业。上缴国家的部分，可根据企业不同情况，分别采取下列递增包干上缴、固定比例上缴、缴纳调节税①、定额包干上缴②办法处理。对税后利润略低于或略高于国家核定留利水平的企业，缴纳所得税以后，可以不再上缴利润，国家也不再减征所得税。但对达不到国家核定的留利，差额极大的，可在一定期限内适当减征所得税。

上述各种上缴办法的计算数据，原则上应以 1982 年的决算为准，但在计算企业留利时，对原来留利水平过于不合理和重复提取的，应作合理调整。上述各种办法的计算基数和递增包干上缴比例、固定上缴比例、调节税税率，以及定额包干上缴数额，采取逐级核定的办法，一定三年不变。

财政部门先对企业主管部门（局或公司），就上述前三种办法中商定一种办法，按其所属盈利企业计算核定。然后由企业主管部门在核定数内，根据所属企业的不同情况，选定不同的办法，征得财政部门同意后，分别落实到每个企业。

（2）有盈利的国有小型企业，按照八级超额累进税率缴纳所得税。除对税后利润较多的企业国家可另收取一定的承包费，或按固定数额上缴部分利润以外，其他国有小型企业的税后利润，国家都不再提取。缴税后，由企业自负盈亏，国家不再拨款。国营小型企业的标准是：按照 1982 年底的数据，工业企业固定资产原值不超过 150 万元，年利润不超过 20 万元；商业零售企业职工不超过 30 人，年利润不超过 3 万元或 5 万元。省、自治区、直辖市人民政府可在这个标准范围内，结合本地实际情况，作适当调整。

（3）营业性的宾馆、饭店、招待所和饮食服务公司，都缴纳 15%的所得税，国家不再拨款。企业税后有盈有亏的，由商业主管部门调剂处理。对京、津、沪三市的饮食服务公司，商业部可从企业税后留利中适当集中一部分资金，用于补助边远、困难地区。

（4）县以上供销社，以县公司或县供销社为单位，按八级超额累进税率交纳所

---

① 按企业应上缴国家的利润部分占实现利润的比例，确定调节税税率。在执行中，基数利润部分，按调节税税率缴纳；比上年增长利润部分，减征 60%的调节税。

② 只限于矿山企业实行，其他企业不实行这个办法。

得税，国家不再拨款；除国家规定的个别商品外，国家也不再负担价格补贴。县以上供销社税后利润较多的，在抵顶原由财政拨款的仓库建设资金、简易建筑费、行政事业费和原在企业留利、费用中开支的补充流动资金、扶持生产资金、企业基金、职工奖金之后，剩余部分核定一个基数，上缴财政。税后利润不足原来合理留利水平（包括原来财政拨款数额）的，经过批准，在一定期限内减征所得税。

（5）军工企业、邮电企业、粮食企业、外贸企业、农牧企业和劳改企业，仍按原办法执行。少数企业经国务院或财政部、国家经委批准，实行利润递增包干办法的，在包干期满之前，暂不实行利改税。

（6）国有企业归还各种专项贷款时，经财政部门审查同意，可用缴纳所得税之前该贷款项目的新增利润归还。企业向银行申请专项贷款时，必须有10%～30%的自有资金用于贷款项目。

（7）关于国有企业亏损补贴。凡属于国家政策允许的亏损，继续实行定额补贴和计划补贴等办法，超亏不补，减亏分成，一定3年不变。凡属经营管理不善造成的亏损，由企业主管部门责成企业限期进行整顿。在规定期限内，经财政部门审批后，适当给予亏损补贴；超过期限的一律不再弥补。

（8）实行利改税以后，遇有价格调整、税率变动、影响企业利润时，除变化较大，经国务院专案批准，允许调整包干上缴基数和递增比例、固定上缴比例、调节税率或定额包干上缴数以外，一律不作调整。

（9）企业税后留利“五马分肥”。企业税后留利总额的60%，用于建立新产品试制基金、生产发展基金、后备基金；40%用于职工福利基金和职工奖励基金。

（10）国有企业所得税的管理工作由税务机关办理。国有企业的财务会计工作，由财政部门办理。国有企业应根据财税部门核定的时间，按期预缴所得税和上缴利润。逾期不缴的，按日加收1‰的滞纳金，从企业留利中支付。对于屡催不交的企业，财税部门应当通知银行，将其滞纳税款和利润连同滞纳金一并在企业存款中扣交。国有企业在纳税问题上与税务机关意见产生分歧时，应当按税务机关的意见先缴纳税款，然后才能向上一级税务机关申请复议。如果对复议作出的决定不服，地方企业可向省一级财政部门申诉，作出裁决；中央企业可向财政部申诉，作出裁决。国有企业偷漏所得税和应上缴利润的，处以一倍以下罚款，由企业从留利中支付；对企业领导人员和直接责任者，还要追究行政责任。情节严重、触犯刑律的，由财税部门移送司法机关，追究刑事责任。

（11）实行利改税以后，企业主管部门仍可从所属企业留利中集中一部分资金，用于重点技术改造、增设商业网点和建造简易建筑等开支。集中的比例或数额，由企业主管部门确定，报财政部门备案。

（12）企业缴纳的所得税，按企业的隶属关系，分别上缴中央财政和地方财政。中央对省、市、自治区的财政包干基数和分成比例，一律不作调整。县办工业企业要区别大小，分别按本办法实行利改税，因此而影响县财政原来应得的那一部分好处，由省、市、自治区通过其他方式解决。

(13) 民族自治地区实行利改税，原则上按本办法执行，但在某些具体做法上，可由自治区或省人民政府因地制宜，作出必要的灵活规定。原来国家对民族企业的照顾仍予保留。

第一步利改税的实施范围，包括全国 107 145 户国有工业、交通和商业企业，占盈利企业总户数的 92.7%。第一步利改税的执行结果是基本体现了“国家得大头、企业得中头、个人得小头”的原则。1983 年，国家拿了 61.8%，企业留了 38.2%，其中生产发展基金占 47.6%，集体福利基金占 17.4%，职工奖励基金占 35%，起到了较好的作用。但这一步仍存在一些需要完善的地方：税种比较单一，很难发挥经济调节作用；税后利润的分配办法多种多样，国家同企业的分配关系没定性。因此需要进行第二步改革。

(二) 第二步利改税的主要内容

第一步利改税以后，大部分国有企业的实现利润在缴纳所得税后，还要采取递增包干、固定比例上缴和调节税等多种复杂形式上缴一部分给财政。实际上是所得税和利润上缴两种分配形式同时并存。国有小型企业累进所得税的级距也没有拉开，负担有些不合理，因此，需要继续进行第二步利改税改革。

第二步利改税改革的基本内容是将国营企业应当上缴国家的财政收入分别按照 11 个税种向国家缴税，也就是由“税利并存”逐步过渡到完全的“以税代利”，税后利润留给企业使用。改革内容有几方面，一是完善利改税办法，对大中型国营企业仍按 55%的税率征收企业所得税，税后利润一律再征收利润调节税，一户确定一个税率，由财政部门和企业主管部门一家一家地核定。确定后若企业利润有增长，对于增长部分减征调节税 70%。与此同时，根据利改税的需要，对整个工商税制进行了全面改革。具体要点是：

(1) 第二步利改税，将现行的工商税按照纳税对象，划分为产品税、增值税、盐税和营业税；将第一步利改税设置的所得税和调节税加以改进；增加资源税、城市维护建设税、房产税、土地使用税和车船使用税。国营企业应按照国务院颁布的有关税收条例（草案）和征收办法执行。

第一，产品税。对生产应纳产品税产品的国营企业，在应税产品销售后，应按照规定计算缴纳产品税。从 1984 年 10 月 1 日起，卷烟提价收入部分，也按规定缴纳产品税。原由预算拨补的烟叶提价补贴和名牌烟价外补贴，同时取消。

第二，增值税。对生产应纳增值税产品的国营企业，在应税产品销售后，应按照规定计算缴纳增值税。通过实行增值税，避免重复纳税，促进专业化协作生产的发展，适应调整生产结构的需要。计算缴纳增值税时应扣除的项目，应按照国家统一规定办理，不得任意扩大或缩小范围。

第三，盐税。对生产、经营和进口盐的国营企业，在销售或进口盐时，应按照规定计算缴纳盐税。

第四，营业税。对从事商业、物资供销、交通运输、建筑安装、金融保险、邮政电讯、公用事业、出版业、娱乐业、加工修理业和其他各种服务业的国营企业，在商品销售或取得营业收入后，应按照规定计算缴纳营业税。国营商业批发环节的营业税，先在石油和五金、交电、化工行业征收；国营商业其他行业以及物资、供销、医药、文教和县以上供销社等批发环节的营业税，暂缓征收。国营建筑安装企业承包工程的收入，暂缓征收营业税。

第五，资源税。对从事原油、天然气、煤炭、金属矿产品和其他非金属矿产品资源开发的国营企业，在应税产品销售后，应按照规定计算缴纳资源税。先对原油、天然气、煤炭征收资源税，其余的暂缓开征。对合理开发资源的矿产企业（包括小煤窑），国家需要扶植发展的，可以给予减税照顾。

第六，城市维护建设税。凡缴纳产品税、增值税、营业税的国营企业，应按照规定计算缴纳城市维护建设税。

第七，房产税。对拥有房产的国营企业，应按照规定计算缴纳房产税。

第八，土地使用税。对使用属于国家所有土地的国营企业，应按照规定计算缴纳土地使用税。

第九，车船使用税。对拥有行驶车船的国营企业，应按照规定计算缴纳车船使用税。

第十，所得税。对盈利的国营大中型企业，应按照55%的固定比例税率计算缴纳所得税；对盈利的国营小型企业，应按照新的八级超额累进税率计算缴纳所得税。

第十一，调节税。盈利的国营大中型企业在缴纳所得税后，应按照核定的调节税税率，计算缴纳调节税。

上述城市维护建设税、房产税、土地使用税和车船使用税，保留税种，暂缓开征。另外，国营企业缴纳的屠宰税、烧油特别税、农（牧）业税、建筑税以及奖金税等，仍按原有规定征收。

(2) 核定调节税税率时，以企业1983年实现的利润为基数，在调整由于变动产品税、增值税、营业税税率以及开征资源税而增减的利润之后，作为核定的基期利润。基期利润扣除按55%计算的所得税和1983年合理留利后的部分，占基期利润的比例，为核定的调节税税率。

在核定国营卷烟企业的调节税税率时，企业1983年实现的利润还应加上卷烟提价收入，再扣除卷烟提价收入应纳产品税、烟叶提价补贴、名牌烟价外补贴后的余额，作为核定的基期利润。

凡与其他单位联营的企业，在核定调节税税率时，还要加上按规定从联营单位分得的利润，或减掉分给联营单位的利润，作为核定的基期利润。

核定的基期利润扣除按55%计算的所得税后，余利达不到1983年合理留利的大中型企业，不征调节税，并在一定期限内，经过批准，减征一定数额的所得税。

企业的调节税税率和上述减征的所得税，由财税部门商企业主管部门核定。各省、自治区、直辖市财税部门核定的企业调节税税率和减征的所得税，要汇总报财政部批准。

企业当年利润比核定的基期利润增长部分，减征 70%调节税。利润增长部分按定比计算，一定七年不变。对物资、供销、金融、保险企业，不实行减征 70%调节税的办法。

核定的调节税税率，自 1985 年起执行。

（3）国营小型盈利企业，按新的八级超额累进税率缴纳所得税以后，一般由企业自负盈亏，国家不再拨款。但在核定基数时，对税后利润较多的企业，国家可以收取一定数额的承包费，具体办法由各省、自治区、直辖市人民政府确定。税后不足 1983 年合理留利的，经过批准，可在一定期限内减征一定数额的所得税。

适当放宽国营小型企业的划分标准，使更多的国营小型企业能够逐步过渡到国家所有、自主经营、依法纳税、自负盈亏的管理体制。京、津、沪三市，固定资产原值不超过 400 万元，年利润不超过 40 万元，两个条件同时具备的，为国营小型工交企业；其他地区，固定资产原值不超过 300 万元，年利润不超过 30 万元，两个条件同时具备的，为国营小型工交企业（包括城市公用企业和商办工业、粮办工业、饲料工业、储运企业）。

以独立核算的自然门店为单位，京、津、沪三市年利润不超过 20 万元，职工人数不超过 60 人；各省省会、自治区首府所在城市和重庆市，年利润不超过 15 万元，职工人数不超过 60 人；其他城市，年利润不超过 8 万元，职工人数不超过 30 人的，均为国营小型商业零售企业。小型商业零售企业的标准，利润额的条件必须具备，是否要同时具备职工人数的条件，由各省、自治区、直辖市人民政府自行确定。

商办农牧企业，一律视为小型企业。

（4）营业性的宾馆、饭店、招待所和饮食服务企业，都按新的八级超额累进税率缴纳所得税。企业缴纳的所得税，比第一步利改税办法多缴的部分，由同级财政列作预算支出，拨给主管部门用于网点建设、技术改造和重点扶持。

（5）军工企业、邮电企业、民航企业、外贸企业、农牧企业和劳改企业，以及少数经批准试行上缴利润递增包干等办法的企业，暂不按本办法缴纳所得税和调节税，但应按有关规定缴纳其他各税。其利润和资金占用费的上缴以及职工福利基金、奖金的列支办法，仍按原规定执行。

（6）对亏损企业和微利企业的补贴或减税、免税，按以下办法处理：

第一，凡属国家政策允许的亏损，实行计划补贴办法，超亏不补，减亏分成。补贴数额和减亏分成比例，可一年一定，也可以一定三年不变。

第二，凡属经营管理不善造成的亏损，由企业主管部门责成企业限期扭亏。在规定限期内，由财政部门适当核定亏损补贴，超亏不补，减亏分成；超过限期的，一律不再补贴。到期扭亏为盈的，按本办法实行利改税。

凡在规定扭亏期限内提前扭亏为盈的，当年的亏损补贴照拨，盈利留用；第二年实现的利润，视同减亏，按规定分成。

第三，1983年的盈利企业，由于调增税率和开征新税使1983年由盈变亏的或利润不足1983年合理留利的，可在3年内减征产品税、增值税和营业税。这些企业可视为微利企业，不缴所得税和调节税。在实际执行中，实现利润超过合理留利的，可由国家与企业分成，分成比例一定三年不变。

(7) 实行第二步利改税以后，遇有价格、税率调整，除变动较大，并经国务院专案批准允许适当调整基期利润和调节税税率的以外，一律不作调整。

(8) 企业留用利润应合理分配使用。要建立新产品试制基金、生产发展基金、后备基金、职工福利基金和职工奖励基金。职工奖励基金占企业留利的比例，由财政部与各省、自治区、直辖市和企业主管部门商定，并由各地区、各部门层层核定到所属企业。企业从增长利润中留用的利润，一般应将50%用于生产发展，20%用于职工集体福利，30%用于职工奖励。

(9) 实行第二步利改税以后，企业主管部门仍可适当集中一部分留利，用于重点技术改造和商业网点、设施的建设，但不得用于主管部门本身的支出。企业主管部门集中的留利，可自行从企业集中，也可采用退库办法解决。

(10) 按照《中华人民共和国民族区域自治法》第三十五条的规定，民族自治地方在执行国家税法时，除应由国家统一审批的减免税收项目以外，对某些属于地方财政收入，需要从税收上加以照顾和鼓励的，经省、自治区人民政府批准，可以实行减税、免税。西藏自治区对本办法如何执行，由自治区人民政府决定。

与此同时，为加快对外开放的步伐，1984年12月3日，根据财政部转发国务院《关于经济特区和沿海14个港口城市减征、免征企业所得税和工商统一税的暂行规定》，广东对深圳、珠海、汕头3个经济特区以及广州、湛江两个港口城市的经济技术开发区开办的中外合资经营、中外合作经营的生产性企业一律实行减免税的优惠政策。

14.3 事件解读

“利改税”的核心是把国营企业向国家上缴的“利润”改为缴纳“税金”，将所得税引入国营企业利润分配领域，税后利润全部留归企业，以使国营企业逐步走上自主经营、自负盈亏的道路。第一步利改税，对国营大中型企业实行税利并存；第二步利改税，则由之前的“税利并存”逐步过渡到“以税代利”。1983 年开始的这次税制改革，从根本上改变了我国税制的整个面貌，使我国初步建立了适应有计划的社会主义商品经济的税收制度，对于保证财政收入、加强宏观调控、促进改革开放、规范国家与国营企业分配关系、推动经济与社会发展起到了重要的作用，也为后来深化税制改革奠定了基础。

（1）两步利改税改革，使我国工商税制发生了根本性变化，初步建立了一套适应社会主义有计划商品经济的、以流转税和所得税为主体的、多种税、多环节征收的复合税制体系，初步适应了中国改革开放以后多种经济成分、多种经营方式、多种流通渠道、多种分配方式并存的经济状况。税收已经深入到社会再生产的绝大部分环节，可以对社会生产和生活进行较为广泛的、有效的调节。

（2）基本理顺了国家与企业的利润分配关系。把国家同企业的分配关系用税收的形式固定下来，税收成为国家财政收入的主要支柱，既保证了国家财政收入稳定增长，又扩大了企业的自主财力，改革实现了双赢。为进一步理顺国家与企业之间关系，实现政企分开改革，提供了公共分配制度上的条件。

（3）税收的职能作用得到了较为充分的发挥。税收收入逐年持续快速增长，宏观调控能力明显增强，对于贯彻国家的经济政策，调节生产、分配和消费，起到了积极的促进作用，同时成为国家监督和引导微观经济活动的有力手段。流转税发挥了重要的经济杠杆作用。实行增值税，有利于避免商品流通环节中重复征税，促进专业化协作生产。调整税目、税率，有利于适当地调节企业的利润水平，在一定程度上缓解某些由于价格不合理而引起的矛盾，逐步为企业建立了公平税负、鼓励竞争的外部环境。

（4）利改税为税制建设上实现公平税负创造了条件。利改税是国家与国营企业分配关系的重大改革，符合经济体制改革的方向和要求，它突破了长期以来国家不能对国有企业征收所得税的“非税论”理论禁区，第一次把国营企业作为独立的商品生产者纳入了所得税的纳税人范围，把国家与企业的分配关系基本上纳入了固定的轨道，有利于加强企业的经营管理和稳定国家财政收入，从而在治税理念上打破了传统观念，为税制建设上实现国民待遇、公平税负打开了通道。

但是，因为受到当时社会经济条件的制约，以及利改税制度设计的局限，利改税实施过程中产生了一些新的问题，既定的改革目标并没有完全实现。比如，所得税的税率过高，国营企业税负重；征收所得税后，又征收调节税，而调节税是一户一率，征收随意性大；对企业实行税前还贷的办法，实际上是用财政资金替企业归还贷款，出现企业争贷款、银行保收益、国家财政收入减少的局面。1987 年，对于利改税中出现的问题，提出实行税利分流改革的设想，把国家与国营企业的利润分配关系概括为：税利分流、税后还贷、税后承包。

参考文献

谢旭人．中国财政改革三十年．北京：中国财政经济出版社，2008

高培勇．中国财税体制改革 30 年研究．北京：经济管理出版社，2008

邹东涛．发展和改革蓝皮书．北京：社会科学文献出版社，2008

王丙乾．关于国营企业实行利改税和改革工商税制的说明．http：//www. law-lib. com 1984－9－11

刘佐．中国税制概览（2008 年版）．北京：经济科学出版社，2008

国家税务总局．中华人民共和国税收基本法规（2007 年版）．北京：中国税务出版社，2007

王家林．我所经历的第二步利改税．中国财政，2008（11）

第 15 章

倒逼机制①

Anti-driving Mechanism

【摘要】国有企业的预算软约束和地方政府的行政力量相融合，在信贷资金获取上向国有银行不断施加压力；国有银行在存在对国有企业实行倾斜政策的背景下，通常总是要在一定程度上对国有企业的借款要求让步。当这种现象普遍化时，就会出现这样的结果：国有企业向国有银行的基层行施加压力突破了基层银行的信贷配额上限，国有银行的基层行又层层向自己的上级行乃至总行提出扩张要求迫使总行增加额度，各国有银行总行最后又向中央银行申请再贷款，迫使中央银行不得不扩张规模。这种起源于国有企业借款要求的自下而上的货币供给扩张过程，就是所谓的“倒逼机制”。

【关键词】预算软约束 信贷规模 国有企业 国有银行 货币供给内生性

Abstract: The combined forces of budget soft restraints imposed on state-owned enterprises and the administrative support of local governments had constantly exert pressure on state-owned banks in granting loans. These state-owned banks had to compromise in meeting the loan requirements of state-owned enterprises due to their intended preferential policies for granting loans to these enterprises. When such a phenomenon existed in a widespread manner, a consequence is: state-owned enterprises imposed strong pressure in demanding more loans from the branches of the state-owned banks, which went beyond the credit limit set by the bank branches. As a result, these branches were forced to apply for increasing their loan limit from the banks at a higher administrative level or even from their head offices. Then, the head offices of various state-owned banks had to apply for re-lending of

① 本章撰稿人：宋玮。

loans from the central bank, which compelled the central bank to expand loan size. Such a bottom-up expansion process of money supply and demand is called the "Anti-driving mechanism," which was incurred by the loan demand originated from the state-owned enterprises.

Key words: budget soft restraints, credit size, state-owned enterprises, state-owned banks, endogenous money supply

倒逼机制是指由于预算软约束现象的存在，国有企业借款要求不断增加，促使国有银行增加贷款额度，进而迫使中央银行被动扩张再贷款规模的自下而上的货币供给扩张过程。

15.1 倒逼机制发挥作用的历史背景

改革开放以来，我国经济体制逐渐由计划经济向市场经济转轨，这一过程是遵循渐进的路径实现的。在改革的早期阶段，原有的基于计划维系的经济秩序逐渐被打破而新的基于市场规则的新秩序尚未建立起来，国有企业在国民经济结构中占据主要地位，国有银行体系担负着为经济体制渐进转轨提供金融支持的重任，我国信贷领域曾经独具特色的“倒逼机制”就是在这样的历史背景下形成的。围绕“倒逼机制”所涉及的主要利益相关者包括：地方政府支持下的国有企业、国有银行和中国人民银行等。重新审视特定历史时期这些经济主体的行为特征、利益诉求以及之间的博弈关系，可以帮助我们更好地理解“倒逼机制”成因及其影响。

15.1.1 国有企业

在信贷市场上，长期以来，国有企业一直都是信贷需求的主体。国有企业功能定位不清晰，除了经济职能之外，还要负担着诸如解决就业、实现社会福利和维护社会稳定等多种社会职能；国有产权结构又决定了其不受成本收益的硬约束。由此看来，国有企业信贷需求并非完全基于市场所决定的客观需求，而是缘于多重动因，可以将其区分为有效需求、低效需求与无效需求三种类型。基于真实市场需求的信贷要求是必要的，也是有效的需求，而基于各种政策性目标或者扩张本位利益而产生的信贷要求则是低效甚至是无效的需求，会对银行系统产生很大的信贷扩张压力。这种由国有产权所决定的企业行为模式是造成货币供给过程中倒逼机制的起始动因。

国有企业作为国民经济运行的主干力量，在改革开放之初，其低效运行问题就被提上改革的日程。回顾历史，国企改革是一个“摸着石头过河”的由浅入深的过程，经历了从早期简单的放权让利、承包责任制、公司制到股份制上市这样一系列过程。1979—1993 年，考虑到改革推行的难度，遵循以增量促存量渐进改革的思路，我国在未触动国有产权的制度安排前提下，先后对国有企业实行各种形式的放权让利的改革，这是一种浅层次的致力于提高企业经营绩效的改革。在此阶段，国有企业产权关系不清晰、激励约束机制难以起作用、“内部人控制”等问题的存在都充分说明了放权让利的改革思路实际上无法消除国有企业的深层次弊端，国有产权制度、公司治理结构、政府职能转变等根本性问题没有改变。国有企业软约束扩张机制与地方政府的行政干预相互交织，微观信贷需求膨胀与宏观计划扩张冲突相互作用，导致信贷的无效和低效需求不断被满足，最典型的倒逼机制发挥作用恰恰是在这样的背景之下。

Coase（1960）认为交易是有成本的，在不同的产权制度下，交易成本不同，资源配置的效率也就不同，产权制度的选择对于优化资源配置至关重要。1993 年 11 月十四届三中全会提出：“建立现代企业制度是发展社会化大生产和市场经济的必然要求，是我国国有企业改革的方向。”这标志着国有企业改革进入了制度创新的新阶段。1994 年国务院明确提出建立以“产权清晰、权责明确、政企分开、管理科学”为内容的现代企业制度，随后又提出了“抓大放小”的改革战略。在对国有企业存量由浅入深改革的同时，增量改革也取得巨大的成效，更为尊重市场规则的非国有经济发展迅速，其占工业总产值的比重不断上升，1978 年为 22.4%，1993 年为 57.6%，1998 年上升到 71.8%。非国有经济的发展为国有企业逐步剥离社会职责创造了条件，保证了渐进改革的顺利推进。

15.1.2 国有银行

在信贷市场上，长期以来，国有银行一直是信贷供给的主要提供者。按照市场经济所遵循的效率原则，银行在信贷市场上应该选择好项目好企业来给予信贷支持。但是我国国有银行的目标函数是多元的，除了微观盈利目标之外，政府改革函数目标也需要通过国有银行来完成，国有银行在我国的渐进转轨过程中起到独特而又关键性的作用。张杰（1999）指出，国有银行为转轨中的体制内产出提供了足够的信贷支持，保证了体制内产出的平稳增长，渐进改革得以推进，而自身却出现了以大量呆账为表现形式的效率损失。在国有银行固有的预算软约束与政策性定位的共同作用之下，其信贷行为受到地方政府偏好以及银行本位利益的支配，必然将低效信贷与无效信贷的压力转嫁给中央银行，而将风险与损失外化给国家来承担，这种行为特点是“倒逼机制”形成的重要原因。

反观我国经济体制改革的路程，从整体而言，金融体系的改革滞后于实体经济，金融机构的改革滞后于金融市场，国有银行的改革滞后于国有企业。这一方面是因为金融改革本身的复杂性，另一方面政府希望通过金融控制实现对于渐进转轨过程的支持。国有银行改革经历了专业化、多层次、商业化和现代化几个阶段的发展过程，最终目标是要建立现代银行制度。1984 年中国工商银行从人民银行分离之后，二级银行体系正式形成。1987年第一家股份制商业银行招商银行成立，随后，其他十几家股份制商业银行陆续成立，由此形成了以四大国有银行为主体，其他股份制商业银行为补充的银行体系。从银行业资产构成上看，长期以来国有银行在信贷领域占据主导地位，其贷款占金融机构贷款之比1985年为92%，1992年为70%。政府依靠对金融体系的控制，实现了金融体制为经济体制改革提供的“缓冲器”的作用。随着银行体系不良资产的不断积累，国家金融控制的成本急剧上升，到20世纪90年代初，这种行政性的国家金融控制制度已很难满足经济继续转型、发展的需要。1994年随着三家政策性银行的成立，四大国有银行开始了由专业银行向商业银行的转型。1997年之后，随着非国有经济的成长以及国有企业抓大放小改革的推进，国有银行对渐进转轨金融支持的压力下降，国有银行进行了一系列的制度改革，诸如强化内控制度和风险控制制度，将信贷权集中到总行和省级分行，实行贷款评审一票否决制，贷款收息与信贷人员工资挂钩等办法，使得银行贷款约束逐渐趋于硬化，也避免了地方政府的干预，由此，“倒逼机制”中银行的作用开始弱化。

15.1.3 中国人民银行

中央银行作为货币当局具有制定和实施货币政策以及维护金融体系稳定的功能。市场经济条件下，一国央行应具有相对的独立性，通常通过法定存款准备金、再贴现和公开市场操作三大货币政策工具来释放基础货币和调控货币供给量。在1984年二级银行体系建立之前，人民银行一直兼办商业银行业务，独立性很差，不是真正意义上的中央银行。与工商银行分离之后，人民银行完全剥离商业银行业务，定位开始回归真正的中央银行。作为一种制度演进，人民银行回归中央银行功能也是一个渐变的过程。在相当长的时期内，计划控制的需要、支持渐进转轨金融控制的需要使人民银行不太可能独立自主制定和执行货币政策。当时，在货币政策方面存在着可选择的货币政策工具少，调控货币供给的方式直接，决策过程行政化等特点。

贷款规模又称信贷规模，是人民银行为了实现一定时期内的货币政策目标而确定的新投放贷款的最高限额，又称贷款总限额。从1984年开始，人民银行明确将贷款规模作为货币政策的中介目标。在编制和组织实施的国家银行信贷计划中，首先确定信贷总规模，并通过各家专业银行总行逐级下达。在一般情况下，除固定资产贷款规模实行指令性控制外，贷款总规模实行指导性计划控制指标。银行多吸收存款可以多发放贷款，少吸收存款则应少发放贷款。从1989年起，中国人民银行把贷款规模改称为贷款最高控制限额，实行了“限额管理，以存定贷”办法，即贷款最高控制限额为贷款的总“笼子”，各专业银行和其他金融机构在核批的贷款限额内，主要依靠自己组织吸收存款来实现贷款最高限额。各专业银行总、分行在执行过程中可根据情况变化调整季度贷款最高限额。既然贷款规模是人为制定的，对经济增长和低息贷款的偏好往往使国有企业和地方政府产生超计划投资需求，各专业银行通过总行系统向人民银行总行要求更大的规模，由此，就会形成商业银行对中央银行的“倒逼机制”。

贷款规模管理的基础是计划经济体制下形成的信贷资金分配体制，当市场经济体制逐步确立，多元化的市场主体逐步形成，贷款规模管理就退出了历史舞台。1998 年，人民银行取消直接的规模管理，而代之以更为间接的货币供给调控方式。

15.2 倒逼机制的作用机理

在我国改革开放的初期阶段直到 1994 年，稳定发展、渐进转轨，尽量减少经济体制的剧烈变革对社会生活所带来的巨大冲击成为社会共识。在此期间，贷款规模管理是货币当局调控货币供给的主要手段，国有银行是信贷派生过程的关节点和货币政策传导的核心环节，国有企业是实体经济运行的主要力量，货币供给过程呈现如下一些特点：

首先，国有企业对国有银行产生强大的贷款需求压力。原因主要来自于三个方面：第一，来自于企业自身。按照择优汰劣的市场规则，银行在发放贷款时首先要根据信用记录进行企业与项目的双重筛选，对那些符合信贷标准的企业发放或者优先安排贷款；对信誉不好、效益差甚至亏损的企业限制乃至停发贷款。国有企业获取信贷支持主要是依靠政府信誉和国有产权性质而非其自身的市场信誉。无论产出的绩效如何，只要能够从国有银行取得贷款，维持和扩大生产运营规模，就能够实现本位利益最大化。如果运营不善出现亏损，国有企业不会因为不能偿还贷款本息而破产倒闭或被银行追究责任——国有企业对国有银行，“肉烂在锅里”，国有银行只不过是由此增加了将来可以转嫁给政府财政部门的不良贷款而已。第二，来自于地方政府。尽快发展本地区经济，扩大生产规模、增加就业，甚至包括使效益差的企业维持生存，已经成为地方政府普遍的行为特征。这不仅关系到本地区的财政收支，而且还关系到本地区的社会安定和政治稳定。而实现这些目标，在股票、债券、风险投资等市场化融资方式尚不发达的情况下，更多地争取银行贷款的支持极其重要。银行虽然在机构设置和管理体系上自成系统，但是面临来自于地方政府强大的行政干预，其也不能不在金融支持方面向所在地方倾斜。第三，来自企业员工。非国有部门正在成长发育过程之中，其创造的可替代性工作岗位还比较少，在社会保障体系不健全的情况下，国有企业就成为员工“从摇篮到坟墓”所有福利待遇根本之所在，由此，员工就业压力进一步“绑架”了国有企业，企业即使经营不善甚至亏损，也要维持其继续运营和工资、奖金的发放。这种具有刚性的个人利益诉求使国有企业进一步加大了对国有银行的资金依赖。

其次，国有银行具有适应超额信贷需求的内在动因。在政策性银行成立之前，国有银行既承担商业性贷款也承担政策性贷款。无论是基于正常生产过程的商业性贷款需求，还是基于政策原因发放“安定团结贷款”、“饺子贷款”或者地方政府直接干预之下的“点贷”所产生的信贷需求，银行都必须予以满足。就银行自身而言，国有产权制度安排决定了其不良贷款的累增并不会造成其倒闭破产的风险，而且不良贷款最终会转嫁给政府财政部门，在管理利率的体制下，银行可以稳定地获得存贷利差，扩大贷款就是扩大收益。由此，银行自然会顺应企业的超额信贷需求而增加信贷供给。由图15—1可知，在市场经济条件下，在信贷市场上新古典信贷均衡点为信贷供给 $S(r)$ 与信贷需求 $D(r)$ 的交点 E^*，与此相对应的均衡利率水平为 r^*，信贷供给量为 L^*；当政府采取干预措施，将利率压低到 r_1 之后，较低的利率会刺激更多的信贷需求而抑制信贷供给，信贷供求的均衡点为 $E_1{}^*$，与此相对应的信贷供给为 $L_1{}^*$，信贷需求为 $L_2{}^*$ 水平，信贷供求缺口为 $\Delta E=L_2{}^*-L_1{}^*$；而在我国国有银行预算软约束之下，在政府管理的既定利率水平 r_1 下，银行对利率变化不敏感，满足所有政策性和商业性信贷需求，信贷供给曲线 $S(r_1)$ 为一条平行于横轴的水平线，因此，我国国有银行信贷均衡是 $S(r_1)$ 与 $D(r)$ 的交点 $E_2{}^*$，此时的均衡信贷量为 $L_2{}^*$。由此可见，在国有银行的信贷均衡点上，信贷供给水平最大。这就是“倒逼机制”的第一层作用——国有银行适应国有企业信贷需求的形成机理。

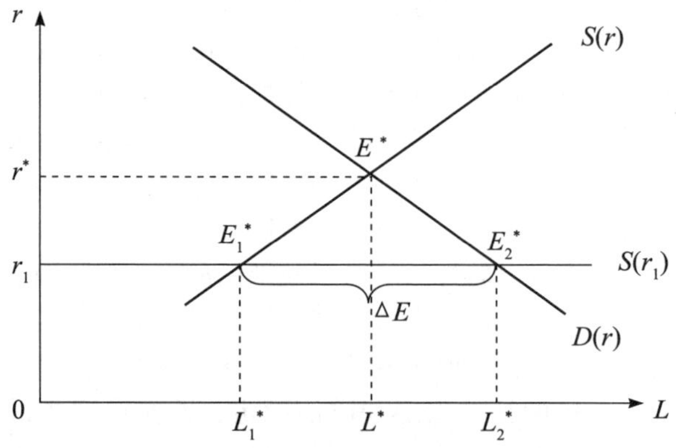

图15—1　国有银行信贷供求曲线

再次，中央银行难以有效约束基础货币的扩张。人民银行独立性较弱，货币政策制定和实施要服从于更高政府部门的决策；货币政策目标多元化、货币政策工具简单、调控货币供给的方式直接。由于外部市场条件不具备，在央行可操作的货币政策工具中，利率、准备金率等价格手段调节货币供给量的作用相当有限。国有银行从中央银行借款和向企业发放贷款对利率变动不敏感，因为它发放贷款利率与向中央银行借款的利率都是国家直接规定的，其间的利差已经考虑了它们的利益。在国有银行依靠中央银行大量贷款支持的情况下，如果提高准备金率，往往可以通过从中央银行多取得一些贷款即可对消准备金率提高的作用。在这种情况下，中央银行下达的贷款规模和其对国有银行的再贷款就成为直接可用的货币政策工具。在贷款需求不断膨胀的压力之下，国有商业银行对中央银行不断提出“追加”贷款规模和再贷款申请，央行被动适应，基础货币和信贷总量由此不断释放，“倒逼机制”的第二个环节——国有银行对中央银行的倒逼由此完成。

15.3 倒逼机制所体现的制度含义

“倒逼机制”是在我国经济体制从计划经济向市场经济变迁的大背景下产生的一种现象，反映了特定历史时期银行与企业、银行与中央银行以及银行与地方政府之间的特殊关系，倒逼机制的形成是这三种关系合力共同作用的结果。

15.3.1 预算软约束下的银企关系

我国特殊国有产权制度以及产生的预算软约束现象是影响我国银行信贷行为的重要制度因素。国有银行与国有企业之间没有建立起真正的市场化借贷关系，不能形成有效约束的信贷契约。倒逼机制的第一重含义是指预算软约束下的银企关系中，银行对国有企业软约束的信贷需求被动适应而出现信贷增发现象。Kornai（1979）最先提出“预算软约束”概念，他指出经济体制转轨过程中，国有企业一旦发生亏损，政府常常要追加投资、增加贷款、减少税收，并提供财政补贴，这种现象被称为“预算软约束”。通常预算软约束是指向企业提供资金的机构（政府或银行），未能坚持原先的商业约定，使企业的资金运用超过了它当期收益的现象。理论上对于预算软约束导致银行体系信贷膨胀研究较多。钟伟和宛圆渊（2001）研究了在政府干预金融资源的配置过程中，基于预算软约束，银行和企业信贷失衡导致信贷扭曲膨胀，预算软约束是银行信贷风险积聚的主要原因之一。施华强（2004）的研究表明，预算软约束是国有商业银行不良贷款的内生根源，只要预算软约束存在，则银行体系的不良贷款就可以不断积累，信贷膨胀偏离均衡信贷规模导致货币量增发。陈守东等（2008）认为，不但国有企业与国有银行之间存在预算软约束，私营企业与银行之间也会存在预算软约束现象，只要存在政府干预，或者银行出于自身收益的权衡而不断为企业提供信贷支持，二者之间就存在预算软约束。因此，不同类型的企业与整个银行体系之间都会有预算软约束现象。企业的信贷规模扭曲膨胀，其信贷规模超过了没有政府干预情形下的合理信贷规模，预算软约束程度越大，最优信贷规模偏离均衡信贷规模的程度越大。

15.3.2 央行的贷款规模管理与对商业银行的再贷款支持

1984 年二级银行体系建立以来，商业银行与中央银行的资金关系主要从两个方面发挥作用：央行为控制基础货币与货币供给，对商业银行采取严格的信贷计划，实施贷款规模管理；同时，针对商业银行的准备要求，中央银行用再贷款给予支持。倒逼机制的第二重含义是指中央银行对商业银行适应企业超额需求而产生的超额信贷计划和超额准备需求的被动反应，这种反应最终导致基础货币与货币供给的增加。

1. 中央银行的贷款规模管理

1979 年改革开放前，央行信贷资金管理为“统存统贷”的管理体制；1979 年开始实行“信贷差额包干”的办法；1984 年以后实行“统一计划划分资金、实贷实存、相互融通”的信贷资金管理办法，将央行与商业银行的资金分开；1995 年以后央行逐步完善信贷计划体制，制定了商业银行“资产负债比例”管理方法。中央银行的综合信贷计划是实施贷款规模管理的主要手段。长期以来，综合信贷计划以贷款限额方式对银行进行管理，旨在控制货币供应量，保持物价稳定，促进国民经济稳定发展。但计划方式配置金融资源不能尊重市场机制的作用，从效果上看，计划规模经常被突破，资金配置效果不理想，见图 15—2。

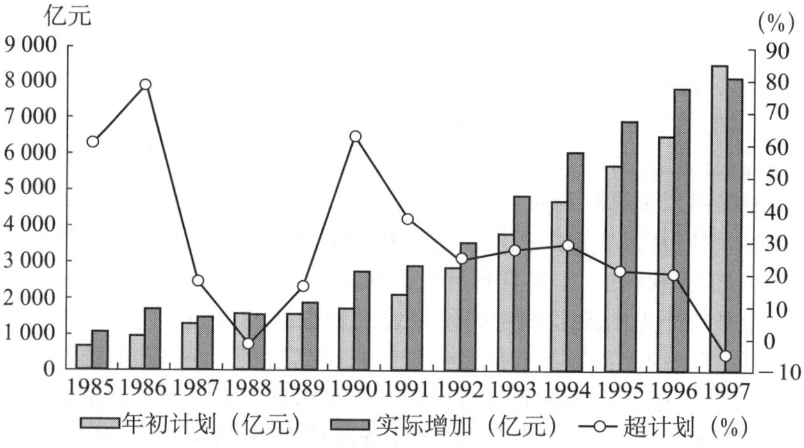

图 15—2　国家信贷计划及其执行情况

资料来源：中国人民银行统计司编：《中国金融统计年鉴》。

从图 15—2 来看，除 1988 年和 1997 年之外，其他年份的贷款规模都远远超过计划，超出幅度高达 17.5%～77.4%。其中原因可以概括为：首先是中央银行独立性不强，政府在决策过程中依据政治经济发展的需要，动态要求中央银行调整贷款规模，修正信贷计划。这一方面是因为期初计划制定不够科学合理，事后需要调整；另一方面是由于计划赶不上变化，经济发展变化产生的货币需求超出了计划之需，也需要予以调整，但是两者产生的偏差不至于如此之大，贷款规模超计划还有下面两个更为深刻的原因。其次是中央银行机构总分行信贷管理体制所造成的地方央行倒逼中央银行。1994 年之前央行分行拥有 7%的信贷规模调剂权，央行对专业银行再贷款的 70%通过分行发放以及分行可以发放专项贷款，分权式信贷管理体制使地方央行的地方行为和地方倾向非常明显，它们积极站在地方政府一边，向中央银行要计划、要贷款规模。1995 年《中华人民共和国中国人民银行法》颁布之后，人民银行改革信贷管理体制，信贷权限集中于总行，上述现象才逐渐消失。最后，商业银行适应企业预算软约束所造成的扩张性投资需求，扩大贷款发放，倒逼中央银行扩大贷款规模。同时，商业银行还通过向非银行金融机构融资或者股权参与的方式来规避央行规模管理，扩大了实际融资规模。

2. 中央银行对商业银行的再贷款支持

在多数西方发达国家，公开市场操作是中央银行吞吐基础货币的主要手段，这是以市场上有足够大规模的有价证券和外汇为前提的。在 1994 年之前，我国由于证券市场发展处于初级阶段、外汇存量较低等客观条件的制约，公开市场业务操作缺乏必要的市场基础，央行对商业银行的再贷款是基础货币投放的主渠道，平均占比在 70%以上，1986 年和 1993 年分别超过 90%；对财政的透支是基础货币投放的次要渠道。1994 年之后，对政策性银行贷款及外汇占款取代再贷款和财政透支而成为基础货币吞吐的主要渠道。请参见表 15—1 所示。

表 15—1　　1984—1997 年基础货币供给情况　　单位：亿元

年份	基础货币供给增加	对银行再贷款		对政策性银行贷款		财政透支借款		外汇占款		其他	
		增加额	占比(%)	增加额	占比(%)	增加额	占比(%)	增加额	占比(%)	增加额	占比(%)
1986	463.6	453.5	97.8			95	20.5	−88.7	−19.1	3.8	0.8
1987	346.3	74.7	21.6			144.9	41.8	66.9	19.3	59.9	17.3
1988	724.1	580.9	80.2			61.5	8.5	6.5	0.9	75.3	10.4
1989	1 084.6	845.4	77.9			108.1	10	83	7.7	48.2	4.4
1990	1 412.0	881.1	62.4			116.5	8.3	314.1	22.3	100.3	7.1
1991	1 780.8	822.6	46.2			266.8	15	612.3	34.4	79.1	4.4
1992	1 180.3	853.6	72.3			173.3	14.7	−110.9	−9.4	264.3	22.4
1993	3 118.2	2 834.8	90.9			341	10.9	−255	−8.2	197.4	6.3
1994	4 126.2	64.2	1.6	711.9	17.3	−105	−3.4	3 104.7	75.2	140.4	3.4
1995	3 124.1	−105.1	−3.4	1 122.9	35.9	0	0	2 302.9	73.7	−91.5	−2.9
1996	5 502.1	1 319.8	24	1 646.8	29.9	0	0	2 764.6	50.3	−229.2	−4.2
1997	4 529.6	−2 059	−45.5	2030.5	44.8	0	0	3 072.2	67.8	1 485.3	32.8

资料来源：中国人民银行统计司编：《中国人民银行信贷统计月报》。

中央银行具有最后贷款人的功能，当商业银行出现临时性资金不足或者银行业出现系统性风险时，中央银行应予以流动性支持。在当时的制度背景之下，商业银行国有产权属性使其具有预算软约束且无破产风险特征，银行管理者出于追求地方利益与本位利益的动机而不断要求增发贷款，一方面，贷款增加本身就要求更多的准备金补充；另一方面，缺乏必要信用支持的贷款很容易演变成不良贷款，不良贷款不能及时清收，也必然要求中央银行提供再贷款援助，及时补充准备金，否则银行体系就会出现系统性支付风险。此外，在1994年政策性银行成立之前，国有银行接受人民银行委托代为发放政策性贷款，但是由于缺乏有效的监督机制，国有银行经常会挪用政策性资金用作商业性放款，而将政策性业务的资金“硬缺口”留给中央银行，倒逼央行增加再贷款。由此可见，中央银行对银行准备要求的被动适应，在西方市场经济条件下是由于为避免出现流动性危机维护金融系统的稳定性而发生的，是一种非常规性的适应；而在我国当时的制度背景下，国有产权性质决定了商业银行具有无约束的扩张动机，中央银行对商业银行准备金增加的被动适应是经常性的，成为一种常态。

15.3.3 政治周期、政绩显示机制与地方政府干预

政绩考核机制决定着政府官员的行为偏好，改革开放以来，在中央政府提出以经济建设为中心的总体目标下，经济增长成为地方政府政绩和执政能力的重要体现，地方政府具有追求经济增长的强烈意愿，经济增长率的高低成为地方官员是否得到提升的关键指标。范方志等（2005）认为，伴随着换届而出现的投资冲动的推动力不是来自于中央政府或中央银行的货币政策，而是来自于各级地方政府为追求政绩而产生的大干快上的举措。

我国经济存在着政治性周期，各级政府换届之后，新一届地方政府为了显示才干和取得政绩而进行项目投资，从而制造出投资需求扩张，并倒逼商业银行进行贷款投放，造成事实上的扩张性货币政策。考察我国1978—1997年的经济运行，可以发现经济增长由下降转为明显上升的转折点基本都发生在政府换届的时间，如1982年、1987年、1992年，只有1997年由于东南亚金融危机的缘故没有出现转折性回升。除此之外，政府换届的当年或第二年，总是伴随着经济的迅速回升。张茵和万广华（2005）的研究表明，政府换届时间与经济景气循环的转折点十分吻合，每个景气循环周期为5年左右。政府换届后，新一届地方政府之间会展开以追求职位晋升和本地收益为目标的比赛，其结果是社会投资总量超出中央政府意愿的投资总量，物价水平也超出经济承受能力和公众心理承受能力的范围，此时中央政府就会进行宏观调控。中央政府的强力调控措施会使经济的上升趋势发生转折，使过热的经济进入降温减速阶段。这一转折点基本出现在政府换届后2～3年的时段内。此后直到下次政府换届的时段，则为经济增幅下降阶段，物价水平随之从高位回落从而构成一个完整的经济周期。

消除我国政治周期所导致的货币供给被动增加最根本的是要转变政府职能，使其管理职能与经济职能相分离，改变干部的考核和晋升机制。20世纪90年代后期，我国结合政府机构改革，政企分开取得了重大进展，政府机关的机构设置日趋合理，政府职能得到进一步转变，使银行系统与各级地方政府适度隔离，切断地方官员政绩追求与银行信贷资金供应之间的联系。

15.4 倒逼机制与我国货币供给的内生性

从理论视角来看，经济转轨过程中货币供给“倒逼机制”问题其实反映了我国在特定的历史时期货币供给内生性形成的特点。

15.4.1 “倒逼机制”是货币供给内生性形成的一种机理

货币供给内生性与外生性在经济学文献中始终是一个争论的话题。货币供给外生性观点作为新古典经济学的基本观点在理论界一直居于主导地位，其依据货币乘数模型，认为货币当局可以通过控制基础货币控制货币供给。货币供给内生性观点则认为货币供给不是由货币当局所能直接控制的，而是由经济中实际因素决定的。20 世纪 50 年代后期，在对新古典综合派批判的过程中，内生性货币理论开始复苏。1959 年，英国《拉德克利夫报告》阐明了包括内生货币供给在内的一系列“新观点”。Gurley and Shaw（1960）认为，货币系统和非货币中介机构的竞争取决于它们所创造的金融资产间的替代程度，而货币、非货币间接金融资产具有很强的替代性，这就使得货币供给不再仅仅取决于银行体系的货币创造，货币供给具有内生性，而不是一个外生变量。Tobin（1963）在批判简单的基础货币模型的基础上，对货币供给进行了一般均衡分析，建立了资产选择模型，该模型突出了货币供给的内生性和货币传导过程中的资产替代性。20 世纪 70 年代后，后凯恩斯学派的经济学家进一步发展了货币供给内生性观点。Kaldor（1982）认为，中央银行作为最后贷款人，为了防止信贷紧缩导致灾难性的债务紧缩，除了满足“交易需求”之外，别无选择。Moore（1989）又在上述理论的基础上更加深入地分析了金融运行机制变化的影响，包括信用货币、基础货币、金融创新和银行角色转换几个方面的作用。

进入 20 世纪 80 年代以来，越来越多的学者从利率视角研究货币供给内生性问题，得出了许多重要的结论。Lavoie（1984）认为，利率是外生的，银行适应信贷需求而创造信贷货币，央行作为最后贷款人而适应银行的准备需求，因此，货币供给具有内生性。Pollin（1991）认为，货币供给在很大程度上是由私人系统内生决定的，而利率不完全外生，是由央行和市场共同决定的。McCallum（1989）、Bofinger（2001）等人针对传统货币供给乘数理论的缺陷，强调了利率机制在货币供给过程中的作用，对货币供给的内生性做出了新的解释。在一个完善的市场经济环境下，尽管货币供给具有内生的逻辑，但是作为货币当局对于货币需求具有一定的可操作性，利率是货币需求函数的重要变量，央行通过调整利率影响货币需求函数，进而影响货币供给。

作为从计划经济向市场经济转轨的国家，我国货币供给长期以来具有较强的内生性，这种内生性的成因与西方发达国家的内生性成因有所不同。国内学者对货币供给内生性的原因与影响进行了多方位的研究。宁咏（2000）从货币乘数与货币基数角度对我国货币供给的内生性进行了研究；万解秋和徐涛（2001）分析了货币供给的内生性与货币政策效率关系。孙伯银（2003）则从中央银行最后贷款人功能与流动性准备供给之间的双重职能内在冲突的角度论证了货币供给的内生逻辑，并区分了我国不同历史时期货币供给内生性的特点。王曦和舒元（2008）认为，1995年之后外汇占款发行使得我国的货币供给具有很强的内生性。赵文哲和周业安（2009）指出，财政过度支出导致财政赤字是造成我国货币供给内生性的一个重要渠道。

可见，在改革的进程中，能够解释我国货币供给内生性形成原因的更多的是制度性因素，而且诸多因素可能会相互交叉发挥作用。通过前面的分析，我们可以得出如下结论：在改革开放的早期阶段到 1994 年，经济行为主体——国有企业与国有银行的产权制度规定所带来的预算软约束、地方政府管理职能与经济职能双重定位所造成的经济扩张冲动以及银行体系对渐进转轨的金融支持需要而产生的“倒逼机制”，是我国这段特定历史时期货币供给内生性形成的重要机理。与此同时，诸如财政赤字等也会对货币供给被动扩张产生压力。1994 年之后，外贸出口不断增长，外汇占款成为基础货币扩张的主要原因。

15.4.2 我国货币供给内生：由行政性向市场性的过渡

西方国家货币供给内生机理一方面源自于央行的最后贷款人功能而产生的对银行系统所产生的准备需求的适应，另一方面也是源于对市场供求决定的内生性利率而产生的信贷需求的适应，因而是一种基于市场机制过程的内生，即市场性内生。我国在改革开放初期，宏观经济表现为短缺经济特点，国有企业不是真正的市场主体，受到各级政府的行政干预，具有无限扩张的信贷需求冲动；银行系统按照国家投资计划或者各级政府的要求，而不是按照市场标准来筛选客户和适应信贷需求，必然产生贷款超计划、规模超预期的结果，同时财政赤字向中央银行的透支也带来了货币超发。可见，倒逼机制是制度因素所决定的货币供给内生，是一种行政性内生。

随着经济体制的转型逐步完成，1993 年非国有经济在工业产值中的比重超过了国有经济，国有企业的社会负担逐渐下降，由此对低成本金融支持的要求也下降了，这为国有银行逐步还原市场主体定位、实现商业化改革创造了条件。国有银行体系之外产生众多中小股份制银行之后，市场机制开始在信贷领域发挥作用。地方行政的信贷干预逐步减弱，同时，1994 年之后，财政赤字通过发行国债而不再直接向央行透支完成，参见表 15—1。尤其是在 1997 年，国企改革进入突破阶段，商业银行强调风险控制之后，各商业银行对新增贷款实行终身责任制，坏账风险逐渐成为商业银行行为的硬约束因素，商业银行存差不断扩大，“惜贷、慎贷”现象普遍，贷款增幅连年下降，货币供给增量不断减少。商业银行风险约束机制的强化抑制了信贷扩张的“倒逼机制”的作用。因此，货币供给行政性内生逐步减弱，市场性内生开始发挥作用。

15.4.3　货币供给内生性逻辑的延伸

市场体系的建立以及国有产权制度改革的深化使得我国货币供给机制发生了根本性的变化，货币供给由行政性内生开始转向市场性内生，银行的信贷扩张逐渐取决于市场需求和未来预期收益等市场标准，无效信贷需求被银行拒绝。但是我国基准利率、银行信贷市场利率都属于管理利率，即利率由货币当局制定，具有外生性，其对市场经济行为主体的引导作用有限，利率的弹性调节与市场信息反馈功能不完全，利率的外生性进一步强化了货币供给的内生性。管理利率是金融压抑的一种表现，低于均衡利率之下的管理利率不能准确反映市场资金的余缺情况，市场真实的信贷需求往往会高于均衡利率下的信贷需求，企业对银行、银行对央行的“倒逼机制”在市场不完全、价格机制不健全的情况下仍然会发挥作用。银行由传统的对政府干预与预算软约束下的无效信贷需求被动适应而转向了对金融压抑之下的低效信贷需求的被动适应，在这种情况下，“倒逼机制”发挥作用的程度已与以前有所不同。

利率市场化改革有利于信贷供求双方能够按照市场化信号引导实现资金的优化配置，货币供给的可控性与货币政策有效性的增强与利率市场化改革的进展紧密相连、相辅相成。市场供求发挥作用的利率体系中，利率形成机制由外生转向外生与内生相互影响，货币当局通过影响基准利率，间接影响货币需求，这样才能减少基于低效信贷需求的货币供给的被动增加。随着我国金融深化的不断发展，银行与证券市场的互动发展使得货币市场与资本市场的价格联动机制逐渐得以沟通。资本市场所代表的市场利率机制与银行体系所代表的管理利率机制交互作用，这种转变本身蕴涵着货币供给可控性的增强。1998 年我国货币政策操作由直接信贷规模管理转向了以间接调控为主导的运行模式，价格指标而不是总量指标将在货币政策框架中起到越来越重要的作用，利率也将逐步上升为货币政策框架中的核心变量。随着金融业的对外开放和利率、汇率市场化改革的提速，我国货币政策的外部环境发生了变化，进一步研究货币供给内生性的形成特点对提高货币政策效率以及稳定我国经济运行具有重要的意义。

参考文献

陈守东，田艳芬，赵大坤．预算软约束对我国银行体系脆弱性影响的实证分析．当代经济，2008 (11)

范方志，李海海，苏国强．中国中央银行独立性与政治经济周期．社会科学，2005 (11)

黄达．金融学．北京：中国人民大学出版社，2003

何平，殷小斌．中国国有银行改革的比较制度分析．经济理论与经济管理，2010（5）

宁咏．内生货币供给：理论假说与经验事实．北京：经济科学出版社，2000

万解秋，徐涛．货币供给的内生性与货币政策的效率．经济研究，2001（3）

孙伯银．货币供给内生的逻辑．北京：中国金融出版社，2003

施华强．中国国有商业银行不良贷款内生性：一个基于双重软预算约束的分析框架．金融研究，2004（6）

宋玮，黄燕芬．我国利率市场化改革与货币供给内生性弱化之关联性分析．经济理论与经济管理，2006（1）

张杰．转轨经济中的国有银行呆账．金融研究，1999（5）

张茵，万广华．中国的经济周期：一个AD-AS模型的视角．世界经济文汇，2005（2）

钟伟，宛圆渊．预算软约束和金融危机理论的微观构建．经济研究，2001（8）

赵文哲，周业安．基于省际面板的财政支出与通货膨胀关系研究．经济研究，2009（10）

Bofinger，P.（2001）：*Monetary Policy：Goals，Institutions，Strategies，and Instruments*，Oxford University Press.

Coase，Ronald H.（1960）："The Problem of Social Cost". *Journal of Law and Economics* 3（1）：1－44.

Gurley，J. G. and Shaw，E. S，*Money in a Theory of Finance*，Washington DC，Brookings Institution，1960

Kaldor，Nicholas（1982）：*The Scourge of Monetarism*，Oxford；New York：Oxford University Press

Kornai，J. Resource（1979）："Constrained versus Demand-Constrained Systems"，47（4）.

Lavoie，M（1984）："Credit and Money：The Dynamic Circuit，Overdraft Economics，and Post Keynesian Economics"，In M. Jarsulic（eds），*Money and Macro Policy*. Kluwer-Nijhoff Publishing

McCallum，B. T（1989）：*Monetary Economics*，*Theory and Policy*，Macmillan，New York.

Moore，B. J（1989）："A Simple Model of Bank Intermediation" in *Journal of Post-Keynesian Economics*/Fall，Vol 12. No. 1.

Pollin，R（1991）："Two Theories of Money Supply Endogeneity：Some Empirical"，*Journal of Post Keynesian Economics*，Spring，13

Tobin，James（1963）："Commercial Banks as Creators of 'Money'"，in Dean Carson ed. *Banking and Monetary Studies*，pp. 408－19，Homewood，Ill.：Richard D. Irwin.

第 16 章

三角债：1989—1993[①]

China Debt-Chain：1989—1993

【摘要】如果我们将“三角债”界定为多个企业相互之间超过正常商业信用期限的债务累积，那么，“三角债”在中国经济运行过程中是一种经常出现的现象，例如在20世纪60年代初期，在90年代、甚至21世纪初期，都存在过；但本文讨论的是特指80年代后期至90年代初期的比较异常的一次相互拖欠现象，这种异常体现以下两个方面，一是规模大，大部分企业陷入或“欠人”或“人欠”的债务网络中，总的债务规模占同期GDP和银行贷款比重较高；二是持续时间长，从1989年到1993年持续了近5年之久。它的形成，既有一般性的经济体制落后、经济结构失衡、信用文化不健全等基础性的原因，也有特定时期“治理整顿”政策因素的影响；实际上，正是长期体制与短期政策效应的相互叠加，才导致了一次严重的企业债务危机。

【关键词】三角债　经济结构失衡　信用文化

Abstract: Debt-chain defined as outstanding debts among corporations exceeding its normal level, is a recurrent phenomena in Chinese economic development process. This paper discusses a special case of such debt-chains, which happened in the late 80s and early 90s of 20th century. The specialties of the case lies in two aspects. First, the overall scale of the debt-chains was so large, as measured as the ration to GDP and bank's outstanding loans; Second, the duration the debt-chain was so long, lasting 4～5years. This paper concludes that the overlapping effect of tight macro policies in the late 1980s and the long-term structural factors and poor credit cultural between state-owned enterprises, can largely explain the severity of this special debt-chain case.

Key word: debt-chain, imbalance of economic structure, credit culture

① 本章撰稿人：瞿强。

16.1 "三角债"概述

中国经济在20世纪80年代后期，有一个现象日益突出，即企业相互之间大量拖欠货款，针对这一现象，微观企业觉得自己的正常生产经营活动受到困扰；宏观经济管理部门担心会威胁宏观经济稳定与增长，予以高度关注；至于学术界则议论纷纷，对成因和对策提出了各种看法。根据当时比较普遍的估计，"三角债"的规模在1988年为320亿元，1989年为1 000亿元。从1989年中期开始，各地企业资金极度紧张，纷纷电告上级主管，很多大中型国有企业领导奔走于中央主管部委和各大银行，要求银行协助清欠。当年，中国人民银行和中国工商银行牵头组织了几次大范围的清欠，共清理了800亿元；但是到年底，"三角债"余额又增长到1 000亿元。①

鉴于此，1990年3月26日，国务院发出《关于在全国范围内开展清理"三角债"工作的通知》，并成立了清理"三角债"领导小组，负责组织领导全国清理"三角债"工作。该小组由国务院直接领导，国务院生产委员会、财政部、人民银行、各主要专业银行、主要综合经济部门参加。4月份通过电话会议进行部署，到6月底，对全国大部分地区的拖欠货款清理一遍，数额达784亿元；当年年底，全国清理"三角债"共计1 500亿元，但是余额仍有2 000亿元之多（刘文，1991p.31）。再经过1991年全国范围内的"三角债"清理之后，1992年更是高达3 300亿元，出现了"边清边欠，前清后欠，越清越多"的现象。

1993年，国务院清理"三角债"领导小组宣布"完成预定计划"，清理工作正式结束；但是也有人认为，实际债务规模并没有真正下降（樊刚，1996）。

如果我们将"三角债"界定为多个企业相互之间超过正常商业信用期限的债务累积，那么，"三角债"在中国经济运行过程中是一种经常出现的现象，例如在20世纪60年代初期，在90年代甚至21世纪初期，都存在过；但本章讨论的是特指20世纪80年代后期至90年代初期的比较异常的一次相互拖欠现象，这种异常体现在以下两个方面，一是规模大，大部分企业陷入或"欠人"或"人欠"的债务网络中，总的债务规模占同期GDP和银行贷款比重较高；二是持续时间长，从1989年到1993年持续了近5年之久。它的形成，既有一般性的经济体制落后、经济结构失衡、信用文化不健全等基础性的原因，也有特定时期"治理整顿"政策因素的影响；实际上，正是长期体制与短期政策效应的相互叠加，才导致了一次严重的企业债务危机。

① 本章引用数据，非特殊说明，主要来自董辅礽主编：《中华人民共和国经济史》，北京：经济科学出版社，1999；汪海波：《新中国工业经济史》，北京，经济管理出版社，2001。

16.2 “三角债”的成因

16.2.1 “三角债”形成的长期体制环境

按照科尔奈对传统计划经济体制下企业投资行为的经典分析，由于投资主体的投资收益和潜在风险之间存在不对称性，再加上“软预算”约束和“父爱主义”，国有企业“投资冲动”是必然的归宿。中国经济在20世纪80年代的表现，基本符合这种分析范式，而且由于中国改革的探索性，增加了更多的不确定性。下面，我们从固定资产投资和流动资金供应两个方面来讨论。

首先，从固定资产和基建投资看，一方面，各级投资主体存在强烈的投资冲动，另一方面，国家财力有限，投资留有缺口，实际成本支出又超概算，已经埋下了企业相互拖欠的隐患。据统计，由固定资产投资缺口引发的“三角债”，约占三角债总额的20%（董辅礽，1999，下卷，p.317）。

经济改革后，我国的投融资体制发生了很大变化，不但投资主体多元化，投资来源也多元化，在传统的国家预算投资之外，有地方自筹、企业自筹、银行贷款、利用外资等多种资金来源，而且投资权限逐渐下放和分散。此外，自1980年以来，我国财政实行了层层包干的体制。地方政府为了增加财政收入，必然具有大办工业、扩大投资的强烈冲动。例如，1988年预算内投资总额比1981年增长58.6%，年均增长率为6.9%，而同期的预算外投资中的全民自筹和其他投资却增长了3.72倍，年均增长率为24.9%。

与企业、地方政府投资冲动相对应的另一方面，却是政府的实际财力严重不足。

从20世纪80年代前期放权让利改革开始，国家可以支配的财力相对减少。按可比口径计算，1979年，财政收入占国民收入比重为31.9%，1989年下降到18.8%；中央财政收入在国家财政收入中所占比重，由1979年的60%以上下降到1989年的45.2%。即使是国家承担的重点基本建设投资也是心有余而力不足，不得不留有缺口。仅1987—1989年，国家计划安排的大中型基本建设项目就有几十亿元的缺口。1990年新建续建的基本建设、技术改造的项目，其投资也没有及时足额到位。据建设银行估计，到1990年9月底止，财政累计拨给建设银行用于安排中央级基建支出和地质勘探支出的资金只占预算应拨额的54%，已占用建设银行资金几十亿元。

此外，各地在实际投资过程中，采用“钓鱼”手段，为了项目的“可批性”，在申报阶段故意少报，一旦项目上马，大多会出现实际支出严重超概算现象。据有关部门对1989年建成投产的大中型基本建设项目的调查分析，有95%以上的项目超支，实际支出超出概算40%以上。超支的主要原因是：材料、设备涨价增加的支出占超概算总额的40.30%，建设过程中增加内容或修改设计增加的支出占超概算总额的26.1%，征地费、各种名目繁多的摊派费用增加的支出占超概算的10.3%；施工管理不善、贷款利率、汇率调整等原因增加的支出占超概算总额的23.3%。

其次，从流动资金角度看，相对于不断膨胀的固定资产投资，相应的流动资金无法配套。

根据基本的经济原理，企业的流动资金同固定资金必须保持合理的比例，而且应该由同一个投资主体协调安排。但在实际执行中，20世纪80年代初中期新上的基本建设、技术改造项目，基本上都没有安排投产后所需的铺底流动资金。据统计，1987—1990年，仅新投产的全民所有制企业没有安排铺底流动资金所形成的缺口近1 000亿元。地方和企业自筹资金建设项目竣工投产，按规定应自备流动资金需要量的30%铺底流动资金，实际上大都和国家预算投资项目一样，不备或自备少量资金，大量的流动资金需求只好依赖银行。

问题在于，银行流动资金供应，由于以下两方面原因，本身也非常紧张。

一方面，放权让利导向的改革和经济过热使得财政出现大量赤字，需要向中央银行透支或借贷，最终挤占了国有专业银行正常的贷款。1979年以后，除1985年在特殊情况下略有盈余外，其余各年均出现赤字，累计达744.2亿元。1990年国家财政预算安排支出大于收入88.92亿元，从表面看来财政赤字略低于上年，但如果把当年国内外债务收入334.43亿元作为赤字处理，则1990年全国赤字为423.35亿元。

另一方面，由于大量新增投资项目是政府主导的，国有企业经营管理机制改革滞后，很多项目投资具有盲目性，投产后产品没有销路，严重亏损，从而挤占了银行流动资金。据预算内国营工业统计，1990年工业总产值比上年增长1.5%，实现利税总额比上年下降18.5%；其中利润总额下降58%，亏损企业亏损面高达31%，比上年上升1.5个百分点，亏损企业亏损额上升1.28倍。与工业企业相比，商业企业经济效益下降幅度更大，1990年国营商业和供销合作社企业实现利润12亿元，比上年下降84.6%，是1953年以来的最低点。其中商业系统有6个月出现全系统亏损，由上年盈利42.3亿元转为亏损1.6亿元。全国13.5万个国营商业和供销合作社企业有1/4以上亏损，是历史上从未有过的。据有关部门估算，1990年全国增加的政策性和经营性亏损，大约挤占了当年银行新增全部流动资金贷款的1/4（刘文，1991）

从以上分析可以看出，国有企业间相互拖欠“三角债”的形成，是“冰冻三尺，非一日之寒”。不但是20世纪80年代后期市场疲软在企业资金运行中的连锁反应，更重要的是经济改革以来，多次经济过热中积累下来的一些深层次的矛盾，如社会供需总量失衡，固定资产投资与流动资金补充比例失调，以及经济效益低下等，在新旧体制摩擦中的大暴露。

从上面的分析可以看出，在整个 80 年代和 90 年代，由于大量的固定资产投资和相应的流动资金短缺，我国国有工业企业的资产负债率急剧上升。1980 年，资产负债率仅为 18.7%，流动资产负债率为 48.7%；到 1993 年，前者上升到 67.5%，后者更是高达 95.6%。1994 年，在已完成资产清查的 12.4 万家工商企业中，资产总额为 41 370 亿元，负债总额为 31 047 亿元，所有者权益为 10 321 亿元，平均资产负债率为 75%（董辅礽，1999，下卷，p. 387）。可以说，整个以国有企业为主体的经济处于严重的“过度负债”状态中，经济结构、金融结构都是非常脆弱的。

问题是，上述投资过度、负债过度、效益低下等问题都是长期存在的，不足以解释为何在一个特定的时期会爆发严重的企业相互之间的债务拖欠和累积问题。为此，还需要联系当时特定的宏观经济环境，特别是 1989 年开始的宏观调控政策。

16. 2. 2 “三角债”形成的短期政策背景

中国经济自 1978 年改革以后，在将近 30 年的时间里，一个显著的特征就是出现周期性的经济过热和宏观调整。“三角债”形成的直接的、最主要的原因是始自 1988 年的“治理整顿”，这次宏观调控，可以看做是对以前几次紧缩政策的一次清算，突出表现在为了控制日益严重的通货膨胀，对固定资产投资为首的投资活动进行了空前严厉的收缩，在短时间内使得经济急剧下滑，出现了严重且较持续的“三角债”问题。

按照吴敬琏的分类（吴敬琏，2010），从 1979 年到 1996 年近三十年的时间里，共出现了“四次”经济波动，分别是（1）1979—1983 年、（2）1984—1986 年、（3）1987—1990 年、（4）1991—1995 年；本章所讨论的“三角债”问题从时间上看，恰好跨越了后两次波动；而且与第三次经济波动治理的摇摆、反复有着密切的关系。

中国经济在改革之初，由于建设热情的释放、计划体制的惯性和改革经验的缺乏，试图通过短时期大项目的规划，实现经济的“大跃进”，结果经历了第一次波动和调整。但是，此后不久，就进入了第二轮过热。经济从 1982 年开始加速，当年 GDP 增速为 8.8%，1983 年为 10.4%，1984 年达到 14.7%，经济过热的迹象已经非常明显。

至于为什么从 1984 年开始经济过热，原因在于，从 1982 年 9 月国家正式提出到 20 世纪末工农业生产“翻两番”目标，各地投资热情大增，竞相攀比，层层加码，“提前翻番”；与此同时，金融改革方面出现了一次“技术性错误”，预定从 1985 年开始扩大专业银行贷款自主权的贷款额度以 1984 年贷款实际发生额为基数。这样，各专业银行为了提高 1985 年的贷款基数，逐级下达指标，竭力扩大

1984年的贷款规模，其结果是，货币与信贷在短期内急剧增加。1984年，银行信贷总额比上年度增长了28.8%，其中，12月份比上年同期增长了84.4%。到1985年第一季度末，货币指标M0、M1、M2同比分别增加59%，39%和44%，显著高于趋势水平。从1995年第二季度开始，物价迅速上升，零售物价指数上涨8.8%，比1984年上涨6个百分点。

在此背景下，国务院在1985年年初就提出要加强宏观管理，主要措施是控制固定资产投资，控制信贷规模和现金投放。1985年9月，《关于制定“七五”计划建议的说明》指出，“七五”期间，大体上分为两个部分，前一个时期，重点是控制投资，控制总需求，改善结构，解决前些年出现的问题，总之，以稳定为主，避免经济急刹车造成的损失；后一个时期，再酌情适当增加投资，这实际上已经针对当时经济过热问题，提出了“软着陆”的方针，并分析了利弊（汪海波，2001，pp. 202—203）。

问题是，经济一旦启动，由于自身惯性，很难放缓，因为已经开工的项目需要追加投资，已经建成的项目需要流动资金配套，这都需要持续的银行贷款支持。由于这些原因，1985年经济过热的问题虽然有所缓解，但体制性的扩张冲动仍然存在。再加上1986年经济增长出现回落，GDP增速为8.1%，比1985年下降4.7个百分点；特别是1986年2月，GDP出现了零增长。1986年恰好是“七五计划”的开局之年，这样的速度被很多人认为是经济“滑坡”，要求放松银根，刺激经济；政府决定放松对银行贷款的控制，结果，从1986年第二季度开始，货币信贷重新大幅扩张，从1987年第四季度开始，通货膨胀再次抬头。从1988年第一季度开始，工业和国民经济急剧升温，全年四个季度工业同比分别上升16.9%，17.5%，18.1%，18.8%；全年GDP增长率为11.3%；物价（社会商品零售价格）在1—9月间，每月以1～4个百分点的增幅上升，到9月份上升到25.4%，12月上升到26.7%。由此可见，1988年经济的过热程度已经显著超过1985年，这种状况既有经济体制转轨时期普遍矛盾等长期因素的影响，也是对上一次经济过热调控不到位形成的反弹效应的叠加。此外，在这种已经比较严峻的形势下，1988年5月推出的“价格闯关”改革，进一步推高了业已存在的通胀预期，无论从指导思想，还是具体操作，事后来看，都存在严重的失误。

从1988年8月中下旬开始，全国许多城市出现了居民争相取款、抢购商品的风潮。与此同时，在“价格双轨制”下出现了“官倒”寻租等腐败现象，经济问题开始向政治问题转化，政府给予高度关注，再次进行严厉的宏观调控。1988年9月，中共中央召开工作会议，提出了“治理整顿”方针（“治理经济环境，整顿经济秩序，全面深化改革”），原定用2年时间；到1989年11月，根据形势发展，决定进一步“治理整顿”，“用三年或更长一些时间”。

从具体措施看，除了“整顿”方面清理各类公司，强化市场物价监管等涉及流通领域以外，重点是严格控制总需求。其核心是：第一，大幅压缩和控制投资需求；第二，大幅压缩和控制消费需求；第三，实行财政和金融双紧政策。这些政策措施的后果主要表现在以下几个方面：

第一，压缩固定资产投资引起了连锁反应。

从 1988 年第四季度开始，为了治理日趋严重的通货膨胀，国家在宏观调控方面实行财政、信贷双紧方针，严格控制全国固定资产投资规模。1989 年的全社会固定资产投资，按 1982—1988 年的平均增长率 24.1%计算，应为 5 580 亿元左右，但实际完成了 4 000 亿元，压缩近 500 亿元，下降了 11%，扣除物价上涨因素，实际工作量压缩 20%以上。如果考虑到投资的乘数作用，那么总需求下降得就更多。基建投资的压缩和部分在建项目的下马，必然相应地减少对各种基建物资和机电成套设备的需求，而机电成套设备从订货、设计、生产到运输发货，要经过一个较长的周期，基本建设的仓促下马，使不少机电设备制造企业的被拖欠货款骤然猛增。

第二，通货膨胀加剧了企业流动资金短缺状况。

80 年代后期，国有企业的经营成本、各种收费、社会摊派不断增加，削弱了自我积累的能力。虽然有些企业按现行规定，从提留的生产发展基金中按一定比例补充自有资金，但是数量十分有限。据有关部门统计，同 1983 年相比，1990 年预算内企业工业总产值约增长 69%，企业上缴利润、税收增长 62%，然而企业自有流动资金不但没有增加，占定额流动资金的比重却由 1983 年的 40%下降到 18%。

更麻烦的是，本来就短缺的企业流动资金，在遇到通货膨胀时进一步贬值。80 年代后期，工业企业外购原材料、燃料的价格不断上涨，1985—1989 年累计上涨 111.78%。按照国家有关规定，国家调整物资价格，企业库存物资价值必须相应调整，调整部分直接增减国家资金。例如，工业企业同样数量的库存物资，若在 1984 年价值为 100 亿元，到了 1989 年应该升值为 217.8 亿元，但有许多企业为了增加短期利益，采取少计成本、多计利润的方法，也就是说，不是随物价上升相应地调整库存物资价值，而是以原来购进的低价计入成本，使大量的升值资金转化为利润。这种结果是，虽然财政多收，企业多分，但所得的资金却无法实现实物补偿。仅据 1988—1990 年测算，分掉的库存物资升值收入达数百亿元。企业把涨价收入吃掉，实际上在吃资金的老本（刘文，1991）。

在这种情况下，企业连简单再生产都难以维持，更不可能扩大再生产了。尽管银行投放了大量启动资金，但是不可能把企业需要的流动资金全部包下来，企业不增强自我积累的能力，不能补充必要的自有流动资金，自然就会出现流动资金短缺的状况，企业间相互拖欠货款的现象也就在所难免了。

第三，企业产成品的严重积压。

根据一般规律，基本建设投资额中约有 40%左右将转化为消费基金，因此，“治理整顿”过程中投资规模的压缩也相应减少了消费需求，使零售商品市场和生产资料市场均出现销售疲软的局面，造成企业产成品严重积压，进而影响流动资金的正常运转。1989年，全国零售市场一直在低谷中徘徊，全年社会商品零售总额为8 101亿元，比上年增长8.9%，但扣除零售物价上涨17.8%的因素后，实际下降7.7%。1990年，虽然采取措施启动经济、启动市场，但是仍未从根本上摆脱结构性疲软状况。

由于市场疲软，使工业产品边生产边积压，而且边积压又边生产的情况仍很严重。据统计，1990年年末，仅工业产成品库存和发出商品就比上年末增加近600亿元。也就是说，银行为了协助企业清理拖欠而投入的启动资金，几乎全部被积压的产成品资金所占用。在这种情况下，一些企业不得不通过拖欠货款、依靠别人的资金维持自己的生产。

16.3 “三角债”的治理

20世纪90年代初期，企业相互拖欠形成的“三角债”已经严重影响了整个经济的运行，由于牵涉面广，不得不由国务院直接出面组织全国清欠；鉴于东北是传统国有企业集中地区，问题更加严重，所有清欠工作也以东北为主要试点，形成经验后向全国推广。本节从这两个方面概述“三角债”的治理情况。

16.3.1 全局性工作

1990年3月26日，国务院发出《关于在全国范围内开展清理“三角债”工作的通知》指出，“企业、单位之间互相拖欠货款和前清后欠的情况十分严重，已成为影响当前生产正常进行的突出问题，也损害了社会信用”。4月4日召开全国电话会议，明确清欠工作的原则是清欠工作与启动、促进工交生产相结合，与贯彻国家产业政策、调整产业和产品结构相结合。清欠工作的主要方法是条块结合、自下而上。第一步，先在各省、自治区、直辖市范围内和基建、外贸、商业、物资等系统进行，由各地区、各部门自行组织清欠工作；结合最近发放各项贷款的情况，凡是建设资金和外贸、商业、物资系统收购资金已经到位的企业和单位，应立即付清拖欠生产企业的设备或原材料货款；国家重点建设资金尚未到位的，财政、信贷等有关部门要及时如数拨付，不再增加新的拖欠。第二步，以被拖欠货款较多的省、自治区、直辖市为中心，组织跨省（区、市）的区域性清理。第三步，在区域性清理的基础上进行全国范围的清理。同时规定，从4月1日起凡无理拖欠货款的单位，要给收款方支付日息万分之三的滞纳金。

清欠工作原定在1990年7月底以前基本结束，但是，由于清欠工作如同整理乱麻，头绪多，涉及面广，难度大，进展慢，而且是“前清后欠，边清边欠”。1990年8月，国务院清理“三角债”领导小组公布《关于在全国范围内清理企业拖欠货款实施方案》，要求把清理“三角债”作为1990年下半年工作的重点，这次的清理分为两个阶段：第一个阶段，从 1990 年 8 月 1 日开始到 15 日止，由开户银行管理企业的托收凭证并寄往付款企业的开户银行；第二阶段，从 9 月 15 日开始到 10 月 10 日为止，由付款企业承付货款和银行办理付款、收款。同时，开始清理基建欠款，从 8 月 20 日起对全国 500 多个重点基建项目拖欠款进行集中清理。

1991 年 6 月，李鹏总理主持国务院总理办公会议，研究组织清理三角债问题，并决定在东北地区进行试点。朱镕基副总理带领国务院有关部门负责同志到东北调查后，分析了三角债形成的原因和源头：一是由于建设项目超概算严重，当年投资计划安排不足和自筹资金不落实，造成严重的固定资产投资缺口，形成对生产部门货款和施工企业工程款的大量拖欠；二是企业亏损严重，挤占了企业自有资金和银行贷款，加剧了相互拖欠；三是企业产品不适销对路或根本无销路，产品积压，产成品资金上升，形成投入—产出—积压—拖欠—再投入—再产出—再积压—再拖欠的恶性循环。此外，商品交易秩序紊乱，结算纪律松弛，信用观念淡薄，也加剧了三角债。

1991 年全国清理“三角债”工作的主要经验一是指导思想明确，立足于治本清源，从清理固定资产投资缺口形成的拖欠这个源头抓起，顺次解开“三角债”的债务链，并在防止新的拖欠上下工夫。二是各级领导高度重视，各地区党委、政府和计委、经委、银行等各有关部门紧密配合、通力合作，清欠办同志们夜以继日艰苦努力，狠抓限产压库，调整结构，坚持清欠与防欠相结合。

根据“三角债”清理领导小组的公告（《关于 1991 年全国清理“三角债”成果和 1992 年继续开展清理“三角债”工作的公告》，1992 年 2 月 1 日），到 1991 年全国共注入银行清欠贷款 306 亿元，地方和企业自筹 24.5 亿元，通过组织连环清欠，共清理拖欠款 1 360 亿元，达到了投入 1 元资金清理 4.1 元拖欠的效果。这次清欠从固定资产投资项目拖欠款这个源头注入资金，着重对机电、冶金、煤炭、有色金属等生产资料行业的国营大中型企业的债务进行了清理，大部分清欠资金流入了国营大中型企业，使这些企业资金紧张的状况得到改善，经济效益有所提高。

1992 年国务院继续把清理固定资产投资项目拖欠款作为清理“三角债”的重点，3 月上旬召开第三次全国清理“三角债”工作会议，具体部署全年度清理“三角债”工作。

1992 年继续对有还款能力、经济效益好、符合国家产业政策的全民所有制单位固定资产投资项目拖欠款进行清理。清理的范围是 1991 年上半年未清理过和去年底已竣工投产仍有拖欠的项目。对 1991 年已清理过又发生新拖欠的在建项目，原则上国家不注入资金清理。清理按现行投资计划管理体制进行，国务院各部门（公司）直属的基建、技改项目和各部门（公司）安排基本建设投资计划的项目，由主管部门（公司）清理和上报（资金拼盘的项目应包括全部资金拖欠情况），其余项目由省、自治区、直辖市和计划单列市为主清理和负责上报。对 1992 年 1 月 1

日以后发生的拖欠，国家不再组织清理；在这些拖欠款未解决之前，不允许开工新项目。

对流动资金拖欠，主要依靠限产压库、扭亏增盈和推进技术进步、进行产业结构和产品结构调整等措施来解决。在有效地防止前清后欠的前提下，先对冶金、机电、物资行业的重点企业进行流动资金拖欠清理试点，待试点取得成功后，再有计划、有步骤地进行清理。企业是清欠的主体，流动资金拖欠主要依靠企业自身千方百计地搞好经营机制转换，产品结构调整和扩大、占领市场，提高经济效益等办法去解决。1992 年 1 月 1 日以后发生的新的流动资金拖欠，国家不再组织清理。

此外，1992 年把财政“三欠”和解决企业亏损问题列入议事日程；继续进行商品交易秩序和结算纪律的整顿。1991 年 10 月 30 日《人民日报》公开批评了十起无理拒付货款的典型事例，在各地引起很大震动，不守合同、不讲信用、无理拒付货款的情况明显减少。今年，各地政府、银行和企业主管部门要继续抓紧这项工作，防止出现反复。在清欠和限产压库期间，未经中国人民银行批准，任何企业不得转移账户。

1993 年 3 月，国务院清理“三角债”领导小组发布《关于全国清理三角债工作情况的报告》，总结了前两年全国性的清理工作概况和主要经验。

报告指出，经过 1991、1992 两年努力，全国共注入清欠资金 555 亿元（银行贷款 520 亿元，地方和企业自筹 35 亿元）。其中注入固定资产清欠资金 427 亿元，清理拖欠项目 14 121 个（基建项目 5 420 个，技改项目 8701 个），除少数不符合国家产业政策及贷款条件的项目外，全国基建、技改项目在 1991 年底以前形成的拖欠已基本清理完毕，共连环清理三角债 1 838 亿元。在清理固定资产投资项目拖欠的过程中，与源头相关的机电、原材料等生产资料行业、建设安装施工企业，清理了流动资金拖欠 1 400 多亿元。

对重点行业（产品）的拖欠也进行了清理。1991 年对拖欠的煤炭、棉花和第一汽车制造厂货款进行了清理；1992 年以宝钢为龙头进行流动资金清欠试点取得经验之后，又积极稳妥地在煤炭、电力、林业和有色金属四个行业清理了重点企业流动资金拖欠 73 亿元。为了缓解棉花收购资金紧张的问题，清理了棉花拖欠款 28 亿元。两年共重点组织流动资金清欠 352 亿元。

以上两项合计，共清理拖欠款 2 190 亿元（1991 年清理 1 360 亿元，1992 年清理 830 亿元），取得了注入 1 元资金清理 4 元拖欠的效果。通过清理三角债，明显地缓解了企业资金紧张的状况，加速了资金周转，提高了经济效益，使一大批能源、交通、原材料重点建设项目建成投产，一大批亏损企业转为盈利，增强了经营活力，对国民经济健康发展起到了重要作用。至此，全国清理三角债工作已基本完成。

清理三角债工作的主要经验是：第一，立足于治本清源。从清理固定资产投资项目拖欠这个源头入手，顺次解开债务链，同时在防止新欠上下工夫。实践证明，从固定资产投资拖欠项目入手进行清理，抓住了主要矛盾，方法得当，措施有力，做法是成功的。两年来，大部分清欠资金都回流到了机电、材料等生产资料行业以及建筑安装行业的国有大中型企业。由于解开了债务链，及时收回了流动资金贷款，银行总的贷款规模没有大的增加。

第二，治理流动资金拖欠采取釜底抽薪的办法，实行限产压库促销和“压贷双挂钩”的政策。这是减少和防止流动资金拖欠的治本措施。

第三，各级领导高度重视，各有关部门步调一致，团结协作。国务院领导同志亲自组织制定了清理三角债的方针、政策。从固定资产投资项目拖欠入手进行连环清理，工作涉及面广，操作难度很大。但由于国务院各有关部门和各地人民政府主要负责同志加强领导，深入现场督促检查；各级计委、经委、银行、财政及清欠办等有关部门通力合作，全国几十万人的清欠队伍统一行动，艰苦努力，辛勤劳动，认真操作；各新闻单位加强宣传报道，保证了注入的银行信贷资金及时到位、启动运转顺畅和清欠工作的顺利进行。

第四，狠抓防欠措施的落实。为了防止新欠继续产生，国务院有关部门制定了清理三角债、限产压库促销、扭亏增盈、防止新的粮食财务亏损挂账等八个配套政策措施文件。

最后，该报告也对未来防止再度出现全国范围的三角债提出若干意见，其中主要内容是：

第一，搞建设要量力而行，不留资金缺口。要求严格控制固定资产投资规模，严禁挪用流动资金贷款搞固定资产投资；同时加快投资体制的改革，做到项目投资决策和审批者的权力、责任相统一。

第二，落实清欠贷款回收计划。要按照中国人民银行等部门《关于收回固定资产投资项目清欠贷款有关问题的通知》的要求，抓好清欠贷款的回收，按贷款合同规定的还款计划认真执行。凡完不成年度还款计划的，不得安排新开工项目；银行有权根据清欠借款合同，于第二年从企业自有资金或项目投资中扣还。

第三，认真落实《全民所有制工业企业转换经营机制条例》。《全民所有制工业企业转换经营机制条例》赋予了企业十四项经营自主权，各级人民政府要尽快转变职能，防止由于政府指挥失误或计划失当造成的产品积压和拖欠，特别是不能继续向企业压产值、压速度。企业要适应社会主义市场经济需要，在经营活动中自觉按市场经济的要求，规范自身的行为，严格按经济合同办事，自觉防止产生新的拖欠。

此外，加快企业补充自有流动资金和压缩三项资金占用；采取有效措施解决粮食挂账问题；企业要增强自我保护意识，依法保护自己的合法权益；加强对固定资产投资项目的监督检查；加快银行结算制度的改革，以适应社会主义市场经济体制的要求。要引导商业信用，使企业之间的信用行为合同化、票据化。

16.3.2 清理“三角债”的辽宁案例[①]

1991年6月初，国务院对辽宁清理“三角债”试点工作作了部署，要求从辽宁摸清“三角债”的底数，找出问题的症结，提出解决的办法，然后推向东北，推向全国。

之所以选择辽宁作为试点，一方面因为辽宁是重工业省份，最早感到“三角债”的压力；同时辽宁也是“边清边欠、越清越欠”的“重灾区”，清欠工作困难重重，收效甚微。[②] 1990年，辽宁省清理额达145亿元；但是到1991年5月末，全省“三角债”前清后欠，累计高达260亿元，比上一年度超出100亿元。6月初，国务院清理“三角债”工作领导小组派工作组到辽宁，通过对全省915户大中型企业、579个基本建设项目、340个技术改造项目进行调查梳理，发现过去前清后欠的主要原因是仅仅注意到流动资金拖欠而没有把握住“三角债”的主要源头。

源头一：固定资产投资缺口严重。调查结果显示，全省基本建设、技术改造项目投资缺口分别占总投资的14.6%和20%。形成缺口的原因，主要是概算超支、计划投资不足、自筹资金不足、储备资金不足及设备原材料涨价。

源头二：产成品、发出商品、应收及预付货款等“三项资金”大量占压。到1991年4月，在工商银行辽宁省分行开户的工业企业“三项资金”占用高达306.2亿元，比1988年末上升2.4倍。仅机械行业发出商品和应收货款就达40.2亿元，其中属于拖欠的达7 000万元。形成这个源头的客观原因是，一些产品不适销对路，造成大量积压；其主观原因则是一些经营者信用观念淡薄，有意欠账不还，甚至靠欠账生财。

源头三：企业亏损严重。一方面，财政对国家政策性亏损的企业欠拨、欠退、欠补，使这些企业无力支付应付货款；另一方面，大批企业因管理不善等原因造成经营性亏损，财源减少。到3月末，辽宁预算内国营工业企业亏损面达60.5%。

此外，企业信用观念淡薄，商品交易秩序紊乱，结算纪律松弛。不少地区和企业受自身利益机制的驱动，把拖欠别人的货款作为生财出效益的门路，更有甚者，以债台高筑为荣，不守信用已形成一种风气。在这种风气下，有的企业即使当地开户银行给予贷款支持也不肯付款。据工商银行辽宁省分行统计，至1991年4月末为止，发出托收71亿元，到期不付的达38.2亿元，占53.8%。

针对这些问题，工作组将清欠试点工作大体分为四个阶段、四条线，进行全方位清理。

第一阶段，制订方案，强化组织。副省长亲自挂帅，并从省计经委、生产委、

---

① 参见马义（1991），王丽娟（1991）等。

② 据报道，辽宁省某企业挑选了200名精兵强将组成赴全国讨债团，结果，请人吃饭的费用就花掉30万元，而收回欠债却寥寥无几，得不偿失。

财政厅、各银行等有关部门抽调 30 余名精干人员组成清欠办公室，实行集中人员、集中时间、集中办公。办公室下设五个组，并建立了严格的工作责任制，为清欠工作提供了组织保证。

第二阶段，调查摸底，选定试点企业。一是对全省 919 项固定资产项目进行调查摸底，掌握基建、技改拖欠的基本情况；二是摸清全省 1 943 户国营工业企业产成品现状；三是掌握财政部门近年来欠拨、欠退、欠补情况底数。在此基础上选定 201 户重点行业有代表性的企业参加东北三省四市 319 户重点企业清欠试点。

第三阶段，组织企业落实“三认”，即认账、认付、认真筹集清欠资金。

第四阶段，即清欠的实质性阶段，源头注入，连环清理。

四条线指的是，第一条线，以 201 户试点企业为债权单位，清理被基建、技改项目拖欠的货款。

第二条线，以全省计划内基建、技改项目为债务单位，清理拖欠东北地区企业的货款。

第三条线，组织清理试点企业之间的流动资金拖欠。

第四条线，组织省内 1 943 户国营工业企业实行压缩产成品资金与增加技术改造贷款挂钩办法的落实，控制积压产品生产，压缩产成品资金占用。

前两条线主要是对固定资产进行清理，所采取的具体办法是收方点收，源头启动，收款还欠，连环清理。贷款后补，区别使用。重点抓项目审查，调整概算。抓偿还资金的渠道和来源，注入清欠资金，落实债务单位。抓连环清欠，使大中型企业直接受益，抓清欠资金的专户管理，保证清欠资金的周转运行，防止资金流失。抓贷款补充，在企业完成所应清欠任务之后，按企业偿付拖欠额的 20%给企业增加一部分贷款。这种封闭式“连环清欠”的根本目的，在于发挥清欠资金的最大效益——增加效益、逐个环节解开债务链。这次清欠结算，一律由付款单位采用电汇方式办理汇款。辽宁省从 1991 年 8 月 16 日起，进入拖欠划款期，当日经国务院清理“三角债”领导小组现场审定汇总，决定给予注入资金 13.4 亿元，用于清理墓建、技改项目的拖欠。资金全部到位，当日开始滚动，进入连环清欠的实质性阶段。至 9 月 20 日止发出最后一笔连环清欠电汇。

清理固定资产注入资金，就是启动清欠的源头，或者说就是从“宝塔形三角债”的塔尖注入资金进行清理，这是一次富有创意的尝试。

第三条线即对试点企业之间的流动资金拖欠款的清理工作，进展顺利，收到了实效。8 月 12 日，试点企业认付流动资金拖欠款清单大会结束，认付率达 80%；8 月 20 日，辽宁省召开交流流动资金拖欠承兑汇票大会。201 户试点企业代表集中办理付款、收款手续，有关银行按统一时间收款入账，专款专用。不到 10 天时间，清出流动资金拖欠款约 76 亿元。

压产成品库存，把已呆滞的流动资金变活，通过企业自身的资金启动，解开企业之间的债务链，是这次清理“三角债”的又一重要措施。为了把压库工作落到实处，辽宁省采取了“压贷挂钩”的办法，即把增加技改贷欲与压缩滞销产品占用资金挂起钩来。压缩的范围主要是在工商银行开户的1 943户国营工业企业，压缩的目标是到1991年末产成品资金压缩18.7亿元，为防止产成品转入发出商品，“三项资金”压缩53.4亿元，均恢复到年初水平。为使“压贷挂钩”真正收到实效，辽宁省明确提出“压贷挂钩”责任制。实行各级首长责任制，把压缩指标落实到市长、区长、厂长身上，确保压缩指标全面实现。

这次清欠有特色，求实求真，牵住了“牛鼻子”，收到成效。

以前的清欠只是简单地通过银行注入流动资金贷款，采取“自由式”、“一对一”的办法，其结果是越欠越多，而这次清欠强调抓住源头，从固定资产拖欠资金入手，采取封闭式连环清理的做法，一环扣一环进行清理，这样做不仅避免了新的拖欠的产生，而且收到了注入1万元资金可清出几万元的益加效益。在这次清欠过程中，特别强调“清旧欠，防新欠”，以防欠带动清欠，最后达到正本清源的目的，在防止出现新的投资缺口、新的产成品积压、新的亏损方面花大气力，在治本上下大工夫，对此提出了具体防欠措施。此外，这次清欠过程中，大家对“三角债”存在的危害性及进行清理的必要性有了明确的认识，真正感到“三角债”是早清理少损失，晚清理多损失，时间拖得越长，对人对己对整个经济的发展危害越大。因此在清欠过程中，企业积极配合，主动认账、认付、认真筹集清欠资金的多，消极等待的少。

“三角债”是我国经济运行中各种错综复杂矛盾的一种集中反映，辽宁清欠试点工作终于在这一团乱麻中，梳理出了可以抓得到的头绪。

在此之后，按照国务院部署，由辽宁延伸到东北三省和沈阳、大连、长春、哈尔滨4个计划单列市。三省四市对“三角债”底数作了调查，并选出319户重点企业为主要债权单位，向全国各地发出了5万多张应收货款清单，点收金额达197亿元，东北地区相互清欠也进行了票据交换。1991年7月，朱镕基副总理在听取东北清欠工作组汇报和主持召开东北清欠试点会议时，针对这一期间发现的问题，进一步明确了国务院搞好清欠工作的指导思想，指出要从“三角债”的三个源头入手，做到“三清”，即“两头清”、“两手清”、“思想清”。

“两头清”即把握住清理固定资产拖欠这个源头，一头从债权单位清起，点收债务。试点工作伊始，便在这方面做了大量工作。另一头从项目拖欠的债务单位清起，弄清底数，筹措资金，补平缺口，偿还债权单位。地方、企业实在难以补平的，国家在严格审批、明确偿还能力和偿还责任、分期注入的原则下，对重点项目填平补齐投资缺口。

“两手清”是指在一手抓住清理固定资产这个主要源头的同时，另一手也要适当清理流动资金拖欠。这一手主要用在生产生产资料的企业。鉴于历次清欠教训，为防止制造新的产品积压带来拖欠，要把增加技术开发和技术改造贷款与压缩积压滞销产品、活化沉淀流动资金挂钩，压多少库存，补多少开发和技改资金。

"思想清"是要求各级政府和企业要克服"欠债有理、欠债有利、欠债出效益"和不积极认账、认付、认真筹集资金的思想和行为，通过宣传教育，严肃结算纪律和银行托收承付制度，确保清欠工作顺利进行。

"三清"原则有针对性，也有可操作性，有效地指导了清欠工作。到 1991 年 8 月下旬，在摸清底数的前提下，国家为东北固定资产投资项目注入 34 亿元补平缺口，从债务链的最后一环投入，将引起连锁反应，预计资金运行一个月后，可解开上百亿元的债务链，319 户重点企业之间的流动资金清理工作成果也较为理想，共清理 38 亿元拖欠，试点范围内的流动资金拖欠基本还清，认账、认付率比清欠试点之初明显提高。在 319 户重点企业清理流动资金过程中，认账率达到 85.1%。截止到 8 月底，辽宁省解开了约占全省拖欠总额 1/3 的债务链，取得了投入 1 元资金、了结 3 元债务的重大阶段性成果。吉林省和黑龙江省也进入了清欠还款的实质阶段，黑龙江省及哈尔滨市已清理债务 23.5 亿元，吉林省和长春市清理了 13 亿元。

16.4 "三角债"的理论分析：信贷扩展与结构性经济周期；内生信用机制利弊

本章介绍了 20 世纪 80 年代末与 90 年代初期中国经济发展过程中一个特殊的现象，即企业间由于大规模相互拖欠货款所形成的债务危机。通过对这次"三角债"形成原因和治理过程的分析，并且将这一现象放在更大范围的经济改革进程来观察，我们有如下一些问题和思考。

就这次"三角债"的成因看，主要是长期固定资产投资过度和流动资金短缺这种长期体制性问题遇到短期宏观经济调控，造成企业临时资金运营困难，形成大规模的相互拖欠。但是，这里有一个难解的问题是，自 1978 年经济改革以后，上述体制问题与调控问题始终存在，并反复出现，或者说，存在多次"过热—调整"周期，为什么仅仅是 1989 年的调整引起了显著的"三角债"问题？还有，为什么在 1993 年以后，企业相互之间仍有大量三角债，但是对宏观经济影响并不大？

首先，三角债是我国新旧经济体制转换过程中国民经济深层次矛盾的反映。货款拖欠是企业之间的经济行为，在没有企业自由破产条件下，一旦出现经济周期性调整，企业过度投资形成的风险就必然转化为相互之间的三角债。因此，三角债本质上是在中国特殊经济环境下的一种"商业信用"，进而也可以被理解为为了维持企业继续运转的"被动且必要的内生信用供应机制"。

企业相互拖欠形成的三角债，本来应该由企业自行解决，但是在实践中，由国家统一协调，投入信贷资金进行清理，实际上是将企业之间的债权债务关系转移到企业与银行之间。就在 1992 年国务院宣布清理"三角债"任务完成之后，国有企业之间相互拖欠的问题仍然存在和发展。这些问题不能单纯依靠国家注入信贷资金进行清理，只能靠转换企业经营机制来解决。

其次，这次三角债是在一次宏观经济“扩张—收缩”周期背景下形成的，是一次典型的微观经济主体过度负债、银行体系过度信贷的最终表现。我曾经比较分析了主流经济学“总供给—总需求”范式下的经济周期理论与奥地利学派结构性经济周期理论，并且将信用内生扩张与后者相嫁接，形成了“附加信用的结构性经济周期分析框架”（瞿强，2009）。其要点是，传统经济分析是在资本同质假设下，用货币来事后表现总供给与总需求关系；但是，由于在实际生产过程中，资本是异质的，一旦信用过度扩张，导致生产结构失衡，资源会错误配置，当预期价值无法实现而被迫调整时，就会出现经济周期波动。通过本章的讨论，可以看出，三角债正是可以用来印证这一理论的良好案例。区别仅仅在于，在20世纪90年代初期的制度环境下，国有企业难以破产，因此信贷扩张、资源错误配置的成本被相互拖欠形成的“商业信用”所掩盖，进而被“银行信用”所替代，最终在中国经济的持续增长过程中被缓解。

参考文献

刘文．企业间“三角债”的成因与对策．中国工业经济研究，1991（7）

马义．治本清源，再接再厉——东北地区清理“三角债”记事．瞭望周刊，1991（37）

王丽娟．唯有源头清起来——辽宁省清理“三角债”试点纪实．中国金融，1991（10）

樊纲．企业间债务与宏观经济波动（上，下）．经济研究，1996（3—4）

瞿强．经济波动——附加信用的结构性解释．金融研究，2009（1）

董辅礽．中华人民共和国经济史．北京：经济科学出版社，1999

汪海波．新中国工业经济史．北京：经济管理出版社，2001

吴敬琏．当代中国经济改革教程．上海：上海远东出版社，2010

国务院办公厅．关于全国清理“三角债”情况的报告．中华人民共和国国务院公报，1993（4）

第 17 章

“笼中虎”[①]

“Tiger in Cage”

【摘要】“笼中虎”是中国货币金融理论界对 1988 年以来居民手持货币和在银行的储蓄存款对市场供求可能造成冲击的一种形象表达。它产生于经济体制转换伊始的特殊时期，并贯穿于迄今为止的整个改革过程；一直对中国金融制度变迁路径的选择产生重要影响。“笼中虎”的产生机制深藏于由“放权让利”改革所触发的财政与银行体系汲取能力的相向变化过程。由于国家无力在短期内修复与重建残缺的内源融资制度，最终形成的政府主导型经济增长模式只有倚重以国有银行体系为核心的外源融资机制。作为这一过程合乎逻辑的制度后果，居民储蓄存款被迫承担起了支持长期经济增长的责任，而为了确保在银行体系账面上迅速积累的居民储蓄存款的稳定，国家又不得不慷慨兜揽了与此相关的几乎全部金融风险。尽管在既有的改革过程中“笼中虎”罕有发作甚至长期表现平稳，但对其潜在风险的担忧与防范却牢牢钳制着金融改革路径的选择。当随后的金融制度演进需要市场因素的成长时，才发觉金融市场化的空间已被既有的改革逻辑“挤出”，中国金融改革进程从此便注定长期遭受“市场化悖论”的困扰。

【关键词】“笼中虎”　制度变迁　居民储蓄存款　国有银行体系　金融制度困局

Abstract: By far, the economic reform in China has witnessed many thought-provoking institutional changes, among which the most representative one is presumably the “tiger in cage”. Its presence was perceived early from the outset of and has accompanied the whole process of the reform. This phenomenon, despite its significant effect on the choice of financial reform strategies, has, nevertheless,

① 本章撰稿人：张杰。

been long dismissed as a short-term symptom happening occasionally and thus taken for granted. Exploration of this insight in the paper helps to reveal that the "tiger in cage" actually resulted from the relative changes (opposite in direction) in fund-raising capacity of the fiscal system and banking system caused by decentralization. Due to government inability to reconstruct the weak internal financing mechanism in the short run, the government-oriented pattern of economic growth could only rely on the external financing mechanism represented by the state banking system. Naturally, as a logical institutional outcome, household saving deposits had to act as the long-term financial supporter of economic growth. In this case, in order to guarantee stability of the fast-accumulating deposits on banks' account, the government had to take all of the associated financial risks. Despite of the fact that this tiger has seldom broken out and even been behaving well, the concern over its potential risks has severely restricted the choice of reform strategies. In the end, it turns out that when the introduction of market elements become necessary for the sound evolution of the financial system, the room for financial marketization has already been crowded out, thus leading to the doomed curse of "marketization paradox" at present.

Key words: "tiger in cage", institutional change, household saving deposit, state banking system, plight of the banking system

“笼中虎”是中国货币金融理论界对 1988 年以来居民手持货币和在银行的储蓄存款对市场供求可能造成冲击的一种形象表达。

17.1 引言

有关“笼中虎”最早的理论刻画见于樊纲、张曙光（1990）的著作，随后在黄达（1993a，1993b）的著作中也有近似的描述。一直到现在，人们仍然不时借助这一概念来提示过多的货币投放和储蓄存款增长给市场供求可能造成的压力以及与此相伴随的通货膨胀风险。

在樊纲、张曙光等（1990，pp. 419－436）看来，“笼中虎”是被迫储蓄的结果，而被迫储蓄又是被迫替代的一种特殊形式。所谓“被迫替代”是指，“替代不是个人根据价格成本关系和效用均衡关系自愿做出的，而是因为数量限制被迫做出的”，这实际上也是一种“外溢效应”（spill-over effect），也就是说，一个市场上未被满足的需求会“外溢”到另一市场上去。就“被迫储蓄”而言，其外溢效应则体现为，“买不到今天的消费就去买明天的消费”。更进一步看，被迫储蓄与市场短缺直接相关，这种短缺既可能是总量的，也可能是结构的；在经济发展初期可能是总量的，而在经济发展到一定程度后则又会是结构的，而在多数情况下，则往往是总量的与结构的短缺并存。从广义上讲，被迫储蓄有两种形式：一种由消费品短缺导致，另一种则由投资品短缺造成。人们通常关注的是狭义上的被迫储蓄，即由消费品短缺导致的储蓄增长。无论如何，在货币经济时代，人们因一时买不到东西而滞留下来的购买力一般会以两种形式存在，一种是手持现金，另一种是商业银行体系的居民存款。不管是居民的手持现金还是其在银行体系的储蓄存款，之所以被称为“笼中虎”，显然是因为它们代表的是潜在的或者未实现的“购买力”。“消费者持有这种购买力，时刻在市场上搜寻所需要的消费品，在任何时期中，被迫储蓄都犹如随时伺机出笼的猛虎，一遇风吹草动，就会‘下山’，构成经济不稳定的重要因素”（樊纲、张曙光等，1990，p. 436）。

黄达（1993b）对“笼中虎”的描述与樊纲、张曙光等十分近似，认为居民手中“沉淀”的现金和在银行中的居民储蓄是“笼子里的两只老虎”，所谓在“笼子里”，是说它们没有用来购买；所谓“老虎”是说它们一旦大量投入购买，后果不堪设想。黄达以 1991 年的情形举例：此年年底社会商品库存总额为 4 237.9 亿元，而同期的储蓄总额为 9 107 亿元，现金发行量为 3 177.8 亿元；一旦“老虎”真的出笼，无疑会吃光商品库存（1993b）。与樊纲、张曙光等不同的是，黄达将“笼中虎”的讨论引向了货币供给结构的层面（1993a，pp. 735－746）。从理论上讲，货币供给通常分为两大部分，即 M0（或者 M1）和 M2，前者为现实市场需求的承担者，具有较强的流动性；后者为潜在市场需求的承担者，具有较弱的流动性。相比之下，“不动用的现金处于银行之外，不易掌握其分布，不易预测其动向；而吸收到银行中，反映在账面上，其分布，其动向，就有了比较确切的剖析依据”（黄达，1984，p. 104）。据此，在上述货币“笼子里”关着的实际上不是一只老虎，而是品性各异的两只老虎：一只老虎属于 M0（或者 M1）类型，它被“关”在家庭资产负债表的“笼子”内，很容易跑出来；另一只则属 M2 类型，它被“关”在商业银行资产负债表的“笼子”中，跑出来的难度相对较大。因此，货币当局理性的货币政策选择自然是，尽量将前面那只笼子里的老虎吸引、转移到后面这只笼子里；或者说，尽可能多地将 M0 转化为 M2，以降低货币供给的流动性，从而减轻对市场供求以及宏观经济均衡可能造成的货币冲击。

从中国经济改革与经济增长的长期过程看，虽然“笼中虎”的真正“出笼”并不多见，而且在多数时期还如“田间牛”般温顺，即便是偶尔“发作”，也并未对改革中的实际经济金融运行过程造成多么大的冲击与伤害。但是，经济改革决策层对其潜在威胁的担忧与防范却严重牵制着中国金融改革路径的选择，从而对金融发展特别是金融市场化改革的长期过程及其绩效产生着显而易见的深远影响。本章打算尽可能详尽地描述“笼中虎”形成、出笼以及蜕变的具体过程，并揭示其影响中国金融制度变迁路径选择的内在机理。本章的讨论结构安排如下：第二部分描述“笼中虎”的形成与出笼过程以及决策层的政策反应；第三部分讨论“笼中虎”发生戏剧性蜕变的经济金融背景与其中的制度变迁含义；第四部分基于国家、银行体系以及存单持有者之间形成的特殊金融博弈格局进一步讨论“笼中虎”将中国金融改革渐次牵入制度困局的过程与机理；最后，在第五部分总结全文，并给出结论性评论。

17.2 “笼中虎”的形成与出笼

1980年，中国经济改革启动的第三个年头，受到此前经济发展“洋跃进”战略的影响，财政预算赤字陡然增大，尚未完成现代转型的银行体系遭遇前所未有的货币（信贷）扩张压力；在连续两年现金快速增长（M0在1979年和1980年分别增长了10.2%和18.3%）的冲击下，零售物价指数由1978年的0.7%迅速上升到6.0%的高位（吴敬琏，2010，p.339），正在经历经济改革初期和风细雨过程的中国消费者开始尝到物价上涨的苦涩滋味。不过，由于改革伊始居民的手持现金和储蓄存款尚未显著增加，因此，此次物价上涨并未导致所谓“笼中虎”出笼现象的出现。说实在的，当时的笼子里原本就没有几只老虎。1980年，城乡居民人民币储蓄存款余额不过395.80亿元，其中活期存款只有90.9亿元（国家统计局，2010，p.109）。加之当时大部分商品价格的行政管制并未放松，如所预料，在1980年年底经济决策层强力调整政策的作用之下，到1983年，商品零售价格指数回落到1.5%的低位。价格如此轻易而快速地下降，对于当时宏观经济决策层的政策操作显然是一种鼓舞，而不少人在此间则滋生了盲目乐观的情绪，他们倾向于认为，眼前的这场经济“挫折”对于即将如火如荼展开的更大规模的经济改革和经济增长进程而言，不啻为一场意外的虚惊。

不出所料，在“提前翻番”目标的强烈刺激和诱导之下，人们的经济增长激情便很快迸发出来，特别是各级地方政府之间轮番展开的“兄弟竞争”使得投资规模的扩张欲望格外强烈。不知是否碰巧，1983年，新一轮企业改革开始启动，其中的一个重要举措是将企业自主经营引入国有企业改革。与此同时，国有银行也被给予了信贷自主权。这样，一方面，得到自主权的国有企业可以直接向银行申请贷款，贷款积极性大增；另一方面，从1985年起开始执行的扩大专业银行贷款自主权的办法因为所谓的“技术失误”（即中央银行给予专业银行此后年度的信贷额度以1984年的贷款实际发生额为基数）而意外地刺激了银行间的信贷竞争。在这种情况下，对于各级专业银行，不但企业提出的贷款需求悉数给予满足，而且还出现了“银行送款上门，要求企业多借款”的现象，结果，1984年的银行信贷比上年增长了28.8%（吴敬琏，2010，p.340）。由于“人民银行分支机构的地方银行发放贷款时，获得贷款的企业会将贷款转为现金用于工资支付和其他消费”，人民银行必须增发货币以承兑或者支持其分支银行提供的贷款，因此，1984年货币供给量（M0）迅速增加了50%（邹至庄，2002，p.50）；1985年，商品零售物价指数上升8.8%，居民消费物价指数（CPI）上涨9.3%（国家统计局，2010）。以此为标志，经济改革中的中国经济运行重返过热周期。

1980年以来，中国的宏观经济情形特别是财政金融结构开始出现某些十分微妙的变化。从总体上看，财政下降一直与中国以“放权让利”为主线的经济改革相伴随。1980年，财政收入占GDP的比重由1978年的31.1%迅速下降到25.5%（参见表17—4），此时，决策层初步意识到国家的财政金融资源结构即将发生重大变化，便开始将目光投向增长势头日渐强劲的居民储蓄。就在这一年的3月18日，国务院批准了中国人民银行《关于调整储蓄存款利率和逾期贷款加收利息的报告》，居民储蓄存款利率实现改革以来的首次上调：活期存款利率由2.16%上调到2.88%，1年定期存款利率由3.96%上调至5.40%。5月28日，中国人民银行颁布修订后的《中国人民银行储蓄存款章程》，进一步重申和强调了国家宪法保护公民储蓄所有权；个人在银行的储蓄存款永远归个人所有，不得侵犯；银行实行存款自愿、取款自由、存款有息和为储户保密等原则。在随后的几年中，国家频繁出台激励居民储蓄存款增长的政策，比如1981年1月8日，中国人民银行全国分行行长会议要求大力组织各项存款、保证完成货币回笼任务；4月10日，国务院批转中国人民银行《关于增设网点进一步发展储蓄事业的报告》；5月6日，中国人民银行发出通知，要求各省级分行在近两三年内解决好储蓄网点不足问题；8月30日，中国人民银行召开全国分行行长座谈会，提出大力发展城乡储蓄特别是长期储蓄的意见；12月23日，国务院又批转中国人民银行《关于调整银行存款、贷款利率的报告》，其要点是提高定期储蓄存款利率、增设八年定期储蓄存款，以利于扩大和稳定信贷资金来源。1982年5月6日，国务院发出《关于抓紧做好货币回笼工作和严格控制货币投放的通知》，要求进一步办好城乡储蓄，努力完成和超额完成全年储蓄存款任务。1983年8月27日，国务院发出《关于严格控制货币投放、积极组织货币回笼的通知》，要求积极吸收城乡储蓄存款，增加信用回笼。伴随着上述一系列制度变迁与政策调整，居民储蓄存款稳步增加，如表17—2所示，到1984年，已增至1 214.7亿元（易纲，1996，pp.59－60），占GDP的比重达16.85%。

经济改革与经济增长对金融资源特别是居民储蓄的倚重使得国有银行体系以前所未有的速度迅速扩张，它们从一开始就被赋予尽可能多地动员居民储蓄存款以便为经济改革提供更多金融支持的历史使命。1985年，财政收入占GDP的比重进一步下降到22.2%，不过，与此同时，银行体系账面上的居民储蓄却以更快的速度增加，就在这一年的年末，居民储蓄存款总额达到1 622.6亿元，占GDP的比重上升到18%，而1980年这一比例仅为8.8%。居民储蓄存款的扩张以及经济改革对此依赖度的提升，极大地增加了它对宏观经济情形变化特别是通货膨胀的敏感度。如果说

1980年，在家庭和银行体系“资产负债表”的笼子里，手持现金和储蓄存款还是几只老虎幼崽的话，那么，到了1985年，它们则渐渐长大并初具威胁。因此，面对经济改革以来首次接近两位数的物价上涨，决策层自然不能等闲视之。

1985年初，决策层开始启动以遏制投资消费膨胀为核心的新一轮紧缩政策。3月27日，六届全国人大三次会议的政府工作报告强调，必须坚决控制货币发行量，严格控制信贷规模，加速货币回笼。实际上，早在3月14日，国务院就已批转中国人民银行《关于调整部分存款、贷款利率的报告》，决定将一年期定期存款利率由之前的5.76%调整为6.84%。从当年的4月起，国务院、中国人民银行以及各大国有金融机构连续九次发布信贷控制政策措施（参见表17—1），其政策发布之密集，政策措辞之坚决，为经济改革以来所罕见。其中在7月22日，国务院再次同意并批转中国人民银行《关于调整储蓄存款利率和固定资产贷款利率的报告》，决定将一年期定期存款利率由此前的6.84%上调至7.20%。一年内连续两次提高储蓄存款利率，这在经济改革以来还是头一回，由此凸显出保持居民储蓄存款规模的平稳增长对于宏观经济稳定的重要性。

表17—1　　1985年的货币金融紧缩政策

时间	政策
2月1日	中共中央办公厅、国务院办公厅《关于严格控制发放奖金、补贴的紧急通知》
2月27日	中国人民银行印发《关于制止有些基层银行争抢信贷业务，随便增设分支机构的通知》
3月14日	国务院批转中国人民银行《关于调整部分存款、贷款利率的报告》
3月27日	六届全国人大三次会议政府工作报告强调坚决控制货币发行量
4月4日	国务院批转中国人民银行《关于控制1985年贷款规模的若干规定》
4月8日	国务院发布《关于控制固定资产投资规模的通知》
5月28日	中国人民银行协同四大国有专业银行发布《关于控制计划外固定资产投资贷款的若干规定的通知》
6月25日	中国人民银行协同三大国有专业银行（不包括中国人民建设银行）以及中国人民保险公司发布《关于贯彻部分省（市）长会议精神，进一步管好银行信贷资金的通知》
7月22日	国务院同意并批转中国人民银行《关于调整储蓄存款利率和固定资产贷款利率的报告》
8月28日	国务院发布《关于不再扩大1985年基本建设投资规模的通知》
9月17日	中国人民银行发布《关于立即停止发放信托贷款和信托投资的通知》
10月15日	中国人民银行印发《全国货币发行工作座谈会纪要》，要求建立行长负责制，严格控制发行基金供应总额
12月23日	中国人民银行发布《关于加强金融机构的资金管理的通知》

资料来源：吴晓灵（2008，pp. 93－106）。

决策层的货币政策操作很快见到了实效，货币供给量自 1985 年下半年开始显著下降，相比于 1984 年 49.5%的货币供给（M0）增长率，1985 年全年的货币供给只增长了 24.7%，1986 年该比率继续下降至 23.34%（易纲，1996，表 10—1）。与此同时，零售物价指数在 1986 年回落至 6.0%（邹至庄，2002，表 7—1）。值得留意的是，尽管决策层的政策操作密度与力度为经济改革以来所罕见，可是，此次宏观经济政策的紧缩效应特别是政策效果的持续性却出乎意料。从总体上看，整个政策操作过程“虎头蛇尾”，可谓“雷声大，雨点小”，由此透露出当时学术界在宏观经济态势判断上的巨大理论分歧与宏观经济决策层的政策徘徊。特别是，经济学术界围绕经济改革中经济增长与通货膨胀的关系曾经展开激烈交锋，逐步形成了对此后经济改革政策产生重要影响的“宽松”与“从紧”两大“派别”，而最终决策层在货币政策的“松”、“紧”选择上倾向于支持和接纳“松”的主张。当时另一个更为现实的情形是，经济增长自 1986 年伊始显露下滑迹象，2 月份甚至出现零增长（吴敬琏，2010，p. 343）。受此影响，此年的货币信贷政策从一开始便出现微妙转向。就在这一年的 1 月，全国经济工作会议和计划会议强调“既要紧缩，控制货币发行量，又要合理供应，满足生产和流通的需要”，虽然这种强调具有明显的合理性，但在当时密集推行宏观紧缩政策的基本背景之下，依然显露出货币政策执行力度由强变缓的倾向。2 月，中国人民银行全国分行行长会议进一步确定当年的货币信贷方针是，“既要加强金融宏观调控，又要注意改善金融宏观调控，真正做到区别对待，避免‘一刀切’；既要把膨胀了的需求继续加以控制，又要改善供给，合理发放贷款，支持把经济进一步搞活；既要促进把不适当的速度降下来，又要在讲求经济效益的基础上，支持适当的增长速度”（吴晓灵，2008，p. 110）。除此之外，该年并未出台任何新的加强宏观经济调控的政策措施。实际上，从 1986 年第二季度开始，紧缩性的货币政策已经“名存实亡”。结果，虽然 1987 年的货币供给增长率继续保持缓慢下降态势，一度降至 19.38%，可是同年的零售物价指数却不降反升，达到 7.3%。整个 1987 年，决策层没有出台任何有关维护宏观经济稳定与保持居民储蓄存款增长的政策措施，这意味着推行不到两年的宏观经济紧缩政策戛然而止。

决策层显然低估了放松货币控制的风险与后果。由于对经济增长与通货膨胀之间的关系、经济市场化逻辑以及当时市场供求条件存在误解与误判，自 1988 年 5 月开始，决策层决意实施以“价格闯关”为核心的“激进改革实验”，并打算“毕其功于一役”，借以彻底解决中国经济的市场化问题。于是乎，刚刚关紧的货币供给闸门被再度打开，1988 年，货币供给陡然增长 46.7%。市场对此很快做出了反应，这一年的总体零售物价水平大涨 18.8%，为经济改革以来最高。另据一些文献统计，在 1988 年秋天，价格指数年增长率达 30%以上，8 月当月的零售物价上涨率甚至一度达到 80%（邹至庄，2002，p. 127；吴敬琏，2010，p. 343）。

宏观经济形势重新变得严峻起来，而此次的货币金融态势则与以往有些不同。

让决策层始料未及的是，在此番货币信贷扩张周期中，随着物价水平的大幅上涨，一直高卧银行体系账户且在之前宏观经济波动中波澜不惊的居民储蓄存款开始有些“坐卧不宁”。因此，问题的严重性超乎想象。此刻，人们突然发现，经过经济改革以来十余年的成长，“豢养”在银行体系“笼子”中的那只“老虎”已然长大。如表17—2所示，1987年，居民储蓄存款占GDP的比重突破20%关口，达到25.49%，1988年该比率虽然出现短暂下降，但仍居25.27%的高位。从绝对值看，1987年居民储蓄存款规模突破3 000亿元，1988年更是达到创纪录的3 800亿元。面对如此情景，决策层终于明确无误地意识到：如此体重的“庞然大物”，一旦破笼而出，后果着实不堪设想。

表17—2　中国经济改革以来的经济增长、价格、货币供给与居民储蓄，1978—2009

年份	GDP（亿元）	GDP增长率（%）	M0（亿元）	居民储蓄存款（亿元）	零售物价指数（%）	货币供给（M0）增长率（%）	居民储蓄存款占GDP（%）
1978	3 645.2	11.7	212.0	210.6	100.7	8.5	5.78
1979	4 062.6	7.6	267.7	281.0	101.9	26.3	6.92
1980	4 545.6	7.8	346.2	399.5	107.5	29.3	8.79
1981	4 891.6	5.2	396.3	523.7	102.5	14.5	10.71
1982	5 323.4	9.1	439.1	675.4	102.0	10.8	12.69
1983	5 962.7	10.9	529.8	892.5	102.0	20.7	14.97
1984	7 208.1	15.2	792.1	1 214.7	102.7	49.5	16.85
1985	9 016.0	13.5	987.8	1 622.6	109.3	24.7	18.00
1986	10 275.2	8.8	1 218.4	2 237.6	106.0	23.3	21.78
1987	12 058.6	11.6	1 454.5	3 073.3	107.3	19.4	25.49
1988	15 042.8	11.3	2 134.0	3 801.5	118.8	46.7	25.27
1989	16 992.3	4.1	2 344.0	5 146.9	118.0	9.8	30.29
1990	18 667.8	3.8	2 644.4	7 119.8	103.1	12.8	38.12
1991	21 781.5	9.2	3 177.8	9 241.6	103.4	20.2	42.43
1992	26 923.5	14.2	4 336.0	11 759.4	106.4	36.4	43.68
1993	35 333.9	14.0	5 864.7	15 203.5	114.7	35.3	43.03
1994	48 197.9	13.1	7 288.6	21 518.8	124.1	24.3	44.65
1995	60 793.7	10.9	7 885.3	29 662.3	117.1	8.2	48.79
1996	71 176.6	10.0	8 802.0	38 520.8	108.3	11.6	54.12
1997	78 973.0	9.3	10 177.6	46 279.8	102.8	15.6	58.60
1998	84 402.3	7.8	11 204.2	53 407.5	99.2	10.1	63.28
1999	89 677.1	7.6	13 455.5	59 621.8	98.6	20.1	66.48
2000	99 214.6	8.4	14 652.7	64 332.4	100.4	8.9	64.84
2001	109 655.2	8.3	15 688.8	73 762.4	100.7	7.1	67.27
2002	120 332.7	9.1	17 278.0	86 910.7	99.2	10.1	72.23
2003	135 822.8	10.0	197 45.9	103 617.7	101.2	14.3	76.29
2004	159 878.3	10.1	21 467.3	119 555.4	103.9	8.7	74.78
2005	184 937.4	10.4	24 031.7	141 051.0	101.8	11.9	76.99
2006	216 314.4	11.6	27 072.6	161 587.3	101.5	12.7	76.25
2007	265 810.3	13.0	30 375.2	172 534.2	104.8	12.2	67.05
2008	314 045.4	9.6	34 219.0	217 885.4	105.9	12.7	72.47
2009	335 352.9	8.7	38 246.0	260 771.7	99.3	11.8	77.76

资料来源：《中国统计摘要》（2010），p. 20，pp. 81－82，p. 91，p. 109；易纲（1996），表4—2。

人们不愿看到的最坏情形最终还是发生了。从1988年上半年开始，受此前零售物价水平持续上涨的刺激，大中城市居民开始挤兑银行存款和抢购商品，这种现象在随后很短的时间内迅速向全国蔓延。老百姓如此集中地在银行门口排队提取储蓄存款，这在经济改革以来还是头一遭。“笼中虎”果然开始出笼，货币金融形势骤然变得异常紧张。值得注意的是，同样是物价上涨，这一次的形成机理与以往大不相同。此前的物价上涨可以更多地归咎于M0冲击，而如今的物价上涨则是进一步增添了M2冲击的因素。虽然上述M0和M2都可归于“笼中虎”序列，但只要M2相对稳定，则M0冲击就会缺乏持续性或者后劲；只要收紧货币供给闸门，则其冲击力度便会在短期内迅速消退。可是，一旦M2出现波动，便意味着会有更多的流动性或者通货次第加入到M0冲击的行列，由此所形成的货币冲击犹如“长江后浪推前浪”，会对市场均衡造成持续性破坏，进而增加随后货币政策操作的难度与成本。

货币金融形势异常紧迫，决策层必须谋划应对之策，其中的要害是，一方面需要尽快重新收紧货币供给（M0）闸门，另一方面则是想方设法稳住银行体系的居民储蓄存款（M2）。对于前者，决策层在此前的政策操作中曾屡试不爽，可谓“轻车熟路”，但对于后者，则还是头一回碰到，因此相关政策举措无疑带有尝试性质。直观地看，将居民手中的手持现金（M0）吸引到银行体系的存款账户（M2）与阻止居民将银行体系的储蓄存款（M2）转化为手持现金（M0），其政策传导机制与金融逻辑无疑存在巨大差异。决策层一开始显然是按照以往的逻辑行事的，比如从1988年6月11日中国人民银行发布控制货币总量的规定一直到当年9月1日调整存贷款利率，连续六个回合的货币金融政策组合，都是立足于单方面控制货币供给量（M0），并试图通过简单提高储蓄存款收益激励更多居民将手持现金转化为银行储蓄存款，但收效欠佳。其中，8月11日在国务院批转中国人民银行《关于控制货币、稳定金融几项措施的报告》中，甚至推出“行政首长负责制”。即便如此，在不断增强的通货膨胀预期的怂恿之下，大量的储蓄存款特别是定期存款仍在被不断提走，并随即转化为现实购买力，商品市场持续承受着越来越大的货币冲击压力。在这种情况下，亟须决策层出台专门针对居民定期储蓄（M2）且更为有力的金融政策。9月3日，距离9月1日调整存款利率仅仅两天时间，中国人民银行紧急发布《关于开办人民币长期保值储蓄存款的公告》，决定对城乡居民个人三年期以上的定期储蓄存款，在原存款利率的基础上按保值储蓄补贴率予以补贴。

从理论上讲，“保值储蓄”是一种应对极端货币情形的极端政策举措，也是成本极高的宏观经济政策操作，其政策宣示意义极具影响力，不到万不得已，决策层一般不会轻易推出。因此，这一政策的出台意味着当时的货币金融风险已经充分暴露，相关政策操作面临紧要关头。应该承认，用“保值储蓄”这种极端手段应对“笼中虎”出笼这种极端情形毕竟“药对其症”，因此取得了不错的政策效果。事实表明，包括“保值储蓄”政策在内持续强力的紧缩政策终于在1989年下半年见到实效。随着国内宏观经济社会秩序的恢复，原本强劲的通货膨胀预期出现明显衰减，人们重拾对宏观经济稳定与银行体系的信任，大量手持现金开始回流储蓄存款账户。由表17—2可知，1989年末，居民储蓄存款突破5 000亿元大关，占GDP的比重达到30.29%。由此表明，经过密集紧缩政策的“围追堵截”与存款利率提高的利益诱导，出笼一年有余的“笼中虎”终于被重新赶进了银行体系的笼子里。

表17—3　　1988年和1989年应对“笼中虎”出笼的货币信贷政策

时间		政策
1988年	6月11日	中国人民银行发布《关于进一步落实“控制总量，调整结构”金融工作方针的几项规定》
	7月21日	中国人民银行北戴河会议制定下发《关于进一步加强宏观调控，严格信贷资金管理的通知》
	8月11日	国务院批转中国人民银行《关于控制货币、稳定金融几项措施的报告》
	8月30日	国务院明确向全国发布《关于做好当前物价工作和稳定市场的紧急通知》
	8月31日	中国人民银行发布《关于进一步控制1988年货币投放、信贷规模的具体规定》
	9月1日	中国人民银行全面调整银行存贷款利率，一年期定期存款利率调高至8.64%
	9月3日	中国人民银行发布《关于开办人民币长期保值储蓄存款的公告》
	9月6日	中国人民银行发布《关于开办人民币长期保值储蓄存款有关问题规定的通知》
	9月24日	国务院发布《关于清理固定资产投资在建项目、压缩投资规模、调整结构的通知》
	9月26日—30日	十三届三中全会确定1989年和1990年的工作重点是压缩社会总需求，抑制通货膨胀
	9月27日	针对货币投放过多、贷款增加较猛以及储蓄继续滑坡的情况，国务院颁发《关于进一步控制货币稳定金融的决定》
	10月1日	中国人民银行发布通知，决定清理整顿全国金融信托投资机构
	10月3日	中共中央、国务院做出《关于清理整顿公司的决定》
	10月6日	国务院做出《关于从严控制社会集团购买力的决定》
	10月14日	中国人民银行发布《关于贯彻国务院进一步控制货币稳定金融决定的通知》
	10月24日	国务院发布《关于加强物价管理严格控制物价上涨的决定》

续前表

时间		政策
1989 年	1 月 12 日—18 日	中国人民银行全国分行行长会议确定 1989 年金融工作政策措施，决定继续严格控制货币信贷总量，适当提高利率、增加存款
	2 月 1 日	中国人民银行调整银行存贷款利率，一年期定期存款利率上调至 11.34%，对城乡个人三年期以上储蓄存款继续实行保值
	3 月 20 日—4 月 4 日	国务院总理李鹏在七届全国人大二次会议的政府工作报告中强调继续实行紧缩政策，严格控制货币发行，进一步稳定和增加城乡居民储蓄
	5 月 31 日	中国人民银行发布《关于加强储蓄管理的通知》，强调禁止各类“储蓄大战”
	6 月 5 日	中国银行香港分行发生挤提存款事件；从 5 月底至 7 月上旬，中国银行部分国内分行、港澳分行以及海外分行相继发生挤提事件
	8 月 5 日—9 日	中国人民银行全国分行长会议决定继续紧缩银根，稳定金融
	9 月 19 日	中国人民银行发布《关于加强对城市信用社资金管理的通知》
	9 月 22 日	国务院发布《关于进一步清理整顿金融性公司的决定》
	11 月 6 日—9 日	十三届五中全会审议并通过《中共中央关于进一步治理整顿和深化改革的决定》，强调逐步将零售物价上涨率降至 10%以下；中央银行必须管住票子，控制住信贷总规模
	12 月 4 日	中国人民银行发布《关于进一步清理整顿城市信用社的通知》
	12 月 5 日—11 日	国务院召开全国计划工作会议和全国财政工作会议，确认银行贷款规模和货币投放得到有效控制，城乡居民储蓄有了较大增长，零售物价上涨幅度逐月回落，居民对涨价的紧张心理已基本消除

资料来源：吴晓灵（2008，pp. 152 - 182）。

应当看到，1988 年 6 月以来的强力紧缩政策固然取得了不错的短期应急效果，但也产生了不小的副作用，留下了一些后遗症；副作用在 1989 年下半年即已显现，后遗症则对此后的经济改革与金融制度演进过程造成了难以预料的长期影响。1988 年下半年以来的紧缩政策具有典型的“硬着陆”性质，也就是说，这种政策只追求物价水平的迅速下降效果，而不怎么顾及其他宏观经济指标的表现。随着货币供给（M0）增长率由 1988 年的 46.7%滑落至 1989 年的 9.8%，当年第三季度的 M0 甚至出现了 1%的负增长，居民消费物价指数（CPI）在经过 1989 年的短期支撑之后便迅速回落，1990 年直降至 3.1%的水平。应当说，此番货币紧缩政策的价格抑制效果着实显著，但与此紧密伴随的经济增长滑坡结果却大大出人意料。经济增长从 1989 年第三季度开始便呈现疲态，当年全年的 GDP 增长率仅为 4.1%，1990 年的经济增长率更是下降到3.8%的低位。CPI与GDP增长率同步下降到如此低的水平，这在经济改革以来还是头一回。

紧缩政策的紧急转向在所难免，屈指算来，这已是经济改革以来宏观调控政策的第四次转向。与前几次政策转向相比，此次政策转向的经济金融背景有些不同。一方面，国家财政收入占GDP的比重继续下降，1989年前后已降至15.7%的水平，这就意味着，国家财政已经无力继续充当启动经济的主要角色。另一方面，银行体系的居民储蓄存款大幅增加，1990年达7 119.8亿元，占GDP的比重为38.12%，1991年更是直逼万亿元关口，占GDP的比重达到42.43%。财政金融汲取能力的上述相向变化直接影响到此轮经济启动政策的重心选择，货币金融政策从此便别无选择地担当起了一次又一次启动经济乃至支撑经济增长的主要责任。

其实，早在1985年，"拨改贷"政策的实施就已开始将经济改革中经济增长的支持重心转向金融机制特别是正在重建中的银行体系。只是由于当时银行体系的金融资源尚不充裕，难以担当起支撑经济增长的重任。1990年前后的金融情形则与1985年不可同日而语，此时银行体系的重建已趋完成，银行账面上的居民储蓄保持稳定增长，其金融资源的动员与配置能力日渐加强。因此，在此轮经济启动过程中，银行体系的信贷政策操作理应首当其冲。如所预料，就在1989年的第四季度，中国人民银行便开始重新打开信贷闸门，该年全年国有银行贷款增长率由1988年的13.44%提升至17.75%，1990年该比率进一步上升至22.35%（参见张杰，1998，表8—3）。与此同时，中国人民银行还于1990年3月、8月和1991年4月连续三次下调存贷款利率，一年期定期存款利率由1989年2月的11.34%这一高点最低降至7.56%，降幅之大为经济改革以来所罕见，其中1990年4月份存款利率的平均下调幅度一度达到创纪录的1%。此外，1991年11月27日，中国人民银行发布紧急通知，决定自当年12月1日起，不再办理新的保值储蓄业务。在经过一个"漫长"的滞后期之后，经济增长终于开始恢复，1991年，经济增长率迅速上升至9.2%的高位。

通过几个回合的政策操作，经济增长便重新回到"快车道"，决策层再一次对其掌控宏观经济运行的能力信心满满。可是，人们对此番货币信贷政策操作的后果难免怀有后顾之忧，其中最为担忧的就是居民储蓄存款这只"笼中虎"的稳定性。原因很简单，1990年前后，中国经济增长模式已经完成由"财政支持型"向"金融支持型"的转换（张杰，2008），在这种情况下，"笼中虎"的出笼不仅冲击市场均衡，更为重要的是它还会从根本上动摇"金融支持型"经济增长的微观金融基础。归根结底，除非保持银行体系的稳健与居民储蓄存款的增长，否则，"金融支持型"经济增长的可持续性将无从谈起。当然，更进一步地说，"金融支持型"经济增长模式很容易诱使处于经济改革过程的经济运行迅速滑向对银行体系特别是国有银行体系信贷机制的刚性依赖，而要避免这种刚性依赖，围绕市场秩序与微观经济基础特别是企业制度重建的重大制度调整则需要同步甚至提前推进。

看来，当时的决策层并未洞彻此种逻辑。从理论上讲，市场秩序与微观经济基础的重建需要经历一个长期的制度变迁过程，而当时的决策层则倾向于追求短期见效的经济增长结果。既然微观经济基础未及重建，那么，快速的经济增长就只能依托原有的制度条件重新起步。1992 年 1 月，由国务院主持召开的全国经济体制改革工作会议做出这样的判断：经过 1989 年以来的努力，经济秩序明显改善，改革环境已然宽松，改革进程应当加速。在随后邓小平南方谈话的直接激励与推动之下，上述乐观判断迅即转变为新一轮的经济扩张行动。重要的是，市场机制阙如和企业改革滞后条件下的经济扩张，货币信贷政策注定要“一马当先”。不出所料，在 3 月份召开的七届全国人大五次会议上，时任总理的李鹏就为当时的货币信贷政策“定调”：积极组织存款，扩大信贷规模，重点支持农业和国有企业发展。一时间，各个经济利益主体的投资热情迅速迸发，与此紧密跟随的，则是前所未有的货币扩张。1992 年，M0 增长率达到 36.4%，1993 年仍居 35.3%的高位。连续两年的 M0 增长率超过 35%，这在此前的经济改革过程中未曾遇到。1992 年和 1993 年国有银行的贷款增长率分别为 19.82%和 22.71%，1994 年更是达到 25.4%（张杰，1998，p. 259）。在货币信贷扩张的强力支撑之下，1992 年和 1993 年的 GDP 分别增长了 14.2%和 14%。货币扩张“单边”支撑下的高速经济增长必将支付沉重的货币贬值代价，1993 年，居民消费物价指数从上一年的 6.4%迅速提升至 14.7%，1994 年更是攀上 24.1%的高位，创造了经济改革以来通货膨胀的历史“纪录”，该纪录迄今都未曾被“刷新”。宏观经济政策操作又一次回到了一个周期的起点。

经济增长与高位通货膨胀结伴而行，银行体系的居民储蓄存款账户势必承受着巨大压力，在创纪录物价上涨的刺激之下，“笼中虎”的蠢蠢欲动早在预料之中。问题的严峻性在于，此时的“笼中虎”已今非昔比，依据表 17—2，1993 年，居民储蓄存款余额为 15 203.5 亿元，占当年 GDP 的比重为 43.03%；1994 年该余额达到21 518.8亿元，占当年 GDP 的比重上升至 44.65%。原来的“小虎崽”已经成长为“庞然大物”，一旦出笼，其对宏观经济和改革进程可能造成的冲击将不堪设想。当时的现实情形异常严峻，居高不下的物价水平在频繁动摇着广大储户们的心理防线；从总体上看，1993 年居民储蓄存款占 GDP 的比重相比于 1992 年已有明显下降。决策层意识到，稳定居民储蓄存款的政策行动已经刻不容缓。

1993 年 5 月 15 日，中国人民银行紧急发布《关于调整存贷款利率的通知》，决定自即日起大幅提高居民储蓄存款利率，其中定期存款年利率平均上调 2.18 个百分点，一年期定期存款利率从两年前的 7.56%提高至 9.18%。6 月 24 日，中共中央、国务院发出《关于当前经济情况和加强宏观调控的意见》（通称“16 条”），除了重申严把货币投放闸门、抑制物价上涨等常规政策措施外，还特别强调大力增加储蓄存款、保证储蓄存款支付等政策意图。7 月 2 日，时任国务院副总理的朱镕基临危受命，兼任中国人民银行行长，他在 7 月 5 日召开的全国金融工作会议上提出对银行工作的“约法三章”（参见吴晓灵，2008，p. 266），其中特别指出不准搞

"储蓄大战"，显示新的金融决策层坚决稳定居民储蓄存款、保证储蓄存款资金投向的强烈政策倾向。面临经济改革以来最为严峻的货币金融形势，除了原有的强力措施如信贷额度控制等之外，决策层能够动用的其他政策手段十分有限，但"朱镕基的决心很大，各省分支行的领导都十分害怕，因为朱镕基告诉他们如果超过信贷额度，他们将丢掉职务"（邹至庄，2002，p.127）。不过，政策见效的速度慢于预计，特别是居民的储蓄倾向依然有些摇摆和徘徊，需要进一步的政策操作。7月11日，中国人民银行决定再次提高居民储蓄存款利率，其中定期存款利率平均上调1.72%，一年期定期存款利率从此前的9.18%提高至10.98%，这是1990年以来居民储蓄存款平均利率的最高水平。不仅如此，货币当局还同时决定对1991年12月1日以后存入的三年期以上定期储蓄存款重新实行保值。

随着一系列强力宏观政策手段的逐步到位，持续两年有余的信用膨胀最终得到控制，M0的增长率由1993年的35.3%下降至1994年的24.3%，1995年更是降至8.2%，与此相伴随，居民消费物价指数在1995年迅速回落到17.1%，1996年降至2.8%。让决策层格外感到欣喜的是，如此强力的货币金融紧缩政策，却并未过多伤及经济增长的势头。1994—1996年，在物价水平骤降15.8%的情况下，GDP平均增长速度仍然达到11.3%的高位。通货膨胀得到有效抑制，而经济增长并未明显减缓，这可是世界范围内经济金融决策层曾经梦寐以求的"软着陆"情形！受此影响，居民储蓄存款自1994年下半年开始重新恢复稳定增长，当年居民储蓄存款总额突破2万亿元关口，占GDP的比重上升至44.65%，1995年和1996年居民储蓄存款总额分别达到29 662.5亿元和38 520.8亿元，占GDP的比重分别升至48.79%和54.12%。种种迹象表明，一度蠢蠢欲动的"笼中虎"重新变得安然无恙。

1995年12月初，由中共中央、国务院主持召开的中央经济工作会议对当时的宏观经济金融形势做出了乐观估计，认为物价涨幅明显回落，通货膨胀得到有效抑制。1996年1月中旬，全国金融工作会议虽然强调继续坚持适度从紧货币政策，以促使物价水平显著下降，但宏观经济运行总体环境自当年起由紧转松已成定局。3月31日，中国人民银行发布《关于停止办理新的保值储蓄业务的紧急通知》，标志着自1988年以来实施近8年之久的保值储蓄政策操作告一段落，而保值储蓄政策的终结，也意味着经济改革以来不时出现的"笼中虎"威胁暂告解除。同年5月2日，中国人民银行发布《关于降低金融机构存贷款利率的通知》，其中决定将存款利率平均降低0.98个百分点。经济改革以来，货币当局根据宏观货币金融形势的变化对居民储蓄存款利率时做调整，人们已司空见惯。不过，发生在1996年5月的此番存款利率下调则非同寻常，因为以此为折点，中国的宏观经济运行随即进入一个漫长的低利率时期，金融机构存款基准利率在2002年2月至2004年3月间一度降至1.98%的低位。尽管平均利率水平一降再降，可居民储蓄存款依然迅速积累，这多少有些让人迷惑。2009年，居民储蓄存款总额为260 771.7亿元，占

GDP 的比重高达 77.76%。更令人不解的是，虽然此后的宏观经济运行时有波动，但如此巨量的居民储蓄存款却在银行体系的账户中一直安然而睡。当时的人们无论如何都料想不及，1993 年的那次居民储蓄存款波动竟然是经济改革以来迄今为止“笼中虎”的最后一次“发作”。

17.3 “笼中虎”的蜕变

1996 年以来，处于经济改革进程中的中国居民部门表现出异常强烈的储蓄倾向。尽管存款基准利率一降再降，甚至在不少年份低于当年由国家统计机构公布的零售物价指数，但他们似乎已然完全忘却曾经的通货膨胀经历，而义无反顾地将手中的“余钱”尽可能多地转换为银行体系的储蓄存单。20 世纪 90 年代以来，中国开始重建证券市场，一开始的发展虽然步履蹒跚，充满波折，但也不时表现出向好行情。仅从理论上讲，证券市场的发展无疑会增加老百姓的金融选择。不过，即便是在股票市场“牛气冲天”的那些时期，也未能让长期偏爱银行体系储蓄存单的绝大部分老百姓“移情别恋”。据统计，1992—2002 年间，在中国居民部门金融资产结构中，储蓄存款所占比例接近 80%；相比之下，2000 年，存款（含现金）占美英日德居民部门金融资产的平均比重不过 30%，其中美国最低，为 10.6%，日本最高，也不过 54%（李健等，2004，pp. 260 - 262；黄达，2009，表 11—3）。1996—2009 年间，中国的居民储蓄存款仍在以年均 44.38%的速度不断增长。特别是经济改革以来，居民储蓄存款占全部存款的比例始终保持在 50%左右，且其中定期部分的比例长期稳定在 70%之谱（黄达，2009，pp. 326 - 327）。

曾经被视作“笼中虎”的居民储蓄存款突然间变得平静和温顺起来，面对逐步深入的经济金融改革格局，它竟然能够安卧于银行体系的账户中，而且一卧就是十几年。在此后的经济改革过程中，向来对于居民储蓄存款十分敏感甚至有些“谈虎色变”的决策层，却表现得如此从容，即便是在物价指数有过起伏的时期，存款利率的调整节奏也是拿捏得进退有据。为什么会如此？储蓄存款如此大幅度地持续增加是老百姓的自愿金融选择，还是外部因素使然？是经济改革进程中的不经意现象，还是决策层的刻意制度设计？长期以来，人们一直对此大惑不解。

其实，在 20 世纪 90 年代中期，“笼中虎”完成了一次微妙的制度蜕变。自 1978 年经济改革伊始，中国财政部门与银行体系的汲取能力就已开始发生相向变化。到 1996 年前后，政府的财政汲取能力降至谷底，财政收入占 GDP 的比重最低曾经达到 10.3%（参见表 17—4）。与此同时，银行体系的汲取能力则扶摇直上。历史地看，中国的经济改革几乎是在财政与银行汲取能力的同一个起跑线上起步的，由表 17—4 可知，1978 年，中国的财政汲取能力与银行汲取能力十分接近，均在 31%上下。可是，随着改革进程的推进，银行汲取能力便一路快速上扬，到

1996年，当财政汲取能力跌到谷底时，M2占GDP的比重则恰好突破100%关口。此后，财政汲取能力缓慢恢复，到2009年重新恢复到20%的水平，但银行体系的汲取能力则以更快的速度扩展，M2占GDP的比重在2009年一度达到令人惊诧的180.77%。从总体上看，迄今为止的中国经济改革与增长过程从未摆脱“弱财政、强金融”的基本格局（张杰，1998，pp.59－62）。当然，与上述格局相映成趣的是，伴随产出的快速增长，中国绝大部分企业特别是国有企业缺乏合理有效的内源融资机制，这就意味着，中国未来相当长一段时期的经济增长将不可避免地步入外源融资支持的特殊路径。

表17—4　　中国经济改革以来财政与银行汲取能力的变化，1978—2009

年份	财政收入（亿元）	M2（亿元）	财政收入占GDP（%）	M2占GDP（%）
1978	1 132.26	1 159.1	31.1	31.80
1979	1 146.38	1 458.1	28.2	35.89
1980	1 159.93	1 842.9	25.5	40.54
1981	1 175.79	2 234.5	24.0	45.68
1982	1 212.33	2 589.8	22.8	48.65
1983	1 366.95	3 075.0	22.9	51.57
1984	1 642.86	4 146.3	22.8	57.52
1985	2 004.82	5 198.9	22.2	57.66
1986	2 122.01	6 721.0	20.7	65.41
1987	2 199.35	8 349.7	18.2	69.24
1988	2 357.24	10 099.6	15.7	67.14
1989	2 664.90	11 949.6	15.7	70.32
1990	2 937.10	15 293.4	15.7	81.92
1991	3 149.48	19 349.9	14.5	88.84
1992	3 483.37	25 402.2	12.9	94.35
1993	4 348.95	34 879.8	12.3	98.71
1994	5 218.10	46 923.5	10.8	97.36
1995	6 242.20	60 750.5	10.3	99.93
1996	7 407.99	76 094.9	10.4	106.91
1997	8 651.14	90 995.3	11.0	115.22
1998	9 875.95	104 498.5	11.7	123.81
1999	11 444.08	119 897.9	12.8	133.70
2000	13 395.23	134 610.3	13.5	135.68
2001	16 386.04	158 301.9	14.9	144.36
2002	18 903.64	185 007.0	15.7	153.75
2003	21 715.25	221 222.8	16.0	162.88
2004	26 396.47	254 107.0	16.5	158.94
2005	31 649.29	298 755.7	17.1	163.06

续前表

年份	财政收入（亿元）	M2（亿元）	财政收入占 GDP（%）	M2 占 GDP（%）
2006	38 760.20	345 603.6	17.9	163.08
2007	51 321.78	403 442.2	19.3	156.79
2008	61 330.35	475 166.6	19.5	158.04
2009	68 476.88	606 225.0	20.4	180.77

资料来源：《中国统计摘要》（2010），p. 20，pp. 76，p. 81；张杰（1998），表 3—1。

在财政汲取能力迅速衰减的情况下，外源融资支持就只有金融支持，而金融支持的要害则是银行体系。既然经济改革中的增长支持机制已然由财政（以及内源融资）转向金融（特别是银行体系），那么，巨额居民储蓄存款的重要性便一下子凸显出来。可是，眼前的这一大笔储蓄存款还是一只可能随时发作的“笼中虎”，一时难以稳定承担支持长期经济增长的金融责任。因此，现实而紧迫的政策选择是尽快驯服它或者对其进行彻底的制度改造，使其成为可供长期经济改革与增长过程随时驱使的“田间牛”。

一项针对居民储蓄存款“虎转牛”的改革计划被很快设计出来并迅速付诸实施。基于既往的制度变迁与政策操作经验，决策层敏锐地意识到，此项改革计划的要害是尽快确立一个让老百姓觉得踏实可靠从而值得长期信赖的银行体系。那么，到底什么样的银行体系才会让老百姓感到放心呢？实际上，早在 20 世纪 80 年代中期，国家便开始酝酿并谋求与当时正处于成长过程的银行体系特别是国有银行体系签署一份特殊的“金融合约”，而且打那时起，国家就已打算以其对居民储蓄存款的强有力担保换取银行体系对经济改革与增长过程的长期金融支持（张杰，2008）。随着经济改革以来国家财政汲取能力的不断下滑，特别是伴随于此的居民储蓄存款的几度波动，国家缔结这份金融合约的愿望日益强烈。如所预料，当财政汲取能力在 1995 年降至谷底时，一种全球银行发展史上前所未有的崭新（国有）银行体系已然屹立于日益深化的改革进程之中。正是基于这种特殊的银行体系，决策层给银行储户做出了一个慷慨承诺，那就是以国家声誉为“抵押”确保居民储蓄存款的长期安全。这种承诺无疑给老百姓吃了一颗“定心丸”，作为对国家担保的积极回应，可支配货币收入处在迅速增长期的中国居民部门便开始放心大胆地将剩余资金几乎悉数存入这种特殊银行体系开设的储蓄存款账户。

事实表明，国家的确毫无折扣地兑现了自己的承诺。虽然针对银行体系的制度调整从未停顿，但国家却一直保持着对该体系的“隐性担保”。特别是在国有银行的资本结构中，国家实际上长期充当着“双重出资人”的角色，也就是说，它既提供有形资本（国家用“真金白银”注资），同时还通过上述隐性担保提供“无形资本”（张杰，2008）。相比之下，老百姓更看重后者，因为有国家声誉“陪着”，将钱存到银行体系的储蓄存款账户无疑等于送进了铁打铜铸的“保险箱”。在这种情况下，居民部门的储蓄偏好备受激励便是自然而然的事情。不过，国家通过确保存款账户的安全来稳定居民储蓄，这只是金融合约签署时诸多约定中的一种约定。银行体系保持稳定，居民部门自然乐观其成，但仅凭此仍不足以让银行储户们彻底放心，因为经济改革以来零售物价指数不时波动的历史，依然让绝大多数老百姓心有余悸。除非将通货膨胀控制在较低的水平，否则银行储户依然会不“领”国家担保的“情”而携款出走。好在国家奇迹般地兑现了这一履约难度极大的约定，根据表17—4，在1997—2009年的13年间，平均通货膨胀率只有1.48%，这意味着老百姓的后顾之忧被完全解除。无疑地，国家对其长期金融承诺的诚实兑现使得“中国居民具有理性而稳定的未来预期”，从而不用担心自己的银行存款价值像苏联那样被通货膨胀迅速吞掉，可以说，中国“居民愿意增加自己的自愿储蓄是改革者通过渐进式改革得到的相对稳定经济环境的附带利益” （Naughton，2007，p.84；pp.386－388）。1996年以来中国居民储蓄存款持续快速增长的事实一再表明，针对那只曾经咆哮的“笼中虎”的“虎转牛”改革计划已然大功告成。从此，完成华丽转身的居民储蓄便开始步入服务于经济改革与增长的长期历程。

居民储蓄以其稳健的“田间牛”形象现身于经济增长过程，对于长期面临财政困局并迫切寻求其他投资资金来源的决策层而言，这绝对是梦寐以求的事情。但让人疑惑不解的是，中国居民部门的可支配货币收入尚处于较低水平，据国家统计局公布的数据，即便是到了经济改革启动30余年后的2009年，中国人均GDP不过25 188元人民币（国家统计局，2010，p.19），也就是说只有3 600美元左右，这一数额甚至低于拉丁美洲和一些非洲国家。按理说，在这样一个人均收入区间，人们会拥有较高的消费倾向，可是，中国的居民部门却反其道而行之，它们选择了更多地储蓄，而不是更多地消费。难怪世界银行的一份研究报告发出这样的惊叹：“中国自1978年以来显著业绩的最突出特征是其储蓄率，它就像增长率一样是中国真正的经济奇迹”，“稳定的高储蓄率是中国人所选择的改革道路取得的重大成功之一”；中国“极高的储蓄率是在很低的收入水平上完成的，使其即使在储蓄率较高的这一批国家和地区中也属例外”（1997，p.9）。由此不难想象，如果中国居民部门在消费与储蓄之间做出的是正常的经济选择，那么，即便有上述国家的庄严金融承诺在先，“田间牛”也不会紧随其后。这就意味着，“笼中虎”之所以能够如愿转化为“田间牛”，一定有着更为深刻的制度原因。

从某种意义上说，“虎转牛”计划的顺利实施可谓机缘巧合。尽管我们不排除经济改革以来的高储蓄可能与中国人素来的“省吃俭用”文化抑或由代际关怀（如为孩子提供更多、更好的教育以及熨平下一代可能面临的财务风险等）引致的储蓄偏好有关，但是人们所表现出来的储蓄倾向是如此强烈，而且延续时间是如此之持久，就不得不令人猜想，中国的居民部门一定是在经济改革的某个重要环节遇到了某种显著的不确定性，从而需要在家庭金融安排方面“未雨绸缪”。

就在“软着陆”政策开始全面实施且初见成效的同时，一场更为深刻的经济体制改革行动也在紧锣密鼓地展开。1993年11月14日，中共十四届三中全会通过了《中共中央关于建立社会主义市场经济体制若干问题的决议》，决意推进以国有企业制度创新为核心的经济改革进程。12 月 29 日，第八届全国人大常委会第五次会议通过《中华人民共和国公司法》，标志着决策层已然完成了国有企业改革的法律准备，并在正式制度层面设定或者明确了改革的公司化方向（章迪诚，2006，pp. 348－358）。尽管此后的公司制改革道路并不平坦，但此项改革却给身处于这一进程的老百姓一个十分强烈的信号，那就是从今往后的中国经济改革与发展过程要引进更多的竞争与效率机制，原来几乎由国家完全承担的改革成本与风险需要由老百姓分担一些。

1997 年 9 月，中共十五大报告首次触碰国有企业的“失业禁区”，明确提出“下岗分流”和“减员增效”问题；1999 年 9 月，中共十五届四中全会通过《中共中央关于国有企业改革和发展若干重大问题的决定》，意味着由全社会分担风险的改革进程明显加速。一时间，“成千上万的国有企业和城市集体企业关闭，失业工人占了国有企业劳动力的 40%，城市集体企业的工人减少了三分之二”（Naughton，2007，p. 302）。但与此同时，与风险分担机制紧密相关的住房制度与社会保障制度的建立则明显滞后。在这种情况下，“旧的由国家统包的制度破除得快而新制度建立得慢，所以人们的储蓄倾向有所提高，即期消费有所减少”（吴敬琏，2010，p. 350）。中国经济改革在走过了一段不算短的人人都可获益的“帕累托改进”过程之后，终于来到了有人获益有人受损的“非帕累托改进”（樊纲，1990）阶段的入口。处在这一重要改革关口的老百姓开始强烈地感受到，由此前行，未来的经济生活将面临更大的不确定性，因此需要在金融安排方面早作准备。在社会保障制度严重滞后于企业改革进程的情况下，原先的国家保障以及“企业内保障”就只有被迫转换为在中国已绵延千年的“家庭内保障”（张杰，2005），而支撑“家庭内保障”的基本金融因素则非居民储蓄莫属。毫无疑问，正是 1993 年以来顺利推进的（宏观）“软着陆”政策操作与 1997 年以来陡然加速的（微观）企业改革进程的不期“联手”，加上国家担保的银行体系，最终造就了居民储蓄存款大幅稳定增长以及“虎转牛”这一改革“奇观”。

饶有意味的是，原来决策层担心老百姓花钱，因为那样会威胁储蓄存款的稳定，而现在则担心老百姓不花钱，因为这样会拖累日渐疲软的国内需求。眼巴巴地看着零售物价指数一天天往下落，银行体系账面上的储蓄存款却一个劲儿地往上摞，这本来是求之不得的好事，可如今决策层反倒心急如焚起来。鉴于此，人们建议决策层适时采取“驱虎”政策，比如不少人曾经提议借助进一步发展证券市场“分流”一部分居民储蓄存款，但收效甚微。事实表明，不管证券市场如何“潮起潮落”，绝大多数老百姓仍将银行体系的储蓄存单当作进一步持有金融资产的首选。

借助证券市场发展的分流储蓄行动何以最终无功而返？原因其实很简单，与刻意塑造国家担保型银行体系的意图一样，决策层当初介入证券市场的主要动因也是为了给陷入财政困局的国有部门筹资（陆一，2008，pp. 9－16）。从理论上讲，在居民可支配货币收入既定的前提下，家庭金融结构中的银行存单与股票在很大程度上存在此消彼长的关系，因此，国家需要掌握银行信贷与股市筹资之间的金融平衡，以便使金融支持之和达到最大化。问题是，中国的证券市场从一开始就深陷各方利益博弈的“漩涡”而极具不稳定性，由此决定国家无法赋予其更大的金融支持“权重”。无论如何，决策层绝对不会允许出现这样的制度变迁结果，即以削弱既有被证明是相当稳定而有效的银行体系的金融支持能力为代价，来换取一种“前途未卜”从而难堪大任的资本市场安排。毫无疑问，仅由此角度看，以股票分流存单，这本身便是一道无解的金融改革方程。既然银行体系在提供金融支持方面具有如此显著的比较优势，那么，决策层对于发展证券市场等金融制度创新十分敏感并谨小慎微便在意料之中。从理论上看，金融制度创新无疑会有利于建立长期有效的金融发展机制，但是，在短期则“可能吸走银行体系的资金”，因此，“决策层小心翼翼地保持着对整个金融体系的管制，并努力保证大量的储蓄流入银行体系”（Naughton，2007，p. 454）。

不仅如此，经济改革开放以来，中国的老百姓长期面对着一种“两极金融选择困境”，也就是说，在提供给他们的金融工具“菜单”上，只有两道风险迥异的“菜品”可选，一道是零风险的银行存单，另一道则是高风险的股票。经过证券市场初创时期的激情尝试与紧随其后的行情激荡，人们开始静下心来仔细端详和重新“品味”摆在他们面前的这两道金融“菜品”。银行存单的确收益偏低，甚至有时还会遭遇负实际利率，但它却具有一个得天独厚的优势，那就是国家、银行体系与居民部门曾就此签署了一份风险担保合约，凭此合约，便可让储蓄存单长期保持其收益的平滑性质，从而彻底解除存单持有者的后顾之忧。依据金融学常识，股票兼具高收益和高风险的特征，正因如此，不少人的财富状况会因此在一夜间“别若天壤”。可是，基于当时特殊的制度背景，不少初涉证券市场的投资者并未留意这种特征，特别是在中央和地方政府几度伸手干预之后，人们更是一度产生了政府兜底从而股票只赚不赔的错觉。后来的制度变迁过程表明，政府无意也无力兜揽本应由投资者自己承担的市场风险。因此，与银行存单相比，股票就有一个先天的比较劣势，那就是在国家与股票持有者之间不存在风险“兜底”的金融制度约定。两相比较，对于平均收入水平尚低且拥有风险厌恶偏好的中国绝大多数老百姓而言，他们将更多的金融财富配置于银行储蓄存单而不是股票无疑是一种理性选择。

17.4 “笼中虎”的制度困局

在中国经济改革过程中，政府储蓄与居民储蓄的相向变化以及决策层对于居民储蓄存款稳定性的担忧，产生了一个意外的“间接”制度后果，那就是“大大增强了充当居民储蓄向工业部门流动之中介渠道的银行系统的作用”（Naughton，2007，

p. 84)。“当改革开始不久，面对财政能力迅速下降的局面，国家就已经在寻求能够满足其资金需求的特殊金融制度安排。这种制度安排既能有效动员日渐增长的居民储蓄，又能为国家的投资偏好提供及时的资金支持”（张杰，2008）。作为此番金融制度探寻的一种合乎逻辑的结果，20 世纪 80 年代中期，“整装待发”的国有银行体系便赫然站立于经济改革新的起点之上。

毋庸置疑，改革开放以来中国经济平均 10%左右的高增长结果在很大程度上取决于这样一个十分特殊的金融格局，即国家担保之下慷慨提供信贷支持的国有银行体系的存在，使得居民储蓄存款与高速经济增长之间前所未有地建立了稳定的逻辑联系。若进一步细究，这种逻辑联系之所以能够建立，则是因为，伴随改革进程的推进，可支配货币收入获得迅速增长的居民部门做出了更多“持久性”持有银行存单而不是其他金融证券的金融选择。这种金融选择使得居民储蓄存款这只曾经几度发作的“笼中虎”在 20 世纪 90 年代中期实现了向“田间牛”的戏剧性蜕变。当居民储蓄存款终于可以长期安卧于银行体系账户的那一刻，一种注定让世界为之瞠目的“金融支持型”经济增长的漫长历程便正式起步。从此，“银行体系成了将居民储蓄转化为企业投资的重要渠道”（Naughton，2007，p. 405）。可以说，正是“笼中虎”造就了一种与如此艰难而深刻的经济改革过程长期相伴却能充分保持市场信心的伟大银行体系，同时也通过支撑经济改革过程的高速经济增长而最终成就了这一银行体系特别是国有银行体系的惊天伟业。

可是，国家也因此付出了巨大的经济社会成本和制度变迁代价。我们已知，为了稳住伴随经济改革过程迅速成长的居民储蓄存款，国家将自己的声誉作为“人质”抵押给了国有银行体系。应当看到，居民储蓄存款之所以如“田间牛”这般温顺，完全是因为有国家声誉与“虎”做伴。一种当时并不起眼的金融制度调整竟然需要国家声誉亲自“出面”，可见居民储蓄存款之“虎转牛”的条件和“要价”是何等苛刻与高昂！当然，国家之所以慷慨允诺如此苛刻之条件，则是因为其所追求的经济改革与增长目标从此有了长期可靠的金融支持机制。尽管如此，居民储蓄存款作为“笼中虎”的本性并未发生实质性改变，仅从理论上讲，一旦国家声誉宣告退出，即便老百姓的日常生活不会遭遇明显的宏观经济金融冲击，只要他们产生些许“心理波动”便极有可能使居民储蓄存款“原形毕露”。如果实际情形确系如此，那就意味着国家声誉已被“笼中虎”差不多彻底“套牢”，其退出成本因此变得异常巨大。随着经济金融改革进程的不断推进以及各种利益追求围绕国有银行体系的进一步纠结，蕴藏于这种制度格局深层的金融风险将难以估量。

更当堪忧的是，“笼中虎”还进一步牵扯出中国金融制度演进的“市场化悖论”（张杰，2007），从而成为中国金融改革渐次陷入制度困局的始作俑者。在由国家、银行体系以及存单持有者“携手”营造的特殊金融博弈格局中，有关利益各方都会做出各自的理性选择。对于国家，既然支付了高昂的声誉代价，那就一定会寻求与这种代价相匹配的高额回报。那么，如何才能使其回报达到可能的最大呢？答案显而易见，那就是对银行体系的居民储蓄存款实施严格的金融控制，以谋求最大限度地掌控金融资源的配置权，从而替代日渐脆弱的国家财政汲取机制。当时的决策层一定明白，“一种按照财政规则运行的银行体系一定会比按照金融规则运行的银行体系具有更强的信贷供给能力”，而事实表明，“该阶段得到迅速恢复重建的国有银行体系恰是国家量身定做和精心打造的财政‘替代品’”（张杰，2008）。就这样，国有银行的“投资放款约有三分之一分配给由国家计划委员会预先选定的项目，其他的放款也在相当大的程度上受到政府的非正式影响，尤其是在各省”（世界银行，1997，p. 32）。平心而论，在迄今为止的长期经济改革过程中，虽然国家通过上述“金融合约”兜揽了大量的金融风险，但也借助银行体系的信贷机制获取了不菲的金融回报。

对于银行体系，其理性选择自然是最大限度地谋求无风险收益，而获取这种收益的最佳途径便是尽可能快地扩张信贷资产规模，因为只有信贷资产规模扩大了，银行账面上可供分配的会计利润才能增加。既有的金融制度设计恰好给银行体系获取无风险收益提供了极大的制度便利，由于信贷风险几乎被国家所提供的“无形资本”完全稀释，因此，“即使被要求贷款给亏损的国有企业，国有银行也不会担心，因为这些贷款被认为是‘安全’的，国家会保全它们”（Heffernan，2005，p. 363）。不过，国有银行体系从一开始就敏锐地察觉到，无风险收益的获取并非没有条件，国家之所以为其提供风险担保，归根结底是因为自己账面上积存了巨额的居民储蓄存款和以此为基础主要面向国有经济的信贷投放。无论是居民储蓄存款还是信贷投放，国家对此都高度敏感，因为前者是“笼中虎”，事关老百姓的切身利益和经济改革中的人心向背，后者则是“助推器”，牵扯着改革中的经济增长前景。如所预料，国有银行体系一次又一次十分机巧地利用着这种所谓的“投鼠忌器”效应来牵引国家或者决策层针对银行制度的改革政策。当国家意识到，起初旨在笼络“笼中虎”的无形资本投入，最终会给已然走向市场化改革道路的银行体系营造出一个如此巨大的机会主义制度空间时，“蓦然回首”，却发现自身已经深陷金融市场化改革的制度困局而难以自拔。在这种情况下，银行体系“越是快速的市场化，外部化的风险就越多，就越是需要金融控制，而金融控制越是坚决与持续，风险的外部化程度便越高，市场化的激励也就越大”（张杰，2008）。就这样，银行体系的市场化改革陷入了一种银行的市场化激励与国家的金融控制偏好相互自增强的恶性循环。

相比之下，居民部门则更像是这场金融博弈的一个“看客”。从表面看，自20世纪90年代后期以来，它们便以异乎寻常的平和心态长期静观国家与银行体系之间的利益纠葛。尽管居民部门持有储蓄存单的实际微观收益与其所做出的宏观金融贡献并不匹配，但他们似乎对储蓄存款的安全性更为关注。正是这种安全偏好的长期存在，才为国家廉价获取和配置如此巨量的金融资源创造了千载难逢的机会，同时也为国家过度利用银行体系提供了可能与激励。仅从这种意义上看，国家与银行体系之间的金融博弈之所以陷入制度困局，居民部门对其储蓄资源的持久廉价出让也“功不可没”。当然，中国的老百姓并非不关注收益，在他们轻易廉价出让金融资源支配权的背后，其实掩藏的是其面对金融权利的无知与漠然。因此，前述国家、银行体系与居民部门三方签署的“金融合约”在很大程度上隐藏着金融权利的极不对称情形。既然是一份在居民部门并未（也不可能）完全充分表达金融权利意愿的情况下由国家与银行体系单方面签署的合约，其履约过程的不确定性甚或动态金融风险便可想而知。极端地看，在往后的经济改革过程中，居民部门哪怕一丁点儿金融权利意愿的独立表达都极有可能将这种看似牢不可破的“金融联盟”推向濒临解体的危险境地。众所周知，这种“金融联盟”一旦解体，其后果将是灾难性的。

重要的是，对金融权利的漠然往往与金融行为的非理性相伴而行，这种金融非理性既可能是长期的金融沉默，也可能是突然的金融爆发。问题在于，随着经济改革的推进和个人可支配货币收入的增加，居民部门的金融权利意识也在不断觉醒。可以预想，如果不及时改变既有的“金融合约”的权利内涵以及以此为基础的金融博弈格局，当国家与银行体系对居民储蓄存款的廉价使用达到某种极限，仍然没有（或者无意）寻找到相应的（市场化）替代金融安排时，照此逻辑继续前行的经济改革与增长过程将功败垂成。这绝非危言耸听。居民部门毕竟是“笼中虎”的真正所有者，它们拥有以任何方式以及在任何时间驱使“笼中虎”的最后决定权。从理论上讲，针对其储蓄存款账户，他们可以不征询现有“金融合约”任何签约一方的意见而单独做出任何金融决定。1996 年以来，居民储蓄存款表现得如“田间牛”般温顺，那其实只是一种暂时的“金融沉默”，要避免其在今后的改革过程中走向另一个“金融爆发”的极端，就需要顺应居民部门金融权利意识的觉醒以及金融理性的成长而调整既有的金融合约结构甚或重新签约。简言之，金融合约调整的过程或许十分复杂和艰难，但其中的要害则相当简单明了，那就是理解和尊重长期掩藏于“笼中虎”背后并被经济改革过程每每忽视的老百姓的金融权利。只有如此，中国的金融改革方能寻找到走出制度困局的可行路径。说到底，不管当下国有银行体系的金融汲取能力以及国家的金融控制能力何等强劲，中国金融改革的成败终将取决于广大老百姓的金融态度与金融选择。

17.5　总结

若着眼于中国经济改革的长期过程，“笼中虎”只不过是一个曾经引发过短暂宏观经济恐慌的金融现象。在理论史上，虽然早在 20 世纪 90 年代初期就已有人关注过，但随后并未引起学术界的过多讨论与深入思考。本章对这种既往的特殊金融现象进行了细致而全面的历史与理论考察，结果发现，这种长期被中国经济学家漠视但又被人不时提及的金融现象其实包含着理解中国金融改革逻辑的诸多关键因素与基本线索。

在经济改革之前的中央计划经济体制中，国家曾经长期承担着经济资源配置的“双重角色”，也就是说，它既是主要的储蓄者，也是主要的投资者。不过，随着经济改革进程的启动，这种情形已经发生重大改变。由于政府部门的储蓄份额出现显著下降，国家便在改革进程启动不久就迅速“退出”了主要储蓄者的角色；可是，与此同时，国家并没有同步“让出”主要投资者的位置。结果，国家的储蓄角色与投资角色出现了严重的不对称情形（张杰，2003）。一时间，肩负经济增长以及制度调整责任且自改革以来一直踌躇满志的国家陷入了前所未有的金融困境。决策层很快意识到，眼下的当务之急是尽快寻找或者设计一种能够重新集中居民储蓄资源的金融制度安排，否则，从今往后的经济改革与经济增长将无从谈起。

仅从理论上讲，在当时，缓解金融困境的路径仍由他选，那就是让逐步担当主要储蓄者角色的居民部门以及正在获得各类自主权的企业部门成为资源配置主体，进而承担推动经济增长的主要责任。问题是，要让新的经济主体担纲如此重大的改革使命，除了自身金融能力的培育与锤炼，还需要做不少前期的制度准备，特别是金融市场机制的构建必须先行。可新旧经济体制尚处于转换过程，这些必要的制度准备在短期内难以成就。眼看着新的投资主体的成长尚待时日，可经济改革过程对金融资源的配置要求又十分迫切。在这种情况下，短期内缓解金融困境的可能路径就只有一条，那就是尽快建立一种全新的金融制度安排，以便重新集中已然分散了的居民储蓄。

在改革初期，储蓄角色的“淡出”一度使得国家充满“金融紧张感”，正是这种“紧张感”促使国家决意“量身定做”一种前所未有的特殊金融制度安排，这种金融制度安排既能广泛而迅速地动员居民储蓄，又能坚决而有力地提供信贷支持。结果，作为国家面对国民储蓄结构发生戏剧性变化而被迫做出的一种本能制度反应，一种令人惊叹的国有银行体系“横空出世”。仅从动员居民储蓄的角度观察，国有银行体系的建立等于人为构筑了一座金融“堤坝”，当分散于千家万户的涓涓储蓄细流陆续汇入之后，原本波澜不惊的资金流倏忽间凝结为足以支撑长期经济增长的巨大金融能量。可与此同时，当居民储蓄存款的“水位”抬高到一定水平，这种银行体系本身所承受的金融压力也骤然上升。饶有意味的是，当初建立国有银行体系，其目的是为了缓解由储蓄分散造成的金融紧张，殊不知，这种银行体系在超负荷运行多年之后又使国家重新陷入了金融紧张，只不过这次的金融紧张不是因为储蓄过于分散，而是因为储蓄过度集中。

不难理解，“笼中虎”现象绝不是一种偶然的制度变迁“意外”，它其实是基于当时中国特殊的制度背景，国家为了缓释和挽救因储蓄分散导致的“金融紧张”和金融困局而进行金融制度设计合乎逻辑的金融后果。透过它，我们可以清晰地窥见中国国有银行体系乃至整个金融体系从产生到支持经济改革再到陷入改革两难的全过程。不仅如此，它还为人们进一步探究中国金融改革的特殊逻辑提供了一个新的可能角度。尤应关注的是，“笼中虎”现象再一次印证了制度变迁理论所强调的初始禀赋与路径依赖的重要性。作为一种应急的制度反应，政府主导型金融体系特别是国有银行体系的建立一开始可能是一项暂解国家筹资困境的权宜之策；即便当时已经有人意识到市场机制的培育会对中国长远的金融发展有利，但对急着等钱用的国家而言，却是“远水解不了近渴”的纸上谈兵。因此，决策层当时的改革政策选择纯属理性，因而无可厚非。可是，当随后的金融制度演进需要市场因素的成长时，人们突然发现，前面的金融演进路径早已被“锁定”。不管人们曾经做出多么艰辛的市场改革努力，市场因素还是难以重建其正常的成长逻辑。特别是决策层并非没有金融市场化的意愿，但其竭力设计与推行的数次市场化改革行动大都无功而返。长期以来，不少人对此曾大惑不解，其实，这一切在很大程度上与经济改革初期决策层对居民储蓄的最初政策反应紧密相关：居民部门的储蓄偏好与金融行为方式一旦确立，便会内生出一种“自增强”的机制，这种机制会通过严重依赖居民储蓄存款的银行体系进一步“传染”或者扩散，最终逐步“挤出”人们正常的市场偏好与市场选择，并由此压缩金融市场化的空间。

参考文献

国家统计局．中国统计摘要．2010. 北京：中国统计出版社，2010

樊纲．论改革过程．载盛洪主编．中国的过渡经济学．上海：上海三联书店、上海人民出版社，1994

樊纲，张曙光等．公有制宏观经济理论大纲．上海：上海三联书店，1990

黄达．财政信贷综合平衡导论，北京：中国人民大学出版社，1984

黄达．宏观经济观念辨析．黄达文集（下）．北京：中国人民大学出版社，1993a

黄达．宏观调控与货币供给．中国社会科学，1993b（5）

黄达．金融学．2 版．北京：中国人民大学出版社，2009

李健等．中国金融发展中的结构问题．北京：中国人民大学出版社，2004

陆一．闲不住的手——中国股市体制基因演化史．中信出版社，2008

世界银行．2020 年的中国：新世纪的发展挑战．北京：中国财政经济出版社，1997

吴敬琏．当代中国经济改革教程．上海：上海远东出版社，2010

吴晓灵主编．中国金融改革开放大事记．北京：中国金融出版社，2008

易纲．中国的货币、银行和金融市场：1984—1993. 上海：上海三联书店、上海人民出版社，1996

章迪诚．中国国有企业改革编年史．北京：中国工人出版社，2006

张杰．中国金融制度的结构与变迁．太原：山西经济出版社，1998

张杰．中国国有银行的资本金谜团．经济研究，2003（1）

张杰．农户、国家与中国农贷制度：一个长期视角．金融研究，2005（2）

张杰．中国金融改革的“市场化悖论”——基于海南案例的分析．金融研究，2007（8）

张杰．市场化与金融控制的两难困局：解读新一轮国有银行改革的绩效．管理世界，2008（11）

邹至庄．中国经济转型．北京：中国人民大学出版社，2005

Heffernan，Shelagh，2005：*The Modern Banking*. John Wiley & Sons，Inc.

Naughton，Barry，2007：*The Chinese Economy*：*Transitions and Growth*. MIT Press.

第 18 章

点贷[1]

"Designate Loan"

【摘要】20 世纪 80 年代我国信用资金管理体制向商业银行信贷资金应用自主权扩大改革过程中，为应对 1988 年经济过热实施强力紧缩后出现的经济低迷，1989 年以"点贷"作为启动经济的手段。但因市场需求乏力和行政式贷款固有的缺陷，启而不动。经济的恢复有其自身的规律和必经的过程，资金分配上的行政干预是无效的。从点贷实施前我国信用资金管理体制改革的方向看，点贷的实施是一个退步。点贷作为行政干预资金分配的典型形式，其特征体现在中国的整个改革进程之中。行政分配资金的低效率，是中国金融改革市场化取向的重要原因。但是，政府主导的改革进程，始终伴随着类似点贷的行政指令性资金分配的制度安排。市场和政府的拉锯，直到今天仍然影响着中国金融的健康稳定发展，而政府对银行资金有形与无形的影响可能造成的弊端充分体现在"点贷"中。

【关键词】点贷　权宜措施 信贷资金管理体制　资金的行政式分配　政府主导改革

Abstract: While Chinese credit fund management system reform was focused on expanding the autonomy of commercial bank credit funds in the 1980s, in 1989 the government decided to apply the "Designate Loan" to support some industries or enterprises in order to stimulate the economic, which had difficulties after the severe deflation caused by the overheating economic situations in 1988. However, it didn't work because of the market demands fatigue and inherent defects of administrative loan. Since economic recovery had its own rules and inevitable process, the funds allocation by the administrative intervention was invalid. "Designate Loan" was a

① 本章撰稿人：何平。

setback considering the direction of the reformation of credit fund management. "Designate Loan" was a typical method of administrative intervention of credit fund allocation, which existed in the whole reformation process. The low efficiency of the administrative funds distribution is the main reason of financial reform in China. Nevertheless, the government-oriented reform process always accompanied with "Designate Loan" or other similar administrative methods of fund allocation. The seesaw game between the market and the government today still affects the healthy and stable development of Chinese financial market up to now, and "Designate Loan" is representative to show the disadvantage of the tangible and intangible effects by government to allocate funds in China.

Key words: "designate loan", expediency arrangement, credit fund management system, allocation funds by administration, the government-oriented reform

点贷是我国信贷资金管理体制向商业银行自主权扩大的变革过程中，为应对1989年经济低迷，用以启动经济的权宜措施，是具有鲜明指令性的行政性信贷资金安排。

18.1 “点贷”释义

点贷，也称为戴帽贷款，作为一种信贷倾斜政策，主要是指规定了贷款对象、贷款时间和贷款用途（定期限、定投向、定数额）的一种贷款方式。与日常理解的银行业务中按长官意志实施的点名贷款不同，这里特指1989年中国经济陷入低迷后，中国人民银行试图通过对特定国有企业、特定时段、特定数量的贷款，以振兴经济的权宜措施。当时，承担货币政策决策和实施之责的货币当局，没有正式的官方文件对它进行周全的规定，作为一项应急性的工作安排，充分体现了它作为权宜之计的临时应对措施的性质。

点贷在实际操作过程中一般由上级行带规模、带资金下达给基层行（处），或只下达规模，由基层行（处）自己解决资金，或是从同级人民银行借入相应资金解决。点贷的出现和运用，与当时我国治理经济环境，整顿经济秩序的大气候和深化银行改革有着密切的关系，也是贯彻当时中央银行确定的“控制总量，调整结构，保证重点，压缩一般，适时调节”的货币、信贷方针的具体表现。在银根抽紧、信贷资金紧张的情况下，更是银行控制总量、调整结构、活化存量、优化增量、实行合理有效的信贷倾斜政策的一项有力措施。但是在实际操作过程中也出现了大量的问题。作为市场化改革进程中的一个经典事件，点贷是我国信贷政策变迁中的重要一环，具有承上启下的过渡作用。而且，点贷所折射出的指令性贷款这一核心思想，就更具有制度和理论意义。

18.2 点贷的出台及其变体

点贷是专业银行信贷资金应用自主性增强过程中全面紧缩背景下的权宜措施。

（一）点贷的宏观背景：1988年经济过热，通货膨胀及其治理

1988年我国出现了经济过热、物价剧烈上涨、总需求不断膨胀的势头。1988年，我国的工业产值增长速度出现了第二次高峰，当年增长20.8%，增幅仅次于1985年；固定资产投资增长23.5%；零售物价总水平上涨18.5%，为10年来最高水平。全国由南向北刮起4次大面积的挤兑储蓄存款、抢购商品的风潮。当年我国出现了改革开放以来前所未有的通货膨胀。1988年经济过热的主要原因是产业结构失衡严重，例如农业、交通和能源等行业相对落后，价格改革的出台时机把握不当以及在新形势下货币、信贷宏观调控经验不足。中央决定用三年或者更多的时间，“治理经济环境，整顿经济秩序”。1988年8月31日人民银行下发《关于进一步控制1988年货币投放、信贷规模的具体规定》，中央银行出台了一系列货币、信贷政策，重点解决总需求过大的问题，但同时保证重点项目。

1988年9月29—30日，中共十三届三中全会在北京召开，会议确定了治理经济环境、整顿经济秩序、全面深化改革的指导方针和政策。中央随即采取一系列的宏观紧缩措施，其主要内容是，紧缩财政与信贷，压缩固定资产投资，控制消费需求，管制物价，等等。其中见效最快的是贷款限额管理。银行及信用社贷款9月份增加49.7亿元，10月减少81亿元，11月增加33.4亿元，三个月仅仅净增2.1亿元。而在此之前的1985年、1986年和1987年同期分别增加618.4亿元，613.5亿元和659.4亿元。1989年第一季度，银行信贷规模进一步收缩，在一季度末专业银行各项贷款额比年初减少21.7亿元。与1988年同期增加74亿元相比，规模压缩了95亿元。

总量紧缩的第一个效应是企业存款剧烈下降，资金周转日渐困难，资金拖欠和体外循环日益严重。在1988年末，全国各类工商企业“三角债”达824亿元，1989年第一季度末规模达1 085亿元，远远超过正常年份的信用水平。

自1989年1月起，紧缩政策明显见效，工业生产急剧下降。然而，在中间需求受到抑制从而驱使供给下降的情况下，最终需求却继续膨胀，物价居高不下，社会经济显示出严峻的滞胀迹象。就主要经济指标的增长率来看，1988年10月、11月、12月、1989年1月、2月、3月的工业生产分别是20.4%、17.9%、18.3%、8.2%、7.5%、14.8%，全民固定资产投资分别是37.5%、31.4%、21.7%、/、−3.8%、−2.1%，社会商品零售总额分别是28.2%、23.5%、29.1%、21.7%、

20.0%、26.0%，企业存款分别是16.0%、9.0%、10.4%、3.1%、2.7%、2.7%。最终需求持续扩张的表现是，第一，消费需求继续膨胀。1988年第四季度银行工资性支出比上年同期增长24.6%，1989年第一季度增长27.7%。居民收入的大幅度提高支撑着消费需求的持续增长。1988年第四季度社会商品零售总额比上一年同期增长27.4%，1989年第一季度增长22.6%。第二，投资需求仍然强劲。1988年全民所有制单位固定资产投资完成额比上年同期增长26.1%，1989年第一季度预算外投资仍然保持增长势头。最终需求的继续扩大，拉动这个时期的物价水平不断攀升。1988年12月，社会商品零售物价指数为126.7%，生产资料价格指数达131.1%。1989年2月，两者分别为127.9%和129.4%。1989年第一季度物价上涨的势头不减。整顿初期历经6个月的紧缩，引发出强行抑制中间需求产生的供给减少和最终需求不断膨胀，物价居高不下的尖锐矛盾。必须改进治理整顿的方式，才能使经济回到良性发展的轨道（方向东，1991）。

为了防止经济出现滞胀的局面，并吸取1986年经济尚未着陆又起飞的教训，政府改进了一刀切的紧缩措施，人民银行在1989年3月下达了促进外贸和农业生产的点贷启动资金。点贷作为一项重要的保证重点项目的信贷倾斜政策，作为启动经济和对经济结构进行调整的重要手段，后来又陆续开展，成为对重点行业重点企业实施点贷的特别措施。1989年5月人民银行下发《关于贯彻〈国务院关于当前产业政策若干要点决定〉的通知》，结合清理“三角债”工作，为专业银行及其他金融机构提供了贯彻国家产业政策的信贷政策大纲。其主要内容包括，明确了专业银行在信贷投向上要优先支持国家重点发展产业尤其是生产重点产品的国有大中型企业，明确了固定资产贷款支持与限制的重点，分行业明确流动资金贷款支持的重点，允许专业银行对生产国家重点产品的大型骨干企业可以在贷款限额内单独核定贷款规模并在信贷资金上给予优先支持。根据产业政策，人民银行在再贷款的投向和专业银行在贷款规模的安排上向农业、外贸和国营大中型骨干企业和国家重点建设项目倾斜。1989年对国营大中型骨干企业采取了定期限、定投向、定数额的办法，先后四次发放点贷启动贷款。总体来说，1988—1989年的宏观调控还是收效明显的，宏观经济于1990年末开始走出谷底，逐渐平稳增长。

（二）专业银行自主性增强的银行信用制度变迁与作为行政主导信用极端表现的“点贷”

“点贷”是一种特殊的信用方式，它的真实内涵必须从新中国成立以来银行信用制度的长期变迁中去探寻。

1989年实施“点贷”之前的中国银行体制，大体可以分为三个时期，也就是：1979年以前的大一统银行体制时期；1979—1984年人民银行专门行使中央银行职能以前的混合银行体制时期；以及1984年以后的中央银行体制时期（尚明、吴晓灵、罗兰波，1992，p211）。不同银行体制的时期，相应地孕育出不同的银行信用制度。

(1) 大一统银行体制时期的纵向型信贷资金管理体制。

1953 年起，新中国开始了第一个五年计划。中国社会主义建设的探索，仅有苏联的经验可以借鉴，于是，选择了苏联模式，实行高度集中统一的指令性计划经济管理体制。在这种指令性计划经济管理体制之下，银行是计划、财政的从属物，作为社会资金的一部分，信贷资金完全由计划进行分配，货币资金的分配又完全服从于实物的分配。

与此相适应，建立和加强了高度统一的银行体制。1952 年底，随着全行业公司合营银行的建立和对私营金融业社会主义改造的完成，我国确立起高度集中的银行体制，直到 1979 年。其间中国银行（1953 年设立）、中国农业银行（1951 年初次设立，新中国成立以来四起三落）、中国人民建设银行（1954 年成立）等各专业银行，虽然归属历经变化，但都不是独立的经济实体，其功能只是国家银行的一个专业局或者财政部的一个业务局。

随着高度集中银行体制的形成，中国人民银行建立了纵向的信贷资金管理体制。1952 年 9 月，中国人民银行召开各大区行行长会议和银行计划工作会议。这次会议通过了《中国人民银行综合信贷计划编制办法（草案）》。根据此文件，全国各级银行从 1953 年起开始编制信贷计划，并普遍建立起信贷计划管理机构和执行信贷计划管理制度。各级银行负责编制各自的年度（分季）和季度（分月）信贷计划，并逐级上报审批，最后由中国人民银行总行统一平衡全国的信贷收支指标，下达到各个地方贯彻执行。在这种纵向的信贷资金管理体制之下，实行“统存统贷”的管理办法。也就是说，全国各级银行吸收的一切存款，都一律上缴总行使用，不能自行安排；各级银行发放各项贷款，由总行分别核定计划指标，逐级下达，各级银行只能在指标范围内掌握贷款发放。这样，全国银行的信贷资金，不论是资金来源还是资金用途，都由中国人民银行总行统一掌控（尚明，1989，pp112－114）。

(2) 差额控制与上交存款制度——混合银行体制时期信贷资金管理方式的探索。

1978 年 12 月，十一届三中全会的召开，标志着中国进入了改革开放的新时代。会议总结中国在经济建设上的经验教训，指出我国经济管理体制的一个严重缺陷在于权力过于集中，应当有领导地大胆下放，让地方和工农业企业在国家统一计划的指导下有更多的经营管理自主权。会议认为，由于经济建设中综合平衡观念的缺乏，国民经济比例严重失调，特别是农业生产受到了极大的破坏。1979 年开始的国民经济管理体制的改革，将国民经济最薄弱的环节——农业作为突破口，推行以家庭联产承包责任制为中心的系列制度化措施。在农村改革的同时，国务院在城市进行了扩大自主权的改革。

1979 年 7 月 13 日，国务院发出《关于试行“收支挂钩，全额分成，比例包干，三年不变”财政管理办法定额通知》。1980 年 2 月 1 日，又发出了《关于实行“划分收支，分级包干”财政管理体制的通知》，确立了“划分收支，分级包干”的财政管理体制，以此调动中央和地方两方面的积极性。

农村和城市改革以及财政管理体制改革突破了严格的计划管理的界限。银行信贷必须与经济现实相适应，银行体制改革提上日程。

在最初的银行改革之中，曾经试图建立一个国家银行与专业银行并存的银行体制。这便进入了1979—1984年中国人民银行专门行使中央银行职能以前的混合银行体制时期。它与大一统银行体制的区别是，这一时期各专业银行成为独立的经济实体。1979年2月，为贯彻十一届三中全会尽快把农业搞上去的战略决策，第四次恢复中国农业银行，直属国务院领导。中国人民建设银行几经变迁，在1979年8月，改为国务院直属单位，由国家基本建设委员会和财政部代管。

专业银行由国务院决定设立，而其信贷计划、现金计划由中国人民银行统一制定。专业银行仅仅在某一特定领域活动，各家银行在业务上并不交叉。但随着经济体制改革的发展，各家银行的业务范围不断扩大。比如说，中国农业银行的业务内容就不仅限于农业信贷和国家支农资金的管理，也开始办理工商业贷款。随着乡镇企业的发展，工商业贷款的数量逐渐超过农业贷款的数量。1980年1月的银行法草案，明确了中国人民银行作为国家银行的地位，确定了中国人民银行在业务上对各专业银行的领导关系。然而，在实际运行中，各家专业银行占据一个经济领域，自成体系，中国人民银行的作用难以发挥，出现了“四龙治水，群龙无首”的局面。1982年7月，国务院批转了中国人民银行《关于人民银行的中央银行职能及其与专业银行的关系问题的请示报告》，明确了中国人民银行的中央银行职能，而关于工商信贷业务和城镇储蓄业务，仍然让中国人民银行继续办理。在实践中，中国人民银行经常陷于自身的业务活动，很难更加超脱地从全局上处理整个金融问题。在资金的分配方面，也很难恰当地处理与各专业银行的关系。在此背景之下，1983年9月国务院发布《关于中国人民银行专门行使中央银行职能的决定》，成立中国工商银行办理原来由中国人民银行承办的工商信贷储蓄业务，这标志着中国金融体制从组织上完成了中央银行制度的建立。

但是，1985年“实贷实存”的资金管理体制的确定和联行制度的改革最终在管理上确立起中央银行制度。在此之前，在信用管理制度上进行了多次探索。

首先是存贷挂钩、差额控制的资金管理办法。经过1979年的试点，1980年中国人民银行决定在省市分行和农业银行实行“统一计划，分级管理，存贷挂钩，差额控制”的信贷资金管理办法。其基本内容是，总行除对分行下达年度信贷计划外，同时下达差额控制额度。年末各分行或者必须完成最低存差计划，或者不得突破最高借差计划。在控制差额的范围内，各分行工业贷款指标和商业贷款指标可以相互调剂，节约下来的信贷资金和多吸收的存款可用于政策允许的工商业流动资金贷款。在满足流动资金和收购资金需要后，也可以发放一些中短期设备贷款。中国人民银行建立“信贷差额旬报”制度，以及时掌握和严格控制信贷差额。差额控制办法体现了多吸收存款才能多发放贷款的基本精神，改变了几十年来只注重贷款以按计划分配信贷资金的倾向。在差额控制之下，人民银行基层行和专业银行有了一些贷款指标的调剂权和扩大贷款的自主权，也就是说，有了一定的贷款灵活性。信贷差额指标的制定，从技术上取决于最高金融管理当局。但是，它的实现不取决于任何一级金融机构的主观意志，它是反映众多经济活动综合作用的结果。信贷差额是一个事先无法控制，实践中也无法控制和影响的量。这样，尽管这种信贷管理方式具有灵活性，一定程度适应了经济改革的需要，但终究因其自身的缺陷，决定了其过渡性质，必须有更加完善的制度设计。

差额控制退出历史舞台之后，便是上交存款制度的建立。1983 年 11 月，中国人民银行颁发了《1984 年人民银行和工商银行的工作安排》，规定各专业银行吸收的存款要按比例交存中国人民银行，由人民银行支配使用。1984 年交存的比例为，企业存款 20%，农村存款 25%，储蓄存款 40%。信贷计划指标的管理分为指令性指标和指导性指标。指导性计划指标是各项存款和流动资金贷款指标，它可以在存款计划内，根据经济发展需要实行多存多贷，贷款项目之间可以互相调剂。

上交存款制度的着眼点在于使中国人民银行掌握相当的资金进行信贷结构调整。它与差额控制办法相比最大的优点是，使专业银行的信贷差额成为中央银行可以影响的变量。在差额控制办法中，专业银行的信贷差额是由各项存贷款业务自然形成的。在上交存款制度下，信贷差额的一部分，决定于上交存款的额度。中央银行在不改变差额计划的情况下，通过调整上交存款的比例，就能影响专业银行的贷款能力。从资金管理角度看，上交存款制度仍然有许多不完善的地方。上交存款比例过大，当社会信贷规模资金的 40%—50%都由中央银行来提供时，中央银行势必致力于贷款的调配，不利于中央银行集中精力进行宏观调控，与中国人民银行行使中央银行职能的初衷相悖。

(3)“实贷实存”与中央银行体制下的信贷计划管理。

上交存款制度是中国人民银行专门行使中央银行职能之后的一个过渡办法。它没有解决中央银行的控制问题，中央银行与各专业银行的资金在联行上尚未分开。经过一年的准备，中国人民银行推出几项相互配套的制度，最终完成了从管理上中国人民银行作为完全纯粹的中央银行的设立工作。所推出的制度有《信贷资金管理试行办法》、《关于改革全国银行联行制度的实施办法》、《中国人民银行系统信贷资金管理的暂行规定》，等等。而信贷资金管理办法是这一系列制度的核心，其他规定都是为了保证它的实施而制定的。

《信贷资金管理试行办法》的核心内容是，中国人民银行对各专业银行（包括中国国际信托投资公司）的人民币资金实行“统一计划，划分资金，实贷实存，相互融通”的管理办法。所谓“实贷实存”，是指中国人民银行对专业银行的资金往来，改变计划指标层层下达的管理办法，实行上贷下存的实贷实存办法。也就是说，中国人民银行省级分行在中国人民银行总行下达的借款额度内，一次或分次借给专业银行省级分行，由它们再分配给所属行处，转入在中国人民银行开立的存款户中专用，存款户中没有钱不能透支①（尚明，1989，p. 258）。由此，中国人民银行规定，专业银行省级分行在当地人民银行开设存款户、贷款户和临时贷款账户，专业银行分行以下各行处只在人民银行开立存款户。专业银行资金有余时，由分行统一归还贷款。

实行“实贷实存”，各家专业银行划分资金，自主经营，这是信贷资金管理制度的一次重大改革。它改变了过去有计划就有资金，不管是否组织到资金都可以按计划指标发放贷款的状况，迫使各级专业银行必须注重自身的经营业绩和信贷资金的使用效益，初步解决了信贷资金“供给制”和“大锅饭”的问题。这对于将专业银行办成真正的经济实体，加强中央银行的宏观调控提供了制度化保证，对于宏观控制和微观搞活具有双重的积极效应。

但是，这个阶段中国人民银行仍然保留了直接发放贷款的权力。比如说，对于国家特殊需要在计划外安排的固定资产贷款业务归人民银行，所需资金由中国人民银行总行统一安排，根据专业银行的业务分工，分别分配或委托有关专业银行总行，或者通过人民银行分行委托专业银行分行发放。对 14 个对外开放的沿海港口城市，由人民银行总行安排适度的开发性低息贷款，通过人民银行分行委托当地有关专业银行发放。中国人民银行还根据少数民族经济不发达地区的需要，安排一定数量的发展少数民族经济专项贷款，由中国人民银行分行委托有关专业银行发放。

与仅仅对专业银行外部资金进行管理的差额控制管理办法不同，“实贷实存”的信用资金管理办法是对包括内部资金和外部资金在内的全部资金进行管理。差额控制只是信贷资金中外部资金的差额，而这是一个统计数字，在银行管理过程之中，银行所能控制的只是银行账务上的数字。而人民银行与专业银行往来户的数字是外部资金运动和银行内部资金运动综合作用的结果，中国人民银行难以掌握专业银行的借款是否超过限额，宏观调控难以进行。1985 年的信贷资金管理办法改变了这种局面，从管理上完成了中央银行的设立。第一，中国人民银行规定，专业银行的相互代理业务改为自营业务，取消相互轧算代理业务差额的办法，哪家银行办理业务，就由哪家银行拿钱。这样，各家专业银行业务范围扩大，经营上业务交叉，出现专业银行向商业银行发展的趋向。第二，1985 年 4 月 1 日，全国联行制度改为“自成联行系统，跨行直接通汇，相互发报移卡，及时清算资金”的新办法。中国人民银行和各专业银行建立各自独立的联行系统，专业银行真正成为中央银行的一个客户。专业银行与中国人民银行的往来和专业银行通过人民银行调动资金都需先拿钱后汇款。第三，专业银行与人民银行往来时，存与贷分户，增加了中央银行调控的清晰度。

---

① 尚明、吴晓灵、罗兰波所著《银行信用管理与货币供应》一书（北京，中国人民大学出版社，1992）对“实贷实存”的说明语焉不详。

“实存实贷”信贷资金管理体制，标志着我国银行信贷制度从直接控制向间接控制转化，从单一的行政控制向兼顾市场规律转化。专业银行“企业化”的特征由此逐渐增强（肖舟，2008，pp. 87－89）。原来的纵向计划管理已经发生了明显的变化。

1985年的信贷资金管理办法，使得中国人民银行真正成为完全意义上的中央银行，进而建立起中央银行体制下的信贷资金计划体系和管理体制。

由于众多的专业银行的存在，为了适应经济改革的需要必须赋予它们以信贷自主权，中国人民银行改变大一统体制下以单一的指标管理实施国家信贷计划的传统，将国家信贷计划分解为中国人民银行的资金计划和各专业银行的信贷计划。中国人民银行通过资金计划的贯彻实施来影响专业银行的信贷计划，保证国家信贷计划的实现。

1985—1989年，中国人民银行对专业银行的信贷计划管理经历了从审批信贷平衡表到仅仅核批最高贷款限额的过程。1985年发布的信贷资金管理办法规定，中国人民银行总行根据国务院批准的国家综合信贷计划核定各专业银行总行的年度信贷资金收支计划，包括分项信贷收支计划和向人民银行的借款计划。

在这种信用资金管理体制之下，专业银行经营自主权的扩大有了制度上的保障，贷款有了灵活性，可以多存多贷。但在“点贷”推行之前，各年有松紧的不同。1985年和1986年，中国人民银行审批的是专业银行的信贷计划平衡表。1985年“实贷实存”以省分行为单位，但由于1984年的信贷失控，国务院采取财政、银行双紧的方针，对专业银行进行贷款规模限制，规模之外多存也不得多贷。1986年真正实现了多存多贷，不少省份进行了“实贷实存”下放到地市一级的试点。

从1987年开始，“实贷实存”基本上下放到地市行一级，省行保留一定的调剂权。1987年和1988年，人民银行审批的专业银行信贷计划是不平衡的计划。贷款计划大于存款计划，差额以向人民银行的借款计划充抵一部分，其余部分让专业银行到市场上筹措。这两年间，只是在第四季度国务院下决心紧缩时，中国人民银行才对专业银行的贷款规模进行严格的控制。在前三个季度里，并无针对专业银行的贷款限额（尚明、吴晓灵、罗兰波、1992，pp. 208－250）。

1989年，中国人民银行对专业银行下达指令性的贷款限额，对贷款规模开始实行“按季监控、按月考核”的办法，并收回了人民银行分行可以用于自行安排中央银行贷款的存款资金来源，将中央银行贷款限额集中于人民银行总行管理。从信贷资金管理上，配合针对经济过热的治理整顿。正是在治理中，出现滞胀迹象时，才推出“点贷”，以突破僵局。

18.3 点贷的真相

在治理通货膨胀的背景下，加上国民经济遇到市场疲软，产品积压，债务拖欠等诸多矛盾的困扰，为尽快摆脱困境，国家在其他政策措施难以出台或奏效的情况下，加强对金融政策的利用，试图通过松动货币信贷闸门启动经济，国家通过银行向国民经济注入四次启动资金，最主要的是重点专项短期贷款（以下简称“点贷”）启动，1989 年由中国人民银行拿出启动贷款 280 亿元，对全国 234 户大中型企业进行点贷启动。这是点贷这一事件的初始。“点贷”由于期限短，金额小，一般用于解决急需的、短期的资金需要，以启动生产，起到注入一点、解开一片的作用。

(1)“点贷”的特点。

首先，点贷具有定投向、定规模、定期限的特点。定投向是指点贷资金只能用于人民银行确定的重点企业的重点项目，不能挪作他用。点贷的规模也是事先确定的，一般具有规模大的特点，主要用于解决企业生产经营过程中的流动性不足，周转不畅，帮助企业解开资金的紧张局面。定期限主要是指点贷资金有严格的归还期限，一般为三个月，最长半年，不能随意延长，具有行政性的硬的归还限制。

其次，在操作上，点贷就是对部分企业所需的资金实行“戴帽下达”，定项使用。当时一般的操作办法是，人民银行在年度内，根据不同时期的重点需求临时安排，分配渠道是先由人民银行总行在系统内逐级下达，再由基层人民银行通过专业银行投放到企业，资金来源主要是人民银行的短期贷款。点贷资金一般是随着上级行（总行、省、地分行）对部分大中型国营企业和地方骨干企业的贷款通知单一次性下达到基层行处，同时通知到有关企业。这样，不管上级行所指定的企业是否要求贷款，能否贷款，基层行处都得见“单”放款。不论是放款，还是收款，基层银行都只是执行。

(2)“点贷”执行过程中的扭曲。

首先，贷款项目的扭曲。点贷的本意是保证重点企业和重点项目，但是这个重点的确定，决定权只在人民银行。专业银行和地方政府可以上报重点企业和项目名单，最后由人民银行根据国家的产业倾斜政策和具体情况确定。因此，自下而上的上报和自上而下的下达，这样的流程在信息传递过程中就很容易失真，很难保证点贷的企业和项目能真正实现打开和启动经济的目的。在 1989 年的经济形势下，资金是异常紧张的稀缺资源。争取到“点贷”队伍中来，分得这块“点贷”资金蛋糕，是当时大部分企业和政府的目的。在这种情况下，有些企业专门设立了公关部，招聘公关人员，跑政府、跑主管部门、跑银行，对政府、银行实施公关，不择手段，编织关系网，千方百计要求上级政府给予贷款。在要贷款的过程中，不少企业总结出了不少经验和诀窍。他们认为，要贷款的诀窍主要有二：一是拉关系找上级银行点贷，只要是点贷项目，不给也得给；二是建设胡须工程，作为继续要求借款的借口，民间常说会哭的孩子有奶吃，贷款建的半拉子工程搁在那儿，银行不能不扶持，反正投下的资金都是银行的钱，项目一天建不成，投下去的贷款就一天不见效。在实施过程中，点贷项目很多违背了初衷，据统计，1989 年的 280 亿元点贷资金有 60%～70%变成了企业的积压和库存。

其次，期限的扭曲。点贷资金一般是解决企业短期资金急需，期限较短，一般是三个月，最长半年，到期必须收回。但是点贷资金的钱一投下去，很多被挪作他用，有的直接投入了固定资产的建设项目，三个月到半年的时间是很难收回的。实际操作中，部分企业由于种种原因不能按时归还，但由于点贷资金收回后可继续周转使用，点贷资金主管行为了支持生产，在贷款到期未收回时采取指标掉期、虚还虚贷的办法，另行安排下达。这种开“空头支票”的做法循环往复，不可避免地出现了点贷资金指标虚涨，基层行和企业徒有其名的现象。而且点贷的资金审批期限也比较长，一笔点贷，从企业提出申请，到上级行下达贷款计划，其间要经历许多环节，时间至少要两三个月，并且还要企业、主管部门以至当地政府领导上下融通，耗费大量的人力物力。例如，当时被列为重点的江西磷肥厂，从 1989 年 6 月起就向上申请点贷，到 9 月初贷款计划才得以落实，而贷款入账又拖至 9 月 20 日，历时三个多月，这在当时都是很常见的现象。

再次，地方政府的干预。在财政分权之后，地方政府对本地的经济增长和企业非常关注，常利用行政手段对金融机构进行干预，保护本地企业。对信贷资金的干预，也是经常为之。在对中央管辖企业实行点贷启动的同时，地方也要求银行对省辖、地辖甚至是县辖企业投放点贷资金。有的地方政府还采取行政手段，要求基层银行一边对企业投放上级行下拨的点贷资金，一边抽回这些企业原已取得的同额贷款，以便腾出资金支持地方企业的发展。这种矛盾碰撞的结果，往往是银行服从政府，使有限的信贷增量在层层“撒胡椒面”式的“点贷”中到处分流，导致资金越“倾”越“斜”，产业结构越调越失衡。有的甚至以个人权力和名义对银行“点贷”。一些人不深入基层，不深入企业，而是热衷于轰轰烈烈的现场办公会议，给银行施加压力，迫使银行发放无效益的贷款，破坏了银行的自主经营原则。这种现象是将“点贷”中“点”所要求的“重点”内涵，曲解为“乱点鸳鸯”的“点”的恣意妄为和个人意志。

点贷下到地方后，地方政府考虑到各方利益，把部分资金层层切块，分到各区、县，各区、县政府又撒胡椒面似地发放到一些认为该扶植的集体企业。由于资金分散，每个企业一两万元金额不等，难以发挥点贷资金启动生产的实效。更有的把点贷看做国家救济金，用于困难企业职工发放工资和生活补贴，完全偏离了点贷资金的使用原则。① 难以达到“银行保供应，企业保效益；上级保投入，下级保偿

---

① 关于“点贷”扭曲的乱象，参见反映各地情形的文章，诸如徐辉平：《对点贷的思考》，载《金融与经济》，1990，(2)；柳西林、刘清泉：《点贷：银行信贷管理的误区》，载《金融管理科学》，1995 (3)；陈万和：《试论“点贷”的负效应》，载《上海金融》，1990 (9)；赵智勇、雷鸣：《试论“资金点贷”》载《中国城市金融》，1990 (1)；张锡光：《服务经济调整 改进“点贷”管理》，《西南金融》，1990 (8)；周泽民：《关于投放“启动资金”的几个问题》，载《财贸经济》，1990 (8)；杨揆一、杨涛：《进一步提高“点贷”资金的启动效应》，载《西南金融》，1990 (4)，等等。

还”的目标。

(3) 案例。

我们重新看一下当时乐山市的点贷资金运行情况，来加深我们对点贷这一事件的理解。当时对乐山市 13 户重点国营工业生产企业跟踪调查，截至 1989 年末，点贷资金余额累计为 8 006 万元，占省行下达的全市工业点贷余额的 78.2%；还款期大多集中在 1990 年二三月份。企业普遍反映到期不能如数归还，要求申请展期继续使用。造成这种状况的原因主要是：首先，点贷资金在货款使用期限上未实行区别对待的原则，某些行业短期周转不过来。如乐山冶金机械轧辊厂、亚西机器厂、眉山车辆厂等机械制造行业，从备料到出产品，周期短则 3～5 个月，长则 7～8 个月，嘉乐造纸厂、乐山丝绸厂等季节性收购、储备的行业，资金需要往往一次到位，集中使用。期限在 2～3 个月的“点贷”显然不能满足其周转的需要。还款期限脱离了企业生产周转需要的实际，专业银行又不完全承担周转调剂、到期归还的责任，企业在贷款到期时只好申请展期。

其次，点贷资金成为企业铺底流动资金，失去了其短期周转使用的效应。由于受长时期以来形成的银行包流动资金的观念的影响，部分企业新上项目、扩大再生产所需增补的流动资金都作为硬缺口留给银行。适逢国家治理整顿、紧缩银根，专业银行控制贷款规模，不可能对这部分企业新增贷款，以致不少点贷资金填补了这个缺口。如建川机器厂新上电冰箱压缩机生产线，维持正常生产的流动资金需要为 2000 万元左右，因为无来源，到 1989 年底占用点贷资金 1 946 万元；大渡河钢铁厂、峨眉山盐化工业（集团）公司等企业新上项目在扩建改造增加生产能力以后，长期未解决流动资金问题，同样也占用了部分点贷资金。

再次，企业年度借款增加额中主要由人民银行点贷资金构成，加大了点贷”逾期可能。以 13 户企业为例，1989 年末流动资金贷款余额比年初增加 8 955 万元，其中点贷资金 8 006 万元，占 89.4%。乐山市国营工业贷款比年初增加 12 517 万元，省行下达的工业“点贷”为 10 236 万元，占 81.8%。可见，企业贷款到期不能如数归还，点贷资金首当其冲，受影响最大（罗宗明、李开治，1990）。

(4)“点贷”的变体。

在“点贷”作为中央银行直接干预商业性贷款的方面，它还有其他的表现形式，在改革开放以来的信用资金管理实践中，出现了一些变体。

中央银行的融资协调制度

中央银行的融资协调制度，是指中国人民银行通过对一些国家重点项目、重点企业、重点产业的资金问题进行处理和协调，以引导信贷资金合理流动和科学配置的方式。在经济转轨时期，这项制度在支持国有大中型企业改革、大型企业集团的战略改组，以及国家重点建设项目等方面，发挥了重要作用。十五大后，随着商业银行经营体制和社会投融资制度的改革，中央银行的融资协调制度已经逐步退出历史舞台。

融资协调包括对国有大型重点企业的拯救和改造，也就是对少数关系国计民生和有市场发展前景但处于暂时困难的国有大型企业，与有关部门综合运用财政、税收、信贷等手段进行改造和拯救。中央银行在掌握其生产经营状况的基础上，在利率和贷款偿还方面予以协调，对部分效益好的产品实行贷款的封闭运行，即所谓的“封闭贷款”，加强对企业的财务监督。

专项贷款

专项贷款，也就是商业银行发放的由国家指定专门用途的贷款。专项贷款是计划经济的产物，具有较强的行政色彩。它不符合商业银行自主经营的基本精神，而且资产质量差，在一定程度上影响了商业银行经营的自主权。1999 年，《中华人民共和国商业银行法》规定，商业银行依法开展业务，不受任何单位和个人的干涉。中国人民银行请示国务院，决定国有独资商业银行以后不再办理政策性贷款，原则上不再保留“专项贷款”形式，对个别近期难以取消确实需要重点支持的贷款，执行到 2000 年 12 月 31 日止。

18.4 “点贷”的功效及命运

1989 年开始点贷政策，对于保证在国民经济中起支撑作用的重点骨干企业的资金需求，使整个国民经济能保持适当合理的增长速度起了积极的作用。但由于市场疲软、企业产成品积压、生产资料价格涨势仍然较大，以及企业相互拖欠依然严重等因素的影响，“点贷”资金到期归还的可能性日趋减少，有被企业长期占用的趋势。事实证明，企业经营上的问题解决不了，“点贷”就失去了应有的作用。结果只能是边生产，边积压，边销售，边拖欠。投放的巨额点贷资金约有 80%以上变成了积压产品或转化成了企业间长期的债务链条。以内江市工商银行营业部为例，一、二批点贷共1 400万元，从企业类别看，一类企业 1 015 万元，占 72.5%，二类企业 385 万元，占 27.5%。从资金使用情况看，用于定额资金（商品资金）1 003万元，占 72%，其他占用达 397 万元，占 28%。从还款时间看，提前归还 1 户 200 万元，占点贷 14%，按期归还 7 户 360 万元，占点贷 26%，逾期或部分逾期 4 户 840 万元，占点贷 60%（陈兰，1989）。人民银行对“点贷”资金的掌握和使用已陷入“两难”境地。一方面若到期足额收回，对大部分重点骨干企业来说，无异于釜底抽薪，生产经营活动势必陷入困境，对整个国民经济会产生较大震荡，也违背了用“点贷”来保证重点的初衷。另一方面，如果不能大部分收回，银行又面临小春备耕的资金供给以及粮油收购资金的早筹措早安排的实际困难，“点贷”短期周转使用的效应也必然会随之弱化甚至完全丧失。但是，由于国有企业资金持续紧张，经营滑坡的现象一直得不到根本改善，人民银行只能在不断的试错中，继续推行“点贷”这种行政主导的信用资金管理方式，以期实现保重点以启动经济的目标。

1990—1994年银行改革之前，点贷变为银行比较常见的一种贷款管理方式。专业银行的上级信贷部门在下达信贷计划时，切出一块规模，指定贷款企业、贷款项目及金额，集中使用信贷资金，保证重点项目，以提高资金的使用效益。而且在特定的时候和地方，点贷的比重上升，例如当时的兴安盟工商银行统计，1991年以后，下达到旗县支行的点贷比重，每年以10个百分点的速度上升，点贷比重到1993年11月，已达到90%以上。还有以前有人民银行“点贷”逐步演变为分级点贷，总行、分行、市行层层点贷，形成了三级点贷、一级经营的局面。而且，单笔点贷的规模也在缩小，从最早的数百万元计，到后来的数十万元，甚至到地方，很多几万元的点贷项目。点贷成了当时国家信贷工作中的常见行为，但是其意义和影响已经与最初的目的相距甚远。

从点贷的功能来看，负面效应明显。首先，启动效应有限，有违初衷，信贷“倾斜”政策是利用信贷资金的重点投入，以支持产品结构的调整，达到促进市场走出疲软境地的目的。投放的“倾斜”资金由于缺乏正确的导向，致使信贷资金并没有从根本上改变市场结构的基本矛盾，没有改变产业结构和产品结构严重不适应消费需求结构的事实，而只是使社会生产按原有甚至是扩大了对社会即期需求的规模进行，致使商品供求脱节，并影响到流通渠道，进而逆向传导，使相当数量的产成品淤积在生产环节。据1990年工商银行对全国4万户工商企业的调查，大约有65%的银行新增贷款不能正常周转流通，而被占压。

其次，点贷扭曲了信贷管理机制，违背信贷正常秩序，使资金运用与管理脱节。点贷的确定，贷给谁、贷多少、期限长短，完全是政府和上级行的事，基层银行往往处于被动地位，对贷款调查、审查、发放行使不了自主权。政府有关部门给企业批贷款很积极，而问题贷款能否收回、效益如何等。点贷最终形成上级行管贷出，企业管使用，基层行管收回。而负责收回贷款的基层行则认为，反正贷款不是自己放的，谁“点”谁负责收，使“点贷”资金在贷与管、贷与收上形成矛盾。权责脱节使基层行和上级行均无压力、无动力，不利于调动基层银行的积极性，也扭曲了银行与企业、上级行与下级行的关系。贷款的审批发放，长期以来形成了一套严格的管理制度，其操作也十分规范。但是“点贷”则打破了这一规范。企业要贷款不是向开户行提出申请，而是找政府，找上级行，形成“跑步（部）前（钱）进”的局面。从点贷实际情况看，尽管每批资金均提出其主要用途，但仍未摆脱人为定调的束缚，造成“会哭的孩子有奶吃”的局面。点贷到底如何掌握，省、地行如何调控，没有一个可遵循的准则和数量界限。因此，因为点贷的透明度及其他问题，使得贷款的程序化、规范化受到很大影响。

再次，助长企业依赖思想，形成“点贷—半拉子工程—再点贷—再建半拉子工程”的恶性循环。点贷对于大中型企业的资金注入，如同给病人“输血”，但能否摆脱困境，恢复机能，关键在于自身。如果“点贷”对象真正把启动资金用在刀刃上，那么就能起到搞活企业、走出困境的作用。反之，不能正确对待点贷，不挖掘内部潜力，单纯依靠银行的频繁“点贷”，则会把启动资金用到不合理占用上。企业拿到点贷的资金，兴建项目，产生不良贷款，造成逾期、呆滞、呆账贷款上升，成为使资产质量下降的主要原因之一。

上级点贷部门并不一定能完全了解企业的生产和经营情况。找贷款争资金是企业和地方政府部门的热门话题。贷款到期后，一张张催收通知单常常无效，形成了大量的不良贷款。

点贷的操作方式还容易滋生腐败。点贷的资金投向谁，投向多少，都是上级说了算，但是上级不可能完全掌握企业的情况，因此，在重点企业重点项目上报的过程中，就容易滋生腐败。有的企业不在调整产品结构、盘活资金存量上下工夫，而是通过各种渠道上京进省，采取夸大资金困难程度甚至请客送礼等不正当手段取得“点贷”指标。结果是“会哭的孩子有奶吃”，善拉关系的企业贷款要的多。点贷不仅仅在上级机关引发腐败，甚至在基层单位也是腐败症的诱因。上级能点，下级便时有推诿拖沓现象发生。面对基层的推诿拖沓，企业自然还需要千方百计打通关节，于是腐败症便在基层单位滋生蔓延起来。

“点贷”是在1989年秋实施了极其严峻的紧缩政策，经济陷入极度疲软的情况下，用以“启动”经济的特别措施，但却是“启而不动”，试图据此驱使处境最为困难的国有经济走出过冷的境地，无果而终。货币通过“点贷”方式首先进入国有经济，但却没有形成对大中型国有企业主要产品的强劲需求，片面地从信贷资金和货币政策着眼，难以达到宏观管理的目标（黄达，1997，pp.165－166，pp.221－226）。

18.5 总结

从点贷的背景、实施及演变过程可以看到，点贷这种以行政力量实行的以完成国家某种意志的定规模、定投向、定期限的贷款方式，是一种典型的转型经济的直接金融控制手段，虽然逐渐减弱，但依然以变化的形式继续存在。根据麦金农和肖的金融抑制与金融发展理论（麦金农，1997；肖，1998），发展中国家在工业化起步之初，储蓄不足导致的资金瓶颈制约投资扩张和技术进步，从而成为妨碍经济增长的关键因素。为了打破资本积累不足造成的诺克斯所说的“贫困的恶性循环”（纳克斯，1986），多数发展中国家先后采用了金融抑制政策，即以金融管制代替金融市场机制，以低利率、政策性贷款、财政投资等方式为工业部门融通资金。这种政策从长期来看会抑制经济增长。我国在20世纪90年代前后实行的点贷政策正是在国有企业面临资金紧张的情况下，为了实现国家的产业政策而实行的重点向国有大中型企业倾斜的指令性戴帽贷款，并不是市场化或商业化的行为，其结果虽然产生了一定作用，但更主要的是影响了正常的信贷流程，并恶化了国有企业的情况，造成了大量的不良贷款。它给经济发展带来了负面影响，符合金融抑制对经济发展影响作用的结论。针对发展中国家的金融抑制，麦金农和肖在1973年提出了金融深化理论，该理论认为，政府放弃对金融市场和金融体系的过度干预，放松对利率和汇率的严格管制，使利率和汇率成为反映资金供求和外汇供求对比变化的信号，从而有利于增加储蓄和投资，促进经济增长。此时金融业能够有效地动员和配置社会资金促进经济发展，而经济的蓬勃发展加大了金融需求并刺激金融业发展时，金融和经济发展就可以形成一种互相促进和互相推动的良性循环状态，这种状态即金融深化。但是，金融深化政策是以瓦尔拉斯均衡市场条件为假设前提的，在发展中国家这些条件很少具备，而且，在金融自由化改革过程中往往存在矫枉过正，在给一些发展中国家带来一定程度的经济增长的同时，又加深了其固有的金融风险。20世纪80年代起拉美国家一系列债务危机和90年代后期亚洲金融危机促使人们对金融抑制政策进行了反思。麦金农1991年提出了经济市场化的条件和次序；帕克则认为，金融抑制并不妨碍经济增长，但是没有确切证据表明金融抑制可以促进经济增长。由此，似乎可以认为金融抑制不能促进经济增长。不过，赫尔曼等人基于东亚奇迹提出的“金融约束论”无疑为理论研究提供了一个崭新的视角。该理论认为，由于经济中存在着信息不对称使得即使在瓦尔拉斯均衡市场条件下，资金也难以被有效配置，所以，政府的适当干预有利于经济增长。

顺着这个思路，再深入一个层次，我们可以看到这实质是在如何实现资源的有效配置中，市场与政府的关系问题。作为资源配置的两种机制，自现代经济学诞生之日起，理论界对市场与政府关系的探究就没有停止过。总体来说，可以分为三个阶段。第一阶段，以亚当·斯密为代表的古典经济学家认为自由的市场和人们自利的经济行为可以最好地实现社会资源配置的最优化，并能促进社会整体福利最大，主张“自由放任”的经济政策，让市场这只“看不见的手”自由调节经济的运行，政府对市场的干预只能造成经济的低效。相应地，政府的职能作用应仅仅限于行政、司法及建设维持必要的公共工程设施，扮演“守夜人”的角色，政府介入经济越少越好。第二阶段是以1929—1933年间爆发的资本主义经济大危机，彻底宣告古典学派“自由放任”政策的破产为标志的。自由市场在进行资源配置的过程中存在的市场失灵使得凯恩斯的国家干预主义应运而生，并发展成为理论研究的主流。凯恩斯批判完全的自由放任，认为政府“看得见的手”应该发挥更大的作用。国家通过经济政策的制定积极干预市场运行，扩大有效需求以推动经济增长，平抑经济危机。第三阶段以20世纪70年代后期西方经济出现的“滞胀”现象为标志。凯恩斯理论陷入了困境，国家干预主义难以对这一现象提出合理解释，其政策主张也显得无能为力。在这样的背景下，主张修复“看不见的手”，加强市场作用、减少政府干预的呼声日渐高涨。货币学派、公共选择学派等众多学派，从政治、经济角度抨击凯恩斯国家干预主义，认为由于政府失灵的存在使得政府对市场的过度干预不仅不能弥补市场失灵，反而会使经济运行状况更加糟糕。但同时他们又认识到，由于市场失灵的存在，政府干预经济有一定的必然性，要后退到过去那种对经济完全“自由放任”的状态是不现实的，因此，他们主张政府对经济进行一定的干预，但政府的经济职能范围应有所缩小。

市场与政府关系的争论是围绕着“失灵”问题展开的。市场的失灵从经济学的意义是指现实市场经济很难达到满足条件的帕累托最优状态，这种情况下，就出现了市场失灵。通常来讲，垄断、外部性、公共产品提供都是常见的市场失灵。从广义上来讲，资源配置失效、分配不公以及宏观经济不稳定都可以视为市场失灵的表现。点贷这种政府手段之所以可以实施，除了当时主要还处于转型时期的特点外，也和市场方式达不到当时国家产业政策倾斜的目的，以及解决国有大中型企业的困境有关。而对政府失灵的研究远没有对市场失灵的研究深入和成熟，部分原因可能在于并不存在一种像帕累托效率一样的标准对政府的运行及其效率进行衡量。一般认为，政府失灵主要是指政府干预经济活动达不到预期目标，或者即使政府干预经济活动达到了预期目标，但是成本高昂，造成大量的社会资源浪费，以及虽然政府干预活动达到了预期目标，效率也较高，但却带来了一些其他负面效应。从点贷来看，很符合政府失灵的判断。点贷在实施过程中出现大量的不良贷款，重要原因是政府并不能很好地确定点贷项目，以及点贷中出现大量的变相操作和腐败问题。这是政府失灵的主要表现。

正是由于资源配置中出现的市场失灵，才使得政府有必要干预市场运行。同样，由于政府失灵的存在，使得准确界定市场和政府的关系，在二者之间做出合理的选择，显得尤为重要。也就是说，如何在市场和政府之间做出恰当的权衡选择的问题。市场与非市场之间的选择并不是一种“纯”的选择，而是一种量度的选择。选择越倾向于非市场，其体制就会面临更多导致市场缺陷的危险，从有效的经济运行来看，经验证明非市场缺陷要比市场缺陷严重得多，市场体制比非市场体制运转得好。因此，在我国的金融体制改革和信贷制度改革上，逐步采取了市场化的手段，建立健全现代化的银行机制，强调贷款的风险管理，运用市场方式和政府指导的方式来实现产业政策和企业改革。但是市场和政府手段的结合还需要长期探索。

“点贷”的启而不动，也为青木昌彦的比较制度分析理论提供了注释。单纯地从货币信贷着眼，而不从影响市场疲软的企业和消费者行为进行制度的改进，启而不动就不足为奇了（黄达，2005，pp777－778）。一个单项的制度要发挥作用，必须有相应制度的配合，这就是“制度耦合”与“制度互补”（青木昌彦，2001，pp. 210－233）。

参考文献

黄达．黄达文集．北京：中国人民大学出版社，2005

黄达．宏观调控与货币供给．北京：中国人民大学出版社，1997

尚明，吴晓灵，罗兰波．银行信用管理与货币供应．北京：中国人民大学出版社，1992

尚明主编．当代中国的金融事业．北京：中国社会科学出版社，1989

肖舟．中国工商银行信贷制度变迁研究．北京：科学出版社，2008

青木昌彦．比较制度分析．上海：上海远东出版社，2001

麦金农．经济发展中的货币与资本．上海：上海人民出版社，1997

爱德华·肖．经济发展中的金融深化．上海：上海三联书店，1988

罗格纳·纳克斯．不发达国家的资本形成．北京：商务印书馆，1986

方向东．1988—1991年治理整顿回顾及对未来经济运行的展望．经济理论与经济管理，1991（6）。

周泽民．关于投放“启动资金”的几个问题．财贸经济，1990（8）

赵智勇，雷鸣．试论“资金点贷”．中国城市金融，1990（1）

徐辉平．对点贷的思考．金融与经济，1990（2）

柳西林，刘清泉．点贷：银行信贷管理的误区．金融管理科学，1995（3）

陈万和．试论“点贷”的负效应．上海金融，1990（9）

陈兰．“点贷”资金管理中的问题及解决途径．西南金融，1989（11）

罗宗明，李开治．“点贷”资金管理亟待完善．西南金融，1990（4）

张锡光．服务经济调整，改进“点贷”管理．西南金融，1990（8）

杨撰一，杨涛．进一步提高“点贷”资金的启动效应．西南金融，1990（4）

第 19 章

税费改革①

Tax and Fee Reforms

【摘要】税费改革是20世纪90年代末以来我国为整顿收费秩序、完善政府收入体系、理顺政府与市场以及政府间财政分配关系而采取的一项重大变革。它的实施与推进有着深刻的现实背景和体制动因，是我国经济体制改革特别是财税体制改革不断深化的历史必然。它始于"三乱"治理，并在交通和车辆税费特别是农村税费改革方面取得了较大进展，目前仍处在一个不断渐进深化的进程中。税费改革的不断深化对于优化我国政府治理结构，完善政府激励与约束机制，规范政府行为具有深远的影响。但另一方面，也要充分认识到收费这一重要的政府收入形式对于提高公共服务和资源配置效率方面具有重要作用，在改革中应避免矫枉过正，更为重要的是应与行政管理体制和政府间财政收支责任安排的优化调整统筹兼顾，协调推进。

【关键词】税费改革　财政收入体系　政府治理

Abstract: Since the late 1990s, the tax and fee reforms have been an important mean to improve the government revenues system and a fundamental aspect of transition to a market economy in China. The tax and fee reforms have make substantial efforts in cleaning up illegal charges, funds and contributions levied on firms and households, in particular reducing and remitting agricultural tax and introducing the fuel duty, which are important for optimizing governance structure as well as improving the incentive and constraint mechanism of political offices. However, fee has also special role in increasing the efficiency of delivery of government services and resource allocation, and hence we should not neglect this important

① 本章撰稿人：贾俊雪。

form of government revenue. More importantly, the tax and fee reforms must keep in accordance with administration and fiscal system reforms.

Key words: tax and fee reforms, government revenues system, government governance

税费改革是20世纪90年代末以来我国为整顿收费秩序、完善政府收入体系而采取的一项重大改革。

19.1 内涵释义

20世纪90年代末期，伴随着财税体制改革的逐步深化，我国实行了大规模的税费改革。这次改革是在对政府收费进行清理整顿的基础上，用相应税收取代一些具有税收特征的收费项目，通过深化财税体制改革，逐步建立适应社会主义市场经济发展要求的以税收为主、少量必要收费为辅的政府收入分配体系，规范政府参与收入分配的行为，维护市场秩序（谢旭人，2008）。

不过需要指出的，在改革伊始，国内学术界对于税费改革的提法还存在着较大争议。最初，无论是相关政府部门还是学术界，大都将这次改革称为“费改税”。但正如郭庆旺、赵志耘（1999）指出，大多数收费不可能改为税，因为这两种收入形式的性质不同。而且，从现实性来看，“费改税”不可行，也解决不了根本问题，反而有可能出现更多的难题。因此，我国税费改革的问题不是将费改为税，而是从过去只关注税制改革转变到在进一步完善税制的同时，清理和整顿收费归属、收费范围、收费项目和收费标准，完善收费体系，整顿收费秩序——属于税收制度完善之外的另一种收入制度的改革和完善问题（郭庆旺、赵志耘，1999）。

我国税费改革按照总体规划、分步实施的原则稳步推进，总体上可以划分为三个阶段。第一阶段是对当时的“乱收费、乱摊派、乱集资”的“三乱”之风进行了全面治理整顿，初步建立起较为规范的收费管理制度。第二阶段则主要针对问题较为严重、影响较大的领域率先进行税费改革，包括农村税费改革以及以燃油税改革为核心的交通和车辆税费改革。最后，在不断积累经验的基础上，针对一些利益关系复杂、问题积累较深的领域逐步推行税费改革。由此可见，我国的税费改革是一个漫长的过程，目前仍处在一个渐进深化的进程中。税费改革是我国财政收入体系的一次重大变革，体现了我国社会主义市场经济建立以及逐步完善的内在要求，对于规范财政分配秩序、健全政府收入体系、促进政府职能转变、减轻社会经济负担、更好地实现我国经济健康有序发展具有深远的影响。

19.2 改革背景

我国大规模的税费改革始于 20 世纪 90 年代末期，它的实施与推进有着深刻的现实背景——“三乱”即“乱收费、乱摊派、乱集资”之风盛行。20 世纪 80 年代初期至 20 世纪 90 年代末，“三乱”之风盛行是中国经济在特定时期内的一个非常瞩目、非常独特的现象，有着深刻的制度变迁背景，是与我国经济体制改革特别是财税管理体制改革及其对中央政府与地方政府行为的深刻影响密不可分的。

事实上，20 世纪 80 年代初期，我国政府的收费项目和资金规模都非常有限——全国仅有一些农业税附加、养路费和中小学杂费等收费项目，年收费金额不过 100 亿元。随着以“放权让利”为核心内容的中国经济体制改革的逐步深入，国家财政收支矛盾变得越来越突出：一方面，以“利改税”为核心的向企业的“放权让利”，以及以“财政包干制”改革为核心的中央政府向地方政府的“放权让利”，直接导致国家财政收入特别是中央财政收入大幅持续下降。另一方面，这一时期的中国经济正处于计划与市场双重体制并存的阶段，政府不仅承担着宏观调控以及促进经济发展的重要职责，同时还要承担着大量计划经济体制下的职责、市场化改革带来的巨额成本以及大量的历史欠账。这些都导致我国政府特别是中央政府面临着巨大的支出压力。在税收收入难以大幅增加的情况下，为了有效化解财政收支的巨大矛盾，中央政府不得不开始另辟“财路”，将目光更多地转向收费和政府性基金等其他收入形式上。

1980 年 1 月，中共中央和国务院颁布了《中共中央、国务院关于节约非生产性开支、反对浪费的通知》，明确提出：“一切有条件组织收入的事业单位，都要积极挖掘潜力，从扩大服务项目中合理地组织收入，以解决经费不足的问题，促进事业的发展”，从而打破了事业单位开支由财政包起来的传统模式，为各地方、各部门增加收费项目打开了口子。1982 年 12 月，国务院颁布了《国家能源交通重点建设基金征集办法》，规定国营事业单位、机关团体、部队和地方政府的预算外资金，以及城镇集体企业交纳所得税后的利润，按 10%征收。1983 年进一步将征收比例提高到 15%，把征收范围扩大到城镇小集体企业和农村社队企业。1984 年以后，国务院又相继颁布了一系列允许地方政府、部门收费的政策，要求各地方、各部门通过创收以解决经费不足问题。这些规定与单位的收支利益挂钩，各单位收入越多，支出越多、利益越大。正是在这种部门利益的驱动下，各级政府部门开始巧立名目、积极“创收”，包括政府性基金、行政事业性收费在内的各种收费项目激增的口子被彻底放开。

另一方面，20 世纪 80 年代中期，我国实施了财政包干制改革。财政包干制确定了地方政府“剩余占有者”的地位，使额外增加的财政收入归地方所有，对于充分调动地方的积极性起到了重要作用。但随着时间的推移，这种体制的弊端日渐凸显，突出表现在这种体制缺乏良好的稳定性和规范性，过分强调了地方财政自主权，造成了财政分配关系的混乱：由于缺乏统一、稳定的制度安排，中央财政又处于财政分配中的不利地位，财政收入得不到充分保证，这使得中央政府不得不频繁地改动地方的上解比例。频繁变动的制度安排不仅不符合市场经济的要求，也引发了地方政府的不满。为了达到减少向中央政府上缴收入的目的，地方政府开始采取各种手段以造成预算内收入的“不增长”，而尽可能地采取各种摊派和收费的做法以获取大量的预算外甚至体制外收入，增加自己的可支配收入。由于缺乏严格的监管，各地的收费项目日趋膨胀，明显处于失控状态——一些基层部门甚至将职责范围内的工作进行商品化，开展经营和有偿服务，导致行政事业单位的各项费用从全额转变为差额，从差额转变为自收自支，预算外资金逐步扩大，乱收费现象愈演愈烈（高培勇，1999，2004）。

正是在中央政府与地方政府的共同“努力”下，“乱收费、乱摊派、乱集资”之风愈演愈烈，到了20世纪90年代末已经达到了“登峰造极”的地步。收费项目之多、管理之混乱令人咋舌！事实上，没有人能够准确地知道当时全国到底有多少个收费项目。据不完全统计，截至1998年，全国行政事业性收费和政府性基金约有6 000多项，其中属于全国性和中央部门的行政事业性收费项目有近300项，地方收费项目各省情况不一，最多的省份收费项目达到400多项；全国各种政府性基金有近500项，其中除了40多项是经国务院或财政部批准设立的以外，其余基金项目均为各地区、各部门越权设立（谢旭人，2008）。李双成、孙文基、宋义武（2000）也提供了一组数字：“据不完全统计，到1997年初，国家批准的行政事业收费项目有371项。其中，涉及企业的217项，涉及59个部门和单位，包括农业部门的27项、卫生部门的18项、交通部门的15项、海关系统的13项、医药部门的12项、城建部门的10项。地方收费项目各地情况不一，少则几十项，多则几百项，且名目不一。例如，河北省1996年的各种基金和收费项目竟达1 200多项，涉及20多个部门”。在这种情况下，政府性基金与收费收入持续大幅攀升。据不完全统计，1998年全国各类收费（基金）规模达到4 500亿元（不包括社会保障基金收入），相当于我国同期财政收入的46%（谢旭人，2008）。地方特别是省以下的地方政府的收费、基金收入规模更大，增长速度也更快——地市县等地方政府的收费和基金收入往往与预算内收入基本持平，有的甚至超过了预算内收入。例如，据不完全统计，河北省1996年各种基金和收费收入达到146亿元，相当于地方税收收入的1.7倍多，省级财政收入的96.3%（李双成、孙文基、宋义武，2000）。同时，这些收费项目大都属于地方、部门擅自决定设立的，收费范围、收费标准存在着很大随意性，资金使用和管理也存在着巨大漏洞，很多经费往往被单位私分或进入单位“小金库”。

特别值得指出的是，农村成为这一时期“三乱”的重灾区。当时，农村正常的收费项目主要有村提留、乡统筹（用于提供农村公共物品的资金）、三提留（公积金、公益金、管理费）、五统（农村办学、计划生育、优抚、民兵训练、交通）。这些正常的收费项目事实上已经给农民带来了巨大负担——据有关方面统计，1997 年全国农民直接负担的税费总额达到 1 143 亿元，人均负担 130 元；承担的农村劳动积累工和义务工合计 82 亿个，按当时每个工值平均 10 元折算，人均劳务负担约 93 元。两者合计占 1996 年农民人均纯收入的 12.2%（谢旭人，2008）。更为严重的是，一些地方与部门不顾国家三令五申，随意向农民乱收费、乱集资、乱摊派、乱罚款，有的地方对农民的收费多达 100 多种，仅与婚姻登记有关的收费就有 10 多种，进一步加重了农民负担。据农业部农民负担监督管理办公室统计表明，1991 年能够统计到的农民承担的各种罚款 23.1 亿元，集资摊派 41 亿元，其他社会负担 38.1 亿元。另据地方调查结果表明，不合理负担占农民人均纯收入的 5%～7%，大大超过农业部的统计结果以及中央规定的 5%的警戒线（项继权，2004）。

愈演愈烈的“三乱”之风对中国社会经济产生了巨大冲击，突出表现在如下几个方面：第一，造成了政府收入体系的混乱，干扰了正常财政分配秩序。由于利益驱动，大量收费和基金收入没有按照规定实行规范化的财政管理，既不纳入预算，也不上缴财政专户，成为“体制外资金”和“小金库”，从而使这部分财政性资金失去必要的监督与控制（谢旭人，2008）。此外，“乱收费、乱摊派、乱集资”极大地干扰了企业的正常经营活动，加重了企业负担，直接影响到企业的盈亏状况，对所得税的税基造成了侵蚀。另一方面，在利益的驱动下，各级地方政府以及各级政府部门更加热衷于收费和基金的征收工作，甚至不惜动用各种强制性手段，导致收费和基金收入增长很快，以费挤税现象突出。这些都极大地削弱了我国税收筹集收入的能力，造成财政收入体系的混乱，弱化了财政分配职能，扰乱了正常的财政分配秩序（高培勇，1999，2004）。第二，加重了微观经济主体负担，干扰了正常的经济秩序。形式多样、五花八门的收费项目以及收费规模的日益膨胀，导致企业负担沉重，严重影响了企业改革的顺利推进，扰乱了正常的经济秩序。同时，沉重的负担也令农民增收步履维艰，农业发展徘徊不前。第三，对干群关系造成了负面影响。政府分配主体的多元化、收费资金使用的部门化特别是单位“小金库”的存在，不但加剧了社会收入分配不公的矛盾，也造成挪用现象突出，助长了腐败现象。这些都对我国经济社会发展产生了负面影响。

19.3 改革进程

以治理“三乱”、规范政府收入体系为核心的税费改革是一条漫长的探索之路，从 20 世纪 90 年代中期以来始终贯穿于我国的财税体制改革之中，在不同时期呈现出不同的特点、不同的内容。图 19—1 给出了我国税费改革的时间路径。

图 19—1　我国税费改革的时间路径

19.3.1　“三乱”治理

20 世纪 80 年代中期以来，随着“三乱”之风愈演愈烈，中央政府开始重新审视收费的性质、作用与定位问题，逐步出台了一些举措对“三乱”问题进行纠正。1986 年，国务院下发了《关于加强预算外资金管理的通知》。通知规定，预算外资金要在“资金所有权不变，资金的收支渠道不变”的前提下，试行“同级财政专户储存，计划管理，财政审批，银行监督”的管理办法。1990 年，中共中央、国务院进一步做出《关于坚决制止乱收费、乱罚款和各种摊派的决定》，在全国范围开展治理“三乱”工作。1991 年，国务院决定重新调整收费管理权限，规定收费审批权集中在中央政府和省级政府，由财政部门和物价部门审批管理。1993 年，中共中央办公厅、国务院办公厅下发了《关于转发财政部〈关于治理乱收费的规定〉的通知》，在全国范围内再次展开治理“三乱”的工作，取消了一批不合法、不合理的乱收费项目。1995 年，财政部、国家计委、监察部和农业部联合下发了《关于 1995 年深入开展反腐败继续治理乱收费工作的通知》。这些措施的推出标志着中央开始尝试将收费、基金等预算外收入纳入到规范的财政管理体系内，以规范我国财政收入体系。但是，由于 20 世纪 80 年代中期实施的财政承包制改革导致中央政府在国家财政分配中处于明显的弱势地位，中央政府既缺乏足够的治理决心，也缺乏根本性的治理手段以及思路清晰的治理规划，因此，这些措施具有明显的应急特点，虽然在一定程度上有助于制止“三乱”扩张的势头，但并没有从根本上遏制“三乱”行为。

1994 年分税制改革从制度层面上规范了中央与地方的财政关系，确定了中央财政在整个财政分配中的主导地位，为进一步深化“三乱”治理整顿工作奠定了良好的体制基础。1996 年，国务院发布了《关于加强预算外资金管理的决定》，首次明确规定，预算外资金是国家财政性资金，不是部门和单位的自有资金，必须纳入财政管理；行政事业性收费必须报请中央政府和省级政府审批，省以下各级地方政府均无权审批设立行政事业性收费项目。同年，党中央、国务院还发布了《关于切实做好减轻农民负担工作的决定》，出台了清理农村“三乱”、减轻农民负担的一系列政策措施。1997 年，党中央和国务院又出台了《关于治理向企业乱收费、乱罚款和各种摊派等问题的决定》，要求坚决取消各种不符合规定的、针对企业的行政事业性收费、罚款、集资、基金项目和摊派，并规定所有新增的关于企业的收费项目及其标准必须报请省部级相关主管部门审批。上述政策的出台标志着我国治理整顿“三乱”和税费改革的序幕正式拉开。

但是，这一时期的工作重点主要集中在清理取消不合法、不合理的收费基金项目以及一些基础性的制度建设包括完善收费管理制度以及实行“收支两条线”管理。伴随着中央与地方政府一系列强有力的治理措施的实施，“三乱”治理取得非常明显的成效：1996 年，国家取消了 48 项涉及建设项目的收费，分别涉及建筑、工商行政管理等 14 个部门；1997 年进一步取消了 49 项行政事业性收费项目、217 项等地方政府越权设立的基金、附加和收费项目；1998 年又取消了 147 项基金项目；各级地方政府也对各类收费基金进行了清理整顿，到 1998 年 3 月底共取消收费基金项目达 2 028 项，1998 年以后进一步加大了对“三乱”的治理力度，1998—2003 年间，共取消收费项目 1 805 项，并降低了 479 个项目的收费标准，减轻社会负担 1 417 亿元（谢旭人，2008）。

与此同时，中央政府开始着手加强制度建设以规范对各种收费项目的管理，为从根本上有效遏制“三乱”现象奠定了良好的制度基础。其中一个非常重要的举措是建立和健全了收费管理制度，推行了收费基金目录管理、行政事业性收费统一实行归口管理、加强行政事业性收费票据管理等措施。另外一个影响深远的举措是推行“国库集中收付”和“收支两条线”管理，即开设国库单一账户体系，国家机关、事业单位等依法取得行政事业性收费、罚没收入等财政非税收入全部缴入国库单一账户，支出通过编制预算由财政部门统筹安排，并通过国库单一账户拨付资金。这一举措将收入与发生的支出脱钩，切断了收支利益联系，从而有助于从源头上杜绝“三乱”、“小金库”和乱支滥用的现象（郭庆旺、赵志耘，2006）。通过这些措施，我国“三乱”之风得到了有效遏制，为真正意义上的税费改革铺平了道路。

19.3.2 农村税费改革

农村税费改革是以减轻农民税费负担、维护农民利益为根本宗旨，是中央为加强农业基础地位、保护农民利益、维护农村稳定、有效解决“三农”问题而做出的重大决定，是一次农村经济利益的大调整。农村税费改革的核心在于通过对现行农业和农村领域的税费制度的改革和完善，规范农村分配制度，理顺国家、集体和农民之间的分配关系，有效促进农民增收、农业快速发展。这次改革具有深远的影响，被称为 1949 年以来继土地革命以及改革开放初期家庭联产承包制改革之后的“中国农村的第三次革命”。可以说，农村税费改革是我国税费改革的一场重头戏，它的粉墨登场标志着我国税费改革进入了纵深和攻坚阶段。① 表 19—1 给出了我国

① 关于农村税费改革的详细内容，请参阅谢旭人（2008）。

农村税费改革的时间简表。

表 19—1　　我国农村税费改革的时间简表

<table>
<tr><th>时间</th><th>地点</th><th>内容</th></tr>
<tr><td>1992 年</td><td>安徽省涡阳县等基层地方政府进行自发试验</td><td>简化农村税费征收程序</td></tr>
<tr><td>1998 年</td><td></td><td>组成国务院农村税费改革工作小组</td></tr>
<tr><td>1999 年</td><td>安徽省的濉溪、来安、望江和怀远等四个县进行试点</td><td rowspan="5">“三取消”、“两个调整”和“一项改革”；中央通过农村税费改革转移支付给予地方以财力支持</td></tr>
<tr><td>2000 年</td><td>安徽全省以及河北、内蒙古、吉林、黑龙江、河南、湖南、甘肃和陕西 8 省 34 个县市进行改革试点</td></tr>
<tr><td>2001 年</td><td>安徽全省，其他省份 102 个县市进行试点，江苏省自主实施全省试点</td></tr>
<tr><td>2002 年</td><td>新增河北、内蒙古、吉林、黑龙江、江西、山东、河南、湖北、湖南、四川、重庆、贵州、陕西、甘肃、青海、宁夏 16 个省份，同意浙江和上海等沿海省份依靠自身财力自主进行改革，其余 11 个省份继续在 53 个县市进行局部试点</td></tr>
<tr><td>2003 年</td><td>全国范围内</td></tr>
<tr><td>2004 年</td><td>全国范围内</td><td>全面取消除烟叶以外的农业特产税；农业税减免</td></tr>
<tr><td>2006 年</td><td>全国范围内</td><td>烟叶特产税改为烟叶税；废止《中华人民共和国农业税条例》</td></tr>
</table>

与我国很多改革相似，农村税费改革也是源于我国基层地方政府的自发试验。针对农民税费负担沉重的现实，安徽省涡阳县新兴镇在 1992 年首次实行了农村税费改革试验，提出按照全镇每年支出总额确定农民税费总额、税费一并增收、分摊到亩、每亩 30 元的改革方案，这可以视为我国农村税费改革的雏形（项继权，2004）。此后，河北省的正定县、魏县，安徽省的太和县以及湖南省的武钢市也陆续自发进行了以减轻农民负担为目的的农村税费改革试点。这些源自基层地方政府农村税费改革的试验工作，主要采取的是简化税费征收程序的做法，并没有在减轻农民税费负担方面取得什么根本性的突破，却引起了中央政府的高度重视。1998 年 9 月中央农村工作领导小组决定，由财政部牵头，农业部和中央农村工作领导小组办公室参加，组成国务院农村税费改革工作小组。工作小组多次深入安徽、江苏、山东、河南、四川、湖南、云南、内蒙古等地农村进行认真、深入的调研，在广泛征求地方以及中央有关部门意见的基础上，形成了《关于农村税费改革的意

见》，初步确定了改革的指导思想和原则、改革的主要内容及相关配套措施，并着手安排试点工作。

1999年，中央首先选取安徽省的濉溪、来安、望江和怀远等四个县进行试点工作。2000年，进一步推广到安徽全省展开试点工作。同年，河北、内蒙古、吉林、黑龙江、河南、湖南、甘肃和陕西8省份也选择了34个县市进行试点。但是，一年多的试点工作却暴露出最初改革方案存在着的一些突出问题，主要集中在以下五个方面：（1）农民的计税要素存在不合理、不统一以及太过复杂等问题；（2）没有充分考虑不同从业农民的差异，导致税负水平不够公平；（3）税费改革导致地方基层财政收入下降，致使农村义务教育和乡村两级政府基本经费短缺；（4）农业税和农业特产税的征收工作普遍较为混乱；（5）一些试点地区农民负担有反弹迹象。这些问题中最为核心的是，农村税费改革造成了县乡基层政府巨大的财政资金缺口，导致改革无法顺利实施：以安徽省为例，农村税费改革之后，全省财政收入减少了111亿元，平均每个县的财政收入减少了1 542万元，其中乡镇财政收入减少了10.41亿元，村级财政收入减少7亿元。其他试点地区也存在着类似问题。

事实上，在农村税费改革方案设计之初，中央政府已经意识到了这一问题。不过，当时的考虑是希望借此促使县乡基层政府进行政府机构改革，通过转变职能、精简机构来实现财政收支平衡。但农村税费改革给基层政府造成的财政困难程度以及基层政府反对意见、抵触情绪的强烈程度均超出了中央预期。农村税费改革遇到了巨大的阻力，中央政府不得不改变改革的推进速度，着手研究解决办法。为此，2001年，中央政府决定暂不扩大以省份为单位的试点范围，而是集中力量做好上述问题特别是财政资金缺口的解决方案试点。为了有效解决农村税费改革带来的基层政府财力紧张的问题，确保税费改革的顺利实施，中央政府决定以专项转移支付的形式给予地方政府财力支持：2000年，中央财政向安徽省提供了11亿元的专项转移支付，2001年进一步增加到17亿元。在中央财政的有力支持下，安徽省继续推行全省试点，其他省份也选择了102个县市进行局部试点，江苏省则依据自身财力自主实施了全省试点。

中央财政支持有效缓解了基层地方政府因农村税费改革面临的巨大财力缺口，使得试点工作得以顺利推进。2002年，中央政府在认真总结两年来农村税费改革试点经验的基础上，决定进一步扩大试点范围，新增河北、内蒙古、吉林、黑龙江、江西、山东、河南、湖北、湖南、四川、重庆、贵州、陕西、甘肃、青海、宁夏16个省份，并同意浙江和上海等沿海发达省市依靠自身财力自主进行改革，其余11个省份继续在53个县市进行局部试点。与此同时，中央政府明确提出“三个确保”，即确保农民负担明显减轻、不反弹，确保乡镇机构和村级组织正常运转，确保农村义务教育经费正常需要，并继续加大对地方的转移支付力度。2003年3月27日，国务院发布了《关于全面推进农村税费改革试点的意见》，决定2003年在进一步总结经验、完善政策的基础上，全面推进农村税费改革试点工作，并决定拿出 305 亿元用于农村税费改革的专项转移支付。至此，农村税费改革工作在全国范围内推开。

这一时期农村税费改革的主要内容为“三取消”、“两个调整”和“一项改革”。所谓“三取消”是指取消乡统筹、农村教育集资等专门向农民征收的行政事业性收费和政府性基金、集资，取消屠宰税，取消统一规定的劳动积累工和义务工。“两个调整”是指调整农业税政策，农业税按照农作物的常年产量和规定的税率依法征收，调整农业特产税政策，对在非农业税计税土地上生产的农业特产品，继续征收农业税，对在农业税计税土地上生产的农业特产品，由试点省份决定征收办法。“一项改革”是指改革村提留征收使用办法。同时，规定改革后新的农业税税率不得超过 7%，附加比例不得超过 20%。

在前一阶段改革取得的巨大成效基础上，2004 年，中央发布了《中共中央关于促进农民增加收入若干政策的意见》，决定继续推进农村税费改革，巩固和发展税费改革的成果，减轻农民的税费负担，为城乡统一税制创造条件，逐步降低直至取消农业税等，这标志着农村税费改革进入取消农业税的新阶段。2004 年，全面取消了除烟叶以外的农业特产税，2006 年进一步将烟叶特产税改为烟叶税，标志着农业特产税的全面取消。与此同时，逐步推进了农业税减免乃至取消工作。2004 年，首先在黑龙江和吉林两省进行免征农业税改革试点，河北、内蒙古等 11 个粮食主产区的农业税税率降低 3 个百分点，其余省份农业税税率降低 1 个百分点，北京、上海、天津等省市自主免征农业税。2006 年，中央决定废止《中华人民共和国农业税条例》，具有 2 600 年历史的农业税正式退出历史舞台，农村税费改革取得了重大的历史性成就。

农村税费改革是中国历史上的一次伟大变革，为从根本上解决“三农问题”，促进农民增收、加快农村经济社会发展、维护农村社会和谐稳定奠定了良好基础。首先，农村税费改革有助于从根本上理顺农村分配关系，减轻农民负担。农村税费改革在切实减轻农民负担、更好地促进农民收入水平提高方面取得了很大成效（周黎安、陈烨，2005；徐志刚、刘明兴、刘永东，2009）。2006 年全面取消农业税后，全国农民较 1999 年相比减负总额约 1 250 亿元，人均减负约 140 元（谢旭人，2008）。如果考虑到“三乱”的整理，那么减轻的农民负担更为可观。项继权（2004）详细考察湖北省京山县农村税费改革在农民减负方面取得的成效：2001 年京山县税费改革后，与 1999 年相比，全县农民人均减负 61 元，下降了 27.79%，其中减负幅度最大的镇为 56.7%，减幅最小的镇为 17.37%。如果考虑到各种乱收费的取消，农民的实际减负在 5 000 万元以上，减幅达 40%以上。其次，农村税费改革及其配套改革（包括精简乡镇结构改革、农村义务教育管理体制改革、县乡财政管理体制改革等）引发了农村上层建筑的深刻变革，也带来农村经济社会以及基层政府机构的一系列积极变化。① 最后，农村税费改革通过规范政府行为、减轻农民负担密切了干群关系、有效缓解了农村矛盾，促进了农村的社会和谐稳定，巩固了政府在农村的执政基础，确保了国家的长治久安。

需要指出的是，鉴于中国“三农”问题的复杂性，尽管农村税费改革在减轻农民负担方面取得了巨大成绩，但也对基层地方政府财力造成了很大的负面冲击，致使我国县乡基层政府普遍陷于较为严重的财政困境，并呈现出持续加剧的态势（见图 19—2）。这不仅在很大程度上导致了农村教育以及基础设施建设投入的严重不足，同时也存在着农村乱收费和农民负担反弹的潜在威胁（贾康、白景明，2002；王宾、赵阳，2006；贾俊雪、郭庆旺、宁静，2011）。因此，如何进一步完善我国财税管理体制和地方政府治理结构，构建县乡基层政府财力保障机制，有效化解县乡基层政府财政困难，促进农村基本公共服务发展，确保农民负担不反弹，真正实现农民富裕、农村和谐稳定以及农业的良性发展，仍是一项长期而艰巨的任务。

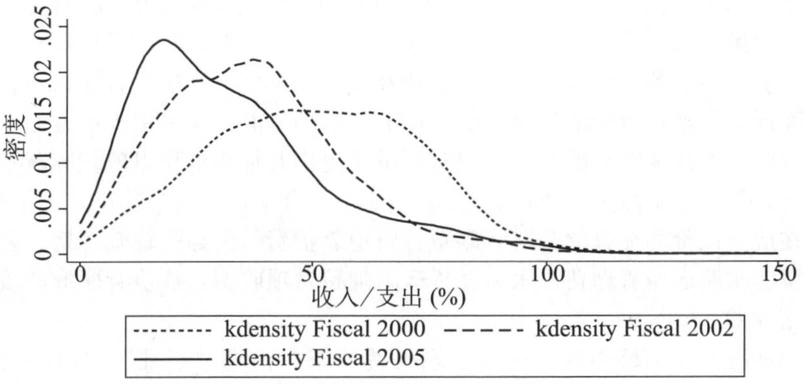

图 19—2　县级政府财政困难程度（本级财政收入/本级财政支出）的核密度图

19.3.3　燃油税改革

除了农村税费改革以外，自 20 世纪 90 年代末期以来，我国还陆续实行了其他方面的一些税费改革，其中以燃油税改革为核心的交通和车辆税费改革因涉及面广、时间跨度长、利益纠结复杂而备受关注。

在地方与部门利益的驱动下，“三乱”之风在交通运输领域尤为盛行，给企业和个人造成了较为沉重的负担。当时，除了国家规定的一些收费项目以外，各地都普遍存在着随意设卡、强行收费、罚款等现象。1997 年我国各类规费与基金项目

① 各地按照中央和省级政府的统一部署，推行了行政机构配套改革，精简乡镇机构，压缩行政和事业单位人员编制。2001 年底，全国乡镇数量较 1999 年底减少了 4 580 个，减少幅度达 10.24%，行政村数量较 1999 年底减少 28 172 个，减少了 3.82%（朱守银、张海阳、阎辉，2003）。

收费相当于当年财政收入的45%，交通公路收费项目和收费金额占其中的45%～50%，全国交通和车辆收费项目中，越权设立的收费项目有245项，占全国交通和车辆收费总项目的46.2%，资金达300亿元（谢旭人，2008）。此外，由于当时的养路费一般是按吨位和运营收入两种计费方法收取，从而导致税负不公、资源配置效率低效等问题。而且，大量稽征管理人员也导致行政机构臃肿、征收成本巨大。这些都意味着有必要进行交通和车辆税费改革，其中的核心在于燃油税改革。

燃油税改革是一个漫长而曲折的过程，前后时间跨度近15年。事实上，早在1994年，开征燃油税就作为一项重要的决议被提出，但缺乏实质性的举措。1997年通过的《公路法》中并没有明确提出开征燃油税，意味着燃油税改革首先面临着一个重要的法律问题——《公路法》的修订，这也决定了燃油税改革的复杂性。1999年10月，全国人大常委会第十二次会议审议通过的《公路法》修订案，明确提出“国家采用依法征税的方法筹集公路养护资金，具体实施方法和具体步骤由国务院规定”。2004年再次修订的《公路法》继续明确了这项规定，从而为实施燃油税改革提供了法律依据。尽管在法律上扫清了障碍，但燃油税迟迟未能出台。因此，这一阶段的改革主要集中在以取消涉及交通和车辆方面的不合法、不合理收费项目，降低不合理收费标准为核心的“三乱”治理方面。在税费改革方面，仅仅将车辆购置附加费改为车辆购置税。当时，虽然提出开征燃油税以取代养路费等各种收费项目，但迟迟未能实际执行。直到2009年1月1日，国务院正式开征燃油税，取消原在成品油价外征收的公路养路费、航道养护费、公路运输管理费、公路客货运附加费、水路运输管理费、水运客货运附加费六项收费，逐步有序取消政府还贷二级公路收费。

以燃油税改革为核心的交通和车辆税费改革在治理“三乱”、减轻社会负担、节约能源、减少污染以及促进资源有效配置方面取得了非常显著的成效。首先，交通和车辆税费改革极大地遏止了交通运输领域存在着的“三乱”盛行之风，仅2000年，财政部会同国家计委清理取消了涉及交通和车辆的不合法、不合理收费项目达238项之多，减轻社会负担145亿元（谢旭人，2008）。其次，燃油税的开征有助于能源利用率的提高，从而对有效解决我国目前存在着的严重空气污染问题起到了积极作用。最后，燃油税的开征一方面有效减少了收费站等人为因素造成的道路拥挤问题，同时也可有效提高高速公路等优质资源的利用效率，而且通过大量削减养路费和过路过桥费的征管机构，大幅降低征收成本，促进财政资源的有效配置。

19.4 总体评价

始于20世纪90年代末期的税费改革是中国财政收入体系的一次重大变革，涉及面之广、问题之复杂均是前所未有的。这一改革的顺利推进特别是在农村税费改革以及燃油税改革方面取得的显著成效，对于我国经济社会的可持续发展具有重要而深远的影响。

19.4.1 政府治理视角解读

现代政府治理理论主张通过硬化预算约束来规范政府行为、促使政府职能优化、提高行政效率，更好地为经济社会发展服务。税费改革通过对“乱收费、乱集资、乱摊派”现象的治理整顿，清理、取消了以预算外甚至是体制外收入形式游离在严格预算管理之外的大量收费、基金等政府性收入，并将那些具有明显税收特征的收费和政府基金项目转化为税收，纳入到依法治税的框架内，从而有助于增强政府收入的法制化和规范化管理。同时，税费改革通过推行“国库集中收付”和“收支两条线”管理，将各级政府的收入与发生的支出脱钩，切断了政府收支利益联系。这些举措有助于增强政府收入体系的规范性，硬化政府预算约束，从而对政府行为产生了深刻影响。一方面，预算约束的硬化不仅有助于规范政府行为，优化财政职能，促使政府更多地退出竞争性领域，有利于从源头上杜绝“三乱”和乱支滥用的现象，以及由此造成的社会负担沉重、经济秩序混乱等问题，促进我国经济的健康有序发展。同时，也有助于形成“倒逼”机制，从而推动我国政府机构改革，促进民主化和法制化建设，有效遏制腐败现象的产生，增强政府的执政能力，确保国家的长治久安。

不过，我们也应清醒地认识到，我国目前的行政考核体系仍然是以GDP为核心，各级政府始终存在着巨大的政治晋升激励去片面追求经济增长，因而有强烈意愿通过多种渠道筹措资金、加大公共投资力度以更好地拉动经济增长。另一方面，1994年分税制改革采取了财力层层集中而事权层层下放的做法，导致地方政府特别是县级政府拥有的财力非常有限但却承担着非常沉重的支出事务，面临着较大的财政压力。在这种情况下，各级政府仍然有强烈动机去寻求各种预算外甚至体制外收入，因而导致目前我国“乱收费、乱摊派、乱集资”现象仍然较为突出，非税收入占国家财政收入的比重仍然偏高，特别是土地转让金和社会保障基金方面存在着大量突出问题。由此可见，中央在通过税费改革进行“堵口子”的同时，也应充分认识到地方政府的利益动机，一方面采取有效措施改进我国的行政考核体系，从根本上遏制各级政府的投资冲动，另一方面也应适当下放财权和发债权，为各级政府提供一个规范、合理的制度内融资渠道。这将有助于规范地方政府的治理结构，完善地方政府的激励和约束机制，促进地方政府行为理性，从根本上解决我国政府收入体系存在的各种突出问题。

19.4.2 收费的定位问题

税费改革并不意味着要全面取消收费这种公共收入形式，税收并不能完全替代收费，收费有其存在的必然性和合理性（郭庆旺、赵志耘，1999）。一方面，收费与税收存在着很大不同，体现在：（1）二者遵循的公平原则不同——收费体现了财政的受益原则即提供付费与获得服务之间具有直接联系，而在以一般性税收为公共服务融资的情况下，纳税与获得服务之间没有直接联系。（2）二者的用途不同——收费收入一般用于特定用途，即专费专用，而税收是一般性收入，用于政府一般性职能的实现。（3）二者的使用意图不同——税收这种财政手段的意图是取得一般性收入，收费的意图是把所提供的特定物品或服务在相互竞争的使用者之间进行分配。①

另一方面，收费也包含了价格制度的合理机制（即物品或服务只是提供给至少按其成本（使用费）估价的消费者，从而需求水平低于饱和需求水平），提供了价格制度的信息来源，因此对于完善价格体系、合理配置资源具有重要作用。但收费与市场价格又存在着本质上的不同——收费不以利润最大化为目标，主要目的在于矫正外部性和消除垄断。

由此可见，无论是从公共收入的角度来看，还是从价格信息的角度来看，收费都有其存在的必然性和合理性，意味着我国在进行税费改革时也不能矫枉过正，完全忽视收费的作用。

参考文献

邓联繁．中国税费改革的现状与对策．北京：中国民主法制出版社，2001

高培勇．“费改税”：经济学界如是说．北京：经济科学出版社，1999

高培勇．中国税费改革问题研究．北京：经济科学出版社，2004

郭庆旺，赵志耘．财政理论与政策：当前若干重大问题探讨．北京：经济科学出版社，2002（2）

郭庆旺，赵志耘．公共经济学．北京：高等教育出版社，2006

贾康，白景明．县乡财政解困与财政体制创新．经济研究，2002（2）

贾俊雪，郭庆旺，宁静．财政分权、政府治理结构与县级财政解困．管理世界，2011（1）

李双成，孙文基，宋义武．费改税．北京：中国审计出版社，2000

王宾，赵阳．农村税费改革对中西部乡镇财力影响的实证研究．管理世界，2006（11）

项继权．走出“黄宗羲定律”的怪圈：中国农村税费改革的调查与研究．西安：西北大学出版社，2004

谢旭人．中国财政改革三十年．北京：中国财政经济出版社，2008

徐志刚，刘明兴，刘永东．农民组织对村庄公共融资的影响：掣肘还是助推？——农村税费体制改革前后农民负担变化的启示．经济学，2009（3）

① 关于收费特点及其与税收差异的详细介绍，请参阅郭庆旺、赵志耘（2006）。

周黎安．陈烨．中国农村税费改革的政策效果：基于双重差分模型的估计．经济研究，2005（8）

朱守银，张海阳，阎辉．农村税费改革试点和乡村管理体制改革跟踪研究报告．经济研究参考，2003（4）

第 20 章

“软着陆”[①]

“Soft Landing”

【摘要】经济“软着陆”是指国民经济运行经过一段扩张之后，在通货膨胀得到有效平抑的同时经济增长率平稳地回落到适度区间。对于新中国成立至今60多年的特定历史阶段来说，“软着陆”一般用来指20世纪90年代中后期我国在成功实现抑制通货膨胀的同时保持了经济平稳增长的结果。对于中国这次具有代表性的“软着陆”格局，仅仅从凯恩斯主义或者货币主义理论去解释其政策含义与启示还不够全面。事实上，实现“软着陆”的关键在于如何设计政策来引导生产效率的提高，从而实现短期总供给的提高。因此，“软着陆”归根到底还是在于经济增长的效率的提高。也只有效率型的增长模式才有可能在实现经济平稳较快增长的同时不会出现高通货膨胀。综合来看，中国20世纪90年代的“软着陆”实践和经验对新时期宏观经济发展同样具有重要的借鉴意义。

【关键词】软着陆　通货膨胀　经济增长　宏观经济

Abstract: A soft landing in economics is the process of an economy shifting stably from high growth to steady growth while inflation is curbed to a relatively low level. For Chinese economic development over the past six decades, soft landing is used to refer to the economic performance in the end of 1990s, when Chinese government successfully curbed high inflation while maintained a stable economic growth. It is incomplete to understand this soft landing in China either from Keynesian theory or from Monetarist theory. In fact, the key of achieving the soft landing is how policy is designed in order to enhance productivity. Only the growth model

① 本章撰稿人：张成思。

with high productivity can achieve stable economic growth with low inflation. Overall, the soft landing experience in China in the 1990s provides important implications for macroeconomic development in the new era.

Key words: soft landing, inflation, economic growth, macroeconomy

20.1 释义

新中国成立 60 多年来，我国一直在探索适合中国的经济发展模式，并且不断进行着大刀阔斧的经济改革。这期间所取得的成果丰硕，中国经济在经历了 60 多个春夏秋冬的洗礼之后，向世界展示了一段中国奇迹。当然，经济增长的整个过程也并不都是一帆风顺，其间也有很多曲折与坎坷。特别是在 20 世纪八九十年代，我国经济就先后经历了多次大起大落。为了说明问题，图 20—1 描绘了 1979 年第一季度至 2008 年第四季度中国真实 GDP 同比增长率的季度数据，以及对应期间年度数据的动态路径。① 从图 20—1 中可以清楚地看到，真实 GDP 增长率在 20 世纪 80 年代和 90 年代波动比较剧烈，尤其是在 80 年代中期和 90 年代初，经济波动出现大起大落，波峰超过 16%（1985 年），而波谷又跌至接近 0%（1990 年）。在进入 21 世纪之后，经济周期基本没有出现这种大幅波动的情况，虽然在 2008 年由于受到全球金融危机冲击，经济增长出现短暂下滑，但整体来看波动幅度仍然比较温和。

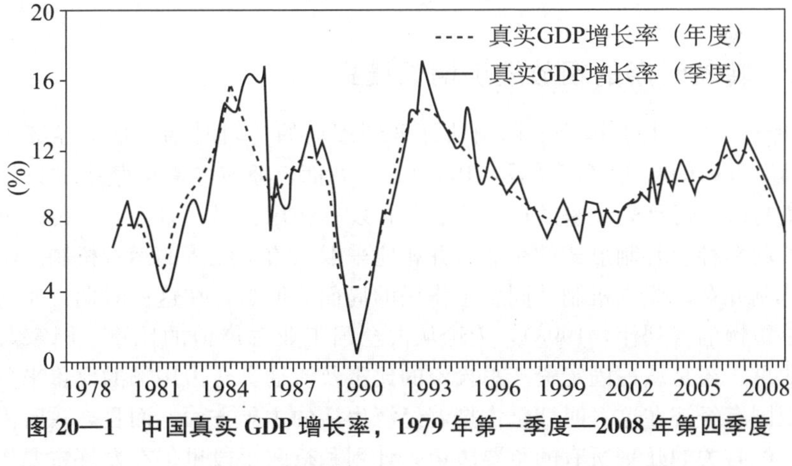

图 20—1 中国真实 GDP 增长率，1979 年第一季度—2008 年第四季度

① 真实 GDP 年度资料来源于国际金融统计；1992—2008 年的季度数据依据 WIND 资讯公布的名义 GDP 水平值与 GDP 不变价格增长率换算，1992 年以前的季度数据依据 Abeysinghe 和 Rajaguru（2004）提出的方法计算获得。

20世纪八九十年代这段经济周期大幅波动期，我国宏观政策也在不断调整、发展和完善。其中1993—1996年的经济发展“软着陆”是新中国成立60多年财政金融体制变革的经典事件之一。我们知道，20世纪80年代初我国就开始推行各项经济改革，但由于经济增长转型初期经验较少，所以出现了价格放开过快（“价格闯关”）、各种投资涌动以及宏观政策逆周期操作的缺失等复杂局面。这样，我国经济从1991年起就有点过热，在1992年末进入了一个“过热”的增长局面，各种经济矛盾也开始激化。在这样的背景下，中央政府加强宏观经济调控，运用经济和行政双重手段，配合深化体制改革，以微调为主，恢复经济的稳定和协调（张卓元，1995）。到1996年，各项经济指标开始恢复到正常区间，通货膨胀得到有效抑制，国民经济保持了持续较快的增长。这样，不以经济大幅下滑为代价来纠正连年经济高速增长带来的总量与结构失衡和严重的通货膨胀，即国民经济实现了“软着陆”。

从理论上讲，抑制通货膨胀和保持经济的高速增长是相互矛盾的政策目标（刁永作，1997）。但是，中国“软着陆”的实现给了宏观经济理论以新的启示。尤其是对像中国这样的发展中国家，在经济发展的道路上都经历了剧烈震荡的经济周期，政府如何有效地调控经济，减少经济周期对经济体的伤害已经成为一个很值得关注的问题。我们要从这次“软着陆”实现的制度根源上去发现有指导意义的规律，为我们以后货币和财政政策的制定提供支持。

20.2 事件描述

20.2.1 转轨时期的粗放经济增长模式

1978—1992年是我国经济体制从计划到市场的转轨时期，整个经济运行呈现出“双轨”并行的状态（郑泽香，1997）。一方面，原有的高度集中的计划经济体制被逐渐打破，但计划经济的运行机制还在发挥作用；另一方面，在传统体制之外逐步成长起多种所有制形式的企业，并相应采取了市场经济的运行机制。由此构成了新旧体制并存、双重机制共同发生作用的局面。但是，在这一时期，非国有经济的成长是缓慢的（刘伟，1998），无论从占全国工业总产值的比重，国家财政收入总量的比重，还是从占固定资产总投资的比重及流动资金占用额的比重来分析，都可以发现国有经济在这一时期仍占据着经济生活的主导方面。而且，政府仍控制着与资源分配有关的几乎所有的重要决策，计划和行政手段也仍在发挥主要作用。

由于地方政府官员和国有企业经营者都由行政任命，实行的又是任期制，因此，他们注重的是短期总供给数量的增加，而不是通过教育投入和技术进步来谋求长期总供给能力的提高。于是，只要不致引起经济崩溃和社会动荡，那种由政府主导的、以基建项目为主要驱动力的粗放式增长就会在中国经济发展中长期扮演着主要角色。

在这种经济增长背景下，尽管新项目的大量上马可以吸纳新增人口就业，但由于技术进步缓慢，加上劳动者劳动、企业经营管理、投资决策、企业组织、产业结构等方面的长期低效率，使得潜在总供给的增加是有限的（戴启斌，1989）。因此，在短短的十几年中，就连续出现多次较大的经济波动。同时，高通货膨胀给正在寻求起飞的中国经济带来了巨大的治理通胀损失（张成思，2008）。政府也加紧了宏观经济调控模式的探索，尝试找到适合中国经济发展现实情况的政策调整路径。

20.2.2 “软着陆”前夕的经济形势

我国自 20 世纪 80 年代初开始实行价格体制改革，随后在 1985 年和 1988 年连续出现两次高通胀。1985 年出现的高通胀是中国改革开放后比较有代表性的一次。这次通胀周期的背景主要是价格改革引发的价格闯关，最终导致通货膨胀在 1985 年 9 月达到高峰。这次通货膨胀，是改革开放以后 CPI 通胀率峰值首次出现高于 10%的一次。从通胀形成的原因上看，既有固定资产投资规模过大引起社会总需求过旺的因素，也有工资性收入增长超过劳动生产率提高引起成本上升的因素。

另外，基建规模、社会消费需求、货币信贷投放出现急剧扩张，也导致经济在 1986 年出现了过热现象。根据国际金融统计公布的 1978—2007 年间中国国内信贷和货币供给（包括流通中的现金 M0、狭义货币 M1 和广义货币 M2）数据来看，国内信贷从 1983 年的 13%跃至 1984 年的 31%，并且在 1985 年保持这一增速。货币供应量在 1984 年开始也出现了急剧的增长，其中 M0 与 M1 在 1984 年达到局部峰值，M2 在 1985 年跃上局部高位。

虽然信贷规模增长和货币供给加快，但国内学者对 1984—1986 年期间的通货膨胀有着广泛的共识，认为主要是源于成本推动，即价格改革的因素。确实，作为改革内容之一的价格改革，政府提高了粮食、棉花、油脂、油料等 18 种主要农产品的收购价格和煤炭、铁矿石、生铁、钢锭、钢坯、有色金属、水泥等工业产品的出厂价格。各种价格之间轮番上升，价格与工资轮番上升。在这样的背景下，信贷和货币供给自然也就伴随着出现高速增长现象。

为了抑制通胀，从 1984 年 11 月到 1985 年 10 月，国务院发布了一系列宏观调控措施，控制固定资产投资规模，加强物价管理和监督检查，全面进行信贷检查。经过这样一系列措施，CPI 通胀率在 1986 年初开始回落，从 3 月份的 7.4%回落到 4 月份的 5.4%，接着又从 5%的水平进一步下降，到 1986 年 8 月回落到 4%以下。

但是，1985 年发生的高通胀并没有得到彻底治理，由于宏观调控不到位，财政赤字、货币发行、收入膨胀等愈演愈烈。经济运行中多年累积的深层次问题日益凸显，如经济结构失衡、投资规模膨胀和消费膨胀继续加剧等。CPI 通胀率在 1986 年 7—10 月经过短暂的下降调整之后，在 1986 年下半年又开始出现爬升势头。到了1987年，中国真实GDP增长率达到11.6%，而1988年同比增长也高于11%。

从零售物价和职工工资总额的增长率来看，二者分别较上年同比增长18.5%和22.1%。1988年7月，消费者价格指数同比上升幅度达19.2%，而1988年8月—1989年6月，CPI通胀率屡创历史新高，在1989年2月创下改革开放以来第一个最高纪录28.4%。从1989年开始，我国又开始实行严厉的信贷紧缩政策，但是由于市场普遍存在的通胀预期以及通货膨胀自身的惯性特征，高通货膨胀没有立即得到抑制，而是一直持续到1990年中才结束这一轮通胀高峰期。

表20—1　　1988—1993年中国真实GDP增长率（%）

年份	GDP	第一产业	第二产业	工业	建筑业	第三产业
1988	11.28	2.54	14.52	15.25	7.99	13.16
1989	4.06	3.07	3.77	5.06	−8.44	5.36
1990	3.84	7.33	3.17	3.35	1.19	2.33
1991	9.18	2.40	13.85	14.39	9.56	8.87
1992	14.24	4.70	21.15	21.17	21.03	12.44
1993	13.96	4.70	19.87	20.09	18.00	12.19

事实上，在1988年的高通货膨胀之后，国家紧接着执行了为期三年的“治理整顿”，政府的紧缩措施虽然抑制住了两位数的高通胀，但同时也使中国实体经济受到了很大程度的负面影响。表20—1报告了1988—1993年中国国内生产总值（真实GDP）增长率的变化情况。从表中我们可以看到，经过三年治理整顿，GDP年增长率下降到1990年的4.7%和1991年的7.7%。对中国这样一个必须靠高增长解决经济生活中诸多矛盾的发展中大国来说，连续三年的低增长是不堪忍受的。

历史的机遇总是青睐于高瞻远瞩并能逆势而进的人。1992年，邓小平视察南方时的谈话极大地鼓舞了全国人民全力推进经济改革的士气，中国经济发展很快出现了回升势头。1992年全年真实GDP增长率达到12.8%，沿海经济发达地区的增长更为明显。例如江苏27%、广东18.7%、浙江17%、山东16.9%、福建16.3%、上海14.4%。这也标志着新一轮的经济增长周期已经开始启动。不仅实体经济部门出现高投资、高增长，全国许多地方的不动产价格也出现大幅上涨，在沪、深两个股票市场上，平均股票价格翻了一番。

1992年的这一轮高增长主要来源于投资，尤其是固定资产投资规模的膨胀。从表20—2中我们可以看到，1992年的固定资产投资总量比1991年增加了44.43%，扣除通货膨胀因素后仍然达到38%。高投资增长增速在拉动经济总量增长的同时也带来了很多问题。第一，投资重复、低效的问题日益突出。有限的资源被越来越多地投向加工工业上，其中还有相当部分是不能马上产生效益的长线产品，而基础设施和能源部门投资不足，“瓶颈”限制日益明显。第二，原材料和生产资料价格大幅上涨，到1992年12月底，大中城市粮食价格上涨了43.3%，建材价格上涨25.0%，燃料（民用）价格上涨69.9%。在上游产品价格上涨的带动下，通货膨胀率出现1990年以来的首次回升，到1992年底，消费物价指数增长6.7%，生活费用指数增长8.2%，35个大中城市生活费用指数增长13.4%。受国内需求及通货膨胀的影响，1992年全国外汇调剂中心人民币对美元的汇率平均贬值25%，按海关统计，1992年贸易盈余减少了大约40亿美元。

1993年上半年，我国经济仍然保持发展过快的势头。第一季度经济增长率达14.1%，实际投资增长40%。截至当年3月份，原材料价格上升了40%，零售物价指数同比增长率上升到两位数水平（10.2%），35个大中城市生活物价指数同比增长率上升到17%。一年期银行存款利率分别为7.6%和8.6%，扣除通货膨胀影响，真实利率为－2.4%和－1.45%。真实利率为负，使银行存款增长率受到严重影响。1993年一季度末，储蓄存款增长率为14.1%，相比1992年的27.1%下降接近一半，在江苏、山东、陕西、郑州、南昌等省市的主要国有银行甚至出现了储蓄存款绝对数下降的情况。在商业银行“脱媒”严重的同时，各种集资活动猖獗一时。据不完全统计，一季度计划外自筹资金达1 000亿元人民币，出现了所谓的“资金体外循环”现象。到1993年二季度，经济增长率仍达到14.1%，同时消费物价指数上升到13.9%，美元对人民币的黑市汇率达到1∶10。①

表20—2综合归纳了1988—1995年我国主要经济指标的运行情况。从表20—2中的信息来看，我国经济在1993年已经明显过热，当时中央政府亟须采取果断措施，把过快的经济增长率和过高的通货膨胀率降下来。而如何实现在不过多牺牲经济增长的前提下有效控制通货膨胀，成为当时中国经济实现“软着陆”的重要现实背景。

表20—2　　1988—1993年主要经济指标运行情况

年份	CPI增长率（%）	固定投资总额（亿元）	固定投资增长率（%）	进出口总额（亿美元）	进口额（亿美元）	出口额（亿美元）
1988	18.8	4 753.8	25.37	1 027.9	475.2	552.7
1989	18.0	4 410.4	－7.22	1 116.8	525.4	591.4
1990	3.1	4 517	2.42	1 154.4	620.9	533.5
1991	3.4	5 594.5	23.85	1 357	719.1	637.9
1992	6.4	8 080.1	44.43	1 655.3	849.4	805.9
1993	14.7	13 072.3	61.78	1 957	917.4	1 039.6

20.2.3　“软着陆”的实现过程

从1993年上半年，国民经济出现过热，政府就着力政策调整，以减少经济周

① 物价指数、GDP增长率数据来自WIND资讯，其他数据来自1993年《中国金融年鉴》。

期的剧烈波动。在经历了3年左右的时间之后，到1996年我国基本上成功实现了经济“软着陆”的目标。从发展历程上看，这段时期政策调整共经历了43个月，整个过程大致可以划分为三个阶段。

第一阶段是1993年6月—1994年11月，这是“软着陆”过程的前期，即制动时期。面对1993年上半年经济出现严重过热，中央政府及时采取措施，稳住经济，避免大起大落。当时国家以整顿金融秩序为突破口，综合整顿各方面秩序。一方面进行全面治乱，包括整顿金融秩序，严格制止乱拆借、乱集资、乱设金融机构，加强房地产、证券市场管理，加强物价控制等。另一方面进行降温和消除通货膨胀，加强对货币供应和贷款发放的控制。例如，1993年7月重新恢复了三年以上期居民保值储蓄，1993年5月15日和7月11日两次上调了存贷款利率，幅度接近50%，之后一直维持在9%～10%的高位水平（见表20—3）。另外，国家还加强投资项目的管理，严格控制社会集团购买力，加强税收的征管，限期完成国库券发行任务等。

表20—3　　1993—1996年央行历次调整利率时间及调整幅度

调整次数	调整时间	一年期存款基准利率（%）	一年期贷款基准利率（%）
1	1993年5月15日	9.18	9.36
2	1993年7月11日	10.98	10.98
3	1995年1月1日	10.98	10.98
4	1995年7月1日	10.98	12.06
5	1996年5月1日	9.18	10.98
6	1996年8月23日	7.47	10.08

1994年，国家成功进行了财税、汇率、金融、物价等全方位的改革（还有汇率并轨和粮价购销体制的改革），经济秩序很快得到了控制。在这些改革的过程中，经济增长速度保持了可持续增长模式，实体经济没有出现短期急剧下滑的情况。1994年上半年，GDP同比增长11.6%。虽然物价水平仍然较高（如商品零售价格同比增长率在20%左右），但是经济过热的势头已经开始得到抑制，特别是一些先行经济指标开始平稳下滑。例如，固定资产投资1994年各月增长幅度均比1993年有所回落；投资类商品价格的涨势也从1993年下半年开始回落；市场钢材销售价格的上涨幅度从1994年3月开始逐渐下降。

第二阶段是1994年12月—1995年11月，这是“软着陆”初见成效阶段。面对开始冷却但绝对水平仍然表现较热的经济增长和物价上涨，中央继续坚持了适度从紧的财政和货币政策，并将治理通货膨胀放在了首要位置，采取了包括“米袋子”和“菜篮子”以及强化物价和固定资产投资的监管等行政措施。经过一年的努力，取得了明显成效。1995年经济增长速度进一步回落到10.5%，已接近适度增长区间。零售物价的上涨幅度虽然为14.8%，但比前一阶段已低了7个百分点。

金融形势稳定，M1 比上年增长 18%，增幅回落 6 个百分点；M2 增长 30%，增幅回落 4 个百分点。全年货币投放量明显低于控制目标。

第三阶段是 1995 年 12 月—1996 年 12 月，这是进一步扩大成果阶段。这一阶段主要是进一步扩大前一阶段的成果，在保持经济增长速度基本稳定的基础上，将物价上涨率控制在一位数。经过各方面的共同努力，实现了预定目标，成功地完成了经济的“软着陆”。1996 年国民经济比上年增长 9.7%，进入适度运行区间。金融形势基本稳定，金融改革顺利进行。全年 M1 增长 18.9%，M2 增长 25.3%，与经济增长基本协调。通货膨胀进一步得到有效抑制，全年商品零售价格比上年上涨 6.1%，涨幅比上年回落了 8.7 个百分点。不仅实现了调控目标，而且明显低于经济增长率。

经历了 3 年多的各项政策综合调控，中国经济的“软着陆”目标最终实现。从图 20—2 中刻画的 1993—1996 年我国主要经济指标的增幅情况可以看到，到 1996 年末，主要国民经济指标在样本区间内日趋平稳，主要表现在以下几个方面：

第一，国民经济由过热状态平稳回落到适度正常增长区间，没有大起大落。1996 年国内生产总值为 67 795 亿元，按可比价格计算，比上年增长 9.7%，增幅比最高的 1992 年回落 4.5 个百分点，平均每年回落一个多百分点，波动幅度小，且相对稳定。按照我国社会资源和市场常规需求综合测算，我国经济增长率的正常区间为 8%～10%，这几年的经济增长率已经处于这一区间。

第二，通货膨胀得到明显抑制，市场物价涨幅显著回落。1996 年零售物价总水平比上年上涨 6.1%，比最高的 1994 年回落 15.6 个百分点，短短两年就实现了将物价涨幅控制在 10%以下的调控目标。

第三，社会总供求关系明显改善，供求差率回到基本正常区间。一是固定资产投资增长适度，由 1993 年的 61.8%回落到 1996 年的 18.2%；二是货币供应量增长适度，M1 由前几年一度高达 40%以上回落到 1996 年底的 18.9%；三是农业持续丰收，1995 年和 1996 年粮食产量连续增产，近四年增产粮食 6 000 多万吨，稳定了市场供应，稳定了价格；四是国际收支状况改善，外贸由 1993 年的巨额逆差转为 1994—1996 年的连续顺差，国家外汇储备大幅度上升，1996 年达到 1 050 亿美元，比 1992 年增加 856 亿美元；五是总供求差率由 1992—1994 年连续超过 5% 的正常水平改变为 1995—1996 年均保持在 5%以内的正常水平。

在这次经济“软着陆”过程中，宏观调控的目标一直非常明确，调控的重点始终放在金融体制的改革和货币政策、抑制通货膨胀、固定资产投资管理、加强农业供给方面。特别是对引发经济过热的固定资产投资膨胀和货币扩张的两大龙头盯住不放。宏观政策的力度掌握得也比较适当，在三年多的时间里，始终坚持了适度从紧的宏观调控政策。既没有被来自局部、来自地方和企业要求放松银根的呼声所干扰，也没有不顾经济增长，单纯地追求降温。正是这种政策的适度性和连续性，保证了宏观政策调整成功实现经济“软着陆”的目标。

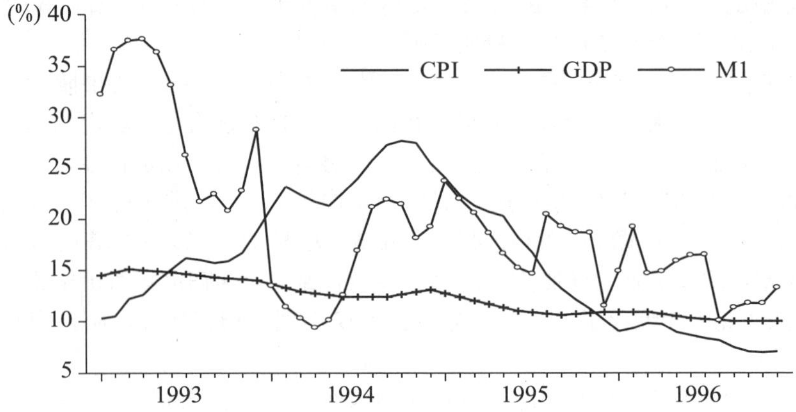

图 20—2　1993—1996 年主要经济指标的同比增长率

20.3 事件解读

“软着陆”是一个与治理通货膨胀相关的总体政策目标概念，其所包含的具体目标有两层含义：一是把通货膨胀控制在适度较低的水平，二是同时保持经济的可持续增长。根据标准的经济学理论，这两个目标一般难以同时兼顾，特别是在价格上涨的积累期较长而且通胀水平一直较高的时期。而我国经济能够在 1993—1996 年成功实现“软着陆”，这暗示出这次“软着陆”成功的原因可能不仅仅是经济运行规律本身，从制度层面进行分析可能会为中国以后的政策制定提供更重要的现实参考依据。

事实上，我国自改革开放至 20 世纪 90 年代末之前，经历了三次经济过热的局面。但是在之前的政策调整中，宏观调控手段单一，调控的时机把握不到位，而且制度层面的安排存在很大的目标冲突问题。这导致了之前的宏观调控出现“一管就死、一放就乱”的局面。我国在过去经济发展过程中经历的三次大起大落，付出了相当大的成本。在 1993—1996 年的宏观调控中，我国政府总结了之前的经验教训，在实践中取得了很好的成效。归纳总结起来，这次成功实现“软着陆”可以从以下几个方面进行分析。

20.3.1　对当时国民经济的准确分析与把握

（一）经济过热的先行指标的判断

这次宏观调控没有等问题全面暴露之后再采取措施，而是经济过热的迹象正在成为趋势性的时候就果断地采取了措施。1992 年下半年到 1993 年上半年，我国的国民经济虽已出现了过热的趋势，如固定资产投资的增幅达到 60％ 以上，房地产、开发区遍地开花，金融领域秩序混乱等，但整个经济过热的矛盾未完全暴露，衡量通货膨胀的零售物价指数 1992 年上涨幅度为 5.4%，远未达到两位数。但是，政府却依据一些先行指数，如新开工项目上得过猛（1992 年新开工项目达 56 364 个，比上年增长 23.6%）；投资品价格指数上涨已超过两位数（1992 年已高达 15.3%，1993 年上半年钢材价格已比上年同期上涨 61.8%）；货币发行量猛增（1993 年上半年货币投放比上年同期增长 68.3%）等趋势性苗头，果断地推出了治理经济秩序，特别是金融秩序措施，赢得了时间，争取了主动，为整个经济“软着陆”的实现奠定了基础。

（二）政策措施建立在对通货膨胀成因的准确判断的基础之上

从通货膨胀的成因来看，对我国 20 世纪 90 年代出现的通货膨胀成因的认识，占主流的看法是“综合型通货膨胀论”，且在时间上大都以 1994 年为起点。如果将时间跨度稍微拉长，则不难发现，造成我国 90 年代通货膨胀的深层原因主要是，在有明显的资源错误配置倾向的体制基础上和隐性通货膨胀压力较大的条件下，政策追求产出最大化的结果。这就决定了治理通货膨胀的首要价值取向只能是优化资源配置机制、加快改革。

就体制背景而言，我国 20 世纪 90 年代产生的通货膨胀的体制背景是转型经济。一方面，其资源配置模式是多种机制并存的交叉混合模式。具体表现为资源配置信号的不真实和资源配置模式仍然发挥着重要作用，供给和需求的形成机制很不规范。因此，在这一基础上形成的供求关系及其矛盾并非通过改变经济参数就能解决（江世银，1997）。必须改革不合理的体制，规范和优化资源配置机制。这不但可以改变供求结构，而且可以因体制摩擦的减少带来效率的提高，从而促进经济的增长。

从我国经济实践的结果来看，我国历次治理通货膨胀大都采取简单的总量紧缩措施，而不是从改善经济运行机制入手来理顺经济关系。这使得体制和结构性矛盾所造成的通货膨胀压力没有得到及时释放（周绍朋，1998）。这次“软着陆”期间的政策安排，则是将治理通货膨胀的着力点由简单的总量控制转移到体制改革上来，在方式上是由“治标”转为“治本”。其最终效果，不仅消除了通货膨胀压力，而且因经济运行机制的改善而释放出促进经济发展的巨大效应。“软着陆”的成功证明，是改革而不是简单的“适度从紧”的总量控制政策在实现“软着陆”中发挥着决定性作用。“适度从紧”的宏观经济政策，虽然也以一定的体制为背景，但其政策的着力点主要集中于数量上的调节而非制度上的变革。正如西方宏观经济理论所证明的，在治理通货膨胀的过程中，数量上的调节往往效果明显、操作简单和见效快，但不容易同时实现经济高增长和低通胀的双重政策目标。因此，建立在制度改革基础上的宏观政策调整，才是我国经济实现“软着陆”的重要推动力。

从我国经济“软着陆”期间的实践经验来看，当时的通货膨胀仅仅只是经济运行过程中各种矛盾的表现形式。其深层次的原因既有可能来自于市场机制的固有矛盾，也有可能来自于经济体制的缺陷。那种把通货膨胀简单地看做是市场经济固有矛盾，或者是由于某个或几个经济变量的偶然波动所引起，以及根据这一认识建立起来的理论可能并不具有普遍意义。由此我们得到启示：一方面，治理通货膨胀的措施在不同国家和地区，以及同一国家和地区的不同发展阶段是不同的；另一方面，各种政策措施对经济参数的影响并不完全服从于某一固定的模式。

20.3.2 宏观调控目标系统明确、相互协调

协调的调控目标是宏观调控的主要依据，它确立了宏观调控的方向和力度。在目标设置上，这次宏观调控较好地处理了相互联系、相互制约的各项宏观政策目标之间的关系。当时我们国家基本上采用国际上通用的重要经济指标，在较低的通货膨胀水平下，保持国民经济持续较快发展。这一目标实质上就是要实现高增长、高就业与低通胀并行的理想发展模式。当时我国宏观政策目标系统明确、相互协整，主要是指根据我国的具体情况，较好地协调发展经济、稳定物价与扩大就业这三大目标，相关决策层及时明确了经济增长率、通胀率和就业率的最佳合理区间。

同时，为了使总目标更具可操作性，又增加了子目标系统，即固定资产投资率、财政收支平衡率、货币供应量增长率、人口自然增长率等几项指标，总目标之间相互协调，子目标服从并服务于总目标。在实际运作中，将抑制通货膨胀作为实现宏观调控的首要目标，作为正确处理改革、发展和稳定三者关系的关键。在稳定物价的前提下，保持经济稳定快速增长。在经济增长的过程中，逐步扩大就业机会。国家还把实现经济总量基本平衡与推进产业结构优化结合起来，把控制需求膨胀和增加有效供给结合起来。从运行效果看，国民经济主要指标处在合理的区间范围内，指标之间相互关系的合理性达到多年来前所未有的佳境。继 1996 年“软着陆”以后，国民经济仍保持良好的发展势头。

20.3.3 优化结构、增加供给政策措施的协调

这次宏观调控与以往不同之处是重视国民经济结构优化、增加有效供给，采取适度从紧的宏观经济政策。一般来说，通货膨胀与经济过热是总量失控与结构失衡共同作用的结果。因此，加强宏观调控，消除经济过热，首先必须从控制总量开始，这是毫无疑问的。但只有总量控制，而没有相应的结构调整和制度优化，宏观调控的目标就不可能实现（刘寒波，1998）。仅从总量控制入手很容易造成实体经济滑坡，而且这种控制也很难持久。一旦总量上放松控制，扩张就会卷土重来，进而导致经济发展出现剧烈波动。

我国国民经济运行中的一个突出矛盾，就是总量与结构之间的矛盾（郑京平，1997）。如果总量受到控制，结构问题就暴露出来；如果迁就现有的结构，总量就无法控制。针对这一情况，在这次宏观调控中，一方面总量控制严格而适度，另一方面从一开始就注重和加强结构调整。这次调整结构较好地处理了三方面的关系：

一是兼顾投资与经济发展之间的相互促进、相互制约的关系；二是正确处理各产业和各行业之间的关系，重视基础产业、农业、支柱产业的发展；三是发挥地区优势，协调区际经济结构，注意处理好东、中、西部的关系，实现地区均衡发展。这种策略在当前我国经济发展战略中仍然具有重要意义。

在实现经济"软着陆"的过程中，国家积极促进产业结构优化并适当增加供给。其中主要措施包括优化投资结构以及财政和货币政策的协调配合。首先，优化投资结构的措施以产业政策为中心，注重在抑制投资即期需求效应的同时发挥其长期供给效应，既优化产业结构，又提高潜在生产能力，从而确保经济适度增长。具体措施包括以下几点：一是通过计划确定经济发展的重点，加强以农业、能源、交通和通信为重点的基本建设，并向商业银行推荐建设项目；二是依据投资计划，按照保重点、保收尾、保竣工的原则，集中资金完成竣工投产和收尾项目，早日形成新的生产能力；三是理顺价格关系，对价格水平较低的基础工业和基础设施的新建项目，实行逐步还本付息或微利，以调动企业和地方等各类投资主体对这些产业投资的积极性；四是对国家重点建设项目，在资金安排、征地拆迁、物资供应、交通运输、外部配套等方面予以保证；五是实行专项基金制度；六是在投资项目的安排上，适度向落后地区倾斜，对不发达地区实行"同等优先"原则，尽量多安排一些项目。对经济不发达地区从事国家重点项目建设，提高政策性贷款比重或给予优惠利率的贷款，并对重要的基础性、公益性甚至竞争性项目给予补助，以降低筹资成本、提高竞争力。国家还鼓励经济发达地区到不发达地区投资，引导和鼓励外商到落后地区投资。

其次，以适度从紧的财政政策与优化结构政策相协调。财政部门在增收减支、控制债务规模的同时，还采取了以下六点措施配合经济调整和增加有效供给：(1) 通过财政信贷集中更多的社会资金用于国家急需的基础产业建设；(2) 根据国家的产业政策、科技政策适当增加科技费用、技术改造拨款、贴息和新产品技术开发费，加速折旧投资抵免，以支持投资结构调整；(3) 采取财政贴息和专项资金等措施支持农业和农村经济发展；(4) 发挥投资方向调节税对投资的导向作用；(5) 对银行的保值储蓄实行贴息，支持银行实行适度紧缩的货币政策；(6) 支持企业优化资本结构，对国有企业"拨改贷"资金本息余额分情况转为国家资本金，将优化资本结构试点城市国有企业上缴所得税的一部分拨给企业，用于补充流动资金，对国有企业兼并破产中银行的损失，在实行总量控制的条件下，采取呆账坏账准备金冲销等一系列措施。

再次，适度从紧的货币政策措施与其他政策措施相协调。具体的货币政策措施包括以下五点：第一，适度控制货币发行量，中央银行根据宏观经济发展目标确定货币发行量。由于投资规模得到控制，投资过大对货币发行的倒逼机制弱化，货币发行量的增长基本上与经济增长的速度相适应。第二，调整利率和再贴现率。中央银行根据物价水平的高低及时灵活地调整银行存贷款利率和中央银行对商业银行的再贷款利率，在通胀率较高时调高利率和再贴现率，在通胀率下降后及时下调利率和再贴现率。使物价和存款利率、存款利率和贷款利率、贷款利率和债券利率之间保持合理水平，以减轻财政负担，降低企业融资成本，促进经济增长。第三，在信贷方面实行“总量控制和结构调整”，对国家重点项目和重点企业实行“点贷”。[①] 第四，在用贷款规模和再贷款规模等措施调整社会货币供给量的同时，逐步压缩信用放款，适当扩大中央银行的再贴现范围和数量，从资金源头上调节流入经济领域的信贷资金量。第五，改进金融调控方式，运用公开市场业务等新的间接调控工具。国债规模的扩大为公开市场业务创造了条件。1996 年开办中央银行国债公开市场业务，以更灵活的方式微调货币供给量。

20.4 “软着陆”的理论含义

“软着陆”的成功实现，标志着中国宏观政策调控的一次胜利，也是中国宏观金融理论发展过程中的一个里程碑。由于这次“软着陆”的特征是通货膨胀率得到控制，同时经济增长并没有因此受到过度削弱，这对传统的凯恩斯主义无疑是个不小的挑战。于是，很多经济学家就把目光转向了弗里德曼的货币主义（骆玉鼎，1999）。根据弗里德曼的论断，通货膨胀“无论在何时何地都是货币现象”，货币量变动“短期影响产出，而长期只影响物价”。从这个层次上看，似乎这次的成功完全要归功于中央银行的货币政策的调控。但如果我们仔细地分析一下整个“软着陆”的过程，我们可能会对这些理论上的问题有更多的认识。

20.4.1 货币主义的局限性

图 20—3 描绘了“软着陆”期间我国 CPI 通胀率、不同层次的货币供应增长率（同比）以及真实 GDP 的同比增长率。从图中可以看出，M1 的季度同比值增长率在 1993 年第一季度达到最大值后开始下降，到 1994 年第一季度降至最小值为 14.15%，季度平均降幅达 10.25%。同期 M2 降幅为 10.36%，季度平均降幅为 2.59%。尽管二者下降幅度不同，但总体上都表现出下降趋势。1994 年第二、三季度，M1 和 M2 的季同比增长率又同时开始回升，M1 增长率升至 26.37%，不到 1993 年一季度的一半，而 M2 增长率却升至 31.80%，成为 1993—1996 年间的最大值。这里，M1 与 M2 的增长率变动轨迹显然出现了分歧。同样的情况在 1994 年第三季度到 1995 年第四季度再次出现，M1 增长率由 26.37%降至 8.19%，季平均

① 所谓点贷，是指集中贷款管理权限，由高层银行直接定企业、定用途、定金额、定期限等予以贷款，基层银行贯彻执行高层银行的贷款决策。需要注意的是，点贷并非贷款管理的一般程序，因此只在特殊环境下运用。如果过多运用点贷方式管理贷款，则难以优化信贷资金分配，也达不到资源最佳配置的效用。

下降 3.64%，M2 增长率由 26.80%降至 19.95%，季平均降幅只有 1.37%。

从以上数据我们可以得出几点重要启示。第一，在 1993—1996 年期间，M1 与 M2 的季度同比增长率存在相当大的差异。按照基础货币—货币乘数分析的思路，出现这样大差异的原因可能是 M1 与 M2 各自对应的货币乘数发生了不同的变动。第二，从图 20—3 中我们还看到，M1 季度同比增长率的走势与 CPI 通胀率的走势较为一致，而 M2 增长率则与真实 GDP 增长率较为一致。因此，1993—1996 年间通货膨胀率的下降似乎与 M1 增长率的迅速下降有关，而同期经济增长保持稳定则可能与 M2 增长率的相对稳定有关。或者可以说，M1 的剧烈变动不能解释 GDP 的相对稳定，而 M2 的相对稳定也难以解释通货膨胀率的下降。

综合以上两点，我们可以得出结论：1993—1996 年中国宏观经济调控的成功，无法完全用货币主义理论来解释。在我国经济实现“软着陆”的过程中，制度等许多非货币因素可能扮演了更重要的角色。

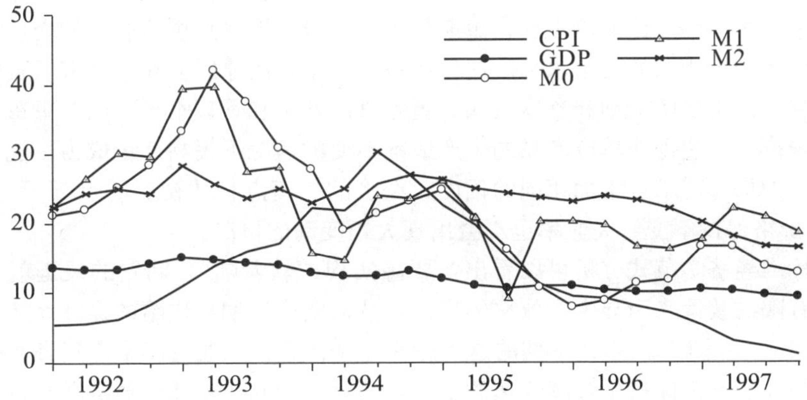

图 20—3　1992—1997 年主要经济指标的季度同比数据

20.4.2　标准的经济学范式

从传统的经济学思维范式上分析，在保持经济高速发展的同时，严格控制通货膨胀一直都是困扰经济学家们的难题。在潜在总供给保持不变的情况下，总需求的过度扩张会引起通货膨胀，而总需求的紧缩又会引起经济的衰退。那么，怎样才能在低通胀的情况下实现经济长期稳定增长呢？以下我们从“高增长—低通胀”模式的理论模型建立着手，尝试分析中国经济“软着陆”是如何实现的。

为方便说明，我们用下面的图 20—4 进行阐释。如图 20—4 所示，在 E_0 点，经济同时实现了短期均衡和长期均衡，这时，实际国民收入与潜在总供给 Y_0 相等，物价水平为 P_0。随着时间的推移，如果劳动力总量增加了，生产率也提高了，将会引起经济发生什么样的变化呢？应用宏观经济分析，我们不难得出潜在（长期）总供给曲线将从 S_0 平行移动到 S_1。

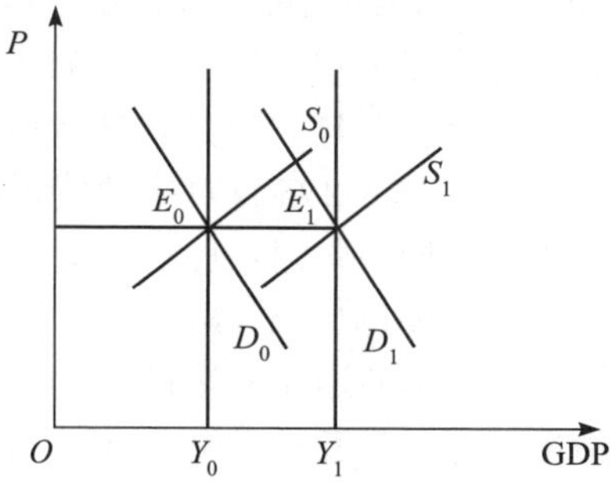

图 20—4　供求平衡示意图

理论上，当潜在总供给保持不变而总需求曲线向右上方平行移动时，经济的变化表现为沿着短期总供给曲线的滑动。但是，当潜在总供给本身发生增长时，短期总供给曲线将同潜在总供给曲线一道向右方移动。而且，只要在此过程中生产要素价格水平和生产率之比保持不变，短期总供给曲线和潜在总供给曲线的交点将和原来的均衡点处于相同的价格水平。这种经济现象出现的原因就在于经济增长推动因素的改善——更多的劳动和资本投入，更先进的技术和管理水平，以及更重要的合理制度安排——使得在单位产品的生产成本不变的情况下提高产量成为可能。在此过程中，如果总需求也增加相同的幅度，经济的均衡点将从初始的点 E_0 平滑地移到 E_1，价格保持不变，失业率也不会出现大幅变动的情况。

从标准经济学范式分析可以看出，要想实现"软着陆"，问题的关键就在于如何设计有限的政策来引导生产效率的提高，从而实现短期总供给的提高。从实践上看，中国在 20 世纪 90 年代中期的这一轮宏观调控中，在通货膨胀得到有效抑制的同时，国民经济仍保持了持续快速的增长，其归根到底还是在于经济增长效率的提高。也只有效率型的增长模式才能使年平均近 11％的高增长速度不致引发通货膨胀，使经济保持持续稳健的、非膨胀的增长。

众所周知，1992 年我国经济改革开始由过去侧重于突破旧体制，进而转向侧重于建立新体制；由以放权让利为核心的权利结构调整，转向国有企业制度创新；由宏观管理体制的单项改革，转向初步建立市场经济的综合宏观管理体制框架；对外开放也向前所未有的广度和深度推进。这些背景都为经济增长带来了制度变迁的效率和推动力。

更为重要的是，在这一体制条件下，我国非国有经济获得了突破性的快速发展。由于非国有经济采取了与国有经济完全不同的产权制度形式，是按照市场经济运作机制运作的自主经营、自负盈亏的竞争主体，其追求的目标是长期利益最大化，因而比较注重技术进步、组织创新、劳动者素质提升以及经营管理效率提高。这些都使得非国有经济的投资效率和生产率在一定时期内高于国有经济。

当然，除了以上分析的原因之外，我国经济成功实现软着陆的推动力可能还有很多其他方面。例如，Zhang 和 Clovis（2009）发现，在 20 世纪 90 年代中后期之后，我国通胀率的持久性特征发生了显著的结构性转变，通胀持久性水平出现较大的下降，从而有利于当时中国经济实现软着陆。Zhang 和 Clovis（2010）的研究进一步表明，通胀持久性下降的真正推动原因是 20 世纪 90 年代中期之后更加完善的货币政策制度。这些原因的量化程度如何，可能是未来研究需要进一步解决的内容。

20.4.3 新凯恩斯主义理论的重要实践

1996 年的经济软着陆，也是新凯恩斯主义理论在中国的一次重要实践，特别是新凯恩斯菲利普斯曲线所刻画的通胀动态机制理论的重要实践。新凯恩斯菲利普斯曲线是基于微观公司定价机制，从供给方的黏性价格理论推导而得。因此，这一理论在宏观和微观之间搭建了一座开创性的桥梁，也是新凯恩斯学派理论分析方法集大成的典范。

基于微观基础的新凯恩斯菲利普斯曲线模型可以写出

$$\pi_t = c_0 + \alpha_f E_t \pi_{t+1} + \alpha_y y_t$$

这里，c_0 衡量均衡状态下（GDP 缺口为零时）的通胀率水平，系数 α_f 度量在 t 时刻人们对未来通胀率的理性预期对即期通胀率的影响程度。在这一理论模型框架下，真实变量（GDP 缺口）y 对当期通胀率的压力程度体现在系数 αy 上，αy 值越大说明实际产出与潜在产出间的缺口对通胀率的杠杆效应（leverage effect）越高，或者说其他条件不变的情况下治理通货膨胀将以牺牲较大的经济增长为代价。

但是，如果在治理通货膨胀的过程中，相关制度设计合理、宏观政策调控得当，就可能有效控制通货膨胀预期，进而在真实经济产出不出现大幅下滑的情况下同样获得低通货膨胀目标。从这一层面看，20 世纪 90 年代中后期的这次经济软着陆，确实是新凯恩斯主义理论要旨的重要实践。近来的研究（Zhang and Clovis，(2009)）也从理论和实证两个层面验证了这一结论。

20.5 “软着陆”对当前经济发展的启示

20.5.1 中国的经济波动与“软着陆”

虽然从长期看，经济发展会稳定在自然的产出水平上，但正如凯恩斯所说的那样，“从长期来看，我们都死了。”经济周期是国民经济增长路径上的常态，也是所有的国家都要面对和解决的问题。但我们必须认识到，经济波动具有客观性和可调节性，是可以认识和把握的。要正确掌握经济周期波动规律并熨平经济周期，关键是要发挥相关因素对经济波动的平抑作用。

以往，中国经济波动常常以高速增长为起点，以大收缩为终点，大体上经历了

“高涨—衰退—回升”的周期模式。在高涨阶段，由于经济增长目标高，经济规模大，固定资产投资增长过快，往往造成经济过热，使各项比例失调，“瓶颈”制约严重，总需求膨胀，引起财政赤字上升、物价上涨，整个国民经济处在十分紧张的状态。这时候，政府就需要制定和施行合理的措施及时给经济平缓“降温”。在给经济降温的过程中，如果政府采用“急刹车”的办法，通过大幅度降低投资增长率和货币供应量，将会造成峰谷落差大、经济波动更加剧烈。与此不同，“软着陆”采用的是渐进方式，适当降低投资增长率和货币供应量，使经济增长率稳步回落到适度增长区间。这样峰谷落差小，并在经济降温的同时，保持适当的增长速度。

我国在20世纪90年代中期的这次成功的“软着陆”对新世纪中国经济实现十年的缩长模式具有重大意义（李灵燕，1999），被称为“中国范式”的经济“软着陆”。这次经验向我们呈现了中国宏观经济的运行机制，揭示了很多中国经济中存在的特有问题和特殊制度安排，也为我们在以后应对经济周期波动问题提供了重要的政策调整参考依据。

20.5.2 对宏观调控的启示

“软着陆”之后相当长的时间里，我国经济似乎一直处于“经济增长—通货紧缩”的局面（即所谓的缩长模式）。尽管决策层放松银根，投资和消费保持高速增长，但物价水平似乎并不为所动，而且市场供给相对过剩的格局依然如故。这种情况在最近几年虽然有所改变，但内需增长并不强劲，扩大内需依然是摆在政府面前的重大课题。

从根本原因看，这种局面是投资与消费的比例持续失调造成的。投资比例过高，消费比例偏低，中间需求即投资品需求挤占了居民最终消费需求。我国目前的投资与消费比例为38.5∶61.5，远高于发达国家的20∶80。农民增收是扩大内需的重点，但增加农民收入却步履艰难。最终消费需求是经济持续增长的原动力。消费比例长期过低，投资超常增长便失去了赖以支撑的基础，从而导致生产能力过剩，产业结构扭曲，最终很容易引发经济衰退。

因此，扩大内需是当前中国经济发展的基本立足点。中国的投资需求和消费需求都具有很大的扩张余地，足以支撑国民经济保持稳定增长的良好局面。只要中国政府大力促进增加内需，把未充分利用的潜在资源加以开发利用，经济持续增长的局面仍然有可能保持下去。

当然，从“软着陆”的顺利实现来看，经济平稳发展需要充分发挥宏观政策的调控作用。1999年，在实行投资启动的同时，又实行了消费启动。“双启动”对于抑制经济增长率滑坡，控制物价负增长起着至关重要的作用。消费启动可以根治市场疲软，是市场运行走向兴旺的有效途径，是经济运行从低增长转向高增长的必由之路。在“软着陆”过程中，市场疲软与物价居高不下同时并存，大量商品积压为通货膨胀所掩盖。在经济增长率下降到适度区间后，商品积压的严重性充分展现出来，物价呈现了负增长，出现了“通货紧缩”。1997 年中国经济增长未能出现所预期的景气回升，与亚洲金融危机对中国经济发展的负面影响有一定的联系。而集体工业增速下降是导致经济增长持续回落的直接原因，经济运行机制的变化和经济体制加速转轨对总需求尤其是消费需求的负面影响是根本原因。

经济波动的出现，既有内在因素又有外在动因。经济的周期性波动由经济内在因素决定。经济内在因素主要是生产条件和市场条件。生产条件和市场条件，即生产和消费之间的关系始终贯串于经济运行全过程，经常存在着“适应—不适应—适应”的矛盾运动，当二者相适应时，可以有力地促进经济增长，当二者相脱节时，将难以支持经济增长。而经济外在因素，主要是宏观经济政策与制度因素，包括相关的财政政策、货币政策、经济体制等。宏观经济政策的失误、制度不健全等都会导致经济波动加剧。

在决策上交替使用扩张和紧缩两种总量政策，表现为“扩张—紧缩—扩张”；通过货币供应和固定资产投资，在经济运行上表现为“繁荣—衰退—繁荣”的交替出现（蒙本曼，2003）。货币供应时紧时松，投资增长率时高时低，而且幅度很大，这样就出现 GDP 增长率“大起大落”的非良性运行。之前的几次经济波动都是强波动，表现为经济增长率的“大起大落”。这种“大起大落”无一不与决策不利和制度不完善有关。决策上过高的增长目标推动了经济的过热，表现为“大起”；当经济过热难以为继时，在决策上运用行政手段，采取“急刹车”的办法，对货币供应和固定资产投资进行全面紧缩，其结果便表现为“大落”。而这一过程中缺乏完善的制度背景，使得经济周期“不是过冷就是过热”的问题不能得到有效遏制。

20.6　总结

在世界经济金融局势不断变化的大背景下，中国经济却连续 20 多年保持平稳较快增长，期间很多经典事件值得回顾和深入思考。20 世纪 90 年代中后期，中国经济成功实现“软着陆”，走出了一条高增长、低通胀的道路，这是中国实施宏观调控的伟大成就。

但我们也要看到，中国经济增长的支撑点主要来自制度调整和体制改革。体制转变是经济增长方式转变的保证，而转变经济增长方式是保持国民经济可持续发展的需要。在向市场经济体制转轨的过程中，中国保持了经济持续增长和社会稳定。中国的经济增长速度不能设立过高，过高的增长率必然带有不健康的因素，如果脱离客观现实盲目追求高增长，最终仍然会导致经济出现大起大落，造成欲速而不达的结果。

综合来看，本章对我国经济实现软着陆的回顾，一方面为准确把握中国经济发展不同阶段的特征提供了更细致的信息，另一方面对当前全球经济金融局势尚不稳定的背景下中国宏观政策综合调整提供了经验依据。从未来宏观政策的配合来看，在增加政府投资和银行信贷刺激经济发展的过程中，要增强财政、货币、投资、产业、就业等政策的一致性与协调性，并且关注市场信心的恢复和提振。而提振市场信心的重要内容在于扩大就业、降低失业率。虽然促进经济增长与提高就业率的目标实质是一致的，但是要充分考虑到从经济增速放缓到重新腾飞可能需要一定的时间调整，因而以经济增长带动就业也就可能存在一定的时滞。在这个动态调整过程中，国家可以在扩大就业方面加大力度，进一步突出积极的政府干预对熨平经济周期的重要意义。

在具体措施方面，需要进一步强化政府对资本密集型部门的宏观调控，积极促进国有企业参与国内外资产的收购，促进房地产市场和资本市场稳定发展，并且将资源配置重点投向共同振兴经济和提升就业的领域，从过去的吸引外资来扩大就业，转变为增加本国政府支出、多渠道扩大内需和积极盘活国内市场来增加就业。这样，随着多层面的宏观政策不断深入落实，中国经济发展受到外部需求放缓带来的不利冲击将会减小，经济平稳较快发展的良好局面也将继续保持下去。

参考文献

戴启斌，王忠宇．注重“软投入”实现“软着陆”．银行与企业，1989（94）

刁永作．“软着陆”的经济学思考．财经问题研究，1997（5）

江世银．“软着陆”后运用经济手段对我国经济结构的调整及其意义．社会科学研究，1997（4）

李灵燕．中国经济“软着陆”的实证分析．经济改革，1999（2）

刘寒波．对“软着陆”成功原因的分析．经济纵横，1998（4）

刘伟．经济“软着陆”与非国有经济．经济研究，1998（4）

骆玉鼎．货币数量调控的作用．财经研究，1999（5）

蒙本曼．“软着陆”后中国的经济波动．经济学研究，2003（1）

张卓元．中国经济有望实现“软着陆”．经济研究，1995（10）

张成思．中国通胀惯性特征与货币政策启示．经济研究，2008（2）

郑京平．稳中趋好“软着陆”成功．统计研究，1997（1）

郑泽香，郑京平，张英香．“软着陆”前后．中国统计，1997（8）

周绍朋，王健，汪海波．宏观调控政策协调在经济“软着陆”中的作用．经济研究，1998（2）

Abeysinghe，Tilak，Rajaguru，Gulasekaran，2004. Quarterly Real GDP Estimates for China and ASEAN4 with a Forecast Evaluation. *Journal of Forecasting*，23（6），431－447.

Zhang，Chengsi，and Clovis，Joel，2009. Modeling China Inflation Persistence. *Annals of Economics and Finance*，10（1），89－110.

Zhang，C.，and J. Clovis（2010），“China Inflation Dynamics：Persistence and Policy Regimes.” *Journal of Policy Modeling*，32（3），373－388.

第21章

汇率并轨[1]

Unification of Exchange Rates

【摘要】 汇率并轨，指人民币汇率由双轨制变为单一汇率制，是1994年外汇体制管理改革中一项最有分量的重要举措。这次改革所确立的以市场供求为基础的、单一的、有管理的浮动汇率制度一直沿用至今。由于采取了实行银行结售汇制、建立银行间外汇市场等其他配套措施，汇率并轨改革迅速而圆满地完成了两个主要目标：实现汇率平稳并轨和快速积累外汇储备。改革进展顺利，成就斐然，在国内外引起了巨大反响。但在改革方案设计上也存在局限性，比如强制结售汇和银行间市场交易主体的单一性削弱了汇率形成的市场基础，导致人民币升值预期下外汇储备激增，以及中央银行承担过多的汇率责任造成汇率制度僵化等。特别是在2002年前后内外均衡形势发生重大改变时，这些制度缺陷表现得更加突出。牙买加时代，发展中国家在汇率制度选择以及对外金融政策目标选择方面面临各种难题和挑战。这些相关理论和政策探讨为我国完善汇率制度提供了可咨借鉴的观点和经验。2005年重新启动的人民币汇率制度改革是汇率并轨改革的继续，重点在于完善汇率形成机制。但是改革效果不够理想，其意义和影响力也无法超越1994年汇率并轨改革。

【关键词】 汇率并轨　人民币汇率改革　发展中国家汇率制度选择

Abstract: Unification the exchange rates describes the changing of RMB exchange rate from a double-track system into a single exchange rate regime, which became the most valuable part of the Foreign Exchange Administration System Reform of 1994. A single managed floating exchange rate regime based on market demand and supply established then is still in use up to now. Due to supple mentary reform measures such as the Mandatory Purchase and Sale of Foreign Exchange

① 本章撰稿人：王芳。

with banks and Inter-Banks Foreign Exchange Market, the Exchange Rates Unification Reform quickly and perfectly fulfilled its two main missions. One is peacefully merging of the exchange rates, the other is quickly accumulating of the foreign exchange reserve. The Reform of 1994 progressed smoothly and big achievements were attained, therefore raised strong repercussions inside and outside China. However, Reform of 1994 had its limitations. For example, the market base of the exchange rate mechanism has been weakened by the mandatory purchase and sale of foreign exchange, as well as the undiversified inter-banks foreign exchange market participants, which led to foreign exchange reserve proliferating. Such system defects stood out especially when China's internal & external equilibrium experienced big changes around year 2002. Developing countries had to face various problems and challenges in the field of exchange rate regime selection and external financial policy targets selection. Related theory and policy discussion provided valuable viewpoints and experience to perfect the RMB exchange rate regime. The RMB exchange rate regime reform was reactivated in 2005, focusing on the exchange rate mechanism reform, which was considered as to carry on the Reform of 1994. Unfortunately it turned out this time is inappropriate. Besides, both the significance and the influence of the exchange rate regime reform of 2005 by no means overwhelmed the Reform of 1994.

Key words: merging of the exchange rates, RMB Exchange Rate Regime Reform, exchange rate regime selection of developing countries

汇率并轨，指自1994年1月1日起人民币汇率由双轨制变为单一汇率。即由过去的官方汇率与外汇调剂价格同时并存，改为开始实行以市场供求为基础的、单一的、有管理的浮动汇率制度。这一事件被视为真正意义上的人民币汇率制度改革的开端。

21.1 引言

1994年被称为中国经济的“改革年”。因为这一年是国内构建社会主义市场经济体制①一系列配套改革的实施之年：外汇管理体制改革、财税体制改革、金融体

① 1993年11月中国共产党十四届三中全会通过《关于建立社会主义市场经济体制若干问题的决定》，将十四大确定的建立社会主义市场经济体制的目标具体化，为深化改革进行了总体设计。其中明确提出，“改革外汇管理体制，建立以市场供求为基础的有管理的浮动汇率制度和统一规范的外汇市场，逐步使人民币成为可兑换货币”。

制改革、投资体制改革、企业制度改革、住房制度改革、物价体制改革等多种变革相继出台。而汇率并轨，正是当年率先推出的外汇管理体制重大改革中最有分量的一项举措。

价格双轨制是中国从传统计划经济向市场经济转型阶段颇具特色的经济现象之一。在 1981 年至 1993 年期间先后出现过的人民币公布牌价与贸易外汇内部结算价并存（1981—1984）以及官方汇率与外汇调剂价并存（1987—1993）的复汇率制，正是那段特定历史时期的特殊产物，在改革开放初期发挥了一定的积极作用（夏军，1994）。但是随着经济的发展，"市场经济的天下迅速扩大，计划经济那些交易所占比例越来越小"（茅于轼，2008），从价格双轨到并轨便成为顺理成章、水到渠成的事情。到了 1993 年下半年，国内通过调剂市场进行的外汇交易几乎占到全部外汇交易的 80%以上。再加上"复关"谈判期限的临近①，实现汇率并轨在当时看来似乎已经带有某种"必然性"了（陈全庚，1993；陶湘，1994；王林生，1993；杨帆，1993）。

正式的汇率并轨方案从 1993 年夏天开始酝酿设计，到秋天时中央政府即确定了"使人民币成为可兑换货币"的最终目标。7 月，当时的国务院副总理朱镕基亲自出任中国人民银行行长，主持并促成了整个改革的前期方案研究和后来的具体实施（郑双庆，2008）。

于是，为贯彻落实国务院文件精神②，中国人民银行于 1993 年 12 月 28 日对外发布《关于进一步改革外汇管理体制的公告》，宣布自 1994 年 1 月 1 日起对我国外汇、外贸管理领域实施若干重大制度性改革措施。其中主要包括：实行人民币汇率并轨；实行以市场供求为基础的、单一的、有管理的浮动汇率制度；实行银行结售汇制，取消外汇留成、上缴和额度管理制度，实现人民币在经常项目下有条件可兑换③；建立银行间外汇市场，改进汇率形成机制，等等。

并轨后的人民币汇率，以受国际收支状况影响的外汇市场供求关系为主要决定依据。中国人民银行根据 1993 年 12 月 31 日全国 18 家外汇公开市场调剂价格的加权平均数确定了新汇率制度下基准汇率的起始价格：1 美元兑换 8.7 元人民币。1994 年 4 月，全国统一的银行间外汇交易市场正式运行。中国人民银行主要运用

① 汇率双轨制是当时恢复我国在关贸总协定缔约国地位的重要障碍。关贸总协定和国际货币基金组织禁止其成员国实行歧视性汇率安排或采取复汇率制。为配合"复关"谈判，人民币双重汇率的并轨成为必须解决的问题（楼继伟、高剑虹，2008）。当时的情况是，1995 年 1 月 1 日关贸总协定即将被新成立的世界贸易组织取代。如果希望中国以关贸总协定缔约方身份顺利地进入世贸组织，"复关"谈判无疑需要最后冲刺，而关贸总协定最后一轮乌拉圭回合谈判的时间（1994 年 4 月）就有了很强的参考价值。

② 指国发［1993］89 号文《关于进一步改革外汇管理体制的通知》，于 1993 年 10 月 1 日下发各省、自治区、直辖市人民政府及国务院各部委、各直属机构。

③ 1996 年 12 月 1 日，实现人民币经常项目完全可兑换。

货币政策、外汇政策等经济手段调节外汇供求，保持人民币汇率相对稳定。至此，初步确定了市场配置外汇资源的基础地位（胡晓炼，2008）。

以汇率并轨为核心内容的1994年外汇管理体制改革进展顺利，取得了很大的成就，甚至在某些方面远远超出了决策者和学者们的预期。首先是并轨后市场没有出现大的波动，在更加市场化的汇率形成机制下，人民币汇率呈现出基本稳定和双向浮动的特征。至1996年人民币对美元名义汇率累计升值幅度接近5%（易纲，2010）。其次，并轨后对外贸易和外资流入大幅度增长，国际收支连年顺差，外汇储备成倍增加。① 另外，建立起统一、规范的外汇市场，逐步实现人民币经常项目可兑换，促进中国经济与世界经济接轨，进一步提高了我国对外开放水平，更加深入地参与国际分工与合作（陈全庚，1996）。乃至后来中国经济在1997年亚洲金融危机的强烈冲击下能够基本保全，也在很大程度上受益于汇率并轨对完善我国外汇管理体制以及提高政府宏观调控水平所产生的长远影响。难怪时任中国人民银行副行长的周正庆在多年以后会感慨："从计划经济向市场经济转轨的过程中将两种汇率体制并轨……我认为这个改革是所有金融改革中最顺利、最成功的改革。"②

人民币汇率并轨及其取得的明显成效，也受到全球范围的广泛关注，并为中国政府赢得了一片赞誉之声。比如，《远东经济评论》在1994年1月20日针对中国的汇率并轨改革发表社论，认为"中国取消官方汇率，这是它要建立一个更自由更合理的外汇体制的好迹象"，但同时也强调"中国真正需要改变的是应该遵循供求规律"。国际货币基金组织则毫不吝啬地把这次改革上升到"战略性决策"的高度，并指出"中国社会发出了又一强烈信号，（让人们）进一步增强了对中国经济的信心"（陈全庚，1996）。

然而，1994年的汇率并轨改革看起来波澜不惊，实则暗潮汹涌。由于并轨前官方汇率与外汇调剂价格两者相差悬殊③，给了那些"官倒"巨大的牟利空间，所以1993年底宣布次年元旦开始实施汇率并轨，在市场内外所引起的震动是非常大的。据估计，1993年的外汇价差获利规模可能达到1 000亿元。一夜之间，这些"有办法"的人的财路就被重大而迅速的改革措施断掉了。吴敬琏在1997年回忆道："那时既得利益者进行广泛的公关活动，宣传汇率并轨将引起巨大混乱，甚至导致人民币崩溃。可是中国政府顶住了压力如期实现并轨，虽然由于准备工作不充

① 1993年底我国外汇储备为212亿美元，1994年底已达到516亿美元；到1996年底已经突破1 000亿美元，仅次于当时的日本和德国。

② 摘自周正庆2005年10月10日在西南财经大学的专题讲座《中国金融改革的回顾与展望：关于深化金融改革的几个问题》。

③ 当时的人民币兑换美元官方汇率为5.8。1993年6月上海外汇调剂市场价格曾一度升高到12。7月国家紧缩经济，相继出台一系列外汇市场干预措施，人民币调剂汇率逐渐回落，基本稳定在8.8～9的狭窄区间。但是与官方汇率相比，仍然是有明显差价的。

分而有过短期的小混乱，但是现在人们不得不承认，总的结果是好的。”①

应当看到，尽管人们对汇率并轨本身普遍持肯定态度，但是在改革时机是否恰当、条件是否成熟、制度设计是否合理、改革的实际经济效应以及对宏观经济运行和宏观调控是否产生长短期负面影响等具体问题上则始终存有争议。景学成（1994）认为，从当时的宏观经济条件、市场准备、调剂汇价水平以及中央银行干预市场能力等方面来看，汇率并轨的条件已经基本成熟；而且汇率并轨的时机得当、形式恰当。胡晓炼（1995）强调汇率制度改革对我国外向型经济的发展有明显推动作用，同时提出把国内通货膨胀的主要原因归于汇率并轨和外汇储备的增加是不准确的。裴平（1994）通过对改革进程和经济数据的分析指出，汇率并轨与1994 年上半年进出口状况改善的关系并不密切。孙明春（1994）更关注汇率并轨使汇率稳定成为货币政策的重要目标之一，并强调这使得货币政策的制定和运用都更为复杂和微妙。

本章对 1994 年汇率并轨的讨论遵循以下两个原则。第一，是从人民币汇率制度改革的角度来考察汇率并轨。由于当时明确的“以外汇市场供求为基础的、单一的、有管理的浮动汇率制度”之基本框架仍然为现行汇率制度所延续，所以汇率并轨也被视为人民币汇率制度改革的重要里程碑。第二，是在一个更长的时间跨度里动态地评价汇率并轨及之后的人民币汇率制度改革。从 1994 年至今已经接近 20 个年头，国内外经济形势发生了太多变化，有必要重新审视当年汇率并轨留下来的制度遗产，为继续完善人民币汇率制度提供有益的思路。

接下来的内容安排是：第二部分对汇率并轨的背景和影响进行分析，比较改革的初衷与实际效果，从短效和长效两个不同角度来总结汇率并轨的经验与教训。第三部分结合发展中国家在汇率制度选择方面普遍存在的问题做一些理论和政策上的探讨。第四部分在前文讨论基础上对近年来人民币汇率制度的继续改革进行简要评价。最后对本章的主要观点加以归纳。

21.2 背景和影响分析

21.2.1 汇率并轨背景和改革初衷

自从新中国建立人民币制度，自然也就有了用人民币表示的外汇价格，即人民币汇率。但是在计划经济体制下，国家通过指令性计划和行政办法保持外汇收支平衡。这时的人民币汇率逐步与物价相脱节，对外明显高估，基本上属于有价无市，

① 摘自《共和国总理朱镕基》，载《南方周末》，2003 年 3 月 6 日专刊。

也谈不上对经济有什么调节作用。

真正意义上的人民币汇率制度，是在20世纪80年代确立并逐渐发展起来的（见图21—1）。自1981年1月1日起，国家根据全国平均的出口换汇成本[①]（＄1＝￥2.53）加上10％的利润，计算得到用于进出口贸易及从属费用结算的贸易内部结算价[②]（＄1＝￥2.80）；同时公布人民币汇率牌价（＄1＝￥1.53），主要用于非贸易外汇兑换和结算。1984年12月31日，公布牌价与贸易内部价水平实现一致（＄1＝￥2.8），便取消了贸易内部价，于是计划内双重汇率并存的阶段宣告结束。这实际上也是人民币汇率历史上的第一次“并轨”。

在此后整整九年的时间里，人民币汇率在制度建设上完成了一系列有益的探索。一方面是人民币公布牌价不定时地逐步调高：2.80→3.20→3.70→4.72→5.22→5.70→5.80，试图向人民币真正的对外价值靠拢。并且从1991年4月9日起采取有管理的浮动汇率制，由中国人民银行根据出口换汇成本、国际收支状况以及国际外汇市场主要货币间汇率变动等对人民币汇率进行适时适度的微调，以避免一次性大幅度汇率调整对国民经济造成的冲击过大。

另一方面是外汇调剂市场不断成长壮大[③]，外汇调剂价发展成为事实上与官方汇率并行存在的第二重汇率。随着对外汇调剂的各种限制逐次放开，外汇调剂市场的交易主体范围从国营外贸企业扩大到外资企业再到居民个人；价格形成机制从内部调剂定价转变为公开竞价成交；相应地，全国外汇调剂交易规模也从1987年的42亿美元快速增加到1992年的251.05亿美元。

应当看到，外汇调剂市场得以存在与发展的根本原因在于，改革开放以来国家在外汇管理上所实行的外汇留成制度。实行出口商品外汇留成，是国家鼓励出口、增加外汇收入的重要经济措施，它赋予企业一定的外汇支配权。而在留成核拨的管理方式下，自然也就产生了外汇余缺调剂的需求和供给。外汇调剂市场为企业、金融机构以及居民个人提供了“场外”交易市场。尽管分散于全国各地的调剂中心不联网，调剂价格在时间、空间上都存在差异，但由于政府管制相对较少，外汇调剂价这个私人部门之间自由买卖外汇的价格相对于官方汇率而言，的确是更能反映市场供求的。

---

① 出口换汇成本，亦称“出口换汇率”。在出口贸易中，换回一单位外币所需要出口商品的人民币价值，也即出口商品的人民币成本与出口外汇净收入的比值。出口商品成本越低，出口收汇越多，那么出口换汇成本就越低，国家的出口状况就越好。

② 贸易内部结算价是调节进出口贸易的一项经济措施，是一个平衡价。其目的是改变此前长期形成的出口赚钱、进口加成赚钱的情况，发展对外贸易，奖出限入，促进外贸企业内部经济核算，适应外贸体制改革的需要（陈雨露，2008）。

③ 1985年深圳成立第一家外汇调剂中心；1987年即扩大到沿海各大城市乃至全国范围。1988年上海创办了第一家公开外汇调剂市场，引入公平竞价的市场模式。至1993年底，全国共有121个外汇调剂中心，其中18个公开调剂市场。

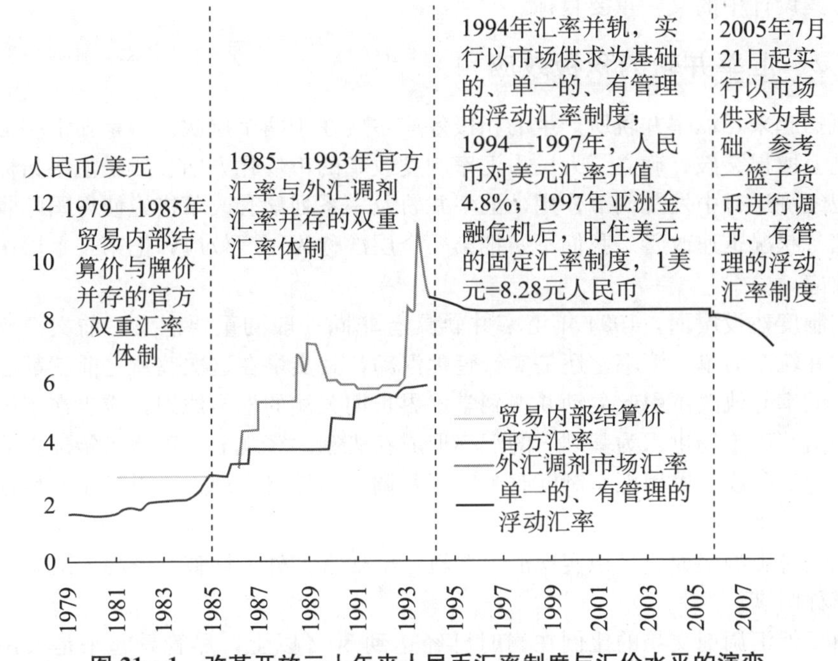

图 21—1 改革开放三十年来人民币汇率制度与汇价水平的演变

资料来源：易纲（2008）。

对于 1994 年汇率并轨改革的设计者们来说，当时急需解决的问题主要有两个方面。

第一，外汇调剂价与人民币官方汇率相差悬殊，同时外汇调剂市场规模越来越大而官方市场日渐萎缩。由于官方汇率对外高估的问题始终存在，外贸企业基本上都不愿意将留成外汇卖给商业银行，而更倾向于通过外汇调剂市场出售外汇。而为了突破国家在企业用汇方面的严格管制，不少企业也不惜代价地进入调剂市场购买外汇。外汇调剂市场上的供需两旺，一方面更加拉大了外汇调剂价与官方汇率之间的差距，另一方面则直接造就了外汇调剂规模的快速扩张。到了改革前夕，全部外汇交易中的八成左右都是在调剂市场上完成的，外汇调剂价的重要性当然不言而喻。在此背景下，取消官方汇率，走向单一的市场汇率，已是“箭在弦上，不得不发”。

第二，私人部门外汇存款多，官方外汇储备不足。20 世纪 80 年代，我国对外贸易余额多为逆差，外汇储备只有区区数十亿美元，官方外汇短缺问题比较突出。与此形成鲜明对比的是，由于很早就允许居民和企业持有外汇现汇和现钞，私人部门外汇余额不断增加，远远超出了官方外汇储备规模。再加上前面已经提到的官方汇率与外汇调剂价相差悬殊等原因，现实中形成了私人部门外汇多、官方外汇储备少的不利局面。所以，如何通过外汇管理体制改革增加官方外汇储备，就成为汇率并轨方案设计中的又一重要目标。

21.2.2 汇率并轨的积极效应

概括起来，汇率并轨所产生的积极效应主要在于两个层次。一是在汇率形成机制问题上取得突破，确立了人民币汇率制度改革的市场化方向。二是汇率指标开始在宏观经济运行中发挥调节作用，汇率并轨及一系列配套改革措施使得国际收支和外汇储备状况迅速改善。我们不妨把第一个层次称为制度效应，把第二个层次称为经济效应。

在制度建设层面，1994 年汇率并轨具有非同一般的重要意义。前文提到，无论是“并轨”为单一汇率，还是实行管理浮动，其实早在这次改革之前就都已经出现过。汇率并轨改革引起轰动并得到学术界长期关注的根本原因，应当在于第一次明确提出“以市场供求为基础”的汇率形成新机制。客观上，正是当年确立的市场化方向为现阶段人民币汇率制度改革定了基调，为最终实现人民币可兑换目标打下了坚实的基础。

在经济影响层面，平稳实现汇率并轨，增加官方外汇储备——两大改革初衷的实现堪称圆满。

由于外汇调剂交易的比例在当时已经达到 80%以上，尽管看起来是人民币官方汇率一次性对外贬值 50%，但事实上向外汇调剂价并轨的整个过程十分平稳，人民币恐慌性抛盘和汇率剧烈波动等各种人们所担心的恶劣局面均未出现。经过短短几个月的市场磨合，新汇率制度便得以正常运行了。同时，汇率并轨在刺激出口、改善国际收支等方面也取得了显著成效（见表 21—1）。

此外，外汇管理方面出台的各项配套改革措施收效之快、效果之明显也大大超出了人们的预期。随着外汇留成、上缴和额度管理制度的取消，代之以强制结售汇制度，这便顺利实现了外汇资金从企业到商业银行再到中央银行的集中，使得中央银行持有的外汇储备规模不断增加（见表 21—1）。当然，全国统一的银行间外汇市场的建成与运行，也对此起到了推波助澜的作用。

表 21—1　　中国国际收支主要数据（1991—2010）　　单位：亿美元

年份	经常项目差额	贸易收支差额	资本账户差额	直接投资净流入	误差与遗漏	外汇储备规模
1991	133	87	80	35	－67	217
1992	64	52	－251	72	－83	194
1993	－119	－107	235	231	－98	212
1994	77	73	326	318	－98	516
1995	16	181	387	338	－178	736
1996	72	195	400	381	－156	1 050

续前表

年份	经常项目差额	贸易收支差额	资本账户差额	直接投资净流入	误差与遗漏	外汇储备规模
1997	370	428	210	417	−223	1 399
1998	315	438	−63	411	−187	1 450
1999	211	306	52	370	−178	1 547
2000	205	289	19	375	−119	1 656
2001	174	281	348	374	−49	2 122
2002	354	374	323	468	78	2 864
2003	459	361	527	472	184	4 033
2004	687	493	1 107	531	270	6 099
2005	1 341	1 248	1 010	1 059	155	8 189
2006	2 327	2 089	526	1 029	−6	10 663
2007	3 540	3 075	951	1 431	116	15 282
2008	4 124	3 489	463	1 217	209	19 460
2009	2 611	2 201	1 808	703	−435	23 992
2010	3 054	2 321	2 260	1 249	−597	28 473

资料来源：国家外汇管理局。

21.2.3 配套改革设计上的局限

1994 年汇率并轨改革后，人民币汇率制度的官方表述是“以市场供求为基础的、单一的、有管理的浮动汇率制度”。然而，从国际货币基金组织所认定的汇率安排来看，人民币汇率制度在大部分时间里被视为传统钉住汇率制或者爬行钉住汇率制。这种分歧在很大程度上源于汇率并轨时采取的一系列配套措施。

汇率并轨改革的主要配套措施有：实行强制银行结售汇制度；取缔分散于全国各地的外汇调剂市场，建立起全国统一的银行间外汇市场；以及赋予中央银行较大责任与权力的管理浮动汇率制度。虽然比照改革初衷来看，这些措施取得了立竿见影的效果，几乎是完美地实现了各项预期目标。但是从一个更长的时间跨度动态地同时更加深刻地分析上述具体措施，就会发现此次汇率并轨改革难免有其历史局限性。而当年方案设计上的这些不尽合理之处，正是近年来人民币汇率制度饱受诟病的根源。

具体地讲，主要存在三方面的问题：

第一，贬值压力下设计的改革方案低估了升值影响，并对官方外汇储备的激增准备不足。以强制银行结售汇取代外汇留成、上缴和额度管理，同时配套以全国统一的银行间外汇市场取代分散的外汇调剂市场，目的是迅速地将分散在广大私人部门的外汇集中到中央银行，以解决官方外汇储备短缺的燃眉之急。事实上，这个目标的确很快便实现了。因为在这样的安排下，中央银行在银行间外汇市场供求失衡时负责使市场出清。[①] 于是，企业被迫向商业银行结汇，商业银行又将外汇卖与中央银行。当人民币面临对外贬值压力时，即使中央银行买入外汇的出价过低，也可以借助强制结售汇而买入市场上的绝大部分外汇。这既达到了积累官方外汇储备的目的，也为中央银行干预市场保持人民币不贬值准备了物质基础。而当市场上出现人民币对外升值的预期时，中央银行为维护人民币汇率稳定而报出的外汇买入价偏高，从而无论银行还是企业都乐于将手上的全部外汇卖给中央银行，甚至会出现私人部门对外汇的做空，从而中央银行势必以较高的价格买入市场上的绝大部分外汇。

为集中外汇储备而推出这样的改革设计，就当时的经济形势和政策取向来说，本也无可厚非。问题在于，当客观经济形势已经发生变化之后，仍然固守于当初的政策选择和制度安排，就不仅仅是不合时宜的事情，简直称得上贻害无穷。

1997 年亚洲金融危机爆发后，人民币汇率基本钉住美元（见图 21—1）。以后，中国的内外经济运行大体上表现出两个特点。一是国内经历了通货紧缩的考验，物价的疲软态势一直持续到 2002 年，但同时经济增长依然保持了平均 7.5%的高速度。二是经济对外开放程度不断提高，国际收支双顺差问题更加突出。2001 年 12 月 11 日中国正式加入世界贸易组织，成为其第 143 个成员国；2002 年中国实际利用外商直接投资 527.4 亿美元，超过美国成为全球吸收 FDI 最多的国家。正是在 2002 年前后，我国外汇储备增长速度开始明显加快，增长曲线逐渐变得陡峭（见图 21—2）。同样是从 2002 年开始，国际上对人民币汇率的质疑与批评越来越多，既有来自官方的，也有源于民间的；先是日本、欧盟，后来美国和部分发展中国家也加入其中。

以 2002 年国内外经济形势来看，继续保留强制结售汇的外汇管理方式，在仍然沿用单一钉住美元的人民币汇率形成机制的背景下，必然造成外汇储备激增的后果。因为这为以后关于人民币升值的市场预期不断自我强化，加之市场开放为国际资本涌入创造了条件。中央银行客观上的高价收购外汇，不仅使现汇迅速地从私人部门转移到中央银行，而且对外汇的做空能量越来越大，彻底否定了藏汇于民的可能性。

由图 21—2 可知，汇率并轨前，我国外汇储备规模为 212 亿美元。至 2001 年底，稳步增长到 2 122 亿美元。此后进入加速增长周期：2004 年 9 月突破 5 000 亿美元，2006 年 10 月突破 10 000 亿美元，2009 年 4 月突破 20 000 亿美元，到 2011 年 6 月底已经达到 31 975 亿美元。过度庞大的外汇储备规模不仅给人民币造成更大的升值压力，使得外部均衡目标难于实现；同时对应着巨额的基础货币投放，使中央银行货币冲销的难度不断加大，导致国内通货膨胀形势更加严重，距离内部均

① 可参考 2008 年《21 世纪经济报道》策划的“回望改革三十年”之十七《汇率改革的历程和方向》。参加讨论的包括中国金融四十人论坛成员钟伟、梅建平、李伏安、徐刚、殷剑锋等人。

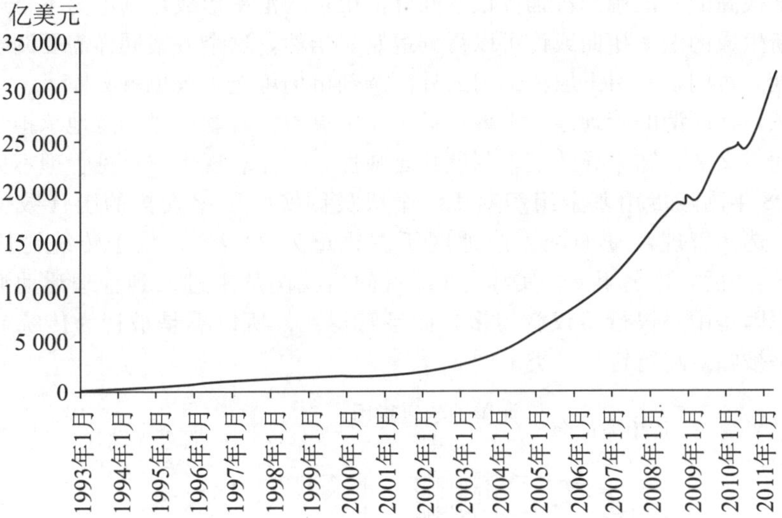

图21—2 中国外汇储备，1993年1月—2011年6月

资料来源：国家外汇管理局。

衡目标越来越远。

第二，在银行间外汇市场上形成的汇率，由于有强制结售汇制度在先，有中央银行以管理浮动的名义频繁干预市场在后，其市场基础实际上很不完善。表面上，并轨后的人民币汇率制度确立了以市场供求为基础的汇率形成机制。但是这个市场的参与主体主要是商业银行等金融机构，企业部门在很长时间里是被排除在批发性外汇市场之外的。在强制结售汇安排下，企业部门不仅只能在零售市场上与银行进行外汇交易，而且还是被迫地与商业银行结售汇。从这一点上说，所谓的"市场汇率"几乎不能反映企业部门对于外汇供求的真实意愿。而在另一方面，由于中央银行被赋予维护人民币汇率稳定的责任，所以频繁进入银行间外汇市场参与交易，对于汇率形成起到了决定性作用。这样一来，汇率形成中几乎也很难看到商业银行的作用了。

显而易见，人民币汇率形成机制的市场化程度不高，银行间外汇市场所形成的人民币汇率并非一个能够使市场出清的价格，依靠这样的汇率自然不能达到合理配置资源的目的。同理，政府的宏观经济调控也无法以其作为有效的经济杠杆或政策工具。

另外，汇率并轨改革在建立全国统一的银行间外汇市场的同时，取缔了分布于各大城市的一百多个外汇调剂市场。但正如前文已经提到的，外汇调剂市场发展到90年代初期，无论是在市场交易主体的多样性上，还是在价格形成机制方面，实际上都相当接近自由市场制度。如果当时在建立银行间外汇市场之余，可以实现外汇调剂市场的全国联网，把它作为"场外"交易与银行间场内交易并行存在，以市场化程度很高的外汇调剂价辅佐银行间外汇市场的汇率形成，则因为不合理的制度安排而新生成的汇率扭曲或许可以得到遏制。当然，这个方案同样需要调整强制结售汇制度。否则，只留下居民部门的外汇调剂市场可能不久也就萎缩了。

第三，在所谓的管理浮动汇率安排中，中央银行有意或是无意地承担了过多的汇率责任与义务，结果导致汇率制度缺乏弹性，往往表现出“只见管理不见浮动”。根据 2008 年国际货币基金组织对 186 个成员国实际汇率安排的统计数据（见图 21—3），选择管理浮动的国家或地区所占比重为 23.7%，位于传统钉住汇率制（36.6%）之后，排名第二。实际上汇率并轨后我国从未进入到管理浮动汇率的统计中，原因是中央银行不仅管得多，而且管得死，所以不是被视为传统钉住汇率制，就是被归入爬行钉住一类。

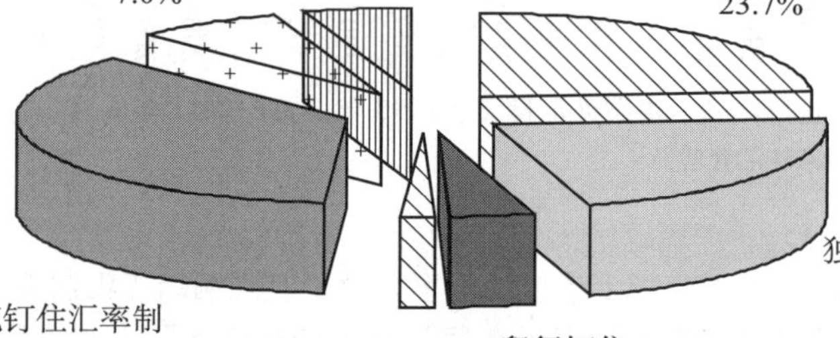

图 21—3　IMF 成员国的汇率制度选择

资料来源：IMF staff reports；Recent Economic Developments；and International Financial Statistics (2008).

从定义上看，管理浮动的目的是保持由市场决定的正常的汇率变动，借助政府的不时入场交易来消除过度波动性。但是当中国人民银行把正常汇率变动范围理解为一个极其狭窄的幅度（比如 0.3%）时，入市干预的频率自然就从“不时”变成了“随时”。可是，中央银行对汇率管得越多，也就越是扭曲微观主体的经济行为，于是大大削弱了所形成汇率的市场基础。

既然中央银行对汇率管得那么多，汇率的趋势、汇率的波动性等都变成了中央银行的职责所在。慢慢地，整个经济社会都习惯了去评价中央银行的汇率管理“好”或“不好”。所以中央银行汇率管理的压力越来越大，在汇率制度改革等重大相关决策上越来越趋向保守。今天看来，中国人民银行在对外宏观经济政策选择上的谨小慎微不仅贻误了人民币汇率制度改革的有利时机，而且在汇率方面也是越管越死，越来越僵化——每当外部经济环境出现金融危机冲击时，汇率决定上就选择回归钉住美元（见图 21—1 和图 21—4）。

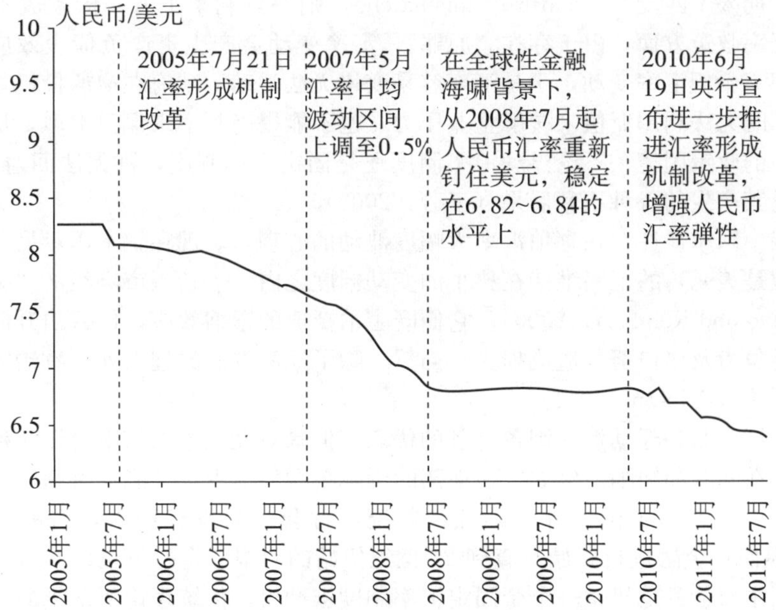

图 21—4　人民币汇率制度改革，2005—2011

资料来源：国家外汇管理局。

21.3　相关理论与政策探讨

21.3.1　发展中国家汇率制度选择困境

20 世纪 70 年代布雷顿森林体系解体后，国际金融体系进入了牙买加时代。各个国家的汇率安排从集中接受人为的制度设计转变为分散进行自由选择，从而呈现出浮动汇率制、固定汇率制、介于二者之间的居中安排以及包括区域共同货币、美元化等实践新探索在内的多种选择并存的复杂局面，并由此产生了一系列关于汇率制度的重大理论与政策课题。其中，对于广大发展中国家来说，汇率制度选择已然成为经济开放之后最大的政策难题之一。

首先，浮动汇率与固定汇率这两种典型汇率制度究竟能否分出高下优劣，无论在理论上还是在实践中都还没有定论，需要更加令人信服的证据来支持各自观点。对于发展中国家而言，本币不能用于国际借贷，甚至不能用于本国市场上的长期借贷——新兴市场经济“原罪论”（Hausmann et al，2000；Eichengreen，1999）。这使得它们的金融体系很脆弱：若企业借款使用外币而出现“货币不匹配”（currency mismatch），则一旦本币对外贬值，就会造成借款成本上升；如果借入本币发生“期限不匹配”(maturity mismatch),则一旦利率上升,借款成本也会上升。在汇率政策方面,由于存在“原罪”,汇率变动会产生资产负债表效应,企业和政府都不希望汇率变动,于是汇率容易变得无法浮动。政府在遭遇投机攻击时难有作为,既无法利用贬值来缓解企业压力,也不能提高利率来保卫本币,从而陷入内外均衡的政策困境。不论浮动汇率制度还是固定汇率制度,都无法回避“原罪”的现实及其产生的各种不利后果(王芳,2002)。

发展中国家往往存在害怕汇率大幅度波动的心理,表现在把本币对另外一种货币(通常是美元)的汇率维持在狭小的变动幅度之内——新兴市场经济“害怕浮动论”(Calvo and Reinhart,2000)。它们既害怕贬值的紧缩效应,也害怕升值可能对其国际竞争力及出口努力造成损害。当然,除了经济方面的理由外,政治因素在其中也有影响(Poirson,2001)。

固定汇率制和浮动汇率制各有各的优点。但是对发展中国家来说,两种汇率制度也都存在问题和缺陷。例如,在动荡的国际金融环境中,未能及时调整的僵化的固定汇率一旦背离了国内外实际经济状况,就会成为投机资本攻击的对象。从1994年墨西哥金融危机开始一直到21世纪伊始的阿根廷金融危机以及近来愈演愈烈的欧洲主权债务危机,一个个固定汇率制度被冲垮。传统理论所秉承的固定汇率有利于经济稳定的观点受到现实的严峻挑战。固定汇率制与资本高度流动似乎是发展中国家的一种极不稳定的政策组合(陈雨露,2008)。

又如,在经济全球化和金融自由化的发展趋势下,国际资本流动规模越来越大,速度越来越快,容易造成外汇市场上频繁、剧烈的汇率波动。一方面,套期保值的成本可能较高,衍生交易自身的风险往往更难应付;另一方面,套期保值也无法适用所有情况,而长期投资、实物投资、人力资源投资等活动如果受到汇率风险影响则缺乏有效的风险管理办法。现实情况是,广大发展中国家的金融市场多半不够发达,可以提供的避险工具非常有限。所以是否实行浮动汇率制,对于发展中国家来说确实是个进退两难的决定,必须审慎对待。

理论研究者为这些国家通常给出的政策建议是:在汇率制度选择上,美元化或许是最好的制度安排。然而,美元化的国家不仅放弃了货币政策独立性,不再承担对国内金融体系的存款准备要求和最后救助责任,而且也因放弃了货币发行权力而不再享有信用货币巨大的发行收益。所以,经济规模比较大,或是宏观调控机制相对成熟的经济体,都不适宜实行美元化。显然,中国既不可能也不应该选择美元化道路。

其次,兼顾“可信度”和“灵活性”的居中汇率安排往往可能招致外来投机性冲击而导致金融危机的后果。这种观点被概括为“中间制度消失论”,又称“两极汇率制度论”或“中空汇率制度论”,它引起的争议最大(王芳,2002)。该理论认为只有浮动汇率制,或者具有非常强的承诺机制的固定汇率制(如货币联盟、货币局制度等),才是可以持久的汇率制度;而介于二者之间的那些居中安排——可调节钉住、爬行钉住、汇率目标制和管理浮动制等——正在消失或应当消失。理由是如果市场参与者根据观察到的信息验证了现实中运行的汇率制度就是政府宣布的制度，则该制度具有“可验证性”，因而是可信的；但任何居中的汇率安排都比较复杂，不方便“验证”，因而可信度会低于简单的完全钉住制度或者自由浮动制度。

由图 21—3 可知，独立浮动、传统钉住汇率制以及货币委员会、无单独法定货币的汇率制度所占比例加总在一起，达到 IMF 全部成员国的七成以上。这说明，管理浮动等居中安排确实只是少数国家和地区的现实选择。如果对比 2004 年相关统计数据，会发现更多有意义的信息。比如，2004 年底，独立浮动的比例为 18.7%，传统钉住汇率制的比例为 21.9%，管理浮动的比例为 27.3%（陈雨露，2008)。这表明，两极汇率制度更受青睐，中间汇率安排开始被部分国家和地区淘汰。

21.3.2 开放经济内外均衡政策选择难题

克鲁格曼在研究国际经济问题时曾提出开放经济金融政策目标“三元冲突”的理论假说。大意是，开放经济条件下，在汇率稳定、资本自由流动与独立的货币政策三者之间任何国家只能居其二。即一个国家如果顺应经济全球化的需要开放资本账户，那么要保持一个稳定的汇率制度，就必须以放弃独立制定对内货币政策为代价。

换个角度看，如果本国有效实施货币政策的能力较差，比如中央银行缺乏独立性或无法抵御政治压力而使货币政策操作上带有通货膨胀的倾向，则应主动放弃对国内货币政策的独立控制，同时开放资本账户，实行钉住汇率制度。将货币政策的决策权交予其他国家表现得更好的中央银行，或许产生的不是损失反而是收益。这也是长期以来许多经济学家为各国（特别是新兴市场国家）的金融制度设计开出的药方。然而经济现实还是从各个角度对这一假说提出了疑问。

一种质疑来自于亚洲金融危机所引发的一般性讨论。在反思这次危机的过程中，人们发现长时期维持过度僵化的汇率机制有可能是一些国家未能及时遏制危机发展的一个重要原因。刚性的汇率的确有利于保持较低的通货膨胀率，但是当对本币金融产品的需求下降时，就会对货币当局的硬通货储备造成压力。如果固守刚性汇率，又无法实施有效的宏观经济政策彻底扭转这种不利局面。当投机因素过度膨胀时，势必导致维持刚性汇率的边际成本越来越高，最终将耗尽本国的外汇储备而被迫放弃汇率稳定目标（陈雨露，2000)。这就可能触发金融危机，使本国金融安全受到严重损害。

显然，对汇率稳定目标的理解也应当有所发展。正如对货币政策规则的重新认识一样，汇率稳定不等于僵化。说到底，汇率水平应当适合一国内外经济均衡的要求，这是追求汇率稳定目标的基本前提。由于内外经济均衡受到众多因素的影响，因而汇率即使长期稳定，也不能避免发生必要的短期调整。汇率固定还是浮动，属于汇率制度的安排，不应作为政策选择的对象。但是作为汇率政策的目标，在浮动中力求稳定或许是比较理想的一种情形。

另一种质疑来自于具体的经济实践。以我国为例，早期我们选择了货币政策独立和汇率稳定两个目标，放弃了资本自由流动目标。但事实证明，在资本管制的条件下，我们虽然较好地实现了汇率稳定目标，却未能如预期一般有效地实现货币政策独立性目标（汪红驹，2001）。比如，当经常项目顺差减少时，为保持汇率稳定，外汇占款的增长必然下降，使基础货币的投放减少，从而抵消了扩张性货币政策的效果。另外，由于现实中难以实现严格的资本管制，货币政策的独立性相应地仍然会受到影响。比如，资本外逃导致本国外汇供应减少，产生贬值预期，为稳定汇率，中央银行必须卖出外汇，这就使外汇占款减少，从而影响了基础货币的投放。除去国内因素不谈，1997 年亚洲金融危机后我国货币扩张的效果不明显，一定程度上就在于外部因素干扰了国内货币政策的独立性。

21 世纪以来，中国的宏观经济政策实践证明：现实的内外均衡政策选择或许可能突破“三元冲突”的束缚，创新一条宏观金融政策目标的中间道路。简而言之，这条中间道路的特点是“部分资本流动＋部分汇率稳定＋部分货币政策独立”。其中有些政策目标是主动选择的结果，有些则是无奈的被动接受。比如，以管理浮动的汇率安排追求汇率水平的基本稳定，就属于中央银行的主动选择。

在资本流动性上，一方面是随着中国经济对外开放程度的提高，在外汇管制问题上已经表现出逐渐放松的趋势，资本自由流动程度稳步上升——在资本和金融项目现有的 30 多个交易项目中，三分之一左右已经完全放开，三分之一左右的限制程度已经明显降低，其余三分之一左右仍属严格限制。另一方面，现阶段资本管制的难度在提高。由于国际收支的大部分交易同时具备经常项目以及资本和金融项目交易的特性，难以有效加以区分，所以出现资本和金融项目资金混入经常项目逃避管制的案例不时发生，管制的漏洞也频频出现。而且，WTO 等国际组织将外汇管制视为一种非关税壁垒，往往要对相关国家进行道德评判并施加舆论压力，形成不利于合作与发展的外部环境。所以，由于资本账户尚未完全开放，中国的资本流动程度虽有大幅度提高，但就政策目标来说也只不过是部分实现。

至于货币政策独立性，从中央银行的政策初衷来说，当然是希望实现完全自主制定与实施，不受外来因素干扰和影响。但是在人民币汇率保持基本稳定、资本部分自由流动的背景下，再加上持续而强烈的人民币升值的市场预期，外汇储备高速积累，使得货币政策“不受外来因素干扰”只能作为一个政策理想存在而几乎完全失去了可能性。而中国的经济规模、社会制度等客观因素又否定了美元化、货币委员会等“放弃货币政策独立性”的制度安排，所以，部分货币政策独立性实属中央银行不得不接受的政策选择现状。

21.4 对人民币汇率制度后续改革的简要评析

2005 年 7 月 21 日，中国人民银行宣布开始实行以市场供求为基础、参考一篮子货币进行调节、有管理的浮动汇率制度，从此进入了以 $1＝¥8.11 为汇率起点的人民币对外升值的新阶段。中国外汇交易中心在人民币汇率的形成过程中发挥核心作用，每天公布人民币兑美元、欧元、日元、港币及英镑的基准汇率中间价。2007 年 5 月 21 日起，银行间即期外汇市场实际交易价变动幅度由起初的中间价上下 3‰扩大到中间价上下 5‰。同年 8 月 13 日，《关于境内机构自行保留经常项目外汇收入的通知》出台，宣布取消外汇限额管理，强制结售汇制度改为意愿结售汇制度。银行外汇头寸管理逐步放松，外汇管理由"宽进严出"向"宽出严进"转变。此外，还陆续推出了多项结构性、非对称的资本账户开放措施。这一系列举措被视为人民币汇率制度改革的重新启动（见图 21—4），也是对 1994 年汇率并轨所确立制度框架的进一步完善。

从官方表态看，这次改革的意义主要在于完善人民币汇率形成机制，具体表现为三点（胡晓炼，2008）。第一，坚持以市场供求为基础的汇率浮动，发挥汇率的价格信号作用。第二，根据经常项目主要是贸易平衡状况，动态地调节汇率浮动幅度，继续发挥"有管理"的优势。第三，参考一篮子货币，即从一篮子货币的角度看汇率，而不是片面地关注人民币与某个单一货币的双边汇率。

至于人民币汇率制度改革时机和改革方向的把握，则被概括为这样几个在国内外广为流传的说法。其一是"汇率制度改革要以我为主，有序推进"。这是强调人民币汇率改革不是屈服于外界压力，而是主动选择；同时明确了汇率改革是渐进的，不赞成短期内迅速转变为完全浮动的改革方案。其二是"按照主动性、可控性、渐进性的原则，完善有管理的浮动汇率制度"。这不仅更加明确了主动改革、渐进改革的基本主张，还清楚表明了继续"管理浮动"的政策立场。这背后的潜台词恐怕可能解读成——中央银行仍然要频繁干预外汇市场，仍然要一肩挑起汇率管理的艰巨任务，毫不计较是否因此而背负起"操纵汇率"的骂名。其三是"更大程度地发挥市场供求作用，增强人民币汇率弹性，保持其在合理均衡水平上的基本稳定"。不得不承认，经过多年的磨炼，我国货币当局如今在政策表述的语言艺术方面已经颇有造诣，几乎接近了滴水不漏的境界！

虽然 2005 年以来人民币汇率形成机制不断改进，但是从严格意义上讲，1994 年汇率并轨方案设计方面的几大局限性至今没有明显改观。当前人民币汇率制度的主要不足包括：

第一，汇率形成的市场基础仍不健全。2007 年起中国外汇交易中心为银行间外汇市场提供统一、高效的电子交易系统，提供集中竞价和双边询价两种交易模式；支持人民币对外币的即期、远期、掉期和货币掉期交易以及九组外币对的即期、远期、掉期交易；还包括交易分析、数据直通处理和即时通讯工具等辅助功能。① 但这个市场还处于发展的起步阶段。根据国际清算银行统计，目前全球外汇交易总额日均超过 4 万亿美元，而我国外汇交易中心每天的交易规模仅在 100 亿美元左右，从人民币汇率定价权角度看所发挥的作用非常有限。

作为银行间外汇交易市场，中国外汇交易中心的市场准入门槛较高。虽然已经接纳了非银行会员，强制结售汇制也已变成意愿结售汇制，但是场内做市商代表性不足的遗留问题仍未有根本改善。此外，外汇交易产品链条不完整。即期交易占较大比重，远期、掉期业务发展空间有限，外汇期货、期权、结构性衍生产品业务基本处于空白，而且与利率产品市场（比如国债）缺乏配套（陈东琪等，2008）。

第二，参考一篮子货币调节有“汇率黑箱”之嫌，使得“管理为主”、“浮动为辅”的问题似乎更加严重。由于“合理均衡”、“基本稳定”等政策表述比较模糊，而篮子货币的选择与权重确定相对保密，更何况汇率形成上还只是“参考”而远不是“钉住”一篮子货币，所以在外界看来，汇率形成的“暗箱操作”余地实际上是大大提高了。虽然从市场的角度看，“黑箱政策”可以避免投机者形成明确稳定的预期，但是随着中央银行货币政策、汇率政策相机抉择权力的扩大，由此引发的“动态不一致”（dynamic inconsistency）问题变得突出，使得汇率制度的可信性大打折扣。这意味着中央银行干预市场的理由与权力可能进一步强化，同时居中安排的汇率制度可能因其缺乏“可信性”与“可验证性”而将逐渐走向消失。②

第三，汇率形成机制及其配套措施仍然无法化解市场做多人民币的巨大能量。2005 年汇改的内涵目标之一是纠正汇率扭曲，实现人民币汇率在基本稳定前提下的双向浮动。但是从改革效果来讲，这个目标迄今还没有落实。由图 21—4 可知，汇改后人民币兑美元汇率即进入了单向浮动阶段。③ 直到 2008 年金融海啸席卷全球，中央银行几乎是照搬了 1997 年的经验，再度将人民币钉住了美元。只是这次钉住的时间要短一些，到 2010 年 6 月央行提出增强人民币汇率弹性后，人民币兑美元重新回到了单向浮动的轨道。④

虽然 1994 年汇率并轨的遗留问题中，最受诟病的强制结售汇制度终于在 2007 年结束，但这项改革在时机选择上存在着严重滞后。同时，对商业银行的外汇头寸管理、对实际交易价的变动幅度限制，以及管理部门对做市商的无形约束，都在很

---

① 资料来源：中国外汇交易中心官方网站，http：//www.chinamoney.com.cn。

② 可参考 21.3.1 节对“中间制度消失论”的分析。

③ 正是基于这一主要特征，国际货币基金组织将 2005 年 7 月至 2008 年 7 月这三年中的人民币汇率制度界定为“爬行钉住”制度。

④ 事实上，仔细研究后不难发现，2010 年的汇率改革没有什么实质性的新内容，只不过是结束钉住美元的汇率安排，回归到 2005 年汇改的轨道上来。

大程度上抑制了外汇市场交易的活跃程度（陈东琪等，2008）。换句话说，人民币汇率的制度设计仍然没有摆脱汇率僵化、扭曲市场主体行为等老问题。所以，2005年汇改后，外汇储备依然不改激增势头，人民币仍然面临巨大的升值压力。

21.5 总结

汇率确定了两种货币的兑换比例，是一国货币对外价值的代表性指标，同时也是开放经济体重要的宏观经济政策工具之一。由于汇率变动涉及国内外相对价格的调整，所以一国汇率制度的变迁不可避免地会引起利益相关各方的高度重视，汇率政策也必然带有外部性和政治性特征。

1994 年汇率并轨改革被看做社会主义市场经济条件下人民币汇率制度改革的开端。其所确立的市场供求为基础的、单一的、有管理的浮动汇率制度一直沿用至今。就改革方案设计者的初衷而言，实现官方牌价向市场化的外汇调剂价并轨，以及尽快积累官方外汇储备，是当时最为迫切的两大目标。为顺利实现这两个任务，与汇率并轨改革配套进行的还有外汇管理体制的重大变革。其中主要包括：实行银行结售汇制度，实现人民币在经常项目下有条件可兑换，建立银行间外汇交易市场，改进汇率形成机制，等等。

汇率并轨改革进展顺利，不仅圆满实现了推行单一汇率和提高外汇储备两大目标，而且在对外经济领域取得了巨大成就。并轨后，外汇市场上没有出现人们所担心的人民币对外大幅度贬值，也没有发生市场汇率的剧烈波动。而且从 1994 年到 1997 年，人民币汇率呈现出基本稳定和双向浮动的特征，汇率形成的市场基础建设比较理想。并轨后汇率开始发挥价格信号作用，使得我国对外贸易和外资流入大幅度增长，国际收支连年顺差，外汇储备成倍增加。一个更加合理的汇率制度安排，促进了中国经济与世界经济接轨，进一步提高了我国对外开放水平，从而更加深入地参与国际分工与合作。

汇率并轨改革在方案设计上也存在局限性。实行强制结售汇，以统一的银行间外汇市场取代分散的外汇调剂市场，目的是将广大私人部门手上的外汇迅速集中到中央银行。但这一改革方案在对外贬值压力下设计出台，大大低估了人民币升值的影响，并且对于外汇储备激增显得准备不足。到了 2002 年前后，我国内外均衡形势发生很大变化，来自经济上的和政治上的人民币升值压力越来越大，外汇储备规模进入高速扩张时期。但在这时汇率制度改革却严重缺位——在 1997 年亚洲金融危机背景下作为权宜之计实行的单一钉住美元的人民币汇率安排，一直持续到 2005 年汇率改革重启之前。汇率制度严重僵化，汇率扭曲问题再度出现，1994 年汇率并轨改革所收获的制度红利在这期间几乎被完全耗尽。

同时，以统一的银行间外汇市场取代分散的外汇调剂市场的做法也值得商榷。

由于强制结售汇和中央银行频繁入市干预的影响，以及银行间外汇市场交易主体的单一性，导致形成的所谓“市场汇率”其实市场化程度并不理想。这便限制了汇率作为经济杠杆和政策工具的有用性。而对于已经市场化程度相当高的外汇调剂市场，采取简单取缔的做法，使之无法对汇率形成的市场基础发挥积极作用，不免令人感到遗憾。

此外，中央银行承担了过多的汇率责任，以至于整个经济社会都要对央行汇率管理的好坏加以评价。这导致中央银行汇率管理的压力越来越大，在汇率制度改革等重大决策上越来越趋于保守，最终贻误了继续汇改的有利时机。结果是，人民币汇率制度严重缺乏弹性，管理浮动制这一汇率并轨改革成果被彻底否定。

根据汇率制度选择理论，牙买加时代下，发展中国家在汇率制度选择问题上的确有一定难度。不单是固定汇率制与浮动汇率制尚无法分出高下，关键在于无论采取浮动汇率制还是固定汇率制，发展中国家都无法回避类似“原罪论”和“害怕浮动论”的问题，从而都有可能会遭遇国际金融危机的冲击与挑战。一般认为，美元化是这些国家最好的汇率安排，但这样的政策建议显然不适用于中国。汇率并轨改革所确立的管理浮动汇率制，是介于固定与浮动之间的居中安排。从“可验证性”的角度来看，居中的汇率安排由于制度设计过于复杂，不方便“验证”，从而欠缺“可信性”，也就丧失了“可持续性”。也就是说，在理论上存在这样一种观点：管理浮动汇率制正在走向消失。值得重视的是，近年来各国汇率制度选择实践似乎也支持了这个观点。

对于任何一个开放经济体来说，汇率制度选择还必须与资本账户开放问题、货币政策独立性问题放在一起综合考察。这就是克鲁格曼所提出的开放经济金融政策目标的“三元冲突”假说。当前我国“部分汇率稳定＋部分资本自由流动＋部分货币政策独立性”的内外均衡政策选择实践似乎突破了“三元冲突”的束缚，创新了一条宏观金融政策目标的中间道路。但是这种政策目标组合的可持续性以及可推广性都还有待时间检验。

在不断积累的内外压力下，人民币汇率制度改革终于在 2005 年 7 月得以重新启动。这次改革着重于汇率形成机制的完善，从单一钉住美元转变为参考一篮子货币进行调节，同时更加强调汇率形成的市场基础和中央银行对汇率的管理。由于全球性金融海啸的影响，2008 年 7 月至 2010 年 6 月间人民币汇率重新钉住美元。之后又再回归到增强汇率弹性的轨道上来。尽管 2005 年以来中央银行在外汇管理体制和汇率形成机制方面都有不同程度的改进——比如，结束了强制结售汇制，扩大了汇率波动区间，等等。但是严格地讲，1994 年汇率并轨改革所遗留的几大问题都还没有解决。汇率扭曲依然严重，外汇储备还保持快速增长势头，市场上人民币升值压力仍然巨大。在某种程度上，2005 年汇率形成机制改革的效果其实并不理想，就实际意义和影响力而言也无法超越 1994 年汇率并轨改革。

人民币汇率制度改革依然任重而道远！

参考文献

陈东琪，张岸元，王元．人民币汇率改革的进程、挑战和前景．宏观经济研究，2008 (12)

陈全庚．"复关"与我国外汇管理体制改革．价格理论与实践，1993 (12)

陈全庚．中国外汇体制改革使人民币成为可兑换货币．国际金融研究，1996 (8)

陈雨露．现代金融理论．北京：中国金融出版社，2000

陈雨露．国际金融．3 版．北京：中国人民大学出版社，2008

胡晓炼．一九九四年中国外汇体制改革的基本估价．经济社会体制比较，1995 (3)

胡晓炼．我国外汇管理体制改革的历程和经验．中国金融，2008 (4)

景学成．人民币汇率并轨述评．新金融，1994 (4)

楼继伟，高剑虹．外汇管理体制改革的制度性飞跃．吴敬琏等主编．中国经济 50 人看三十年：回顾与分析．北京：中国经济出版社，2008

茅于轼．茅于轼谈经济：从微观到宏观．太原：山西出版集团，山西经济出版社，2008

裴平．汇率并轨对改善我国进出口状况的效用．经济研究，1994 (11)

孙明春．论外汇管理体制改革对我国货币政策的影响．经济研究，1994 (8)

陶湘．话说人民币汇价并轨．外向经济，1994 (4)

王芳．金融理论发展的新趋向．世界经济，2002 (5)

王林生．人民币汇率与新型外贸体制．探索，1993 (4)

汪红驹．中国货币有效性研究．中国人民大学博士论文，2001

夏军．人民币汇率并轨的由来及原因．教学与研究，1994 (2)

杨帆．并轨势在必行，下调为期不远——人民币汇率走势预测．国际经济合作，1993 (2)

易纲．改革开放三十年来人民币汇率体制的演变．吴敬琏等主编．中国经济 50 人看三十年：回顾与分析．北京：中国经济出版社，2008

易纲．人民币汇率制度的最佳选择．中国改革，2010 (8)

郑双庆．中国改革开放三十年：一九九四年外汇管理体制改革的回顾．香港：文汇报，2008-11-28

Calvo, G. A., and C. M. Reinhart. 2000. "Fear of Floating", NBER Working Paper 7993.

Eichengreen, B. 1999. *Toward a New Financial Architecture*: *A Practical Post-Asia Agenda*, Washington, DC: Institute for International Economics.

Hausmann, R., U. Panizza and E. Stein. 2000. "Why Do Countries Float the Way They Float?", Inter-American Development Bank Working Paper 418.

Poirson, H. 2001. "How Do Countries Choose Their Exchange Rates", *American Economic Review*, v90, No. 2 (May): 65～70.

第22章

分税制改革①

Tax Sharing Reform

【摘要】1994年分税制改革是新中国成立以来规模最大、调整力度最强的一轮财税体制改革，其主要目的在于理顺我国政府间财政关系，扭转“两个比重”持续下降以及中央财政在整个财政分配中的不利地位，因而具有较强的财政集权特色。1994年分税制改革构建起较为规范合理的政府间财政收支责任安排和财政转移支付制度，明确了中央与地方以及各级地方政府间的责、权、利关系，在规范地方政府行为、促进经济社会协调发展方面发挥了重要的积极作用。但另一方面，财力层层集中、事权层层下放也导致地方政府特别是县乡基层政府存在着较为严重的纵向财政失衡，导致地方政府激励约束机制扭曲，不利于地方政府行为理性。因此，实现财力与事权相匹配的最优分权模式将是未来我国财税体制改革的核心任务。

【关键词】分税制改革　政府间财政关系　地方政府

Abstract: The tax sharing reform of 1994 was one of the most important fiscal system reforms since the building of New China in 1949, which aimed at improving intergovernmental fiscal relationship and "two ratios" by providing sufficient resources especially to the central government, and hence was to some degree characterized by fiscal centralization. This reform has significantly positive effects on improving the efficiency of local government and hence promoting the economic and social development, by simplifying the tax structure and enhancing its transparency, and improving central-local expenditure and revenue arrangements as well as intergovernmental fiscal transfer. However, there are also some obviously negative

① 本章撰稿人：贾俊雪。

effects on the behaviors of local government, due to the increasing vertical fiscal imbalances among local governments. Hence, in the future, it is very important to improve the balance between expenditure responsibilities and own sources of revenues for local governments.

Key words: tax sharing reform, intergovernmental fiscal relationship, local governments

1994年分税制改革是新中国成立以来规模最大、调整力度最强的一轮财税体制改革，对于规范我国政府间财政关系以及中央与地方政府行为进而对中国经济具有深远的影响。

22.1 内涵释义

分税制是具体安排各级政府收入责任、划分公共收入的一种制度，主要有四种形式。(1) 分税额，即先按税法统一征税，然后将税收收入总额按一定比例在中央政府与地方政府之间分割。(2) 分税制，即分别设立中央税和地方税两个税收制度和税收管理体系，中央政府和地方政府均享有相应的税收立法权和调整权。(3) 分税率，即按税源实行分率计征。一般采用两种方式，一是上下级政府对某一税基按各自既定比率征税，二是上级政府对某一税基按率征税的同时，代下级政府按其税率课征并将税款转给下级政府（称之为税收寄征），在税法上通常采用地方附加形式。(4) 分税种，即在税权主要集中于中央政府的情况下，在中央政府与地方政府之间分割税种，形成中央税、地方税和共享税（郭庆旺、赵志耘，2006）。

1994年，我国实行了分税制改革，确定了目前我国财政管理体制的基本架构。这次改革是按照“存量不动、增量调整，逐步提高中央的宏观调控能力，建立合理的财政分配机制”的原则设计的，在原财政承包制确定的地方上解和中央补助基本不变、不触动地方既得利益的情况下，结合税制改革，对财政收入增量进行了重大调整（陈共，2007；谢旭人，2008），以达到“兼顾中央和地方两个积极性，既确保增加中央财力，又不损害地方既得利益，促进国家财政收入合理增长”的改革总体目标。为此，在立足国情并充分借鉴国际经验的基础上，1994年分税制改革确定了“理顺中央与地方分配关系，合理调节地区间财力分配，坚持统一领导与分级管理相结合，坚持整体设计与逐步推进相结合”的指导思想。依据上述指导思想，1994年分税制改革在合理划分中央与地方政府事权的基础上，将税种划分为中央税、地方税以及中央与地方共享税，并分设国家税务局和地方税务局两套征收管理机构，同时构建起以税收返还、财力性转移支付和专项转移支付为核心内容的政府间转移支付制度。

1994 年分税制改革是新中国成立以来我国财政管理体制方面的一次创新，为科学、规范、合理地处理我国中央与地方财政关系奠定了良好的制度基础，对中央与地方政府行为进而对中国经济产生了极其深远的影响。

22.2 改革背景

作为新中国成立以来规模最大、调整力度最强、影响最为深远的一轮财税体制改革，1994 年分税制改革的实施有着极其深刻的现实背景。

22.2.1 两个比重的持续下降

20 世纪 80 年代中期以来，我国财政收入占 GDP 的比重与中央财政收入占整个财政收入的比重即所谓的“两个比重”出现持续下降，分别从 1984 年的 22.9%和 40.5%下降到 1992 年的 13.1%和 28.1%（见图 22—1），国家财政特别是中央财政陷入严重危机，已经到了濒临“破产”的边缘，中央政府处于前所未有的弱势地位。

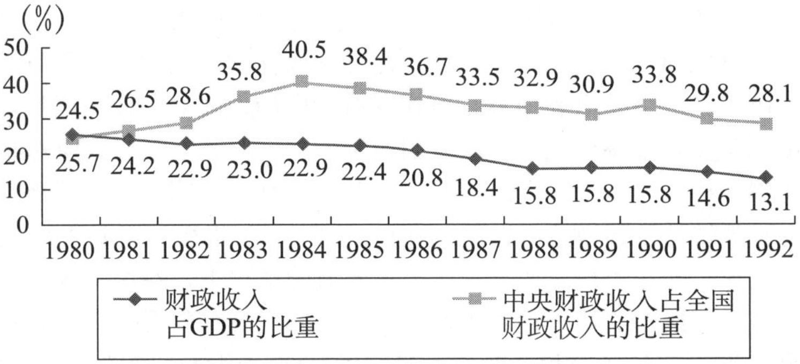

图 22—1 1980—1992 年间“两个比重”的变化

20 世纪 80 年代以来实施的“财政承包制”改革，确定了地方政府在整个财政分配中的主导地位，中央财政收入主要依赖于地方政府的收入上解。财政收入的持续大幅减少，使得中央政府在履行正常职能时常常捉襟见肘、力不从心，不得不经常要求地方政府提高上解比例或者要求地方政府额外做出贡献。1981—1989 年间，中央向地方借款累计达到 422.2 亿元，借款占中央财政支出的比重平均达到 6.1%。

表 22—1　　1981—1989 年间中央向地方借款金额　　单位：亿元

	1981	1982	1983	1984	1985	1986	1987	1988	1989
借款额	68.41	40.20	36.18	38.37	42.97	45.14	48.31	50.22	52.36
中央支出	625.65	651.81	759.60	893.33	795.25	836.36	845.63	845.04	888.77
借款额占比（%）	10.9	6.2	4.8	4.3	5.4	5.4	5.7	5.9	5.9

资料来源：李萍（2010）。

1991 年，由于经济低迷，很多地方都面临着较为严重的财政困难，贵州省又遭遇大灾，迫切需要中央政府给予有效的财力支援。但 1990 年的中央财政收入仅为 992.4 亿元，面临着巨大的资金缺口。财政部不得不要求广东等富裕省市多做贡献，除了正常收入任务以外再额外多上解中央财政 1 000 万元到 1 亿元收入不等，但遭到这些省份的拒绝。中央财政的窘境与弱势地位显现无遗。

1992 年，全国财政收入为 3 483 亿元，中央财政收入为 979.5 亿元，中央财政支出为 1 170.4 亿元，中央财政资金缺口达到 191 亿元。在无法获取地方财政支持的情况下，财政部不得已向中央提出希望借助银行借款的方式来解决这些资金缺口，但未能获得中央的批准。① 1993 年，在小平南方谈话的推动下，中国经济呈现出快速增长的势头，但财政收入依然延续着下降的态势：全国财政收入一季度同比下降了 2.2%，即使是按可比口径也仅仅持平，其中税收收入为 1 400 亿元，同比增长了 12%，但扣除出口退税因素，仅仅比上年同期增长了 1.4%。另一方面，财政支出却大幅增长，导致财政资金缺口庞大，一些重大工程项目处于停滞状态。中央财政更是雪上加霜，到了需要靠借款发工资的地步，已经处于濒临“破产”的边缘。

全国财政特别是中央财政如此严重的困难引起了中央的高度重视。据时任财政部副部长的项怀诚回忆，1993 年 7 月 23 日，时任国务院副总理的朱镕基同志在全国财政、税务工作会议上明确指出，“在现行体制下，中央财政十分困难，现在不改革，中央财政的日子就过不下去了，到不了 2000 年就会垮台！一般来说，发达的市场经济国家，中央财政收入比重都在 60% 以上。而中央支出一般占 40%，地方占 60%。但是我们正好相反，收支矛盾十分突出。这种状况是与市场经济发展背道而驰的，必须调整过来！”（马国川，2009）一轮规模巨大、影响深远的财税体制改革呼之欲出。

22.2.2 难以维系的财政承包制

始于 20 世纪 80 年代的财政承包制改革被广泛认为是导致“两个比重”持续下降以至于中央财政濒临“破产”的重要体制性根源。1984 年 10 月，中国共产党十二届三中全会做出《中共中央关于经济体制改革的决定》。为了落实十二届三中全会的决定，并鉴于 1980 年起实行的“划分收支、分级包干”的财政体制原定五年已经到期，国务院决定从 1985 年起对各省、自治区、直辖市实行“划分税种、核定收支、分级包干”的财政体制。具体而言，大体上可分为收入递增包干、总额分成、总额分成加增长分成、上解额递增包干、定额上解、定额补助等形式，另外还有五五分成的分税制试点（见表 22—2）。这种状况被形象地比喻为“一省一率”的财政体制。

① 据时任财政部部长的刘仲藜同志回忆，当时分管银行的朱镕基副总理看到国库报表时曾说：“你这个财政部长真是囊中羞涩呀！”这令多年后的刘仲藜仍记忆深刻，谈及时唏嘘不已（刘仲藜，2009）。

表 22—2　　1988 年财政体制情况

包干方式	地区
收入递增	实行的地区、留成比例和收入递增率
	北京市 50%和 4%；河北省 70%和 4.5%； 辽宁省（不含沈阳市和大连市）58.25%和 3.5%； 沈阳市 30.29%和 4%；哈尔滨市 45%和 5%； 江苏省 41%和 5%；浙江省（不含宁波市）61.47%和 6.5%； 宁波市 27.93%和 5.3%；河南省 80%和 5%；重庆市 33.5%和 4%
总额分成	实行的地区、留成比例
	天津市 46.5%；山西省 87.55%；安徽省 77.5%
总额分成加增长分成	实行的地区、留成比例、增长分成比例
	大连市 27.74%和 27.26%；青岛市 16%和 34%；武汉市 17%和 25%
上解额递增包干	实行的地区、上解基数、递增比例
	广东省 14.13 亿元和 9%；湖南省 8 亿元和 7%
定额上解	实行的地区、上解额
	上海市 105 亿元；山东省（不含青岛市）2.89 亿元； 黑龙江省（不含哈尔滨市）2.99 亿元
定额补助	实行的地区、补助额
	吉林省 1.25 亿元；江西省 0.45 亿元；福建省 0.5 亿元（1989 年开始执行）； 陕西省 1.2 亿元；甘肃省 1.25 亿元；海南省 1.38 亿元； 内蒙古自治区 18.42 亿元；广西壮族自治区 6.08 亿元； 贵州省 7.42 亿元；云南省 6.73 亿元；西藏自治区 8.98 亿元； 青海省 6.56 亿元；宁夏回族自治区 5.33 亿元；新疆维吾尔族自治区 15.29 亿元； 湖北省（不含武汉市）按当年武汉市决算收入的 4.78%给予补助； 四川省（不含重庆市）按当年重庆市决算收入的 10.7%给予补助

资料来源：李萍（2010）。

财政包干制确定了地方政府“剩余占有者”的地位，使额外增加的财政收入归地方所有，对于充分调动地方的积极性起到了重要作用。但是，随着时间的推移，这种体制的弊端日渐凸显，成为政府间财政分配关系不稳定的根源。在这种体制下，中央财政在财政分配中处于明显的弱势地位，财政收入得不到充分保证，使得中央不得不调高地方的收入上解比例。这引发了地方的不满，因而往往采取各种变相的减免税“藏富于民”，从而达到隐瞒真实财政收入、减少收入上解的目的。刘仲藜（2009）曾以北京和上海两个直辖市为例对这种情形进行了详细剖析。当时，北京市采取的是收入递增包干分成模式，即以 1987 年决算收入为基数，参照地方近几年收入增长情况，确定地方收入递增率，在收入递增率以内的收入按一定比例上解中央，超出部分全部留给地方。当时，中央与北京市约定的收入递增率为 4%（见表 22—2）。为了避免中央调高上解比例以及收入递增率，北京市在约定年限内

(5年）采取各种手段隐瞒财政收入达98亿元，使得财政收入增长率始终保持在4%左右。上海市当时实行的是定额上解加递增分成模式，确定的任务指标是每年财政收入达到165亿元，其中100亿元上解中央财政，在此基础上每增加1亿元，上解收入增加0.5亿元。在实行财政包干制的5年中，上海市的财政收入平均每年在165亿元左右，刚刚达到要求的下限，没有任何增长。事实上，这样的做法在各个地区非常普遍，但中央缺乏有效的手段加以纠正，只能眼睁睁看着地方上解收入的持续下降。由此可见，财政包干制事实上完全“包死”了中央政府，使得中央政府没有任何办法获得任何一点增量收入，出现财政困境也就是一件十分自然的事情了。

为了改变财政困境，中央不得不频繁调高地方的收入上解比例，进一步引发了地方的不满，导致中央财政收入进一步减少，从而陷入中央财政收入下降→财政体制变动→地方隐瞒收入→中央财政收入下降的恶性循环。对于这种状况，原财政部部长、1994年分税制改革的主要负责人之一的项怀诚同志曾一针见血地指出，“一个市场经济国家的财税体制应该是稳定和规范，并且更符合市场经济原则的、公平及透明的分配体制。而我们国家当时频繁的、轮番变换的财税体制，造成了地方对中央极大的不信任以及互相猜疑，因为不知道下一步你如何改？怎么改？更不知道未来的预期”（马国川，2009）。

当预算内收入无法满足中央的资金需求时，中央政府不得不打起收费的主意——1982年的国家能源交通重点建设基金以及1989年的国家预算调节基金正是在这一背景下推出的。与此同时，为了达到减少向中央政府上缴收入的目的，地方政府开始采取各种手段以造成预算内收入的“不增长”，而尽可能地采取各种摊派和收费的做法以获取大量的预算外甚至体制外收入，增加自己的可支配收入。这直接导致20世纪80年代到90年代末期我国各地乱收费、乱摊派、乱集资之风盛行，给社会造成巨大经济负担，严重干扰了我国正常的财政分配秩序、市场经济秩序以及经济社会的健康有序发展。另一方面，财政承包制采取按行政隶属关系划分财源和财力的做法也极大地诱使地方政府对市场和商品流通进行不合理干预，助长了地方保护主义，妨碍了全国统一市场的形成，导致低水平重复建设和投资的膨胀，对我国经济持续平稳运行造成了巨大冲击（周黎安，2004；郭庆旺、贾俊雪，2006；谢旭人，2008）。

由此可见，无论是中央还是地方对于财政承包制都存在着不满——中央不满收入的持续下降，地方不满体制的频繁变动。另一方面，财政承包制对经济的负面影响也越来越突出、越来越不能适应我国社会主义市场经济发展的客观要求。中国迫切需要一次彻底的、全方位的财税体制改革。1993年11月，党的十四届三中全会通过的《中共中央关于建立社会主义市场经济体制若干问题的决定》正式提出了分税制改革的内容，标志着新中国成立以来涉及范围最大、调整力度最强、影响最为深远的分税制改革正式拉开序幕。

22.3 利益博弈中的体制创新

1994年分税制改革的主要目的在于有效扭转“两个比重”持续下降的不利局面，确定中央财政在整个财政分配中的主导地位，因而具有很强的收入集权特色，对于地方政府利益产生了巨大冲击。因此，无论是改革方案的设计、落实还是改革的逐步深化，中央与地方的博弈都贯穿始终。从这层意义看，1994年分税制改革可以视为新中国财政史上一次跌宕起伏的利益博弈中的体制创新。

22.3.1 利益博弈中的基本方案确定

1994年分税制改革涉及的内容非常庞杂，既包括事权和财权的划分以及税收返还制度建立等基本内容，还包括国有企业利润分配制度和税收管理体制等配套改革措施。在事权划分方面，中央财政主要承担了国家安全、外交、中央国家机关运转及直接管理的事业发展所需经费，以及经济结构调整和宏观调控所必需的支出等14个方面；地方财政主要承担本地区政权机关运转以及经济、事业发展所需支出等13个方面。在财权划分方面，将维护国家权益、实施宏观调控所必需的税种如关税和消费税等8种收入划为中央税，将适合地方征管的税种如营业税、个人所得税和房产税等18种收入划为地方税，将与经济发展密切相关的主要税种如增值税等3种收入划为中央与地方共享税，其中增值税中央与地方分享比例为75：25，证券交易税为50：50，海洋石油资源税归中央，其他资源税归地方（见表22—3）。在税收返还方面，主要建立了增值税和消费税“两税”返还制度，即按照1993年地方净上划中央收入（消费税＋75％的增值税－1993年中央下划收入）作为中央对地方税收返还的基数，基数部分全部返还给地方；1994年以后的税收返还数额按一定比例增长，即税收返还数额的增长率，按全国“两税”的平均增长率的1：0.3系数确定，全国“两税”收入每增长1％，税收返还数额增长0.3％。

表22—3　　　　分税制改革关于政府间财政收支责任安排的具体做法

	财政支出责任安排	财政收入责任安排
划分原则	中央财政主要承担国家安全、外交和中央国家机关运转所需经费，调整国民经济结构、协调地区发展、实施宏观调控所必需的支出以及由中央直接管理的事业发展支出；地方财政主要承担本地区政权机关运转所需支出以及本地区经济、事业发展所需支出	将维护国家权益、实施宏观调控所必需的税种划为中央税，将适合地方征管的税种划为地方税，将与经济发展密切相关的主要税种收入划为中央与地方共享税

续前表

	财政支出责任安排	财政收入责任安排
中央财政支出（中央税）	国防费，武警经费，外交和援外支出，中央级行政管理费，中央统管的基本建设投资，中央直属企业技改和新产品试制费，地质勘探费，由中央财政安排的支农支出，国内外债务的还本付息支出以及由中央本级负担的公检法、文化、教育、卫生和科学支出	国内消费税，关税，进口环节增值税和消费税，车辆购置税和车船吨税
地方财政支出（地方税）	地方行政管理费，公检法支出，部分武警经费，民兵事业费，地方统筹的基本建设投资，地方企业技改和新产品试制费，支农支出，城市维护建设支出，地方文化、教育和卫生支出，价格补贴支出和其他支出	城镇土地使用税，耕地占用税，土地增值税，房产税，城市房地产税，车船使用税，车船使用牌照税，契税
中央与地方共享税		国内增值税（中央 75%） 营业税：铁道部、各银行总行、各保险总公司集中缴纳的部分（中央 100%）；其余部分（地方 100%） 企业所得税：铁道部、各银行总行、海洋石油企业缴纳的部分（中央 100%）；其余部分（地方 100%） 个人所得税：储蓄存款利息所得的个人所得税收入（中央 100%）；其余部分（中央 60%） 资源税：海洋石油企业缴纳的部分（中央 100%）；其余部分（地方 100%） 城市维护建设税：铁道部、各银行总行、各保险总公司集中缴纳的部分（中央 100%）；其余部分（地方 100%） 印花税：证券交易印花税收入（中央 94%） 其他印花税收入（地方 100%）

资料来源：谢旭人（2008）和郭庆旺、赵志耘（2006）。

上述改革内容中的关键在于收入权力划分和税收返还方案，这是中央与地方利益的主要纠结点，而难点主要集中在增值税改革方面。增值税是税制改革后最大的一个流转税种，占整个税收比重的 40%左右。因此，它的改革可谓牵一发而动全身，是中央与地方利益博弈的焦点。在具体方案设计中，中央首先确定了增值税必须作为中央与地方共享税的基本原则，但在确定共享比例以及税收返还方案时还是颇费了一番周折。最初，中央提出“二八”、“三七”、“四六”三个地方与中央分享比例。为了确保中央财力需要，同时避免取之过度，经过仔细测算和慎重考虑，决策者最终选择了75：25的中央与地方分享比例。在税收返还方面，财政部借鉴了1980年“分级包干”和1985年“财政包干制”的做法，提出“基数加增长比例”的方案——基数全部返还给地方，增量按照一个固定比例予以返还。这一方案的核心在于基期、基数以及增长比例的确定。财政部最初提出按照通货膨胀率来确定增长比例，但经过讨论，中央否定了这一想法，最终提出按全国增值税平均增长率的1：0.3确定增长比例。在基期和基数方面，当时的方案并没有做出明确规定，但倾向于以过去几年的情况作为参照。

从上述方案可以看出，中央已经较为充分地考虑到了地方既得利益。但方案一经公布，立即在全国范围内引起了轩然大波，除了少数地方以外，大部分地方均以各种理由提出了反对意见，其中广东省的反应最为强烈。中央非常重视广东省的意见，多次赴广东省进行方案的说明和解释工作。作为一位重要的亲历者，时任财政部副部长的项怀诚同志曾多次指出，1994年分税制改革的攻坚战在于广东省，中央对广东省的说服工作最为艰苦，可谓是一波三折（马国川，2009）。最初，广东省曾上书中央，明确提出反对实施分税制，要求继续单独实行财政承包制。后来，广东省委在与受党中央和国务院委托到广东省落实改革方案的朱镕基副总理会谈时，又强调分税制将导致中央在此后的10年间从广东省多拿走1 000多亿元，从而直接影响到广东省赶超亚洲“四小龙”的步伐。对此，朱镕基副总理高度重视，立即责成随行的财政部官员对两种不同体制下广东省未来10年的税收收入进行测算。测算结果表明，分税制下，中央在此后的10年间从广东省多拿走约700亿元，而且分税制将有助于地方财力的更大增长，因而对广东省财政收入的影响很小。在这种情况下，广东省同意实行分税制，但要求以1993年财政收入的决算数作为基数。据项怀诚回忆，财政部对此坚决反对，认为当时还处在1993年9月，全年财政收入的决算数只有到1994年上半年才能出来，地方很容易在后面的几个月内人为地将全年财政收入推高，以获取更多的基数返还，但朱镕基副总理力排众议，同意了这一要求，获得了广东省的支持，使得增值税改革方案得以最终确定（马国川，2009）。

此外，按照中央的最初设想，通过财力集中并以转移支付的方式给予落后省份财力支持，从而使分税制改革更加有利于落后省份。但贵州、云南、广西等西部省份对消费税完全划为中央税的做法意见很大，认为这极大地损害了地方利益。为了照顾地方在消费税上的利益，中央最终决定比照增值税返还方案对地方进行消费税返还。两税返还方案的确定标志着中央与地方在最为核心的利益上达成了一致，从而为分税制改革的顺利推进铺平了道路。这样，经过中央与地方的讨价还价，一个符合中国国情特点的、中央与地方均能接受的、并非完美无瑕但却充满智慧的分税制方案得以最终出台！

22.3.2　利益博弈中的渐进深化改革

1994 年分税制改革是新中国成立以来在财税体制方面的一次巨大创新，涉及面之广、问题之复杂均是前所未有的。也正因如此，很多问题特别是地方政府的一些行为反应在改革之初很难完全预料到。而且，即便是对于一些问题中央非常清楚，但为了避免引发地方政府的强烈反应也不得不采取一些迂回的做法。这使得 1994 年分税制改革的最初方案遗漏、遗留了很多重要问题未能加以解决。不过，中央始终密切关注着形势的发展，不断对改革方案加以完善，推动改革渐进深化。这些后续改革主要包括以下几个方面。

（一）“两税”返还方案的完善

1993 年下半年，中央最终确定了以 1993 年地方实际财政收入作为基数，完全返还给地方。为了实现既得利益的最大化，地方在 1993 年下半年加大征收力度，甚至采取“先征后返”、“寅吃卯粮”等非常规手段以把基数做大。这使得 1993 年下半年地方财政收入出现激增：9 月份税收收入较上年同期增长了 60%，10 月份同比增长了 80%，11 月份同比增长了 90%，12 月份同比增长了 120%，全年较 1992 年增长了 39.9%，财政收入增收了 900 多亿元。中央立即意识到了地方在其中必定做了手脚，财政收入中有很大一部分是虚增的，但限于当时的客观条件，中央组织的全国巡查并没有发现什么明显问题。由于在 1993 年新增的 900 亿元财政收入中，地方返还占据了很大的比重，如果中央严格执行既定方案，1994 年的财政预算将会存在 300 亿元的资金缺口。

如何有效化解这 300 亿元的资金缺口就成为 1994 年分税制改革带给中央的第一个难题。财政部最初曾试图通过扣减地方基数的做法来解决这一问题，但遭到了地方的强烈反对，认为这种做法缺乏客观依据，破坏了制度安排的严肃性。经过广泛讨论和审慎考虑，中央最终认可了 1993 年地方的基数，但对“两税”返还方案进行了完善，增加了奖惩机制。具体而言，中央确定以 1993 年全国“两税”增长率的 1/3 即 16%作为今后“两税”的增长任务，各地方以本地区 1993 年“两税”增长率的 1/3 作为增长任务；对于不能完成“两税”增长任务的地方，中央要求以地方财政收入进行赔补，对于不能完成基数的地方进行基数扣减；对于完成“两税”增长任务的地方，中央按当年该地区“两税”增长率的 1∶0.3 进行基数返还，对于“两税”增长超过任务的地方，中央按照超额部分的 1∶0.6 给予地方一次性奖励；增长返还系数 1∶0.3 不再与全国“两税”平均增长率挂钩，而是与本地区上划“两税”增长率挂钩。对比最初的“两税”返还方案可以看出，新方案引入了奖惩机制，有助于激励和约束地方的征收行为，为此后的税收收入持续快速增长奠定了一个很好的制度基础。至此，中国经济步入财政收入以及中央财政收入持续快速增长时代：1994—2002 年间，我国财政收入年均增长 17.5%，财政收入占 GDP

的比重由1993年的12.6%提高到2002年的18.5%；2002年，中央财政收入占全国财政收入的比重为55%，比改革前的1993年提高了33个百分点。

（二）所得税分享改革

1994年分税制改革时，鉴于地方阻力较大，中央并没有进行大规模的所得税改革，个人所得税划为地方税，企业所得税仍然延续了按企业隶属关系划分的格局，即中央企业所得税作为中央财政收入，地方企业所得税作为地方财政收入。随着我国经济体制改革特别是企业改革的逐步深化，这种划分方法的弊端日渐突出：(1) 强化了地方政府对企业经营活动的干预以及企业对地方政府的行政依附，不利于现代企业制度的建立和健全，加剧了企业间的恶性竞争以及地方保护主义，对正常的经济秩序产生严重冲击。(2) 随着现代企业的发展，企业隶属关系变得越来越难以准确界定，为地方钻空子提供了很大空间，导致企业所得税缴库混乱，造成中央税收收入的大量流失：2000年，财政部巡查了239个地市县级国税机关，查出中央企业所得税混入地方金库达10亿元（谢旭人，2008）。(3) 进一步拉大了地区间的财力差距，严重阻碍了生产要素的自由、高效流动，不利于全国经济的协调发展。

为了有效解决上述问题，中央决定从2002年1月1日起实施所得税收入分享改革，将按企业隶属关系等划分中央和地方所得税的办法改为中央与地方按统一比例分享。所得税分享改革是1994年以来最大的一次税权划分改革，具体内容包括：(1) 除铁路运输、国有银行等少数特殊行业或企业外，对其他企业所得税和个人所得税收入实行中央与地方按比例分享，2002年中央与地方分享比例为50∶50，2003年起为60∶40；(2) 中央保证各地区2001年地方实际的所得税收入基数，实施增量分成，计算公式为：2003年所得税基数返还＝2002年地方实际所得税收入×60%－2002年中央实际所得税收入×40%；(3) 中央财政因所得税分享改革增加的收入，用于增加对地方主要是中西部地区的一般性转移支付；(4) 跨地区经营企业集中缴纳的所得税中地方分享部分按分公司（子公司）所在地的企业经营收入、职工人数和资产总额三个因素在相关地区间分配，权重分别为0.35、0.35和0.3。

2002年所得税分享改革总体上取得了较好的成效。一方面，这次改革彻底打破了企业的行政隶属关系以及对地方政府的行政依附，有助于企业改革的深化，同时也有效抑制了地方政府对企业经营管理活动的干预，很好地遏制和纠正了地方保护主义、地方重复建设之风盛行的现象，促进了全国统一市场的形成，以及中国经济的健康有序发展。另一方面，这次改革不仅有效遏制了所得税征管混乱的现象，也初步建立起我国一般性转移支付资金的稳定增长机制——2005年中央对地方一般性转移支付达到1 121亿元，较2001年增加了近1 000亿元（见图22—2）——对于有效缓解中西部地区财政困难、促进地区间协调发展起到了重要作用（李萍，2010；谢旭人，2008）。

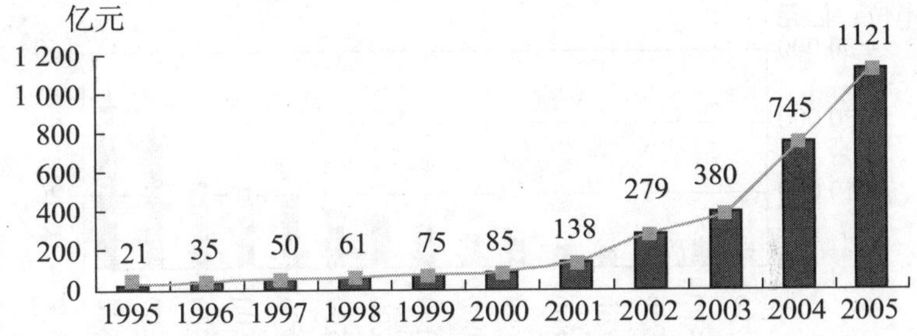

图22—2 1995—2005年中央一般性转移支付

（三）政府间转移支付制度的建立与健全

为了有效扭转中央财政在整个财政分配中的不利地位，1994年分税制改革采取了财权大幅集中的做法，这使得地方出现了较为严重的财政纵向失衡。另一方面，受资源禀赋等因素的影响，我国地区间经济发展极其不均衡，地方政府间存在着较为严重的财政横向失衡。为了更好地促进财政均衡，实现地方基本公共服务均等化，在保留改革前结算补助等转移支付项目的同时，1994年以来，中央政府逐步建立与完善了我国政府间转移支付制度。除了税收返还以外，目前我国政府间转移支付主要包括两类：一是一般性转移支付（原财力性转移支付），旨在缓解地方财力紧张、促进地方政府基本公共服务能力的均等化，包括均衡性转移支付（原一般性转移支付）、民族地区转移支付、县乡基本财力保障机制奖补资金、调整工资转移支付、农村税费改革转移支付、义务教育转移支付以及定额补助（原体制补助）等；二是专项转移支付，这部分专款专用，旨在实现中央的特定政策目标，包括一般预算专项拨款、国债补助等，重点用于教育、医疗卫生、社会保障、支农等公共服务领域。

1994年特别是2002年以来，随着中央财力的不断增强，中央财政转移支付呈现出持续快速增加的势头，转移支付总额从1994年的2 389亿元增长到2008年的22 991亿元，增长了9.62倍，累计转移支付总额达到了120 285亿元，年均增长率高达17.55%（见图22—3）。其中，一般性转移支付与专项转移支付比重在改革初期较低，维持在30%左右（见图22—4）。此后，随着转移支付均等化功能的加强，原体制内功能的不断弱化，专项转移支付和一般性转移支付所占比重不断提高。其中，专项转移支付比重在1999年以后一直稳定在35%左右，一般性转移支付比重则持续攀升，目前二者所占比重业已达到80%左右。由此可见，1994年以来我国中央财政转移支付得到了较为长足的发展，转移支付资金已初具规模，结构也在不断优化。

另一方面，我国政府间转移支付的资金分配方法也在逐步完善，公平性与科学性得到了明显增强。以均衡性转移支付为例，1995年，我国初步建立起均衡性转移支付制度，当时称为“过渡期转移支付”。在建立之初，均衡性转移支付（原一

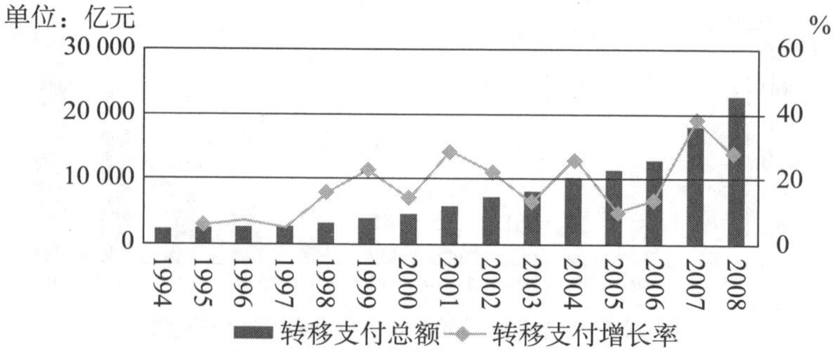

图 22—3　1994—2008 年我国财政转移支付的变动趋势

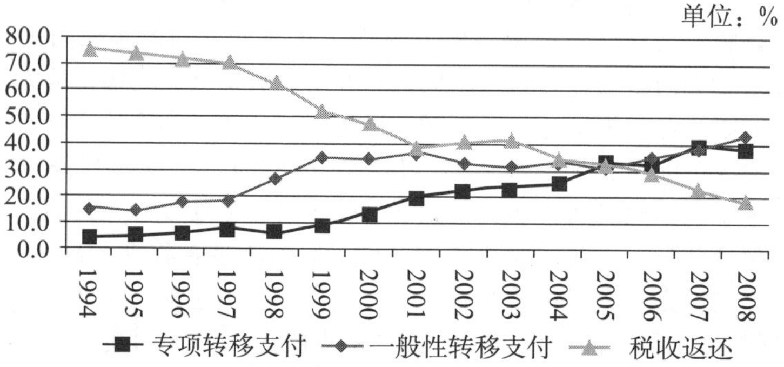

图 22—4　1994—2008 年财政转移支付比重的变动趋势

般性转移支付）就按照公平、公正的原则参考各地标准财政收入和标准财政支出的差额及可用于转移支付的资金数量等客观因素，按统一公式计算确定各地转移支付数额。其中，标准收入是指各地的财政收入能力，主要按税基和税率分税种测算；标准支出是指各地的财政支出需求，主要按地方政府规模、平均支出水平和相关成本差异系数等因素测算。在测算支出成本差异系数时，主要考虑各地地理环境、人口规模与结构等客观因素。对财政越困难的地区，中央财政补助程度越高。2002 年对均衡性转移支付（原一般性转移支付）的分配公式进行了完善。2008 年，为贯彻落实科学发展观，体现以人为本的理念，按照财政管理科学化、精细化、规范化的要求，在原一般性转移支付办法的基础上，中央财政又进一步完善了中央对地方一般性转移支付测算办法，并发布了《2008 年中央对地方一般性转移支付办法》。2009 年，一般性转移支付更名为均衡性转移支付。新办法主要对标准财政支出的测算进行了调整，突出了新形势下地方政府主要职能的转变和一般性转移支付定位的转变。在 2002 年版的一般性转移支付办法中，其主要目标是缓解财政困难地区财政运行中的突出矛盾，保障机关事业单位职工工资发放和机构正常运转等基本公共支出需要，因而在计算标准财政支出时主要通过对标准财政供养人口、人员经费标准的测算，计算地方政府经常性支出。而新办法出台的背景则是地方政府正在向公共服务型政府转型，一般性转移支付的目标也转向鼓励地方政府实现公共服务均等化，因而在计算标准财政支出时主要以公共服务支出为主，考虑各支出的成本，具体而言选取影响财政收支的客观因素，适当考虑人口规模、人口密度、海拔、少数民族等成本差异，结合各地实际财政收支情况，采用规范的公式化方法进行分配。

（四）省以下财政体制创新——省直管县财政体制改革

1994 年分税制改革从制度上规范了中央与地方政府间财政关系，但并没有明确规定省以下财政管理体制。省以下各级政府基本上是比照中央与地方政府间财政关系的制度框架，陆续实行了分税制财政管理体制，但在财政收支责任安排的具体做法上还存在较大差异。各地在省以下收入责任安排方面基本上采取了税种分成和总额分成两种做法，但具体分成形式多样、差别很大。在支出责任安排上，各地结合本地区实际情况做出一些原则性规定，但由于缺乏明确的、可操作的法律依据，具体做法同样存在较大差异。

不过，总体而言，我国省以下财政收支责任安排呈现出一个共同特点即财政收入权利层层上移，支出责任则层层下放。这使得县级基层政府普遍承担着较重的公共支出事务，但拥有的财力十分有限。这一点可以从我国县级地方政府财政收支分权水平的核密度图 22—5 得到更为清晰的认识。① 1997—2001 年间我国县级地方政府财政支出分权水平出现较为明显的下降，体现在 2001 年核密度曲线较 1997

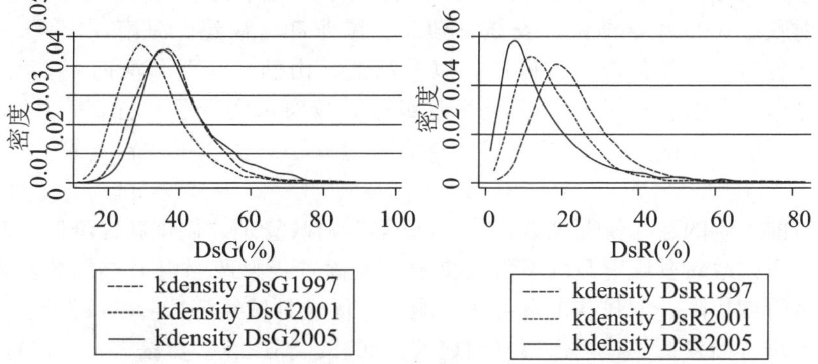

图 22—5　我国县级地方政府财政收支分权的核密度图

① 此处资料来源于《全国地市县财政统计资料》，样本为全国 30 个省、自治区和直辖市 1 938 个县和县级市。对于财政收支分权，借鉴已有文献的普遍做法（张晏、龚六堂，2005；贾俊雪、郭庆旺，2008），并考虑到县级地方政府财政管理体制上的差异，我们分别利用人均县级财政收入（支出）/（人均县级财政收入（支出）＋人均中央财政收入（支出）＋人均省份本级财政收入（支出）＋人均地市本级财政收入（支出））和人均县级财政收入（支出）/（人均县级财政收入（支出）＋人均中央财政收入（支出）＋人均省份本级财政收入（支出））来测度地市管县和省管县财政管理体制下各个县级地方政府的财政收支分权水平。

年而言，波峰出现明显向左偏移，这与1994年分税制改革以来全国财政支出呈现出集权化的大趋势是一致的（贾俊雪、郭庆旺，2008）。但不同的是，2002年以来县级地方政府承担的支出事务呈现出明显增加的态势，2005年财政支出分权基本上达到了1997年的水平。与此形成鲜明对照的是，1997—2005年间，我国县级地方政府财政收入分权水平一直呈现出持续下降态势，其中1997—2001年间表现得尤为突出。由此可见，1997—2005年间，我国县级地方政府拥有的财权和事权处于明显不匹配状态。事实上，县级地方政府平均承担了我国35.1%的公共支出事务，但拥有的财政收入份额仅为18.2%，财政收支分权二者的相关系数仅为0.545。

正是由于财权和事权的严重失衡，使得我国县乡基层政府普遍存在较为严重的财政困难。为了有效化解县乡财政困难，增强县级自主发展能力，近年来，我国在省以下财政管理体制方面进行了以扩大财政管理权限为核心内容的创新性改革探索，其中以“省直管县”财政管理体制改革最具代表性。我国采取的是五级政府架构（即中央政府、省级政府、地市级政府、县级政府和乡镇政府），县级政府在行政上归地市级政府管辖。因此，县级地方政府在设置之初，基本上采取的是地市管县财政管理体制（即财政收支责任划分、省以下财政转移支付和预算资金调度方面首先由省级政府直接对地市级政府，县级财政由地市级财政直接管理）。2002年以来，我国进一步在浙江等部分省区逐步推行“省直管县”财政管理体制改革，即财政收支责任划分、省以下财政转移支付和预算资金调度方面，都是由省级财政直接对县级财政。2005年，浙江、安徽、湖北、黑龙江、福建、海南、宁夏、吉林和广西等9省份的全部县级地方政府，以及河北、山西、江西和河南4省份的辛集市、河津市、兴国县和邓州市等72个县级地方政府都实行了“省直管县”财政管理体制。目前，全国共有10多个省、自治区与直辖市实施了“省直管县”财政管理体制。

从目前体制的运行情况来看，“省直管县”财政管理体制创新在降低行政成本、避免地级市财政对县级财政的不恰当集中、发挥省级财政对财力差异的调节作用、扩大县级管理权限、增强县市自主发展能力、促进县域经济社会协调发展、缓解县乡财政困难方面发挥了积极作用（谢旭人，2008；郭庆旺、贾俊雪，2010）。

22.4 总体评价

与带有行政指令与讨价还价等不稳定特征的财政承包制相比，分税制财政体制在财政调节理念与运行方式上均发生了巨大转变，基本具备了市场经济体制所要求的规范性、稳定性的特征，开创了新中国财政发展史上的新纪元，对中国经济产生了极其深远的影响（谢旭人，2008）。本节尝试在一个整合分析框架内对1994年分税制改革的经济影响进行深入剖析，探究我国分权模式的最优选择，提出促进经济可持续发展的财税体制改革建议。

22.4.1 一个整合分析框架

1994 年分税制改革的根本目的是通过明确中央政府与各级地方政府间的责、权、利关系，促使地方政府职能优化，更好更快地发展地区经济，其中的关键在于分权化改革带来的激励和约束机制及其对地方政府行为的深刻影响。现有理论刻画财政分权对地方政府行为影响时，主要强调财政竞争机制的重要性（Brennan and Buchanan，1980；Wilson，1986），并主张利用庇古式（Pigouvian）转移支付政策矫正财政竞争带来的负面影响（Zodrow and Mieszkowski，1986）。不过，由于成本外溢和信息不对称，矫正性转移支付政策设计需要考虑到地方政府行为选择和道德风险等激励问题（Bordignon et al.，2001）。此外，行政管理架构、政府组织结构作为财政分权的重要外部制度环境也会不可避免地对地方政府行为产生深刻影响（Hocman et al.，1995；Gilbert and Picard，1996；贾康、白景明，2002；王小龙，2006；郭庆旺、贾俊雪，2010）。

因此，我们以地方政府行为为核心，以财政分权、财政竞争和经济发展为主线，以政府间转移支付制度和地方政府治理结构为制度环境，构建一个整合分析框架（见图 22—6）全面梳理和剖析 1994 年分税制改革的经济影响及其逻辑机理。

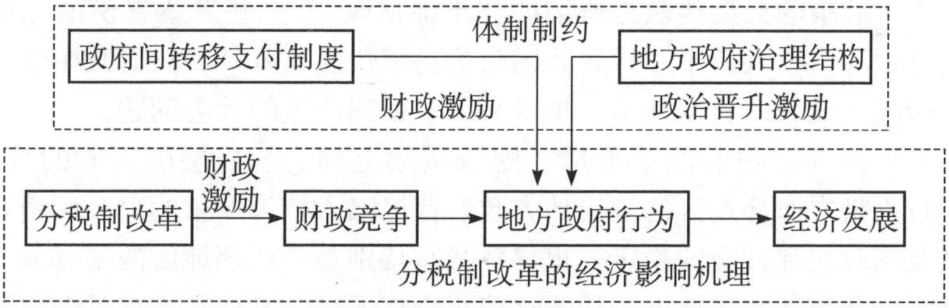

图 22—6 分税制改革经济影响的整合分析框架

1994 年分税制改革改变了财政承包制形成的中央与地方的财政分配格局，摒弃了财政承包制“一对一”谈判处理中央与地方财政关系的模式，通过财权与事权的统一划分从制度层面上规范了中央与地方关系，建立起长期、稳定的激励和约束机制，对于规范地方政府行为进而对于经济发展产生了积极作用。第一，赋予地方独立的税种和相应的征管权力以及奖惩机制清晰的税收返还制度对地方政府产生了巨大的财政激励，充分调动起地方的征税积极性，促使地方政府改变以往的低税率竞争策略。这不仅有效扭转了地区间过度竞争的不利局面，对地区经济增长产生了积极的促进作用（郭庆旺、贾俊雪，2009；贾俊雪、郭庆旺，2008），同时也促进了国家财政收入持续快速增长，为中国经济长期可持续发展奠定了良好的财力保障。①

第二，1994 年分税制改革实行按税种划分中央与地方收入，特别是 2002 年所得税分享改革改变了按企业隶属关系划分中央和地方所得税收入的做法，打破了地方政府与地方企业之间的利益联系，极大地削弱了地方政府通过地方保护、经济封锁和市场分割等恶性竞争手段扶持本地企业发展从而获得财政利益的动机。这很好地遏制和纠正了财政包干制带来的地区间恶性竞争、低水平重复建设等现象，促进了全国统一市场的形成以及经济的健康有序发展。

第三，政府间转移支付制度的逐步完善，特别是具有均等化作用的均衡性转移支付规模的持续大幅增加以及分配方法的日渐完善，有助于充分发挥政府间转移支付政策的利益导向作用，有效地缓解了落后地区的财政困难，激励地方政府进行职能转变，促进地方基本公共服务的均衡发展。此外，财政级次的减少以及“撤乡并镇”等地方政府治理结构的改革措施也有助于大幅提高财政资金的使用效率，缓解地方政府的财政负担（贾俊雪、郭庆旺、宁静，2011），从而有利于更好地发挥分权化改革带来的积极影响。

但另一方面，1994 年分税制改革采取了财权上移、事权下放的做法，导致地方政府特别是基层地方政府的财权与事权不匹配，从而对地方政府行为进而对经济发展产生了显著的负面影响。

第一，由于缺乏稳定的财力保障，地方政府开始更多地谋求一些预算外甚至体制外的收入，其中的典型代表是所谓的“土地财政”，一些发达省份的土地转让金甚至与地方预算内收入持平，导致我国房价持续快速攀升，不仅对我国经济的健康平稳运行造成了显著的负面冲击，也带来了一系列严重的社会问题。

第二，1994 年分税制改革形成了财权层层上移、事权层层下放的分权格局，使得我国特别是中西部地区的基层地方政府普遍陷入较为严重的财政困境，不仅严重威胁到我国政权和社会的稳定，也导致我国特别是中西部地区的基础教育、医疗卫生等基本公共服务水平低下，尽管这些年中央通过一系列举措在县乡财政解困方面取得一些明显成效，但这一问题依旧较为突出。

第三，1994 年分税制改革以来，中央逐渐形成了依靠转移支付解决我国财政分权不当带来的不利影响的策略，一方面由于中央缺乏整体的规划，使得转移支付

① 另一方面，1994 年分税制改革按照中央财政主导地位原则，将维护国家权益、实施宏观调控所必需的大宗、稳定、税源充沛的税种划为中央税或中央与地方共享税，确定了中央财政在整个财政收入分配中的主导地位。这些举措有效地扭转了“两个比重”的持续下降，促进了国家财政收入和中央财政收入持续高速增长：2008 年，我国财政收入达到 61 330.4 亿元，其中中央财政收入为 32 680.6 亿元，财政收入占 GDP 的比重和中央财政收入占整个财政收入的比重分别为 19.5%和 53.3%，较 1993 年的 12.3%和 22%分别增加了 7.2 和 21.3 个百分点。

呈现出碎片化和短期化的特点，不利于长期、稳定的激励和约束机制的形成。另一方面，这也导致地方政府对转移支付的依赖性日益增强，不利于地方政府行为的理性化，带来了各种道德风险问题，削弱了转移支付政策的有效性，造成财政资源的巨大浪费。

第四，我国垂直的行政管理架构和过分强调 GDP 的政治晋升机制进一步放大了 1994 年分税制改革带来的不利影响，而中央的治理措施并没有充分考虑到我国地方政府治理结构的制约，因而很多改革和措施往往“事倍功半”，未能取得良好效果（贾俊雪、郭庆旺、宁静，2011）。

22.4.2 分权模式的最优选择

现代财政分权理论指出，事权和财权划分的不匹配很容易引发“公共池”效应（common pool effect），从而弱化财政分权对地方政府的行为约束，导致财政支出效率低下，因而主张财权与事权相匹配（Baqir，2002；Rodden，2003）。但现实经济中很少有国家可以做到财权与事权的完美匹配。我国的 1994 年分税制改革事实上是从一个极端分权模式在向另一个极端分权模式趋近，而且随着时间的推移，这种趋势越来越明显。

1994 年以前的财政包干制采取的是财权过度下放的分权模式，这种分权模式确定了地方的财政分配主导地位，中央需要依靠“逆向的转移支付”即地方上解来获取必要的财政收入，因而是一种极端的、反常的分权模式。无论是从单纯的经济学视角还是从政治经济学视角来看，这样的分权模式都是不可持续的，必然会对经济社会发展乃至于政治稳定、国家统一造成巨大冲击。1994 年分税制改革彻底摒弃了这种分权模式，形成了财权层层集中、事权层层下放、借助转移支付解决财政失衡的分权格局。1994 年分税制改革确定的这种分权模式确立了中央的财政分配主导地位，强化了中央对地方以及上级地方政府对下级地方政府的财政和政治控制力，对于政治稳定、国家统一具有重要作用。但财权、事权不匹配且越往下越突出的格局也带来了一系列严重问题，而完全依靠转移支付加以校正的做法由于信息不对称以及财政外部性等问题而蕴涵着很大的道德风险，同时也面临着如何与我国政府组织结构目标兼容、激励相容的问题。

由此可见，能否有效地、根本性地解决目前我国经济社会存在的一些突出矛盾，关键在于下一步财税体制改革是否能够确立一个最优的分权模式。显然，这是一个非常复杂的问题，不仅需要考虑社会经济因素，还需要考虑文化政治因素。不过，改进的方向至少是明确的——适当地下放财权、上收事权、减少转移支付规模，从而形成一个财权与事权更为匹配的分权格局。

参考文献

陈共．中国分税制改革．陈共文集（下）．北京：中国人民大学出版社，2007。

郭庆旺，赵志耘．公共经济学．北京：高等教育出版社，2006。

郭庆旺，贾俊雪．地方政府行为、投资冲动与宏观经济稳定．管理世界，2006（5）5期。

郭庆旺，贾俊雪．地方政府间策略互动行为、财政支出竞争与地区经济增长．管理世界，2009（10）

郭庆旺，贾俊雪．财政分权、政府组织结构与地方政府支出规模．经济研究，2010（11）

贾俊雪，郭庆旺．政府间财政收支责任安排的地区经济增长效应：实证分析．经济研究，2008（8）

贾俊雪，郭庆旺，刘晓路．资本性支出分权、公共资本投资构成与经济增长．经济研究，2006（12）

贾俊雪，郭庆旺，宁静．财政分权、政府治理结构与县级财政解困．管理世界，2011（1）

贾康，白景明．县乡财政解困和财政体制创新．经济研究，2002（2）

李萍 主编．财政体制简明图解．北京：中国财政经济出版社，2010

刘仲藜．1994年财税体制改革回顾．百年潮，2009（4）

马国川．共和国部长访谈录．北京：生活·读书·新知三联书店，2009

王小龙．县乡财政解困与政府改革：目标兼容与路径设计．财贸经济，2006（7）

谢旭人．中国财政改革三十年．北京：中国财政经济出版社，2008

张晏，龚六堂．分税制改革、财政分权与中国经济增长．经济学（季刊），2005（1）

周黎安．晋升博弈中政府官员的激励和合作．经济研究，2004（6）

Baqir，R.，2002，“Districting and Government Overspending”，*Journal of Political Economy* 110.

Bordignon，M.，P. Manasse and G. Tabellini，2001，“Optimal Regional Redistribution under Asymmetric Information”，*American Economic Review* 91.

Brennan，G.，and J. Buchanan，1980，*The Power to Tax*，Cambridge，Cambridge University Press.

Gilbert，G.，and P. Picard，1996，“Incentives and Optimal Size of Local Jurisdictions”，*European Economic Review* 40.

Hocman，O.，D. Pines and J-F. Thisse，1995，“On the Optimal Structure of Local Governments”，*American Economic Review* 85.

Rodden，J.，2003，“Reviving Leviathan：Fiscal Federalism and the Growth of Government”，*International Organization* 57.

Wilson，J. D.，1986，“A Theory of Interregional Tax Competition”，*Journal of Urban Economics* 19.

第 23 章

“两个确保”①

“Two Guarantees” Policy

【摘要】“两个确保”是 20 世纪 90 年代后期党和政府在社会保障领域作出的一个重要决定，它对于我国社会保障制度的建设起到了巨大的推动作用，从 20 世纪 80 年代初开始的城市经济体制改革进行到 90 年代中后期，使社会经济的各个方面都发生了很大的变化。特别是这一阶段出台了一些提高经济效率的改革措施，导致收入分配和社会公平领域面临越来越严重的挑战。如何保障国有企业下岗职工和企业离退休职工的基本生活，成为当时维护社会稳定和社会公平亟待研究和解决的重大课题。党和国家在 1998 年及时作出确保这两部分职工基本生活的承诺，并拿出了切实可行的方案，从而使下岗职工和离退休职工这两部分“弱势群体”的基本生活有了依靠。“两个确保”不仅使我国市场化的经济改革能够继续顺利推进，同时也加速了社会保障制度的不断完善，并且在客观上对我国财政支出结构的调整起到了积极的促进作用。

【关键词】“两个确保”　下岗职工　退休职工　养老金　社会保障

Abstract: The provision of (so-called) “two guarantees” policy is a key decision made by the CCP and Chinese government in the area of social security in the late 1990s. It has played a significant role in promoting the institutional construction of the social security system in China. Staring from the early 1980s, China has undergone the urban economic reform; and until the late 1990s, this reform has brought substantial changes in all aspects of the society and the economy. Nevertheless, some reform policies which are intended to improve the economic efficiency lead to income disparity and social inequity. And thus policy makers are confronted increasingly serious challenges. Out of

① 本章撰稿人：朱青。

these challenges, how to guarantee the basic living needs for the laid-off workers in the state-owned enterprises as well as the needs for the retired workers in all companies become two major unsettled issues that might jeopardize the social stability and equity. In 1998, the CCP and Chinese government quickly respond to these two issues and ensure the timely implementation of feasible plans to guarantee the basic living needs for these two social vulnerable groups, say the laid-off workers and the retired workers. The provision of "two guarantees" policy not only contributes to the smoothly progress of the market-oriented economic reforms, but also accelerates the continuous improvement of the social security system, and plays a positive role in the restructuring of government expenditure in China.

Key words: two guarantees, laid-off workers, retired workers, retirement pensions, social security

"两个确保"是我国社会保障领域里常见的术语，其含义为：一是确保国有企业下岗职工的基本生活；二是确保企业离退休人员的基本养老金按时足额发放。

23.1 引言

"两个确保"是1998年6月9日中共中央、国务院《关于切实做好国有企业下岗职工基本生活保障和再就业工作的通知》（以下简称《通知》）中首次提出来的。该《通知》指出："根据国有企业改革的总体部署并考虑到社会各方面的承受能力，中央要求，当前和今后一个时期，主要解决国有企业下岗职工基本生活保障和再就业问题，把保障他们的基本生活作为首要任务"；要"切实加强领导，确保国有企业下岗职工基本生活保障和再就业工作顺利进行"。另外，《通知》还指出："在做好国有企业下岗职工基本生活保障工作的同时，要继续深化企业职工养老保险制度改革，加快立法步伐。要确保离退休人员的基本生活，保证按时足额发放养老金，不得发生新的拖欠，对过去拖欠的应逐步予以补发。"

23.2 "两个确保"提出的历史背景

中国的经济改革是从1978年开始的。这场以市场化为导向的经济改革在短短的一二十年内迅速提高了国家的整体经济效率，到21世纪初，我国的国内生产总值达到95 933亿元，经济总量已居世界第六位；人均国内生产总值从1980年到2000

年的 20 年中也翻了两番。但经济改革在经济效率方面取得巨大成就的同时，也在社会公平方面引发了一些问题，这些问题突出表现在社会成员之间的收入差距迅速拉大，老弱病残和下岗失业人员等社会弱势群体的生活有时得不到保障。到了 20 世纪 90 年代中后期，城镇中生活比较容易发生困难的社会成员主要集中在以下两大群体：

一是下岗职工。经济改革以后特别是进入 20 世纪 90 年代，我国的经济结构开始面临深刻的变革。随着产业结构的调整，传统的高耗能的劳动密集型产业以及技术落后的产业越来越不适应经济发展的要求，其中有的被关停并转，有的被迫减产。即使是那些产品适销对路的国有企业，也都在巨大的市场竞争压力下寻求降低成本提高效率的路径。特别是经济改革后国有企业普遍面临亏损局面，所以让国有企业扭亏为盈就成为当时经济改革的一项紧迫任务。1997 年 9 月召开的党的十五大和十五届一中全会提出，要用 3 年左右的时间，通过改革、改组、改造和加强管理，使大多数国有大中型亏损企业摆脱困境，力争到 2000 年底大多数国有大中型骨干企业初步建立现代企业制度。在上述形势下，如何消化大量的富余劳动力以实现减员增效，是国有企业必须面对和需要解决的一道难题。如果让这些国有企业的富余职工失业，将他们直接推向社会，这在当时的政治理念和社会经济背景下显然是很困难的。这时，一些国有企业选择了让年老体弱或技术水平较低的职工从工作岗位上退下来但仍与他们保持劳动关系的做法。这种下岗分流的办法既解决了国有企业大量冗员的问题，同时也比较容易被职工所接受。但下岗职工离开了工作岗位，就不能再享受原有的工资待遇。在国家的下岗制度完善以前，主要是由企业筹资给下岗职工发放一些生活费。但由于存在下岗职工的国有企业经济效益往往不好，很多企业拿不出足够的资金来支付下岗职工的生活费，从而导致一部分下岗职工生活陷入困境。

二是退休职工。这部分人在计划经济时期由于国家的“高就业、低工资”政策并没有积攒多少个人储蓄，退休后基本上要依赖国家或企业的养老金维持生活。而经济改革之初我国的基本养老保险制度并不健全，养老保险从过去的“企业保险”向“社会保险”转型过程中出现了许多问题，导致一部分老年退休职工不能按时足额地领取养老金，致使他们的生活出现困难。特别是由于 20 世纪 70 年代开始的人口控制政策，我国人口逐步老化，到 1999 年 10 月我国正式步入老龄化社会（即 60 岁以上人口占总人口的比重超过 10%），从而使我国的养老问题更为突出。据统计，我国基本养老保险制度内的离退休职工 1989 年为 893.4 万人，1998 年猛增到 2 727.3 万人，同期养老保险基金的支出也从 118.8 亿元增加到 1 511.6 亿元。①

经济改革过程中出现大量生活困难的群体，一方面与我国的社会主义制度的客观要求不吻合，不符合改革开放的最终目的；另一方面也对社会稳定产生了负面影

① 资料来源：国务院发展研究中心信息网：《1989—2008 年全国基本养老保险情况》。

响。对此，1997 年 9 月召开的党的十五大报告指出："提高人民生活水平，是改革开放和发展经济的根本目的。在经济发展的基础上，使全国人民过上小康生活，并逐步向更高的水平前进……实行保障城镇困难居民基本生活的政策。""两个确保"正是在这种社会经济环境下提出来的。

23.3 确保国有企业下岗职工的基本生活

23.3.1 下岗制度的产生

国有企业职工下岗分流是我国国有企业改革深化到一定阶段所出现的一个新事物和新问题。在传统的计划经济体制下，国有企业的职工捧的都是"铁饭碗"。这种终身就业制度虽然有利于保证职工的充分就业，也曾被誉为社会主义制度优越性的一个重要体现，但它也导致了国有企业人满为患和人浮于事，严重影响了企业的经济效率。改革开放的一个重要任务就是要搞活国有企业，提高国有企业的经济效率。1984 年 10 月党的十二届三中全会通过的《中共中央关于经济体制改革的决定》中指出，我国实行的是有计划的商品经济，这种经济体制要求实行政企职责分开，以增强企业自主经营的活力。1987 年 10 月召开的党的十三大提出，要"按照所有权经营权分离的原则，搞活全民所有制企业。"虽然当时国家的政策是把经营权真正交给企业，使企业真正做到自主经营、自负盈亏，但由于仍强调"经营者的管理权威和职工群众的主人翁地位相统一"，所以在国有企业中实行职工下岗分流制度在政治上被认为是不可行的。

1992 年初，小平同志发表了一系列重要讲话，提出要加快进行经济体制改革。1992 年 10 月党的十四大召开，会议提出，经济体制改革的目标是建立和完善社会主义市场经济体制。1993 年 11 月党的十四届三中全会通过的《中共中央关于建立社会主义市场经济体制若干问题的决定》中指出，要建立社会主义市场经济体制，必须进一步转换国有企业经营机制，建立现代企业制度，并提出现代企业制度的基本特征之一是"企业按照市场需求组织生产经营，以提高劳动生产率和经济效益为目的，政府不直接干预企业的生产经营活动。"这一系列的解放思想在理论上为国有企业实行下岗分流制度铺平了道路。虽然在 1997 年 9 月党的十五大召开之前国有企业中已出现了职工下岗分流制度，但党的十五大报告首次正式提出了国有企业职工下岗分流问题。十五大报告指出：国有企业改革要"实行鼓励兼并、规范破产、下岗分流、减员增效和再就业工程，形成企业优胜劣汰的竞争机制。随着企业改革深化、技术进步和经济结构调整，人员流动和职工下岗是难以避免的。这会给一部分职工带来暂时的困难，但从根本上说，有利于经济发展，符合工人阶级的长远利益。党和政府要采取积极措施，依靠社会各方面的力量，关心和安排好下岗职工的生活，搞好职业培训，拓宽就业门路，推进再就业工程。”1998—2003 年是国有企业职工下岗分流的高峰期，在此期间全国共有 2 400 多万国有企业职工下岗。此外，集体企业尤其是过去实行归口管理、类似于国有企业的大型集体企业也有大量职工下岗。但总的来看，国有企业的下岗职工要占到下岗职工总数的 70%。从此，下岗职工就成为我国社会中一个新的群体。

23.3.2 下岗职工的生活保障

所谓“下岗”，就是职工“离岗不离厂”。即下岗职工虽脱离开原有的工作岗位，但仍与企业保持着劳动关系，不像失业人员那样流向了社会。按照 1998 年 6 月《中共中央国务院关于切实做好国有企业下岗职工基本生活保障和再就业工作的通知》的要求，凡是有下岗职工的国有企业，都要建立再就业服务中心，负责为本企业下岗职工发放基本生活费和代下岗职工缴纳养老、医疗、失业等社会保险费用，组织下岗职工参加职业指导和再就业培训，引导和帮助下岗职工实现再就业。所以，职工下岗后，实际上是由本企业的再就业服务中心负责接收。下岗职工在再就业中心一方面可以领取一定的基本生活费（最长期限为 3 年）；另一方面可以接受再就业培训和就业指导，等待重新就业。据统计，从 1998 年到 2003 年，全国国有企业下岗职工中共有 1 900 万人出中心实现了再就业。

早在 1997 年 9 月劳动部、国家计委等 10 部委就曾下发《关于进一步建立和完善国有企业困难职工解困工作的意见》（劳部发［1997］269 号），要求从以下四个方面筹集解困资金：（1）个人所得税等地方财力，各地区可根据解困工作的需要和财政承受能力，确定个人所得税中提取的具体比例；（2）企业和企业主管部门筹集的资金；（3）社会各方面用于困难企业职工解困的捐赠；（4）当地政府确定的其他筹资渠道等。中共中央、国务院《关于切实做好国有企业下岗职工基本生活保障和再就业工作的通知》则进一步要求按照“三三制”来筹集用于保障下岗职工基本生活和缴纳社会保险费用的资金，即财政预算安排三分之一、企业负担三分之一、社会筹集（包括从失业保险基金中调剂）三分之一，具体比例各地可根据情况确定；财政承担的部分，中央企业由中央财政解决，地方企业由地方财政解决。对于困难较多的中西部地区和老工业基地，中央财政给予一定的支持。1998—2003 年，全国共发放国有企业下岗职工基本生活保障资金 1 090 亿元。① 从各地的实际情况看，财政一般都要承担再就业中心资金需求的 70%以上，国家财政用于国有企业下岗

① 信长星：《保障基本生活、促进再就业、接续社会保险——中国成功解决国有企业下岗职工问题的政策与实践》，http：//www.cajy.gov.cn/news/%D4%D9%BE%CD%D2%B51.htm。

职工基本生活保障补助的支出也从1998年的92.8亿元增加到了2003年的172.7亿元，其中2001年多达225.4亿元；1998—2003年，国家财政用于对国有企业下岗职工基本生活保障的补助支出共计1 029亿元，在这项支出中，中央财政一直承担60%以上，最高年份（2004年）高达83.5%。① 财政特别是中央财政在资金上的大力支持对确保国有企业下岗职工的基本生活起到了十分关键的作用。据国家有关部门统计，1998年国有企业下岗职工中有603.9万人进入再就业服务中心，其中有93.2%的人领到生活费；2000年国有企业下岗职工中有614.3万人进入再就业服务中心，其中有97.3%的人领到了基本生活费；2001—2003年，进入再就业服务中心的下岗职工绝大多数都能够领到基本生活费；而到了2004年，进入再就业服务中心的下岗职工全部都能够按时足额地领到基本生活费。②

23.3.3 下岗与失业的制度并轨

国有企业职工的下岗制度只是特定时期的一种过渡性办法，因为职工下岗和失业在本质上是相同的，只不过前者让职工与企业暂时维系着劳动关系，而后者使职工与企业彻底脱离了关系，将他们直接推向了社会。由于下岗职工在再就业服务中心一般最多只能滞留3年，3年后如果还不能再就业则就要进入当地社会保障机构举办的失业保险计划，所以对于那些不容易再就业的下岗职工来说，下岗可能只是失业的“前奏曲”，或者说是一种特殊形式的失业。但由于下岗是职工“离岗不离厂”，所以它在心理上比失业更容易被职工所接受。在当时的历史阶段，国家在国有企业改革的进程中首先选择了下岗制度来消化富余人员，这种选择显然有它的必要性和合理性。但由于在下岗制度下“确保国有企业下岗职工的基本生活”基本上是靠财政“埋单”的，这样就加重了财政的负担。而另一方面，由于有下岗制度这道“水坝”的拦截，我国城镇并没有出现失业“洪水”。据劳动部和国家统计局的统计，1993—1996年，我国城镇的登记失业率分别为2.6%、2.8%、2.9%、3%，从1997年到2000年这个比率均保持在3.1%。由于公开失业的人数得到控制，所以各地的失业保险基金滚存结余也越来越多，1998年全国失业保险基金年终滚存结余为128.7亿元，到2002年则增加到313.8亿元③，4年中增长了一倍还多。而按照社会保险基金的管理制度，失业保险基金的结余只能买国债或者存银行，投资回报率相当低，甚至会出现负收益率。这样就形成了财政用于下岗职工基本生活保障补助支出的压力越来越大，而失业保险基金滚存结余越来越多，而且面临贬值风险的尴尬局面。此外，按照各地的规定，下岗职工基本生活费的标准可能会高于失

① 资料来源：财政部相关统计资料。
② 资料来源：相关年度的劳动和社会保障事业发展统计公报；见人力资源和社会保障部网站。
③ 资料来源：财政部相关统计资料。

业救济金标准。例如，北京市在2001年7月1日前下岗职工基本生活费标准为每人每月296元；而失业救济金的标准因连续工龄不同而有所差异，即使一个连续工龄15年以上的职工在失业第一年领取的失业救济金也最多每月272元，而在第二年每月只能领取224元。由于下岗的基本生活费标准相对较高，所以一些下岗职工产生了消极等待和依靠政府保障的思想，不再积极地寻求再就业，更不愿意到一些比较艰苦的工作岗位工作，甚至有的下岗职工在社会上找到了工作也不愿意与原企业脱离劳动关系。

针对上述问题，国家决定从2001年开始用3年左右的时间实现下岗制度向失业制度的并轨。2000年12月，国务院颁发《关于完善城镇社会保障体系的试点方案》（以下简称《方案》），提出了“推动国有企业下岗职工基本生活保障向失业保险并轨”的改革目标。《方案》规定，“从2001年1月1日起，国有企业原则上不再建立新的再就业服务中心，企业新的减员原则上不再进入再就业服务中心，由企业依法与其解除劳动关系，凡所在单位参加了失业保险并依法足额缴费的，按规定享受失业保险待遇。各地区要区分不同企业情况，实行分类指导，用3年左右时间有步骤地完成向失业保险并轨。”此外，《方案》还要求“从2001年起，各级财政原来安排用于下岗职工基本生活保障的预算资金，规模不减少，但要调整使用方向，除用于下岗职工基本生活保障外，主要用于补充失业保险基金和城市居民最低生活保障资金的不足。”根据国务院的“并轨”要求，国有企业下岗职工的规模开始出现下降的势头，在2000年末达到高峰人数657万以后，2001—2005年末国有企业下岗职工的人数分别降至515万、410万、260万、153万和61万。到2006年末，“并轨”工作基本完成。至此，下岗制度最终退出了国有企业改革的历史舞台。

下岗制度淡出后，我国的“三条保障线”变成了“两条保障线”，即失业保险制度和最低生活保障制度。城镇企事业单位的职工一旦与单位解除劳动关系，只要其所在单位和本人已按照规定履行缴费义务满一年，而且是非因本人意愿中断就业并已办理了失业登记且有求职要求的，就可以到当地的社会保障机构领取失业保险金。领取失业保险金的期限与其原单位和本人的累计缴费时间有关，但是最长不能超过24个月。如果失业职工在失业保险金领取期限过后仍没有找到工作，而且其家庭的收入状况符合领取最低生活保障金的标准，则可以享受“低保”。最低生活保障制度不需要受保人缴费，完全由政府财政收入筹资，而且没有领取低保金的最长期限，只要家庭的收入状况符合标准（人均收入低于当地政府规定的低保线，如2010年3月天津低保线为430元，贵州为170元）就可以领取，所以它是保障人民群众基本生活的最后的“安全网”。

23.4 确保企业离退休人员的基本养老金按时足额发放

23.4.1 我国基本养老保险制度的产生与发展

我国的基本养老保险（又称养老社会保险）制度是从1951年政务院（国务院的前身）颁布《中华人民共和国劳动保险条例》后开始建立起来的。到了1958年，基本养老保险制度已在各行各业的国有企业和一部分大集体企业初步建成。按照当时的制度规定，企业要按工资总额的3%提留劳动保险基金，由企业的工会对其进行管理；其中70%留给基层工会用于支付各种劳动保险待遇，30%上缴全国总工会，由总工会在全国范围内调剂使用。但“文化大革命”开始后，工会组织被撤销，基本养老保险制度陷入无人管理的境地。在此情况下，1969年2月财政部下发《关于国营企业财务工作中几项制度的改革意见（草案）》，规定国有企业停止提取社会保险基金，企业的退休费用等社会保险开支改在营业外支出列支，实报实销。这样，养老保险制度就丧失了它原有的统筹和调剂功能，社会保险变成了企业保险。但在当时国家与国有企业“统收统支”的财务关系下，这种养老费用开支完全由企业负担的做法对企业的经营并没有多大的影响。然而，经济改革后，国家为了搞活国有企业，先后于1983年和1984年进行了两步“利改税”，国有企业的实现利润以所得税和调节税的形式上缴财政后，其余的可以留归企业建立生产发展基金、职工福利基金、奖励基金等，从而使企业的留利水平与企业的生产发展和职工福利水平息息相关。在这种情况下，退休费用完全由企业在营业外支出列支的费用筹集办法就造成了新老企业之间养老负担的畸轻畸重：那些新办的企业由于没有退休费负担，盈利水平就可能很高；而那些退休职工较多的老企业即使经济效益较好但由于退休负担过重也会减少盈利甚至由盈变亏。总之，当时的企业养老制度已严重影响到了企业之间的公平竞争，从而给国有企业的改革设置了障碍。为了解决上述问题，国家从20世纪80年代中期开始在国有企业进行养老制度的改革，即以县市或地市为单位实行退休费用统筹：各地要根据“以支定收、略有结余”的原则确定本地区的退休费用统筹比例，企业则要按照该统筹比例以本企业的工资总额为依据计提退休统筹费用，并将其上缴给当地的社会保险机构，形成当地的养老保险基金；企业需要支付的退休职工养老金则由社会保险机构统一拨付。这种退休费用统筹的制度实际上又将养老的“企业保险”转为了“社会保险”。

与“文化大革命”之前相比，统筹后的基本养老保险制度有以下几个特点：(1) 以县市或地市级为单位统筹，而不是全国统筹。到1995年底，全国的国有企业已全部参加了市县级以上的社会统筹，但全国只有13个省、自治区、直辖市实行省级统筹，而且其中多数只是采取建立省级调节基金的方式实现省级统筹，而不是以省为单位的“大收大支”。(2) 职工个人也要缴纳一定的养老保险费。1991 年 6 月国务院颁发《关于企业职工养老保险制度改革的决定》，该《决定》提出要改变养老保险完全由国家、企业包下来的办法，实行国家、企业、个人三方共同负担，职工个人也要缴纳一定的费用；职工个人缴纳的养老保险费标准开始时可不超过本人标准工资的 3%，以后随着经济的发展和职工工资的调整再逐步提高。1997 年 7 月国务院颁布《关于建立统一的企业职工基本养老保险制度的决定》(国发[1997] 26 号)，规定个人的缴费比例 1997 年不得低于 4%，1998 年起每两年提高 1%，最终达到个人缴费工资的 8%。(3) 养老保险基金管理实行“统账结合”。早在 1993 年 11 月召开的党的第十四届三中全会上通过的《中共中央关于建立社会主义市场经济若干问题的决定》就已明确提出：“城镇职工养老和医疗保险金由单位和个人共同负担，实行社会统筹和个人账户相结合”。为了贯彻中央的这一指示精神，1995 年 3 月国务院下发《关于深化企业职工养老保险制度改革的通知》(国发[1995] 6 号)，要求各地区要为职工建立个人账户，职工个人的全部缴费以及企业缴费中的一部分计入个人账户。1997 年国务院下发的《关于建立统一的企业职工基本养老保险制度的决定》要求企业的缴费比例一般不得超过企业工资总额的 20%(包括划入个人账户的部分)；要按本人缴费工资 11%的数额为职工建立基本养老保险个人账户，个人缴费全部计入个人账户，其余部分从企业缴费中划入。

23.4.2 基本养老金被拖欠的制度原因

早期的养老基金社会统筹采取的是“差额缴拨”制度。所谓“差额缴拨”，是指企业与当地社会保险机构之间在养老保险缴费和养老金拨付方面实行差额缴拨制度，即企业向当地社保机构缴纳的只是当期应计提的社会保险缴费(按本企业工资总额和当地缴费率计算)超过本企业养老金支出责任的差额；当地社保机构向企业拨付的养老基金也只是企业当期需要支付的养老金大于本企业计提的养老保险缴费的差额。在这种“差额缴拨”制度下，养老金的支付主体和支付责任仍然在企业。然而，由于一些企业的经济效益较差，无力支付本应承担的养老金，有的还发生挪用企业养老基金的现象，甚至有的企业违反规定拒不向社保机构缴纳差额部分；而一些退休负担较轻的企业出于自身的利益考虑也不愿意向当地社会保险机构作贡献，交出其多出自己养老金支付责任的社会保险缴费，从而造成一些地区社保机构入不敷出。总之，差额缴拨制度加上企业效益差和企业违约是造成许多地区出现养老金拖欠问题的主要原因。

此外，一些地区退休负担较重，企业的缴费率不足以应付养老金的开支规模也是导致拖欠退休职工养老金的一个重要原因。根据国务院的规定，各地企业基本养老保险的缴费率一般应控制在 20%以内，但由于我国人口老龄化速度快，进入 20 世纪 90 年代以后，企业的退休职工人数大幅度增加，导致退休费用的规模迅速攀升。据统计，我国各类企业离退休(职)职工人数 1992 年为 1 681.5 万人，而到

1998年则增长到2 727.3万人①，6年间增加了1 000多万人。全国的养老金（退休金）支出1992年为338.8亿元，到1998年则猛增到1 708.5亿元。② 在这种“退休潮”面前，许多地区的缴费率显得不适应，更何况一些企业还存在应缴未缴的现象。其实，按照我国基本养老保险的制度设计，社会统筹基金主要用于支付当期退休职工的养老金，而个人账户基金主要用于支付在职职工未来的养老金；社会统筹基金采用现收现付的筹资模式，而个人账户实行基金式的筹资模式。但由于绝大多数地区企业缴纳的养老统筹基金都不足以应付当期养老金的开支，所以为了实现养老金计划的收支平衡，各地纷纷动用养老个人账户资金，从而使个人账户形成了“空账”。在“空账”状态下，个人账户只具有记账的功能而不具有积累个人养老储蓄基金的功能。据当时的劳动保障部估计，到2004年我国养老个人账户的空账多达近6 000亿元。③ 许多地区由于人口老龄化比较严重以及企业欠缴，基本养老保险计划即使动用了个人账户里的资金，整个养老金计划仍然出现收不抵支。据统计，1998年，全国有21个省级地区基本养老保险出现赤字，合计的资金缺口达70亿元左右；到1999年，当年收不抵支的地区扩大到25个，收不抵支的差额进一步扩大。

23.4.3 国家采取的确保企业离退休人员基本养老金按时足额发放的措施

为了实现确保企业离退休人员的基本养老金按时足额发放，国务院于1998年8月6日下发《关于实行企业职工基本养老保险省级统筹和行业统筹移交地方管理有关问题的通知》，明确规定：“从1998年9月1日起，目前实行基本养老保险基金差额缴拨的地区，要改变基金结算方式，对企业和职工个人全额征收基本养老保险费，对企业离退休人员全额支付基本养老金。各省、区、市要积极创造条件，加快实现企业离退休人员基本养老金的社会化发放，推进社会化管理进程。”从此，我国基本养老保险的社会统筹开始从“差额缴拨”向“全额缴拨”转轨，并向养老金社会化发放迈进。1999年以后，国家开始推行由银行、邮局等社会服务机构发放基本养老金。2003年6月，中共中央办公厅、国务院办公厅转发了劳动和社会保障部等部门《关于积极推进企业退休人员社会化管理服务工作的意见》（以下简称《意见》）。该《意见》指出，“企业退休人员社会化管理服务是指职工办理退休手续后，其管理服务工作与原企业分离，养老金实行社会化发放，人员移交城市街道和社区实行属地管理，由社区服务组织提供相应的管理服务。”该《意见》还指出，“企业退休人员社会化管理服务工作内容多，涉及面广，各地要在党委、政府

① 资料来源：《中国劳动统计年鉴（1993年）》和《中国劳动统计年鉴（1999年）》。

② 资料来源：国家统计局网站 http：//www.stats.gov.cn/tjsj/ndsj/2001c/v2233c.htm。

③ http：//news.sohu.com/20040921/n222153145.shtml。

的统一领导下，动员社会各有关方面的力量，共同把这项工作做好。”据报道，到2003年以后，我国企业退休人员基本养老金社会化发放率一直保持在99%以上。

除了改革社会统筹管理模式，财政尤其是中央财政不断加大对基本养老保险计划的补助力度也是国家解决养老金拖欠问题的重要手段。根据国务院《关于切实做好国有企业下岗职工基本生活保障和再就业工作的通知》中“要确保离退休人员的基本生活，保证按时足额发放养老金，不得发生新的拖欠，对过去拖欠的应逐步予以补发”的精神，中央财政向各地拨款70多亿元以解决养老金的历史欠账问题。到1999年底，企业离退休人员养老金按时足额发放率达到98%以上，全年共补发历史上拖欠的养老金133亿元。① 另外，中央财政以及地方财政也不断加大对基本养老保险计划的补助规模，以防止发生养老金“新的拖欠”。据统计，国家财政对基本养老保险计划的补助在1998年仅为21.6亿元，到2006年增长到889亿元，年均递增59%；其中中央财政的补助支出（包括本级支出和补助地方）占到了90%左右。② 可见，财政特别是中央财政在确保企业退休职工基本养老金按时足额发放方面发挥了重要的作用。

23.5 “两个确保”的历史意义和深远影响

“两个确保”是在我国市场化经济改革深入发展到一定阶段并引发社会经济环境发生巨大变革的历史条件下提出的。这项政策的提出不仅充分体现了党和政府对经济改革中基本生活受到一定影响的社会弱势群体的关心和帮助，而且也反映出党和政府开始从一个新的角度来看待社会保障事业的发展问题。在经济改革的早期阶段，人们往往将社会保障制度的改革视为是经济体制改革的一项配套措施，认为社会保障制度改革的主要目的是要为经济体制改革服务。但从1998年以后，由于一部分下岗职工和退休职工的基本生活得不到保障从而引发社会出现不稳定因素时，人们才开始从维护社会稳定的角度来思考社会保障制度的改革和完善问题。在1998年5月国务院召开的国有企业下岗职工基本生活保障和再就业工作会议上，时任国务院总理朱镕基同志就指出：做好国有企业下岗职工基本生活保障和再就业工作具有极大的重要性和紧迫性，它直接关系到广大职工群众的切身利益，关系到国有企业改革的成败，关系到改革、发展、稳定的大局。2000年10月党的十五届五中全会通过的《中共中央关于制定国民经济和社会发展第十个五年计划的建议》中也指出，“完善的社会保障制度是社会主义市场经济体制的重要支柱，关系改革、发展和稳定的全局。”2002年11月党的十六大报告更明确提出，“建立健全同经济

① 《2000年劳动保障工作首要任务仍然是两个确保》，载《中国社会保障》，2000（2）。

② 资料来源：财政部相关统计资料。

发展水平相适应的社会保障体系，是社会稳定和国家长治久安的重要保证。”

“两个确保”在财税领域也产生了很深远的影响。一是它加快了我国财政支出结构的调整。财政支出结构是指政府财政支出的分类以及各类支出在总支出中所占的比重。在经济改革以前，我国的财政支出结构具有典型的经济性特征，财政支出中经济建设支出所占的比重长期保持在50%以上，而财政用于文教科卫等社会事业发展的开支一般都不超过总支出的15%。这种所谓的“生产型财政”是与计划经济体制下政府主导社会生产的经济模式以及“先生产、后生活”的经济发展理念相适应的。经济改革后，我国的财政支出结构也相应发生变化，财政开始加大对教育、社会保障、医疗卫生等领域的支出力度。特别是“两个确保”提出后，各级政府纷纷加大对下岗职工基本生活保障和基本养老保险计划的财政补助力度。“两个确保”使财政的社会保障支出成为一种“刚性支出”，它最终导致社会保障支出占财政支出的比重迅速攀升。例如，从1998年到2006年的这8年中，我国财政总支出年均递增17%，而社会保障支出年均递增28.3%。其中，社会保障补助支出①年均递增39.3%，成为增长最快的社会保障支出项目。在这8年中，有6个年头社会保障支出的增速超过了财政总支出的增速。经过8年的快速增长，我国社会保障支出占财政总支出的比重已由1998年的5.2%提高到2006年的10.8%，2002年该比重甚至接近12%。

二是“两个确保”还促使一些地区将社会保险费的征收机构由劳动保障部门转交给税务部门，从而为今后国家开征社会保障税创造了条件。1998年以前各地社会保险费的征收主要是由劳动保障部门实施，但由于法律法规和征管手段等原因，社会保险费的征缴由劳动保障机构实施缺乏筹资的强制性和保证性，因而导致各地社会保险费的欠缴现象十分普遍。“两个确保”提出后，财政的社会保障补助支出成为一种刚性支出，而随着社会保险费欠缴现象的逐渐加剧，各地财政的社会保障支出压力也越来越大。在这种情况下，一些地区开始将社会保险费特别是其中的基本养老保险费的征收工作委托给税务机关。1999年1月国务院颁布的《社会保险费征缴暂行条例》也规定，“社会保险费的征收机构由省、自治区、直辖市人民政府规定，可以由税务机关征收，也可以由劳动保障行政部门按照国务院规定设立的社会保险经办机构征收。”目前，全国有22个省（直辖市、自治区）已经实现了社会保险费由税务机关征收。但目前的税务机关征收还只是一种代征关系，即社会保险费的征收在法律上仍是由劳动保障部门负责，社会保险费的征收基数（工资总额）也是由劳动保障机构负责核定；劳动保障机构只是将具体的征收工作委托给税务机关，由税务机关代劳动保障机构下到企业单位征收社会保险费。在这种委托代理制度下，社会保险费还不是社会保障税；与真正的税收相比，它筹资的强制性和

① 社会保障补助支出主要包括社会保险基金补助、就业补助和下岗职工基本生活补助。

保证性都要大打折扣。例如，如果企业不缴社会保险费，税务机关也不能根据《税收征管法》对其采取税收保全、强制执行等措施。所以，为了保证社会保险费收入按时、足额地收缴，人们普遍认为国家今后应当开征社会保障税。2010 年 4 月财政部长谢旭人在《求是》杂志上撰文时也提出，“完善社会保障筹资形式与提高统筹级次相配合，研究开征社会保障税。”而经过十多年的实践，税务机关已经积累了大量的征收社会保险费的经验，这将为社会保障税的开征奠定良好的基础。

参考文献

陈共．财政学．6 版．北京：中国人民大学出版社，2009

陈佳贵．中国社会保障发展报告．北京：社会科学文献出版社，2001

葛延风等．中国城镇养老保障制度改革的简要回顾．2000. 国研网

朱青．中国的社会保障制度完善与财政支出结构优化研究．北京：中国人民大学出版社，2010

第 24 章

积极财政政策[①]

【摘要】积极财政政策是指我国于1998年开始实施的并于2008年再度实施的扩张性财政政策，它是政府对财政政策中相机抉择因素的积极运用。积极财政政策的主要措施为增加基础设施投资和结构性减税，并辅以提高中低居民收入水平和加强社会保障政策。中国这种反经济周期的财政政策具有鲜明的特征和独特的具体措施，它既是主动的、逆调节的、增收中的财政政策，也是总量调节与结构调整相结合的财政政策。实践证明，积极财政政策实施成效显著，不仅短期拉动了需求，保持了国民经济稳定增长，而且提高了经济内生增长的能力，协调了改革、稳定和发展的关系。这对于中国经济的长远发展和实现全面建设小康社会的战略目标都具有重大的现实意义和深远的历史意义。

【关键词】积极财政政策　公共投资　经济周期

Abstract: The active fiscal policy is a expansionary fiscal policy, launched in 1998 and tried again in 2008, which represents the government positively uses the discretionary factors of fiscal policy. The main measures of active fiscal policy are to increase investment in infrastructure and structural tax reduction. Moreover, to increase residents' incomes and strengthen the social security are additional measures of active fiscal policy. Such couter-cyclical fiscal policy has distinct features and unique concrete measures in China . It is a fiscal policy with the features of active, reverse conditioning and increasing incomes. And it is also a policy combined the macro regulation and structural adjustments. Practice has proved that the active fiscal policy has got remarkable achievements. It not only has boosted the demand and maintained the stable national economic growth in short-term, but also improved

① 本章撰稿人：郭庆旺。

the endogenous growth of economics and coordinated the relationship among reform, stability and development, which has great practical and historical influence for the long-term development of Chinese economics and the realization of strategic goal of building a well-off society.

Key words: active fiscal policy, public investment, economic cycle

从特定的历史背景来说，积极财政政策是指我国于 1998 年开始实施的并于 2008 年再度实施的扩张性财政政策。从一般意义上讲，积极财政政策是指政府对财政政策中相机抉择因素的积极运用。

24.1 积极财政政策的内涵

从宏观经济政策理论上说，当经济运行出现经济衰退和通货紧缩时，政府需要采取反周期的扩张性财政政策。1998 年，我国在采取这种反周期财政政策时，并没有称为扩张性财政政策，而是使用积极财政政策的叫法。这同时也就引起了学术界对"积极财政政策"叫法的争议。①

24.1.1 积极财政政策称谓的辩解

一种意见认为，"积极的"这种修饰词不能具体指明政策的含义究竟是什么，是一种含糊不清的说法。同时，从量的界限上也难以把握。"积极的"度在哪里，需要不停地根据变化了的情况作出补充解释。"积极的财政政策"这样的用语，在开始时只是一种临时的说法，只是作为对原来政策作出适当调整的一种表述形式，并不构成具有明显政策转折意义的独立范畴。后来，由于国内外经济形势发生了深刻变化，面对新的情况，宏观政策需要作出转折性的调整。于是，为了体现政策上的连续性和过渡的平稳性，就在"积极的财政政策"的表述基础上，不断地添加进新的内容，实际操作中使其成了具有新的扩张性政策内涵的独立范畴。这种以"原策为体，现策为用"的做法，虽然较好地保持了政策的平稳过渡和连续性，有其积极的一面，但由于其表述上的模糊性，也容易产生政策指向不清，导致施政行为摇摆不定等弊端（宫希魁，1999）。

① 积极财政政策始于 1998 年，后于 2008 年被政府再次启用。作为一次重大的历史事件，本章只讨论"1998 年积极财政政策"，因为"2008 年积极财政政策"只是对"1998 年积极财政政策"的一次充满信心的"模仿"。关于两度积极财政政策的简要比较，请参阅郭庆旺、赵志耘（2010，pp. 327 - 329）的著述。有关"积极财政政策"称谓的争议以及我们对此的定义，取材自郭庆旺、赵志耘、何乘才（2004，pp. 7 - 11）的著述。

另一种意见则主要是在承认这种叫法的基础上，解释添加“积极”的种种可能原因。下面，我们列举几种比较典型的阐述，从中也能加深对积极财政政策的理解。

积极财政政策是针对改革开放以来财政政策职能作用趋弱的状况提出来的，它的内涵是全面启动各种财政手段，并通过各种财政手段的相互配合，充分发挥财政在市场经济下应有的职能，即合理配置资源、调节收入分配以及稳定和发展经济的职能。因而不能把积极财政政策理解为单一的扩张性政策，也不能理解为只是使用发行国债这种单一的财政手段（陈共，1999）。

“为什么不称作扩张性的财政政策而称作积极的财政政策？这主要是考虑当时的历史背景。在前几年我国一直实行的是适度从紧的财政政策，从适度从紧转为扩张形成了一个方向性的转换、一个宏观政策定位的重大变化，在表述上则想模糊这样转变的急剧性，那么就采取了一个相对含糊的表述，即‘积极财政政策’；这样称呼它并不意味着它有一个固定的对立面——即这个政策如果不实行，我们要转成消极的财政政策，不存在这样一个逻辑关系。”“也就是说，积极财政政策是为我国在1998年之后在宏观上实行反周期调控而实施的一种扩张性的财政政策。以我个人的看法，也可以再加上一个限定语，就是在现阶段有中国特色的扩张性的财政政策”（贾康，2003a）。

“‘扩张性的财政政策’是相对于‘紧缩性的财政政策’而言的，虽然它是国际通用范畴，但‘扩张’一词是中性的，人们的理解可以是褒义的也可以是贬义的，既包含扩大财政支出、带动经济增长并取得良好效果一面，也包含盲目扩大财政支出、最终引致通货膨胀的不良效果一面。为了避免引起误解，使用‘积极’一词则更加强调财政政策良好效果的一面”（丛明，2001）。

在启动积极财政政策之前，政府主要以货币政策为主、财政政策为辅来调控经济。1993—1995年，政府主要实施适度从紧的财政和货币政策来抑制通货膨胀。在经济成功地实现“软着陆”以后，1996—1998年初，银行连续多次降息，事实上货币政策已由“适度从紧”转变为“适度从松”，但此时的财政依然实行以压缩财政赤字为主要特征的“适度从紧”政策。在连续降息之后，受亚洲金融危机冲击的中国经济，仍然呈现下滑趋势，“适度从紧”的财政政策必须进行调整的建议被提出。“更为重要的是，在受到亚洲金融危机冲击后，我国银行的不良资产状况受到高度关注，在防范金融危机、化解金融风险为主要任务的情况下，货币政策的发挥受到了金融业自身不健康和外部金融危机冲击的约束，在经济运行中难以发挥对经济增长的重要支撑作用，财政政策不得不担当起对经济稳定增长的主要重任。从这个意义上讲，积极财政政策的表述，是含有财政政策更为主动和主要发挥对经济增长的调控作用含义的”（倪红日，2000）。

学术界对于积极财政政策叫法的种种辩解都只能说是各学者的猜测。积极财政政策叫法的真正来源，最好还是听听当事人——时任财政部部长项怀诚先生的说法。下面是项怀诚作客中央电视台《经济半小时》栏目时和主持人的对话①：

陈大会：首先感谢项部长对我们《经济半小时》栏目的器重，给我们这个机会，让我们对您进行独家专访……很多老百姓觉得，积极的财政政策前面“积极”这两个字不太明白，这是什么意思？

项怀诚：世界上的经济学家对这个积极的财政政策都听不懂。因为从宏观的经济政策来说，财政政策主要就是两种，一种叫做紧缩的财政政策，一种叫做扩张的财政政策。

陈：扩张和积极是相对应的，为什么到了中国变成了“积极”这个词？

项：我觉得在中国，完全讲扩张老百姓是不是一下子接受不了。因为我们一般地说，这种经济学上专门的词汇，有的时候理解不一定非常准确。用一个中性的、中国人特别熟悉的词，老百姓更容易接受。

陈：让大家知道它是一个好政策。

项：好政策。人家以为一讲扩张的话就不得了了。

陈：这个名字是您起的吗？

项：哪里。这是中央定的。因为扩张要扩大赤字，扩张要增加国债。中国人从民族心理上对于赤字扩大，都有点害怕，对于债务增加得太快也有点担心。这些都是非常好的好心。

……在那个情况下，你说我们赤字要扩大一点，这个正好和十五大的精神不一样。十五大当时要求我们财政大体上每年减少 100 亿元的赤字。1997 年我们赤字多少呢？560 多亿元。1998 年当时我的印象赤字 460 亿元，减少了 100 亿元。我接任财政部长以后，我的前任刘仲藜部长告诉我，大体上每年要减少 100 亿元，到 2003 年要争取大体上消灭财政赤字。当时执行的是适度紧缩的财政政策。发行国债 1 000 亿元都是要扩大赤字的。

24.1.2　积极财政政策的定义

那么，到底什么是积极财政政策？当时，学术界对积极财政政策内容分析得比较多，给出定义的不多。有学者指出，萨缪尔森《经济学》（第十版）中译本（1979 年）中有“积极财政政策”的概念。“积极财政政策就是决定政府税收和开支的方法，以便有助于（1）削弱经济周期的波动和（2）维持一个没有过度通货膨胀和通货紧缩的不断成长和高度就业的经济制度。”

当时，我国学者对积极财政政策也有界定。（1）“积极的财政政策意指政府密切注视经济的变动趋势，预测未来的经济发展，在税收和政府开支方面采取有效的对策，以实现一定的宏观调控的政策目标”（叶振鹏，2002，p. 40）。（2）“所谓积

① 转引自 http：//news. sina. com. cn/c/159244. html（2000 年 12 月 16 日）。

极财政政策是指在经济衰退时，为了刺激经济发展、鼓励投资和消费、扩大总需求，所实行的积极的扩张性财政措施；或者在经济发展过热时，为了减缓经济发展速度，抑制投资和消费，调整生产、投资和消费结构，所采用的紧缩性财政措施”（朱广俊、陈建中，1999）。(3)“积极的财政政策主要是指中央政府大量发行国债，扩大政府投资，同时辅之以松的货币政策和出口政策，达到刺激总需求的目的”（吴俊培，2001）。(4)“积极的财政政策是我国特定时期为实现特定目的而由中央政府专门实施的宏观经济措施，即通过增加政府支出，扩大社会总需求，以防止经济下滑，拉动经济增长”（段国旭，1999）。

前两种定义涵盖的内容比较广泛，也基本上反映了积极财政政策的实质，但问题是，依此定义的积极财政政策与通常所说的财政政策有何区别？后两种定义是针对我国近年来实施的财政政策来界定积极财政政策，基本上反映出我国近年来的主要做法，但范围过窄。

我们认为，从财政政策理论角度出发，积极财政政策可作如下界定：积极财政政策（active fiscal policy）是指政府对财政政策中相机抉择因素的积极运用。① 要正确理解这一概念，必须掌握以下三点内容（郭庆旺、赵志耘、何乘才，2004，pp. 10－11）：

第一，积极财政政策属于相机抉择财政政策的。在宏观经济学中，根据财政政策发挥作用的机制不同，财政政策可分为自动稳定的和相机抉择的财政政策。自动稳定的财政政策（automatic fiscal policy）是指政府没有采取任何明显的财政措施而缓解产出波动的政策。这种内在于财政制度框架内、无需借助外力而自动产生稳定效果的财政政策，可以随着社会经济形势的变化，自行发挥调节作用。相机抉择的财政政策（discretionary fiscal policy）也有人翻译为斟酌使用的财政政策或自由决定的财政政策，是指政府主动改变财政手段来缓解产出波动的政策。这意味着某些财政政策本身没有自动稳定的作用，或者面对严重的经济衰退或强大的通货膨胀压力，单凭自动稳定的财政政策不足以或不能及时熨平经济波动，需要借助外力才能对经济产生调节作用。一般来说，这种政策是政府根据当时的经济形势，利用不同的财政手段有意识干预经济运行的行为，以消除通货膨胀缺口或通货紧缩缺口。显然，积极财政政策是更加主动或力度更大的相机抉择财政政策。

第二，积极财政政策可能是扩张性财政政策，也可能是紧缩性财政政策。根据财政政策在调节国民经济总量方面的作用不同，财政政策可区分为扩张性政策、紧缩性政策。扩张性财政政策（expansionary fiscal policy）是指政府通过财政手段来增加和刺激总需求的政策。紧缩性财政政策（contractionary fiscal policy）是指政府通过财政手段来减少和抑制总需求的政策。因此，积极财政政策是扩张型还是紧缩

① 我们给出的这个定义是英国经济学家詹姆斯（James，1998，p. 3）在其《税收词典》中对积极财政政策所下的定义。

型，取决于政府采取财政政策时所面临的经济形势和所要实现的目标。如果经济运行出现严重衰退迹象，积极财政政策显然是扩张性的；如果经济运行出现强大的通货膨胀压力，积极财政政策无疑是紧缩性的。

第三，积极财政政策是一种短期政策。从稳定宏观经济运行角度来讲，无论在理论上还是在实践中，相机抉择财政政策无疑是一种短期的稳定政策（short-term stabilization policy）。这里，如何理解“短期”和“长期”这两个概念成为关键。经济学中的短期和长期，是一种抽象的时间概念。在微观经济学的供给理论中，短期（short run 或 short term）是指某些生产要素是固定的（像厂房和设备等），产出只能通过改变可变要素投入（如原材料和劳动力等）的数量而被调整所经历的时间；长期是指在现有的技术状况或现行的生产方法下，所有要素投入都被改变所经历的时间。可见，这里的短期和长期，是以固定要素投入是否被改变为界，没有改变的，三年五载，也是短期。比如，在石化行业，从新厂开始建设到运营，可能需要五年或更长。在该时期里，产量的增加只能通过提高现有厂房设备的生产能力来实现；而服装行业可能在几周之内就能购买和安装完机器设备，在这类行业里，短期也许是一个月或不到一个月。这两个概念放到宏观经济层次上的经济稳定领域里，则是以经济运行的繁荣或衰退的持续时间为界。倘若经济运行从衰退到复苏间隔了 5 年时间，在此期间采取的扩张性积极财政政策也是一种短期政策。因此，从本质上讲，积极财政政策不可能是一种长期政策，其实施期限应当以经济周期的长短为依据。

24.2　积极财政政策的实施背景

一项新经济政策措施的出台，无疑与本国当时的经济运行状况和与此相适应的经济政策相关。1998 年积极财政政策的提出与实施，正是对我国宏观经济运行出现的经济衰退和通货紧缩现象、过去几年实施的“适度从紧”的财政货币政策的反应。因此，本节分两个层次来分析积极财政政策提出与实施的原因，一是宏观经济运行背景，二是宏观经济政策背景。

24.2.1　宏观经济运行背景

根据需求管理政策原理，实施积极财政政策的原因是宏观经济运行出现了有效需求严重不足、经济增长放慢、失业增加、物价水平持续下跌现象。那么，我国在 1998 年开始实施积极财政政策，当时是否也出现了上述这些现象？回答是肯定的。只是无论在当时还是现在，学术界在研究积极财政政策的实施背景时，几乎毫无例外地把亚洲金融危机的冲击作为我国经济形势恶化的导火索。因此，我们在这里将把宏观经济运行背景分为国际经济运行背景和国内经济运行背景，分析当时提出实施积极财政政策的经济运行背景。

（一）1997 年和 1998 年上半年的宏观经济形势

我国在 1993—1995 年经历了“经济过热”的经济发展阶段，经济增长率和居民消费价格水平年均分别高达 12.2%和 15.6%。面对经济过热、通货膨胀压力巨大的经济形势，1993 年 6 月中共中央和国务院下发了《关于当前经济情况和加强宏观调控的意见》，开始了“软着陆”的经济政策。软着陆政策主要包括两个方面，一是实行适度从紧的财政货币政策，二是深化各项管理体制改革，如财税体制改革、金融体制改革、外贸外汇体制改革、计划体制改革、价格和流通体制改革以及国有企业体制改革等。到 1996 年，成功地实现了软着陆：经济继续保持较快增长（当年的经济增长率为 9.6%，仅比上一年的 10.5%低 0.9 个百分点），价格水平大幅回落（当年的居民消费价格水平上涨 8.3%，比上一年的 17.1%下降了一半多），出现了“高增长、低通胀”的良好局面。

然而，进入 1997 年特别是亚洲金融危机爆发之后，我国经济的增长势头从“过热”转向“冷淡”，而且愈演愈烈，走向通货紧缩和经济衰退的发展阶段。主要表现在以下几方面：

第一，物价水平持续下跌。早在 1996 年 6 月，我国工业品价格水平就已开始下滑。到了 1997 年 10 月，商品零售价格水平上涨率跌破零之后，出现连续 9 个月的负增长，即从 1997 年 10 月的—0.4%持续下降到 1998 年 6 月的—3%。居民消费价格水平也从 1998 年 3 月开始出现负增长。结果，1997 年全年的价格水平大幅度降低：居民消费价格上涨率比 1996 年降低了 5.5 个百分点，商品零售价格上涨率比 1996 年降低了 5.3 个百分点，工业品出厂价格上涨率比 1996 年降低了 3.2 个百分点。更有甚者，到了 1998 年，三大价格水平的上涨率均为负数，且一直延续至 1999 年。应当说，从 1997 年第四季度开始，我国已出现了通货紧缩。

第二，经济增长速度回落。从 1997 年全年的情况来看，GDP 增长率为 8.8%，比 1996 年的 9.6%回落 0.8 个百分点。而到了 1998 年初，第一季度的 GDP 同比增长 7.2%，增幅比 1997 年同期回落 2.2 个百分点（王春正，2003，p. 126）。

第三，国内投资和消费需求出现不足。我们分别用全社会固定资产投资和社会消费品零售额来衡量国内投资需求和消费需求情况。1997 年的固定资产投资增长率在连续 3 年的下滑之后又大幅度下降到 8.8%，社会消费零售额增长率也出现了相同的趋势，仅相当于上一年增长率的一半。1998 年初，我国国内需求增长进一步放慢。第一季度固定资本投资增长 10.3%，同比增幅回落 3.6 个百分点；社会消费品零售总额增长 6.9%，同比增幅回落 12.9 个百分点（王春正，2003，p. 126）。

第四，居民收入增长放慢。经济运行的下滑趋势也明显表现在居民收入的增长上。进入 20 世纪 90 年代，我国城乡居民的纯收入增长很快，1991—1996 年，农村居民人均纯收入年均增长 19.2%，城镇居民人均纯收入年均增长 21.7%。然而，到了1997年，农村居民人均纯收入增长率还不及前几年平均水平的一半，城镇居民人均纯收入增长率更不及前几年平均水平的1/3。

第五，失业压力增大。经过前几年的软着陆政策和各项经济体制深化改革，特别是国有企业改革的力度加大，微观经济层次的困境加剧，出现了大量的"下岗分流"人员。据统计，从1997年开始，每年下岗分流人员多达1 000万人以上（刘溶沧，2001，p.55）。如何增加就业机会，解决失业问题，已成为决策层和社会各界所关注的重大社会问题。

上述种种迹象表明，我国经济从1997年下半年开始，可以说已经发生经济衰退。当然，这种经济形势的出现，一方面受国际经济运行的影响，外部冲击加大；另一方面，更为重要的是因为本国经济运行的失衡，国内需求萎靡不振。应当说，亚洲金融危机的影响只是我国发生经济衰退的导火索，根本的原因在于我国经济周期波动接近萧条阶段。

（二）国际经济运行背景：东南亚金融危机是导火索

1997年7月，泰国爆发泰铢贬值，迅速波及经济脆弱的菲律宾、印度尼西亚和马来西亚，三国的货币纷纷迅速贬值；投资者恐慌性撤资，也使韩国等国家以及中国香港、中国台湾等地区受到严重冲击，迅速形成波及整个亚洲的金融危机。不久，亚洲金融危机进一步冲破地域限制，引发了全球金融市场的动荡。1997年10月初，欧洲各主要股票市场纷纷下跌，同时，日本股市、澳大利亚股市及拉美金融市场都受到了不同程度的冲击。亚洲金融危机很快导致国际市场需求萎缩，进而演变为全球性经济衰退，造成世界经济普遍性的生产过剩和通货紧缩。

在我国经济与世界经济的关联度不断提高的情况下，世界经济波动必然影响到我国的宏观经济运行。特别是亚洲国家是我国最大的贸易伙伴，就以1994—1997年的平均值来看，我国对亚洲国家的进出口总值均占我国进出口总值的60%以上，因此，亚洲金融危机无疑会对我国经济运行产生重大冲击。

首先，亚洲金融危机导致我国出口增长率大幅度下跌。改革开放以来，我国进出口贸易不断增长，特别是20世纪90年代中期以来，大多数年份的出口总额占GDP的比率都超过了20%，在增加总需求方面作出了很大贡献。① 1986—1990年我国出口增长率年均18%左右，1991—1997年出口增长率年均17%左右。然而，到了1998年，我国出口增长率一下子降低到0.5%。这与我国对亚洲国家和地区的出口锐减有着直接关系：仅1998年上半年，我国对韩国的出口就下降了30%，对东盟国家的出口下降了12.9%，对日本的出口下降了4.5%（张永军，李振仲，2000，p.134）。出口增长率的骤然下降，无疑加剧了我国总需求不足的矛盾。

① 当然，按照国民收入决定模型，要计算出口对总需求或GDP的贡献，必须计算净出口或出口减进口的差额的贡献。在这里，由于我们讨论的是出口情况，故简化分析了出口总额占GDP的比率。

其次，进口商品价格下降压制了我国商品价格水平的回升。我国的进口商品主要来自东南亚地区和工业化国家，这使我国物价面临双重向下压力。一方面，东亚各国的货币大幅度贬值（东亚国家和地区货币贬值幅度高达20%～80%）以及日本的通货紧缩，使我国60%以上的进口商品的价格下降；另一方面，我国从工业化国家进口的商品以机电产品和高新技术产品为主，这类产品的一个最显著的特征就是其价格—性能比随时间的推移在不断地下降。这两方面的因素加剧了我国自1998年之后的物价水平持续走低趋势。

再次，亚洲金融危机导致我国外商直接投资减少。从20世纪90年代中期以前的情况来看，也可能由于原来引进外资的规模不大，1991—1995年的外商直接投资增长率年均高达72.2%。到了1996年，实际利用外资额超过了400亿美元之后，到2001年也没有突破500亿美元。特别是1998年，实际利用外资额几乎没有增加，而更有甚者，1999年出现了负增长。这种现象的出现与亚洲金融危机不无关系。因为我国20余年来总共引进的外商直接投资中，投资企业来自亚洲的占81%，在协议金额上有80%来自亚洲，在实际投资上有77%来自亚洲。而1998年上半年，亚洲国家和地区向我国的直接投资下降了30%左右，从而使我国实际利用外资额绝对减少。

总之，亚洲金融危机、国际市场需求低迷导致了我国出口不振，再加上国际市场的激烈竞争，严重影响到我国出口对经济增长的巨大推动作用。①据测算，由于亚洲金融危机使我国出口下降，影响工业产值增长约2个百分点，影响GDP增长约1个百分点（袁恩帧，2001，p.2）。因此，亚洲金融危机等外部冲击加速了我国经济衰退过程。

（三）国内经济运行背景：经济周期波动是根本原因

如果说亚洲金融危机是我国实行积极财政政策的导火索，那么，经济周期波动应该是实施积极财政政策的根本原因。

我国的经济周期大致可分为两个时期，即改革开放前和改革开放后。1949年中华人民共和国成立，经过3年的恢复调整，1953年开始大规模的经济建设，同年，第一个五年计划正式实施，从此也就开始了新中国的经济周期波动。图24—1描绘了1953—2002年我国经济增长率波动的基本轨迹。从图中可以看出，我国的经济波动比较明显，周期性比较突出。

我们从图24—1看出以下几点。第一，无论是计划经济时期还是市场经济时期，我国在社会主义的经济建设过程中，一直存在着经济周期波动。第二，改革开放以前，我国经济周期波动的明显特点是“大起大落”，即振幅大、峰位高、谷位

① 有些学者认为，我国的经济增长属于出口导向型经济增长。沈程翔（1999）利用格兰杰因果检验方法，发现我国经济增长的确存在出口导向型的特征。

深、波位低、扩张长度短①；而改革开放以来，我国经济周期波动表现出的特点是在增长中逐步走向稳定，即振幅缩小、峰位下降、谷位上升、波位提高、扩张长度延长。第三，从 1991 年开始的第 9 轮周期，我国经济正处于转轨时期，我国经济体制和宏观、微观经济运行机制都发生了深刻的变革，这一轮周期出现了与以往不同的特点，周期持续时间特别是收缩期较长，即在 1992 年 GDP 增长率（14.2%）达到周期高峰以后，经济增长率一直持续缓慢下滑，1999 年 GDP 增长率为 7.1%，2000 年虽然回升至 8%，但 2001 年 GDP 增长率又小幅回落为 7.3%。②

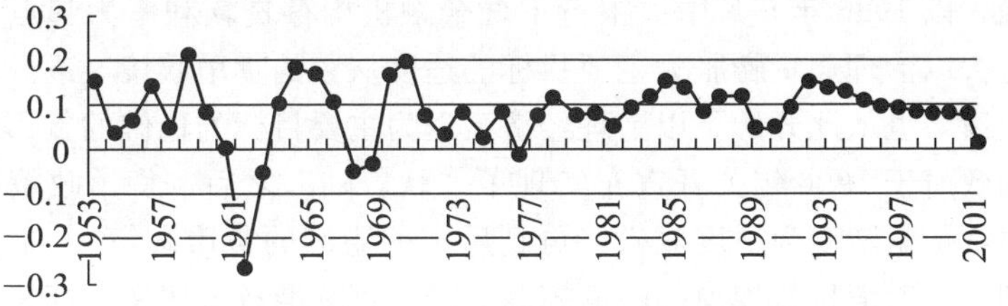

图 24—1　中国的经济周期波动

按照政府宏观调控的理论基础——凯恩斯主义的需求管理政策，如果经济运行出现衰退现象，而且这种经济衰退主要是由社会总需求不足造成的，那么，政府就应当立即采取宏观经济稳定政策。因此，我们现在必须澄清两个问题：一是在这轮经济周期中，何时开始明显衰退，应当采取稳定政策；二是衰退的主要原因是什么，应当采取怎样的稳定政策。首先，我们从图 24—1 看到，在 1992 年 GDP 增长率达到周期高峰以后，经济增长率开始持续下滑，到 1996 年已经滑落到一位数，但这不能作为经济衰退已经开始的唯一判断标准，还要看价格水平的变化。1996 年，居民消费价格上涨率、商品零售价格上涨率、工业品出厂价格上涨率分别从 1995 年的 17.1%、14.8%和 14.9%迅速跌至 8.3%、6.1%和 2.9%，特别是到 1997 年，三种价格指数增长率又分别降至 2.8%、0.8%和−0.3%，工业品出厂价格水平甚至是负增长。面对这种经济形势，政府的确应当采取稳定政策。其次，稳定政策包括需求管理政策和供给管理政策，面对这轮经济衰退，政府以需求管理政策为主还是以供给管理政策为主？这就要视造成经济衰退的主要原因而定。我国学术界针对这轮经济衰退以及较长时期难以走出低谷的原因展开了热烈讨论，大致可以归纳为 6 种观点，即消费需求不足说、社会投资不足说、消费结构断层说、有效

① 振幅即波动幅度，指每个周期内经济增长率上下波动的离差；峰位即波动高度，指每个周期内波峰的经济增长率；谷位即波动深度，指每个周期内波谷的经济增长率；波位即波动的平均位势，指每个周期内各年度平均的经济增长率；扩张长度指每个周期内扩张期的时间长度。

② 人们通常把一轮周期中出现的经济较长时期处于低谷的徘徊状态，称为经济周期的“宽带现象”。

需求不足说、有效供给不足说、体制性收缩效应说等。[1]应当说，前 4 种观点都可归结为社会总需求不足论，也是比较公认和符合现实的观点。因此，面对这轮经济衰退，政府应当采取以需求管理为主的稳定政策。

24.2.2　宏观经济政策背景

既然以增加社会总需求作为切入点，抑制经济衰退，那么，根据宏观经济政策原理，在传统上，政府可以使用两大宏观经济政策工具：一是货币政策，二是财政政策。应当说，我国政府在这一轮周期波动中首先启用的宏观经济稳定政策是货币政策。的确，以 1996 年 5 月中央银行下调金融机构存贷款利率为起点，我国的货币政策从过去以治理通货膨胀为主要目标的适度从紧的货币政策，逐渐转向适度放松的货币政策，也从此开始了以治理经济衰退为主要目标的稳健的货币政策。

自我国政府于 1996 年公开宣布实现了“软着陆”之后，货币政策的调控方向就开始从适度从紧转变为适度放松（再到后来的稳健的货币政策）。主要措施包括连续降低利率、取消贷款规模的限额控制、降低存款准备金比率、恢复公开市场操作以及调整信贷政策等。[2] 货币政策如此连续、密集地运用，各项措施频繁出台，可以说是“竭尽全力”的（贾康，2003b），力度也不可谓不大。客观地说，货币政策的上述措施，对于降低企业成本，推动投资活动，引导居民消费，相对增加货币供应量等方面，起到了一定的积极作用。

然而，由于我国的经济运行已处于流动性陷阱之中，货币政策无法发挥作用。在低利率下，货币需求曲线变得无限弹性。在这种情况下，货币政策通过降低利率以便刺激更多的投资的任何企图，都是徒劳的，只能导致更多的货币持有。

正因为这种客观经济环境的制约，金融机构处于两难境地：由于企业经营效益普遍不佳，如果增加贷款投放，就会增加银行的信贷风险；如果不增加贷款投放，持续迅速增长的居民储蓄就不能有效地转化为投资，不仅不利于经济增长，而且银行还要承担巨额储蓄的成本。于是，在 1997 年和 1998 年上半年适度放松的货币政策实施过程中出现两种情况：一方面，银行出于防范金融风险的考虑，贷款谨慎，出现“惜贷”现象；另一方面，由于市场低迷，商机不好，企业本身借款需求不旺。这两种情况导致这一时期的货币政策效果十分微弱。[3]

首先，没有实现货币政策的中介目标。尽管利率连续下调，对国有独资银行的贷款限额控制取消了，存款准备金比率也降低了，但是，货币供应量增长率并没有

---

① 有关各种观点的评述，请参阅刘恒（2003，pp. 209—217）的著述。

② 有关 1996—1998 年初我国货币政策措施的综合性回顾，请参阅戴园晨（2003，pp. 222 - 228）、戴根有（2000）和中国人民银行研究局课题组（1999）的著述。

③ 关于货币政策效果微弱或政策失效的原因，超出了本项研究的研究范围，理论界在这方面的讨论颇多，比较综合的分析，请参阅谢平（2000，pp. 1 - 10）的著述。

止跌回升。就广义货币 M2 来看，1996 年的增长率是 25.3%，到 1998 年下降到 14.8%，降低近 10 个百分点。虽然 1997 年和 1998 年的货币供应量增长率与经济增长率相比并不算低，但并没有实现上述各项措施的目的之一——增加货币供应量，甚至都没有实现 1996 年规定的货币供应量增长率目标。①

其次，没有明显增加社会总需求。虽然中央银行在 1997 年特别是 1998 年上半年频繁出台了一系列货币政策措施，但投资增长率依旧持续偏低，消费增长还是在低位徘徊，价格水平仍然持续走低，经济增长下滑趋势还是难以抑制。②

这样，在货币政策效力十分有限的情况下，为了抑制经济衰退，确保 1998 年的经济增长目标，政府只能求助于另一种稳定政策工具——财政政策。财政政策就历史和必然地承担了实现经济稳定增长的重任。况且，凯恩斯早就指出，在存在流动性陷阱的萧条经济中，刺激投资的唯一方法只能是增加政府支出或减少税收，以便增加总需求，改善企业对未来前景的信心，鼓励它们投资。

24.3　积极财政政策的主要措施

1998 年 6 月 16 日，《人民日报》发表了时任财政部部长项怀诚的署名文章《财政宏观调控与启动经济增长》，提出转变适度从紧的财政政策，适度扩大财政举债规模和财政支出，增加投资，刺激消费，扩大出口，通过改革克服制约有效需求的体制和政策因素，促进国民经济增长。1998 年 7 月，国务院转发了当时国家发展计划委员会《关于今年上半年经济运行情况和下半年工作建议》，正式决定实施旨在扩大需求的积极的财政政策。直到 2004 年 12 月 3 日召开的中央经济工作会议作出决定，从 2005 年起实行稳健的财政政策，积极财政政策才退出历史舞台。那么，在这 7 年间，积极财政政策都采取了哪些具体措施?

在教科书中，财政政策的常用工具一般归为四大类，即预算政策、税收政策、支出政策和债务政策。1998 年开始实施的积极财政政策，所采取的各项措施基本上都可以归类为以上四大政策领域。

关于预算政策，1998 年起，我国的财政赤字大幅度增加，财政赤字占 GDP 的比率从 1997 年的 0.74 一下子上升到 1998 年的 1.1%，1999 年和 2000 年继续上升，分别达到 1.94%和 2.51%，并于 2002 年达到最高值 2.62%。以后两年，财政赤字比率虽逐年下降，但也分别高达 2.16%和 1.31%。这几年明显实行的是财政赤字

① 1996 年，中央银行正式将货币供应量定为中介目标，并宣布在“九五”期间货币供应量控制目标为 M2 年平均增长 23%左右，M1 年平均增长 18%左右。

② 有关当时宏观经济运行状况，我们在本节开头的“1997 年和 1998 年上半年的宏观经济形势”题目下已做过分析。

政策。

关于债务政策，以增发长期建设国债为主。1998 年实施积极财政政策伊始，就增发了 1 000 亿元长期建设国债。1998—2004 年间，中央财政在 7 年内共发行长期建设国债 9 100 亿元，为积极财政政策的实施提供了有力的财力保障。

下面我们重点分析积极财政政策的支出措施和收入措施。

24.3.1 支出政策措施

（一）以增加基础设施投资为主

1998 年 8 月，全国人民代表大会第四次常务委员会通过财政调整方案：（1）财政向四大国有商业银行增发 1 000 亿元长期国债①，专门用于国家预算内的基础设施建设投资；在基础设施建设中，主要增加了农林水利和环境保护工程、交通通信建设、城市基础设施建设、城乡电网改造、国家直属储备粮库建设和经济适用房建设等 6 个领域的投资；以后各年在投资领域和投资规模上稍有调整。1998—2004 年间，增发长期建设国债筹措上来的资金主要用在了基础设施建设上。到 2004 年底，7 年累计实际安排国债项目资金 8 643 亿元，具体投向见表 24—1。

表 24—1　　1998—2004 年国债资金具体投向

项目	数额（亿元）	比重（%）
农林水利和生态建设	2 596	30.0
交通通信基础设施建设	1 711	19.8
城市基础设施建设	1 317	15.2
技术进步和产业升级	775	9.0
农村电网改造	688	8.0
教育、文化、卫生、旅游基础设施建设	433	5.0
中央直属储备粮库建设	352	4.1
环境保护投资	312	3.6
公检法司设施建设	180	2.1

资料来源：本表根据金人庆（2005，p.44）的具体描述编制而成。

（二）以提高中低居民收入水平和社会保障水平为辅

第一，大幅度提高行政事业单位职工工资水平。从 1999 年起，不仅连续 4 次提高机关事业单位职工基本工资标准，还实施了年终一次性奖金制度，建立了边远

① 国债期限为 10 年，年利率为 5.5%。在这 1 000 亿元国债中，中央财政和地方财政各承担 500 亿元，全部用于基础设施建设。此外，为防范金融风险，1998 年 8 月，中央财政向国有独资银行发行 2 700亿元特别国债（期限为 30 年），充实银行资本金，从而使我国国有银行的资本充足率达到《巴塞尔协议》和商业银行法规定的 8%的要求。

地区津贴制度。到 2003 年底，全国机关事业单位职工月人均基本工资水平（含奖金）达到 877 元，比 1998 年翻了一番多。①

第二，增加社会保障支出。1998 年对国有企业下岗职工实行基本生活保障制度，1999 年又相继颁布了《失业保险条例》和《城市居民最低生活保障条例》，初步建立了较为完善的社会保障制度。从 1999 年 7 月 1 日起，“三条保障线”②水平提高 30%。2000 年，我国加快了社会保障体系的建设步伐，研究和制定了《关于完善城镇社会保障体系的试点方案》，推进城镇职工医疗保险制度、医疗卫生体制和药品流通体制改革，调整财政支出结构，再次加大对下岗职工和城市贫困人群的保障力度。1998—2004 年，全国财政用于企业养老保险基金补助、国有企业下岗职工基本生活保障补助和城市居民最低生活保障费的支出，从 123 亿元增加到1 035亿元，年均增长 42.6%，累计安排支出 4 464 亿元（金人庆，2005，p.46）。

24.3.2　收入政策措施

（一）实施结构性减税

第一，以税收优惠为主。在积极财政政策的实施过程中，我国没有采取总量减税的措施，而是采取所谓的“结构性减税”措施，主要就是针对特定纳税人或特定经济活动给予税收优惠。比如，1999 年对香皂以外的其他护肤护发品消费税税率统一由 17%下调到 8%，对涉及房地产的营业税、契税、土地增值税予以一定减免；从 2001 年起，金融保险业营业税税率每年降低 1 个百分点，到 2003 年降至 5%；从 1998 年 6 月 15 日起，证券交易印花税税率下调到 4‰，2001 年 10 月又调减到 2‰。

第二，税收优惠的重点在有序扩大。从 1998 年以刺激出口、吸引外资为重点，扩展到鼓励投资，促进技术进步，再扩大到支持西部地区产业发展，最后又扩大到扶持高新技术产业的发展。比如，在关税税率总水平从 1997 年底的 17%逐步降至 2004 年的 10.4%的同时，从 1998 年起，对国家鼓励的投资项目进口的设备，在规定范围内，免征关税和进口环节税。从 1998 年起分 8 次提高出口货物增值税退税率，到 2002 年平均退税率由 8.3%提高到 15%。从 1999 年下半年起减半征收固定资产投资方向调节税，并于 2000 年停征。1999 年还增加了支持企业技术改造和产业升级的投入，国家拿出 153 亿元用于企业技术改造项目贴息，到 2001 年底，国债技术改造贴息资金安排国有重点企业已开工技术改造项目 781 个。从 2000 年起，对软件产业、集成电路等高新技术产业制定了一系列税收优惠政策，涉及增值税、企业所得税、进口税收。2001 年全年发行 1 500 亿元长期建设国债，其中 500 亿元

① 这一时期是新中国成立以来工资增长速度最快、增幅最大的一个时期。受益人数约为 4 900 万人，国家财政为此累计安排增资支出 6 390 亿元，其中，中央财政支出 3 714 亿元（金人庆，2005，p.46）。

② 三条保障线是指离退休人员基本养老金、国有企业下岗职工基本生活费和城市最低生活保障金。

特种国债支持西部大开发，主要用于青藏铁路、西气东输、西电东送、南水北调、生态建设等一些重大基础设施建设。

（二）取消大量收费

在以税收优惠为主的同时，进行税费改革，特别是相继取消了大量的不合法、不合理的收费。1998—2004年，共取消收费项目1 913项，并降低了469个项目的收费标准，减轻社会负担1 490亿元（金人庆，2005，pp. 47—48）。有关这一时期的收费项目取消或收费标准降低情况，见表24—2。

表24—2　　1998—2004年取消收费项目和降低收费标准项目情况

年度	取消收费项目数（个）	降低收费标准项目数（个）	减少收费数额（亿元）
1998	727		377
1999	408	469	245
2000	238		145
2001	69		300
2002	298		210
2003	65		140
2004	108		73
合计	1 913	469	1490

总之，积极财政政策的具体实施措施可以概括为以下三方面：第一，以增加财政支出为主，没有实施全面减税措施。① 第二，在增加财政支出的同时，改善了财政支出结构，特别是大幅度增加了基础设施投资②，并以增发长期建设国债为主要筹资来源。第三，在增加税收收入的前提下，采取结构性减税措施，一是减少与投资直接相关的税收，二是通过税费改革，取消大量收费项目。

24.4 积极财政政策的评价

24.4.1 特征评价

尽管积极财政政策这种称谓引起很多争议，但它也的确反映出中国宏观经济政策制定与实践的复杂性。也正因为如此，中国的这种反经济周期的财政政策具有鲜明的特征和独特的具体措施。

（一）主动的财政政策

财政政策的一个重要指标就是财政赤字。为了简化起见，我们用改革开放以来

① 为什么不采取总量性全面减税而选择在总量增加基础上的结构性减收（税）政策？下一节将对此进行简要解释。

② 为什么在大幅度增加财政支出的基础上以增加财政投资为主？下一节将对此进行简要解释。

的财政赤字情况来说明 1998 年前后财政政策的差异。从图 24—2 可以看出，1979—2004 年，除了 1985 年略有财政盈余之外，其他年度都存在着财政赤字。这似乎表明，我国 20 余年来一直在实行赤字政策。

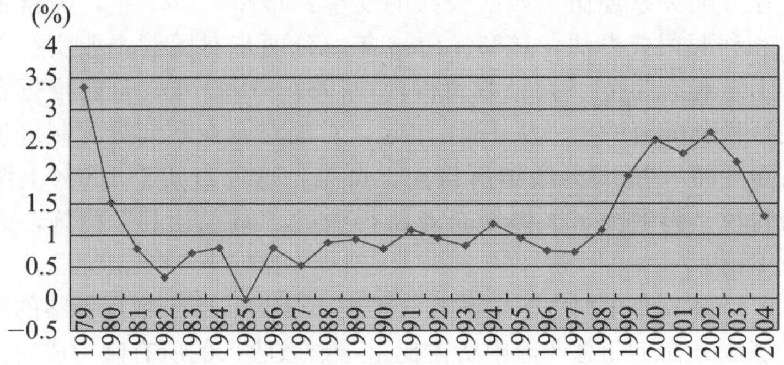

图 24—2　1979—2004 年财政赤字比率

注：从 2000 年起，财政支出中包括国内外债务付息支出。

资料来源：根据《中国统计年鉴（2009）》计算而得。

然而，虽然同样都存在着财政赤字，但 1998 年以前，绝大多数年度的财政赤字是被动存在的，而 1998 年开始以及以后年度的财政赤字是政府主动扩大开支的结果。因此，用这个指标来衡量，我们就把 1998 年以前的财政政策称为被动的财政政策，而把 1998 年开始实施的财政政策称为主动（积极）的财政政策。

为什么说 1998 年以前各年度的财政赤字是被动的？我们知道，一般来说，财政赤字存在的前提条件是国民经济运行出现了衰退现象，政府通过财政赤字来扩大社会总需求，抑制经济衰退。可是，我国从 1978—1996 年的 19 年中，出现过三轮周期波动，经济增长率超过 10%的年份就有 10 年①，本不应该有财政赤字。可见，1998 年以前的财政赤字在很大程度上并不是因为要熨平经济波动而存在的。

在财政支出规模主要受限于财政收入规模的前提下，回顾过去（1998 年以前），我国的财政赤字主要是因为财政收入被动地相对下降所致。1978—1996 年间，国家预算收入占 GDP 的比率从 1978 年的 31.2%逐年下降到 1996 年的 10.9%，国家预算支出占 GDP 的比率必然会与之相伴随，从 1978 年的 30.9%逐年下降到 1996 年的 11.7%。而财政收入相对规模的降低并不是理论上所说的为了抑制经济衰退而主动采取的减收措施所致，而是因为经济体制改革和国民经济格局变化导致的被动减少。

① 有关我国经济周期情况，请参阅郭庆旺、赵志耘、何乘才（2004，p.98）对我国经济增长率的周期划分。

首先，中国经济体制改革的核心之一是国营（有）企业制度改革，而这项改革的突破口是财税体制的改革，即以“利改税”作为对国营企业“简政放权”、“减税让利”指导思想的实施措施，直接导致财政收入锐减。从1978年开始，国家与国营（有）企业分配关系经历了四次较大的变革：1978—1982年，国营企业试行企业基金制度和利润留成办法；1983—1986年，分两步对国营企业实行“利改税”，改企业全额上缴利润为按55%征收所得税；1987—1993年，普遍推行企业承包责任制，并进行税利分流试点；从1994年起，对国有企业利润分配制度进行了全面改革，国有企业统一按33%缴纳所得税。可见，这种由几乎100%上缴利润到按55%缴纳所得税、再到按33%缴纳企业所得税的“减税让利”措施，无疑使财政收入大幅度下滑。

其次，经济格局变化加大了财政收入的向下压力。鉴于数据资料的限制，我们仅以不同经济成分在工业总产值中所占比重与财政收入的所有制构成对比，大致说明经济格局变化对财政收入的影响。1985—1995年，国有经济的产值在工业总产值中的比重从64.9%下降到33.9%，来自国有经济的财政收入在财政收入总额中的比重从77.7%下降到71.1%；集体经济的产值在工业总产值中的比重从32.1%上升到36.6%，而来自集体经济的财政收入在财政收入总额中的比重却从19.3%下降到17.3%；个体经济的产值在工业总产值中的比重从1.9%上升到12.9%，而来自个体经济的财政收入在财政收入总额中的比重仅从1.9%上升到6.1%；其他经济的产值在工业总产值中的比重从1.2%上升到16.6%，而来自其他经济的财政收入在财政收入总额中的比重也仅从0.9%上升到5.5%（陈共，2002，pp.147-148）。由于在经济体制改革过程中，我国采取的政策是大力支持国有经济以外的各经济成分的发展，再加上集体经济和个体经济成分的小企业众多，税收的征收管理难度大，所以，这些经济成分发展得越快，产值所占比重越高，财政收入的增长速度就越相对缓慢。

（二）逆调节的财政政策

所谓逆调节的财政政策是指财政政策在调控方向上逆周期波动之势，即宏观经济政策理论上所说的“逆经济风向而动”：在经济扩张时，实行紧缩性财政政策，减少赤字或甚至消灭赤字；在经济收缩时，实行扩张性财政政策，超额支出产生赤字或增加赤字。与之相对应的，就是顺调节的财政政策。所谓顺调节的财政政策是指财政政策调控在方向上顺应周期波动之势：在经济扩张时，财政收支增长速度加快，财政赤字增加；相反，在经济收缩时，财政收支增长速度放慢，财政赤字缩小。从稳定经济运行的角度上说，逆调节的财政政策才是我们所要的财政政策。因为顺调节的财政政策会加剧周期波动，逆调节的财政政策才会起到抑制周期波动的作用。

1998年提出的积极财政政策以及其后所实施的各项措施，显然是符合现代宏观经济政策理论的逆调节的财政政策。然而，1998年以前各时期甚至可以追溯到新中国成立初期的财政政策，基本都属于顺调节的财政政策（如图 24—3 所示）。①

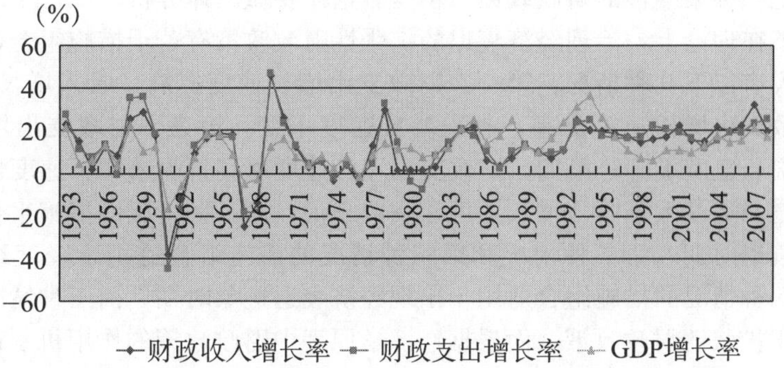

图 24—3　我国财政收支增长率与 GDP 增长率波动曲线图

在图 24—3 中，我们可以看到两点：第一，财政收支增长率与 GDP 增长率的波动周期大体一致；也就是说，GDP 增长较慢的年份，财政收支增长速度也较慢，反之亦然。这说明我国 1998 年以前的财政政策基本属于顺调节的财政政策。第二，财政收入增长率和财政支出增长率的波动周期也比较一致，只是财政支出增长率的波动更剧烈一些，波峰更高些，波谷更深些。②

1998 年以来实施的财政政策，逆转了以前的那种顺调节的财政政策。我们看到，虽同属于改革开放以来的第四轮周期波动，但 1991—1997 年间的财政政策仍属于顺调节的财政政策，即 GDP 增长速度加快，财政收支增长速度也加快；GDP 增长速度放慢，财政收支增长速度也放慢。而 1998 年后，GDP 增长速度放慢，财政收支增长速度则加快，特别是财政支出以更快的速度增长，这无疑有助于抑制经济增长速度下滑趋势，符合稳定经济的政策要求。不过，我们还应看到，财政收入的增长与过去不同。过去，在顺调节的财政政策下，GDP 增长率下降，财政收入增长率也下降，而 1998 年以来，GDP 增长率下降，财政收入增长率则在上升，只是低于财政支出增长率。这虽然也属于逆调节的财政政策，但只出现于经济衰退时期。

---

① 刘金全等（刘金全、崔畅、谢卫东，2003）利用 20 世纪 90 年代的月度数据建立了回归方程，估计结果显示，“在经济增长的年度里，财政政策是扩张的，这将导致财政赤字的增加；而在经济下降的年度中，财政政策是紧缩的，这会使财政盈余增加。”

② 刘恒（2003，pp. 139—141）还利用回归方法进一步计算了财政收支波动系数及其与 GDP 波动系数的关系，得到的结果是：财政支出的波动系数高于财政收入的波动系数，说明财政支出的增长比财政收入的增长更不稳定；财政支出波动对 GDP 波动的影响远大于财政收入波动对 GDP 波动的影响。这里，波动系数是指某一变量的增长率围绕其长期趋势上下波动的量值，是衡量周期波动幅度对历史增长趋势偏离程度的标准化指标。

（三）增收中的扩张性财政政策

1998 年以来的财政政策在实施过程中出现财政收入增长率提高的现象，这是否意味着是一种紧缩性的财政政策？不是。这需要做具体分析。

首先，在理论上，治理经济衰退的扩张性财政政策有若干措施组合，比如用增长速度来说有以下几种情况：第一，财政支出增长速度提高，收入增长速度下降；第二，财政支出增长速度提高，收入增长速度不变；第三，财政支出增长速度不变，收入增长速度下降；第四，财政支出增长速度提高，收入增长速度也提高，但财政支出增长速度大于收入增长速度。一般来说，第一种情况的措施组合适用于严重的经济衰退时期，第二种情况和第三种情况的措施组合适用于轻度经济衰退时期，而第四种情况的措施组合适用于出现经济衰退迹象时期。前三种情况的措施组合明显属于扩张性财政政策，而根据经济学原理中财政政策的作用机制理论，也可以断定第四种情况的措施组合也具有一定的扩张作用。应当说，1998 年以来实施的财政政策采用的是第四种情况的措施组合，仍属于扩张性财政政策。

其次，1998 年以来实施的财政政策是否是扩张性财政政策，还要看财政收支的最终对比结果。我们仍然用财政赤字指标来说明。从图 24—2 中看到，1998—2004 年，财政赤字占 GDP 的比率（或财政赤字比率）是改革开放以来最高的时期，其中任何一年的财政赤字比率都大大高于 1980—1997 年间的任何一年。① 巨额赤字支出是实施扩张性财政政策的直接结果。

（四）总量调节与结构调整相结合的财政政策

按照传统的凯恩斯主义宏观经济稳定政策，经济衰退和通货紧缩主要是因为社会总需求不足造成的。在民间投资需求和消费需求不足的情况下，为了弥补社会总需求小于社会总供给这个总量缺口，政府采取增支减税的扩张性财政政策，以求经济稳定。

然而，我国宏观经济运行陷入困境的因素多种多样，比较复杂，既有短期的总量因素，也有长期积累起来的体制性、结构性因素；我国宏观经济问题绝非一个简单的总量矛盾，也并非绝对的“过剩经济”，而是一种相对过剩经济，表现出来的是结构性矛盾，过剩与不足并存。因此，我国 1998 年以来实施的财政政策，不仅在总量上（预算政策）是扩张的，而且在支出政策和税收政策的设计上，注重有利于产业结构、地区结构、城乡结构的调整。从某种程度上说，1998 年以来的财政政策，是把（短期）总量调节的需求管理政策与（长期）结构调整的供给管理政策有效结合起来，在调整和优化结构的基础上进行总量调节的财政政策。

综合以上四方面的原因，1998 年实施的财政政策称为积极的财政政策是有其特点的。积极的财政政策不是过去那种被动的财政政策，也不是过去那种顺调节的

---

① 到目前为止，1979 年的财政赤字比率是最高的（3.35%），但这是由于当年对越自卫反击战的战争开支等非正常因素造成的。

财政政策，而是一种与增收过程相伴随的扩张性财政政策，是一种总量调节与结构调整相结合的财政政策。

24.4.2 手段评价

从传统的宏观经济稳定政策理论来看，在经济萧条时期，政府应当采取扩张性财政政策；而扩张性财政政策的具体措施是增加支出，减少税收。然而，我们从上一节“积极财政政策的主要措施”中可以看出两点：第一，1998 年以来实施的积极财政政策，以增加支出为主，没有采取降低税率等全面减税措施；第二，在增加支出中，又以增加基础设施或公共工程支出为主。为此，也许有人会问：(1) 为什么不采取全面减税政策？(2) 为什么以公共投资为主？

(一) 不采取全面减税政策是明智选择

如前所述，1998 年以来，我国宏观经济运行处于经济衰退时期，主要是由需求约束造成的，具有实施全面减税政策的经济环境，按理说增加财政支出政策和减税政策并行会大大提高扩张性财政政策的作用力度。然而，实际需要与现实可能之间出现了矛盾：我国当前虽然具有减税政策的实施环境，但不具备全面减税政策的条件。

1. 在我国当时的社会经济背景下，减税政策的目的很难实现

根据宏观经济稳定政策理论，减税政策的目的在于增加可支配收入，扩大有效需求，刺激消费。增加消费需求固然重要，也十分必要，可是，鉴于我国当时的社会经济形势，减税政策的效果不会大。因为在经济不景气时期，一是居民收入水平在本来就不高的情况下没有多大增长，边际消费倾向高的低收入者购买力不足；二是对未来经济运行的预期不佳，加重了人们的预防心理；三是住房、教育、医疗、养老等制度改革的进程加快，人们对未来的消费支出预期上升，这也正是在居民收入水平增速缓慢的情况下，居民储蓄大增的原因之一。如此等等，要想在短期内特别是在经济不景气时期大幅度增加居民的实际消费需求，显然不是减税措施所能办到的事情。

可是，就是居民收入增加了，消费是否增加，也要取决于这种增加的收入的性质。在经济学中，消费函数一般写成如下形式：

$$C=a+cY_d$$

式中，C 代表家庭消费支出，Y_d 代表可支配收入，c 代表边际消费倾向。虽然经济学家们都同意，消费取决于（可支配）收入，但是，收入这个概念如何界定？这里的收入是指当期收入还是永久性收入？这在经济学界是有争议的。[①]永久性收入是

① 凯恩斯主义的观点是消费支出取决于当期可支配收入，而弗里德曼等经济学家则认为，消费与永久性收入有关。那些相信消费是永久性收入的函数的经济学家，怀疑税收变化在实现稳定目标中的作用。在他们看来，只有当税收变化影响人们对其长期收入的评价时，消费支出才能改变。相反，那些相信消费取决于当期可支配收入的经济学家，认为税收变化将改变当期消费，因而减税政策会对短期经济稳定具有强大作用。

指家庭的未来预期收入流（即家庭的正常收入或长期收入）。倘若人们认为特定的收入变化只是临时的，对其永久性收入的影响微乎其微，那么对他们的消费也没有多大影响。的确，在现实生活中，人们一般不会因为一时的收入增加而大把花钱。这样说来，我国如果在1998年以来的经济不景气时期采取减税政策，人们无疑会意识到这是政府采取的临时拯救经济的措施，即使收入有所增加，也很可能不会因此而多消费。

此外，减税也未必能刺激企业投资。这里，需要深入分析几个问题。

第一，宏观税负是否减轻了。有一种意见认为，“我国的宏观税（费）负已经超过25%（有些专家认为我国的宏观税费负担已经超过了30%），远远高于发展中国家16%～20%的水平。根据《福布斯》2002年的调查，我国的税负压力指数位居世界第三，仅次于法国和比利时”（国家税务总局政策法规司，2003，p.105）。这显然把收费列入其中。如果不把收费收入列入而仅仅计算税收，1998年的税收收入占GDP的比率仅为11.8%，显然又非常低。因此，积极财政政策在实施过程中，没有减少税收，而是大量取消不合理收费项目，实际上还是减轻了总的负担。

第二，还有一种意见认为，从国际比较来看，企业所得税和增值税的税率偏高，我国企业的税收负担重。我国企业所得税的法定税率是33%，而德国为25%，澳大利亚为8%，英国、日本和印度等国为30%，美国最高边际税率虽然也为33%，但前三档（15%、18%、25%）比我国低。我国增值税的法定基本税率是17%，但若换算成消费型增值税，基本税率则为23%，而大多数西方国家都在20%以下。对于上述分析，我们认为是真实可靠的：我国目前企业所缴纳的这两大税种，税率是偏高。可是，如果从财政收支间的关系看，要刺激企业投资意愿，就需要大幅度降低这两种税的税率，这又会加剧财政收支已有的入不敷出矛盾。因为，这两个税种是我国财政收入的支柱（两税种收入合计占税收总收入的比例一直在45%～50%之间），如果降低它们的税率，就需要用其他税种的增税来弥补；在个人所得税收入不可能一下大幅度增加的情况下，只能依靠营业税、消费税等，这些税种也同样会增加企业的税收负担。

第三，即使减轻了企业税收负担，也不一定刺激企业投资。(1) 企业对扩大内需的作用主要体现在投资的增加，而投资的增加具有“规模性要求”。也就是说，达不到一定规模要求，企业即使手中有钱，也无法进行投资；并非给企业减少一块钱税收，企业就能够增加一块钱投资。所以，即使从全国来讲，减税规模很大，但对单个企业而言，企业还是因资金不足而无法进行投资。(2) 企业是否进行投资关键还是取决于投资项目的前景和未来收益率。在经济不景气时期，特别是企业未来经济形势把握不准的情况下，企业即使有钱也未必投资。在银行贷款是主要筹资方式的情况下，这几年银行贷款利率一降再降，而企业投资并没有预期的那样活跃，就说明了这一点。

2. 我国不是以所得税为主体税种的国家，减税的乘数作用微乎其微在理论上，减税政策主要是减少所得税特别是个人的所得税，因为增加居民消费需求的有效措施是增加人们的可支配收入，而增加可支配收入的直接手段是减少个人所得税。我们从教科书的税收乘数公式可知，减税政策乘数的大小关键取决于边际消费倾向，边际消费倾向是指在增加的一单位可支配收入中用于消费的比例，而可支配收入又是税后所得。可见，减税政策的效力需要考虑两个条件：一是税制模式是否以个人所得税为主，二是个人所得税直接影响可支配收入的大小。

然而，我国目前的税制模式是以间接税为主，个人所得税比重相当低，1998 年个人所得税收入占税收总收入的比重仅为 3.7%，仅相当于发达国家平均水平的 1/10，就是在个人所得税快速增长的情况下，2002 年该比重也才只有 7%，仅相当于发达国家平均水平的 1/5。在这种情况下，减少所得税的乘数作用很微弱。如果减少间接税，则存在着许多不确定因素：一是能否刺激消费需求，这在一定程度上取决于企业是否相应地降低商品和服务的销售价格；二是能否刺激投资需求，这在一定程度上取决于企业在不降低价格而获得额外利润后是否愿意投资。所以，如上所述，间接税的减税更多是在供给方面起作用，而不是在需求方面起作用。

此外，我国目前的个人所得税还不是普及性税种，对绝大多数人的可支配收入没有多大影响。

第一，不管是逃避税行为所致还是收入水平低下的原因，总之，个人所得税的纳税人规模非常小，影响不到绝大多数人的可支配收入。

第二，就是对于缴纳个人所得税的纳税人来说，一般纳税人都属于工薪阶层，由于目前的收入水平不高，他们缴纳的个人所得税数额很小，每人每月多十几元钱最终形成不了能拉动整个经济复苏的消费需求；那些收入很高的纳税人，消费水平已达到饱和状态，减税给他们带来的额外收入，也只是改写了其储蓄存款账户上的数字。

3. 我国持续多年的低税收收入比率已没有减税的空间

1998 年以前，税收收入总量不足，严重滞后于经济增长，致使税收收入占 GDP 的比率逐年下降，以致财政的基本职能都难以实现，政府几乎没有利用税收政策进行宏观调控的余地。从静态角度来看，1998 年税收收入比率（税收收入占 GDP 的比率）为 11.8%，就是在税收收入比率不断提高后的 2001 年，该比率也仅为 15.8%，同其他国家和实际需要相比，这一比率无疑是低下的。

第一，与其他国家相比，我国目前的税收收入比率比经济发达国家低 15～30 个百分点，比其他发展中国家低 10 个百分点左右。

第二，从实际需要来看，我国的经济发展处在“起飞”的临界阶段或初期，需要大量的社会基础设施和经济基础设施。可是，在目前的经济发展过程中存在着许多阻碍经济快速发展的“瓶颈”部门，如交通、能源、通信等设施滞后于经济发展的需要，又如中小学义务教育还需要“希望工程”来解决部分问题。这些都说明税收收入规模与经济发展的需要不相称。

4. 中国当时的财政状况已不容采取减税政策

就财政本身来看，通常将财政平衡状况（有无赤字）看做是衡量一国财政状况好坏的标准。可是，在全世界范围内，在大多数年份里，各国都存在着财政赤字的情况下，衡量财政状况的主要指标就变成了赤字依存度。赤字依存度是指财政赤字占中央财政支出的比例，表明的是一国在当年的财政支出总额中有多大比例是依赖赤字支出实现的，或者说总支出对赤字支出的依赖程度，反映出财政支出的需要与税收收入供给能力之间的缺口或差距。

我国在1998年以前，财政赤字占GDP的比率基本都在1%以下，只是在近几年的经济衰退时期，财政赤字占GDP的比率才明显上升，到2002年达到2.62%。即使2002年的财政赤字比率，也低于工业化国家（平均为3.8%）和新兴工业化亚洲国家（包括韩国、印度尼西亚、马来西亚和泰国）1968—1986年间（工业化进程的关键时期）的赤字比率（平均为3.2%）；虽然比发展中国家赤字比率比较高（平均为6%）的国家也低很多，但高于其他发展中国家的平均水平。这表明，我国的赤字比率比较适中（郭庆旺、赵志耘，1999，p.288）。

可是，我国的赤字依存度偏高，财政状况令人担忧。1990—1995年，最发达的工业化国家赤字依存度平均为11%，比80年代中后期（7%）提高了57%；赤字规模比较大的发展中国家平均为23%，比80年代中后期（30%）下降了23%；而我国的赤字依存度接近23%（郭庆旺，赵志耘，1999，p.289）。比较来看，我国的赤字依存度显然大大高于工业化国家，也高于新兴工业化亚洲国家在工业化进程中的赤字依存度（17%），与发展中国家赤字依存度较高的国家不相上下。这表明，我国的财政支出中赤字支出所占份额过大，财政状况比较差，财政政策的实施条件相当紧张。

在经济衰退时期，政府采取扩张性财政政策，必然导致财政赤字，这是合情合理的。然而，在财政赤字占GDP的比率比我国高出近一倍的发达国家，其赤字依存度为何不及我国的一半？这显然说明我国的税收收入供给能力严重不足！在这种情况下，倘若我国再采取减税政策，财政运行何以维持？

综上所述，在当前我国经济运行仍未走出低谷的情况下，在刺激消费需求的呼声日益高涨之际，主张政府应采取减税政策，在理论上是有依据的，但缺乏现实条件：减税政策没有发挥作用的途径，更没有实施的能力。

（二）以公共投资为主是正确之举

我们从上节“积极财政政策的主要措施”看到，1998年以来实施的积极财政政策以增加财政支出为主，其中，又以增加公共投资为主。原因何在？从人类历史上首次通过大兴公共工程的"罗斯福新政"取得巨大成功，到凯恩斯的"挖坑"理论，[①]鉴于中国经济发展的现状，我们认为，我国面对 20 世纪 90 年代末的经济衰退，以增加公共投资为主的政策措施是正确之举（郭庆旺、赵志耘，2002，pp. 639—640）。

第一，在社会总需求持续小于总供给的情况下，公共投资大幅度增加会直接提高总需求，缓解供求矛盾。这就是我们常说的公共投资能成倍创造收入（乘数效应），从而增加总需求的"需求效应"（短期效应）。同时，公共投资通过增加经济中的资本存量，提高经济的生产潜能，从而具有"供给效应"（长期效应）。

第二，在中国的经济发展过程中，农业、交通和城市基础设施一直是阻碍经济增长的瓶颈部门，以这些部门作为公共投资的重点不仅能推动结构调整，还为今后的经济持续增长奠定了基础。同时，公共投资通过在西部落后地区的公共工程建设[②]，带动西部地区的投资，改善西部地区的投资环境，推动西部地区的经济增长，从而为我国今后地区经济协调发展创造条件。

第三，增加公共投资将改善财政支出结构，因为中国全社会固定资产投资中国家预算内投资不仅所占比重很小，而且呈逐年下降趋势，到 1996 年已降低到历史最低水平，仅为 2.7%，1997 年也仅次于 1996 年为 2.8%，是历史最低水平。直到 1998 年，由于政府大幅度增加公共投资支出，才使 1998 年的财政投资比重快速上升至 4.2%，到 2001 年已提高到 6.7%，但仍未恢复到 20 世纪 90 年代初期的水平。根据许多国家的经验，在经济成长的早期阶段，公共投资一般占较高的比重。

我们在下面对积极财政政策成效的总体评价中，会清楚地看到，公共投资对扩大内需、拉动经济增长、改善经济结构的确具有显著作用。

除此之外，我们还必须强调指出，公共投资具有很强的就业效应——公共投资能直接和间接地增加就业机会。对于我国目前拥有庞大的劳动力后备大军来说，公共投资的就业效应极其重要。从短期来看，公共工程项目能创造新的就业机会，其中包括三个方面（Vernez，1977）：一是直接就业机会，即公共工程的现场就业；二是间接就业机会，即向公共工程项目供应投入物的行业产生出来的就业机会；三是引致就业机会，即公共工程项目及其投入物的供应者直接和间接雇用的工人，购

---

① 凯恩斯（1999，p134）曾经这样写道："如果财政部把用过的瓶子塞满钞票，而把塞满钞票的瓶子放在已开采过的矿井中，然后，用城市垃圾把矿井填平，并且听任私有企业根据自由放任的原则把钞票再挖出来（当然，要通过投标来取得在填平的钞票区开采的权利），那么，失业问题便不会存在，而且在受到由此而造成的反响的推动下，社会的实际收入和资本财富很可能要比现在多出很多。"我们把凯恩斯的这种以大兴公共工程扩大需求、解决失业问题的理论称为"挖坑"理论。

② 也许是由于西部地区的地域市场狭窄、劳动力素质低下、自然环境差、技术水平落后等原因，民间部门可能不愿意到西部地区投资，而积极财政政策通过加大对西部地区的投资力度来支持我国区域政策的贯彻实施。

买额外商品和服务而可能产生的就业机会。前文曾提到，据估算，我国实施积极财政政策以来，所创造的就业岗位累计达750万个。在经济不景气时期，这些新增的就业岗位对减轻整个就业压力起到巨大作用。正如凯恩斯（1999，p.131）所说，“当失业问题严重，一定量的被雇用于公共工程项目的人员会比失业问题解决后的接近充分就业的状态，对总就业量具有远为更大的作用。”

当然，也许有人会提出，对于经济衰退造成的失业，各种反周期财政政策措施都具有创造就业的效应，不一定非要以公共投资为主。的确，经验证可靠的财政政策措施有许多，除了公共投资之外，还有公共服务就业、个人所得税减税、工资补贴、对企业的投资税收抵免等，它们都具有增加就业的效应。但是，公共投资具有直接的公共就业创造效应，其他措施（除公共服务就业之外）都取决于民间部门对于这些措施所作出的反应。如果民间部门对这些措施反应灵敏，或增加投资，或扩大生产规模，人们就有就业机会；相反，如果民间部门对这些措施反应不灵敏或毫无反应，也就不会创造出新的就业机会。

最后，增加公共投资还有助于改善收入分配状况。一般来说，失业的家庭是贫困的家庭。政府虽然可以通过税收和一次性转移支出等措施缓解收入分配不公平状况，但是往往受到政治和社会因素的限制。要增加贫困家庭的收入，根本措施还在于增加就业，增加他们的收入。而增加就业规模首先要增加就业机会，增加贫穷者就业机会的前提是扩大公共投资。因为私人投资决策考虑的主要是投资收益，而不是创造就业机会。特别是增加落后经济地区的公共投资，对整个社会的收入分配公平、福利水平的提高具有重大意义。

总之，公共投资是一种常用的反周期财政工具。无论在理论上，还是从我国近年来的实践来看，当初选择公共投资作为反周期财政政策的主要工具都是正确的。

24.4.3 效果评价

实践证明，积极财政政策实施7年来成效显著。它不仅短期拉动了需求，保持了国民经济稳定增长，而且提高了经济内生增长的能力，协调了改革、稳定和发展的关系。这对于中国经济的长远发展和实现全面建设小康社会的战略目标都具有重大的现实意义和深远的历史意义。

（一）积极财政政策拉动了经济增长

保持经济的适度增长对于我国社会经济发展具有极其重要的意义。那么，什么是适度经济增长？适度经济增长并非用单一的经济增长率来衡量，而是一个适度的经济增长率区间。回顾我国改革开放以来的经济增长规律，如果GDP增长率低于7%，将会带来严重的就业和再就业压力，经济发展中的一些深层次矛盾就会显现出来；如果GDP增长率超过10%，通常会带来较高的通货膨胀率。所以，在综合考虑到我国未来一定时期内人口增长压力、经济总量的不断扩大而逐步逼近规模经济的边界以及改革开放进行制度创新的效应逐步递减等因素，我国今后一段时期内，GDP增长率在7%～9%之间应该说是一个比较理想的区间。

倘若7%～9%是一个适度的经济增长率区间，那么，我们就来看一下20世纪90年代中期以后的经济增长情况。从1993年的经济增长率13.5%开始，一直到1998年的7.8%，GDP增长率几乎一年下降1个百分点。如果政府不采取有力的宏观经济稳定政策，在当时的国内外经济形势下，经济增长率的这种下滑趋势可能还会持续下去，到1999年，经济增长率就有可能跌破我们所说的适度经济增长率的下限（7%）。然而，1998年中期，我国真正开始了以积极财政政策为主的力度较大的稳定政策，使得经济增长率一直保持在7%以上。

积极财政政策成功地阻止了经济增长率下跌趋势，主要是因为有效地拉动了投资、消费和出口的增长。积极财政政策通过增发国债、扩大政府投资和带动民间投资，增加了投资需求；通过税收优惠政策，鼓励了民间投资和出口；通过财政支持的收入分配政策，刺激了居民消费。

（二）积极财政政策提高了经济的内生增长能力

积极财政政策不仅通过总量扩张措施抑制了经济运行过程中暂时出现的矛盾和问题所引致的经济衰退，起到了一种推力和拉力的作用，而且还通过以基础设施建设为主，以优化产业结构、促进地区经济发展、加快实现科教兴国战略为辅的结构调整措施，提高经济增长的内生能力。可以说，积极财政政策的实施过程中，基本上做到了增加总需求的同时促进有效供给，以有效供给带动总需求扩大，为今后我国国民经济在总供求的持续和谐调整方面奠定了基础。

基础设施是民间投资和消费活动的基本条件，是国民经济持续增长的基础。然而，我国在30余年的经济增长过程中，遇到的突出问题就是道路交通、能源通信、农村供电网络、水利设施等的严重短缺，成为我国今后经济保持持续增长势头的障碍。因此，从1998年提出实施积极财政政策伊始，就选定以加大基础设施建设为重点，并在前三年（1998—2000年）共安排国债资金投资项目6 620个，长期建设国债资金3 600亿元，加上银行贷款和地方、企业自筹资金，总投资规模达到24 000亿元。到2000年底，累计完成投资15 100亿元，占项目总投资的63%。

产业结构不合理一直是我国经济发展中的顽症，特别是第三产业产值占GDP的比重较低（1986—1997年该比重一直在30%～34%之间徘徊），第二产业产值占GDP的比重虽然较高，但第二产业内部的重复建设多，而且技术装备水平落后。因此，1998年以来，积极财政政策通过对高新技术产业给予税收优惠、对技术改造项目进行财政贴息等措施，改造传统产业，发展高新技术产业。1998年开始，国家财政共对880个民用技术改造项目贴息，调动了企业进行技术改造的积极性，增强了银行对重点技术改造项目支持的信心和贷款力度，实施了一大批技术改造、高科技产业化、装备国产化的项目。截止到2000年底，建成投产高科技产业化项目68个。在技术改造项目方面，在以国债资金贴息的政策下，1999—2001年累计安排资金265.4亿元，1 218个项目，拉动投资2 810亿元，已建成投产项目288

个。与此同时，第三产业产值占GDP的比重由1997年的34%逐年上升至2003年的41.2%。

（三）积极财政政策协调了改革、稳定和发展的关系

在改革开放的30余年里，我们得到的一条非常宝贵的经验就是改革、稳定与发展三者之间的关系必须协调。只有改革才能使我国走向社会主义市场经济道路，才能保持持续快速的经济增长；而改革必然会涉及利益关系的调整，为保持社会稳定，在改革进程中就必须增加人们的收入，提高人们的生活水平，增加就业。当然，在追求经济增长的过程中，还要加强环境保护和生态建设，寻求可持续发展道路，只有这样才能真正提高人们生活水平和质量。

我国到了20世纪90年代中期以后，经济体制改革进入了攻坚阶段。积极财政政策有力地支持了国有企业改革、金融体制改革、投融资体制改革、社会保障制度改革、农村税费制度改革以及粮食流通体制改革等；同时，在积极财政政策的实施过程中，还进行了一系列财政制度的改革。① 这些体制与制度的改革和深化，为我国未来经济持续、高效增长提供了制度保障。

社会稳定对我国来说极其重要，而社会稳定的一个前提是保证低收入者群体的生活水平。1998年以来，我国在多次提高机关事业单位职工及离退休人员的工资和退休金的同时，重点放在了加快社会保障制度的建立，已基本形成包括失业、养老、医疗在内的社会保障框架，构筑“社会稳定器”，同时也投入了巨额资金。

积极财政政策在保障经济增长速度的同时，加大了对可持续发展的投入。积极财政政策中的水土保持工程、生态环境项目、退耕还林（草）项目、污染治理项目等，不但有利于弥补原来发展模式对自然资源造成的过度开发，而且也有利于今后实施可持续发展战略。

通过上述分析，我们可以得到如下结论：积极财政政策不仅抑制了经济衰退，防止了通货紧缩的发生，而且为我国今后经济持续增长奠定了坚实基础。

当然，由于我国过去的经济运行主要是经济过热，以治理通货膨胀为主，而且主要运用的是货币政策，因此，在这次稳定经济运行的过程中使用的积极财政政策，不可避免地会存在一些问题。② 比如，有人提出，“政策措施出台比较仓促，缺乏必要的法制和规范”、“财政支出结构存在着一些不合理现象”等。不过，在我们看来，只有从当时的特定历史背景出发，才能正确评价积极财政政策。比如说，

① 比如，为了用制度规范保证财政支出效益的提高，进行了以加快建立部门预算制度为重点的财政支出改革；为了加强综合财政预算管理，在行政事业性收费和罚没收入方面深化了“收支两条线”管理制度改革等。有关内容请参阅王保安（2002）的著述。这些规范和改革措施对于积极财政政策的顺利实施和作用的充分发挥起到了保障作用，但它们基本上不直接属于旨在扩大内需财政政策的内容。

② 有关积极财政政策存在的一些问题或教训，请参阅郭庆旺、赵志耘、何乘才（2004，pp.331－342）的著述。

“措施出台仓促”，可是由于过去没有经验积累，应对紧急状况而出台的政策，仓促是在所难免的。又如，“对于是否需要持续发行国债、发行规模多大等，缺乏必要的法制框架”，可是，是否需要发行国债、发行多少，都是要根据经济形势而定，来不及先花费三年五载的时间定“法制框架”然后再依此制定政策。再如，“基础设施投入的比重过大，在高新技术研究开发方面的投入相对不足”，可是，积极财政政策的主要目的是扩大内需，在资金有限的情况下，基础设施投入比重高无疑是正确的选择。

总之，积极财政政策的实施，不仅实现了稳定经济运行的目标，而且也丰富了我国政府加强宏观调控的经验，是在市场经济条件下利用财政政策进行反周期调节的有益尝试，是加强和改善宏观调控的一次重大突破和成功实践，为我国今后制定宏观经济政策提供了宝贵经验。

参考文献

陈共．积极财政政策的效应分析．当代财经，1999（10）

陈共．财政学．北京：中国人民大学出版社，2002

丛明．关于积极财政政策若干问题讨论论述．经济纵横，2001（4）

戴根有．关于我国货币政策的理论与实践问题．金融研究，2000（9）

段国旭．论积极的财政政策．中国财经信息，1999（1）

戴园晨．积极财政政策与宏观经济调控．北京：人民出版社，2003

宫希魁．经济政策称谓应准确规范——对当前财政及货币政策表述方式的看法．改革时报，1999-12-9

国家税务总局政策法规司．中国税收政策前沿问题研究．北京：中国税务出版社，2003

郭庆旺，赵志耘．财政理论与政策——当前若干重大问题探讨．北京：经济科学出版社，1999

郭庆旺，赵志耘．财政学．北京：中国人民大学出版社，2002

郭庆旺，赵志耘，何乘才．积极财政政策及其与货币政策配合研究．北京：中国人民大学出版社，2004

郭庆旺，赵志耘．公共经济学．北京：高等教育出版社，2010

贾康．关于积极财政政策的若干认识．中央财经大学学报，2003a（4）

贾康．我国财政政策的简要回顾与效应评析．财经论丛，2003b（1）

金人庆．中国财政政策理论与实践．北京：中国财政经济出版社，2005

凯恩斯．就业、利息和货币通论．北京：商务印书馆，1999

刘恒．当代中国经济周期波动及形成机理研究．成都：西南财经大学出版社，2003

刘金全、崔畅、谢卫东．财政政策作用的阶段性和非对称性检验．财经科学，2003（1）

刘溶沧．关于积极财政政策的几个问题（上、下）．财贸经济，2001（3、4）

倪红日．解析积极财政政策的含义．财政研究．2000（6）

沈程翔．中国出口导向型经济增长的实证分析：1977—1998．世界经济，1999（12）

王保安．中国财政政策的背景与要点分析．财政研究，2002（3）
王春正．探索·实践：宏观经济运行与调控．北京：经济科学出版社，2003
吴俊培．积极财政政策及效应评析．当代财经，2001（12）
谢平．新世纪中国货币政策的挑战．金融研究，2000（1）
叶振鹏，焦建国．积极的财政政策：近期取向与制度基础．经济学家，2002（3）
袁恩桢．扩大需求论．上海：上海社会科学出版社，2001
张永军，李振仲．通货紧缩的理论与现实．北京：中国经济出版社，2000
中国人民银行研究局课题组．中国货币政策分析．经济研究，1999（3）
朱广俊，陈建中．积极财政政策．中国税务报，1999-8-11
James，S.，*A Dictionary of Taxation*，Edward Elgar，1998.
Vernez，G.，*Public Works as Countercyclical Fiscal Policy*，The Rand Corporation，1977.

第 25 章

三项制度改革①

Reform of the Three Systems

【摘要】自 1998 年以来，通过预算制度创新，我国对预算编制、预算执行等预算管理各个层面、各个环节进行变革，启动实施了部门预算改革、国库集中收付制度改革、政府采购制度改革等三项制度改革。部门预算是反映政府部门收支活动的预算，其基本特征是一个部门一本预算；国库集中收付制度的基本要求是建立国库单一账户体系，所有财政性资金都纳入国库单一账户体系管理，收入直接缴入国库或财政专户，支出通过国库单一账户体系支付到商品和劳务供应者或用款单位；政府采购制度在提高资金使用效益，维护国家和社会公益以及防范腐败、支持节能环保和促进自主创新等方面取得了显著成效。三项制度改革逐步摆脱了传统预算管理方式的束缚，确立了新的预算管理制度和运作机制，为财政管理科学化、精细化管理奠定了制度基础，逐步确立了我国现代预算管理制度框架体系，对于提高政府效率及社会领域的重大改革都具有重大而深远的意义。

【关键词】部门预算　国库集中收付　政府采购

Abstract: Since 1998, through the reform of the budget system, we have carried out reforms on every level and every step of the budget management in China, including budget preparation, budget execution and so on. And we started the implementation of reform of the three systems, such as departmental budgeting, treasury collection and payment system and government procurement system. Departmental budget is a budget reflecting the activities of collection and payment of the governmental department, and its basic feature is that a department has a budget. The basic requirements of centralized treasury payment system is to

① 本章撰稿人：王秀芝。

establish the treasury single account system, all the financial funds are taken into the management of the treasury single account system, revenues are directly paid into the state treasury or financial accounts, expenses are paid to suppliers of goods and services or organizations who use money through the treasury single account system. Government procurement system has received remarkable achievement on some aspects such as improvement of the efficiency in the use of funds, maintenance of national and social welfare, prevention from corruption, support energy saving, promotion of independent innovation and so on. Reform of the three systems gradually frees them from the bound of traditional budget management mode, gradually establishes a framework for our modern system of budget management system, and is of great and far-reaching significance for improving government efficiency and major reforms in the social sphere.

Key words: departmental budget, centralized treasury payment system, government procurement

三项制度改革是指我国财政管理制度改革的三个主要组成部分：实行部门预算制度、建立国库集中收付制度、推行政府采购制度。

25.1 释义

25.1.1 三项制度改革的含义

所谓部门预算，是指将原来各类不同性质的资金统一编制到使用这些资金的部门，成为一个覆盖部门所有公共资源的完整预算。部门预算是由政府各部门编制，经财政部门审核汇总后报立法机关审议通过，反映各部门所有收入和支出的预算，即一个部门一本预算。所谓国库集中收付，是对财政资金实行集中收缴和支付的制度，其核心是通过国库单一账户对现金进行集中管理，所以这种制度一般又称作国库单一账户制度。这种制度具有三个基本特征：一是财政统一开设国库单一账户；二是所有财政收入直接缴入国库，主要财政支出由财政部门直接支付到商品或劳务供应者；三是建立高效的预算执行机构、科学的信息管理系统和完善的监督检查机制。所谓政府采购，是指各级政府及其他公共部门为满足提供公共产品之需要，主要运用财政性资金，以法定方式和法定程序从国内、国际市场上采购所需货物、工程和服务的活动。政府采购不同于其他消费主体开展的使用活动，它的资金来源于纳税人缴纳的税金，因此，采购资金的使用也要满足纳税人的要求，需要做到配置合理，采购活动要坚持公开、公正、公平的原则。

25.1.2　三项制度之间的关系

国家财政三项制度改革是相辅相成的，部门预算是基础，国库集中收付、政府采购是手段。部门预算搞好了，可为国库集中支付和政府采购提供基础条件和依据；国库支付和政府采购是预算执行的保障，搞好了可为预算编制提供依据，从而使财政三项制度改革各个环节配套连贯，并不断深化完善，使财政资金发挥出最佳使用效益。

三项制度改革之间的关系可见表 25－1。

表 25—1　　三项制度改革之间的关系

三项制度名称	在三项改革中所处地位	在财政管理过程中所处阶段	该项改革所要解决的问题
部门预算	基础	预算编制阶段	预算的统一性、完整性和严肃性
国库集中收付	手段	预算执行阶段	资金调度的灵活性、效益性
政府采购	手段	预算执行阶段	资金使用的公开性、效益性

1998 年以来，通过预算制度创新，我国对预算编制、预算执行等预算管理各个层面、各个环节进行变革，启动实施了部门预算改革、国库集中收付制度改革、政府采购制度改革、收支两条线改革、政府收支分类改革以及预算会计权责发生制等，逐步摆脱了传统预算管理方式的束缚，确立了新的预算管理制度和运作机制，为财政管理科学化、精细化奠定了制度基础，逐步确立了我国现代预算管理制度的框架体系。在上述六大改革措施中，实行部门预算制度、建立国库集中收付制度、推行政府采购制度，即三项制度改革是财政管理制度改革的核心内容，对于提高政府效率及社会领域的重大改革都具有重大而深远的意义。

25.2　事件描述

25.2.1　三项制度改革的背景

（一）三项制度改革的宏观背景

从 1978 年到 1994 年，我国财政改革的重点是财政体制和政府收入体系改革，预算编制、国库管理等改革进展不大。党的十四大提出了建立社会主义市场经济体制的目标，政府职能随之转变，市场在资源配置中起基础作用，政府职能主要是经济调节、市场监管、社会管理、公共服务。财政管理是政府职能的具体体现，经济体制改革和政府职能转变要求财政管理制度相应改革，以使财政资金预算与政府各部门的职能履行有效连接，保障政府职能的发挥。1994 年分税制的实施标志着我国收入分配改革工作基本结束，改革重心开始转移到财政支出管理上来。

（二）原有制度的缺陷

1. 原有预算编制模式的缺陷

长期以来，我国政府预算主要是按支出性质而不是按部门、单位编制，一个部门或单位需要多种不同性质的经费，如行政、教育、科技、基建投资等，由财政部门内部的不同职能司局切块管理，层层进行分配。国务院部委下属司局、基层单位分别到财政部的相应部门要钱，各有各的渠道，有时还有多个渠道。财政部不知道一个部门到底能拿到多少钱，有的部门负责人也不掌握本单位从财政部到底拿到了多少钱。这种做法使财政部门难以优化资源配置，用钱部门和单位也不能进行统一管理和控制，同时由于多层次分配，层层留机动，造成预算的随意性，既不利于充分发挥预算资金的使用效益，也不利于立法机构和审计部门对预算的监督。存在的主要问题有：一是预算编制内容的不完整，造成预算执行、决算的口径不统一，为分析预算运行质量造成很大难度。二是预算编制比较粗。当前预算编制的一个突出问题是预算编制粗糙，内容过分简单，没有落实到具体支出项目。三是预算编制的时间晚，预算编制周期短，使得预算编制质量不高。四是预算编制缺乏科学的预测，预算编制方法落后，缺乏科学合理的预算定额。五是编制程序不规范，财政部门有时被迫代编预算。

2. 原有国库管理制度的缺陷

2000年以前，我国国库管理基本上沿用计划经济体制下的管理模式，即国库分散收付制度。其主要缺陷有：一是重复和分散设置账户，大量预算外资金游离于预算管理之外，不利于有效管理和监督。二是财政收支信息反馈慢，不能及时为预算编制执行及宏观经济分析提供准确依据。三是预算收入执行征管、退库不规范。四是预算支出执行中资金分散支付，相当多的财政资金沉淀在预算单位的账户上，截留、挪用、挤占现象屡见不鲜，降低了财政资金的使用效率，极易滋生腐败。

3. 传统政府采购制度的缺陷

按照市场经济国家的通行做法，一个国家的政府采购规模一般占年度国内生产总值的10%以上，或者财政支出的30%～40%。规模如此巨大的政府采购，是加强财政支出管理的一项有效制度，是财政支出发挥宏观调控作用的重要方式，也是从源头上预防和抑制腐败的重要措施。我国自改革开放以来，确立了建立社会主义市场经济的方向和要求，尽快推行和建立政府采购制度成为必然选择。

在1995年以前，我国传统的政府采购是由各预算支出单位自己进行，做法粗放，使财政支出化整为零，没有形成规模效应，脱离了财政监督，问题越来越多，突出表现在财政资金使用效益低、政府采购存在腐败现象、存在不公平交易等。

1995年11月，亚太经济合作组织（以下简称APEC）在日本大阪召开领导人会议，通过了《大阪行动议程》，其中政府采购被列入了APEC贸易和投资自由领域。在当时的18个成员中，除我国外都建立了政府采购制度。为了尽快缩小与APEC发达成员的差距，国务院领导指示要尽快建立政府采购制度。政府采购制度作为财政支出管理改革领域的一项重大课题，提上了议事日程。2005 年 10 月，十届全国人大常委会审议并批准加入了《联合国反腐败公约》，其中第九条明确规定，各缔约国均应当根据本国法律制度的基本原则采取必要措施，建立对预防腐败特别有效的以透明度、竞争和按客观标准决定为基础的适当的采购制度。加快推进政府采购制度改革成为履行公约、适应国际经济一体化的迫切要求。

25.2.2　三项制度改革的主要内容

（一）部门预算改革

1994 年的分税制改革，从收入方面初步界定了政府的活动范围，以及中央与地方之间的财政关系，增强了中央政府的宏观调控能力，但支出改革没有同时启动。支出改革的滞后带来许多问题，如预算不完整、支出程序不科学、支出范围不明晰、支出使用不透明、支出效益不高等问题。针对传统预算编制存在的问题，政府财政部门借鉴国际通行做法，结合我国财政支出改革实践，积极探索建立符合社会主义市场经济体制要求的预算编制制度，在理论和实践上为实施部门预算改革做准备。

1999 年 6 月国家审计署代表国务院在第九届全国人民代表大会常务委员会第十次会议上所作的《关于 1998 年中央预算执行情况和其他财政收支的审计工作报告》中，以及全国人民代表大会常务委员会在审议 1998 年中央决算和中央财政审计报告中都提出要改进和规范中央预算编制工作，“要严格执行预算法，及时批复预算”，财政部“要细化报送全国人大审查批准的预算草案内容，增加透明度”。全国人大常委会预算工作委员会具体要求财政部 2000 年在向全国人大提交中央预算草案时，要提供中央各部门预算收支等资料，报送部门预算。财政部根据全国人大的指示，以公共财政为指导，从改革预算编制入手，在深入研究的基础上，1999 年 7 月 24 日向国务院报送了《关于落实全国人大常委会意见改进和规范预算管理工作的请示》，正式提出了细化政府预算编制，实施部门预算的设想。

1. 部门预算改革的进程

（1）部门预算改革试点阶段（1999—2000 年）。

1999 年 8 月，财政部两次召开了国家计委、国家经贸委、国务院机关事务管理局等有预算分配权的部门及教育部等 11 个中央预算部门会议，征求关于改进和细化 2000 年中央预算编制意见。1999 年 9 月 20 日，财政部出台了《关于改进 2000 年中央预算编制的意见》，开始启动部门预算改革。1999 年 9 月 29 日，财政部召开中央部门 2000 年部门预算编制工作会议，正式向中央各部门部署 2000 年部门预算编制工作，主要内容包括：一是细化报送全国人大预算草案的内容。二是改变预算编制方法，试编部门预算，中央部门按财政部统一规定和标准表格，编制反映本部门所有收支的预算，一个部门一本预算的部门预算基本框架初步形成。三是 2000 年所有中央一级预算单位全部编制部门预算，并选择了农业部、教育部、科学技术部、劳动和社会保障部四个部门作为部门预算的试点单位，向全国人大报送2000年预算草案时，同时报送这四个部门的部门预算。四是统一规定预算编制、报送时间。

（2）部门预算改革推广阶段（2001—2003年）。

2001年，除国防部、安全部和中国人民银行等三个特殊部门外，国务院其他26个部门的部门预算全部上报全国人民代表大会审议，上报的内容进一步细化，形式作了改进。在总结2000年部门预算编制经验的基础上，财政部制定颁发了《关于在国家计委等十个部门进行基本支出预算和项目支出预算试点工作的通知》，第一次提出按照基本支出和项目支出编报部门预算，对部门预算中的基本支出实行定员定额管理，对专项支出实行项目审核管理，使原来按基数法编制预算的情况初步改变。2001年7月，为进一步细化预算编制，财政部对2002年政府预算的目级科目进行了调整，将原一般预算支出中的12个目级科目修改并细化为44个目级科目，并进一步将这44个目级科目归并划分为四部分：人员支出、日常公用支出、对个人和家庭的补助支出、固定资产购建和大修理。同时，财政部下达了《中央部门基本支出预算管理试行办法》和《中央部门项目支出预算管理试行办法》，要求所有中央部门都按照基本支出和项目支出编报部门预算。2001年12月，财政部进一步加大综合财政预算改革的力度。对各种预算外收支严格按照收支两条线管理，对公安部等5部门的行政性收费全部纳入预算管理，收入全部缴入国库，相应支出由财政部根据其履行职能的需要通过预算进行安排；对国家质检总局等28个部门实行真正的收支两条线管理，预算外收入全部纳入专户管理，相应的支出由财政部根据其履行职能的需要通过预算进行安排；改变国税系统和海关系统按照收入比例提取经费的办法，实行预算制，按部门预算的统一要求核定经费支出。2002年6月，财政部对政府预算收支科目做进一步的修改，将44个支出目级科目归并为35个，同时对农业、教育、科学等部分支出的类、款、项科目进行修改，以适应预算管理的需要。为配合中央部门预算改革的要求，财政部对预算报表填报和软件操作进行了很大的改进。2002年7月，财政部颁发了《财政部中央部门预算编制规程（试行）》，对预算编制、执行、调整各阶段的时间安排、具体工作事项、预算编制流程中不同责任主体的职能权限等做出具体明确的规定，以使部门预算编制进一步规范。2003年，编制部门预算的部门，在包括中央级所有行政单位和部分依照公务员制度管理的事业单位的基础上，又新增加了127个事业单位。

（3）部门预算普及阶段（2004年至今）。

到2004年，160多个中央一级预算单位全部编制了部门预算，国务院向全国人大提交的部门预算从最初的几个扩大到34个①，2005年，扩大到35个。②

---

① 丛明：《积极稳妥地推进财税体制改革》，河北经济信息网，2005年6月22日。

② 《北京日报》，2005年3月11日。

同时，地方财政的部门预算试编工作也在进行之中。1998 年 8 月，河北省制定《改革预算管理推进依法理财的实施意见》，并于 1999 年 3 月按新模式编制了 2000 年省级预算。天津、陕西、安徽等省市根据本地区的情况，进行了预算管理制度改革的创新。天津市借鉴市场经济国家预算管理经验，于 1999 年实行了标准周期预算管理制度。安徽省从 1999 年起，在全省实行了综合财政预算。截至 2002 年，全国 36 个省、自治区、直辖市和计划单列市本级财政已全部实行了部门预算，地（市）级、县级正在逐步推开。这些改革举措为推行我国预算管理制度改革积累了丰富经验。

2. 部门预算的内容

部门预算是反映政府部门收支活动的预算。部门预算是市场经济国家政府预算管理的基本组织形式，根据国际经验，部门预算是由政府各部门依据国家有关政策规定及其行使职能的需要，由基层单位编制，逐级上报、审核、汇总，经财政部门审核后提交立法机关依法批准的涵盖部门各项收支的综合财政计划。部门预算之“部门”有严格的资质要求，限定那些与财政部门直接发生经费领拨关系的一级预算会计单位为预算部门。政府预算从部门编制，从基层单位编制。政府预算要落实到每个具体部门，预算管理以部门为依托，财政将各类不同性质的财政性资金统一编制到使用这些资金的部门。部门预算由本部门所属各单位预算组成。

（1）部门预算的内容。

从编制范围看，部门预算涵盖了部门或单位所有的收入和支出，不仅包括财政预算内资金收支，还包括各项预算外资金收支、经营收支以及其他收支；既包括一般预算收支，还包括政府性基金收支，体现了“大收入、大支出”的原则，也就是通常讲的“一个部门一本预算”。

从支出角度看，部门预算包括部门或单位所有按支出功能分类的不同用途的资金，无论是基本建设经费，还是各项事业费，或是其他经费，全部按规定的格式和标准统一汇总编入一本预算，可以全面地反映一个部门或单位各项资金的使用方向和具体使用内容。

从编制程序看，部门预算是汇总预算，它是由基层预算单位编制，逐级审核汇总形成的。具体编制时，由基层预算单位根据本单位承担的工作任务、部门发展规划以及年度工作计划测算编制，经逐级上报、审核并按单位或部门汇总形成。

从细化程度看，部门预算既细化到了具体预算单位和项目，又细化到了按预算科目划分的各支出功能。经部门或单位汇总后，预算既反映了本部门所有收支预算总额，又反映了收支按单位和项目的具体构成情况，以及单位及项目的收支按支出功能分类的具体构成情况。

从合法性看，部门预算必须在符合国家有关政策、规定的前提下按财政部核定的预算控制数编制，预算在呈报上级部门前，必须经单位领导同意；财政总体预算在上报全国人大前必须报经国务院批准；全国人大按法定程序批准年度预算后，由财政部门将预算批复到部门，部门再逐级批复到基层预算单位。根据现行的预算分类方法，部门预算由一般预算和基金预算构成，两类预算之下又分为收入预算和支出预算。其中，一般预算收入包括财政预算拨款、预算外收入、其他收入；一般预算支出包括基本支出和项目支出。

（2）部门预算与传统预算的区别。

我国过去长期使用的传统预算，也称为功能预算，是采取收入按类别、支出按功能的方法编制的，即在编制预算时，不以预算部门为划分标准，而是根据政府职能和资金的使用方向对支出加以分类进行编制。部门预算是在按部门编制预算的基础上汇总而成，在部门之下还有支出的功能分类和经济分类。部门预算与传统预算相比，既有相同点又有区别。部门预算与传统预算的相同点主要有二：一是“二上二下”的编报方法未变，由部门先编制预算建议数上报财政部门（一上），再由财政部门和有预算分配权的宏观管理部门进行审核并下达预算控制限额（一下），部门根据预算控制限额进行调整，编报正式预算报送财政部门，财政部门汇总后上报人民代表大会审批（二上），财政部门再根据人民代表大会批准的预算批复部门预算（二下）。二是仍由财政部门和国家发改委、科技部、国防科工委等有预算分配权的部门，审核部门预算建议数和下达预算控制限额。

部门预算与传统预算的区别主要有以下几个方面：

①预算编制的分类基础不同。传统预算是以政府经济建设、公共服务、公共安全、文化、教育、医疗卫生、社会保障、环境保护等职能为分类基础，在此基础上将预算按支出功能分类，分别测算，最后汇总形成按支出功能分别列示的总体预算。部门预算则是以部门分类为基础，将预算按部门或单位分解，部门或单位将涉及本部门或单位的所有按功能分类的资金统一编入部门预算，财政部门将各部门预算审核汇总后再形成传统的按功能列示的财政总体预算。

②预算涵盖的范围不同。传统预算的编制范围仅限于财政预算内资金收支，没有涵盖部门、单位依据国家法律组织的基金性收支、预算外收支以及其他资金收支。部门预算则涵盖了预算部门的全部收支，既包括一般收支预算；又包括基金收支预算；在一般收支预算中，既包括财政预算内资金收支，又包括预算外资金收支和其他收支。

③预算管理的方式不同。传统预算是一个部门不同功能的经费在财政和各部门均分别由不同的机构进行管理，在财政部门是一个机构管理若干部门同一功能的经费，同一部门的不同功能的经费分别由不同的主管机构审核和批复，并且其他有预算分配权的部门也参与预算的审核和批复。部门预算则是一个部门不同功能的经费在财政和部门均由同一机构管理，在财政是一个机构管理一个部门的所有经费，同一部门所有经费的预算全部由一个机构审核和批复。

④预算管理的侧重点不同。传统预算在管理上侧重于财政收入、支出结构分析和政府宏观调控，强调预算分配的计划性。部门预算是以部门为基础，在管理上侧

重于反映细化的某一部门的全部收支情况，强调对部门行使职能过程中各项预算的全过程管理，实现了预算向微观管理层次的延伸。

⑤预算的细化程度不同。传统预算只是按功能、按预算科目对支出进行细化，预算资金并未落实到具体单位和项目。部门预算以部门为基础，列出部门内的各项资金，再按功能、按预算科目把各项支出内容细化到具体支出项目。

⑥预算编制的程序不同。传统预算的编制程序是自上而下，由财政部门先确定财政收支规模和支出结构，然后把按功能分类的预算控制指标分解给各部门，由主管部门代下属单位编制预算，层层代编、汇总，最后形成财政总预算。部门预算的编制程序是自下而上，从基层编起，逐级审核汇总，最后形成财政总预算。

⑦预算编制的时间不同。传统预算每年都是在 11 月前后布置预算编制工作，预算的编制时间一般只有 2～3 个月，预算编制时间仓促，造成预算执行中随意追加，弱化了预算约束。而部门预算编制的时间是从每年 3 月开始，预算编制时间充分，更能细化预算内容，提高预算的准确性。①

(3) 部门预算的基本框架及具体内容。

①基本框架：

根据现行的预算分类体系，部门预算由部门一般预算和部门基金预算两大部分构成，而每一部分预算又都由收入预算和支出预算构成。其中一般预算的收入内容包括财政拨款收入、预算外资金收入和其他收入；一般预算的支出内容由基本支出和项目支出构成；基金预算的收支内容主要是政府性基金收入和支出。部门预算的基本框架见图 25—1。

②具体内容：

部门预算由部门收入预算、部门基本支出预算和专项支出预算组成。

部门收入预算是指部门及所属单位所有的预算内收入和预算外收入。具体包括：部门及所属事业单位的财政拨款、行政性收费收入、罚没收入、预算外资金、事业收入、事业单位经营收入、纳入预算管理的政府性基金收入、其他收入、上级补助收入、附属单位上缴收入等所有收入。

部门基本支出预算是指部门及所属单位的人员经费和机关运转的公用经费。具体包括如下内容：

——人员经费支出：部门单位人员的基本工资、津贴、奖励工资、取暖降温费、福利费、住房公积金、养老保险基金、医疗保险基金、离退休费、离休人员特需费、生活费、遗属补助、抚恤金、丧葬费、救济费、生活补贴、独生子女费、幼托补助、编制外长期聘用人员及临时工工资等。

——日常公用经费支出：包括部门单位的办公费、印刷费、水电费、邮电费、

① 财政部预算司：《中央部门预算编制指南（2002 年）》，北京，中国财政经济出版社，2002。

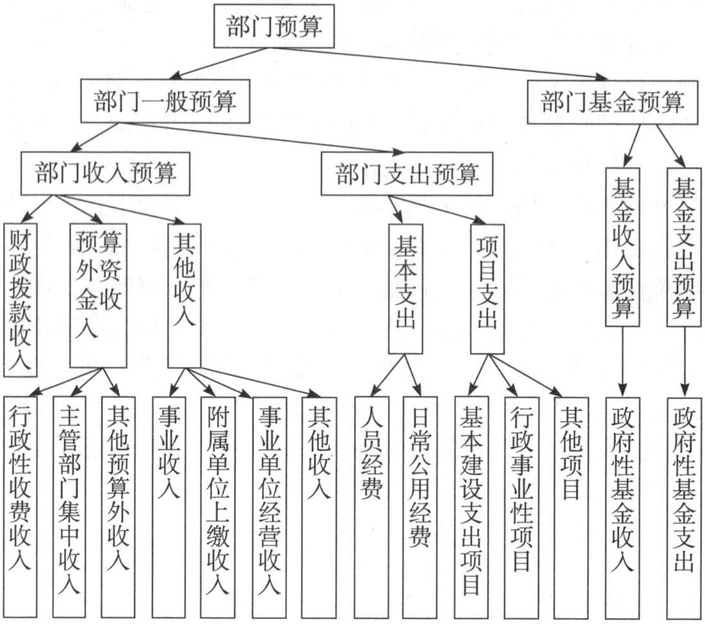

图 25—1　部门预算基本框架

资料来源：财政部预算司：《中央部门预算编制指南（2002 年）》，北京，中国财政经济出版社，2002。

取暖费、交通费、差旅费、会议费、培训费、招待费、劳务费、租赁费、小型维修费等。

——专项支出：是指部门单位在基本支出预算之外为完成特定的工作任务或事业发展目标，编制年度各类专项支出计划。包括大型的会议、修缮、设备购置费用以及生产建设性支出。

（4）部门预算在现行预算制度体系中的地位。

根据有关法律法规的规定，我国预算构成包括三方面：一是中央政府预算由中央各部门（含直属单位）的预算组成。二是地方预算由各省、自治区、直辖市总预算构成，地方各级总预算由本级政府预算和汇总的下一级总预算组成。没有下一级预算的，总预算即本级预算。地方各级政府预算由本级各部门（含直属单位）的预算组成。三是各部门预算由本部门所属的各单位预算组成。单位预算则是指列入部门预算的国家机关、社会团体和其他单位的收支预算。

（二）国库集中收付制度改革

国库集中管理制度改革的主要内容有：一是建立国库单一账户体系。二是规范收入缴纳程序。财政性收入统一实行直接缴库和集中汇缴两种缴纳方式。三是规范支出拨付程序。按照不同的支出类型，分别实行财政直接支付和财政授权支付方式，以财政直接支付为主要方式。四是实行财政资金银行间清算办法。五是建立健全保障措施。

按照财政国库管理制度的基本发展要求，建立国库单一账户体系，所有财政性资金都纳入国库单一账户体系管理，收入直接缴入国库或财政专户，支出通过国库单一账户体系支付到商品和劳务供应者或用款单位。

1. 国库单一账户体系

国库单一账户体系由下列银行账户构成：

(1) 财政国库存款账户，是财政部门在中国人民银行开设的国库单一账户。简称国库单一账户。国库存款账户，用于记录、核算和反映纳入预算管理的财政收入和支出活动，也用于与财政部门在商业银行开设的零余额账户进行清算，实现支付。

(2) 财政零余额账户，是财政部在商业银行开设的零余额账户，简称财政部零余额账户，用于财政直接支付和与国库单一账户支出清算。

(3) 预算单位零余额账户，是财政部为预算单位在商业银行开设的零余额账户，简称预算单位零余额账户，用于财政授权支付和清算。

(4) 预算外资金专户，是财政部在商业银行开设的预算外资金财政专户，简称预算外资金专户，用于记录、核算和反映预算外资金的收入和支出活动，并用于预算外资金的日常收支清算。

(5) 特设专户，是经国务院批准或国务院授权财政部批准为预算单位在商业银行开设的特殊专户，简称特设专户，用于记录、核算和反映预算单位的特殊专项支出活动，并用于与国库单一账户清算。

上述账户和专户要与财政部门及其收付执行机构、中国人民银行国库部门和预算单位的会计核算保持一致性，相互核对有关账务记录。

我国财政国库单一账户结构如图 25—2。

2. 收入收缴程序

(1) 收入分类。按经济性质划分，将财政收入分为六类：税收收入、社会保障缴款、非税收入、转移和赠与收入、贷款回收本金与产权处置收入、债务收入。

(2) 收缴方式。现行财政收入的缴款方式，分为就地缴库、集中缴库两种。

直接缴库方式。是由缴款单位或缴款人按有关法律法规规定，直接将应缴纳的收入缴入国库单一账户或预算外资金财政专户。实行这种收缴方式的收入，包括税收收入、社会保障缴款、非税收入、转移和赠与收入、贷款回收本金与产权处置收入、债务收入。

集中汇缴方式。是由征收机关（有关法定单位）按有关法律法规规定，将所收的应缴收入汇总缴入国库单一账户或预算外资金财政专户。实行这种缴库方式的收入包括小额零散税收和非税收入中的现金缴款。

(3) 收缴程序。

直接缴库程序。直接缴库的税收收入，由纳税人或税务代理人提出纳税申报，

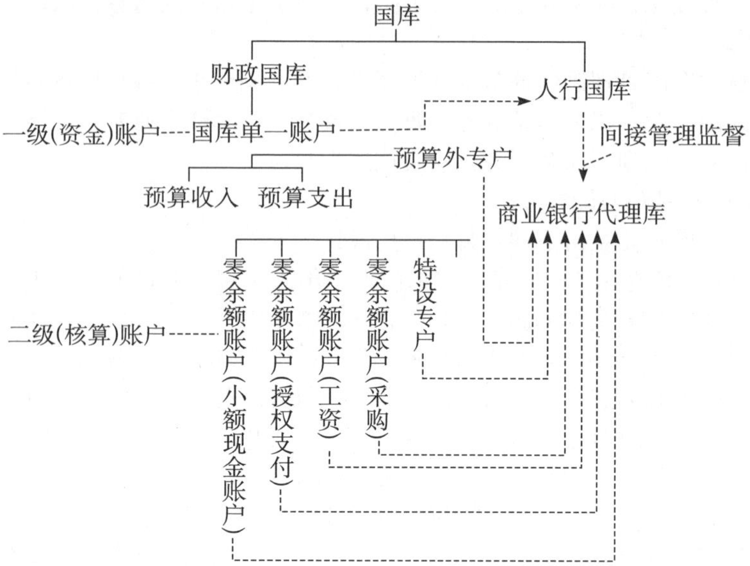

图 25—2　我国财政国库单一账户结构

资料来源：张明：《政府预算实务与案例》175 页，成都，西南财经大学出版社 2009。

经征收机关审核无误后，开具缴款书，送交纳税人开户银行，纳税人开户银行将税款缴入国库单一账户。直接缴库的其他收入，比照上述程序缴入国库单一账户或预算外资金财政专户。

集中汇缴程序。小额零散税收收入，由征收机关开具汇总缴款书缴入国库单一账户。非税收入中的现金缴款，比照本程序缴入国库单一账户或预算外资金财政专户。

3. 支出拨付程序

(1) 支出类型。财政支出总体上分为购买性支出和转移性支出。根据支付管理需要，具体分为：工资支出，即预算单位的工资性支出；购买支出，即预算单位除工资支出、零星支出之外购买服务、货物、工程项目等支出；零星支出，即预算单位购买支出中的日常小额部分，除《政府采购品目分类表》所列品目以外的支出，或列入《政府采购品目分类表》所列品目，但未达到规定数额的支出；转移支出，即拨付给预算单位或下级财政部门，未指明具体用途的支出，包括拨付企业补贴和未指明具体用途的资金、中央对地方的一般性转移支付等。

(2) 支付方式。按照不同的支付主体，对不同类型的支出，分别实行两种支付方式。

一是财政直接支付。由财政部门开具支付令，通过国库单一账户体系，直接将财政资金支付到收款人（即商品和劳务供应者，下同）或用款单位账户。实行财政直接支付的支出包括：

工资支出、购买支出以及中央对地方的专项转移支付，拨付企业大型工程项目或大型设备采购的资金等，直接支付到收款人。

转移支出（中央对地方专项转移支出除外），包括中央对地方的一般性转移支付中的税收返还、原体制补助、过渡期转移支付、结算补助等支出，对企业的补贴和未指明购买内容的某些专项支出等，支付到用款单位（包括下级财政部门和预算单位，下同）。

二是财政授权支付。预算单位根据财政授权，自行开具支付令，通过国库单一账户体系将资金支付到收款人账户。实行财政授权支付的支出包括未实行财政直接支付的购买支出和零星支出。

财政直接支付和财政授权支付的具体支出项目，由财政部门在确定部门预算或制定改革试点的具体实施办法中列出。

（3）支付程序。一是财政直接支付程序。预算单位按照批复的部门预算和资金使用计划，向财政国库支付执行机构提出支付申请，财政国库支付执行机构根据批复的部门预算和资金使用计划及相关要求对支付申请审核无误后，向代理银行发出支付令，并通知中国人民银行国库部门，通过代理银行进入全国银行清算系统实时清算，财政资金从国库单一账户划拨到收款人的银行账户。

财政直接支付主要通过转账方式进行，也可以采取“国库支票”支付。财政国库支付执行机构根据预算单位的要求签发支票，并将签发给收款人的支票交给预算单位，由预算单位转给收款人。收款人持支票到其开户银行入账，收款人开户银行再与代理银行进行清算。每日营业终了前由国库单一账户与代理银行进行清算。

工资性支付涉及的各预算单位人员编制、工资标准、开支数额等，分别由编制部门、人事部门和财政部门核定。

支付对象为预算单位和下级财政部门的支出，由财政部门按照预算执行进度将资金从国库单一账户直接拨付到预算单位或下级财政部门账户。

二是财政授权支付程序。预算单位按照批复的部门预算和资金使用计划，向财政国库支付执行机构申请授权支付的月度用款限额，财政国库支付执行机构将批准后的限额通知代理银行和预算单位，并通知中国人民银行国库部门。预算单位在月度用款限额内，自行开具支付令，通过财政国库支付执行机构转由代理银行向收款人付款，并与国库单一账户清算。

上述财政直接支付和财政授权支付流程，以现代化银行支付系统和财政信息管理系统的国库管理操作系统为基础。在这些系统尚未建立和完善前，财政国库支付执行机构或预算单位的支付令通过人工操作转到代理银行，代理银行通过现行银行清算系统向收款人付款，并在每天轧账前，与国库单一账户进行清算。

（三）政府采购制度改革

我国的政府采购实践是从 1996 年开始的。当时，上海市利用世界银行贷款，根据规定必须通过公开招标购买，开始引入政府采购制度。《政府采购法》由全国人大财经委员会于1999年4月成立起草组，2002年6月29日第九届全国人大常委会第二十八次会议通过，2003年1月1日起施行。政府采购主要运用的法律法规及规章制度有：《中华人民共和国政府采购法》、《中华人民共和国招投标法》、《合同法》、《中小企业法》、《预算法》、《政府采购进口产品管理办法》、《自主创新产品政府首购和定购管理办法》、财政部第18号、19号、20号以及地方性法规、规定、制度。

我国实行政府采购制度的当时意义是节约资金，加强资金管理。后来发展为反腐败源头治理的措施，建立公共财政框架支出改革的措施。现在已发展成为政府调控经济，实现政府政策导向功能的必要手段。

1. 政府采购制度的特点

政府采购是指各级政府及其他公共部门为满足提供公共产品之需要，主要运用财政性资金，以法定方式和法定程序从国内、国际市场上采购所需货物、工程和服务的活动。政府采购不同于其他消费主体开展的使用活动，它的资金来源于纳税人缴纳的税金，因此，采购资金的使用也要满足纳税人的要求，需要做到配置合理，所以，采购活动要坚持公开、公正、公平的原则。政府采购的基本特点如下：

（1）政府采购的公共性以及非营利性。政府采购的公共性是由它的资金来源的公共性决定的，其资金主要来源于财政拨款和公共借款等，而其最终来源是纳税人的税收和政府公共收费。政府采购是财政支出的组成部分，需要通过财政预算。政府采购旨在满足全社会的公共需要，所谓“取之于民，用之于民”，政府采购必须围绕社会公众利益与要求的需要，对社会公众负责。由这里又可以看出，政府采购活动不同于商业性活动，它的目标是非营利性的。政府采购的目的不是为了卖而买，其采购是终极的，没有商业目的。恰恰因为这一点，使得政府采购活动中很容易滋生滥用资金以及贪污腐化问题，因此各国都建立了政府采购制度，对政府采购行为进行严格的管理以保证采购过程的公开、透明及效率性。

（2）政府采购的市场性、竞争性。虽然政府采购活动不同于商业性活动，但是政府采购是在市场中进行的商业化运作。这体现在两个方面：首先，政府采购要按市场规则进行商业化运作，采购者与供应商之间是具有平等地位的市场主体，他们结成的关系是平等的民事关系。在市场上，政府与其他经济活动主体没有本质区别，它也是市场交易的参与者，必须遵守市场法则而不能凌驾在市场之上，体现出“公开、公平、公正”的原则。其次，政府也必须遵循效率、竞争的原则，追求财政支出的效率性。由于政府采购规模大，必须审慎合理地调动、使用资金，政府采购要求实现规模效益，做到物美价廉，最基本的要求是物有所值。

（3）政府采购的政策性。政府采购由于其规模庞大，它的政策性很强，是国家宏观经济政策的一个重要组成部分。首先，它能够确保政府基本职能得以实现，能够保证经济社会生活正常运转。政府采购的过程也是执行国家宏观经济管理政策的过程，通过国家财政预算批准的就应按照批准的内容进行采购，采购主体不得随意更改或变动。其次，政府采购制度能最大限度地节约财政资金、扶植中小企业、鼓励创新以及保护民族工业等。

(4) 政府采购的法制性。政府采购活动不同于一般的购买行为，要实现既定的目标，需要通过一套完整的采购程序来完成。各国都建立了或力图建立一套完善的政府采购法律体系规范政府采购活动，它包括采购的基本法以及各项实施细则，力求政府采购的规范化、秩序化和制度化，充分体现政府采购的三公原则与物有所值原则，同时要接受全社会的监督。法制化管理是政府采购最根本的特征之一。

2. 政府采购的方式

按照《政府采购法》的规定，政府采购方式分为五种：公开招标、邀请招标、竞争性谈判、单一来源采购、询价采购。

(1) 公开招标。公开招标是指以招标公告的形式邀请不确定的供应商投标的采购方式。采购人或采购代理机构（统称招标人）在政府采购监督管理部门制定的媒体上发布招标公告，吸引众多的供应商（投标人）参加投标竞争，招标人按照事先规定的程序和标准从中择优选择中标供应商的方式。

公开招标应作为政府采购的主要方式。采购人不得将应当以公开招标方式采购的货物或者服务化整为零或者以其他任何方式规避公开招标。

(2) 邀请招标。邀请招标是政府采购中的一种方式，是指招标采购单位依法从符合相应资格条件的供应商中随机邀请三家以上的供应商，并以投标邀请书的方式，邀请其参加投标。邀请招标方式采购项目应符合的基本条件有：

一是采购项目具有特殊性，只能从有限范围的供应商处采购的；

二是采用公开招标方式的费用占政府采购项目总价值的比例过大的。

(3) 竞争性谈判。竞争性谈判是指谈判小组与三家以上符合相应资格条件的供应商通过谈判采购货物或服务的一种采购方式。竞争性谈判在我们现在的政府采购工作中占有很大的比重，主要优点是时间短、效率高、价格低（实行几次报价），能够把项目谈得更细致，但不足是容易产生部分主观因素。采用竞争性谈判方式采购必须符合下列条件：

一是招标后没有供应商投标或者没有合格标的或者重新招标未能成立的；

二是技术复杂或者性质特殊，不能确定详细规格或者具体要求的；

三是采用招标所需时间不能满足用户紧急需要的；

四是不能事先计算出价格总额的。

(4) 单一来源采购。单一来源采购是指在项目构成、质量要求、服务要求确定的前提下，由政府集中采购机构组织，采购人与单一供应商协商价格、合同的条款内容的一种采购方式。采用单一来源方式进行采购相对来说在实际工作中是比较少的，因为按照《政府采购法》规定，采用单一来源采购必须要符合必要的条件：

一是只能从唯一供应商处采购的；

二是发生了不可预见的紧急情况，不能从其他供应商处采购的；

三是必须保证原有采购项目一致或者服务配套的要求，需要继续从原供应商处添购的，且添购总金额不超过原合同采购金额的10%。

(5) 询价采购。询价采购方式是指由政府项目的询价小组从符合相应资格条件的供应商中，选择三家以上的供应商，并向其发出询价通知书的采购方式。其主要是对采购的货物规格、标准统一，现货货源充足的，价格变化幅度小的政府采购项目采用询价的方式进行采购。这是政府采购活动中最频繁、最常见的一种采购方式。

3. 政府采购的运作程序

(1) 确定采购需求。采购需求由采购主体提出，报财政部门审核并列入年度采购计划内。财政部门在审核时既要考虑采购预算的限额，又要考虑采购主体采购要求的合理性，同时要预测与采购相关的风险。

(2) 选择采购方式。各国一般对本国政府适用的采购方式及条件制定详细的规定，必须根据采购的性质、数量、时间等因素进行选择。恰当的采购方式可以节约采购时间和采购成本。

(3) 签订采购合同。确定采购方式后，要严格按照既定的程序和要求操作，与供应商签订采购合同。被授予合同的供应商必须是合格的。供应商签订合同时，必须按照标准交纳一定数额的履约保证金，作为对履行合同规定义务的必要保证。

(4) 履行采购合同。合同供应商在合同执行阶段，必须按照合同规定提供货物、工程或劳务；双方均不得单方面修改合同。采购主体对采购合同执行的阶段性成果要进行检查和评估，并由以专业人员组成的验收小组出具验收证明书和结算验收证明书，财政部门据此与供应商进行资金结算。

(5) 效益评估。采购主体以及有关管理部门、监督部门对已采购项目的运行情况、效果进行评估，检验项目运行效果是否达到了预期目的，并判定采购主体的决策、管理能力以及供应商的履约能力，为以后办理政府采购业务积累有关采购主体和供应商的相关信息。

25.3 事件解读

25.3.1 部门预算制度改革的成效

可以说经过几年的艰苦努力，部门预算改革已经取得重大突破，在实际的预算管理中取得了一定的效果。从理论上来看，实行部门预算增强了政府预算的计划性和科学性、归一性和集中性、公开性和法制性等。编制部门预算之后依靠全社会和人民代表大会监督、约束政府的财政活动，有助于克服财政支出的随意性、人为性和缺乏监督的状态，大大提高财政支出的效率。从实践上来看，实行部门预算的成效主要表现在：

（1）初步统一了预算分配权，增强了预算的计划性和严肃性。实行部门预算，一方面，改变了按经费性质设置预算机构的传统做法，将每一个部门都归口到财政部门的一个业务机构，避免了财政部门内部相互交叉管理的弊端，保证了预算分配的规范性和完整性。另一方面，将分散的财政管理职能交还给财政部门，改变了传统的切块资金分配方式，增强了财政预算部门的综合调控能力。同时，部门预算提高了预算的年初到位率，改变了过去层层预留机动资金的做法，减少了资金在中间环节的滞留，提高了各部门资金使用的透明度，增强了预算的计划性和严肃性。

（2）初步构建了部门预算框架，有助于实现预算的统一性。实行部门预算克服了传统功能预算编制方法的缺点，将一个部门所有的收入和支出都按照统一的编报内容和形式在一本预算中进行反映，解决了预算编报时间不统一、编报内容和形式不规范、资金不能统筹安排等问题，强化了政府预算的统一性。

（3）采取自下而上的编制程序，细化预算编制。部门预算采取自下而上的编制方式，一般经过“两上两下”的过程，从基层预算单位编起，逐级汇总，基本上将部门预算编制到具体支出项目，避免了代编预算的随意性。

（4）延长预算编制时间。1999 年以前，中央部门预算编制一般从 11 月开始进行，编制时间为 2～3 个月；2000 年部门预算编制提前到 9 月进行，编制时间为 4 个月；2001 年和 2002 年继续提前，从 7 月开始，编制时间为 6 个月。同时，各地方政府的部门预算改革在这方面也有很大进展，如天津市的标准周期预算制度将预算编制时间延长为 12 个月，河北省的预算改革将预算编制时间提前到每年的 3 月。预算编制时间的延长，有助于预算编制质量的提高。

（5）初步实现部门预算的数据化管理。从 2003 年以来，为配合中央部门预算基本支出和项目支出改革的要求，对报表填报和软件操作进行了重大改进和完善，广泛推行和运用计算机管理，提高了预算编制和批复工作的效率，为以后预算管理的细化以及建立预算管理信息系统奠定了基础。

25.3.2 国库集中收付制度改革的成效

实行国库集中收付制度，建立了财政国库单一账户体系，初步实现了财政资金收支管理的集中性、系统性和规范性。

（1）集中性。集中性主要是指账户、财政收支及其管理的集中性。账户的集中性是指财政国库单一账户体系，它主要包括财政国库存款账户（财政国库单一账户）和零余额账户，预算单位零余额账户和小额现金账户，预算外资金专户和特设专户五类。其中前四类为财政开设，第五类为财政批准预算单位开设。财政国库单一账户体系是财政资金的保存、支付和清算账户，归财政持有管理，任何部门、单位不得擅自设立、变更或撤销其中账户。

财政收支的集中性，即财政国库单一账户体系设立后，财政资金通过该体系直接收付。财政收入实行集中缴库或集中汇缴，集中缴库即预算单位或缴款人将款项直接缴入单一账户，集中汇缴即取消原有过渡户缴库，征收机关和法定执收单位将所征收入（包括零散税收和现金缴款）直接缴入单一账户。工资和工程、物品、服务采购等财政支出实行直接支付，由代理银行根据财政国库支付机构（支付局或支付中心）的直接支付令，直接将款项划给收款人或用款单位，并于当日内与国库单一账户（人行）清算。不足10万元的单一物品、服务和工程等零星支出实行授权支付，由代理银行根据财政按月下达的授权支付令执行支付，并与单一账户清算。

改革前，财政国库账户按部门、单位设置管理，设财政收入待报解户、总预算账户和部门、单位库账户。其中待报解户和总预算账户按国家行政级次设置，部门、单位账户按行业或管理属性设置，加上多头开户，类型极其复杂。实行财政国库单一账户后，财政收支按性质主要存放于单一账户、零余额账户、预算外专户和特设专户等，部门、单位多头开户被取消。

（2）系统性。财政国库改革的系统性主要指财政国库双结构及其系统性。如我国财政国库单一账户结构图所示，我国财政国库由单一人行国库和总预算会计体系转向财政国库和人行国库双结构体系，表明财政对财政国库管理地位与作用的加强。A. 簿记核算与资金收付双结构。财政国库主要负责财政与部门、单位缴拨款证账表核实、审批和传递。人行国库主要负责单一账户与个人工资账户、供应商账户的资金清算。B. 公共管理与金融管理双结构。财政国库通过单一账户体系强化部门、单位的财政资金管理。人行国库通过代理国库单一账户（资金账户），增强中央银行的基础货币和货币政策控制力；通过与商业银行的财政资金清算，增强商业银行信用指导和金融监控。

财政收支的复杂性决定财政国库管理的系统性（集中管理下的层次性）。A. 账户系统性。一级账户（单一账户）为资金账户，由财政国库直接管理、人行代理。二级账户（零余额账户）为核算账户，由财政国库为部门、单位开立，商业银行代理。B. 管理系统性。财政国库既要满足政府宏观职能履行，负责财政收支执行；又要满足部门职能，监督部门、单位收支执行。人行国库既要满足货币政策运用和金融调控，又要强化商业银行监管。

（3）规范性。财政国库改革运用网络技术对财政资金账户及收支实行集中系统管理，确立了公开、透明和相对严密的财政资金管理方式。对一些部门、单位利用分散开户、分散收付，乱收滥罚、设小金库、随意开支、“暗箱操作”、“一支笔”，甚至成为各种“寻租”的资金来源等具有源头治理和控制作用，对规范经济秩序和廉政建设具有深刻的制度效应。

25.3.3 政府采购制度改革的成效

社会各界对于政府采购制度改革的成效仁者见仁，现任财政部长谢旭人的说法应该比较权威。下面是 2010 年 5 月 7 日在《中国政府采购报》创刊之际，财政部部长谢旭人接受了该报专访，并就政府采购制度改革的积极意义和取得的成效等问题回答了该报记者的提问。①

> 《中国政府采购报》：谢部长，政府采购制度是深化财政预算管理改革的重要内容和关键环节，您对政府采购工作一直非常重视，能否请您谈谈政府采购制度改革的意义和取得的成效？
>
> 谢旭人：政府采购制度是深化财政改革、强化财政支出管理的重要制度，是从源头上预防和治理腐败、加强党风廉政建设的有效途径，是创造良好市场环境、实现市场经济条件下财政宏观调控的重要手段。《政府采购法》实施 7 年来，在党中央、国务院的正确领导下，各地区、各部门不断加强制度建设、规范采购行为，政府采购在提高资金使用效益，维护国家和社会公益以及防范腐败、支持节能环保和促进自主创新等方面取得了显著成效。

（1）政府采购范围和规模不断扩大，经济效益和社会效益大幅提高。政府采购范围已由原来单纯的货物类采购扩大到工程类和服务类采购，并且工程采购的比重呈现上升趋势。政府采购资金从最初的预算内安排的资金扩展到包括预算内外、自筹资金在内的各种财政性资金。一些公益性强、关系民生的采购项目被纳入政府采购范围，日渐增多的民生项目成为政府采购规模扩大中的亮点。政府采购规模保持了快速增长，由 2002 年的 1 009.6 亿元到 2009 年突破 7 000 亿元，累计节约财政资金 3 000 多亿元。

（2）政府采购制度的法律框架基本形成，政府采购管采分离的管理体制初步建立。自《政府采购法》正式实施以来，相继出台了 40 多个配套规章和规范性制度，初步建立了以《政府采购法》为统领的政府采购法律制度体系，为政府采购工作提供了制度保障。按照《政府采购法》关于政府采购管理职能与操作职能相分离的要求，政府采购管理机构、采购单位和集中采购机构的工作职责分工日趋合理，“管采分离、机构分设、政事分开、相互制约”的工作机制基本形成，初步建立了财政部门统一监督管理下的集中采购机构和采购单位具体操作执行的采购管理体制。

（3）政府采购政策功能得到充分发挥，已成为政府调控经济、促进经济社会发展的一个重要政策工具。近年来，在促进节能环保以及促进相关产业发展方面出台了一些政府采购制度办法，有效支持了相关重点产业的发展。

（4）依法采购水平全面提升，集中采购工作逐步加强，以集中采购为主要实施形式的采购格局和公开透明的采购运行机制逐步形成。《政府采购法》颁布以来，依法管理、依法采购的意识普遍增强，采购行为不断规范，采购工作质量不断提

---

①　转引自财政部网站，http：//www.mof.gov.cn/zhengwuxinxi/caizhengxinwen/201005/t20100510_291263.html。

高，确立了公开招标采购方式的主导地位。

（5）监管工作进一步加强，促进了廉政建设。各级财政部门认真履行监管职责，积极改进和创新监管模式，加大检查和处罚力度，有效地维护了市场经济秩序，在建立多层面、多环节的动态监控机制和促进廉政建设方面取得了新突破。集中采购机构也注重完善自身约束机制，健全内部岗位责任制，内部管理逐步规范。纪检监察、审计部门按照各自职责开展了对政府采购活动的监督检查，在查处和纠正违法乱纪行为方面发挥了重要作用。这些工作有效地遏制和预防了腐败行为的发生，形成了政府采购与廉政建设的良性互动机制。

（6）对外交流不断拓展，应对政府采购国际化能力不断提高。随着我国财经对外交流与合作的深入开展，政府采购的国际化进程不断加快，并于2007年底启动了加入WTO《政府采购协议》（GPA）谈判。通过加强政府采购的国际交流与合作，积极宣传我国政府采购制度改革成效，有针对性地了解国际政府采购制度及改革动态，积极参与国际规则制定。

参考文献

财政部国库司．国库现金管理基础与实务．北京：经济科学出版社，2007
高培勇．中国财税体制改革30年研究．北京：经济管理出版社，2008
贾康，苏明．部门预算编制问题研究．北京：经济科学出版社，2004
李萍，刘尚希．部门预算理论与实践．北京：中国财政经济出版社，2003
李燕．政府预算管理．北京：北京大学出版社，2008
刘有宝．政府部门预算管理．北京：中国财政经济出版社，2006
王秀芝．部门预算制度研究．北京：经济科学出版社，2007
王雍君．国库改革与政府现金管理．北京：中国财政经济出版社，2006
谢旭人．中国财政改革三十年．北京：中国财政经济出版社，2008
张明．政府预算实务与案例．北京：西南财经大学出版社，2009

第 26 章

“债转股”[①]

“Debt for Equity Swap”

【摘要】“债转股”是指，为处理四大国有商业银行居高不下的不良贷款，从1999年4月开始成立资产管理公司，由财政向每家资产管理公司注资100亿元，资产管理公司从中央银行获得再贷款，以面值收购相应商业银行对企业的债权，并将债权转为资产管理公司对企业的股权，资产管理公司通过出售股权等方式从企业退出并偿还再贷款。从理论上看，“债转股”存在直接将企业的贷款转成银行持股、通过中介机构进行债务转换和财政—企业—银行间债务重组这三种思路。运行流程上，债转股按“三步走”程序，即银行先将所持不良贷款按照账面价值转移给各自的资产管理公司，然后由资产管理公司根据国家经贸委推荐的债转股企业名单，同企业谈判，确定具体的转换方案以及企业改革重组方案，最终签订正式协议。

【关键词】“债转股”　不良贷款　国有银行体系　道德风险

Abstract: “Debt for Equity Swap” means, to deal with the high non-performing loans in the four state-owned commercial banks, asset management companies were set up in April 1999. Ministry of Finance capitalized each asset management company with 10 billion Yuan. And then each asset management company got loans from the central banks and bought the loans from the according commercial banks based on the face value of the loans. Asset management companies converted the loans to equity of the according companies and exited through selling those equity. After that, the asset management companies paid back the loans to the commercial banks. Theoretically, there were three ways to swap the debt to equity. The

① 本章撰稿人：许荣。

first was to convert the loans directly to equity held by banks. The second was to carry out the swap through intermediaries and the third was to reorganize debt among the public finance, companies and banks. In the actual cases, most debt for equity swap followed a three-step procedure. Commercial banks transferred the non-performing loans to the according asset management companies. Those asset management companies negotiated with those companies according to the recommendation of the National Economic and Trade Commission. Finally a reorganization proposal was set up and the formal agreement was signed.

Key words: "debt for equity swap", non-performing loans, state banking system, moral hazard

债转股是指，为处理四大国有商业银行居高不下的不良贷款，从 1999 年 4 月开始成立资产管理公司，由财政向每家资产管理公司注资 100 亿元，资产管理公司从中央银行获得再贷款，以面值收购相应商业银行对企业的债权，并将债权转为资产管理公司对企业的股权，资产管理公司通过出售股权等方式从企业退出并偿还再贷款。

26.1 债转股的历史背景

26.1.1 债转股的时代背景

20 世纪 90 年代，中国国有企业资产负债率过高的问题凸显。据统计，1996 年，在已完成清产核资的 3 012 万户国有企业中，资产总额为 7.28 万亿元，负债总额为 5.17 万亿元，资产负债率平均为 71%。[①] 相当一批企业在扣除资产损失和潜亏挂账后负债率大于 100%。据国家经贸委（1997）的一份资料显示，1996 年末，国有工业企业资产总额 5.28 万亿元，负债总额为 3.436 万亿元，负债率达到 65.1%。[②]

同时，高额的不良资产也成为国有银行发展的掣肘。由于统计口径与信息披露的限制，国有银行的不良贷款率估算差异较大。据央行统计资料显示，1996 年底中国国有商业银行贷款余额为 5.3 万亿元，其中，根据国际清算银行（BIS）有关报告，同年中国的银行不良贷款估计为 1.2 万亿元左右。1998 年初，时任央行行长戴相龙曾指出，1997 年底中国各银行包括逾期、呆滞、呆账三种贷款在内的不

① 《人民日报》，1996-5-6。

② 国家经贸委综合司：《国有工业企业及国有大中型工业企业基本情况》，载《经济工作通讯》，1997 (23)。

良贷款占银行总贷款的 25%，其中不良贷款主要集中于中国经济的主体——国有企业。① 国外学者 Lardy（1998）认为如果国有银行采取国际准则核算，20 世纪 90 年代中期的不良贷款足以使其资本净值为负。虽然国内外估计存在差异，却都显示了国有银行不良贷款率居高不下的事实。

解决国企不良债务和银行不良债权双高问题，对于促进经济稳健发展具有重要意义。追根溯源，不良贷款形成的原因复杂，与围绕贷款的多方主体行为都有着密切的联系（见图 26—1）。

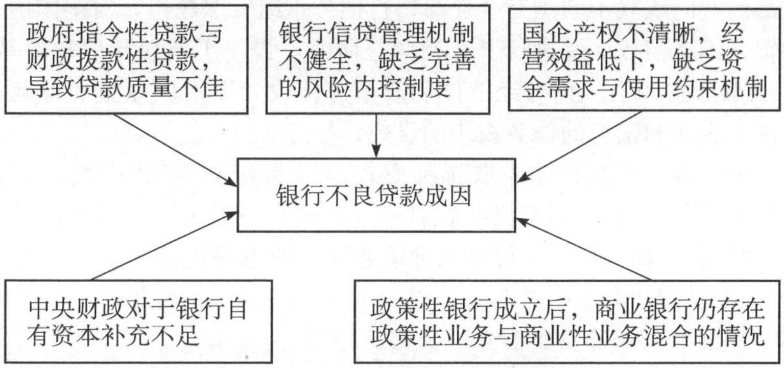

图 26—1 银行不良贷款成因图

国企债务问题的根源究竟是高负债率还是低收益率，这是研究国有企业债务问题以及与此相关的“债转股”政策的基本立足点，也是解决国有企业债务问题的根本思路（胡玉明，2005）。

有学者认为，国有企业的高负债率是导致国有企业亏损、效益低下的重要原因（许东华，1998）。债务负担与富余人员、承担社会职能一起构成了影响企业发展和改革的三大历史包袱。以这种观点为基础，解决问题的对策就是要用各种办法给企业减轻负担、卸包袱，降低资产负债率，债转股后，企业效益提升，从而实现扭亏为盈。

但是，如果不具体考察一个企业的生存与发展环境以及企业的具体特点，抽象地讨论企业的负债比率是否过高没有什么实际意义。财务学理论的“适度举债经营”淋漓尽致地揭示了企业负债比率判断标准的人性化（企业化）与非理性层面（胡玉明，2005）。学者们（周天勇，1995；张春霖，1996；李稻葵、李山，1996；吴有昌、赵晓，2000）提出国有企业债务危机的根本原因在于，治理结构存在内在缺陷，导致经营管理和资本运营的低效率。

26.1.2 债转股的理论探讨

中国债务重组情况比较特殊，刘遵义和钱颖一（1994）指出，在同一名义所有

---

① 戴相龙：《国务院新闻办公室举行的中外记者招待会》，载《国际金融时报》，1998。

者（国家）之下，与企业债务有重大利害关系的有三个部门：国有企业（其代表机构是国家经贸委）期望注销和减免更多的债务；国有银行则倾向于反对这样做，除非银行系统能得到足够的补偿；财政部也不想用更多的财政收入为企业重新注资，以免增加赤字。所以，债务重组方案的实行，关键是要确保兼顾三方的利益，同时不牺牲国家整体利益。国家也要确保债务的核销不会引发企业与银行的不合理预期和不规范行为。

1994年初，中国人民银行、国家经贸委、国家体改委、国家计委、财政部、证监会等部门共同成立了“国有企业与银行债务重组”课题组，对中国国有企业不良债务和银行不良债权问题进行了专题调查研究，提出了债权转股权的基本思路。1995年，吴敬琏主持了“我国经济体制改革总体设计”的国家重点课题，其中提出了中国国有企业和银行的债务重组的设想。①

针对“债转股”应该具体采取哪种模式，20世纪90年代中期，学者吴晓灵（1995）、周小川（1994）、刘遵义与钱颖一（1994）等提出了三种不同的思路。银温泉（1996）、薛小和（1995）等对三种债务重组的思路进行了较为详细的梳理与分析。

1. 模式一：直接将企业的贷款转成银行持股

这是最早提出的债权转股权思路之一，要求发挥银行在债务重组中的主体作用，构筑主银行体制（周小川等，1994；詹向阳，1994）。

该模式的基本设想是：国家给银行配发一定数量的股份认购证，银行用认购证去买企业股票。具体实施分三个步骤：第一，将属于债务重组范围企业的过度贷款（包括沉淀性固定资产贷款和一定比例的流动资产贷款）转变成银行股本。第二，重组和调整银行内部机构，将专业银行分为商业银行部和投资银行部。其中，投资银行部经营直接投资业务，以发行债券的收入购买企业股权；商业银行部可持有投资银行债券，不再持有企业股权。第三，国家通过向银行配发股份认购证的办法给银行增资，由银行用认购证去购买一部分效益好的企业的股权。

当这一过程完成之后，一方面，投资银行部通过用股权认购券购买好企业的股票，使股权组合的质量等级提高了，则其债券的信用等级随之提高；另一方面，商业银行部的资产中所持有的债券的质量等级提高了，则整个资产质量提高了，风险度降低了。薛小和（1995）认为，设计者非常重视在整个经济体制转轨的条件下，企业制度、银行制度、财政制度自身和三者的相互关系，试图在推动改革的情况下，找到一条不需财政增支，又能解除企业过度负担，并能保证银行的资产质量的出路。

但问题在于，对银行改革与企业改革的配套要求较高。中国的银行实际上也是

① 转引自中国宏观经济信息网：《关于债转股问题综述》，2001-4-29。

一种国有企业，要使银行关心持股的质量、运作状况，银行本身就要实行商业化改革。经过债务核销冲击的银行也很难只通过股权认购证注资就达到《巴塞尔协议》所规定的资本充足率和资产质量要求。

2. 模式二：通过中介机构进行债务转换

模式二以中介机构为中心，将企业的不良债务转变为该中介机构的不良债务，在减轻企业债务负担的同时，提升银行资产的质量。

国家体改委课题组（1994）提出，运用中介机构推进国有经济“债权—股权”的转换，通过多种方式集中国内外投资者的资金，以此购买专业银行对部分国有企业的债权，转而对欠有专业银行债务的部分国有企业拥有股权，对企业进行改组和重整，在此基础上，中介机构凭借出资人的权益，获得股息收益，并给予终极投资者合理回报。张春霖（1996）提供了设立国家国有资产管理委员会的思路，将不良债权分为“老账”与“新账”，企业对银行的老账转为托管机构对银行的债务，托管银行拥有企业的股权。

最为详细描述中介机构模式步骤的是刘遵义和钱颖一（1994），他们提出了“企业银行重建基金”。重建基金有两个重要职能：其一，作为一个中介机构向银行发行债券，冲减呆账造成的损失。其二，作为政策性贷款的替代物，通过一个专门机构向亏损企业提供补贴，从而解决流量问题。重建基金目的是把政策性贷款转移出去，银行纯粹根据商业原则运转，并以一种透明的方式进行必要的补贴。这样，重建基金就为银行与企业的重组提供了一个重要的联结点。

思路设计者强调重建基金是一种政府信托基金，而非银行，重建基金的运转是完全透明的。作为一个新机构，重建基金可能最有能力使政府发出关于制度的真实交换信息，承诺终止政策性贷款，最终终止补贴。同时，该方案要求先银行后企业的重组顺序，且重视技术问题，具有较强的可操作性。

但是通过中介机构进行债务转换存在如下问题：中介机构的良好运作要求有较发达的资本市场，而中国目前对企业股份转让、股票上市和各种债券上市都有种种限制，因而难以在大范围内采用。

3. 模式三：财政—企业—银行间债务重组

该思路设计者（吴晓灵、谢平，1994）认为，解决国有企业的债务有很强的约束条件，即不能降低国有经济比重，因而需将国有企业对专业银行的债务转为财政对中央银行的债务。在这一模式下，负债分为财政性负债和过度性负债。财政性负债包括因价格管制、过多的社会福利承担、企业经营管理不善以及宏观经济政策变化等形成的债务，由国家财政承担。债务重组只包括过度负债，这种负债在银行资产负债表上属于周转不动的不良债权。

具体债务重组中，首先，国有企业进行存量调整、优化结构，选择除资产负债结构和经营状况极好或极差的企业之外的部分进行债务重组。国家可以让渡一部分股权，把国有资金集中投入关系国计民生的企业，把竞争性行业的中小企业让社会经营。其次，由财政向中央银行借钱用专用支票拨给企业，企业立即归还专业银行贷款，专业银行再归还中央银行再贷款，通过转换，企业债务转变为中央财政债务，并未扩大信贷总量。企业债务转换为中央财政债务，由财政部等投资主体委托“国有资产经营公司”来构造企业的经营机制，加强对企业经营的考核监督。最后，资产经营公司会同银行对其针对的国有企业进行资产负债和绩效分析，决定需要债务重组的企业，对需要注资的企业，将其资产负债表分别新旧账户，银行也将资产负债表分为两个账户，让企业和银行在新账的基础上运行，旧账停止收息、计税。在确定企业的旧账形成的性质后，核准一定比例用新账收益弥补，其余由企业所有者按份额核销。

但这种方法的最大风险是会助长国有企业不关心还债的思想，它们在新的资产负债表建立后，不去努力改善经营管理，而是寄希望于下一次债务重组。因而实行这一方法必须采取措施确保：在不良债权处理之后，要提供可信的信号，让企业相信这是计划经济大锅饭的“最后的晚餐”，以后不会再有这样的处理，以防止预计成为呆账的“政策性贷款”流量再次转变为呆账存量。同时，划分财政性负债与过度性负债具有很大难度，尤其在国企故意欠债和亏损的情况下，这一问题将更为尖锐。

26.1.3 债转股的政策操作

（一）债转股政策提出

20 世纪 90 年代，包括债转股在内的银企债务重组方案被提出并落实。1997 年 11 月，中共中央和国务院召开全国金融工作会议，会议提出，用三年左右的时间解决中国金融业的风险问题。1998 年中央经济工作会议决定借鉴国外经验，组建金融资产管理公司，专门处理四大国有独资商业银行长期累积的不良资产问题。

1999 年 3 月，第九届全国人民代表大会第二次会议通过《政府工作报告》①，报告指出要“逐步建立金融资产管理公司，负责处理银行原有的不良信贷资产，对银行新增贷款质量实行严格的责任制”。同年 9 月党的十五届四中全会明确指出，“结合国有银行集中处理不良资产的改革，通过金融资产管理公司等方式，对一部分产品有市场、发展有前景，由于负债过重而陷入困境的重点国有企业实行债转股，解决企业负债率过高的问题。实行债转股的企业，必须转换经营机制，实行规范的公司制改革，并经过金融资产管理公司独立评审。要按照市场经济的原则和有关规定规范操作，防止一哄而起和国有资产流失”②。

1999 年 4 月 4 日，国务院办公厅转发了中国人民银行、财政部、证监委关于《组建中国信达资产管理公司意见》③ 的通知，指出组建资产管理公司对促进中国

① 1999 年《政府工作报告》，1999 年 3 月 5 日第九届全国人民代表大会第二次会议。

② 《中共中央关于国有企业改革和发展若干重大问题的决定》，1999 年 9 月 22 日中国共产党第十五届中央委员会第四次全体会议通过。

③ 国办发（1999）33 号。

金融业健康发展和银企关系具有重要意义，但没有出台具体的操作方法。1999 年 4 月 20 日，中国信达资产管理公司成立，随后华融、长城和东方资产管理公司相继成立（见表 26—1），四家资产管理公司的业务范围除了不能吸收存款外，几乎是无所不包，成了不折不扣的“金融百货公司”（朱民、黄金老，1999）。

表 26—1　　四家资产管理公司对比

公司名称	成立时间	注册资本	主要对应银行
中国信达资产管理公司	1999 年 4 月 20 日	100 亿元人民币	中国建设银行、国家开发银行
中国东方资产管理公司	1999 年 10 月 15 日	100 亿元人民币（包括 60 亿元人民币和 5 亿美元）	中国银行
中国长城资产管理公司	1999 年 10 月 18 日	100 亿元人民币	中国农业银行
中国华融资产管理公司	1999 年 10 月 19 日	100 亿元人民币	中国工商银行

四家资产管理公司成立之后，对巨额不良贷款采取了债转股、资产证券化等多种处置方式（见表 26—2），其中，债转股由于其具有社会震动小、操作简单和见效快的特点，几乎与资产管理公司地位相“平行”（朱民、黄金老，1999）。1999 年 9 月 2 日，中国信达资产管理公司与北京建材集团共同签订了北京水泥厂债转股协议书，北京水泥厂也由此成为中国首家债转股试点企业。2000 年 6 月，经各有关商业银行、国家开发银行和金融资产管理公司确认，同意对原国家经贸委推荐的 580 户企业实施债转股。

表 26—2　　不良资产处置方式对比

处理方法	具体内容	适用目标资产	可达到的效果	需要的市场手段
债转股	将公司的债务置换为股权	五范围、五条件	协助运行有市场需求的项目，通过重组方式推出	市场手段与行政手段相结合
打包出售	向机构或个人投资者出售某一类型资产	地区性或行业性所有资产	将资产变现	产权市场，主要是贷款二级市场
单独出售	可能提供买方融资	某一特定目标资产	实现某一资产	贷款二级市场，债券市场
证券化	将有预期收入的资产汇集起来，通过市场化的证券加以包装出售	主要是与房地产有关的贷款	增强资产流动性	贷款二级市场，债券市场
拍卖	公开或封闭式拍卖，贷款可整体或分拆出售	主要是有形资产	变现资产	拍卖市场
基金管理	发起、组织和管理投资基金	有发展潜力的资产	筹集资金	证券市场

续前表

处理方法	具体内容	适用目标资产	可达到的效果	需要的市场手段
兼并收购	对有市场价值或市场低估的企业进行重组	有市场价值的资产	将资产重新配置活化	资本市场
资本托管	将债权交由有经营权、富于职业经验的专门机构代为处置	主要是有形资产	动用各种社会资源进行处置	使用法律等监控手段预防道德风险
冲销	注入资金冲销坏账	回收无望的资产	彻底消除	使用行政手段

资料来源：和讯网专题，http：//bank. hexun. com/2008/amc/。

“五范围”包括：1. “七五”、“八五”期间和“九五”前两年主要依靠商业银行贷款（包括外币贷款）建成投产，因缺乏资本金和汇率变动等因素，负债过高导致亏损，难以归还贷款本息，通过债转股可转亏为盈的工业企业。

2. 国家确定的521户重点企业中因改建、扩建致使负债过重，造成亏损或虚盈实亏，通过优化资产负债结构可转亏为盈的工业企业。

3. 被选企业同时应是1995年及以前年度向商业银行贷款形成不良债务的工业企业。有些地位重要、困难很大的企业，时限可以延至1996年、1997年、1998年。

4. 工业企业直接负债方，作为债权转股权的企业，必须具有独立企业法人资格。

5. 选择个别商贸企业，进行债权转股权企业的试点。

“五条件”包括：

1. 产品品种适销对路，质量符合要求，有市场竞争力。

2. 工艺装备为国内、国际先进水平，生产符合环保要求。

3. 企业管理水平较高，债权债务清楚，财务行为规范，符合“两则”要求。

4. 企业领导班子强，董事长、总经理善于经营管理。

5. 转换经营机制的方案符合现代企业制度的要求，各项改革措施有力，减员增效、下岗分流的任务落实并得到地方政府确认。

（二）相关政策文件

目前关于债转股的政策文件主要包括：国家经贸委、中国人民银行于1999年7月30日发布的《关于实施债权转股权若干问题的意见》，国家经贸委、财政部、中国人民银行于1999年11月23日发布的《企业债转股方案审核规定》，国家经贸委于2000年11月6日发布的《关于债转股企业规范操作和强化管理的通知》以及国务院于2000年11月10日发布的《金融资产管理公司条例》① 等。

《关于实施债权转股权若干问题的意见》② 主要规定了债转股的目的与原则，选择企业的范围、条件及操作程序，金融资产管理公司与企业的关系等。《企业债转股方案审核规定》③ 的内容主要包括企业债转股方案审核的原则、范围、内容以及程序等。《关于债转股企业规范操作和强化管理的通知》④ 提出债转股企业需规

① 国务院令第297号，2000年11月20日发布。

② 国家经贸委、中国人民银行，国经贸产业［1999］727号。

③ 国家经贸委、财政部、中国人民银行，国经贸产业［1999］1130号。

④ 国家经贸委，国经贸产业［2000］921号。

范操作、加快债转股工作进度、加快建立现代企业制度、强化企业财务管理与审计工作等要求。

26.2 债转股的具体实施与国际比较

26.2.1 运作模式

债转股的运作，实际上是银行、金融资产管理公司和企业之间的三角转换（周天勇，2000）。资产管理公司由财政注资成立，并从中央银行获得再贷款，企业的不良债权从银行中剥离，委托资产管理公司管理，并转换成资产管理公司对国有企业的股权。从资本关系上看，资产管理公司和银行是相互独立的，但运作上具有合作和利害关联（周小川，1999）。

债转股政策是在国企三年脱困的特殊背景下提出的，其对象同传统理论内涵相比，有很大不同（杨军，2003）。在债务范围的选择上，并不是所有国有企业的贷款都可以实施债转股，而是仅针对 1996 年以前发放的逾期和呆滞贷款，选择债转股企业需具备十项规定（“五范围”和“五条件”）。贝政新、冯恂（1999）认为十项规定的指导思想在于救活有挽救希望的企业，因而债转股只能解决四家国有商业银行的不良资产，其他商业银行、金融机构的不良贷款风险依然存在；只能解决部分逾期呆滞贷款，银行内部形成的不良资产风险依然存在；只能解决部分国有大中型骨干企业的过度负债问题，无法解决国企改革的所有问题。朱民、黄金老（1999）指出在脱困的压力下，全社会对债转股的规模和速度有强烈的意向，这实际上陷资产管理公司于两难境地。债转股的对象不仅有效益极差的企业，而且包含一批竞争力较强的企业（杨军，2003）。

在运行流程上，债转股按“三步走”程序，即银行先将所持不良贷款按照账面价值转移给各自的资产管理公司，然后由资产管理公司根据国家经贸委推荐的债转股企业名单，同企业谈判，确定具体的转换方案以及企业改革重组方案，最终签订正式协议。杨军（2003）分析认为，在“三步走”过程中，关于哪些企业债转股、转多少债，政府的意见取代了企业与银行的协商，一跃成为主导力量。政府首先确定了债转股的总体范围和规模，银行和企业在预定的范围内确定转股额度。王艳娟（2002）指出，经贸委没有能力对转股企业的最终损失承担责任，也没有能力对资产管理公司因债转股而形成的损失承担责任，这是我国国有经济中权利与责任不对称的一个具体体现。

在具体运行中，除四大国有商业银行之外，国家开发银行也作为一个独立的主体直接参与债转股。在不少资产管理公司正式开展业务前，债转股就已开始运作，因而部分企业是银行直接参与了债转股谈判，之后转移给资产管理公司进行操作。

当多家银行对同一企业实行债转股前，银行间通过签署《多家债权人实施债转股的合作协议》，明确提出按照债务比例转股。

债转股后，资产管理公司主要参与企业的重大决策，而非直接经营管理。重大决策包括：对控股企业的高层领导有弹劾权、派出财务人员参与企业的财务管理等。资产管理公司还可以聘请行业管理公司、专业人员代为管理和监控。朱民、黄金老（1999）提出资产管理公司参与企业管理并不是要将企业管死，而是确保债转股后能对所转换的股权资产实施有效监控，维护资产管理公司股东权益。

资产管理公司的存续期被设计为10年，也即资产管理公司应在10年时间内完成债权转股权和退出这样一个预定目标。资产管理公司旨在通过债转股等形式，解决分业经营管理框架的约束，也促使企业通过整改、重组来摆脱困境，使金融资产转劣为优。

26.2.2 债转股的国际比较

李霁友（1999），朱民、黄金老（1999）等对债转股的国际经验与历史进行了总结。债转股经营形式最早可追溯至中世纪西方商人民间借贷的担保人财物抵押制度。具有资本主义企业性质的债转股经营也可追溯至16世纪尼德兰资产阶级革命时期的企业接管制度。

在银行救助方案中，资产管理公司（AMC）作为中介机构经营管理银行的"坏资产"，有助于维持公众对于银行的信心。20世纪80年代以来，金融危机不断，AMC也广泛流行起来。在发达国家，有美国的RTC、德国的托管银行、日本的过渡银行、法国的CDC、瑞典的AMC等；在转轨国家，匈牙利、波兰、捷克都成立了类似于AMC的机构来处理体制转轨中产生的大量银行坏账；在新兴市场经济国家，墨西哥以及亚洲金融危机爆发后的韩国、泰国、马来西亚、菲律宾等都相继成立了AMC。

各国特别注重债转股对象的选择，力求将债转股控制在一定范围。许多国家债转股主要是为了解决企业无力偿还的贷款，并且需要转化的债务可能是最差的债务。例如，保加利亚倾向于将中央银行的贷款转化为股权；克罗地亚允许将不良贷款转化为股权，比率约占银行总资产的2.5%；波兰的银行和企业就双方债务的具体重组方案进行协商，将银行的债权换成长期债券，实行资产证券化，或以债权换取企业的股权，或允许债权银行将企业债权在二级市场拍卖；波兰政府规定用债转股方式对企业的债务置换，不得超过银行资本金的25%（李德，2004）。

但是，中国银企债务重组并不能直接运用国际债转股的经验，北京大学中国经济研究中心宏观组（1999a）指出，中国银企重组与美国RTC的例子相似性较小，可供借鉴的主要是匈牙利和波兰等转型国家的案例。然而，在匈牙利与波兰的情形中，银企重组成功的关键是私有化，重组目的并非"搞活"国企，维持国有银行，而是为私有化创造条件。有了私有化，对银行的再注资才成为"最后的晚餐"，从而有效降低道德风险的可能性。私有化在中国的债转股中却没有位置，这使得匈牙利或波兰模式均失去示范意义。

事实上，在成熟的市场经济国家，债转股并不是一种普遍使用的重组方式，即使偶尔用之，也有一定的限制条件（张文魁等，2001）。当然，从各国债转股模式中，可以吸取借鉴发展的经验，如匈牙利的经验表明利用财政解决国企债务问题，导致人们很难相信财政部今后不会再有类似的举动了，因而容易导致呆账问题反复发生。从波兰、意大利资产管理公司的经验来看，行政机构官僚主义作风等风险将严重影响资产管理公司的运作效率（贝政新、冯恂，1999）。

26.3 债转股政策实施后的讨论与评价

26.3.1 债转股政策应有目标的讨论

在债转股的目标定位上，长远目标与短期目标间存在矛盾，财务解困与体制解困这两重目标并不完全一致，存在一个亟须有所取舍、有所侧重的问题。选择和侧重点不同，必然会导致不同的政策结果。

黄金老（2000）认为，债转股的长远目标在于促使国有企业适应市场的机制，达到可持续发展，按此目标应是严格标准，转经营状况尚可、有挽救希望的企业；债转股的短期目标是尽快实现国有企业脱困，按此目标应是放松标准，将那些经营陷入困境、复兴希望不大的企业也包括进来。

胡玉明（2000）指出，实施债转股政策后，可能导致本来就有问题的企业治理结构进一步恶化，政策在完善企业治理结构、建立和健全企业内在经营机制方面的作用相当微弱。如果国有企业没有以实施"债转股"政策为契机，进行全方位的配套改革，实现国有企业内在经营机制转换，充其量也只能实现以会计学利润为表现的短暂"财务解困"。贝政新、冯恂（1999）以及吴有昌、赵晓（2000）都认为如果企业把注意力全放在债转股后如何享受免除债务优惠政策，而忽视在企业深层次改革上下工夫，那么，债转股就变成一种账面数字的游戏，它丝毫改变不了企业无效经营的本质。企业的经营机制、经营方式、管理水平不能得到改善和提高，国企改革建立现代企业制度就变成一句空话。

部分学者认为，债转股同企业财务解困之间并不存在联系。周小川（1999）认为，企业债务融资的利息负担是与经济及政策周期有关的，然而债转股并不是一种抗周期性的手段，同时，从中长期的角度看，股本融资所要求的回报率实际上比债务融资所要求的回报率更高。因而，除了某种周期性"相位"的原因外，债转股和企业财务负担之间并没有直接的联系。

26.3.2 债转股政策可能带来的道德风险问题

（一）银行的道德风险

因为预期到不良债务向资产管理公司的转移是按账面价值划拨，同时，为了降低不良资产比率以获得更多的新增贷款额度，商业银行会尽可能多地将不良资产剥离给资产管理公司（王雪冰，1999；北京大学中国经济研究中心宏观组，1999b；黄金老，2000）。

银行本应在处理债权资产问题上占据主导位置，但是，地方政府、企业、国家有关主管部门都可能以“防止通货紧缩、支持国有企业脱困”作为谈判的筹码，银行显得非常被动。在产权约束不强的情况下，银行有可能放弃资产保全的战斗，听之任之。一笔贷款是否能收回与银行的努力程度关系极大，如果银行在巨大的压力下厌战，不能奋力保全，那么中国的不良资产会迅速上升。

银行也存在“坏账逻辑”，即亏得越多越安全，政府是最后的救助者，最终损失也将通过公共资源来弥补。显然，这种道德风险足以给现有的金融体系和信用制度造成毁灭性的破坏。

（二）企业的道德风险

界定不良资产时，企业可能产生道德风险。债转股时必须对不良资产的划转进行定性（哪些是不良资产）、定量（多大数量的不良资产可以划转）和定时（什么时间发生的不良资产）的界定，但是，国有企业可能产生“甩包袱”，将并非不良的资产甩给资产管理公司（李念斋，1999）。

债转股也可能促使企业产生债务豁免预期和加重预算软约束。所有者假如不能对企业进行实质性干预或重组的话，债转股无异于一次“债务大赦”，将使债务的约束作用进一步弱化。贝政新、冯恂（1999）指出，如果金融资产管理公司仅被企业当成是推行财务解困的工具，那么债转股可能就是债权损失风险最大的一种处理方案。吴有昌、赵晓（2000），钱颖一（1999）指出，虽然国有企业债务软约束问题严重，但是债转股后，银行对企业的债权转变为金融资产管理公司对企业的股权，债权人失去了对不良贷款本息的追索权，股权人则可能背上企业不道德经营和亏损破产的风险。因而，对于企业经营者，债务通常是比股权更硬的一种约束。

同时，债转股也容易形成对好企业的逆向示范作用（北京大学中国经济研究中心宏观组，1996b；周天勇，2000）。豁免亏损企业的债务是对好企业（按时还本付息的企业）的惩罚，也是对“借债还钱”这一道德信念的打击。好企业的领导和员工加强经营管理、项目建设精打细算、积极还本付息，结果还得不到债转股，反而鞭打快牛，其还本付息后积累的资产还是国有的，于是，部分好企业将会创造债转股的“条件”——降低努力程度、使企业的经济效益下滑，从而导致良性债务资产变成边缘性不良资产，形成普遍的赖债局面。

赎股时也可能存在道德风险，在资产管理公司持股阶段结束后，国有企业在购回资产管理公司所持有的股权时，可能会产生种种借口赖账违约而不回购股权的道德风险（李念斋，1999）。

（三）资产管理公司的道德风险

中国贷款二级市场以及无抵押贷款的特点，导致中国缺乏对于已发生损失的准确估计，因而资产管理公司的业绩评价就失去依据，对资产管理公司的激励与约束就无从谈起（吴有昌、赵晓，2000）。

李念斋（1999）指出，确定收购价格时也存在道德风险。资产管理公司收购银行不良资产时有三个方式：按市价收购、按固定折扣率收购和按面值收购，在这些收购方式中，可能发生评估公司与资产管理公司“合谋”，以高价收购不良资产的问题。

北京大学中国经济研究中心宏观组（1999b）指出，资产管理公司的资金来源主要来自于财政及商业银行注资、中央银行再贷款、发行财政担保债券等。这意味着资产管理公司的经营损失最终由公共资源来填补，或求助于征收通货膨胀税，或求助于提高财政税赋。这些都导致了资产管理公司风险压力不足，缺乏负面激励。

（四）地方政府和产业主管部门的道德风险

周天勇（2000）提到债转股对于地方和产业部门来讲，是一次负债资源变为投资资源的再分配，意味着一个地区或者一个部门的总体利息负担和还本压力的减轻。因此，地方政府对额度资源的争夺将十分激烈。

由于信息不对称及调查成本等原因，地方政府有可能给资产管理公司开出一个庞大的债转股名单，再加上跑部进京疏通关系等，尽可能多地获得债转股资源，使得银行与企业之间债务资产质量下降，总体上可能使银行体系的金融风险程度加大。地方政府也可能通过争取债转股实现设租寻租行为（王艳娟，2002）。

再者，在国有企业三年脱困目标的硬性压力下，地方和部门在目标到期前，可能尽力争取本地区和本部门更多的企业债转股以完成任务。这样，债转股政策就成了解困的手段，而淡化了通过债转股提高企业效益、化解金融风险的作用。

26.3.3 债转股的退出问题

资产管理公司参与债转股的其中一条要求为阶段性持股。资产管理公司不可持续经营与不擅企业管理的特点，决定了它必须尽早退出股权。

退出的方式可以为上市、回购或转让。但是，所设立的股权退出通道很“窄”，基本是靠企业债转股后的利润积累来回购股权。关于其他的退出方式，周小川（1996）认为，通过资产管理公司作为债转股和阶段性持股后的转手，有可能建立起通向股份制改造和所有权多元化的桥梁。债转股首先变单一国有制公司为股份制公司，通过法人治理结构的加强和整改、重组实现企业机制的初步改进，阶段性持股后又能够顺利将股权转给新的国内投资者、外国投资者以及法人机构，那么就会实现所有权多元化。而且，资产管理公司也完成了将不良资产加以恢复的任务。但是，这些理想中的退出渠道面临现实的阻碍，正如贝政新、冯恂（1999）所分析的，中国需要一个具有一定广度与深度的资本市场尤其是股票市场，以完善退出机制。

不论选择哪种退出方式，学者们普遍认同的观点为，资产管理公司持有的股份深深“根植”于国有企业，只有国有企业转变经营机制，完善企业治理结构，建立现代企业制度，资产管理公司所持有的股份才真正具有市场价值。这是资产管理公司顺利退出的最根本保障，也是资产管理公司自身“解困”之路（胡玉明，2005）。

26.3.4 债转股案例的微观分析

在债转股操作中，对于企业是否符合债转股条件并不都是充分论证后实施的，在体制意义上，债转股是一种特定历史时期的权益重新分配，其成功实施取决于部门博弈中各利益相关者的谈判地位和相应技术安排的成熟程度。

中国人民银行新干县支行课题组（2002）根据对江西核工业瑞丰生化有限责任公司的跟踪调查发现，仅从瑞丰公司单个企业资产负债和经营状况看，严格来说不符合债转股的条件，但其作为总公司的一个分支企业，在集团总体严重亏损的情况下，难以弥补其他企业的巨额亏损。该企业为了减轻整个集团的负债而把优质企业债转股，实际上是一种明显的“拉郎配”现象。当然，这并不代表普遍现象，但这种优良资产被剥离的“拉郎配”现象容易导致银行利息的巨大损失。

实施债转股政策后，国有企业实现了账面的扭亏为盈，但并不等同企业经营绩效的改善。首家债转股企业北京水泥厂在1992—1994年建设期间，所借银行5.09亿元贷款，至1998年底本息总额已达9.68亿元。据介绍，在1999年当年就可以实现扭亏为盈，自2000年起，每年可实现利润2000万元以上，资产负债率将由原来的80.1%下降到32.4。[①] 2000年，北京共有17户国有企业与资产管理公司签订了债转股协议，转股后平均资产负债率已从77.3%下降到38%，大部分企业的利息支出大幅度下降并实现盈利。

胡玉明（2005）指出，国有企业实施“债转股”政策之后，原来的利息费用转化为利润分配的股利支出，在其他条件不变的情况下，国有企业减少了利息费用，自然增加利润，从而实现“扭亏为盈”。但如果使用经济附加值（EVA）作为财务解困的衡量指标，债转股恐怕连财务解困都谈不上。乔新生（2000）指出，因股权投资风险大于债权投资风险，随着信达资产管理公司要求高于企业债务利息的股权投资回报率，债转股企业北京水泥厂就需面临能否承担的问题。

在企业治理层面，张文魁等（2001）提出，资产管理公司作为一个全新的股东被加入到企业股权结构，转股企业必须改制为股份公司并且引入来自于资产管理公

① 潘红敏：《首例债转股企业诞生》，载《中国市场经济报》，1999-9-4。

司的董事。不管真正的经营决策权是否还在原来的经营班子手中，至少在形式上，企业的重大经营决策要经过董事会，资产管理公司通过董事会将对决策产生影响。湖南人造板厂转股后整体改制为湖南人造板（集团）股份有限公司，在新公司约 49 397 万元总股本中，长城资产管理公司为 28 181 万元，在股权结构多元化的基础上，新公司建立了与股权结构相应的董事会。新疆天伦化学纤维厂改制后新设立的董事会 7 名成员中，长城资产管理公司占 2 名，信达资产管理公司占 2 名，原企业占 2 名，新疆建设兵团占 1 名。

实际运作过程中，股权运作风险有可能被忽视。乔新生（2005）分析首个债转股案例时认为，中国信达资产管理公司的第一笔交易就是债转股，但对企业具体经营并不直接过问，而是仍由原企业的负责人管理日常事务。资产管理公司所处理的不良贷款数量巨大，仅中国信达资产管理公司一家企业接收的不良贷款就有 2 000 亿元，涉及众多领域的众多企业，因此很难作为股东参与每一家债权转股权企业的经营管理，但其中蕴藏的股权运作风险不容忽视。

参考文献

北京大学中国经济研究中心宏观组．债转股：走在信用经济与“赖账经济”的十字路口．国际经济评论，1999a（5）

北京大学中国经济研究中心宏观组．当前债转股面临的主要问题．经济社会体制比较．1999b（6）

贝政新，冯恂．面临多方考验的“债转股”．金融研究，1999（12）

胡玉明，鲁海帆．国有企业“债转股”政策：功能缺陷与制度依赖．财会通讯，2005（5）

黄金老．论债转股的理论和政策问题．金融研究，2000（1）

李德．中国银行业处置不良资产的思路和途径．金融研究，2004（3）

李稻葵，李山．国有企业债务重组的一个新思路．改革，1996（2）

李霁友．论国有企业“债转股”问题．财经论丛，1999（6）

李俊杰．论我国银行的不良资产处置．金融研究，1999（6）

李念斋．债转股是一柄双刃剑．金融研究，1999（12）

刘遵义，钱颖一．关于中国的银行与企业财务改革的建议．经济社会体制比较，1994（6）

钱颖一．激励与约束．经济社会体制比较，1999（5）

乔新生．我国债转股的实证分析——中国首家债权转股权企业案例分析．管理世界，2000（2）

王秀芳．扭曲制度下的制度扭曲：国有商业银行不良资产剥离案例研究．金融研究，2001（3）

王雪冰．中国组建金融资产管理公司的三个目标、三重风险和三条措施．国际金融研究，1999（3）

王艳娟．国有企业债转股产权分析．金融研究，2002（11）

吴晓灵．中国国有企业——银行债务重组问题的思考．陕西金融，1995（9）

吴有昌，赵晓．债转股：基于企业治理结构的理论与政策分析．经济研究，2000（2）

薛小和．“企业债务重组”思考录．经济日报，1995-08-08、9、10、22、14、16、17日

杨军．关于债转股若干问题的研究．管理世界．2003（3）

银温泉．国有大中型企业的债务重组：方案比较和政策建议．经济社会体制比较，1996（1）

张春霖．论国有企业的债务问题．改革，1996（1）

张文魁等．债转股对企业治理结构的影响及其前景分析．管理世界，2001（5）

中国人民银行新干县支行课题组．债转股下的权益再分配：瑞丰公司案例．金融研究，2002（4）

中国人民银行政策研究室编．银行与企业债务重组问题研究．北京：中国经济出版社，1995

周天勇．债转股的流程机理与运行风险．经济研究，2000（1）

周小川．关于债转股的几个问题．经济社会体制比较，1999（6）

周天勇．国有企业对银行的债务危机及其解决思路．经济研究，1995（8）

朱民，黄金老．论中国的资产管理公司．经济研究，1999（12）

第 27 章

股权分置改革[①]

Reform of the Split-shareholding System

【摘要】在中国股票市场发展初期，A股市场上市的公司普遍形成了可以流通的和暂不流通的“两种不同性质的股票”，流通股也叫社会公众股，而不流通的股票主要是国有股和法人股。这两类股票股份性质、价格形成机制和流通权利不同，但是另一方面决定公司事务的投票权和分红权又相同，这种独特的市场制度与股权结构就是中国资本市场的“股权分置”制度。

本章在介绍“股权分置”形成的历史背景和发展过程的基础上，集中分析它对中国上市公司治理机制和资本市场长期发展形成的约束，最后分三个阶段讨论并评价从2005年开始的改革过程。

【关键词】股权分置改革　资本市场　投资者保护

Abstract: From the beginning of the reform of restructuring China state-owned enterprises (SOEs) into PLCs, the concern about the potential loss of state assets made the ownership split into three different type of shares, with only a small fraction of A-shares are tradable, and the state keeps on holding the controlling share stakes.

After the introduction of the political and economic environment in the early 1990s when the special institutional arrangement of “split-shareholders” took on shape, this paper analyzes the negative effects of this arrangement on corporate governance of China PLCs, and hence on capital market development. Finally, the paper discusses and evaluates the reform process divided in three stages since 2005.

Key words: non-tradable shares reform, capital market, investor protection

① 本章撰稿人：瞿强。

27.1 释义

在正常的股票市场上，上市公司的股票不言而喻应该都是可以流通交易的。但是在中国股票市场发展初期（1990—2005年），在上海和深圳证券交易所A股市场上市的公司普遍形成了可以流通的和暂不流通的“两种不同性质的股票”（即非流通股和流通股），流通股也叫社会公众股，而不流通的股票主要是国有股和法人股。这两类股票一方面股份性质不同、价格形成机制不同、流通权利不同，另一方面决定公司事务的投票权和分红权又相同，这种独特的市场制度与股权结构就是中国资本市场的“股权分置”制度。①

股权分置是中国资本市场在20世纪90年代初期意识形态和法律环境下一种特殊的妥协性的制度安排。应该说，股权分置在国内股市试点和草创阶段，矛盾还不那么突出。但随着股市规模的扩大，非流通股总量越来越多，特别是进入新世纪以后，已经成为股票市场长期低迷甚至陷入危局的重要原因之一；成为国内资本市场向前发展的重大制度障碍。

股权分置这样的制度设计，严重损害了中国资本市场持续发展的基础，股权分置的存在使中国资本市场发展和上市公司成长失去了内在动力，因此，2005年5月启动的股权分置改革是中国资本市场发展史上一次影响深远的制度变革。

27.2 中国上市公司股权分置的成因与危害

27.2.1 成因

回顾20世纪80年代末和90年代初期国际政治格局的变化和中国国内政治氛围，当时对进一步经济改革的意识形态争论仍然很激烈，这种争论对股票市场发展的约束具体体现在对股票市场姓“资”姓“社”的讨论上。② 在这种环境下，即使

① 在2004年以前，多数人称其为“股权分割”或“股权分置”，或许是为了更“客观”分析、解决这一问题，从2004年后多称“股权分置”。实际上，按照持股主体的性质对公司的股权进行分类，在西方股份制发展的历史中也长期存在过。本文所讨论的“流通”主要是指通过交易所市场的流通，不涉及非流通股的场外协议转让。

② 关于这一争论对股权分置的影响，上海证券交易所首任总经理尉文渊有很好的论述：“基于80年代思想界、理论界对经济体制改革的认识能力，搞股票市场既要利用资本主义生产方式的积极成果，通过股票市场来筹措资金，又要坚持公有制为主导，所以发展股份制要国家占大股，或是全民、集体所有制性质的企业法人持主要股份，在所有制成分上作了很多文章。而且为了防止国有资产流失和保持控制权，这些股份不流通。”参见尉文渊：《上交所的初创岁月》，转引自范永进、强纪英主编：《回眸中国股市（1984—2000）》，上海，上海人民出版社，2000。

是激进的改革也只能是把股票市场作为一个试点来进行，因而起步阶段的股票市场呈现出三个特点：一是公开发行股票的试点主要在一些小企业中进行，股份制最初的推行也是为了解决中小企业的问题。① 二是上市公司中公有股占很大的比例。为了保证证券市场的社会主义性质，在上市的中小企业当中，公有股占有极大的比例。三是证券市场基本上是一个区域性市场。当时证券市场的试点基本上仅仅局限在上海、深圳两个地方②，绝大多数上市公司、投资者和大部分证券经营机构都来自这两个城市。

1991 年 10 月 21—23 日中国人民银行、国务院研究室、深圳市人民政府和中国证券业协会在深圳联合举办了一次“证券市场发展政策研讨会”，会上提出了发展证券市场必须坚持的几项原则，其中第一条就是必须坚持以公有制为主体，多种经济成分并存的方针。指出：“在股份制试点过程中，既要积极稳妥，又要防止出现动摇公有制经济主体地位，搞私有化的倾向。因此，保持公有股份在试点企业中的控股地位是必要的，同时允许其他经济成分投资入股。这样，我们的股票市场就不是像西方国家那样以私有制为基础，而是以公有制为基础，同时兼容其他经济成分。”从会议的组织者看，这是一次高层次的研讨会，这几项原则可以说是当时政府为发展股票市场所定的基调，在这个基调下，公有股不能流通是必然的结果。

如果说坚持上市公司公有制稳定且绝对占主导地位的原则播下了“股权分置”的种子，那么在政府主导下通过资本市场扶持、发展、壮大国有企业，则使得“股权分置”在短短十几年间变成一个巨大的制度难题。

到了 20 世纪 90 年代初，经过小心翼翼的尝试，对股票市场的积极评价逐渐增加，党和国家领导人也多次莅临股票交易所视察工作，政府开始意识到股票市场是公有制企业融资的一条重要渠道，中国的股票市场和公有制有了更紧密的结合。

1996 年 12 月，中国证券监督管理委员会发布了《关于股票发行工作若干规定的通知》，指出：“各地、各部门在执行 1996 年度新股发行计划中，要优先考虑国家确定的 1 000 家特别是其中的 300 家重点企业，以及 100 家全国现代企业制度试点企业和 56 家试点企业集团。”1997 年 9 月，中国证券监督管理委员会又发布了《关于做好 1997 年股票发行工作的通知》，进一步明确重申了企业上市的这一标准，指出：“为利用股票市场促进国有企业的改革和发展，1997 年股票发行将重点支持关系国民经济命脉、具有经济规模、处于行业和排头兵地位的国有大中型企业。国

① 1987 年 3 月 28 日国务院下发了《关于加强股票债券管理的通知》，其中明确提到：“当前发行股票，应当在严格的监督和控制下，主要限于在少数经过批准的集体所有制企业中试行。全民所有制企业不得向社会发行股票。”

② 作为当时金融业的管理机构，中国人民银行对此有过专门的规定，中国人民银行在《中国人民银行关于严格控制股票发行和转让的通知》（1990 年 12 月 4 日，银发〔1990〕323 号）中明确规定：目前股票的公开发行和上市交易只限深圳、上海两地试点。未经总行同意，其他地区一律不准再批准发行新的股票，一律不得批准股票上市交易。

务院有关部门及直属总公司报送的企业必须是其直属或控股的企业。”这两个文件的下达，标志着政府不仅在实践中，也在政策上已明确将资本市场作为此后国有大中型企业改革，特别是其筹集资金的重要手段。在维护公有制主体地位的前提下股票市场与国有企业的结合必然会使公有制股份在上市公司当中占据主体地位，这也直接导致中国股票市场上的股权分置现象日益突出。①

如果我们将股权分置这一现象放在历史的大背景中来看，就可以看到，在当时的社会环境下，股权分置是一种必然的结果，也是中国股票市场发展必然要付出的代价。

27.2.2 股权分置的制度沿革与市场状态

（一）有关股权分类的政策法规

在中国最早将股票按所有者进行分类的是深圳市人民政府1991年5月15日发布的《深圳市股票发行与交易管理暂行办法》，该办法将股票分为国家股、法人股、个人股和特种股。该办法还同时规定，国家股和个人股要严格区分，未经国有资产管理部门批准不能交叉。

1994年11月，由国有资产管理局、国家体改委联合发布的《股份有限公司国有股权管理暂行办法》（以下简称《暂行办法》）对国有股进行了详细的界定，并指出：“组建股份公司，视投资主体和产权管理主体的不同情况，分别构成‘国家股’和‘国有法人股’。国家股是指有权代表国家投资的机构或部门向股份公司出资形成或依法定程序取得的股份。在股份公司股权登记上记名为该机构或部门持有的股份。国有法人股是指具有法人资格的国有企业、事业及其他单位以其依法占用的法人资产向独立于自己的股份公司出资形成或依法定程序取得的股份。在股份公司股权登记上记名为该国有企业或事业及其他单位持有的股份。国家股和国有法人股统称为国有股权。”同前面的《股份制试点企业国有资产管理暂行规定》比较而言，《暂行办法》将国有法人股的投资主体和持股主题进行了扩展，从原来单一的全民所有制企业扩展为国有企业、事业单位及其他单位。另外，《暂行办法》还对国有企业改组设立和新设立股份公司时，国家股和国有法人股的区分作了较详细的规定。②

（二）有关股权流通的规定

从股权流通的角度来讲，主要有两个层次：一个是非流通股的场外转让；二是

---

① 当然，客观上从中国经济改革的初始条件看，国有企业与股份制的结合也是必然的，直到在20世纪90年代，国有经济在中国整个国民经济中还占据着绝对的主导地位，个体经济、私营经济的比重还很小，没有条件进行规范的股份制改造。

② 1993年通过的《中华人民共和国公司法》在股权设置上确立了“同股同权同利”的一般要求，没有继续规定股份制企业的股权结构。但国家股、法人股作为非流通股的现实并未随《公司法》对股份分类的取消而改变。

交易所的上市流通。

在历史上，为了保证国有股的控股地位不受到影响，我国对股份公司的国有股转让作了特殊的规定。1994 年颁发的《股份有限公司国有股权管理暂行办法》第 29 条指出："国有股权可以依法转让。国家股权转让应符合以下规定：(1) 转让国家股权应以调整投资结构为主要目的。(2) 转让国家股权须遵从国家有关转让国家股的规定，由国家股持股单位提出申请，说明转让目的、转让收入的投向、转让数额、转让对象、转让方式和条件、转让定价、转让时间以及其他具体安排。(3) 转让国家股权的申请报国家国有资产管理局和省级人民政府国有资产管理部门审批；向境外转让国有股权的（包括配股权转让）报国家国有资产管理局审批；国家股转让数额较大，涉及绝对控股权及相对控股权变动的，须经国家国有资产管理局会同国家体改委及有关部门审批。(4) 非国有资产管理部门持股的股东单位转让国家股权后，须向国有资产管理部门报告转让收入金额、转让收入的使用计划及实施结果。"现在，国家股转让的最终审批权由国资委控制。对于国有法人股的转让，原国家国有资产管理局于 1992 年 10 月印发的《〈股份制试点企业国有资产管理暂行规定〉的几点说明》中指出，国有法人股有偿转让给非国有经济成分，由投资入股的法人单位决定。但当该股份制试点企业属于国家必须控股且一旦国有法人股会影响国有股在该企业的控股地位时，则必须报经国有资产管理部门审批直至报请政府批准。

此外，1993 年的《股票发行与交易管理暂行条例》第 36 条规定："国家拥有的股份的转让必须经国家有关部门批准"。《中华人民共和国公司法》也规定："采取发起方式设立的公司，公司股权证的转让须在法人之间进行；定向募集方式设立的公司，其股权证按其持有人身份，可在法人之间及公司内部职工之间转让……国家股、外资股的转让需按国家有关规定进行"。

从这些规定来看，可以概括为以下几点：(1) 国家股和法人股可以流动，但不能上市流通，只能进行场外转让；(2) 国有股可以转让给境内外的法人和自然人；(3) 对国有股的管理划分为对国家股和国有法人股的管理，国家股的流动必须经过政府的国有资产管理部门等政府机构批准，而国有法人股的转让可由法人单位自主决定，国家股和国有法人股的转让结果都必须向政府国有资产管理部门报告。

27.2.3　股权分置的市场状态

截至 2005 年 6 月底，中国股票市场流通市值 10 004.21 亿元，若按流通股股票 6 月底收盘价做计价基准，我国上市公司的总市值为 31 590.02 亿元；境内上市公司数（A、B 股）1 391 家，境外上市公司数 114 家；两市投资者开户总数为 7 273.93万户。

（一）中国上市公司股份结构

表 27—1 和图 27—1 表示的是，截至 2003 年 12 月底，我国上市公司股份结构分布情况。图 27—2 表示的是 1990—2003 年我国上市公司股份结构变动情况。

表 27—1　　　　　　　　　　　中国上市公司股份结构分布

总股份（亿股）	尚未流通股份					已流通股份			
	合计	国家股	法人股	职工股	其他	合计	A股	B股	H股
6 428.46	4 157.26	3 029.58	1 095.6	11.03	21.05	2 269.92	1 716.95	175.35	377.62
100%	64.67%	47.13%	17.04%	0.17%	0.33%	35.31%	26.71%	2.73%	5.87%

注：①数据截止时间是2003年底。

②“转配股”、“基金配售股份”、“战略投资者配售股份”等统计数据都包括在“其他”中。

③因四舍五入原因，合计略有不等。

资料来源：中国证券监督管理委员会编：《中国证券期货统计年鉴》，2004。

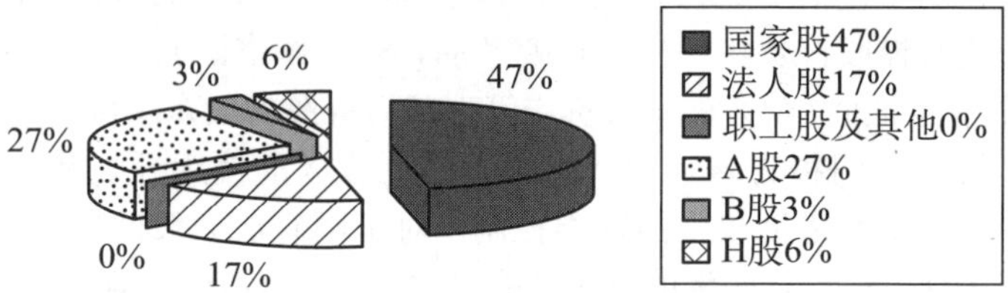

图 27—1　　2003 年底中国上市公司股份结构图

资料来源：中国证券监督管理委员会编：《中国证券期货统计年鉴》，2004。

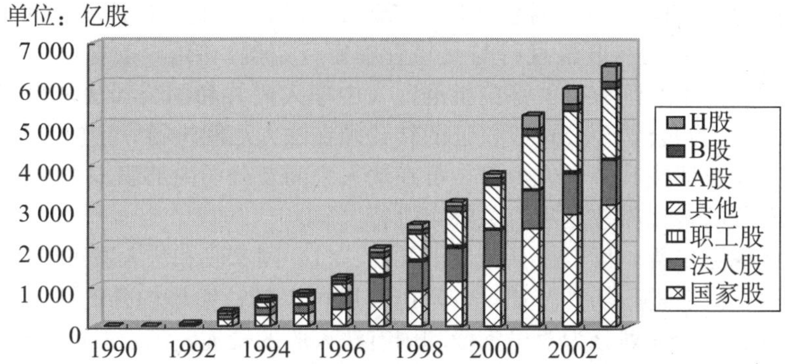

图 27—2　中国上市公司股份结构变动情况

资料来源：中国证券监督管理委员会编：《中国证券期货统计年鉴》，2004。

（二）中国上市公司的股权分置状况

表 27—2 和图 27—3 表示的是截至 2005 年 6 月底，我国上市公司的股权分置状况。

表 27—2　　　　　　　　　　　中国上市公司股权分置状况

总股份		尚未流通股份	已流通股份			
单位	总计	合计	合计	A股	B股	H股
亿股	7 510.03	4 775.10	2 734.93	2 110.57	211.14	413.22
%	100	63.58	36.42	28.10	2.81	5.5

注：数据截止时间是 2005 年 6 月；因四舍五入原因，合计略有不等。

资料来源：中国证券监督管理委员会官方网站统计资料。

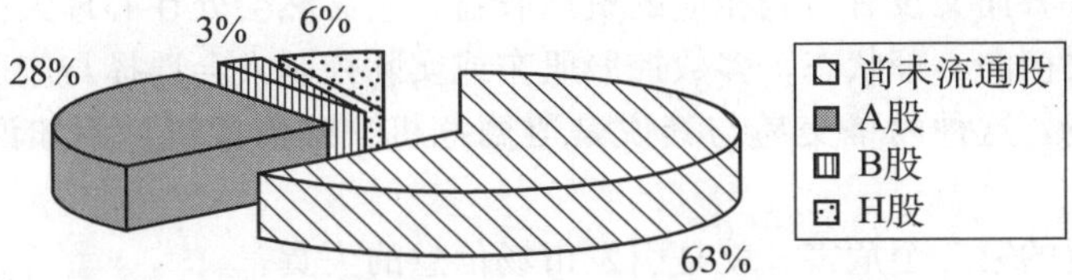

图 27—3　2005 年 6 月中国上市公司股权分置状况

注：数据截止时间是 2005 年 6 月。

资料来源：中国证券监督管理委员会官方网站统计资料。

从表 27—1 可以看到，在上市公司的股份结构中，国家股所占比重最大，平均为 47.13%，同时，国家股占非流通股股份 72.8%，是中国资本市场上的第一大股东。

27.2.4　股权分置的危害

关于股权分置的问题或危害，已经有大量的讨论。例如，刘鸿儒（2009，pp. 254 - 255）从资本市场定价、国际化、公司资本运营等角度进行了分析；瞿强（2003）重点分析了中国上市公司分裂的股权结构对公司治理的负面影响。在为股权分置改革“鼓与呼”的阶段，中国人民大学金融与证券研究所进行了大量系统的研究，并将 2004 年度的“中国资本市场年会”定名为“中国资本市场：股权分置与流动性变革”，邀请学界、业界和决策层共同讨论。在为年会准备的报告总论部分，所长吴晓求教授全面、系统地剖析了这一问题（吴晓求，2004），认为“股权流动性分裂为中国资本市场带来了八大危害，从而严重损害了中国资本市场风险与收益之间的匹配机制，客观上使流通股股东与非流通股股东处在不平等的状态。为此，要使中国资本市场有一个坚实、平等的制度基础，要使中国资本市场有一个蓬勃发展的未来，唯一的出路是必须进行股权的流动性变革，以形成一个利益机制一致的股权结构。”下面对这些危害进行简单归纳。

股权的流动性分裂第一大危害是：必然损害上市公司的利益机制，使上市公司非流通股股东（大股东）与流通股股东（中小股东）之间的利益关系处在完全不协调甚至对立的状态。

由于股权分置导致流通股股东资产增值机制和非流通股股东资产增值机制的割裂：流通股股东资产增值依靠每股业绩的提升和企业竞争力的提高，进而促使股票价格的上涨来实现；而非流通股股东资产增值则与市场走势和股票价格涨跌基本无关，只与高溢价融资有关。所以，非流通股股东和流通股股东的财富函数是完全不一样的。

内幕交易盛行是股权分置带来的第二个危害。由于上市公司的控股股东或实际控制人的资产收益不主要取决于公司业绩，在这种利益机制下，如果上市公司的业绩得到大幅提升而又没有得到相应的资产收益，它必然会处在心理失衡的状态，为了弥补这种失衡的心理状态，多数控股股东或实际控制人会选择与流通股庄家勾结起来操纵市场，这种内幕交易与其说是道德危机、诚信危机，不如说是制度缺陷使然。

股权分置的第三个危害，就是引发市场信息的失真。

在股权分置条件下，新股的发行价实际上不意味投资者对发行公司全部股份的每股认同价。在股权分置条件下，总市值概念逻辑地认为流通股的价格也就是非流通股的价格，这完全混淆了股权分置条件下流通股价格与非流通股价格由于资产的异质性而出现的根本差异。所以，“总市值”这个概念是对市场信息失真的典型反映。从某种意义上来讲，这是 2001 年 6 月国有股市价减持的理论基础。

在流动性异质的股权分置市场，同股同权同价原则就失去了实施的基础。

在股权分置的市场上，市盈率是一个完全被扭曲的概念，是市场信息失真的典型代表。这些年来，我们总是用这个被特殊市场结构完全扭曲的概念来判断市场的投资价值。实际上，中国市场的市盈率绝不是市场整体的本益比，而只是流通股的市盈率，它包含了流动性溢价这样的市场信息。

第四个危害是，股权分置必然导致上市公司控股股东或实际控制人独特的战略行为。

在股权分置条件下，上市公司的战略行为与控股股东的利益高度一致。概括地说，至少有以下三个特征：一是追求外源式规模扩张战略；二是追求多元化发展战略；三是频繁的大规模的资产关联交易。其中，外源式的规模扩张与频繁的大规模的资产关联交易有着某种逻辑联系，这种逻辑联系使上市公司不断地成为母公司即控股股东的影子，进而演变成为控股股东的提款机。

第五个危害是，股权分置与中国上市公司独特的融资行为有着高度的相关性。

已有的研究成果表明，中国上市公司的融资行为与现代资本结构理论所描述的优序融资顺序几乎完全相逆。其基本特征是，不惜一切代价进行外源式的股权融资，排队上市现象是其基本表现。因为：(1) 存在一个以股权分置为基础的流通股高溢价发行机制。这种高溢价发行，既盛行于 IPO，更盛行于配股和增发。在可转债的转股价格、转换比例的设计上也体现了这一特征。(2) 非流通股股东特别是控股股东可以通过这种高溢价发行（包括首次发行和二级市场再融资）迅速获得资本投资的高收益，即快速增加每股净值。(3) 通过频繁的关联交易，实现控股股东的利益最大化。最近一个时期以来，由于二次股权融资（增发、配股）的条件趋于严格，市场投资者对二次股权融资兴趣日减，上市公司及其实际控制人则通过发行可转换公司债来实现再融资的目的。

第六个危害是，股权分置造成了股利分配政策的不公平，利益分配机制处在扭曲状态。

在股权分置的条件下，非流通股股东和流通股股东有着完全不同的红利分配偏好。非流通股股东偏好现金分红，而流通股股东偏好送红股。

第七个危害是，股权分置使中国上市公司的并购重组带有浓厚的投机性。

在中国资本市场上，由于股权分置，收购公司通过并购重组获得对子公司控制权后，即使业绩有了较大改善，竞争力有了提高，收购公司的投资收益也不可能通过股价的上涨来表现，因而很难实现市场的投资收益，加上中国上市公司现金派息率很低，总的资本收益很低。实际上，收购公司的任何一项并购重组都是利益驱动的。中国资本市场上的并购重组如果不能通过股价的上涨来实现其利益，那么，它又是通过什么途径来实现其利益的呢？研究表明，主要通过以下三种途径来实现其并购重组的利益：

一是通过注入优质资产或编造产业转型，使上市公司暂时符合再融资条件，从而进行配股或者增发融资获得对所募集资金的控制权、支配权。

二是虽然获得的不流通股份不能实现二级市场的差价收益，但通常会通过制造并购重组概念，在二级市场上进行内幕交易，通过单独或联合操纵股价，获得二级市场上的非法收益。

三是对上市公司资源的滥用（例如担保）而获得低成本资金。

上述三种获利动机，与并购重组的所谓整合产业、提升产业竞争力的目标相差甚远。这种投机性并购重组行为，造成了股市价格的暴涨暴跌，严重损害了流通股股东的利益，损害了二级市场整合产业的功能，引发了市场信心危机。

第八个危害是，股权分置，客观上会形成上市公司业绩下降、股票价格下跌与非流通股股东资产增值的奇怪逻辑。

统计分析表明，中国资本市场发展的 10 多年中，股权分置使非流通股股东和流通股股东持股的财务成本呈现出巨大差异。前者的原始持股成本约为 0.68 元/股，后者约在 6 元/股左右，到 2003 年 11 月中旬，前者每股净值已增加到 2.8 元左右，后者每股加权平均市值已跌破 7 元。实际上，考虑到交易成本，从一个静态的角度看，流通股从一级市场到二级市场几乎没有增值。但是在流通股几乎不增值，每股收益也无增长的条件下，非流通股股东却获得了约 300％的资本投资收益，其直接原因是流通股的高溢价发行给非流通股股东带来了巨额财富。而新股发行之所以有如此高的溢价，股权流动性分裂是其中最重要的制度原因。

由此我们可以得出一个极其重要的结论，即股权分置使流通股股东和非流通股股东在收益与风险问题上处在严重的不匹配状态：流通股股东承担的风险要大大超过其收益，而非流通股股东获得的收益则要大大超过其所承担的风险，流通股股东的净风险和非流通股股东的净收益处在一种市场风险对冲状态。由于这两类股权的流动性没有同质性，所以，市场不可能自动产生风险与收益的平衡机制，收益与风险在流通股与非流通股之间严重的不匹配状态被固化了，流通股股东几乎承担了所有不利因素所引发的所有风险，中国资本市场风险的最后埋单者无疑都是流通股股东；非流通股股东面对风险只是一个旁观者。这是股权分置的必然结果。

在上述基础上，吴晓求教授再一次将股权分置的危害集中概括为三个问题（吴晓求，2006）。实际上在这八大危害中，又有三大最严重的危害。这三大最严重的危害使中国资本市场丧失了发展的动力。

（1）股权分置把上市公司变成股东之间的利益冲突体，而不是利益共同体。股权分置从制度上造就了流通股股东和非流通股股东之间的利益冲突，使上市公司分裂于动力不同、目标不同的两条船。

（2）股权分置损害了资本市场的定价功能。股权分置时代的资本市场，由于不具备资产定价的功能，必然成为一个单纯炒作和投机的市场，即使是并购行为也打上了明显的投机性烙印。

（3）股权分置使中国资本市场不可能形成有助于企业长期发展的科学考核标准和有效激励机制。

27.3 股权分置改革过程

从广义上看，中国的股权分置改革大致分为三个阶段：第一，试错阶段；第二，争论与寻找共识阶段；第三，操作阶段。

27.3.1 试错阶段

虽然在中国股票市场诞生初期，就有人提出了国有股的流通问题①，而且1992年上海证券交易所也曾尝试在非流通股上市时选择了法人股作为上市流通的试点。1992年2月19日，国务院批转了国家体改委《1992年经济体制改革要点》，这份文件明确提出："选择若干有条件的股份制企业和进行股份制试点的企业集团，通过指定的证券市场试行法人股的内部流通。"并且于7月批准全国证券交易自动报价系统

① 例如，当时的国家经济体制改革委员会副主任刘鸿儒在其1991年的一篇文章中提到："坚持社会主义公有制为主的实现形式，可以分为静态坚持和动态坚持两种。静态坚持，就是要保持公有制经济成分的绝对额比例在股份经济中占主导地位。动态坚持，就是在保持公有股份总体上占主导地位的前提下，拿出一部分国有资产进入股票市场，通过股票交易实现国有股份资产增值，增大国有资产存量……当股市昂扬时，可有计划地通过抛售一部分国有股，从股市中收回比原始投资增加数倍的投资收益，用于开辟新兴产业或基础产业，既增加国有资产总量，又实现经济结构调整。"参见刘鸿儒：《积极试行股份制，发展股票市场》，收录于金建栋、肖灼基、许树信主编：《中国证券市场（1991）》，北京：中国金融出版社，1991。

（STAQ 系统）为指定的法人股流通市场。[①] 但好景不长，1993 年 5 月 22 日，国务院证券委决定对两个法人股交易系统进行整顿，暂不批准新的法人股上市交易。

真正意义上的国有股减持是 1999 年和 2001 年两次失败的尝试。

（一）1999 年的国有股减持试点

虽然 1994 年中国证监会做出了“国家股和法人股暂不流通”的规定，但是理论界和实务界的讨论还在继续。由于多数人对现在资本市场的意义认识有限，这些讨论多是从国有股股权的流动权利和国有企业改革的角度提出来的，比较一致的看法是国有股应该流通，并且提出了多种流通的方案。1999 年党的十五届四中全会通过了《中共中央关于国有企业改革和发展若干重大问题的决定》，提出了“要坚持有进有退，有所为有所不为”的国有企业改革原则，还提出要从战略上调整国有经济布局和改组国有企业，在“不影响国家控股的前提下，适当减持部分国有股”[②]。这一决定的作出使得国有股流通理论上的阻力大大减少，也直接促进了国有股流通时间的推进。

1999 年 10 月 26 日，中国证监会宣布：减持国有股将通过国有股配售方式实现。具体试点方案是，试点上市公司将一定比例的国有股优先配售给该公司原有流通股股东，如有余额再配售给证券投资基金，配售价格将在净资产值之上、市盈率 10 倍以下的范围内确定；向原有流通股股东配售的国有股可立即上市流通，向基金配售的国有股须在两年内逐步上市。11 月 29 日，中国证监会公布了 10 家试点上市公司名单；12 月 2 日，国有股配售试点启动；12 月 14 日，中国嘉陵和黔轮胎两公司董事会分别发布公告，披露了各自国有股配售的具体实施方案，但由于两家公司在配售价上采取了一种明显偏向于国有股股东利益的方法，导致流通股股东和证券投资基金的认购不足，实际上宣告了国有股配售试点的失败。

（二）2001 年的减持国有股补充社保基金

2001 年 6 月 12 日，国务院正式发布了《减持国有股筹集社会保障资金管理暂行办法》，开始新一轮的国有股减持工作。该办法关于国有股减持的核心内容有三条：第一条是国有股减持资金是充实全国社会保障基金；第二条是国有股减持的方式是：“国有股减持主要采取国有股存量发行的方式。凡国家拥有股份的股份有限公司（包括在境外上市的公司）向公共投资者首次发行和增发股票时，均应按融资额的 10%出售国有股；股份有限公司设立未满 3 年的，拟出售的国有股通过划拨

---

① STAQ 系统是由中国证券市场研究设计中心于 1990 年 3 月开始设计筹建，并于同年 12 月 5 日正式开通运行。该系统是一个依托计算机网络进行有价证券交易的综合性场外交易市场。系统中心设在北京，连接国内证券交易比较活跃的 95 个大中城市，拥有 200 多个卫星站点，为会员提供有价证券（包括法人股、国债、金融债、企业债等四大类十五种）的买卖价格信息以及结算方面的服务。STAQ 系统由国家体改委代管，在此之前主要以国债转让为主。

② 在此之前，大家讨论的都是国有股流通，至此才出现了目前的国有股减持的说法。

方式转由全国社会保障基金理事会持有，并由其委托该公司在公开募股时一次或分次出售。”第三条，也是最关键的一条，即国有股减持的定价方式，该办法第六条规定：“减持国有股原则上采取市场定价方式。”

在办法正式实施后，市场开始急速下跌①，4个月内，就从最高的2 245点跌到了1 520点，跌幅达32.3%。2001年10月22日晚，中国证监会宣布，考虑到国有股减持的具体操作办法尚需进一步研究，中国证监会经报告国务院，决定在具体操作办法出台前，停止执行《减持国有股筹集社会保障资金管理暂行办法》第五条关于“国家拥有股份的股份有限公司向公共投资者首次发行和增发股票时，均应按融资额的10%出售国有股”的规定，宣告国有股减持试验再次失败。

27.3.2 争论与寻找共识阶段

国有股两次减持试验的失败关键在于，如果国有股按照“国有股不流通”这个隐性约定前提下形成的较高的市场价格进行减持和流通，将极大损害普通流通股股东利益，造成市场暴跌，最终国有股的预期收益也会大打折扣，出现典型的“双输”局面。这个问题如果不能得到合理解决，一方面，市场的不良预期始终存在，股价节节下挫，长期低迷；另一方面，管理层也意识到原先方案存在“一厢情愿”的缺陷。更重要的是，双方都认识到解决问题的紧迫性和复杂性。可以说，第二次国有股减持的终止，是中国证券市场发展史上第一次由市场否决了的中央政策。2001年11月14日，中国证监会公开征集国有股减持的具体操作方案，引发了对这一问题的一次“全民大讨论”。

随着讨论的深入，共识也在增加，越来越多的人认识到，股权分置是一个历史形成的复杂的利益博弈问题，这个问题的要害不在于简单的国有股减持和流通，而在于公众股东权益保护；因为正是国有股的不流通造成了公众股高溢价发行，公众股东为获得股票流通权向国有非流通股东转移了大量的资产所有权和收益权；同理，国有股的流通必须建立在国有股东支付“溢价”和保护公众股东权益的基础上，这就是下一步改革的原则和方向。

从时间上看，2004年1月31日，国务院颁布了《关于推进资本市场改革开放和稳定发展的若干意见》(简称“国九条”)，明确指出要“积极稳妥解决股权分置问题”；7月，根据国务院的指示，成立了由证监会、国资委、财政部、中国人民银行等多个部委组成的“解决股权分置问题工作小组”，负责向决策者提出切实可行的股改方案。2005年3月，温家宝总理在十届全国人大三次会议闭幕会后答记者问时表示，要妥善解决股市发展中积累的历史遗留问题，这反映了决策层解决股

---

① 稍具讽刺意味的是，在《减持国有股筹集社会保障资金管理暂行办法》出台的当日，即2001年6月12日，时任财政部部长项怀诚指出，减持办法对证券市场是一大利好；14日，时任证监会主席周小川认为，国有股减持对二级市场影响有限（参见陆一，2008，p.159）。

权分置问题的决心；2005 年 4 月 29 日，《关于上市公司股权分置改革试点有关问题的通知》（以下简称《通知》）颁布，股权分置正式展开。

在股改实践中，参与各方遵循了三个基本原则：

第一，统一组织，市场化分散决策原则。所谓“统一组织”是指证监会统一制定试点程序和监管要求；交易所实施一线监管，协调直到具体业务。而“分散决策”是指每个上市公司的各类股东，依据现行法律、法规和《通知》要求，经过广泛征求股东意见和平等协商，形成本公司解决股权分置问题的具体方案，提交股东大会表决。

第二，方案多样性原则。股东自行决策必然会出现多样化的方案，归纳起来大致有六大类，即转增股份、送股、缩股、要约收购、资产重组和最低股价承诺等六大类股权分置改革方案。多数公司采用单一对价方式，部分公司采用组合对价方式。

第三，股东自愿原则和分类投票原则。自愿原则主要是针对非流通股股东的，而分类投票原则则是一种程序原则，主要针对流通股股东而言。是否申请获取资产（股票）的流动权，应尊重非流通股股东的意愿。为防止霸王条款的出现，在程序上必须实行分类投票原则。现行规则规定，只有当参与投票的 2/3 及以上流通股股东赞成时，股权分置改革方案才能有效。这实际上是要让长期处在弱势状态的流通股股东充分地行使自己的权利。这一原则充分体现了股权分置改革的核心目标就是要充分保护流通股股东的利益这一基本精神。

（一）股权分置改革中对价支付的法律依据和经济学解释

股权分置改革的核心议题是“对价”，支付对价的法律依据是合同法。因为在我国近 1 400 家上市公司的招股说明书和上市公告书都曾有约定：“发起人股份暂不流通”。“暂不流通”就是一种契约，一种约定。现在如果要改变这种契约和约定，除非契约主动解除方有足够的证据或充分的理由保证契约变更接受方不会因为契约的改变而使其权益受损害，否则，就必须支付相应的对价以对冲由于契约变化而带来的潜在风险。支付对价的形式可以是现金，也可以是其他形式的金融资产，甚至是法定义务的承诺。

在金融理论中，任何能够给未来带来收益的权利都是可以定价的。一种资产（权利）有没有价格，不在于其物理形态，而在于未来带来现金流的能力。给未来带来收益的权利进行证券化，无论其支持资产是否具有物理形态，都是一种具有流动性的金融资产。实际上，金融资产已经越来越虚拟化。资产的流动权是一种可能为持有者带来收益的权利。如果非流通股要获得与流通股相同的流动权，那就意味着非流通股股东要为此付出相应的价格。非流通股股东之所以要申请获取这种权利，是因为这种权利能给非流通股股东带来新的潜在利益。这种新的潜在利益至少包括三部分：一是有利于资产避险能力的提高；二是可以享有公司利润增长、综合竞争力提升带来的杠杆化资产增值效应；三是有机会取得资产的市场差价收益。所以，非流通股股东申请的流动权在商业上是可以定价的，而获取这种权利是要付出成本的。

这个成本付给谁呢？当然是付给契约变动的接受方，即A股流通股股东。除此之外，任何人、任何市场主体、任何非市场主体都没有权利享有。

这就是对价支付的法律基础和经济学解释。

（二）股权分置改革所要实现的战略目标

目标之一：建立资本市场未来发展可预期的制度平台。

目标之二：促使上市公司成为股东的利益共同体。

目标之三：建立市场化的资产定价机制，促进收购兼并活动的有效进行。

目标之四：为建立一个有利于企业长期发展的有效的激励机制奠定基础。

目标之五：恢复并完善资本市场存量资源的配置功能，增强资本市场整合存量资源的能力，从而达到提升产业竞争力的目标。

股权分置改革就是试图实现上述五大目标。这五大目标的实现在时间顺序上是不同的，其所处的地位也是有所不同的。应当强调的是，把上市公司建成所有股东的利益共同体是五大目标中的核心目标。我们必须坚决彻底地消除非流通股股东侵害流通股股东利益的制度基础，使各类股东在制度层面上都处在平等的地位。这是股权分置改革的核心出发点（吴晓求，2006）。

27.3.3 实施阶段

根据以上所介绍的股权分置的目标和原则，从2005年4月中央政府开始推动股权分置改革，到2007年底基本结束，历时约2年8个月。现按照重大事件发生顺序简要介绍（证监会，2008；陆一，2008）。

2005年：

5月8日，沪深交易所和中国证券登记结算公司发布《上市公司股权分置改革试点业务操作指引》，随后，三一重工、紫江企业、金牛能源和清华同方四家公司成为第一批改革试点公司；

6月10日，三一重工的股改方案获得高票通过，成为股权分置改革成功的第一家上市公司；

6月16日，证监会发布《上市公司回购社会公众股份管理办法（试行）》，为股改营造良好的市场环境；

6月17日，国资委发布《关于国有控股上市公司股权分置改革的指导意见》；

6月19日，第二批股权分置改革试点工作启动，42家上市公司进入试点名单；

8月23日，证监会、国资委、财政部、人民银行和商务部联合发布《关于上市公司股权分置改革管理办法》，宣布改革试点工作顺利完成，股权分置改革全面开始；

9月6日，沪深交易所和中国证券登记结算公司发布《上市公司股权分置改革业务操作指引》；

9 月 12 日，40 家上市公司宣布进入股改程序，拉开股权分置改革全面推进的序幕；

11 月 5 日，证监会和商务部联合发布《关于上市公司股权分置改革涉及外资管理有关问题的通知》，对外商投资上市公司的股权分置改革问题进行规范；

11 月 22 日，深交所中小板 50 家上市公司率先完成股改。

2006 年：

2 月 27 日，完成股改和进入股改程序的上市公司市值已占 A 股总市值的 53.85%，完成股改重点推进阶段的预期目标；

5 月 8 日，《上市公司证券发行管理办法》开始施行，对完成股改的上市公司恢复再融资；

5 月 24 日，中工国际工程股份有限公司发布招股说明书，成为“新老划断”启动后首例新股发行，市场融资功能全面恢复。

截至 2007 年底，沪深两市共 1 298 家已完成或进入股改程序的上市公司市值占应改革上市公司总市值的 98%，标志着股权分置改革基本完成。

27.4　股权分置改革的理论内涵和启示

股权分置改革的意义可以从多个角度来理解。

如果从“稳定市场”角度看，从 2005 年 5 月股改开始时市场的短暂怀疑和下跌（2005 年 6 月 6 日，上证指数盘中最低为 998 点），到 2006 年底，上证指数重新站上 2 000 点（2006 年 11 月 20 日，收盘于 2 017 点），到 2007 年 10 月 16 日，创下历史高位 6 124 点，形成了所谓的“股改行情”；此后虽然经过调整，但是依然维持了基本的稳定发展格局，中国的股票市场无论融资规模、投资者人数，还是市价总值、成交金额，都比改革前显著地上了一个台阶；由此可见，中国的股票市场不但得到了“稳定”，而且“繁荣与发展”，股权分置改革所取得的成功，大大超出了多数人的预期。究其原因，关键在于从 2001 年“国有股减持”试验，甚至可以说从股票市场建立开始起，悬在中国股票市场上的巨大的价格预期不确定的“达摩克利斯”之剑已经落下。

当然，从中国股票市场制度建设的角度看，股改的意义绝不仅仅在于股票指数的变化。我们在股权分置改革之前就曾反复呼吁过，改革的目标绝非为国有股股东或某一类股东寻求股权退出的途径，而是从根本环节上重构整个资本市场的制度基础。资本市场在现代经济体系中具有非常重要的作用，这种作用绝非单纯的“融资功能”，而是集中信息、分散风险、发现价格、便利并购、形成市场纪律、改善公司治理。换言之，市场的重点不在“融资规模”，而在“融资效率”。但是，所有这些功能的实现都必须有一个基本的制度保证，这就是股权能够充分流动，自由交易。没有股权的流动，公司的信息就会失真，价格就会被扭曲，公司并购重组就不会与经营业绩直接挂钩，而是与投机炒作相联系；公司经营的好坏不受市场的惩罚，而是继续受到政府的保护，公司治理就无从谈起，投资者的利益就得不到根本的保证（瞿强等，2004）。从这个意义上讲，以下引述的对股权分置改革的官方评价是中肯的，“股权分置改革是中国资本市场完善市场基础和运行机制的重要制度变革，也是前所未有的重大创新，其意义不仅在于解决了历史问题，还在于为资本市场其他各项改革和制度创新积累了经验、创造了条件”（证监会，2008，p. 53）。

参考文献

1. 吴晓求主笔．中国资本市场：股权分置与流动性变革．北京：中国人民大学出版社，2004

2. 吴晓求主笔．冲突与超越：股权分置改革后的中国资本市场．北京：中国人民大学出版社，2006

3. 瞿强，李悦．打破股权分裂，重构市场基础．中国证券报（理论整版），2004

4. 陆一．闲不住的手——中国股市体制基因演化史．北京：中信出版社，2008

5. 刘鸿儒．变革——中国金融体制发展六十年．北京：中国金融出版社，2009

6. 胡汝银主编．中国资本市场的发展与变迁．格致·上海人民出版社，2008

7. 中国证券监督管理委员会．中国资本市场发展报告．北京：中国金融出版社，2008

8. Qu Qiang，2003， “Corporate Governance and State-owned Shares in China Listed Companies”，*Journal of Asian Economics* 14，pp. 771 - 783.

第 28 章

“两法合并”①

Consolidation of Two Laws

【摘要】为了适应对外开放的需要，中国从 20 世纪 80 年代初开始实行内外两套企业所得税制度，外资企业的税制全面优惠于内资企业。尽管中国在 1991 年将中外合资经营企业与外国企业的所得税税法合二为一，但仍为外资企业单独设立企业所得税制度，从而使外资企业在税率、免税期、税前扣除等诸方面独享一些优惠待遇。这种内外有别的企业所得税制度一直延续到 2007 年。2001 年中国加入世界贸易组织后，国内要求取消外资企业超国民待遇的呼声逐渐高涨。而随着外商直接投资规模的不断扩大以及中国吸引外资环境的日臻完善，内、外资企业所得税“两法合并”的时机也日渐成熟。2007 年 3 月 16 日十届全国人民代表大会第五次会议高票通过了《中华人民共和国企业所得税法》，完成了“两法合并”的历史使命。这不仅使内、外资企业开始处于同一起跑线上开展公平竞争，而且对中国加强税收管理和反避税也是十分有益的。

【关键词】“两法合并”　外资企业　企业所得税　公平税负

Abstract: Staring from the early 1980s, the Chinese government has implemented a dual system of enterprise income tax (EIT) to promote the opening-up policy. In this system, foreign investment enterprises (FIEs) could enjoy preferential treatments in many aspects than the domestic enterprises. Although the EIT levied on the Chinese-foreign equity joint ventures was combined with the one for the foreign enterprises in 1991, China enacted another separated EIT system for FIEs. As a consequence, FIEs could still enjoy some exclusive preferential treatments in some aspects such as tax rate, tax holidays, deductions and so on. This

① 本章撰稿人：朱青。

biased dual system of EIT lasted until 2007. After China's entry into the World Trade Organization (WTO) in 2001, the government was confronted more and more challenges on the need to abolish the ultra-national treatment for FIEs. Meanwhile, as the continuous expansions of foreign direct investment and significant improvement of the environment to attract foreign investment , China made a plan to consolidate these two EIT systems for domestic enterprises and FIEs (so-called as "consolidation of two laws"). On March 16, 2007, *The Enterprise Income Tax of the People's Republic of China* was adopted at the 5th session of the 10th National People's Congress of the People's Republic of China and therefore the goal of "consolidation of two laws" had been finally realized. The enactment of the new EIT law not only establishes a relatively fair institutional environment for all types of enterprises, including domestic enterprises and FIEs, but also contributes to significantly strengthen the tax administration and anti-tax evasion work in China.

Key words: "consolidation of two laws", foreign investment enterprise, enterprise income tax, fair taxation

"两法合并"又称"两税合并"或"两法合一",是指国家将适用于内资企业的《中华人民共和国企业所得税暂行条例》和适用于外资企业的《中华人民共和国外商投资企业和外国企业所得税法》合并为统一的、适用于内外资企业的《中华人民共和国企业所得税法》。

28.1 引言

为了适应对外开放和吸引外资的需要,我国从20世纪80年代初开始实行内外两套企业所得税制度,并对外资企业全面实行税收优惠制度。这种内外有别的所得税制度无疑对吸引外资的国策发挥了积极作用,在当时的历史条件下也是十分必要的,但长期让外资企业享受超国民待遇不仅对内资企业不公平,也不利于内资企业的成长与发展。所以,在我国的理论界和实际部门一直有人在呼吁"两法合并",以便让内、外资企业处于一个公平的竞争环境。尤其是我国在2001年加入世界贸易组织,整个经济开始逐步融入世界经济之后,这种呼声也越来越高。而且经过二十多年引进外资的实践,我国的投资环境有了翻天覆地的变化,外商到中国来投资办厂看中的已不再是较低的税负,而是稳定的社会环境、巨大的国内市场以及低廉的劳动力价格。在这种情况下,即使取消了对外资企业的全面税收优惠,外资也不会大规模撤离中国。可以说，到了 2007 年，“两法合并”的时机已经成熟。2007 年 3 月 16 日召开的第十届全国人民代表大会第五次会议通过了《中华人民共和国企业所得税法》，正式完成了“两法合并”的法律程序，并决定统一的企业所得税法从 2008 年 1 月 1 日起实施。2007 年 12 月 6 日，国务院又批准了《中华人民共和国企业所得税法实施条例》。这两个法律法规的颁布和实行，标志着我国内、外资企业所得税制度长期并存局面的终结，其在我国企业所得税制度的发展史上具有里程碑的意义。

28.2　我国企业所得税制度发展的简要回顾

新中国的企业所得税制度已有 60 年的发展历程。新中国刚刚成立后的 1950 年，当时的政务院即发布了《全国税收实施要则》，暂定在全国开征 14 种税。其中的工商业税实际上包括了两个税种，即营业税和所得税。根据工商业税的规定：工商企业要就营业总收入额的 1%～3%缴纳营业税；同时要就所得额按照 5%～30%的 14 级全额累进税率（1950 年 12 月后改为 21 级全额累进税率）缴纳所得税。需要指出的是，当时缴纳工商业税中所得税部分的企业只包括公私合营企业、集体企业等，国营企业只向国家上缴利润而不缴纳所得税。工商业税的开征标志着我国企业所得税制度的初步形成。但当时的企业所得税还不是一个独立的税种，直到 1958 年国家进行税制改革将工商业税中的营业税并入新设立的工商统一税时，工商业税中的所得税部分才成为一个独立的税种，该税种当时叫工商所得税。工商所得税在具体制度方面仍沿用原来的工商业税的征收制度，但它确立了企业所得税在我国税制中的独立地位，并为以后企业所得税制度的发展奠定了基础。

为了适应对外开放后引进外资的需要，1980 年 9 月 10 日第五届全国人民代表大会第三次会议通过了《中华人民共和国中外合资经营企业所得税法》，并决定该法从即日起实行；1980 年 12 月 14 日经国务院批准财政部公布了《中华人民共和国中外合资经营企业所得税法实行细则》。1981 年 12 月第五届全国人民代表大会第四次会议通过了《中华人民共和国外国企业所得税法》，并决定该法从 1982 年 1 月 1 日起实行；1982 年 2 月 21 日经国务院批准财政部公布了《中华人民共和国外国企业所得税法实行细则》。至此，适用于外资企业的所得税制度在我国初步得到确立。

经济改革后，国营企业不应向国家缴纳所得税而只能上缴利润的传统观念逐渐开始动摇。1983 年 4 月财政部发布《关于对国营企业征收所得税的暂行规定》，决定从 1983 年 1 月 1 日起开始对国营企业征收所得税①，这标志着我国迈出了国营

① 大中型国营企业的税率为 55%，小型国营企业的税率为 8 级超额累进税率；国营企业的税后利润除了以各种形式上缴国家外，可以按照国家核定的留利水平留给企业。

企业“利改税”的第一步。1984 年 9 月国务院颁布《中华人民共和国国营企业所得税条例（草案）》和《国营企业调节税征收办法》，并规定上述法规从 1984 年 10 月 1 日起试行。根据国务院的法规，1984 年 9 月财政部发布了《中华人民共和国国营企业所得税条例（草案）实施细则》。国务院和财政部发布的上述三部法规标志着国营企业开始了第二步“利改税”。紧接着，为了适应多种所有制共同发展的新形势，国务院于 1985 年 4 月发布了《中华人民共和国集体企业所得税暂行条例》，1988 年 6 月又发布了《中华人民共和国私营企业所得税暂行条例》。至此，我国建立了一套按所有制划分的企业所得税制度。

根据对外开放不断深入发展和实践中出现的问题以及简化税制的需要，1991 年 4 月召开的第七届全国人民代表大会第四次会议通过了《中华人民共和国外商投资企业和外国企业所得税法》，该法于 1991 年 7 月 1 日起施行后，原有的《中华人民共和国中外合资经营企业所得税法》和《中华人民共和国外国企业所得税法》同时废止。这样，我国外资企业适用的企业所得税法实现了统一。

1992 年 10 月召开的党的十四大提出，我国经济体制改革的目标是建立和完善社会主义市场经济体制。为了促进企业的公平竞争，让各类所有制的企业能享受相同的所得税待遇，从而使税收制度与社会主义市场经济体制相适应，国务院在 1993 年 12 月颁布了《中华人民共和国企业所得税暂行条例》（该条例自 1994 年 1 月 1 日起实行），并废止了《中华人民共和国国营企业所得税条例（草案）》、《国营企业调节税征收办法》、《中华人民共和国集体企业所得税暂行条例》和《中华人民共和国私营企业所得税暂行条例》。从此，我国的内资企业实现了所得税制度的统一。但当时考虑到吸引外资的需要，这次统一企业所得税制时并没有将 1991 年立法的外商投资企业和外国企业所得税并入到内资企业所得税，致使 1994 年以后出现了内资企业所得税与外资企业所得税长期共存的局面。

28.3 内、外资企业所得税法的主要差异

1994 年的税制改革之所以没有将《中华人民共和国外商投资企业和外国企业所得税法》（以下简称外资企业所得税法）并入《中华人民共和国企业所得税暂行条例》（以下简称内资企业所得税法）之中，主要是考虑到外资企业所得税法给外资企业提供了较多的税收优惠，而出于吸引外资的目的，当时人们普遍认为这些税收优惠是必要的。与内资企业所得税法相比，外资企业所得税法提供的优惠待遇主要表现在以下几个方面：

（1）地区性税率优惠。外资企业所得税的税率为 30%，加上 3%的地方所得税税率，合并税率为 33%，这与 1994 年开始实行的内资企业所得税的税率（33%）是相同的。但外资企业所得税法规定有区域性税率优惠，该法第七条规定，“设在

经济特区的外商投资企业，在经济特区设立机构、场所从事生产、经营的外国企业和设在经济技术开发区的生产性外商投资企业，减按百分之十五的税率征收企业所得税。① 设在沿海经济开放区和经济特区、经济技术开发区所在城市的老市区的生产性外商投资企业，减按百分之二十四的税率征收企业所得税。”也就是说，设在上述规定区域内的符合条件的外商投资企业或外国企业可以不按 30%的税率缴纳企业所得税，其税率可以降至 15%或 24%。由于适用上述低税率的区域十分广泛，而且这些区域都是外资企业集中的地区，所以外资企业尤其是外商投资企业在中国基本上都是按优惠税率纳税。相比之下，内资企业除了微利企业（年应纳税所得额不超过 10 万元的企业）可以按 18%或 27%两档照顾性税率以及高科技企业可以按 15%的税率纳税以外，其他企业基本上都要按 33%的税率缴纳所得税。虽然内资企业所得税法（暂行条例第八条及其实施细则第三十七条）也有区域性的税收优惠，但它只局限在民族自治地区，而且企业享受减免税需要省级人民政府的审批。

（2）创业期优惠。对刚开始从事生产、经营的企业提供所得税优惠（又称创业期优惠）是国际通行的做法，但我国的外资企业所得税法对生产性外商投资企业规定有比较宽松的税收优惠，这不仅表现在生产性外商投资企业可以享受五年的税收优惠期（俗称“两免三减半”或“免二减三”），而且税收优惠期是从开始获利年度算起。外商投资企业和外国企业所得税法第八条规定：“对生产性外商投资企业，经营期在十年以上的，从开始获利的年度起，第一年和第二年免征企业所得税，第三年至第五年减半征收企业所得税。”这与国外创业期优惠时限普遍是从生产、经营年度算起有很大的不同，其提供的税收优惠时限更长。② 相比之下，我国的内资企业所得税法律法规只对第三产业规定有一定的减免税期，而且减免期限是从开业之日而非盈利年度算起。例如，对新办的独立核算的从事咨询业、信息业、技术服务业的企业或者经营单位，自开业之日起，第一年至第二年免征所得税；对新办的独立核算的从事交通运输业、邮电通信业的企业或者经营单位，自开业之日起，第一年免征企业所得税，第二年减半征收企业所得税；对新办的独立核算的从事公用事业、商业、物资业、对外贸易业、旅游业、仓储业、居民服务业、饮食业、教育文化事业、卫生事业的企业或者经营单位，自开业之日起，报经主管税务机关批准，可减征或者免征所得税一年。可见，我国内资企业所得税法对内资企业的创业期优惠力度远不如外资企业所得税法。

（3）再投资退税。为了鼓励外商投资企业的外国投资者将税后利润留在中国境内用于再投资，外商投资企业和外国企业所得税法第十条规定：“外商投资企业的外国投资者，将从企业取得的利润直接再投资于该企业，增加注册资本，或者作为

① 上海浦东开发区可享受经济特区的政策。

② 如果企业某年开始从事生产、经营但当年出现了亏损，则该年可以不计入减免税期；但企业一旦进入了减免税期，则要连续计算税收优惠期限，即出现亏损的年度也要计入减免税期。

资本投资开办其他外商投资企业，经营期不少于五年的，经投资者申请，税务机关批准，退还其再投资部分已缴纳所得税的百分之四十税款，国务院另有优惠规定的，依照国务院的规定办理；再投资不满五年撤出的，应当缴回已退的税款。”但内资企业所得税法没有上述再投资退税的优惠规定。

(4) 税前扣除。在名义税率一定的情况下，税前扣除的范围和标准直接决定着企业所得税的税基大小，从而影响着企业所得税的实际税负。相比之下，我国外资企业所得税的税前扣除范围和标准都比内资企业所得税要优惠和宽松。例如：

①工资、薪金。内资企业要按计税工资标准进行税前扣除。1994 年规定的计税工资标准为每人每月 800 元，最多可上浮 20%；从 2006 年 7 月 1 日起，内资企业的计税工资标准调整到每人每月 1 600 元，同时停止执行按 20%比例上浮的政策。而外资企业税前扣除的工资薪金没有规定标准，企业实际发放的工资薪金可以全部在税前扣除。另外，与工资、薪金相关的是职工福利费、教育经费和工会经费，内资企业这三项费用也要按计税工资的一定比例在税前扣除；而外资企业实际发生的福利费、员工教育经费和工会会费可以按工资总额的一定比例在税前扣除。

②公益性捐赠。内资企业用于公益、救济性的捐赠在年度应纳税所得额 3%以内的部分可以税前扣除；而外资企业用于中国境内的公益性和救济性捐赠全部可以税前扣除。

③业务招待费。内资企业允许税前扣除的业务招待费有统一的标准，即全年销售（营业）收入净额在 1 500 万元及以下的，不超过销售（营业）收入净额的 5‰；全年销售（营业）收入净额超过 1 000 万元的部分，不超过该部分的 3‰。外资企业允许税前扣除的交际应酬费标准按业务类型划分。销售货物的标准与内资企业相同，但提供劳务的税前扣除标准则高于内资企业，即全年业务收入总额在 500 万元以下的，不得超过业务收入总额的 10‰；全年业务收入总额超过 500 万元的部分，不得超过该部分业务收入总额的 5‰。

④广告、业务宣传费。内资企业发生的广告费和业务宣传费在税前扣除都有严格的标准。在广告费方面：内资企业每一纳税年度发生的广告费支出不得超过销售（营业）收入的 2%，超过部分可无限期向以后纳税年度结转；2001 年以后个别行业的企业如制药、食品、日化、家电、通信、软件开发、集成电路、房地产开发、体育文化、家具建材商城、服装（2006 年后）等行业的企业，广告费支出税前扣除的比例提高到 8%；制药企业从 2005 年以后广告费的税前扣除标准提高到 25%。在业务宣传费方面：内资企业每一纳税年度发生的业务宣传费（包括未通过媒体的广告性支出）在不超过销售营业收入 0.5%范围内可据实扣除；超过 0.5%的部分不仅当年不得扣除，而且以后年度也不得扣除。相比之下，税法对外资企业的广告费和业务宣传费的税前扣除并没有规定任何限制，外商投资企业和外国企业当年实际发生的广告费和业务宣传费都可以在税前全额扣除。

28.4　“两法合并”的社会经济背景及其深远意义

28.4.1　“两法合并”的背景

由于外资企业可以在许多方面享受独有的或比内资企业更为优惠的所得税待遇，因而其实际税负要比内资企业低很多。据有关部门测算，内资企业所得税的实际税负高达 25%，而外资企业所得税的实际税负仅为 13% 左右。可见，内、外资企业所得税法分设，不仅是一个法律制度不统一的问题，最关键的问题是内、外资企业的所得税税负不平，内、外资企业之间难以在所得税方面开展公平竞争。换句话说，这种“外资轻、内资重”的企业所得税税负格局严重影响了内资企业的成长和发展。

其实，公平税负是任何一个国家都应坚持的税收基本原则，我国内、外资企业所得税法分设所引发的税负不平问题早已引起各方面的关注。但过去许多人认为我国在技术和管理方面急需引进外国直接投资，担心如果取消了税收优惠外国投资者会减少在华直接投资甚至撤资，所以仍主张“两法并存”。事情的转机发生在 2001 年我国加入世界贸易组织（WTO）。2001 年 12 月 11 日我国正式加入世界贸易组织，成为其第 143 个成员。加入世界贸易组织后，我国要全面履行《中华人民共和国加入世界贸易组织议定书》中的承诺和义务，不仅要逐步大幅度地降低进口货物的关税，而且还要取消各种非关税贸易壁垒，同时在许多方面对外国个人、企业和外商投资企业实行“非歧视”原则（即国民待遇原则）。总之，加入世界贸易组织后，我国的内资企业不能再享受国家过去提供的那些关税和非关税的贸易保护措施，要直接面对与“世界列强”公开竞争的局面。一时间，“狼来了”的喊叫声此起彼伏，不绝于耳。在这种情况下，人们开始认真地思考如何才能让我国的内资企业“与狼共舞”。在财税领域，人们首先想到的是“两法合并”，取消外资企业独享的税收优惠政策和超国民待遇，让内、外资企业处在同一起跑线上开展公平竞争。从 2001 年开始，国家的财税部门便开始加快研究“两法合并”的方案。2003 年 10 月召开的党的十六届三中全会通过的《中共中央关于完善社会主义市场经济体制若干问题的决定》中也明确提出“统一各类企业税收制度”的紧迫要求。而随着我国“入世”五年过渡期逐渐走向结束，围绕这场“两法合并”的争论也日趋激烈。在 2005 年 1 月广东肇庆召开的全国财政学会年会上，时任财政部部长金人庆表示，“统一内、外资所得税税率已经迫在眉睫，现在时机已经成熟，不能再拖了。”他指出，“现在为中资企业说话的人太少了，而为外资企业说话的人太多了。”① 而也就在 2005 年年初，一份网上盛传的题名为《在华投资的跨国公司对新企业所得税法

① http：//www.chinareform.org.cn/cirdbbs/dispbbs.asp？boardid=9&id=44425。

的若干看法》的报告将这场争论推上了一个新的高潮。该份报告以问卷的形式，就新企业所得税法的相关问题对京、沪 54 家跨国公司进行了调研。报告指出，外资企业普遍希望新的企业所得税法能够就现有的优惠政策给予外商投资企业 5～10 年的过渡期。① 除了跨国公司以外，一些相关部门和部分发达地区的政府也对尽快完成"两法合并"有不同的意见。加之 2004 年我国合同利用外资金额的增幅（33.38%）比 2003 年（39.03%）有所减少，2005 年 1 月的增幅更减小到 27.7%②，这种形势加重了人们对"两法合并"会影响外资流入的担忧。

但随着我国全面入世日期的临近以及"入世"后内资企业面临的竞争形势日益严峻，国内要求"两法合并"的呼声也日益高涨。特别是从 2005 年中央经济工作会议提出要"大力提高利用外资质量"的要求之后，担心取消外资企业的税收优惠会影响我国吸引外资规模的观点也逐渐失去了市场。在这种情况下，人们对"两法合并"的共识越来越多，决策部门也认为完成这项工作的时机已经成熟。2006 年 12 月 24—29 日十届全国人大常委会第二十五次会议在北京召开，这次会议审议了新的企业所得税法草案，并以 155 票赞成和 1 票弃权的表决结果一致通过了企业所得税法草案，并决定将该草案提请即将在 2007 年 3 月召开的十届全国人大五次会议审议，这意味着"两法合并"正式进入了全国人大的立法程序。2007 年 3 月 16 日十届全国人民代表大会第五次会议高票③通过了《中华人民共和国企业所得税法》，"两法合并"最终得以圆满完成。

"两法合并"实现了内、外资企业所得税制度的统一，这种制度统一表现在税率、税前扣除标准、税收优惠、税款缴纳期限等各个方面。但为了减少阻力，"两法合并"也兼顾了外资企业的税收利益，这种兼顾主要是通过过渡期和"老人老办法、新人新办法"的制度安排来实现的。《国务院关于实施企业所得税过渡优惠政策的通知》（国发［2007］39 号）中规定："自 2008 年 1 月 1 日起，原享受低税率优惠政策的企业，在新税法施行后 5 年内逐步过渡到法定税率。其中：享受企业所得税 15%税率的企业，2008 年按 18%税率执行，2009 年按 20%税率执行，2010 年按 22%税率执行，2011 年按 24%税率执行，2012 年按 25%税率执行；原执行 24%税率的企业，2008 年起按 25%税率执行。自 2008 年 1 月 1 日起，原享受企业所得税'两免三减半'、'五免五减半'等定期减免税优惠的企业，新税法施行后继续按原税收法律、行政法规及相关文件规定的优惠办法及年限享受至期满为止，但因未获利而尚未享受税收优惠的，其优惠期限从 2008 年度起计算。享受上述过渡优惠政策的企业，是指 2007 年 3 月 16 日以前经工商等登记管理机关登记设立的企业。"

---

① http：//finance. sina. com. cn/roll/20070104/06511134351. shtml。

② 资料来源：商务部网站，利用外资统计专栏。

③ 赞成 2 826 票，反对 37 票，弃权 22 票。见 http：//news. sina. com. cn/c/2007 - 03 - 16/101712535156. shtml。

28.4.2 “两法合并”的深远意义

“两法合并”为内、外资企业创造了一个公平竞争的所得税制度环境，它充分保证了外资企业在中国境内可以享受所得税制度的国民待遇，同时也排除了其享受超国民待遇的可能性。也就是说，“两法合并”后，世界贸易组织的“非歧视”原则不仅适用于外资企业，也适用于中国的内资企业。因为过去“两法并存”时外资企业享受的所得税超国民待遇本身就是对内资企业的歧视。其实，外国投资者到中国来投资办厂，看中的并不是中国的低税负，而是中国的投资环境。投资环境是指影响国际资本完成其自身职能的一切外部条件，它包括许多因素，税收只是其中的一个方面，其他还有自然资源状况、劳动力素质、市场机会、政局稳定等因素。外商是否到一国去投资，要看这个国家的整体投资环境，并不会只看税负是轻是重、税收优惠是多是少。当然，税负的轻重确实也是影响外商投资决策的一个重要因素。但如果一国政局稳定，而且自然资源丰富，劳动力成本低、技术水平高、国内市场广阔，那么，即使该国没有很多的税收优惠，只要在税负方面对外资企业没有歧视，那么外商仍然愿意到该国进行投资。在发展中国家，我国是向外商提供较多税收优惠的国家之一，但根据世界银行和国际货币基金组织对在我国投资的外国公司所作的调查，外国投资者到我国来进行投资，看中的是我国安定的政治环境、低廉的劳动力成本以及巨大的国内市场等有利条件。在西方有一句名言，叫做“税收的尾巴不应摆动经济这条狗”。也就是说，公司在进行投资决策时，考虑的主要不是税收，而是公司的发展战略；税收不应该影响公司的整体投资决策。1993 年 11 月美国著名经济学家、芝加哥大学教授米尔顿·弗里德曼在我国访问时也曾指出：“大多数投资者到中国来投资是为了赚钱，如果他们通过有效率的生产和技术合作赢得利润自然是好事，可一旦外国投资者在中国的主要财富仅得益于盲目的减免税和一系列优惠政策，则中国在引进外资的同时也引进了潜在危险，为此付出的代价也许比实际引进的外资大得多。因此中国在引进外资时不应忽略经济学中的一个原则，即一种双方都受益的交易才是好的交易。”

实际上，虽然我国在 2008 年统一了内外资企业的所得税制度，取消了外国投资者的税收优惠预期，但外商直接投资的金额并没有发生大的波动。例如，全国实际使用外资金额在 2007 年为 826.58 亿美元，2008 年为 923.95 亿美元，2009 年为 900.33 亿美元，2010 年为 1 057.35 亿美元；2007 年 5 月，我国实际使用外资金额同比增长 9.87%，而在“两法合并”后的 2008 年 5 月，我国实际使用外资金额同比增长了 37.94%；2009 年由于国际金融危机的影响我国实际使用外资同比下降了 2.56%，但到 2010 年实际使用外资同比又增长到了 17.44%。① 以上数据说明，

① 中华人民共和国商务部网站：“利用外资统计”。

“两法合并”并没有对我国引进外资工作产生明显的消极影响。

其实，“两法合并”的意义远不止是给内、外资企业创造了一个公平竞争的税收环境，它对加强我国的税收管理和反避税也是十分有益的。由于过去外资企业所得税法提供了大量的税收优惠，所以它诱导了一些境内投资者到境外成立法人企业，然后再通过这些外国（地区）企业收购我国境内的内资企业股权（持股25%以上）或在境内成立新的子公司。这样摇身一变，我国境内的内资企业就变成了外商投资企业，人们把这种假的外商投资企业戏称为“假洋鬼子”。原来那些内资企业要使用33%的税率纳税，现在变成了外商投资企业，不仅可以适用低税率，而且还可以享受“两免三减半”等税收优惠。这样一来，其税负就会明显降低。由于境内的投资者一般都是选择在国际避税地（即无所得税或低所得税的国家或地区）注册成立法人企业，然后再利用这些法人企业收购我国境内企业的股权或在境内新办企业，这样境内的企业就要向避税地的母公司支付股息、红利。而在原有外资企业所得税法下，我国对境内企业向非居民企业支付股息、红利一般免征预提所得税；同时，避税地的企业得到这笔股息、红利在当地也不用缴纳或缴纳很少的企业所得税。这样，一些境内的投资者利用原有的外资企业所得税法再结合国际避税地的特点，就可以轻而易举地实现避税的目的。据统计，2002年以后，中国香港、英属维尔京群岛、开曼群岛这些著名的避税地一直名列对华投资前十位（以实际投入外资金额计）的国家或地区，其中国际著名的避税地英属维尔京群岛始终排在第二位。上述情况在一定程度上反映了国内投资者利用国际避税地企业在我国境内设立外商投资企业进行避税的严重性。“两法合并”后新的企业所得税制度一方面取消了外商投资企业独享的税收优惠，另一方面规定对境内企业向非居民企业支付的股息、红利要征收10%的预提所得税，这样上述利用“假合资”的避税空间就大为缩小。

除了国际避税，“两法并存”也给企业在境内避税提供了一定的空间。由于过去外资企业所得税法提供了较宽松的区域性税率优惠，外商投资企业和外国企业在经济特区和上海浦东开发区可享受15%的优惠税率，而内资企业的税率为33%。① 这样，在经济特区和上海浦东开发区的内资企业与外资企业就无法进行公平竞争。为了公平税负，一些地区规定在本地区的内资企业也可以享受15%的优惠税率。例如，深圳市政府在1988年8月1日下发《关于深圳特区企业税收政策若干问题的规定》（深府［1988］232号），该规定指出：“为贯彻‘公平税负，平等纳税’的原则，根据国家税收政策的有关规定，结合深圳特区的实际，对深圳经济特区内的企业若干税收政策问题，作如下规定。”其中第六条规定：“特区企业从事生产、经营所得和其他所得，均按15%的税率征收企业所得税。”这样，对于内资企业而

① 1994年以前大中型国有企业的税率甚至高达55%。

言，我国就出现了不同的税率区：在一些地区成立公司其企业所得税的税率为33%，而在另一些地区成立公司税率就是15%。这种税率“洼地”显然可以被企业用于避税。例如，有的企业在低税区（适用税率15%）成立总公司，然后在高税区（适用税率33%）设立分公司。根据原有的《企业所得税暂行条例》，分公司如果不独立核算就不在当地缴纳企业所得税，其所得税由总公司汇总缴纳。而《企业所得税暂行条例实施细则》规定的独立核算标准是：“纳税人同时具备在银行开设结算账户；独立建立账簿、编制财务会计报表；独立计算盈亏”。因此，企业为了避税，可以让高税区的分公司不同时符合上述三条标准，这样高税区的分公司就不用在当地纳税。特别是分公司是否独立计算盈亏，也是当地税务机关很难识别的。由于税法存在上述制度漏洞，企业利用分公司避税的现象十分普遍。为了抑制企业的避税行为，1998年11月国家税务总局下发《关于如何认定企业所得税纳税义务人的批复》（国税函［1998］676号）规定，“对经国家有关部门批准成立，独立开展生产、经营活动的企业或组织，按有关法律、法规规定应该实行独立经济核算，但未进行独立经济核算的，虽不同时具备税法规定的独立经济核算三个条件，也应当认定为企业所得税纳税义务人。”这个文件发布后，各地均加大了对分公司征收企业所得税的管理力度，但哪些企业属于是“按有关法律、法规规定应该实行独立经济核算”并不十分明确，所以这个文件在执行中仍然存在一些问题和争议。

在“两法并存”的情况下，许多企业还利用在低税区设立子公司的形式避税。根据内资企业所得税法，高税区的母公司如果在低税区设有子公司，其从子公司分得的股息、红利要按照母、子公司两地的税率差补缴企业所得税。但如果低税区的子公司不向高税区的母公司作利润分配，则母公司就不用在当地补税。这样，母公司在低税区设立子公司，并在交易的过程中利用转让定价将利润转移给子公司，而且不让子公司作利润分配。子公司的利润乃至整个公司集团的一部分利润就会按较低的税率纳税。母公司不从子公司取得分配利润，但可以利用借款的形式从子公司取得资金。即使若干年后子公司向母公司分配利润，而母公司就其在当地补税，但由于延迟纳税，税款的现值会大为降低。在“两法并存”的条件下，大量的公司集团利用这种母子公司的避税形式降低税负。

“两法合并”在很大程度上堵住了上述利用总、分公司和母、子公司避税的路径。这里最主要的是新企业所得税法原则上取消了地区间的税率差异①，企业基本上都要按25%的税率缴纳企业所得税。这样，企业在境内就没有很大的空间利用地区之间的税率差异避税。另外，根据《企业所得税法》和国家税务总局《跨地区经营汇总纳税企业所得税征收管理暂行办法》（国税发［2008］28号文）的规定，总公司和分公司都要在当地预缴企业所得税，但总、分公司预缴的数额都要由总公

① 目前税法只允许少数民族地区和西部地区实行低税率。

司根据一定的公式计算求得，而不取决于总、分公司的账面利润。由于新企业所得税法基本统一了各地的税率，因此母公司从子公司分得的股息、红利被作为免税收入处理，不再缴纳企业所得税。

参考文献

刘佐著．新中国税制 60 年．北京：中国财政经济出版社，2009

钱冠林，王力．中国税收 30 年．北京：中国税务出版社，2009

中国社会科学院财政与贸易经济研究所．中国：启动新一轮税制改革——理念转变、政策分析和相关安排．北京：中国财政经济出版社，2003

朱青．税收优惠与吸引外资——发展中国家的经验和问题．涉外税务，1998（12）